# 헌법 교과서

조재현

새로름

# 머 리 말

헌법은 국가의 헌법질서를 규율하는 정적인 규범으로만 머물러 있는 것이 아니라 사회공동체의 동화적 통합이라는 목표를 향해 끊임없이 발전하고 진화하는 동태적 규범이다. 헌법학은 헌법이 나아가야 할 방향으로 규범을 해석하고 탐구하는 하나의 실천적 학문이다. 사회공동체의 동화적 통합은 우리 모두가 최고의 자유를 느끼며 행복을 누리기 위한 전제이자 우리 사회의 추구해야 할 궁극적 목적이다. 최근 우리 사회는 정치적·경제적 영역에서뿐만 아니라 사회적·문화적 영역 등 사회 전 영역에서 양극화 현상이 극단으로 치닫고 있다. 이러한 사회분위기는 정치적으로는 협치를 무색하게 하고, 경제적·사회적으로는 극단적 위화감을 조성함으로써 통합과 화합을 요원하게 만들며, 문화적 이질감은 혐오와 극단적인 부정적 정서가 만연한 사회분위기를 조장한다. 이러한 현상은 우리 헌법이 추구하는 것과는 정반대 방향으로 나아가고 있다. 사회공동체 구성원 모두가 서로를 공감하고 포용함으로써 동화적 통합을 이루기 위해서는 가치 상반적인 규범으로서의 헌법에 대한 체계적인 이해가 선행되어야 한다.

본서는 두 가지 기획 의도로 집필되었다. 우선 본서는 헌법학에 대한 체계적인 이해를 제공한다는 목표에 충실하도록 집필되었다. 헌법학에 대한 접근은 한 국가의 정점에 위치한 헌법규범에 대한 해석적 이해뿐만 아니라 사회공동체의 통합 방향을 제시하는 당위적 규범으로서 헌법적 정당성에 대한 이해가 필수적이다. 우리는 일상생활에서 사회적 현상을 규율하는 해석규범으로서 헌법을 매일 접하고 있으며, 또한 헌법규범이 나아가야 할 방향으로서 헌법적 정당성에 관하여 논한다. 헌법학은 학문적 접근으로서 강의실에서만 이루어질 것이 아니라 생활규범으로서 일상생활에서도 헌법적 탐구는 상시적으로 이루어져야 한다. 본서는 학문으로서의 헌법뿐만 아니라 우리의 일상생활을 규율하는 하나의 생활규범으로서의 헌법에 대한 이해를 그 목표로 하고 있다.

본서의 또 하나의 기획 의도는 변호사시험이나 공무원시험을 준비하는 예비법조인과 예비공무원을 위한 필수적 학습아이템으로 본서가 자리매김할 수 있도록 체계적인 학습내용을 제공한다는 목표로 집필되었다. 헌법학에 대한 이해는 법조인이나 공무원이 갖추어야 할 학문적 소양일 뿐만 아니라 변호사시험이나 공무원시험의 준비과정에 있어서 결코 소홀해서는 안 되는 필수적 요소이다. 헌법시험은 헌법규범 전반에 걸친 이론과 판례에 대한 체계적 이해를 묻는다. 최근에는 주요 헌법이론을 묻는 질문에서 헌법재판소 결정에 대한 이해를 묻는 방향으로 출제경향이 변하고 있다. 본서는 그러한 출제경향에 대비할 수 있도록 헌법적 쟁점에 관한 주요 헌법재판소 결정을 빠짐없이 수록하였다. 변호사시험이나 공무원시험을 준비하는 학생들이 놓쳐서는 안 되는 주요 헌법이론도 체계적으로 정리하였다.

본서를 출간함에 있어 구성과 내용의 전반적인 내용을 검토하고 의견을 준 신준연 변호사에게 깊은 감사를 드린다. 아울러 본서의 기획 단계부터 출판에 이르는 전 과정에 이종은 대표님의 충심어린 조언과 헌신적인 배려에 감사의 말씀을 드립니다. 앞으로도 헌법을 공부하는 입문자와 수험생 그리고 실무자들에게 헌법의 길라잡이가 될 수 있도록 계속 노력해 나갈 것임을 약속드린다.

2025년 2월

**조재현**

# Contents
# 차 례

## PART 01 헌법총론

### CHAPTER 01 헌법의 의의 … 2
제1절 헌법의 의의와 유형 · · · · · · · · · · · · · · · · · · · · · · · · · · · · · · · · · · · · · · · · · · · · · · · · · · · · · · · · · · · · 2
제2절 헌법의 제정과 개정 · · · · · · · · · · · · · · · · · · · · · · · · · · · · · · · · · · · · · · · · · · · · · · · · · · · · · · · · · · · · 5
제3절 헌법해석과 합헌적 법률해석 · · · · · · · · · · · · · · · · · · · · · · · · · · · · · · · · · · · · · · · · · · · · · · · · · 12
제4절 헌법의 보호 · · · · · · · · · · · · · · · · · · · · · · · · · · · · · · · · · · · · · · · · · · · · · · · · · · · · · · · · · · · · · · · · · · · 15

### CHAPTER 02 국가와 헌법 … 20
제1절 대한민국과 헌법 · · · · · · · · · · · · · · · · · · · · · · · · · · · · · · · · · · · · · · · · · · · · · · · · · · · · · · · · · · · · · · 20
제2절 대한민국 국민 · · · · · · · · · · · · · · · · · · · · · · · · · · · · · · · · · · · · · · · · · · · · · · · · · · · · · · · · · · · · · · · · · 21
제3절 대한민국 영토 · · · · · · · · · · · · · · · · · · · · · · · · · · · · · · · · · · · · · · · · · · · · · · · · · · · · · · · · · · · · · · · · · 27
제4절 대한민국의 주권 · · · · · · · · · · · · · · · · · · · · · · · · · · · · · · · · · · · · · · · · · · · · · · · · · · · · · · · · · · · · · · 29
제5절 대한민국헌법의 근본이념 및 기본질서 · · · · · · · · · · · · · · · · · · · · · · · · · · · · · · · · · · · · · 32

## PART 02 기본권

### CHAPTER 01 기본권 일반이론 … 38
제1절 기본권의 의의와 법적 성격 · · · · · · · · · · · · · · · · · · · · · · · · · · · · · · · · · · · · · · · · · · · · · · · · · · 38
제2절 기본권의 주체 · · · · · · · · · · · · · · · · · · · · · · · · · · · · · · · · · · · · · · · · · · · · · · · · · · · · · · · · · · · · · · · · · 42
제3절 기본권의 효력 · · · · · · · · · · · · · · · · · · · · · · · · · · · · · · · · · · · · · · · · · · · · · · · · · · · · · · · · · · · · · · · · · 50
제4절 기본권의 보호영역과 제한 · · · · · · · · · · · · · · · · · · · · · · · · · · · · · · · · · · · · · · · · · · · · · · · · · · · 59
제5절 기본권의 위헌심사 · · · · · · · · · · · · · · · · · · · · · · · · · · · · · · · · · · · · · · · · · · · · · · · · · · · · · · · · · · · 69
제6절 기본권의 포기 · · · · · · · · · · · · · · · · · · · · · · · · · · · · · · · · · · · · · · · · · · · · · · · · · · · · · · · · · · · · · · · · · 81

### CHAPTER 02 개별 기본권 … 82
제1절 인간의 존엄과 가치 및 행복추구권 · · · · · · · · · · · · · · · · · · · · · · · · · · · · · · · · · · · · · · · · · 82
제2절 평등권 · · · · · · · · · · · · · · · · · · · · · · · · · · · · · · · · · · · · · · · · · · · · · · · · · · · · · · · · · · · · · · · · · · · · · · · · · 89

## CHAPTER 03 자유권적 기본권 … 97

　제1절 신체의 자유 · · · · · · · · · · · · · · · · · · · · · · · · · · · · · · · · · · · · · · · · · · · · · · · · · · · · · · · · · · · · · · · · · · · · · · 97
　제2절 거주이전의 자유 · · · · · · · · · · · · · · · · · · · · · · · · · · · · · · · · · · · · · · · · · · · · · · · · · · · · · · · · · · · · · · · · 134
　제3절 직업의 자유 · · · · · · · · · · · · · · · · · · · · · · · · · · · · · · · · · · · · · · · · · · · · · · · · · · · · · · · · · · · · · · · · · · · · 135
　제4절 사생활의 자유 · · · · · · · · · · · · · · · · · · · · · · · · · · · · · · · · · · · · · · · · · · · · · · · · · · · · · · · · · · · · · · · · · 141
　제5절 양심의 자유 · · · · · · · · · · · · · · · · · · · · · · · · · · · · · · · · · · · · · · · · · · · · · · · · · · · · · · · · · · · · · · · · · · · · 150
　제6절 종교의 자유 · · · · · · · · · · · · · · · · · · · · · · · · · · · · · · · · · · · · · · · · · · · · · · · · · · · · · · · · · · · · · · · · · · · · 154
　제7절 언론・출판의 자유 · · · · · · · · · · · · · · · · · · · · · · · · · · · · · · · · · · · · · · · · · · · · · · · · · · · · · · · · · · · · 158
　제8절 집회・결사의 자유 · · · · · · · · · · · · · · · · · · · · · · · · · · · · · · · · · · · · · · · · · · · · · · · · · · · · · · · · · · · · 175
　제9절 학문과 예술의 자유 · · · · · · · · · · · · · · · · · · · · · · · · · · · · · · · · · · · · · · · · · · · · · · · · · · · · · · · · · · 185
　제10절 재산권 · · · · · · · · · · · · · · · · · · · · · · · · · · · · · · · · · · · · · · · · · · · · · · · · · · · · · · · · · · · · · · · · · · · · · · · · · 189

## CHAPTER 04 참정권・청구권적 기본권 … 193

　제1절 참정권 · · · · · · · · · · · · · · · · · · · · · · · · · · · · · · · · · · · · · · · · · · · · · · · · · · · · · · · · · · · · · · · · · · · · · · · · · · · · 193
　제2절 청구권적 기본권 · · · · · · · · · · · · · · · · · · · · · · · · · · · · · · · · · · · · · · · · · · · · · · · · · · · · · · · · · · · · · · · 203

## CHAPTER 05 사회적 기본권 … 210

　제1절 사회적 기본권의 일반론 · · · · · · · · · · · · · · · · · · · · · · · · · · · · · · · · · · · · · · · · · · · · · · · · · · · 210
　제2절 인간다운 생활을 할 권리 · · · · · · · · · · · · · · · · · · · · · · · · · · · · · · · · · · · · · · · · · · · · · · · · · · · 211
　제3절 교육을 받을 권리 · · · · · · · · · · · · · · · · · · · · · · · · · · · · · · · · · · · · · · · · · · · · · · · · · · · · · · · · · · · · · 216
　제4절 근로의 권리 · · · · · · · · · · · · · · · · · · · · · · · · · · · · · · · · · · · · · · · · · · · · · · · · · · · · · · · · · · · · · · · · · · · · 220
　제5절 근로3권 · · · · · · · · · · · · · · · · · · · · · · · · · · · · · · · · · · · · · · · · · · · · · · · · · · · · · · · · · · · · · · · · · · · · · · · · · 222
　제6절 환경권 · · · · · · · · · · · · · · · · · · · · · · · · · · · · · · · · · · · · · · · · · · · · · · · · · · · · · · · · · · · · · · · · · · · · · · · · · · · 227
　제7절 혼인과 가족에 관한 권리 · · · · · · · · · · · · · · · · · · · · · · · · · · · · · · · · · · · · · · · · · · · · · · · · · · 228
　제8절 보건에 관한 권리 · · · · · · · · · · · · · · · · · · · · · · · · · · · · · · · · · · · · · · · · · · · · · · · · · · · · · · · · · · · · · 229

## CHAPTER 06 국민의 의무 … 230

# PART 03 국가조직

## CHAPTER 01 우리나라 통치구조의 개관 ··· 232
## CHAPTER 02 통치를 위한 기관의 구성원리 ··· 233

제1절 대의제 ································································································· 233
제2절 선거제도 ······························································································ 243
제3절 공직제도 ······························································································ 266
제4절 권력분립원칙 ························································································ 275
제5절 정부형태 ······························································································ 280
제6절 지방자치제도 ························································································ 287

## CHAPTER 03 국회 ··· 301

제1절 국회의 구성 ························································································· 301
제2절 국회의 조직 ························································································· 301
제3절 국회의 운영 ························································································· 306
제4절 국회의 권한 ························································································· 309

## CHAPTER 04 행정부 ··· 317

제1절 대통령 ································································································· 317
제2절 국무총리 ······························································································ 322
제3절 국무위원과 행정각부의 장 ···································································· 324

## CHAPTER 05 법원 ··· 327

# PART 04 헌법재판과 헌법재판소

## CHAPTER 01 헌법재판 … 332
- 제1절 헌법재판의 의의 … 332
- 제2절 한국의 헌법재판 … 333

## CHAPTER 02 헌법재판소 … 337
- 제1절 헌법재판소의 구성 … 337
- 제2절 그 밖의 헌법재판소 조직 … 340

## CHAPTER 03 일반심판절차 … 341
- 제1절 일반심판절차와 특별심판절차 … 341
- 제2절 재판부와 심판정족수 … 341
- 제3절 헌법재판 당사자와 대리인 … 344
- 제4절 심판청구 … 350
- 제5절 심판청구의 취하 … 353
- 제6절 심리 … 355
- 제7절 평의 … 356
- 제8절 결정 … 359

## CHAPTER 04 가처분과 재심 … 367
- 제1절 가처분 … 367
- 제2절 재심 … 370
- 제3절 재판관의 제척·기피·회피 … 373
- 제4절 심판비용 및 공탁금 … 374

## CHAPTER 05 위헌법률심판 … 375
- 제1절 규범통제제도 … 375
- 제2절 위헌법률심판절차 … 377
- 제3절 재판의 전제성 … 385

제4절 위헌법률심판의 대상 · · · · · · · · · · · · · · · · · · · · · · · · · · · · · · · · · · · · · · · · · · · · · · · · · · · · · · · 400
　　제5절 위헌법률심판의 결정 · · · · · · · · · · · · · · · · · · · · · · · · · · · · · · · · · · · · · · · · · · · · · · · · · · · · · · · · · 412
　　제6절 위헌심사형 헌법소원심판의 결정 · · · · · · · · · · · · · · · · · · · · · · · · · · · · · · · · · · · · · · · 438

## CHAPTER 06 탄핵심판 ··· 439

　　제1절 탄핵심판의 의의 · · · · · · · · · · · · · · · · · · · · · · · · · · · · · · · · · · · · · · · · · · · · · · · · · · · · · · · · · · · · · · · · 439
　　제2절 탄핵의 소추 · · · · · · · · · · · · · · · · · · · · · · · · · · · · · · · · · · · · · · · · · · · · · · · · · · · · · · · · · · · · · · · · · · · · 439
　　제3절 탄핵의 심판 · · · · · · · · · · · · · · · · · · · · · · · · · · · · · · · · · · · · · · · · · · · · · · · · · · · · · · · · · · · · · · · · · · · · 444
　　제4절 탄핵의 결정 · · · · · · · · · · · · · · · · · · · · · · · · · · · · · · · · · · · · · · · · · · · · · · · · · · · · · · · · · · · · · · · · · · · · 446

## CHAPTER 07 위헌정당해산제도 ··· 448

　　제1절 정당해산심판의 의의 · · · · · · · · · · · · · · · · · · · · · · · · · · · · · · · · · · · · · · · · · · · · · · · · · · · · · · · 448
　　제2절 정당해산심판의 청구 · · · · · · · · · · · · · · · · · · · · · · · · · · · · · · · · · · · · · · · · · · · · · · · · · · · · · · · 449
　　제3절 정당해산심판의 절차 · · · · · · · · · · · · · · · · · · · · · · · · · · · · · · · · · · · · · · · · · · · · · · · · · · · · · · · 450
　　제4절 정당해산심판의 결정 · · · · · · · · · · · · · · · · · · · · · · · · · · · · · · · · · · · · · · · · · · · · · · · · · · · · · · · 454

## CHAPTER 08 권한쟁의심판 ··· 456

　　제1절 권한쟁의심판의 의의 · · · · · · · · · · · · · · · · · · · · · · · · · · · · · · · · · · · · · · · · · · · · · · · · · · · · · · · 456
　　제2절 권한쟁의심판의 당사자 · · · · · · · · · · · · · · · · · · · · · · · · · · · · · · · · · · · · · · · · · · · · · · · · · · · · 456
　　제3절 권한쟁의심판의 청구 · · · · · · · · · · · · · · · · · · · · · · · · · · · · · · · · · · · · · · · · · · · · · · · · · · · · · · · 466
　　제4절 권한쟁의심판의 적법요건 · · · · · · · · · · · · · · · · · · · · · · · · · · · · · · · · · · · · · · · · · · · · · · · · · 466
　　제5절 권한쟁의심판의 결정 · · · · · · · · · · · · · · · · · · · · · · · · · · · · · · · · · · · · · · · · · · · · · · · · · · · · · · · 474
　　제6절 권한쟁의심판 결정의 내용 · · · · · · · · · · · · · · · · · · · · · · · · · · · · · · · · · · · · · · · · · · · · · · · 474
　　제7절 권한쟁의심판 결정의 효력 · · · · · · · · · · · · · · · · · · · · · · · · · · · · · · · · · · · · · · · · · · · · · · · 476
　　제8절 권한쟁의심판과 기관소송 · · · · · · · · · · · · · · · · · · · · · · · · · · · · · · · · · · · · · · · · · · · · · · · · 478

## CHAPTER 09 헌법소원심판 ··· 483

　　제1절 헌법소원심판의 의의 · · · · · · · · · · · · · · · · · · · · · · · · · · · · · · · · · · · · · · · · · · · · · · · · · · · · · · · 483
　　제2절 헌법소원심판청구 · · · · · · · · · · · · · · · · · · · · · · · · · · · · · · · · · · · · · · · · · · · · · · · · · · · · · · · · · · · 485
　　제3절 공권력의 행사 또는 불행사 · · · · · · · · · · · · · · · · · · · · · · · · · · · · · · · · · · · · · · · · · · · · · · 488

**제4절 기본권의 침해** · 516
**제5절 기본권 침해의 법적 관련성** · 525
**제6절 보충성의 원칙** · 539
**제7절 권리보호이익** · 543
**제8절 청구기간** · 546
**제9절 헌법소원심판의 심리** · 554
**제10절 헌법소원심판의 결정** · 556

**판례색인** ··· 561

# 참고문헌

허영, 「한국헌법론」, 박영사, 2022
성낙인, 「헌법학」, 법문사, 2016
정종섭, 「헌법연구 3」, 박영사, 2001
김대환, 헌법주석 Ⅰ, 박영사, 2013
권영성, 헌법학원론, 741면
허영, 「헌법소송법」, 박영사, 2013,
정종섭, 「헌법소송법」, 박영사, 2012,
김하열, 「헌법소송법」, 박영사, 2016
김현철, 「헌법소송법」 제4판, 전남대학교출판부, 2016
헌법재판실무제요, 헌법재판소, 2015
성낙인 외, 「헌법소송법」, 법문사, 2012
전광석, 한국헌법론, 집현재, 2016

G. Manssen, Grundrechte, C. H. Beck, 2000, S. 6.
C. Schmitt, Verfassungslehre, 8. Aufl., Duncker & Humblot, 1993, S. 170f.

헌법교과서

# PART 01

# 헌법총론

# 01 헌법의 의의

## 제1절 헌법의 의의와 유형

### I. 헌법의 의미

#### 1. 헌법관에 따른 헌법의 의미

일반적으로 헌법이란 국민의 기본권보장과 통치질서에 관한 국내법으로 이해되지만, 헌법을 보는 시각에 따라 그 의미도 조금씩 달라진다. 헌법학을 해석적으로 접근하는 법실증주의적 헌법관에 의하면 헌법은 국가의 조직과 작용에 관한 최상위의 규범으로 이해될 수 있다. 헌법은 헌법제정권자의 의지를 실현하는 것이라고 이해하는 결단주의적 헌법관에 의하면 헌법은 헌법제정권자인 국민이 사회공동체의 정치적 생활방식에 대하여 내린 정치적 결단으로 이해한다. 헌법의 기능을 사회공동체의 공감대적 가치의 실현을 통한 사회통합으로 이해하는 통합과정론적 헌법관에 의하면 헌법은 사회통합을 위한 공감대적인 가치질서로 이해하게 된다.

#### 2. 헌법의 유형

(1) 형식적 의미의 헌법과 실질적 의미의 헌법

형식적 의미의 헌법이란 헌법전을 의미한다. 헌법전에 어떠한 내용이 규정되어 있는가는 묻지 아니한다. 실질적 의미의 헌법이란 법의 형식이나 효력에 구애되지 않는다. 통치조직과 통치작용, 국가기관 상호간의 관계, 국가와 국민의 관계에 관한 사항을 내용으로 하고 있으면 모두 헌법이라 한다.

(2) 성문헌법과 불문헌법

1) 성문헌법이란

헌법전의 형식으로 존재하는 것을 말한다. 성문헌법은 일반적으로 다른 법률보다 개정이 어렵고, 경성헌법인 것이 보통이다. 불문헌법은 성문의 헌법전이 존재하지 않는 것을 말한다. 불문헌법과 유사한 개념으로 헌법관습법, 관습헌법 등의 개념이 있다. 우리 헌법재판소는 관습헌법을 인정하고 있다. 관습헌법이란 국가에서 용인되고 있는 헌법적 가치를 갖는 관습적 규범의 총체를 말한다.

2) 관습헌법에 관한 헌법재판소의 견해[1]

㈎ 관습헌법 인정 여부

헌법은 국가의 기본법으로서 간결성과 함축성을 추구하기 때문에 형식적 헌법전에는 기재되지 아니한 사항이라도 관습헌법으로 인정할 소지가 있다.

㈏ 관습헌법의 효력

헌법사항이 강제력이 있는 헌법규범으로서 인정되려면 엄격한 요건들이 충족되어야만 하며, 이러한 요건이 충족된 관습헌법은 성문헌법과 동일한 법적 효력을 가진다.

㈐ 관습헌법의 성립요건

관습헌법이 성립하기 위해서는 ⅰ) 기본적 헌법사항에 관한 관행이 존재하고, ⅱ) 관행의 반복·계속성, ⅲ) 항상성(반대되는 관행의 부존재), ⅳ) 명료성, ⅴ) 국민적 합의가 있어야 한다.

㈑ 관습헌법의 개정

관습헌법도 성문헌법과 동일한 효력을 가지기 때문에 헌법 제130조의 헌법개정에 의해야 한다. 그리고 형식적인 헌법개정 외에도 국민적 합의성을 상실함에 의하여 법적 효력을 상실할 수 있다.

(3) 경성헌법과 연성헌법

연성헌법은 일반법률의 제정, 개정, 폐기절차에 따라 제정, 개정, 폐기될 수 있는 유형의 헌법을 말한다. 경성헌법은 일반법률에 대한 절차보다 까다롭게 되어 있어서 함부로 바꿀 수 없는 헌법의 유형을 말한다. 성문헌법의 유형에 속하는 것은 경성헌법인 것이 보통이다.

(4) 규범적 헌법·명목적 헌법·장식적 헌법

칼 뢰븐슈타인은 헌법이 완전히 규범적 효력을 나타내서 헌법규범과 헌법현실이 일치하는 경우를 규범적 헌법, 헌법이 그 규범적 효력을 나타내지 못하고 헌법규범과 헌법현실이 완전히 동떨어진 상태에 있지만 언젠가는 그 gap이 좁혀질 전망이 있는 경우를 명목적 헌법, 헌법이 권력을 쥔 사람의 자기정당화의 수단으로만 존재하는 경우를 장식적 헌법이라고 한다.

(5) 고유한 의미의 헌법, 근대적·입헌주의적 헌법, 현대적·복지국가적 의미의 헌법

고유한 의미의 헌법이란 국가의 근본조직법을 말하는 것으로 국가가 존재하는 곳이면 성문의 형식이건 불문의 형식이건 어떠한 국가든지 고유한 의미의 헌법은 가지고 있다. 근대 입헌주의적 의미의 헌법은 개인의 자유와 권리의 보장, 권력분립에 의하여 국가권력의 남용을 억제하려는 헌법으로 국가권력의 제한의 측면에 중점을 두고 있다. 현대적 복

---

[1] 헌재 2004.10.21. 2004헌마544 등

지국가적 헌법은 사회적 법치국가와 실질적 평등의 보장에 기초하고 있는 헌법으로 형식적·시민적 법치주의에 대한 반성으로서 실질적·절차적 법치주의를 채택하고, 사회적 시장경제질서를 도입하고 있을 뿐 아니라, 일련의 사회적 기본권을 수용하고 있으며, 헌법재판제도의 확립과 국제평화주의의 선언 등을 그 특징으로 하고 있다.

## Ⅱ. 헌법의 특성

### 1. 최고규범성

헌법은 국가의 최고규범으로서 법률·명령·규칙 등 하위법령의 해석기준이나 입법기준이 된다. 우리 헌법은 미국헌법(제6조), 일본헌법(제98조)과 달리 최고규범성에 관한 명문의 규정은 두고 있지 않지만, 헌법의 본질상 당연히 인정된다고 보아야 한다.

### 2. 정치규범성

헌법은 정치세력간에 공존을 위한 정치투쟁과 정치적 타협의 과정을 거쳐서 성립되기 때문에 정치규범성을 가지며, 유동적이고 비합리적인 정치현실을 규범화하기 위해서 헌법규범은 유동성·추상성·개방성·미완성성 등의 성격을 갖는다.

### 3. 조직 및 수권규범성

헌법은 국가권력을 조직하는 규범으로서 국회에는 입법권을 부여하고, 정부에는 행정권을 부여하며, 법원에는 사법권을 부여하는 수권규범이다.

### 4. 권력제한규범성

헌법은 국가기관을 분립시키고 상호견제하게 하는 제한규범의 역할을 한다.

### 5. 생활규범성

헌법은 공존을 위한 구성원의 행동방식을 규율하고 촉구하는 생활규범으로서의 성격을 갖는다. 헌법은 다른 규범과는 달리 전생활영역을 대상으로 하는 가치규범적 내지 행동규범적 성격을 갖는다.

### 6. 역사성

일정한 역사적인 상황 속에서 성립되는 헌법은 역사적인 산물로서 역사성을 갖는다. 그 역사성이라는 것은 결코 퇴영적인 역사성이 아니라, 과거와 현재와 미래의 동질성을 보장하는 진보적이고 발전적인 역사성을 의미한다.

## 제2절 헌법의 제정과 개정

## I. 헌법의 제정

### 1. 헌법제정의 의의

헌법의 제정은 사회공동체를 정치적인 일원체로 조직하기 위하여 법적인 기본질서를 마련하는 법창조행위이다.

### 2. 헌법제정권력

헌법제정권력이라 함은 헌법을 시원적으로 창조하는 힘을 말한다.

#### (1) Abbe Sieyes와 헌법제정권력론

Abbe Sieyes는 헌법제정권력을 제3계급(시민계급)에 속하는 것이라고 주장한다. 하지만 국민투표에 의한 헌법제정이 불가능하다는 것을 터득했기 때문에 귀족·교회대표·시민계급의 대표로 구성되는 제헌의회를 소집하여 실제로는 제헌의회에 의하여 헌법제정권력을 행사할 수 있다고 하여 대의민주주의의 사상적 선구자로 이해되고 있다. Abbe Sieyes는 헌법제정권력은 일종의 창조적 권력이기 때문에 시원성(始原性)을 가진다고 한다. 헌법제정권력은 이러한 시원성으로부터 자기정당화의 힘이 나오기 때문에 헌법제정권력을 행사하는데 있어서는 어떠한 법원리적 제약이 따를 수가 없다. 또한 그는 창조적 권력인 헌법제정권력과, 헌법제정권력에 의하여 만들어진 창조된 권력인 헌법개정권력을 구분하고 있다.

#### (2) 슈미트의 헌법제정권력론

슈미트 역시 헌법제정권력과 헌법개정권력을 구분하고, 헌법제정권력의 근본결단에 의해서 헌법이 제정되고, 이 헌법을 기초로 헌법률이 성립한다고 본다. 슈미트는 헌법제정권력의 정당성을 혁명적 입헌의지에서 이끌어 내면서, 시원적 권력으로서 헌법제정권력은 그것을 행사하는 데는 한계가 있을 수 없다고 한다.

#### (3) 법실증주의

법학적 연구대상을 실정법에 국한시킴으로써 합법성의 문제만을 중요시하고 정당성의 문제를 법학의 영역 밖으로 밀어내려고 했던 법실증주의에서는 헌법제정권력은 헌법적 고찰의 대상이 될 수 없고, 헌법제정권력의 개념을 부정하였다. 그들은 국가법인설[2]에

---

[2] 알브레히트와 게르버를 거쳐 옐리네크에 의하여 완성된 독일의 이론이다. 이 설에 의하면 국가는 법적으로 법인이며, 회사와 같은 법인에 여러 기관이 있듯이 군주는 국가라는 법인의 원수라는 기관이라고 주장한다. 이 경우 국가의 최고권력인 주권은 군주나 국민에게 있는 것이 아니라 국가 그 자체에 있다고 보기 때문에 '국가주권설'이라고도 한다. 시민계급이 성장한 당시의 독일로서는 군주주권도 취할 수 없고, 그렇다고 국민주권도 취할 수 없었기 때문에 주권을 국가에 있다고 본 것이며, 그러한 점에서 이 학설은 정치적 타협의 산

입각하여 헌법제정권력 = 헌법개정권력 = 입법권으로 이해하였다.

> **개별 헌법조항에 대한 위헌심사 가능 여부**(헌재 1995.12.28. 95헌바3)
> 우리 나라의 헌법은 제헌헌법이 초대국회에 의하여 제정된 반면 그 후의 제5차, 제7차, 제8차 및 현행의 제9차 헌법 개정에 있어서는 국민투표를 거친 바 있고, 그간 각 헌법의 개정절차조항 자체가 여러 번 개정된 적이 있으며, 형식적으로도 부분개정이 아니라 전문까지를 포함한 전면개정이 이루어졌던 점과 우리의 현행 헌법이 독일기본법 제79조 제3항과 같은 헌법개정의 한계에 관한 규정을 두고 있지 아니하고, 독일기본법 제79조 제1항 제1문과 같이 헌법의 개정을 법률의 형식으로 하도록 규정하고 있지도 아니한 점 등을 감안할 때, 우리 헌법의 각 개별규정 가운데 무엇이 헌법제정규정이고 무엇이 헌법개정규정인지를 구분하는 것이 가능하지 아니할 뿐 아니라, 각 개별규정에 그 효력상의 차이를 인정하여야 할 형식적인 이유를 찾을 수 없다. 이러한 점과 앞에서 검토한 현행 헌법 및 헌법재판소법의 명문의 규정취지에 비추어, 헌법제정권과 헌법개정권의 구별론이나 헌법개정한계론은 그 자체로서의 이론적 타당성 여부와 상관없이 우리 헌법재판소가 헌법의 개별규정에 대하여 위헌심사를 할 수 있다는 논거로 원용될 수 있는 것이 아니다.

### 3. 헌법제정권력과 주권

헌법제정권력을 주권과 동일한 개념으로 이해하기도 하고, 주권을 헌법제정권력을 포함하는 보다 넓은 개념으로 이해하기도 한다. 입법·행정·사법 등의 통치권은 일반적으로 헌법제정권력의 하위에 위치하는 권력으로 이해한다.

## II. 헌법의 개정

### 1. 헌법개정의 의의

헌법의 개정이란 헌법의 규범적 내용을 높이기 위해서 헌법이 정하는 일정한 절차에 따라 헌법전의 조문 내지는 문구를 명시적으로 고치거나 바꾸는 것을 말한다.

### 2. 헌법개정과 구별개념

(1) 헌법의 변천(변질)

1) 헌법변천의 의의

헌법규범이 외형상으로는 고쳐지지 않은 채 시대의 변천 내지 역사의 발전에 따라 헌법제정 당시와는 다른 내용의 생활규범으로 기능하는 것을 말한다. 헌법변천의 예로는 미국 연방대법원의 위헌법률심사권의 행사, 미국의 대통령선거, 일본의 자위대 등을 들 수 있다. 미국 수정헌법에 의하면 연방대법원은 법률의 위헌 여부를 심사할 수 있는 권한을 규정하고 있지 않지만, 1803년 Marbury v. Madison사건 이후로 법률의 위헌 여부를 연방대법원이 심사하고 있다. 미국 수정헌법에 의하면 대통령선거는 선거인단

---

물이라는 비판을 받는다.

에 의한 간접선거의 형태를 띠지만, 그 실질은 직접선거의 형태로 운용되고 있다. 일본의 헌법 제9조에 의하면 일본은 군대를 둘 수 없도록 규정하고 있지만, 자위대를 두고 있어 실제로는 병력을 보유하고 있으며, 군대의 설치 및 해외파병 등이 행해지고 있다.

우리헌정사에서 헌법변천의 예를 보면, 1962년 헌법 이래 지방의회에 관한 규정이 있었으나 1991년까지 지방의회가 구성되지 않았던 것, 1952년 제1차 개헌으로 양원제가 채택되었으나 참의원을 두지 않았던 것을 들 수 있다.

2) 헌법변천과 헌법개정

헌법변천에 의하여 헌법규범과 헌법현실의 괴리는 어느 정도 좁혀질 수 있지만, 헌법변천을 무한정으로 허용할 수 없기 때문에 헌법변천의 가능성이 다한 경우에는 헌법개정이 필요하다. 따라서 헌법개정은 헌법변천의 한계로서 기능한다.

(2) 헌법의 파괴·제거·침해·정지

헌법의 파괴란 헌법제정권력과 헌법의 존재형식(헌법전)을 동시에 제거하는 것을 말한다. 새로운 헌법제정권력의 주체와 종래의 헌법제정권력의 주체가 교체되는 경우로서 혁명을 의미한다. 헌법의 제거란 헌법제정권력은 존중하되 이 권력에 의하여 제정된 헌법의 존재형식만을 제거하는 것을 말한다. 정변이나 쿠데타에 의한 정권담당자의 교체를 의미한다. 헌법의 침해(침식)는 헌법개정에 필요한 정족수의 의결절차만을 거쳐 헌법의 규범내용과는 다른 조치를 취하거나, 헌법의 특정조항에 위반되는 공권력의 행사, 즉 위헌적인 명령의 발포(發布)와 같은 것을 말한다. 헌법의 정지는 특정한 헌법조항의 효력을 일시적으로 중단시키는 것을 말한다.

### 3. 헌법개정의 역사

우리나라 헌법은 1948년 제정되어 총 9차례의 헌법개정이 있었다.

(1) 1948년 헌법

1948년 5월 10일 제헌국회의 구성을 위한 총선거가 실시되었다. 1948년 5월 31일 제헌국회를 구성하고 헌법제정에 착수하여, 1948년 7월 17일 대통령제와 단원제국회를 골자로 하는 대한민국헌법이 공포·시행되었다.

1) 주요내용

국회의 구성은 임기 4년의 단원제 국회로 하고 정부형태는 대통령제를 채택하였다. 임기 4년의 대통령은 국회에서 간선하도록 하였으며, 한 번에 한하여 중임하도록 하였다. 부통령제를 두면서, 의원내각제적 요소를 가미하여 국회의 승인을 얻어 임명되는 국무총리를 두고, 대통령·국무총리·국무위원으로 조직되는 국무원을 의결기관으로 두었다. 헌법재판을 구체적 규범통제와 탄핵재판으로 이원화하여, 법률의 위헌여부심판을 위하여 헌법위원회를, 탄핵사건을 심판하기 위해 탄핵재판소를 설치하였다.

2) 제1차 개헌

정부와 여당의 대통령 직선제 및 양원제 국회안과 야당의 개헌안에 들어 있던 의원내각제적 요소인 국무원불신임제를 함께 채택하는 것을 내용으로 하는 발췌개헌안이 1952년 7월 4일에 통과되었다.

3) 2차 개헌(사사오입개헌)

1954년 2차 개헌의 핵심적 내용은 이승만 대통령의 3선 개헌허용이다. 그 밖에 주권제약 또는 영토변경시의 국민투표제도 도입, 국무총리제의 폐지 및 국무위원에 대한 개별적 불신임제의 채택, 대통령 궐위시에 부통령의 지위승계제도, 헌법개정의 국민투표제 및 한계조항 신설, 군법회의의 헌법적 근거 명시, 자유경제체제의 도입 등을 그 내용으로 하고 있다.

(2) 1960년 헌법

1960년 3·15 부정선거와 4·19에 의하여 이승만 정권이 무너지고, 6월 15일 제3차 개헌의 형식으로 제2공화국이 탄생 되었다.

1) 주요내용

민의원과 참의원의 선거를 실시하여 국회를 구성하고 의원내각제를 도입하였다. 그 밖에 대법원장과 대법관의 선거제, 중앙선거관리위원회의 헌법기관화, 경찰의 중립성, 지방자치단체장의 직선제 등을 규정하였다. 그리고 종전의 헌법위원회 제도를 폐지하고 헌법재판소제도를 도입하였다. 헌법재판소의 관장사항은 법률의 위헌여부심사, 헌법에 관한 최종적인 해석, 국가기관 간의 권한쟁의심판, 정당해산심판, 탄핵재판, 대통령·대법원장·대법관의 선거에 관한 소송으로 하고 있었다.

2) 제4차 개헌

1960년의 제4차 헌법개정은 소급입법의 헌법적 근거를 마련하였다. 부정선거관련자처벌법, 반민주행위자공민권제한법, 부정축재자특별처리법, 특별재판소 및 특별검찰부조직법 등 소급입법이 제정되었다.

(3) 1962년 헌법

1) 제5차 헌법개정

1962년의 제3공화국헌법은 대통령 중심제를 채택하고 있다. 4년 임기의 대통령은 중임이 가능하였고, 국회는 단원제로 구성되었다. 국무총리제도를 두었고, 국무총리·국무위원해임건의제도를 두고 있었다. 1962년 헌법에서는 헌법재판소제도를 폐지하고 대법원에서 위헌법률심사와 정당해산심판을 하게하고, 탄핵심판위원회를 두어 탄핵심판을 담당하도록 하고 있었다.

2) 제6차 헌법개정

1969년 대통령의 3선을 허용하는 제6차 헌법개정이 있었다. 제6차 헌법개정은 야당의원을 배제한 채 국회의사당이 아닌 곳에서 여당의원들로만 개헌안을 통과시켰다.

(4) 1972년 헌법

1972년 제7차 개정헌법은 대통령의 임기를 6년으로 하면서, 중임제한규정을 없애 1인 장기집권의 길을 열어놓은 것이었다. 대통령직선제를 폐지하고, 통일주체국민회의에 대통령의 선거권과 국회의원 정수의 1/3의 선출권을 주었다. 대통령의 법관임명권, 헌법개정을 국민투표로 확정하는 방법과 국회의결과 통일주체국민회의 의결로 확정하는 2원적 개헌방법을 채택하였고, 지방의회의 구성을 통일 이후로 연기하였다. 기본권 제한의 사유로 국가안전보장 등이 추가되었고, 본질적 내용의 침해금지조항이 삭제되었다. 1972년 헌법은 헌법위원회제도를 다시 부활시켰다. 헌법위원회는 법률의 위헌여부심판, 탄핵심판, 정당해산심판을 관장하였다.

(5) 1980년 헌법

1980년 제8차 개정헌법은 7년 단임의 대통령제와 대통령 선거인단에 의한 간접선거방식을 유지하였다. 대법원장에게 법관임명권을 주었고, 헌법개정은 국회의결과 국민투표로 확정되도록 하였다. 행복추구권, 무죄추정권, 연좌제폐지, 사생활의 비밀과 자유의 불가침, 환경권 등을 신설하였다. 1980년 헌법은 1972년 헌법의 헌법위원회제도를 그대로 답습하여 법률의 위헌여부심판, 탄핵심판, 정당해산심판 등을 관장하도록 하였다. 다만, 구체적 규범통제제도에서 "법률이 헌법에 위반되는 여부가 재판의 전제가 된 경우에 법원은 법률이 헌법에 위반되는 것으로 인정한 때에는 헌법위원회에 제청하여 그 결정에 의하여 재판한다"라고 변경하여 대법원판사 전원의 2/3 이상으로 이루어진 합의체에서 당해 법률의 헌법위반여부를 결정하고 여기에서 헌법에 위반되는 것으로 인정할 때에 헌법위원회에 송부한다고 하여 대법원의 불송부결정권을 규정하였다(헌법위원회법 제15조 제3항).

(6) 1987년 헌법

1987년의 대통령 직선제를 주요 골자로 하는 제9차 헌법개정이 있었다.

### 4. 헌법개정의 한계

(1) 헌법개정의 한계에 관한 논의

헌법개정의 한계문제는 헌법을 개정하는 경우에 개헌의 대상이 될 수 없는 일정한 헌법규정을 인정할 수 있는가에 관한 논의이다.

(2) 헌법개정의 한계 인정 여부
　1) 법실증주의의 한계부인론
　　법실증주의는 일체의 규범외적 상황을 법적 사고의 영역에서 배제하고 규범이론만을 중심으로 설명하기 때문에 헌법규범과 사회현실 사이에 생기는 괴리현상을 수습할 수 있는 방법은 헌법개정을 무한정으로 허용하는 것이다. 법실증주의에 의하면 헌법개정의 한계는 있을 수 없다.
　2) 결단주의와 한계인정론
　　결단주의 헌법이론을 대표하는 슈미트는 헌법과 헌법률을 구분하고 있다. 헌법제정권자가 내린 근본적인 결단으로서의 헌법은 헌법개정권자에 의하여 절대로 침해될 수 없으며, 비핵심적 사항에 해당하는 헌법률은 부수적 결단으로서 개정이 가능하다. 헌법제정권자의 근본적인 결단인 헌법은 헌법개정권력에 의하여 침해될 수 없는 헌법개정의 한계가 된다.
　3) 통합과정론적 헌법관의 한계인정
　　통합과정론을 취하는 학자들 간에는 헌법개정을 어느 정도까지 인정할 것인가에 관하여 견해가 대립된다. 대체로 역사발전과정의 계속성유지를 헌법개정의 한계로 내세우고 있다.
　4) 우리 헌법상의 헌법개정의 실정법적 한계
　　우리 현행법에서도 명시적으로 헌법개정을 금지하는 헌법개정의 한계조항은 존재하지 않는다. 헌법개정의 한계조항과 관련하여 우리 헌법 제128조 제2항에서는 "대통령의 임기연장 또는 중임변경을 위한 헌법개정은 그 헌법개정 당시의 대통령에 대하여는 효력이 없다"고 규정하고 있는데, 이는 개헌의 한계를 정하는 것이 아니고 개헌효력만을 일부 제한하는 개헌효력의 한계규정이다.
　5) 현행 헌법상 헌법개정의 금지대상
　　현행 헌법에서 개헌이 금지되는 사항을 구체적으로 헌법전문, 헌법 제1조의 민주공화국, 국민주권원리, 국제평화주의, 복수정당제도, 사회적 시장경제질서 등을 열거하는 견해도 있고, 개헌의 구체적 한계는 개헌 당시의 시대사상·정치이념 등에 의해서 정해질 문제라고 하는 견해가 있다.

**헌법규범 상호간 가치우열 인정 여부**(헌재 1996.6.13. 94헌마118 등)
헌법은 전문과 단순한 개별조항의 상호관련성이 없는 집합에 지나지 아니하는 것이 아니고 하나의 통일된 가치체계를 이루고 있으며 헌법의 제규정 가운데는 헌법의 근본가치를 보다 추상적으로 선언한 것도 있고 이를 보다 구체적으로 표현한 것도 있으므로, 이념적·논리적으로는 헌법규범 상호간의 가치의 우열을 인정할 수 있을 것이다. 그러나 이 때 인

> 정되는 헌법규범상호간의 우열은 추상적 가치규범의 구체화에 따른 것으로서 헌법의 통일적 해석을 위하여 유용한 정도를 넘어 헌법의 어느 특정규정이 다른 규정의 효력을 전면 부인할 수 있는 정도의 효력상의 차등을 의미하는 것이라고는 볼 수 없다. 더욱이 헌법개정의 한계에 관한 규정을 두지 아니하고 헌법의 개정을 법률의 개정과는 달리 국민투표에 의하여 이를 확정하도록 규정하고 있는(헌법 제130조 제2항) 현행의 우리 헌법상으로는 과연 어떤 규정이 헌법핵 내지는 헌법제정규범으로서 상위규범이고 어떤 규정이 단순한 헌법개정규범으로서 하위규범인지를 구별하는 것이 가능하지 아니하며, 달리 헌법의 각 개별규정 사이에 그 효력상의 차이를 인정하여야 할 아무런 근거도 찾을 수 없다. 나아가 헌법은 그 전체로서 주권자인 국민의 결단 내지 국민적 합의의 결과라고 보아야 할 것으로, 헌법의 개별규정을 헌법재판소법 제68조 제1항 소정의 공권력 행사의 결과라고 볼 수도 없다.

### 5. 헌법개정절차

(1) 발의

헌법개정은 대통령과 국회재적 과반수의 발의로 제안된다.

(2) 공고

제안된 헌법개정안은 대통령이 20일 이상의 기간 이를 공고하여야 한다.

(3) 국회의결

국회는 헌법개정안이 공고된 날로부터 60일 이내에 재적의원 2/3 이상의 찬성을 얻어야 한다.

(4) 국민투표

헌법개정안은 국회가 의결한 후 30일 이내에 국민투표에 붙여 국회의원선거권자 과반수의 투표와 투표자 과반수의 찬성을 얻어야 한다. 국민투표로 찬성을 얻은 때에 헌법개정은 확정된다.

(5) 공포

헌법개정안이 국민투표로 확정되면 대통령은 즉시 이를 공포해야 한다.

## 제3절 헌법해석과 합헌적 법률해석

### Ⅰ. 헌법해석

헌법해석이란 헌법규범의 내용이 문제점으로 나타날 때 이를 해결하기 위한 법인식작용을 말하는 것으로, 성문헌법·불문헌법·형식적 의미의 헌법·실질적 의미의 헌법인지를 묻지 않는다.

### Ⅱ. 헌법해석의 방법

1. 헌법의 통일성을 실현시키기 위한 헌법해석방법으로는 이익형량의 방법과 규범조화적 해석방법이 있다.

2. 이익형량의 원칙이란 서로 상반하는 내용의 규범의 가치 내지 법익을 비교교량해서 보다 큰 가치 내지 법익을 보호하고 있는 헌법규범의 효력에 우선권을 주어야 한다는 해석지침이다.

3. 규범조화적 해석방법은 상반하는 헌법규범이나 헌법적 원칙을 최대한으로 조화시켜 동화적인 효력을 나타낼 수 있도록 해석해야 한다는 지침을 말한다.

> 헌법상 기본권과 헌법적 가치의 충돌시 해석방법(헌재 2011.8.30. 2008헌가22 등(재판관 이강국, 재판관 송두환 한정위헌의견))
> 헌법상의 기본권과 헌법상의 국민의 의무 등 헌법적 가치가 상호 충돌하고 대립하는 경우에는 어느 하나의 가치만을 선택하여 나머지 가치를 희생시켜서는 안 되고, 충돌하는 가치를 모두 최대한 실현시킬 수 있는 규범조화적 해석원칙을 사용해야 한다.

> 기본권의 상충시 해석기준(헌재 2010.12.28. 2009헌바258)
> 헌법의 통일성을 유지하기 위하여 상충하는 기본권 모두가 최대한으로 그 기능과 효력을 발휘할 수 있도록 조화로운 방법을 모색하되(규범조화적 해석), 법익형량의 원리, 입법에 의한 선택적 재량 등을 종합적으로 참작하여 심사하여야 한다.

> 언론의 자유와 인격권의 충돌시 해석방법(헌재 2007.11.29. 2004헌마290)
> 언론의 자유와 인격권(명예권)의 충돌 문제에 있어서는 헌법을 규범조화적으로 해석하여 이들을 합리적으로 해석하여 조화시키기 위한 노력이 있어야 한다.

### Ⅲ. 법률의 합헌적 해석

#### 1. 합헌적 법률해석의 의의

합헌적 법률해석이란 위헌으로 보이는 법률이라고 할지라도 그것이 합헌적으로 해석될 여지가 조금이라도 있는 한 이를 쉽사리 위헌이라고 판단해서는 안 된다는 법률의 해석지침이다.

> **법률의 개념이 다의적일 경우 해석방법**(헌재 1990.4.2. 89헌가113)
> 어떤 법률의 개념이 다의적이고 그 어의의 테두리안에서 여러 가지 해석이 가능할 때 헌법을 그 최고 법규로 하는 통일적인 법질서의 형성을 위하여 헌법에 합치되는 해석 즉 합헌적인 해석을 택하여야 하며, 이에 의하여 위헌적인 결과가 될 해석을 배제하면서 합헌적이고 긍정적인 면은 살려야 한다는 것이 헌법의 일반 법리이다.

### 2. 합헌적 법률해석과 규범통제와의 관계

(1) 합헌적 법률해석은 법률에 대한 위헌심사(규범통제) 과정에서 주로 문제가 되지만, 반드시 규범통제를 전제로 하는 것은 아니다.

(2) 합헌적 법률해석은 법률의 효력을 되도록이면 지속시키려는 것인 반면에 규범통제는 최고규범으로서의 헌법이 가지는 효력을 입법권에 의하여 침해되지 않도록 하려는 제도이다.

> **법률에 대한 한정위헌선언 가능 여부**(헌재 2012.12.27. 2011헌바117)
> 헌법재판소가 구체적 규범통제권을 행사하기 위하여 법률조항을 해석함에 있어 당해 법률조항의 의미가 다의적이거나 넓은 적용영역을 가지는 경우에는 가능한 한 헌법에 합치하는 해석을 선택함으로써 법률조항의 효력을 유지하도록 하는 것(헌법합치적 법률해석의 원칙)은 규범통제절차에 있어서의 규범유지의 원칙이나 헌법재판의 본질에서 당연한 것이다. 나아가 구체적 규범통제절차에서 당해 사건에 적용되는 법률조항이 다의적 해석가능성이나 다의적 적용가능성을 가지고 있고 그 가운데 특정한 해석이나 적용부분만이 위헌이라고 판단되는 경우, 즉 부분적·한정적으로 위헌인 경우에는 그 부분에 한정하여 위헌을 선언하여야 하는 것 역시 당연한 것이다.

### 3. 합헌적 법률해석의 한계

(1) 문의적 한계

법률의 합헌적 해석은 법의 문구에 따른 한계가 있다. 법률의 조항의 문구가 간직하고 있는 말의 뜻을 넘어서 말의 뜻이 완전히 다른 의미로 변질되지 아니하는 범위 내이어야 한다(헌재 2009.5.28. 2006헌마285).[3]

(2) 법목적적 한계

입법권자가 법률의 제정으로써 추구하고자 하는 입법자의 명백한 의지와 입법의 목적을 헛되게 하는 내용으로 해석할 수 없다.

---

[3] 재판관 김종대의 반대의견 : 국회의 입법권을 존중해 헌법합치적 법률해석을 해야 할 경우라도 그 법률의 문언적 한계를 넘어서까지 그 해석권능을 행사할 수는 없다.

### 법률해석의 한계(헌재 1992.3.13. 92헌마37 등)

일반법률을 해석하는 경우에 법률의 헌법합치적 해석은 법문의 의미와 입법자가 이에 부여코자 한 입법목적의 범위를 넘을 수 없는 것이 일반원칙이기 때문에 입법자의 입법목적과 그에 따른 법문의 의미를 법률 자체에 표현된 객관화된 문언을 기준으로 하여 이를 해석하고 판단하는 것이다.

### 한정위헌청구의 적법 여부 및 한계(헌재 2012.12.27. 2011헌바117)

헌법합치적 법률해석의 원칙상 법률조항 중 위헌성이 있는 부분에 한정하여 위헌결정을 하는 것은 입법권에 대한 자제와 존중으로서 당연하고 불가피한 결론이므로, 이러한 한정위헌결정을 구하는 한정위헌청구는 원칙적으로 적법하다고 보아야 한다. 다만, 재판소원을 금지하는 헌법재판소법 제68조 제1항의 취지에 비추어, 개별·구체적 사건에서 단순히 법률조항의 포섭이나 적용의 문제를 다투거나, 의미 있는 헌법문제에 대한 주장 없이 단지 재판결과를 다투는 헌법소원 심판청구는 여전히 허용되지 않는다.

### 조세법률주의 원칙에 의한 법률해석의 한계(헌재 2012.7.26. 2009헌바35 등)

일반적으로 법률문언의 의미와 내용을 분명히 하는 법률해석에 있어서 문구의 의미가 명확하지 않을 경우 체계적·합목적적 해석을 하거나, 유추해석을 하여 법의 흠결을 보충하거나, 입법자의 의도를 합리적으로 판단하여 문언을 약간 수정하여 해석하는 경우도 있을 수 있다. 또한 여러 갈래의 해석이 가능한 경우 헌법합치적 법률해석의 원칙도 존중되어야 한다. 그러나 법률해석의 이러한 여러 방법들은 규율영역에 따라 허용되지 않거나 엄격하게 제한되는 경우가 있는바, 국민의 재산권과 밀접한 관련을 갖고 있는 조세법의 해석에 있어서는 조세법률주의의 원칙상 과세요건, 절차, 결과 등 모든 면에서 엄격하게 법문언대로 해석하여야 하고 합리적인 이유 없이 확장해석하거나 유추해석할 수는 없다. 그러므로 유효한 법률조항의 의미를 합리적으로 보충하는 데에서 더 나아가, 이미 실효되어 더 이상 존재한다고 볼 수 없는 법률조항을 여전히 유효한 것으로 해석한다면 이는 법률해석의 한계를 벗어나는 것으로서 조세법률주의의 원칙에 반한다. 또한 '헌법합치적 법률해석' 역시 유효한 법률조항의 의미나 문구를 대상으로 하는 것이지, 이를 넘어 이미 실효된 법률조항을 대상으로 하여 헌법합치적인 법률해석을 할 수는 없는 것이다.

## 제4절 헌법의 보호

### Ⅰ. 헌법보호의 의의
헌법의 보호란 헌법적 가치질서를 지키는 것을 말한다.

### Ⅱ. 헌법의 수호자
종래 헌법의 수호자와 관련하여 논의가 있었다. 슈미트는 공화국 대통령이 헌법의 수호자일 수밖에 없다고 한다. 켈젠은 헌법의 규범력을 최종적으로 담보하는 헌법해석기관인 대통령·의회·헌법재판소 등이 헌법의 수호자라고 한다. 오늘날에는 대체로 공무원, 대통령·법원·헌법재판소 등의 국가기관과 국민 등을 헌법의 수호자로 이해하고 있다.

### Ⅲ. 헌법보호의 수단

#### 1. 평상시 보호수단과 비상적 보호수단
일반적으로 헌법보호수단은 평상시 헌법보호수단과 비상적 헌법보호수단으로 구분한다. 평상시의 헌법보호수단은 사전예방적·사후교정적 헌법보호수단으로 구분한다. 사전예방적 헌법보호제도로는 헌법의 최고규범성 선언, 헌법준수의무의 선서, 국가권력의 분립, 헌법개정의 곤란성, 공무원의 정치적 중립성보장, 방어적 민주주의의 채택 등이 있다. 사후교정적 헌법수호제도로는 위헌법령심사제, 탄핵제도, 위헌정당해산제도, 의회해산제, 공무원책임제, 각료의 해임건의 등이 있다. 비상적 헌법수호제도로는 국가긴급권의 발동과 국민의 저항권행사 등이 있다.

#### 2. 상향식·하향식 헌법침해에 대한 헌법보호수단
헌법보호수단을 헌법침해의 양상에 따라 상향식 헌법침해에 대한 보호수단과 하향식 헌법침해에 대한 보호수단으로 구분하기도 한다. 상향식 헌법침해에 대한 보호수단으로는 기본권의 실효제도, 위헌정당해산제도 등이 있다. 하향식 헌법침해에 대한 보호수단으로는 국가권력의 과잉행사에 대한 헌법소송제도, 권력분립제도, 국민소환제도, 저항권 등이 있다.

#### 3. 정치적 헌법보장, 사법적 헌법보장, 선언적 헌법보장
헌법보호수단의 성격에 따라 정치적·사법적·선언적 헌법보호로 구분하기도 한다. 정치적 헌법보장으로는 권력분립제도, 각료의 해임건의제도, 공무원의 정치적 중립성 보장, 군의 정치적 중립성, 헌법개정국민투표, 국가긴급권제도, 국정감사·조사제도 등이 있다. 사법적 헌법보장으로는 법원에 의한 위헌법령심사제도, 헌법재판제도 등이 있다. 선언적 헌법보장으로는 헌법준수의무선서제도, 경성헌법제도 등이 있다.

## 4. 비상적 헌법보호수단

### (1) 저항권

#### 1) 저항권의 의의

저항권이란 국가권력에 의하여 헌법의 기본원리에 대한 중대한 침해가 행하여지고 그 침해가 헌법의 존재가치를 부인하는 것으로서 다른 합법적인 구제수단으로는 목적을 달성할 수 없을 때에 국민이 자신의 권리와 자유를 지키기 위하여 실력으로 저항하는 권리를 말한다.

#### 2) 저항권의 법적 성격

저항권은 기본권적인 성격과 헌법보호 수단이라는 성격을 함께 가지고 있다. 그리고 저항권은 기존 질서의 회복을 목적으로 한다는 점에서 헌법적 질서의 변혁을 목표로 하는 혁명과 구분되며, 법질서의 정당성을 인정하면서 비폭력적 방법으로 행사되는 시민불복종운동과 구분된다.

#### 3) 저항권의 행사요건

저항권의 행사요건으로는 보충성·최후수단성·성공가능성 등을 들고 있다. 다른 모든 헌법적 수단을 총동원해서도 국가권력에 의한 헌법침해를 막을 길이 없는 경우에 보충적·예비적으로만 행사되어야 하고(보충성), 헌법적 가치질서가 무너지기 시작하는 초기에는 허용되어서는 아니되고 최후 수단까지 기다려서 헌법적 가치질서가 완전히 무너지기 직전에 헌법적 질서를 구제하기 위한 최후 수단으로 허용되어야 하며(최후수단성), 성공가능성이 있는 경우에만 허용되어야 한다(성공가능성)는 것이 그것이다. 저항권의 행사요건으로 국가권력행사의 명백한 불법성을 그 요건으로 하면서 성공가능성은 포함하지 않는 견해가 있다.

#### 4) 판례의 태도

헌법재판소는 저항권의 관념은 인정하지만, 국회법 소정의 협의 없는 개의시간의 변경과 회의일시를 통지하지 아니한 입법과정의 하자는 저항권 행사의 대상이 되지 아니한다고 한다. 대법원은 민청학련사건(긴급조치위반사건)과 김재규사건 등에서 저항권은 그 개념이 막연하고, 초법규적인 권리개념으로써 실정법에 근거를 두지 못하고 자연법에만 근거하고 있는 한 재판규범으로 원용할 수 없다고 한다(대판 1980.5.20. 80도306).

> **입법과정의 하자가 저항권 행사의 대상이 되는지 여부**(헌재 1997.9.25. 97헌가4)
> 저항권은 국가권력에 의하여 헌법의 기본원리에 대한 중대한 침해가 행하여지고 그 침해가 헌법의 존재 자체를 부인하는 것으로서 다른 합법적인 구제수단으로는 목적을 달성할 수 없을 때에 국민이 자기의 권리·자유를 지키기 위하여 실력으로 저항하는 권리이므로, 국회법 소정의 협의 없는 개의시간의 변경과 회의일시를 통지하지 아니한 입법과정의 하자는 저항권 행사의 대상이 되지 아니한다.

(2) 국가긴급권
　1) 국가긴급권의 의의
　　국가긴급권이란 국가의 존립과 안전을 위태롭게 하는 비상사태의 발생의 경우에 정상적인 헌법보호수단에 의해서는 수습될 수 없는 상황에서 긴급적 조치를 강구할 수 있는 비상적 권한을 말한다.
　2) 우리 헌법상의 국가긴급권
　① 우리 헌법은 제76조와 제77조에서 긴급명령권·긴급재정경제처분 및 명령권·계엄선포권 등의 국가긴급권을 규정하고 있다.
　② 긴급명령이란 국가의 안위에 관계되는 중대한 교전상태에 있어서 국가를 보위하기 위하여 긴급한 조치가 필요하고 국회의 집회가 불가능한 때에 한하여 대통령이 발하는 명령으로 이는 법률과 동일한 효력을 가진다.
　③ 긴급재정경제처분·명령이란 내우·외환·천재·지변 또는 중대한 재정·경제상의 위기에 있어서 국가의 안정보장 또는 공공의 안녕질서를 유지하기 위하여 긴급한 조치가 필요하고 국회의 집회를 기다릴 여유가 없는 경우에 한하여 대통령은 최소한으로 필요한 재정·경제상의 처분을 하거나 법률의 효력을 가지는 명령을 발할 수 있다.
　④ 대통령은 위 처분과 명령을 한 때에는 국회에 보고하여 승인을 얻어야 하며, 승인을 얻지 못한 때에는 그 처분 또는 명령은 그 때부터 효력을 상실한다.
　⑤ 전시·사변 또는 이에 준하는 국가비상사태에 있어서 병력으로써 군사상의 필요에 응하거나 공공의 안녕질서를 유지할 필요가 있을 때에 대통령은 계엄을 선포할 수 있는데, 비상계엄과 경비계엄으로 나누어진다. 비상계엄이 선포된 때에는 법률이 정하는 바에 의하여 영장제도, 언론·출판·집회·결사의 자유, 정부나 법원의 권한에 관하여 특별한 조치를 취할 수 있다. 계엄을 선포한 때에는 대통령은 지체 없이 국회에 통고하여야 하며, 국회가 재적의원 과반수의 찬성으로 계엄의 해제를 요구한 때에는 대통령은 이를 해제하여야 한다.

**국가긴급권의 인정 여부 및 한계**(헌재 1994.6.30. 92헌가18)
입헌주의적 헌법은 국민의 기본권 보장을 그 이념으로 하고 그것을 위한 권력분립과 법치주의를 그 수단으로 하기 때문에 국가권력은 언제나 헌법의 테두리 안에서 헌법에 규정된 절차에 따라 발동되지 않으면 안된다. 그러나 입헌주의국가에서도 전쟁이나 내란, 경제공황 등과 같은 비상사태가 발발하여 국가의 존립이나 헌법질서의 유지가 위태롭게 된 때에는 정상적인 헌법체제의 유지와 헌법에 규정된 정상적인 권력행사 방식을 고집할 수 없게 된다. 그와 같은 비상사태하에서는 국가적·헌법적 위기를 극복하기 위하여 비상적 조치가 강구되지 않을 수 없다. 그와 같은 비상적 수단을 발동할 수 있는 권한이 국가긴급권이다. 즉 국가긴급권은 국가의 존립이나 헌법질서를 위태롭게 하는 비상사태가 발생한 경우에 국가를 보전하고 헌법질서를 유지하기 위한 헌법보장의 한 수단이다. 그러나 국가긴급권의 인정은 국가권력에 대한 헌법상의 제약을 해제하여 주는 것이 되므로 국가긴급권의 인정은 일면 국가의 위기를 극복하여야 한다는 필요성 때문이기는 하지만 그것은 동시에 권력의 집중과 입헌주의의 일시적 정지로 말미암아 입헌주의 그 자체를 파괴할 위험을 초래하게 된다. 따라서 헌법에서 국가긴급권의 발동기준과 내용 그리고 그 한계에 관해서 상세히 규정함으로써 그 남용 또는 약용의 소지를 줄이고 심지어는 국가긴급권의 과잉행사 때는 저항권을 인정하는 등 필요한 제동장치도 함께 마련해 두는 것이 현대의 민주적인 헌법국가의 일반적인 태도이다. … 초헌법적인 국가긴급권을 대통령에게 부여하고 있다는 점에서 이는 헌법을 부정하고 파괴하는 반입헌주의, 반법치주의의 위헌법률이다.

**긴급재정경제명령의 유형 및 헌법재판소의 심판대상 여부**(헌재 1996.2.29. 93헌마186)
대통령의 긴급재정경제명령은 국가긴급권의 일종으로서 고도의 정치적 결단에 의하여 발동되는 행위이고 그 결단을 존중하여야 할 필요성이 있는 행위라는 의미에서 이른바 통치행위에 속한다고 할 수 있으나, 통치행위를 포함하여 모든 국가작용은 국민의 기본권적 가치를 실현하기 위한 수단이라는 한계를 반드시 지켜야 하는 것이고, 헌법재판소는 헌법의 수호와 국민의 기본권보장을 사명으로 하는 국가기관이므로 비록 고도의 정치적 결단에 의하여 행해지는 국가작용이라고 할지라도 그것이 국민의 기본권 침해와 직접 관련되는 경우에는 당연히 헌법재판소의 심판대상이 된다.

**긴급재정경제명령의 과잉금지원칙 준수 여부**(헌재 1996.2.29. 93헌마186)
긴급재정경제명령이 아래에서 보는 바와 같은 헌법 제76조 소정의 요건과 한계에 부합하는 것이라면 그 자체로 목적의 정당성, 수단의 적정성, 피해의 최소성, 법익의 균형성이라는 기본권제한의 한계로서의 과잉금지원칙을 준수하는 것이 되는 것이다.

## 5. 사전예방적 보호수단으로서 방어적 민주주의

방어적 민주주의란 민주주의 이름으로 민주주의를 파괴하는 민주주의의 적으로부터 민주주의를 방어해야 한다는 것을 말한다. 방어적 민주주의는 가치상대주의적 민주주의를 극복하고 민주주의를 일정한 가치에 구속되는 것으로 이해하는 가치구속적 민주주의를 그 전제로 하고 있다. 위헌정당해산제도와 기본권 실효제도[4]는 자유민주주의와 결부되고 있는 특정한 가치질서를 스스로 지키기 위한 방어적·투쟁적 민주주의에 그 바탕을 두고 있다.

**헌법 제8조 제4항의 의의**(헌재 2006.4.27. 2004헌마562; 헌재 1999.12.23. 99헌마135)
헌법 제8조 제4항은 "정당의 목적이나 활동이 민주적 기본질서에 위배될 때에는 정부는 헌법재판소에 그 해산을 제소할 수 있고, 정당은 헌법재판소의 심판에 의하여 해산된다"

---

[4] 기본권 실효제도는 헌법적 가치질서를 제거하기 위하여 그릇된 목적으로 기본권을 행사하는 경우 특정인이나 특정 단체에 대하여 기본권을 실효시키는 것으로 독일헌법 제18조에서 규정하고 있다.

고 규정하고 있다. 정당의 해산에 관한 위 헌법규정은 민주주의를 파괴하려는 세력으로부터 민주주의를 보호하려는 소위 '방어적 민주주의'의 한 요소이고, 다른 한편으로는 헌법 스스로가 정당의 정치적 성격을 이유로 하는 정당금지의 요건을 엄격하게 정함으로써 되도록 민주적 정치과정의 개방성을 최대한으로 보장하려는 것이다.

# CHAPTER 02 | 국가와 헌법

## 제1절 대한민국과 헌법

### Ⅰ. 대한민국의 국가형태

헌법 제1조 제1항에서 '대한민국은 민주공화국이다'라고 규정하여 대한민국의 국가형태가 민주공화국임을 선언하고 있다. '민주공화국'의 의미와 관련하여, 민주는 정체를 공화국은 국체를 규정한 것이라는 견해, 민주공화국은 민주정체와 공화정체를 의미하는 정체에 관한 규정으로 이해하는 견해, 민주공화국이라는 규정자체를 우리나라의 국가형태로 보려는 견해, 국체와 정체의 구별을 전제로 하는 민주공화국에 관한 논쟁은 아무런 실익이 없다고 보는 견해 등이 제시되고 있다.

### Ⅱ. 대한민국의 구성요소

국가의 세 가지 요소로 '국민', '영토', '주권'을 든다. 그 밖에 국가를 구성하는 사회공동체 구성원의 개성신장과 사회통합을 촉진시킬 수 있는 규범적인 틀인 헌법이 필요하다. 우리 헌법 제1조 제1항에서 대한민국은 민주공화국이라고 규정하고 있고, 제2항에서 대한민국의 주권은 국민에게 있고 모든 권력은 국민으로부터 나온다고 하고 있다. 우리나라의 국호가 대한민국, 국가형태는 민주공화국이며, 국민·영토·주권을 그 요소로 하고 있다.

## 제2절 대한민국 국민

## I. 국민

### 1. 국민의 요건

우리 헌법 제2조 제1항에서 대한민국 국민이 되는 요건은 법률로 정한다고 규정하고 있고, 국적법에서 국민이 되는 요건을 정하고 있다. 국민은 영토, 주권과 더불어 국가의 3대 구성요소 중의 하나다. 국적은 국민이 되는 자격·신분을 의미하므로 국민이 아닌 자는 외국인(외국국적자, 무국적자 포함)이라고 한다. 국민은 항구적 소속원이므로 어느 곳에 있던지 그가 속하는 국가의 통치권에 복종할 의무를 부담하고, 국외에 있을 때에는 예외적으로 거주국의 통치권에 복종하여야 한다(헌재 2000.8.31. 97헌가12).

### 2. 국적의 취득

(1) 선천적 국적취득(출생)

우리 국적법은 속인주의를 원칙으로 하면서도 속지주의를 가미하고 있다.

1) 속인주의(혈통주의)

국적법은 출생 당시 부 또는 모 어느 한 쪽이 우리 국민이면 그 자녀도 우리 국적을 취득하는 부모양계혈통주의에 기초하고 있다.

2) 속지주의

부모가 모두 분명하지 아니한 경우, 부모가 무국적자인 경우에는 대한민국에서 출생한 자는 대한민국의 국적을 취득한다. 대한민국에서 발견된 기아는 대한민국에서 출생한 것으로 추정한다.

**국적법 제2조(출생에 의한 국적 취득)** ① 다음 각 호의 어느 하나에 해당하는 자는 출생과 동시에 대한민국 국적을 취득한다.
   1. 출생 당시에 부 또는 모가 대한민국의 국민인 자
   2. 출생하기 전에 부가 사망한 경우에는 그 사망 당시에 부가 대한민국의 국민이었던 자
   3. 부모가 모두 분명하지 아니한 경우나 국적이 없는 경우에는 대한민국에서 출생한 자
② 대한민국에서 발견된 기아는 대한민국에서 출생한 것으로 추정한다.

(2) 후천적 국적취득

1) 인지에 의한 국적취득

외국인으로서 대한민국 국민인 부 또는 모에 의한 인지된 자가 미성년자이고, 출생 당시 부 또는 모가 대한민국 국민이었을 경우에는 법무부장관에게 신고함으로써 대한민국 국적을 취득할 수 있다.

**국적법 제3조(인지에 의한 국적 취득)** ① 대한민국의 국민이 아닌 자("외국인")로서 대한민국의 국민인 부 또는 모에 의하여 인지된 자가 다음 각 호의 요건을 모두 갖추면 법무부장관에게 신고함으로써 대한민국 국적을 취득할 수 있다.
1. 대한민국의 「민법」상 미성년일 것
2. 출생 당시에 부 또는 모가 대한민국의 국민이었을 것

2) 귀화에 의한 국적취득

대한민국 국적을 취득한 사실이 없는 외국인은 법무부장관의 귀화허가를 받아 대한민국 국적을 취득할 수 있다. 일반귀화, 간이귀화, 특별귀화에 의한 국적 취득이 가능하다.

**국적법 제5조(일반귀화 요건)** 외국인이 귀화허가를 받기 위하여서는 제6조나 제7조에 해당하는 경우 외에는 다음 각 호의 요건을 갖추어야 한다.
1. 5년 이상 계속하여 대한민국에 주소가 있을 것
1의2. 대한민국에서 영주할 수 있는 체류자격을 가지고 있을 것
2. 대한민국의 「민법」상 성년일 것
3. 법령을 준수하는 등 법무부령으로 정하는 품행 단정의 요건을 갖출 것
4. 자신의 자산이나 기능에 의하거나 생계를 같이하는 가족에 의존하여 생계를 유지할 능력이 있을 것
5. 국어능력과 대한민국의 풍습에 대한 이해 등 대한민국 국민으로서의 기본 소양을 갖추고 있을 것
6. 귀화를 허가하는 것이 국가안전보장·질서유지 또는 공공복리를 해치지 아니한다고 법무부장관이 인정할 것

**국적법 제6조(간이귀화 요건)** ① 다음 각 호의 어느 하나에 해당하는 외국인으로서 대한민국에 3년 이상 계속하여 주소가 있는 사람은 제5조 제1호 및 제1호의2의 요건을 갖추지 아니하여도 귀화허가를 받을 수 있다.
1. 부 또는 모가 대한민국의 국민이었던 사람
2. 대한민국에서 출생한 자로서 부 또는 모가 대한민국에서 출생한 사람
3. 대한민국 국민의 양자로서 입양 당시 대한민국의 「민법」상 성년이었던 사람

**국적법 제7조(특별귀화 요건)** ① 다음 각 호의 어느 하나에 해당하는 외국인으로서 대한민국에 주소가 있는 사람은 제5조제1호·제1호의2·제2호 또는 제4호의 요건을 갖추지 아니하여도 귀화허가를 받을 수 있다.
1. 부 또는 모가 대한민국의 국민인 자. 다만, 양자로서 대한민국의 「민법」상 성년이 된 후에 입양된 사람은 제외한다.
2. 대한민국에 특별한 공로가 있는 사람
3. 과학·경제·문화·체육 등 특정 분야에서 매우 우수한 능력을 보유한 사람으로서 대한민국의 국익에 기여할 것으로 인정되는 사람

3) 수반취득

외국인의 자로서 대한민국의 민법상 미성년인 자는 부 또는 모가 귀화허가를 신청할 때 함께 국적 취득을 신청할 수 있으며, 법무부장관이 부 또는 모에게 귀화를 허가한 때에 함께 대한민국 국적을 취득한다.

## 3. 국적단일주의

### (1) 복수국적자의 법적 지위

복수국적자는 출생 등의 사유로 국적법에 의해서 대한민국 국적과 외국국적을 함께 가지게 된 자를 말한다. 대한민국 국적을 취득한 외국인은 그 외국 국적을 포기해야 하는데, 외국국적 불행사 서약을 한 사람, 대한민국 국민이 외국국적을 취득한 후 대한민국 국적 보유의사를 신고한 자는 복수국적자가 된다(국적법 시행령 제16조).

국적법에서는 대한민국 국적과 외국국적을 함께 가지게 된 복수국적자는 대한민국의 법령 적용에서 대한민국 국민으로만 처우하고 있으며(국적법 제11조의2), 복수국적자의 국적선택의무, 국적선택명령제도 등을 채택함으로써 국적단일주의를 강화하고 있다.

### (2) 복수국적자의 국적선택의무

1) 만 20세가 되기 전에 복수국적자가 된 자는 만22세가 되기 전까지, 만20세가 된 후에 복수국적자가 된 자는 그 때부터 2년 내에 하나의 국적을 선택하여야 한다. 법무부장관에게 대한민국에서 외국 국적을 행사하지 않겠다는 서약을 한 복수국적자는 제외된다.

2) 병역법에 따른 병역준비역에 편입된 자는 편입된 때로부터 3개월 이내에 하나의 국적을 선택해야 하며, 현역·상근예비역·보충역 또는 대체역으로 복무를 마치거나 마친 것으로 보게 되는 경우, 전시근로역에 편입된 경우, 병역면제처분을 받은 경우에는 그 때로부터 2년 이내에 하나의 국적을 선택해야 한다.

> **복수국적자의 국적선택의무의 위헌 여부(국적이탈의 자유 침해 여부)**(헌재 2020.9.24. 2016헌마889)
> 심판대상 법률조항은 대한민국 남성인 복수국적자가 만 18세가 되는 해의 1월 1일이 되기 전 국적을 취득한 경우 같은 해 3월 31일 이전에, 위 일자 이후 국적을 취득한 경우 그 취득일부터 3개월 이내에 하나의 국적을 선택하도록 하고, 그때까지 대한민국 국적으로부터 이탈한다는 뜻을 신고하지 않는 이상, 병역의무가 해소되기 전에는 대한민국 국적에서 이탈할 수 있는 예외를 전혀 두지 않고 있다. 이와 같이 복수국적자인 남성에 대하여 국적이탈의 자유가 예외 없이 제한되는데도 불구하고, 복수국적자에게 국적선택 절차나 국적선택 기간이 경과되는 경우 발생하는 제한 등에 대하여 개별 통지가 이루어지지는 않고 있다. … 복수국적자의 주된 생활근거지나 대한민국에서의 체류 또는 거주 경험 등 구체적 사정에 따라서는 사회통념상 심판대상 법률조항이 정하는 기간 내에 국적이탈 신고를 할 것으로 기대하기 어려운 사유가 인정될 여지가 있다. 예컨대 출생과 동시에 신고 없이 대한민국 국적을 취득한 복수국적자가 주된 생활근거를 외국에 두고 학업이나 경제활동 등의 생활을 하여 왔다면, 그에게 복수국적 취득과 국적이탈 등에 관한 대한민국의 법과 제도에 대한 이해를 기대하기 어려울 수 있다. 그럼에도 불구하고, 그가 복수국적자임을 인지하고 비로소 대한민국 국적에서 이탈하려 할 때 국적선택 기간이 경과하였다는 이유로 병역의무 해소 전에는 그의 국적이탈 신고를 일률적으로 허용하지 않는 것은 사회통념상 그에게 책임을 묻기 어려운 사유로 그의 국적이탈의 자유를 크게 제약하는 것

이다. … 따라서 병역준비역에 편입된 복수국적자의 국적선택 기간이 지났다고 하더라도, 그 기간 내에 국적이탈 신고를 하지 못한 데 대하여 사회통념상 그에게 책임을 묻기 어려운 사정 즉, 정당한 사유가 존재하고, 또한 병역의무 이행의 공평성 확보라는 입법목적을 훼손하지 않음이 객관적으로 인정되는 경우라면, 병역준비역에 편입된 복수국적자에게 국적선택 기간이 경과하였다고 하여 일률적으로 국적이탈을 할 수 없다고 할 것이 아니라, 예외적으로 국적이탈을 허가하는 방안을 마련할 여지가 있다.

이처럼 '병역의무의 공평성 확보'라는 입법목적을 훼손하지 않으면서도 기본권을 덜 침해하는 방법이 있는데도 심판대상 법률조항은 그러한 예외를 전혀 두지 않고 일률적으로 병역의무 해소 전에는 국적이탈을 할 수 없도록 하는바, 이는 피해의 최소성 원칙에 위배된다. … 이상의 사정을 종합하면, 심판대상 법률조항은 과잉금지원칙에 위배되어 청구인의 국적이탈의 자유를 침해한다.

3) 직계존속이 외국에서 영주할 목적 없이 체류한 상태에서 출생한 자는 병역의무의 이행과 관련하여 현역·상근예비역·보충역 또는 대체역으로 복무를 마치거나 마친 것으로 보게 되는 경우, 전시근로역에 편입된 경우, 병역면제처분을 받은 경우에만 국적이탈신고를 할 수 있다.

(3) 국적선택명령

법무부장관은 복수국적자가 정한 기간 내에 국적을 선택하지 아니한 경우 1년 내에 하나의 국적을 선택할 것을 명하여야 한다.

> **이중국적자의 국적선택권의 헌법상 인정 여부**(헌재 2006.3.30. 2003헌마806)
> "이중국적자의 국적선택권"이라는 개념은 별론으로 하더라도, 일반적으로 외국인인 개인이 특정한 국가의 국적을 선택할 권리가 자연권으로서 또는 우리 헌법상 당연히 인정된다고는 할 수 없다고 할 것이다.

# Ⅱ. 재외국민

## 1. 재외국민의 의의

재외국민은 외국에 거주하는 대한민국 국민을 말한다(재외국민의교육지원등에관한법률 제2조 제1호). 외국의 일정한 지역에 계속하여 90일 이상 거주하거나 체류할 의사를 가지고 그 지역에 체류하는 대한민국 국민은 재외국민등록법에 의하여 등록하여야 한다(재외국민등록법 제2조). 재외동포는 대한민국의 국민으로서 외국의 영주권을 취득한 자 또는 영주할 목적으로 외국에 거주하고 있는 재외국민과 외국국적동포를 말한다(재외동포의출입국과법적지위에관한법률 제2조).

## 2. 재외국민보호의무

국가는 법률이 정하는 바에 의하여 재외국민을 보호할 의무를 진다(헌법 제2조 제2항). 헌법재판소는 국가의 재외국민보호의 의미에 관하여 "재외국민이 거류국에 있는 동안 받게 되는 보호는 조약 기타 일반적으로 승인된 국제법규와 당해 거류국의 법령에 의하여 누릴 수 있는 모든 분야에서 정당한 대우를 받도록 거류국과의 관계에서 국가가 하는 외교적 보호와 국외거주 국민에 대하여 정치적인 고려에서 특별히 법률로써 정하여 베푸는 법률·문화·교육 기타 제반영역에서의 지원을 뜻하는 것"으로 이해한다(헌재 1993.12.23. 89헌마189, 헌재 2001.12.20. 2001 헌바 25; 헌재 2010.7.29. 2009헌가13).

## 3. 재외국민 참정권

(1) 주민등록을 요건으로 재외국민의 국정선거권을 제한하는 것, 국내 거주 재외국민의 지방선거권을 제한하는 것, 국민투표권을 제한하는 것은 평등권, 선거권, 지방선거권, 국민투표권을 침해한다(헌재 2007.6.28. 2004헌마644 등).

(2) 주민등록을 요건으로 국내 거주 재외국민의 지방선거 피선거권을 제한하는 것은 재외국민의 공무담임권을 침해한다(헌재 2007.6.28. 2004헌마644 등).

(3) 주민투표권 행사를 위한 요건으로 주민등록을 요구함으로써 국내 거주 재외국민의 주민투표권을 인정하지 않는 것은 재외국민의 평등권을 침해한다(헌재 2007.6.28. 2004헌마643).

**복무 중 사망한 국제협력요원에 대하여 국가유공자법상 보상을 하지 않은 것이 재외국민 보호의무를 위반한 것인지 여부**(헌재 2010.7.29. 2009헌가13)

국제협력요원이 병역의무를 이행하기 위하여 개발도상국 등에 파견되어 일정한 봉사업무에 종사하던 중 사망한 경우에 대한민국 내에서 위와 같은 사망자를 국가유공자법에 의하여 보상하여야 하는지에 관련된 것이므로, 국가의 재외국민 보호의무를 규정하고 있는 헌법 제2조 제2항의 보호법익이 이 사건에 그대로 적용된다고 보기 어려우므로, 이 사건 조항이 국제협력요원이 복무 중 사망한 경우 국가유공자법에 의한 보상을 하지 않는다고 하여 국가가 헌법 제2조 제2항에 규정한 재외국민을 보호할 의무를 행하지 않은 경우라고는 볼 수 없다.

**재외선거인의 선거권, 국민투표권 침해 여부 및 보통선거원칙 위배 여부**(헌재 2014.7.24. 2009헌마256·2010헌마394(병합))

1. 주민등록이 되어 있지 않고 국내거소신고도 하지 않은 재외국민('재외선거인')에게 임기만료 지역구국회의원 선거권을 인정하지 않은 공직선거법 제15조 제1항 단서 부분 및 공직선거법 제218조의5 제1항 중 '임기만료에 따른 비례대표국회의원선거를 실시하는 때마다 재외선거인 등록신청을 하여야 한다' 부분('재외선거인 등록신청조항')이 재외선거인의 선거권을 침해하거나 보통선거원칙에 위배되는지 여부(소극)

선거권조항은 재외선거인에게 임기만료 지역구국회의원의 선거권을 인정하지 않고, 재외선거인 등록신청조항은 재외선거인 등록신청을 할 수 있는 선거의 범위에서 임기만료지역구국회의원선거를 제외하고 있다. 선거권조항과 재외선거인 등록신청조항이 재외선거인의 임기만료지역구국회의원 선거권을 인정하지 않은 것이 청구인들의 선거권을 침해하거나 보통선거원칙에 위배된다고 볼 수 없다.

2. 재외선거인에게 국회의원 재·보궐선거의 선거권을 인정하지 않은 재외선거인 등록신청 조항이 재외선거인의 선거권을 침해하거나 보통선거원칙에 위배되는지 여부(소극)

재외선거인 등록신청조항은 재외선거인 등록신청을 할 수 있는 선거를 대통령선거와 임기만료에 따른 비례대표국회의원선거의 두 가지 경우만 규정하고 있어 재외선거인은 국회의원 재·보궐선거를 실시할 때 재외선거인 등록신청을 할 수 없는데, … 재외선거인 등록신청조항이 재외선거인에게 국회의원 재·보궐선거의 선거권을 인정하지 않은 것이 청구인들의 선거권을 침해하거나 보통선거원칙에 위배된다고 볼 수 없다.

3. 재외선거인의 국민투표권을 제한한 국민투표법이 재외선거인의 국민투표권을 침해하는지 여부(적극)

국민투표법이 개정되면서 국내거소신고가 되어 있는 투표권자를 투표인명부에 등재하도록 규정하여 국내거소신고를 한 재외국민은 국민투표권을 행사할 수 있게 되었다. 그러나 나머지 청구인들과 같이 주민등록이 되어 있지 않고 국내거소신고도 하지 않은 재외선거인은 투표인명부에 등재되지 않아 여전히 국민투표권을 전혀 행사할 수 없다. 국민투표는 선거와 달리 국민이 직접 국가의 정치에 참여하는 절차이므로, 국민투표권은 대한민국 국민의 자격이 있는 사람에게 반드시 인정되어야 하는 권리이다. 대한민국 국민인 재외선거인의 의사는 국민투표에 반영되어야 하고, 재외선거인의 국민투표권을 배제할 이유가 없다. 국민투표법조항은 재외선거인인 나머지 청구인들의 국민투표권을 침해한다.

## Ⅲ. 북한주민

대법원은 북한지역을 우리 영토로 보고 있다. 따라서 북한국적의 주민은 대한민국의 국적을 취득·유지함에 아무런 영향이 없다고 판시한다(대판 1996.11.12. 96누1221).

북한에 주소, 직계가족, 배우자, 직장 등을 두고 있는 북한이탈주민으로서 북한을 벗어난 후 외국 국적을 취득하지 아니한 사람을 보호하기 위하여 북한이탈주민의 보호 및 정착지원에 관한 법률 두고 있다. 이 법은 대한민국의 보호를 받으려는 의사를 표시한 북한이탈주민에 대하여 적용한다(북한이탈주민의 보호 및 정착지원에 관한 법률 제3조).

**탈북의료인에 대하여 국내 의료면허를 부여할 헌법상 입법의무 존부**(헌재 2006.11.30. 2006헌마679)
탈북의료인에게 국내 의료면허를 부여할 것인지 여부는 북한의 의학교육 실태와 탈북의료인의 의료수준, 탈북의료인의 자격증명방법 등을 고려하여 입법자가 그의 입법형성권의 범위 내에서 규율한 사항이지, 헌법조문이나 헌법해석에 의하여 바로 입법자에게 국내 의료면허를 부여할 입법의무가 발생한다고 볼 수는 없다.

## 제3절 대한민국 영토

### Ⅰ. 영토

대한민국의 영토는 한반도와 그 부속도서로 한다(헌법 제3조). 영토는 '영해 및 접속수역법'에 따라 한반도와 그 부속도서의 육지에 접한 12해리까지의 영해와 지배가능한 영토와 영해의 상공도 포함한다.

### Ⅱ. 북한지역

① 우리 헌법 제3조의 영토조항에 따르면 북한지역도 대한민국의 영토에 포함된다. 북한지역을 대한민국의 영토로 보는 논거는 유일합법정부론, 미수복지역논리, 구한말영토의 계승논리 등이다. 헌법상 영토조항에 따르면 북한의 지배는 불법적 지배이며, 북한은 반국가단체가 될 수밖에 없다. 헌법재판소는 국가의 존립·안전과 국민의 생존 및 자유를 수호하기 위하여 국가보안법의 해석·적용상 북한을 반국가단체로 보고 이에 동조하는 반국가활동을 규제하는 것 자체가 헌법이 규정하는 국제평화주의나 평화통일의 원칙에 위배되지 않는다고 한다(헌재 1997.1.16. 92헌바6 등).

② 헌법전문과 제4조의 평화적 통일조항을 두고 있다. 우리 헌법이 지향하는 통일은 평화적 통일이기 때문에 자유민주적 기본질서에 입각한 통일을 위해서는 북한을 정치적 실체로 이해할 것을 요구한다(헌재 1990.4.2. 89헌가113). 남북한의 교류와 평화적 통일을 위하여 남북교류협력에관한법률이 제정되어 남북합의서가 교환되었고, 1991년에 남북한이 동시에 유엔에 가입하였다. 헌법재판소는 남북교류협력에관한법률과 국가보안법은 입법목적 및 규제대상을 달리하고 있는 것이어서 헌법에 위반되지 않는다고 판시하였다(헌재 1993.7.29. 92헌바48).

③ 영토조항과 평화적 통일조항의 충돌문제를 해결하기 위한 해석론으로 헌법변천의 차원에서 영토조항을 재해석하는 견해, 신법우선론에 기초하여 평화적 통일조항에 무게를 두는 견해, 미래지향적 영토조항 등으로 이해하는 견해가 있다. 헌법재판소는 북한이 대화와 협력의 동반자인 동시에 반국가단체라는 성격도 함께 가진다는 이중적 성격론에 기초하고 있다(헌재 1993.7.29. 92헌바48).

### Ⅲ. 독도문제

헌법재판소는 독도 등을 중간수역으로 정한 '대한민국과 일본국 간의 어업에 관한 협정'은 배타적 경제수역을 직접 규정한 것이 아닐 뿐만 아니라 배타적 경제수역이 설정된다 하더라도 영해를 제외한 수역을 의미하기 때문에, 독도의 영유권문제나 영해문제와는 직접적 관련을 가지지 않는다고 판시하였다(헌재 2001.3.21. 99헌마139 등).

**영토권의 기본권 인정 여부**(헌재 2009.2.26. 2007헌바35; 헌재 2008.11.27. 2008헌마517; 헌재 2001.3.21. 99헌마139)

헌법 제3조는 "대한민국의 영토는 한반도와 그 부속도서로 한다."고 규정하여 대한민국의 주권이 미치는 공간적 범위를 명백히 선언하고 있다. 이 같은 영토조항은 우리나라의 공간적인 존립기반을 선언하는 것인바, 영토변경은 우리나라의 공간적인 존립기반에 변동을 가져오고, 또한 국가의 법질서에도 변화를 가져옴으로써, 필연적으로 국민의 주관적 기본권에도 영향을 미치지 않을 수 없다. 이러한 관점에서 살펴본다면, 국민의 개별적 기본권이 아니라 할지라도 기본권 보장의 실질화를 위하여서는, 영토조항만을 근거로 하여 독자적으로는 헌법소원을 청구할 수 없다 할지라도, 모든 국가권능의 정당성의 근원인 국민의 기본권 침해에 대한 권리구제를 위하여 그 전제조건으로서 영토에 관한 권리를, 이를테면 영토권이라 구성하여 이를 헌법소원의 대상인 기본권의 하나로 간주하는 것은 가능하다.

## 제4절  대한민국의 주권

## Ⅰ. 국민주권의 이념

우리 헌법은 전문에서 헌법제정의 주체가 '국민'임을 밝히고 있으며, 헌법 제1조에서 "대한민국은 민주공화국이다. 대한민국의 주권은 국민에게 있고, 모든 권력은 국민으로부터 나온다."라고 규정하여 국민주권이념에 기초하고 있다.

## Ⅱ. 국민주권의 본질

① 주권이론은 고전적 군주주권이론에서 거쳐 국민주권이론으로 발전한다. 군주주권론의 주창자는 보댕과 홉스이다. 군주주권론에 의하면 주권이란 절대적 권력으로서 국왕에게 아무런 조건 없이 부여되는 것이며, 절대군주정을 이상적인 통치체제라고 이해하게 된다. 독일에서는 군주주권론과 국민주권론의 대립을 지양하기 위한 타협이론으로서 그로티우스, 헤겔, 라반트, 옐리네크 등 법실증주의자에 의하여 국가주권론이 주장되었다. 국가주권론에 의하면 국가권력의 주체는 군주도 국민도 아닌 독립된 법인격을 가진 국가 그 자체라고 한다. 국민주권론은 전제군주국가에서의 권력행사의 절대성과 자의성에 대한 항의적·투쟁적 이데올로기로서 발전한 이론으로 알투지우스, 로크, 루소 등에 의하여 대표된다.

② 국민주권론은 본질에 있어서 실체적 개념으로서의 주권, nation주권과 peuple주권, 정당화원리로서 국민주권 등으로 이해되고 있다.

### 1. 실체적 개념으로서의 주권

주권개념 실체설은 "주권이란 국가의사를 결정하는 최고의 독립적·불가분적·불가양적인 권력"으로 이해하면서, 국민주권이란 주권의 귀속주체가 국민이라고 이해하게 된다.

### 2. 국민주권과 인민주권

① 국민주권론(nation주권론)은 시에스에 의하여, 인민주권론(peuple주권론)은 루소에 의하여 정립되었다. 국민주권론에 의하면 주권의 주체는 하나의 통일체로서 전체국민이기 때문에 대의제의 원리가 도출된다. 선거권은 행사할 만한 능력을 갖춘 자에게만 부여되는 제한선거이며, 대표자는 전체국민의 대표자이므로 자유위임의 법리에 따른다. 국민주권에서는 자유위임의 문제를 극복하기 위하여 권력분립원리에 입각한다.

② 인민주권론에 의하면 주권의 주체는 구체적인 개개인의 총합이다. 주권자인 peuple은 자신이 직접 통치하는 직접민주제를 이상으로 하게 되며 투표권 행사에 어떠한 제한도 받지 않는 보통선거이어야 한다. 대표자가 선출되어도 peuple의 지시·통제를 받는 기속위임의 법리에 따르게 된다. 인민주권에서는 국민발안, 국민투표 등의 직접

민주제를 통한 권력이 융합된 단원제 국회를 본질로 하기 때문에 권력분립의 원리는 필수적 원리가 아니다.

### 3. 정당화 원리로서의 국민주권

국민주권은 실체적 개념이 아닌 정당화 원리로 이해되기도 한다. 국민주권은 국가권력의 최후적 정당성이 국민에게 있고, 국가 내의 모든 통치권력의 행사를 이념적으로 국민의 의사에 귀착시킬 수 있다는 것이다. 정당화 원리로서의 국민주권은 '주권의 소재'와 '통치권의 담당자'가 언제나 같아야 한다는 것을 요구하는 것은 아니고, 통치권의 행사가 국민의 의사에 의하여 정당화된다는 점을 명백히 하고 있다.

## Ⅲ. 국민주권의 실현원리

### 1. 직접민주주의와 대의민주주의

국민주권의 이념을 실현하기 위한 방법으로는 직접민주주의와 대의민주주의 원리가 있다.

(1) 루소의 직접민주주의사상

루소의 직접민주주의 사상은 인간 상호간의 절대적인 평등을 전제로 해서 평등한 계약주체가 자유롭고 평등한 참여에 의해서 일반의사가 형성되어야 하며, 모든 국민의 참여에 의하여 형성된 일반의사는 결국 개개인의 의사와 동일성을 가지게 되어 일반의사에 의한 지배는 구성원 각자의 자기의사에 의한 자기지배가 된다는 점에 있다.

(2) 칼 슈미트의 동일성민주주의론

슈미트는 민주주의를 통치자와 피치자, 지배자와 피지배자의 동일성을 실현하는 것으로 이해한다. 슈미트의 동일성민주주의론은 보통선거제도로 인한 국민의 정치적 평등으로 국가의사결정과정에의 참여에 있어서나 국가의사결정의 내용과 결과에 있어서 국민 상호간에는 물론이고 통치자와 피치자 간에는 차별이 없고 실질적으로 평등함을 전제로 하고 있다.

(3) 대의민주주의

18세기 후반 영국에서 대의제는 그 기원을 찾을 수 있다. 버크의 '의원은 선거구민의 대표가 아니고 전체국민의 대표'라는 대의이론으로 확립되었다. 프랑스에서는 1789년 프랑스대혁명을 전후해서 루소의 직접민주주의사상과 시에스의 대의사상의 치열한 논쟁에서 시에스의 대의사상을 받아들임으로써 대의제가 탄생하였다.

대의제도란 국민이 직접 정치적인 결정을 내리지 않고 그 대표를 통해 간접적으로만 정치적인 결정에 참여하는 통치기관의 구성원리를 말한다.

## 2. 우리 헌법상 국민주권이념의 실현원리

우리 헌법은 국민주권의 이념을 실현하기 위하여 원칙적으로 대의제를 통한 간접민주주의를 추구하면서도 예외적으로 국민투표제도를 통한 직접민주주의적 요소를 도입하고 있다. 외교·국방·통일 기타 국가안위에 관한 중요정책에 대한 임의적 국민투표제도와 헌법개정안에 대한 필수적 국민투표제도가 그것이다. 그 밖에도 국민의 자유와 권리의 보장을 통하여 국민주권이념을 실질적으로 보장하고 있다.

## 제5절　대한민국헌법의 근본이념 및 기본질서

> **[헌법전문]**
> 유구한 역사와 전통에 빛나는 우리 대한국민은 3·1운동으로 건립된 대한민국임시정부의 법통과 불의에 항거한 4·19민주이념을 계승하고, 조국의 민주개혁과 평화적 통일의 사명에 입각하여 정의·인도와 동포애로써 민족의 단결을 공고히 하고, 모든 사회적 폐습과 불의를 타파하며, 자율과 조화를 바탕으로 자유민주적 기본질서를 더욱 확고히 하여 정치·경제·사회·문화의 모든 영역에 있어서 각인의 기회를 균등히 하고, 능력을 최고도로 발휘하게 하며, 자유와 권리에 따르는 책임과 의무를 완수하게 하여, 안으로는 국민생활의 균등한 향상을 기하고 밖으로는 항구적인 세계평화와 인류공영에 이바지함으로써 우리들과 우리들의 자손의 안전과 자유와 행복을 영원히 확보할 것을 다짐하면서 1948년 7월 12일에 제정되고 8차에 걸쳐 개정된 헌법을 이제 국회의 의결을 거쳐 국민투표에 의하여 개정한다.

## Ⅰ. 기본권보장정신

우리 헌법은 인간으로서의 존엄과 가치를 그 핵으로 하는 기본권을 모든 국민에게 보장함으로써 자유·평등·정의가 실현될 수 있도록 하는 기본권보장정신을 그 근본이념으로 하고 있다.

## Ⅱ. 민주주의이념

우리 헌법은 정치적 영역에서 국민의 자유·평등·정의를 실현시키기 위하여 자유민주주의원리를 기초로 하고 있다. 민주주의를 실현하기 위한 구체적 제도로서 국민투표제도, 대의제도, 선거제도, 복수정당제도, 지방자치제도 등이 있다.

> **자유민주주의의 의미**(헌재 2001.9.27. 2000헌마238 등)
> 우리 헌법은 전문에 "자율과 조화를 바탕으로 자유민주적 기본질서를 더욱 확고히 하여…"라고 선언하고, 제4조에 "자유민주적 기본질서에 입각한 평화적 통일정책을 수립하고 이를 추진한다."라고 규정함으로써 자유민주주의 실현을 헌법의 지향이념으로 삼고 있다. 즉 국가권력의 간섭을 배제하고, 개인의 자유와 창의를 존중하며 다양성을 포용하는 자유주의와 국가권력이 국민에게 귀속되고, 국민에 의한 지배가 이루어지는 것을 내용적 특징으로 하는 민주주의가 결합된 개념인 자유민주주의를 헌법질서의 최고 기본가치로 파악하고, 이러한 헌법질서의 근간을 이루는 기본적 가치를 '기본질서'로 선언한 것이다. 우리 재판소도 "우리 헌법은 자유민주적 기본질서의 보호를 그 최고의 가치로 인정하고 있고, 그 내용은 모든 폭력적 지배와 자의적 지배 즉 반국가단체의 일인독재 내지 일당독재를 배제하고 다수의 의사에 의한 국민의 자치, 자유·평등의 기본원칙에 의한 법치주의적 통치질서를 말한다. 구체적으로는 기본적 인권의 존중, 권력분립, 의회제도, 복수정당제도, 선거제도, 사유재산과 시장경제를 골간으로 한 경제질서 및 사법권의 독립 등을 의미한다"고 천명한 바 있다.

> 민주주의에 있어 정당의 의미(헌재 2014.1.28. 2012헌마431 등)
> 정당은 국민과 국가의 중개자로서 정치적 도관의 기능을 수행하여 주체적·능동적으로 국민의 다원적 정치의사를 유도·통합함으로써 국가정책의 결정에 직접 영향을 미칠 수 있는 규모의 정치적 의사를 형성하고 있다. 정당은 국민의 정치적 의사형성의 담당자이며 매개자이자 민주주의에 있어서 필수불가결한 요소이기 때문에, 정당의 자유로운 설립과 활동은 민주주의 실현의 전제조건이라고 할 수 있다.

## Ⅲ. 법치주의이념

법치주의는 법에 의한 지배의 원리를 말하는 것으로 통치권력의 행사에 법적 근거와 한계를 설정하여 통치의 대상이 되는 국민의 자유와 권리를 보장한다는 의미를 가진다.

### 1. 형식적 법치주의

시민적 법치국가에서의 법치주의는 형식적 법치주의를 의미하는 것이었다. 형식적 법치주의는 행정과 재판이 법률에 적합하도록 행해질 것을 요청할 뿐 그 법률의 목적이나 내용을 문제 삼지 아니하는 형식적 통치원리를 의미하는 것이었다.

### 2. 실질적 법치주의

오늘날의 법치주의는 법률에 의거한 공권력의 행사라는 의미만을 가지는 것이 아니라, 법률의 목적과 내용도 정의에 합치하는 정당한 것이어야 한다는 실질적 법치주의로 발전하였다. 형식적 법치주의가 통치의 형식적 합법성을 특징으로 하는 국가였다면, 실질적 법치주의는 통치의 정당성을 그 내용으로 한다.

> 오늘날 법치주의의 의미(실질적 법치주의)(헌재 2011.2.24. 2009헌바33 등)
> 오늘날의 법치주의는 국민의 권리·의무에 관한 사항을 법률로써 정해야 한다는 형식적 법치주의에 그치는 것이 아니라, 그 법률의 목적과 내용 또한 기본권보장의 헌법이념에 부합되어야 한다는 실질적 법치주의를 의미하며, 헌법이 선언한 조세법률주의도 이러한 실질적 법치주의를 뜻하는 것이므로, 비록 과세요건이 법률로 명확히 정해진다 하더라도 그것만으로 충분한 것이 아니고 조세법의 목적이나 내용이 기본권보장의 헌법이념과 이를 뒷받침하는 헌법상의 모든 원칙에 합치되지 않으면 안 되는 것이다.

> 죄형법정주의와 형벌의 비례성(헌재 2011.3.31. 2010헌바86)
> 우리 헌법은 국가권력의 남용으로부터 국민의 기본권을 보호하려는 법치국가의 실현을 기본이념으로 하고 있고, 법치국가의 개념은 범죄에 대한 법정형을 정함에 있어 죄질과 그에 따른 행위자의 책임 사이에 적절한 비례관계가 지켜질 것을 요구하는 실질적 법치국가의 이념을 포함하고 있으므로, 어떤 행위를 범죄로 규정하고 어떠한 형벌을 과할 것인가 하는 데 대한 입법자의 입법형성권이 무제한한 것이 될 수는 없다. 즉, 법정형의 종류와 범위를 정할 때에는 형벌의 위협으로부터 인간의 존엄과 가치를 존중하고 보호하여야 한다는 헌법 제10조의 요구에 따라야 하고, 헌법 제37조 제2항이 규정하고 있는 과잉

입법금지의 정신에 따라 형벌개별화 원칙이 적용될 수 있는 범위의 법정형을 설정하여 실질적 법치국가의 원리를 구현하도록 하여야 하며, 형벌이 죄질과 책임에 상응하도록 적절한 비례성을 지켜야 한다.

## Ⅳ. 사회국가의 이념

우리 헌법은 사회적 기본권의 수용을 통하여 사회국가원리를 수용하고 있다. 사회국가의 원리란 실질적인 자유와 평등을 실현하기 위한 사회구조의 골격적인 테두리를 형성하는 것이라 할 수 있다. 사회국가원리는 국민 각자의 자율적인 생활설계를 그 근본으로 한다는 점에서 모든 생활수단을 국가가 일일이 급여해주는 분배국가를 의미하는 것도 아니며, 국민의 일상생활이 하나에서 열까지 철저히 국가의 사회보장제도에 의하여 규율되는 것을 그 내용으로 하는 복지국가와도 다르다.

> **능력주의원칙의 예외로서 사회국가원리의 인정**(헌재 1999.12.23. 98헌바33)
> 헌법의 기본원리나 특정조항에 비추어 능력주의원칙에 대한 예외를 인정할 수 있는 경우가 있다. 그러한 헌법원리로는 우리 헌법의 기본원리인 사회국가원리를 들 수 있고, 헌법조항으로는 여자·연소자근로의 보호, 국가유공자·상이군경 및 전몰군경의 유가족에 대한 우선적 근로기회의 보장을 규정하고 있는 헌법 제32조 제4항 내지 제6항, 여자·노인·신체장애자 등에 대한 사회보장의무를 규정하고 있는 헌법 제34조 제2항 내지 제5항 등을 들 수 있다. 이와 같은 헌법적 요청이 있는 경우에는 합리적 범위안에서 능력주의가 제한될 수 있다.

> **인간다운 생활을 할 권리의 성질(사회적 기본권)**(헌재 2008.11.13. 2006헌바112 등)
> 헌법 제34조 제1항이 보장하는 인간다운 생활을 할 권리는 사회적 기본권의 일종으로 인간의 존엄에 상응하는 최소한의 물질적인 생활의 유지에 필요한 급부를 요구할 수 있는 권리이고, 이는 국가가 국민에게 인간다운 생활을 할 수 있도록 하는 최소한의 조건을 마련하여 주어야 한다는 사회국가적 원리를 반영한 것으로서, 이러한 헌법원리에 비추어 조세는 원칙적으로 납세자가 인간다운 생활을 할 수 있는 최소한의 조건을 침해하지 아니하는 한도 내에서 부과되어야 할 것이다.

> **사회국가원리의 한계**(헌재 2001.9.27. 2000헌마238 등)
> 우리 헌법은 그 전문에서 "모든 영역에 있어서 각인의 기회를 균등히 하고 …안으로는 국민생활의 균등한 향상을 기하고"라고 천명하고, 제23조 제2항과 여러 '사회적 기본권' 관련 조항, 제119조 제2항 이하의 경제질서에 관한 조항 등에서 모든 국민에게 그 생활의 기본적 수요를 충족시키려는 이른바 사회국가의 원리를 동시에 채택하여 구현하려고 있다. 그러나 이러한 사회국가의 원리는 자유민주적 기본질서의 범위내에서 이루어져야 하고, 국민 개인의 자유와 창의를 보완하는 범위 내에서 이루어 지는 내재적 한계를 지니고 있다 할 것이다. 우리 재판소도 "우리 헌법은 자유민주적 기본질서 및 시장경제질서를 기본으로 하면서 위 질서들에 수반되는 모순을 제거하기 위하여 사회국가원리를 수용하

여 실질적인 자유와 평등을 아울러 달성하려는 근본이념을 가지고 있다"라고 판시한 것은 이러한 맥락에서 이루어 진 것이다.

## V. 평화추구이념

헌법전문에서 '평화적 통일의 사명'을 강조하고, '밖으로는 항구적인 세계평화와 인류공영에 이바지'하겠다는 점을 밝히고 있다. 헌법 제4조와 제5조에서는 평화통일의 원칙과 국제법 존중의 원칙을 헌법상의 기본원리로 채택하고 있다. 평화추구이념은 평화적 통일정책의 수립, 국제평화의 유지와 침략적 전쟁의 부인, 국제법 존중과 외국인의 법적 지위의 보장을 통한 국제사회의 평화적인 공존질서의 확립에 대한 의지를 천명하고 있다.

> **평화적 생존권의 기본권 인정 여부**(헌재 2009.5.28. 2007헌마369)
> 평화주의가 헌법적 이념 또는 목적이라고 하여 이것으로부터 국민 개인의 평화적 생존권이 바로 도출될 수 있는 것은 아니다. 헌법에 열거되지 아니한 기본권을 새롭게 인정하려면, 그 필요성이 특별히 인정되고, 그 권리내용(보호영역)이 비교적 명확하여 구체적 기본권으로서의 실체 즉, 권리내용을 규범 상대방에게 요구할 힘이 있고 그 실현이 방해되는 경우 재판에 의하여 그 실현을 보장받을 수 있는 구체적 권리로서의 실질에 부합하여야 할 것이다. … 평화적 생존권을 헌법에 열거되지 아니한 기본권으로서 특별히 새롭게 인정할 필요성이 있다거나 그 권리내용이 비교적 명확하여 구체적 권리로서의 실질에 부합한다고 보기 어렵다 할 것이다.

## VI. 문화국가이념

우리 헌법은 독자적 헌법원리로서 문화국가원리를 채택하고 있다. 우리 현행 헌법은 전문에서 "문화의 … 영역에 있어서 각인의 기회를 균등히" 할 것을 선언하고 있으며, 제9조에서는 '국가는 전통문화의 계승·발전과 민족문화의 창달에 노력하여야 한다'라는 규정을 두고 있다. 또한 헌법은 문화국가를 실현하기 위하여 보장되어야 할 정신적 기본권으로 양심과 사상의 자유, 종교의 자유, 언론·출판의 자유, 학문과 예술의 자유 등을 규정하고 있으며, 개별성·고유성·다양성으로 표현되는 문화는 사회의 자율영역을 바탕으로 한다고 할 것이고, 이들 기본권은 견해와 사상의 다양성을 그 본질로 하는 문화국가원리의 불가결의 조건이다(헌재 2004.5.27. 2003헌가1 등). 그 밖에 문화국가원리를 실현하고 구체화하기 위한 헌법규정으로 무상의무교육제도와 평생교육제도, 교육의 자주성·전문성·정치적 중립성 및 대학의 자율성의 보장, 인간의 존엄과 양성평등에 기초한 혼인·가족제도 등을 들 수 있다.

> **문화정책의 초점 및 적용 대상**(헌재 2004.5.27. 2003헌가1 등)
> 문화국가원리는 국가의 문화국가실현에 관한 과제 또는 책임을 통하여 실현되는바, 국가의 문화정책과 밀접 불가분의 관계를 맺고 있다. 과거 국가절대주의사상의 국가관이 지배하던 시대에는 국가의 적극적인 문화간섭정책이 당연한 것으로 여겨졌다. 그러나 오늘날

에 와서는 국가가 어떤 문화현상에 대하여도 이를 선호하거나, 우대하는 경향을 보이지 않는 불편부당의 원칙이 가장 바람직한 정책으로 평가받고 있다. 오늘날 문화국가에서의 문화정책은 그 초점이 문화 그 자체에 있는 것이 아니라 문화가 생겨날 수 있는 문화풍토를 조성하는 데 두어야 한다. 문화국가원리의 이러한 특성은 문화의 개방성 내지 다원성의 표지와 연결되는데, 국가의 문화육성의 대상에는 원칙적으로 모든 사람에게 문화창조의 기회를 부여한다는 의미에서 모든 문화가 포함된다. 따라서 엘리트문화뿐만 아니라 서민문화, 대중문화도 그 가치를 인정하고 정책적인 배려의 대상으로 하여야 한다.

### 문화 육성과 국민의 문화활동에 대한 국가의 개입 정도(헌재 2009.5.28. 2006헌마618)

오늘날에는 국가가 어떤 문화활동에 대하여도 이를 선호하거나, 우대하는 경향을 보이지 않는 불편부당의 원칙을 지키는 것이 가장 바람직한 문화정책으로 평가받고 있다. 문화국가를 지향하는 우리 헌법도 국가가 문화를 육성하는 기본을 개개국민의 문화활동을 보장함으로써 국민 각자의 창의성이 발휘되도록 자율과 자유에 맡겨두어야지, 거기서 더 나아가 적극적으로 특정 문화모델을 만들어 유포하거나 수용하기를 강제해서는 안 된다. 따라서 국가가 국민의 문화활동에 개입하는 경우에도 최소한의 범위에 그쳐야지 적극적으로 문화의 발전을 국가의 공권력이 주도하려는 것은 바람직한 것이라고 하기 어렵다.

### 헌법적 정당성 인정되는 가족제도에 관한 전통·전통문화(헌재 2005.2.3. 2001헌가9)

헌법 제9조에서 말하는 "전통", "전통문화"란 역사성과 시대성을 띤 개념으로서 헌법의 가치질서, 인류의 보편가치, 정의와 인도정신 등을 고려하여 오늘날의 의미로 포착하여야 하며, 가족제도에 관한 전통·전통문화란 적어도 그것이 가족제도에 관한 헌법이념인 개인의 존엄과 양성의 평등에 반하는 것이어서는 안 된다는 한계가 도출되므로, 전래의 어떤 가족제도가 헌법 제36조 제1항이 요구하는 개인의 존엄과 양성평등에 반한다면 헌법 제9조를 근거로 그 헌법적 정당성을 주장할 수는 없다.

헌 법 교 과 서

PART 02

# 기본권

# CHAPTER 01 기본권 일반이론

## 제1절 기본권의 의의와 법적 성격

### I. 기본권의 의의

#### 1. 헌법상 보장된 기본권

기본권이라는 표현은 독일의 바이마르공화국과 기본법에서 쓰고 있는 용어가 우리나라에서 일반화 된 개념이다. 독일기본법 상의 기본권은 제1장 기본권 편 제1조부터 제19조에서 규정하고 있다. 그 밖에 주관적 공권으로서 제20조 이하에서 규정하고 있는 저항권, 공무담임권, 선거권, 소송에 관한 권리 등은 '기본권에 유사한 권리'로서 이해된다.

우리 헌법에서는 '기본적 인권', '자유와 권리'라는 표현은 보이지만, '기본권'이라는 표현은 사용하지 않는다. 헌법재판소법 제68조 제1항에서 헌법소원을 청구하기 위한 요건으로 '헌법상 보장된 기본권의 침해'라고 하여 기본권이라는 용어를 사용하고 있다. 헌법 제2장 '국민의 권리와 의무의 장'에 규정된 권리 등이 '헌법상 보장되는 기본권'에 해당한다는 것에는 의문이 없다. 그리고 헌법 제37조 제1항에서 국민의 자유와 권리는 헌법에 열거되지 아니한 이유로 경시되지 아니한다고 규정하고 있는데, 이 규정을 근거로 헌법에서 명문으로 규정하고 있는 기본권 외에 '헌법에 의하여 보장되는 기본권'은 더 있을 수 있다. 결국 기본권은 헌법에 의해 보장된 개인의 주관적 공권이라고 할 수 있다.

> **헌법상 보장된 기본권의 의미**(헌재 2001.3.21. 99헌마139 등)
> 헌법소원심판을 청구할 수 있기 위하여는 청구인의 "헌법상 보장된 기본권"이 침해되어야 한다. 여기서 헌법상 보장된 기본권이 구체적으로 무엇을 의미하는지는 반드시 명확하지는 않다. 우리 헌법 제2장 국민의 권리와 의무(제10조 내지 제39조) 가운데에서 의무를 제외한 부분이 원칙적으로 기본권에 해당함은 인정할 수 있으나, 그에 한정할 것인지 또는 헌법상의 위 규정들 이외에서도 기본권성을 인정할 수 있는지, 나아가서 헌법의 명문의 규정이 없다하더라도 인정되는 기본권이 존재하는지, 존재한다면 구체적으로 어떠한 것인지에 대하여는 반드시 명확하다고만은 할 수 없다. 따라서 이 문제는 결국 개별적·구체적인 헌법해석에 의하여 해결하는 수밖에 없으나, 그것에 내재하는 의미를 "헌법에 의하여 직접 보장된 개인의 주관적 공권"이라고 파악할 수 있다.

#### 2. 기본권과 인권

기본권이 인권사상에서 유래한 것이지만, 인권의 개념과는 구별된다. 헌법체계 내에서 보장되는 기본권은 국민의 권리인 청구권, 참정권, 사회권 등을 포함하고 있다는 점에서 인권과 구별된다.

## 3. 헌법관과 기본권

기본권은 헌법관에 따라 시각을 달리한다.

### (1) 법실증주의

켈젠에 의하면 국민은 국가의 강제질서에 의하여 규제되지 않는 범위 내에서만 자유를 누릴 수 있기 때문에, 기본권을 국가가 베푸는 은혜로서의 자유, 국가권력의 자제에 의한 반사적 이익으로서의 자유로 이해하게 된다.

### (2) 결단주의

슈미트는 기본권을 인간의 천부적이고 선국가적인 자유와 권리로 이해한다. 그는 헌법을 법치국가적 원리가 지배하는 기본권부분과 민주주의원리가 지배하는 통치구조부분으로 구분한다. 천부적이고 선국가적인 자유와 권리인 기본권은 비정치적인 성질의 것이기 때문에 그것이 민주주의원리에 의해서 지배되는 정치적인 국가작용에 의해서 부당하게 제한되고 침해되는 것을 막기 위해서는 법치국가원리가 적용되어야 한다는 것이다. 슈미트는 기본권을 국가로부터의 자유로 설명하기 때문에 사회적 기본권이나 참정권에 대해서는 소극적일 수밖에 없다. 그 때문에 슈미트는 기본권과 구별되는 제도적 보장이론을 전개하였다. 그는 상속제도, 사유재산제도, 가족제도, 가족생활의 기초가 되는 혼인제도 등의 사법상의 제도와 지방자치제도, 직업공무원제도, 예외법원의 금지(법관에 의한 재판을 받을 권리), 독일대학의 기본권 등의 공법상 제도를 제도적 보장이라고 하였다.

> **제도적 보장의 의의 및 한계**(헌재 1997.4.24. 95헌바48)
> 제도적 보장은 객관적 제도를 헌법에 규정하여 당해 제도의 본질을 유지하려는 것으로서 헌법제정권자가 특히 중요하고도 가치가 있다고 인정되고 헌법적으로도 보장할 필요가 있다고 생각하는 국가제도를 헌법에 규정함으로써 장래의 법발전, 법형성의 방침과 범주를 미리 규율하려는 데 있다. 이러한 제도적 보장은 주관적 권리가 아닌 객관적 범규범이라는 점에서 기본권과 구별되기는 하지만 헌법에 의하여 일정한 제도가 보장되면 입법자는 그 제도를 설정하고 유지할 입법의무를 지게될 뿐만 아니라 헌법에 규정되어 있기 때문에 법률로써 이를 폐지할 수 없고, 비록 내용을 제한하더라도 그 본질적 내용을 침해할 수 없다. 그러나 기본권 보장은 "최대한 보장의 원칙"이 적용됨에 반하여, 제도적 보장은 그 본질적 내용을 침해하지 아니하는 범위 안에서 입법자에게 제도의 구체적 내용과 형태의 형성권을 폭넓게 인정한다는 의미에서 "최소한 보장의 원칙"이 적용될 뿐이다.

### (3) 통합과정론

스멘트는 기본권을 사회공동체의 동화적 통합을 위한 질서의 원리로 이해한다. 그는 기본권의 권리의 측면보다는 동화적 통합의 기능을 강조하면서, 동화적 통합의 생활형식 내지 법질서의 바탕이 되는 가치체계 또는 문화체계를 기본권이라고 이해한다.

## Ⅱ. 기본권의 법적 성격

오늘날 기본권은 주관적 공권으로서의 성격과 객관적 가치질서로서의 성격의 양면성을 갖는 것으로 이해된다.

### 1. 주관적 공권으로서의 성격

주관적 공권으로서 기본권이란 국가권력으로부터 개인의 자유와 권리를 방어하기 위한 소극적·방어적 성격을 가지며, 국가에 대하여 일정한 부작위 또는 작위를 요청할 수 있는 개인의 권리를 의미한다. 기본권을 국가가 베푸는 은혜로서의 자유로 이해하는 켈젠의 관점에서는 국가로부터의 자유 내지는 일정한 작위나 부작위를 요구할 수 있는 주관적 공권은 인정될 수 없다. 옐리네크는 기본권을 지위이론으로 설명한다. 국민은 국가권력에 대하여 수동적 지위, 소극적 지위, 적극적 지위, 능동적 지위를 가지는데, 수동적 지위에서 국민의 국가권력에 대한 복종이라는 '의무'가 나오며, 소극적·적극적·능동적 지위로부터 국민이 국가권력에 대하여 부작위 또는 작위를 요구하거나 국정에 참여할 것을 요구할 수 있는 주관적 공권이 나온다고 한다.

### 2. 객관적 가치질서로서의 성격

기본권도 헌법질서 속에서의 자유와 권리를 뜻하기 때문에 민주주의적, 법치국가적, 사회국가적 헌법질서의 기본이 되는 객관적 가치질서로서의 성격을 가진다. 기본권의 객관적 가치질서로서의 성격은 매우 광범위한 스펙트럼으로 비유된다. 소극적 권한규범[1]으로서, 제도적 보장으로서, 헌법질서의 구성요소로서, 법률의 해석 및 형성의 기준으로서 역할을 한다. 우리 헌법재판소도 기본권의 양면성을 인정하고 있다.

> 기본권의 이중적 의미(소극적 방어권 + 국가권력에 대한 객관적 규범 내지 가치질서)(헌재 1995.6.29. 93헌바45)
> 국민의 기본권은 국가권력에 의하여 침해되어서는 아니된다는 의미에서 소극적 방어권으로서의 의미를 가지고 있을 뿐만 아니라, 헌법 제10조에서 국가는 개인이 가지는 불가침의 기본적 인권을 확인하고 이를 보장할 의무를 진다고 선언함으로써, 국가는 나아가 적극적으로 국민의 기본권을 보호할 의무를 부담하고 있다는 의미에서 기본권은 국가권력에 대한 객관적 규범 내지 가치질서로서의 의미를 함께 갖는다. 객관적 가치질서로서의 기본권은 입법·사법·행정의 모든 국가기능의 방향을 제시하는 지침으로서 작용하므로, 국가기관에게 기본권의 객관적 내용을 실현할 의무를 부여한다.

---

[1] 기본권의 객관적 가치질서로서의 성격으로부터 국가는 행위나 결정을 함에 있어서 제한을 받는다. 입법·행정·사법은 권한을 마음대로 행사하는 것이 아니라 기본권이 부여하는 한도 내에서 그 권한을 행사할 수 있다. 이것을 소극적 권한규범으로서의 기본권이라 한다.

**방송의 자유의 이중적 성격(주관적 권리 + 제도적 보장)**(헌재 2003.12.18. 2002헌바49)

방송의 자유는 주관적 권리로서의 성격과 함께 자유로운 의견형성이나 여론형성을 위해 필수적인 기능을 행하는 객관적 규범질서로서 제도적 보장의 성격을 함께 가진다. 이러한 방송의 자유의 보호영역에는, 단지 국가의 간섭을 배제함으로써 성취될 수 있는 방송프로그램에 의한 의견 및 정보를 표현, 전파하는 주관적인 자유권 영역 외에 그 자체만으로 실현될 수 없고 그 실현과 행사를 위해 실체적, 조직적, 절차적 형성 및 구체화를 필요로 하는 객관적 규범질서의 영역이 존재하며, 더욱이 방송매체의 특수성을 고려하면 방송의 기능을 보장하기 위한 규율의 필요성은 신문 등 다른 언론매체보다 높다.

**직업선택의 자유의 이중적 성격(직업선택의 자유 + 직업수행의 자유)**(헌재 1995.7.21. 94헌마125)

헌법 제15조에 의한 직업선택의 자유라 함은 자신이 원하는 직업 내지 직종을 자유롭게 선택하는 직업의 선택의 자유뿐만 아니라 그가 선택한 직업을 자기가 결정한 방식으로 자유롭게 수행할 수 있는 직업의 수행의 자유를 포함한다고 할 것인바, 이 자유는 각자의 생활의 기본적 수요를 충족시키는 방편이 되고 개성신장의 바탕이 된다는 점에서 주관적 공권의 성격을 가지면서도 국민 개개인이 선택한 직업의 수행에 의하여 국가의 사회질서와 경제질서가 형성된다는 점에서 사회적 시장경제질서라고 하는 객관적 법질서의 구성요소이기도 하다.

## 제2절　기본권의 주체

헌법상 보장된 기본권을 누가 누릴 수 있는가에 관한 것이 기본권 주체의 문제이다. 기본권의 주체가 기본권을 향유할 수 있는 것을 기본권능력 내지는 기본권 보유능력이라 하고, 기본권 주체가 기본권을 구체적으로 행사할 수 있는 능력을 기본권 행사능력이라고 한다.

## I. 국민

대한민국 국적을 가진 모든 자연인은 기본권의 주체가 된다. 재외국민도 기본권의 주체가 될 수 있다. 북한주민도 우리 헌법상 대한민국 국민으로서 기본권의 주체가 된다는 견해가 있다. 다만 북한지역에 헌법의 규범력이 사실상 제약받고 있기 때문에 기본권의 행위능력은 법률에 의해 제한된다고 한다.

### 1. 사자(死者)

사자(死者)도 인격적 가치에 대한 중대한 왜곡으로부터 보호되어야 하기 때문에 인격권 등의 주체가 될 수 있다. 다만 사자는 기본권의 행사능력을 향유하기는 어렵다.

> **사자(死者)의 인격권 인정 여부**(헌재 2009.9.24. 2006헌마1298)
>
> 헌법 제10조로부터 도출되는 일반적 인격권에는 개인의 명예에 관한 권리도 포함된다. 심판대상조항인 반민규명법 제2조에 근거하여 반민규명위원회의 친일반민족행위결정이 이루어지고 반민규명법 제25조 내지 제27조에 따라 반민규명위원회가 작성한 조사보고서 및 사료가 일반에 공개되면, 조사 대상자에 대한 사회적 평가가 침해되어 조사 대상자는 헌법 제10조에서 유래하는 일반적 인격권을 제한받는다고 할 수 있다. 다만 이 사건 결정의 조사 대상자인 이○면, 이○용은 이미 모두 사망하였지만, 사자의 경우에도 인격적 가치에 대한 중대한 왜곡으로부터 보호되어야 하고, 이와 같은 사자인 조사 대상자에 대한 사회적 명예와 평가의 훼손은 사자와의 관계를 통하여 스스로의 인격상을 형성하고 명예를 지켜온 그들의 후손의 인격권, 즉 유족의 명예 또는 유족의 사자에 대한 경애추모의 정을 침해한다고 할 것이므로, 반민규명위원회에 의하여 친일반민족행위를 한 것으로 결정된 망 이○면, 이○용의 직계비속인 청구인은 헌법 제10조에서 유래하는 인격권을 제한받는다고 할 것이다.

### 2. 태아

형성 중의 생명인 태아도 헌법상 생명권의 주체가 되며, 국가는 헌법 제10조에 따라 태아의 생명을 보호할 의무가 있다고 보고 있다. 헌법재판소는 초기배아의 기본권 주체성은 인정하지 않는다.

**태아의 헌법상 생명권 주체 인정 여부 및 국가의 태아의 생명 보호의무 존부**(헌재 2008.7.31. 2004헌바81)

인간의 생명은 고귀하고, 이 세상에서 무엇과도 바꿀 수 없는 존엄한 인간 존재의 근원이다. 이러한 생명에 대한 권리, 즉 생명권은 비록 헌법에 명문의 규정이 없다 하더라도 인간의 생존본능과 존재목적에 바탕을 둔 선험적이고 자연법적인 권리로서 헌법에 규정된 모든 기본권의 전제로서 기능하는 기본권 중의 기본권이다. 모든 인간은 헌법상 생명권의 주체가 되며, 형성 중의 생명인 태아에게도 생명에 대한 권리가 인정되어야 한다. 따라서 태아도 헌법상 생명권의 주체가 되며, 국가는 헌법 제10조에 따라 태아의 생명을 보호할 의무가 있다.

**태아의 성장 상태에 따라 생명권의 주체로서 인정받는지 여부**(헌재 2012.8.23. 2010헌바402)

태아도 헌법상 생명권의 주체이고, 따라서 그 성장 상태가 보호 여부의 기준이 되어서는 안될 것이다. 헌법이 태아의 생명을 보호하는 것은 그것이 인간으로 될 예정인 생명체라는 이유 때문이지, 그것이 독립하여 생존할 능력이 있다거나 사고능력, 자아인식 등 정신적 능력이 있는 생명체라는 이유 때문이 아니다. 그러므로 태아가 독자적 생존능력을 갖추었는지 여부를 그에 대한 낙태 허용의 판단 기준으로 삼을 수는 없다. 인간이면 누구나 신체적 조건이나 발달 상태 등과 관계없이 동등하게 생명 보호의 주체가 되는 것과 마찬가지로, 태아도 성장 상태와 관계없이 생명권의 주체로서 마땅히 보호를 받아야 한다. 특히 의학의 비약적 발전으로 태아가 모태를 떠난 상태에서의 생존 가능성이 점점 높아지고 있는 현실과 그 성장 속도 역시 태아에 따라 다른 현실을 감안하면, 임신 후 몇 주가 경과하였는지 또는 생물학적 분화 단계를 기준으로 보호의 정도를 달리할 것은 아니다.

**초기배아의 기본권 주체성 인정 여부**(헌재 2010.5.27. 2005헌마346)

초기배아는 수정이 된 배아라는 점에서 형성 중인 생명의 첫걸음을 뗐다고 볼 여지가 있기는 하나 아직 모체에 착상되거나 원시선이 나타나지 않은 이상 현재의 자연과학적 인식 수준에서 독립된 인간과 배아 간의 개체적 연속성을 확정하기 어렵다고 봄이 일반적이라는 점, 배아의 경우 현재의 과학기술 수준에서 모태 속에서 수용될 때 비로소 독립적인 인간으로의 성장가능성을 기대할 수 있다는 점, 수정 후 착상 전의 배아가 인간으로 인식된다거나 그와 같이 취급하여야 할 필요성이 있다는 사회적 승인이 존재한다고 보기 어려운 점 등을 종합적으로 고려할 때, 기본권 주체성을 인정하기 어렵다.

## Ⅱ. 외국인

### 1. 외국인의 기본권 주체성

① 국민과 유사한 지위에 있는 외국인은 기본권의 주체가 될 수 있다. 외국인에게는 모든 기본권을 무한정 인정할 수 없기 때문에 기본권의 성질에 따라 인정 여부가 결정된다. 외국인은 '인간의 권리'의 범위 내에서만 기본권 주체성이 인정된다.

② 인간의 존엄과 가치, 행복추구권, 평등권 등은 인간의 권리로서 기본권 주체성이 인정

된다. 직장 선택의 자유도 인간의 존엄과 가치 및 행복추구권과도 밀접한 관련을 가지는 인간의 권리로 볼 수 있기 때문에, 산업연수생으로 입국한 외국인은 제한적으로라도 직장 선택의 자유를 향유할 수 있다. 다만 국가에 대하여 고용증진을 위한 사회적·경제적 정책을 요구할 수 있는 사회권적 기본권이나 참정권 등은 외국인에게 인정하기 어렵다.

**기본권의 주체(국민)**(헌재 1994.12.29. 93헌마120)
기본권 보장규정인 헌법 제2장의 제목이 "국민의 권리와 의무"이고 그 제10조 내지 제39조에서 "모든 국민은 … 권리를 가진다"고 규정하고 있으므로 국민(또는 국민과 유사한 지위에 있는 외국인과 사법인)만이 기본권의 주체라 할 것이다.

**외국인의 기본권의 주체성 인정 여부 및 한계**(헌재 2001.11.29. 99헌마494)
우리 재판소는, 헌법재판소법 제68조 제1항 소정의 헌법소원은 기본권의 주체이어야만 청구할 수 있다고 한 다음, '국민' 또는 국민과 유사한 지위에 있는 '외국인'은 기본권의 주체가 될 수 있다고 판시하였다. 즉, 인간의 존엄과 가치 및 행복추구권 등과 같이 단순히 '국민의 권리'가 아닌 '인간의 권리'로 볼 수 있는 기본권에 대해서는 외국인도 기본권의 주체가 될 수 있다고 하여 인간의 권리에 대하여는 원칙적으로 외국인의 기본권 주체성을 인정하였다. 이와 같이 외국인에게는 모든 기본권이 무한정 인정될 수 있는 것이 아니라 '인간의 권리'의 범위 내에서만 인정되는 것이므로, 먼저 이 사건 심판대상조항이 제한하고 있는 것이 어떤 기본권과 관련되는 것인지를 확정하고, 그 기본권이 권리성질상 외국인인 청구인에게 기본권 주체성을 인정할 수 있는 것인지 살펴야 할 것이다.

**외국인의 직장 선택의 자유 인정 여부**(헌재 2011.9.29. 2009헌마351)
직업의 자유 중 … 직장 선택의 자유는 인간의 존엄과 가치 및 행복추구권과도 밀접한 관련을 가지는 만큼 단순히 국민의 권리가 아닌 인간의 권리로 보아야 할 것이므로 외국인도 제한적으로라도 직장 선택의 자유를 향유할 수 있다고 보아야 한다.

**외국인의 직업(선택)의 자유 인정 여부**(헌재 2014.8.28. 2013헌마359)
심판대상조항이 제한하고 있는 직업의 자유는 국가자격제도정책과 국가의 경제상황에 따라 법률에 의하여 제한할 수 있고 인류보편적인 성격을 지니고 있지 아니하므로 국민의 권리에 해당한다. 이와 같이 헌법에서 인정하는 직업의 자유는 원칙적으로 대한민국 국민에게 인정되는 기본권이지, 외국인에게 인정되는 기본권은 아니다. 국가 정책에 따라 정부의 허가를 받은 외국인은 정부가 허가한 범위 내에서 소득활동을 할 수 있는 것이므로, 외국인이 국내에서 누리는 직업의 자유는 법률 이전에 헌법에 의해서 부여된 기본권이라고 할 수는 없고, 법률에 따른 정부의 허가에 의해 비로소 발생하는 권리이다. 헌법재판소의 결정례 중에는 외국인이 대한민국 법률에 따른 허가를 받아 국내에서 일정한 직업을 수행함으로써 근로관계가 형성된 경우, 그 직업은 그 외국인의 생활의 기본적 수요를 충족시키는 방편이 되고 또한 개성신장의 바탕이 된다는 점에서 외국인은 그 근로관계를 계속 유지함에 있어서 국가의 방해를 받지 않고 자유로운 선택과 결정을 할 자유가 있고 그러한 범위에서 제한적으로 직업의 자유에 대한 기본권 주체성을 인정할 수 있다고 하였다(헌재 2011.9.29. 2007헌마1083등 참조). 하지만 이는 이미 근로관계가 형성되어 있는 예외적인 경우에 제한적으로 인정한 것에 불과하다. 그러한 근로관계가 형성되기 전단계인 특정한 직업을 선택할 수 있는 권리는 국가정책에 따라 법률로써 외국인에게 제한적으로 허용되는 것이지 헌법상 기본권에서 유래되는 것은 아니다.

> **외국인의 근로의 권리 인정 여부**(헌재 2007.8.30. 2004헌마670)
> 근로의 권리가 "일할 자리에 관한 권리"만이 아니라 "일할 환경에 관한 권리"도 함께 내포하고 있는바, 후자는 인간의 존엄성에 대한 침해를 방어하기 위한 자유권적 기본권의 성격도 갖고 있어 건강한 작업환경, 일에 대한 정당한 보수, 합리적인 근로조건의 보장 등을 요구할 수 있는 권리 등을 포함한다고 할 것이므로 외국인 근로자라고 하여 이 부분에까지 기본권 주체성을 부인할 수는 없다. 즉 근로의 권리의 구체적인 내용에 따라, 국가에 대하여 고용증진을 위한 사회적·경제적 정책을 요구할 수 있는 권리는 사회권적 기본권으로서 국민에 대하여만 인정해야 하지만, 자본주의 경제질서하에서 근로자가 기본적 생활수단을 확보하고 인간의 존엄성을 보장받기 위하여 최소한의 근로조건을 요구할 수 있는 권리는 자유권적 기본권의 성격도 아울러 가지므로 이러한 경우 외국인 근로자에게도 그 기본권 주체성을 인정함이 타당하다.

### 2. 외국국적동포

외국국적동포는 '외국인'이므로 원칙적으로 기본권 등을 누릴 수 없거나 제한적으로 밖에 향유하지 못하던 것을 재외동포법의 시행으로 일정한 범위에서 기본권을 향유하게 되었다.

> **외국인의 행복추구권 및 평등권 인정 여부**(헌재 2001.11.29. 99헌마494)
> 청구인들이 침해되었다고 주장하는 인간의 존엄과 가치, 행복추구권은 대체로 '인간의 권리'로서 외국인도 주체가 될 수 있다고 보아야 하고, 평등권도 인간의 권리로서 참정권 등에 대한 성질상의 제한 및 상호주의에 따른 제한이 있을 수 있을 뿐이다.

## Ⅲ. 법인

### 1. 법인의 기본권 주체성

① 헌법에는 법인의 기본권 향유능력을 인정하는 명문의 규정이 없어 법인의 기본권 주체성은 헌법해석에 의할 수밖에 없다.

② 법인의 기본권 주체성을 부인하는 입장을 보면, ⅰ) 인권은 자연권을 전제로 하여 성립된 관념이므로 자연인이 아닌 법인은 기본권의 주체가 될 수 없다고 하거나, ⅱ) 법인의제설을 기초로 하여 법인의 활동은 결국 자연인의 활동으로 환원되는 것이므로

자연인의 기본권을 보장하는 것으로 충분하고 법인에게까지는 기본권의 주체성을 인정할 필요가 없다고 하거나, ⅲ) 결단주의적 헌법관에서 보면 기본권이란 초국가적 자연법적 성격을 가지는 것이므로 실정법질서에서 창설되는 법인은 기본권의 주체가 될 수 없다고 한다.

③ 법인의 기본권 주체성을 긍정하는 입장을 보면 ⅰ) 법인실재설은 자연인과는 별개의 실체를 가지고 있고, 법에 의해서 권리주체성이 인정되는 법인은 독자적인 기본권 주체성이 인정된다고 보거나, ⅱ) 동화적 통합이론은 법인을 국가의 통합과 형식을 위한 수단으로 보기 때문에 법인의 기본권주체성을 인정한다.

④ 우리 헌법재판소도 자연인에게 적용되는 기본권규정이라도 언론·출판의 자유, 재산권의 보장 등과 같이 성질상 법인이 누릴 수 있는 기본권은 당연히 법인에게도 적용된다고 판시하였다(헌재 1991.6.3. 90헌마56). 또한 법인 아닌 사단·재단이라고 하더라도 대표자의 정함이 있고 독립된 사회적 조직체로서 활동하는 때에는 성질상 법인이 누릴 수 있는 기본권을 침해당하게 되면 그의 이름으로 헌법소원심판을 청구할 수 있다고 판시하였다(헌재 1991.6.3. 90헌마56). 따라서 법인도 사단법인·재단법인 또는 영리법인·비영리법인을 가리지 않고 기본권의 주체가 된다.

> **법인의 인격권 인정 여부**(헌재 2012.8.23. 2009헌가27)
> 법인도 법인의 목적과 사회적 기능에 비추어 볼 때 그 성질에 반하지 않는 범위 내에서 인격권의 한 내용인 사회적 신용이나 명예 등의 주체가 될 수 있고 법인이 이러한 사회적 신용이나 명예 유지 내지 법인격의 자유로운 발현을 위하여 의사결정이나 행동을 어떻게 할 것인지를 자율적으로 결정하는 것도 법인의 인격권의 한 내용을 이룬다고 할 것이다.

## 2. 공법인의 기본권 주체성

공법인은 원칙적으로 기본권의 주체가 될 수 없다. 공법인은 기본권의 주체로서 그 소지자가 아니고, 기본권을 보호 내지 실현해야 할 '책임'과 '의무'를 지는 지위에 있기 때문이다. 헌법재판소도 국회노동위원회, 지방자치단체, 지방자치단체 장, 지방의회 등은 기본권의 주체가 될 수 없다고 판시하였다(헌재 1994.12.29. 93헌마120; 헌재 1997.12.24. 96헌마365; 헌재 1998.3.26. 96헌마345). 다만 예외적으로 공법인의 기본권 주체성이 인정되는 경우도 있다. 헌법재판소는 공법인이지만 사법인성을 겸유한다거나, 개인적 법인 내지는 기본권과 관련되는 경우, 사경제주체로서 활동하거나 국가로부터 독립한 고유 업무를 수행하는 경우에는 기본권의 주체성을 인정한다.

> **축협중앙회의 기본권 주체성 인정 여부**(헌재 2000.6.1. 99헌마553)
> 헌법상 기본권의 주체가 될 수 있는 법인은 원칙적으로 사법인에 한하는 것이고 공법인은 헌법의 수범자이지 기본권의 주체가 될 수 없다. 축협중앙회는 지역별·업종별 축협과 비교할 때, 회원의 임의탈퇴나 임의해산이 불가능한 점 등 그 공법인성이 상대적으로 크

다고 할 것이지만, 이로써 공법인이라고 단정할 수는 없을 것이고, 이 역시 그 존립목적 및 설립형식에서의 자주적 성격에 비추어 사법인적 성격을 부인할 수 없으므로, 축협중앙회는 공법인성과 사법인성을 겸유한 특수한 법인으로서 이 사건에서 기본권의 주체가 될 수 있다.

공법인이나 이에 준하는 지위를 가진 자가 기본권 주체성을 인정받는 경우(헌재 2013.9.26. 2012헌마271)

공권력의 행사자인 국가, 지방자치단체나 그 기관 또는 국가조직의 일부나 공법인은 국민의 기본권을 보호 내지 실현해야 할 '책임'과 '의무'를 지는 주체로서 헌법소원을 청구할 수 없다. 다만 공법인이나 이에 준하는 지위를 가진 자라 하더라도 공무를 수행하거나 고권적 행위를 하는 경우가 아닌 사경제 주체로서 활동하는 경우나 조직법상 국가로부터 독립한 고유 업무를 수행하는 경우, 그리고 다른 공권력 주체와의 관계에서 지배복종관계가 성립되어 일반 사인처럼 그 지배하에 있는 경우 등에는 기본권 주체가 될 수 있다. 이러한 경우에는 이들이 기본권을 보호해야 하는 국가적 기능을 담당하고 있다고 볼 수 없기 때문이다. 청구인의 경우 공법상 재단법인인 방송문화진흥회가 최다출자자인 방송사업자로서 방송법 등 관련규정에 의하여 공법상의 의무를 부담하고 있지만, 상법에 의하여 설립된 주식회사로 설립목적은 언론의 자유의 핵심 영역인 방송사업이므로 이러한 업무 수행과 관련하여 당연히 기본권 주체가 될 수 있고, 그 운영을 광고수익에 전적으로 의존하고 있는 만큼 이를 위해 사경제 주체로서 활동하는 경우에도 기본권 주체가 될 수 있는 바, 이 사건 심판청구는 청구인이 그 운영을 위한 영업활동의 일환으로 방송광고를 판매하는 지위에서 그 제한과 관련하여 이루어진 것이므로 그 기본권 주체성을 인정할 수 있다.

국립대학의 기본권 주체성 인정 여부(헌재 2015.12.23. 2014헌마1149)

헌법 제31조 제4항이 규정하는 교육의 자주성 및 대학의 자율성은 헌법 제22조 제1항이 보장하는 학문의 자유의 확실한 보장을 위해 꼭 필요한 것으로서 대학에 부여된 헌법상 기본권인 대학의 자율권이므로, 국립대학인 청구인도 이러한 대학의 자율권의 주체로서 헌법소원심판의 청구인능력이 인정된다.

선출직 공무원인 하남시장의 기본권 주체성 인정 여부(헌재 2009.3.26. 2007헌마843)

청구인은 선출직 공무원인 하남시장으로서 이 사건 법률 조항으로 인하여 공무담임권 등이 침해된다고 주장하여, 순수하게 직무상의 권한행사와 관련된 것이라기보다는 공직의 상실이라는 개인적인 불이익과 연관된 공무담임권을 다투고 있으므로, 이 사건에서 청구인에게는 기본권의 주체성이 인정된다 할 것이다.

## 3. 국가기관의 기본권 주체성

국가기관은 기본권의 소지자가 아니고 공권력 행사의 주체로서 기본권의 수범자이므로 원칙적으로 기본권의 주체가 될 수 없다. 다만 예외적으로 국가기관이 자연인의 지위를 가지는 경우에는 기본권 주체성이 긍정되는 경우가 있다.

> 국가기관의 기본권 주체성 인정 여부(노무현 대통령 사건)(헌재 2008.1.17. 2007헌마700)
> 개인의 지위를 겸하는 국가기관이 기본권의 주체로서 헌법소원의 청구적격을 가지는지 여부는, 심판대상조항이 규율하는 기본권의 성격, 국가기관으로서의 직무와 제한되는 기본권 간의 밀접성과 관련성, 직무상 행위와 사적인 행위 간의 구별가능성 등을 종합적으로 고려하여 결정되어야 할 것이다. 그러므로 대통령도 국민의 한 사람으로서 제한적으로나마 기본권의 주체가 될 수 있는바, 대통령은 소속 정당을 위하여 정당활동을 할 수 있는 사인으로서의 지위와 국민 모두에 대한 봉사자로서 공익실현의 의무가 있는 헌법기관으로서의 지위를 동시에 갖는데 최소한 전자의 지위와 관련하여는 기본권 주체성을 갖는다고 할 수 있다.

## Ⅳ. 정당 등

### 1. 권리능력 없는 사단

법인이 아닌 사단이나 재단도 기본권의 주체가 될 수 있다.

> 법인 아닌 사단·재단의 헌법소원심판 청구 요건(헌재 1991.6.3. 90헌마56)
> 법인 아닌 사단 · 재단이라고 하더라도 대표자의 정함이 있고 독립된 사회적 조직체로서 활동하는 때에는 성질상 법인이 누릴 수 있는 기본권을 침해당하게 되면 그의 이름으로 헌법소원심판을 청구할 수 있다. … 따라서 단체는 특별한 예외적인 경우를 제외하고는 헌법소원심판제도가 가진 기능에 미루어 원칙적으로 단체 자신의 기본권을 직접 침해당한 경우에만 그의 이름으로 헌법소원심판을 청구할 수 있을 뿐이고, 그 구성원을 위하여 또는 구성원을 대신하여 헌법소원심판을 청구할 수 없는 것으로 보아야 할 것이다.

### 2. 정당의 기본권 주체성

헌법 제8조 제1항에서 규정하는 정당설립의 자유는 정당활동의 자유도 함께 보장한다. 정당설립의 자유는 설립에 대응하는 정당해산의 자유, 합당의 자유, 분당의 자유도 포함하며, 개인이 특정 정당에 가입하지 아니할 자유, 가입했던 정당으로부터 탈퇴할 자유 등 소극적 자유도 포함한다(헌재 2006.3.30. 2004헌마246).

등록된 정당은 정당으로서 기본권의 향유 주체가 된다. 정당 등록이 취소되더라도 '등록정당'에 준하는 '권리능력 없는 사단'으로서의 실질을 유지하고 있는 경우에는 정당설립의 자유 등의 기본권을 주장할 수 있다. 정당설립의 자유는 국민과 정당의 기본권이므로 등록된 정당에게만 인정되는 기본권이 아니라 등록정당은 아니지만 권리능력 없는 사단의 실체를 가지고 있는 정당에게도 인정된다.

> 정당등록이 취소된 녹색사민당의 기본권 주체성 인정 여부(헌재 2006.2.23. 2004헌마208)
> 청구인 녹색사민당은 2004. 4. 20. 정당법 제44조 제1항 제3호에 의하여 정당등록이 취소되어 더 이상 등록된 정당이 아니어서 청구인 주장의 기본권을 향유할 수 있는 주체가 될 수 없으므로 청구인의 심판청구는 부적법하다.

> **정당등록이 취소된 경우라도 기본권 주체성을 인정한 경우**(헌재 2006.3.30. 2004헌마246)
> 청구인은 등록이 취소된 이후에도 '등록정당'에 준하는 '권리능력 없는 사단'으로서의 실질을 유지하고 있다고 볼 수 있으므로 이 사건 헌법소원의 청구인능력을 인정할 수 있다. 또한 정당설립의 자유는 그 성질상 등록된 정당에게만 인정되는 기본권이 아니라 청구인과 같이 등록정당은 아니지만 권리능력 없는 사단의 실체를 가지고 있는 정당에게도 인정되는 기본권이라고 할 수 있고 … 정당설립의 자유는 비록 헌법 제8조 제1항 전단에 규정되어 있지만 국민 개인과 정당의 '기본권'이라 할 수 있고, 당연히 이를 근거로 하여 헌법소원심판을 청구할 수 있다. 정당법상 정당등록요건을 다투는 정당(청구인)이 청구한 사건에서도 헌법 제21조 제1항 결사의 자유의 특별규정[2])으로서, 헌법 제8조 제1항 전단의 '정당설립의 자유'가 침해 여부가 문제되는 기본권이라고 할 것이다.

---

2) [참고] 정당에 관한 한, 헌법 제8조는 일반결사에 관한 헌법 제21조에 대한 특별규정이므로, 정당의 자유에 관하여는 헌법 제8조 제1항이 우선적으로 적용된다. 그러나 정당의 자유를 규정하는 헌법 제8조 제1항이 기본권의 규정형식을 취하고 있지 아니하고 또한 '국민의 기본권에 관한 장'인 제2장에 위치하고 있지 아니하므로, 이 사건 법률조항으로 말미암아 침해된 기본권은 '정당의 설립과 가입의 자유'의 근거규정으로서, '정당설립의 자유'를 규정한 헌법 제8조 제1항과 '결사의 자유'를 보장하는 제21조 제1항에 의하여 보장된 기본권이라 할 것이다(헌재 1999.12.23. 99헌마135).

## 제3절  기본권의 효력

### I. 대국가적 효력과 대사인적 효력

기본권은 국가의 공권력 행사로부터 방어하기 위한 주관적 방어권 내지는 주관적 공권으로 이해되었기 때문에 기본권이 대국가적 효력을 갖는 것은 당연하다. 국민의 기본권에 대한 침해를 가하는 거대한 실체는 국가라는 것을 부인할 수는 없기 때문이다. 오늘날에는 기본권의 잠재적인 침해자를 국가에 한정할 수만은 없다. 기본권에 대한 위협이 국가권력뿐만 아니라 여러 형태의 사회적인 압력단체나 사인으로부터 나올 수 있게 되었고, 사회세력 내지 사인에 대해서도 기본권을 보호할 필요성이 생겼다. 이른바 기본권의 대사인적 효력 및 제3자적 효력에 관한 문제이다.

### II. 대국가적 효력

① 기본권은 주관적 공권으로서 대국가적 효력을 가진다. 국민은 국가에 대하여 적극적으로 작위 또는 부작위를 요청할 수 있다. 기본권은 주관적 공권성을 갖기 때문에 입법·행정·사법권은 기본권에 기속된다.

② 기본권은 입법권을 기속하므로 입법권이 기본권을 침해하는 법률을 제정하는 경우 이러한 입법권 행사를 금지시킬 수 있다. 이는 법률의 무효를 주장하는 헌법소원이나 규범통제의 형태로 나타난다. 행정작용도 기본권에 기속된다. 기본권의 기속력이 미치는 범위와 관련해서는 논란이 있다. 행정작용 중 권력적 작용에는 기본권의 효력이 당연히 미친다고 보지만, 행정사법이나 국고작용 등에 기본권의 효력이 미치는지에 관해서는 학설상의 다툼이 있다. 오늘날에는 기본권의 대사인적 효력도 인정하고 있기 때문에 비권력적 작용에도 기본권의 효력이 미친다고 본다.[3] 법원의 사법작용도 기본권 존중원칙에 기속된다. 그 밖에 헌법개정권력이나 지방자치권력 등도 기본권을 존중해야 하는 헌법적 기속을 받는다.

### III. 대사인적 효력

기본권의 대사인적 효력의 이념적 기초는 기본권의 양면성이다. 기본권은 주관적 공권으로서의 성격뿐만 아니라 객관적 가치질서로서의 성격을 갖는데, 기본권의 대사인적 효력에서는 객관적 가치질서로서의 성격이 강조된다.

---

[3] 독일에서는 행정주체가 사법의 형식으로 공법상의 과제를 달성하려고 하는 행정사법의 영역에서는 행정권이 기본권에 기속된다고 보는 것이 일반적이며, 국고작용의 경우는 행정사법의 영역과 같이 포괄적인 기본권 기속성은 인정되지 않고, 일반적 평등원칙 등에만 구속된다고 본다.

## 1. 독일에서의 기본권의 대사인적 효력에 관한 논의

과거 독일에서 기본권은 본질적으로 대국가적 방어권이므로 입법·행정·사법 등 국가권력만 기속하고, 사인을 구속하지 않으며, 사인에 의한 기본권 침해는 일반법률로 충분하기 때문에 헌법상의 기본권 규정을 직접 원용할 필요가 없다는 효력부인설이 주장되기도 하였다. 오늘날에는 대체로 기본권의 대사인적 효력을 긍정하고 있으며, 직접적용설과 간접적용설로 대립한다.

### (1) 직접적용설

직접적용설에 의하면 기본권은 사인 상호간의 법률관계에도 직접적인 구속력을 가지며, 사법관계에 직접 적용된다고 한다. 헌법의 명문규정이나 기본권의 성질상 사인 상호간의 관계에 직접 적용될 수 있는 기본권은 직접 효력을 갖는다는 것이다. 직접적 효력을 갖는다는 의미는 기본권이 사법에 있어서 단지 지침이나 해석원칙으로서만이 아니라 규범적 효력을 직접 발휘한다는 것이다. 직접적인 규범적 효력이란 사법질서에서 효력을 갖기 위하여 일반조항과 같은 매개수단이나 침투창구가 필요 없다는 말이며, 기존의 사법규범을 변형하거나 새롭게 창조한다는 것을 의미한다.

### (2) 간접적용설

간접적용설에 의하면 헌법상의 기본권규정이 사법질서에서 직접적으로 적용될 수는 없고 사법의 일반조항을 매개로 하여 간접적으로 사인 상호간에 적용된다고 한다. 공·사법 이원론의 체계를 유지하고 있는 현행법체제 하에서 사법질서의 독자성과 고유법칙성을 존중하기 위한 노력으로 볼 수 있다. 객관적 가치질서로서의 기본권은 모든 생활영역에서 소위 방사효과를 미치게 되고 이러한 방사효과는 사인간의 사적 법률관계에도 미치며, 이 효과가 사법질서 속으로 침투하는 창구가 바로 사법상의 일반조항이 되는 것이다.

## 2. 국가작용의제이론

미국에서는 기본권의 효력이 원칙적으로는 국가권력에만 미치고 사인에게는 미칠 수 없다는 전제 하에서 기본권의 대사인적 효력을 전개하고 있다. 따라서 사인 간의 기본권 효력을 인정하기 위해서는 최소한 사인의 행위를 국가작용인 국가의 행위와 동일시하거나 적어도 국가작용인 것처럼 의제해야 한다.

### (1) 국가재산이론

국가재산이론이란 국가의 시설을 임차한 사인이 당해 시설을 이용하여 개인의 기본권을 침해한 경우에 그 침해행위를 국가행위와 동일시하여 헌법규정을 적용하려는 이론이다.

### (2) 국가원조이론

국가원조이론이란 국가로부터 재정적 원조라든가 토지수용권, 조세면제 또는 그 밖의 공적 원조를 받은 사인이 행한 사적 행위를 국가행위와 동일시하여 헌법을 적용하는 이론이다. 시로부터 재정적 원조를 받는 사립학교가 흑인에 대하여 차별행위를 한 경우 이를 국가가 차별한 것으로 보아 위헌이라고 판시하였다(Norris v. Mayor and City Council of Baltimore).

### (3) 통치기능이론

통치기능의 이론이란 성질상 통치기능을 행사하는 정당이나 사립학교 등 사인의 인권침해행위를 국가행위로서 헌법의 규제에 복종하게 하기 위한 이론이다. 예컨대 정당이 예비선거에서 흑인의 투표를 부인하는 것은 위헌이라는 판결이 나오자, 각 주는 헌법을 개정하여 예비선거는 각 정당의 내규로서 정하도록 하였는데, 이에 각 정당이 내규로 흑인을 예비선거에서 제외하자 연방대법원은 예비선거도 공식선거의 일부이고 주 정부가 인정하고 있는 제도이므로 정당이 주의 통치행위를 대리하는 것으로 보아 그러한 인종차별행위는 위헌적인 국가행위가 된다는 이론이다(Smith v. Allwright).

### (4) 사법집행이론

사법집행이론이란 사인의 인권침해행위가 재판상의 문제가 되었을 경우에 법원이 재판을 통한 사법적 집행에 의하여 이를 실현하게 되는 경우에는 그 집행은 위헌인 국가행위로 된다는 이론이다. 연방대법원은 주민계약으로 흑인에게 부동산매매를 금지하였으나 백인 중의 한사람이 흑인에게 주택을 매도하여 다른 주민들이 이 금지협정을 근거로 흑인의 부동산매입의 무효를 주장한 사건에서 이 이론을 적용하여 흑인에 대한 차별을 내용으로 하는 사인간의 협정을 주법원이 인정하는 것은 사법적 집행에 의하여 인종차별을 강제하는 힘을 사인에게 부여하는 결과가 되므로 이는 허용되지 않는다고 하였다(Shelley v. Kraemer).

### (5) 특권부여이론

특권부여이론이란 국가로부터 특정의 특권 내지 특별한 권한을 부여받아 그 한도 내에서 국가의 광범위한 규제를 받으면서 국가와 밀접한 관계가 있는 사적인 단체의 행위를 국가행위와 동일시하는 이론을 말한다. 시에서 특정한 특권을 인정받은 전차, 버스회사의 인종차별을 국가행위로 보아 위헌이라고 판시하였다(Public Utilities Commission v. Pollak).

### (6) 국가유사설

국가유사설이란 대기업, 노동조합과 같은 강력한 사적 단체의 특정한 행위는 실질적으로 거대한 권력을 행사하고 국가와의 사이에 본질적인 차이를 가지지 않게 되며 국가와 유사하다고 보아 이들의 행위에 헌법을 적용한다는 이론이다.

## 3. 우리 헌법상 기본권의 대사인적 효력

기본권의 성질상 대사인적 효력이 부인되는 경우가 있다. 국민과 국가 간에 적용되는 청원권, 재판청구권, 형사보상청구권, 불리한 진술거부권, 체포구속적부심사청구권 등은 성질상 사인 간의 법률관계에는 적용되지 않는다. 사인 간의 법률관계에 적용될 수 있는 기본권은 헌법의 명문규정, 법률규정, 헌법해석, 법률해석 등에 의해서 사인 간의 법률관계에 직접 또는 간접적으로 적용된다.

## Ⅳ. 기본권의 경합(경쟁)

### 1. 기본권 경합의 의의

어떠한 법령이나 규제로 인하여 여러 기본권이 동시에 제약을 받는 경우에 기본권의 경합이 문제된다. 기본권 경합은 하나의 기본권 주체가 여러 기본권의 적용을 동시에 주장하는 경우를 말한다.

### 2. 기본권 경합의 해결

(1) 보충적 지위와 특별법적 지위

기본권의 경합을 해결하기 위해서는 여러 기본권들이 보충적 지위나 특별법적 지위에 있는지가 검토되어야 한다. 보충적 기본권으로서의 성격을 갖는 기본권은 적용이 배제되므로 위헌여부의 심사가 불필요하다. 특별법적 지위에 있는 기본권은 일반법적 지위에 있는 기본권에 우선하여 적용된다.

> **보충적 기본권으로서의 행복추구권(vs 직업의 자유)**(헌재 2008.11.27. 2005헌마161 등)
> 행복추구권은 다른 기본권에 대한 보충적 기본권으로서의 성격을 지니고, 특히 어떠한 법령이 수범자의 직업의 자유와 행복추구권 양자를 제한하는 외관을 띠는 경우 두 기본권의 경합 문제가 발생하는데, 보호영역으로서 '직업'이 문제되는 경우 행복추구권과 직업의 자유는 서로 일반특별관계에 있어 기본권의 내용상 특별성을 갖는 직업의 자유의 침해 여부가 우선하여 행복추구권 관련 위헌 여부의 심사는 배제되어야 하는 것이므로, 이 사건에 있어서 청구인들이 게임제공업을 영위하는 행위가 직업의 자유의 보호영역에 포함된다고 보아 앞서 그 침해 여부를 판단한 이상, 행복추구권의 침해 여부를 독자적으로 판단할 필요가 없다.

> **보충적 기본권으로서의 행복추구권(vs 공무담임권)**(헌재 2005.10.27. 2004헌바41)
> 행복추구권은 다른 기본권에 대한 보충적 기본권으로서의 성격을 지니는바, 이 사건에서 공무담임권이라는 우선적으로 적용되는 기본권이 존재하여 그 침해 여부를 판단하는 이상 행복추구권 침해 여부를 별도로 판단하여야 하는 것은 아니다. 다음으로, 직업의 자유 침해 여부에 관하여 보건대, 침해한 기본권 주체의 행위에 적용될 수 있는 여러 기본권들 중의 하나가 다른 기본권에 대하여 특별법적 지위에 있는 경우에는 기본권의 경합은 성립되지 않고 특별법적 지위에 있는 기본권이 우선적으로 적용되고 다른 기본권은 배제되는바, 공무원직은 그 자체가 다른 사적인 직업들과는 달라서 그 수가 한정되어 있을 뿐만 아니라 일정한 자격요건을 갖추어야 하기 때문에 처음부터 주관적 및 객관적 사유에 의한 제한이 전제되어 있다. 따라서 공무원직의 선택 내지는 제한에 있어서는 공무담임권에 관한 헌법규정이 직업의 자유에 대한 특별규정으로서 우선적으로 적용되어야 하며 직업

의 자유의 적용은 배제된다고 보아야 할 것이므로, 위 부분에 대하여도 별도 판단을 하지 아니한다.

**인격권과 행복추구권의 보충성 및 선해 해석 가능 여부**(헌재 2012.5.31. 2009헌마553)

인격권은 헌법 제10조로부터 도출되는 인간의 본질과 고유한 가치에 관한 기본권으로서 개별 기본권에 대하여 보충성을 가지고, 행복추구권 역시 포괄적 자유권적 기본권으로서 보충적 기본권에 불과하므로, 청구인 주장 자체에 의하더라도 위와 같은 기본권들이 제한된다고 보기는 어렵다. 다만, 청구인의 위 주장은 연금연계신청을 허용하는 조항이 불완전하여 인간다운 생활을 할 권리를 침해하고 있다는 주장으로 선해할 수 있으므로, 이에 관하여 살펴본다.

(2) 헌법재판소의 견해

헌법재판소는 기본권 경합의 경우에 기본권 침해를 주장하는 청구인의 의도 및 기본권을 제한하는 입법자의 객관적 동기 등을 참작하여 사안과 가장 밀접한 관계에 있고 또 침해의 정도가 큰 주된 기본권을 중심으로 해서 그 제한의 한계를 따져 보아야 한다고 한다 (헌재 2013.5.30. 2009헌마514).

**단체행동권을 사안과 가장 밀접한 관련이 있고 침해 정도가 큰 기본권으로 판단한 경우**(헌재 2009.10.29. 2007헌마1359)

헌법소원에 있어서는 대상이 되는 규범에 의하여 여러 기본권이 동시에 제약을 받는 기본권 경합의 경우에 기본권 침해를 주장하는 청구인의 의도 및 기본권을 제한하는 입법자의 객관적 동기 등을 참작하여 사안과 가장 밀접한 관계에 있고 또 침해의 정도가 큰 주된 기본권을 중심으로 해서 그 제한의 한계를 검토하면 족한 것이고 관련 기본권을 모두 심사할 필요는 없다. 청구인은 경비업법 제15조 제3항으로 인하여 행복추구권, 평등권, 집회결사의 자유 및 단체행동권을 침해받았다고 주장하나 이 사건 법률조항과 가장 밀접하게 관련되고 가장 침해의 정도가 큰 기본권은 근로3권의 하나인 단체행동권이므로 이에 한정하여 판단하기로 한다.

**언론·출판의 자유를 사안과 가장 밀접한 관련이 있고 침해 정도가 큰 기본권으로 판단한 경우**(헌재 1998.4.30. 95헌가16)

이 사건 법률조항은 언론·출판의 자유, 직업선택의 자유 및 재산권을 경합적으로 제약하고 있다. 이처럼 하나의 규제로 인해 여러 기본권이 동시에 제약을 받는 기본권경합의 경우에는 기본권침해를 주장하는 제청신청인과 제청법원의 의도 및 기본권을 제한하는 입법자의 객관적 동기 등을 참작하여 사안과 가장 밀접한 관계에 있고 또 침해의 정도가 큰 주된 기본권을 중심으로 해서 그 제한의 한계를 따져 보아야 할 것이다. 이 사건에서는 제청신청인과 제청법원이 언론·출판의 자유의 침해를 주장하고 있고, 입법의 일차적 의도도 출판내용을 규율하고자 하는 데 있으며, 규제수단도 언론·출판의 자유를 더 제약하는 것으로 보이므로 언론·출판의 자유를 중심으로 해서 이 사건 법률조항이 그 헌법적 한계를 지키고 있는지를 판단하기로 한다.

(3) 최강효력설과 최약효력설

기본권 제한의 정도가 다른 경우 기본권의 효력이 약한 기본권을 우선시켜야 한다는 최약효력설과 기본권의 효력이 강한 기본권을 우선시켜야 한다는 최강효력설이 있다.

(4) 관련 기본권 적용

청구인의 의도나 입법자의 객관적 동기 등을 참작하여 우선적으로 적용되는 기본권을 확정할 수 없거나, 관련성의 밀접성 정도를 알 수 없는 경우 모든 기본권을 적용할 수밖에 없다.

## V. 기본권의 충돌(상충)

### 1. 기본권 충돌의 의의

상이한 기본권의 주체가 대립되는 기본권의 효력을 주장하는 경우를 말한다. 상이한 기본권주체가 서로 상충하는 이해관계의 다툼에서 각각 나름대로의 기본권을 들고 나오는 경우, 기본권의 주체는 국가권력을 상대로 자신이 갖는 기본권의 효력을 주장하게 되고, 국가권력은 쌍방 당사자의 기본권의 내용과 효력을 비교형량해서 양측의 기본권이 충분히 존중될 수 있는 합헌적인 해결책을 찾아내야 한다. 따라서 기본권의 충돌관계는 대립되는 두 기본권 주체와 국가권력의 삼각관계의 문제가 되는 것이다.

### 2. 기본권 충돌의 해결

기본권 충돌처럼 보이는 경우라도 진정한 기본권 간의 충돌이 아닌 유사충돌은 기본권 충돌이라고 할 수 없다. 기본권의 충돌을 해결하는 방법으로는 이익형량의 방법, 규범조화적 해석의 방법 등이 제시되고 있으며, 우리 헌법재판소는 입법형성의 자유이론, 기본권의 서열이론, 법익형량이론, 규범조화이론 등의 해결방법을 제시하고 있다.

(1) 유사충돌

기본권의 충돌관계가 성립하려면 우선 기본권의 적용을 주장하는 자의 행위가 당해 기본권규정의 보호영역에 해당하는 것이어야 한다. 개별 기본권 규정은 각각의 보호영역을 가지고 있는데, 이러한 보호영역의 범위 내에서 행사되는 기본권만이 진정한 기본권의 행사로 인정되기 때문이다. 예컨대 연극배우가 자신의 예술적 정신을 승화시키기 위하여 무대 위에서 살인을 하고 피살자의 생명권 침해주장에 대하여 예술의 자유를 주장하는 경우, 예술의 자유를 규정하고 있는 헌법규정은 그러한 행위까지 그 보호영역으로 하지 않는다. 이러한 경우는 부진정충돌 내지는 유사충돌로서 기본권의 충돌로 이해되지 않는다.[4]

---

[4] 부진정충돌을 기본권과 다른 헌법적 가치의 충돌로 이해하여 유사충돌과 구분하는 경우도 있다.

(2) 이익형량의 방법과 규범조화적 해결

1) 이익형량의 방법

기본권의 충돌문제는 이익형량의 방법에 의하여 해결할 수 있다. 상·하위기본권이 충돌하는 경우에는 상위기본권우선의 원칙에 따라서 해결하고, 동위의 기본권이 충돌하는 경우에는 인격적 가치우선의 원칙과 자유우선의 원칙에 의하여 기본권 충돌을 해결해야 한다.

2) 규범조화적 해결방법

규범조화적 해석방법은 두 기본권이 충돌하는 경우 이익형량에 의하여 어느 하나의 기본권만을 다른 기본권에 우선시키지 않고 헌법의 통일성을 유지하기 위해서 충돌하는 기본권 모두가 최대한으로 그 기능과 효력을 나타낼 수 있도록 조화의 방법을 찾으려는 것이다. 형평성의 원칙, 실제적 조화의 원리 등으로 표현되기도 한다. 규범조화적 해결방법의 구체적 유형으로 과잉금지원칙, 대안식 해결방법,[5] 최후수단 억제방법[6] 등이 있다.

(3) 우리 헌법재판소의 견해

헌법재판소는 기본권의 충돌을 해결하는 방법으로 하나의 방법을 채택하지 않고 여러 가지의 모습을 보이고 있다. 기본권이 충돌하는 경우 입법형성의 자유이론, 기본권의 서열이론, 법익형량이론, 규범조화이론 등의 해결방법을 제시한다. ① 입법형성이론은 기본권의 충돌관계는 입법자인 의회가 법형성의 자유에 의하여 입법으로 해결해야 한다는 것이다. ② 기본권 서열이론은 기본권들 사이에 가치의 중요도에 의해서 서열이 정해진다고 보고, 높은 서열의 기본권을 우선하여 보호하는 방법으로 기본권의 충돌을 해결해야 한다는 이론이다. ③ 법익형량이론은 충돌하는 기본권을 서로 비교형량하여 큰 법익을 보장하는 상위의 기본권을 우선시켜야 한다는 이론이다. ④ 규범조화이론은 헌법의 통일성의 관점에서 충돌하는 기본권을 모두 보호하는 조화점을 찾아서 해결하려는 이론이다.

> **규범조화적 해결방법을 택한 경우 판단기준**(헌재 2012.5.31. 2010헌바87)
> 기본권이 서로 충돌하는 경우에는 헌법의 통일성을 유지하기 위하여 상충하는 기본권 모두가 최대한 그 기능과 효력을 나타낼 수 있도록 하는 조화로운 방법이 모색되어야 할 것이므로, 이 사건 법률조항이 헌법에 합치하는지 여부는 결국 입법 당시의 환경을 고려한 다음 과잉금지의 원칙에 따라 ① 그 동의를 요하도록 한 입법목적이 정당한 것인가, ② 그로 인한 친양자로 될 자의 기본권 제한의 정도에 있어 적정한 비례관계가 유지되고 있는가를 종합하여 판단되어야 할 것이다.

---

[5] 상충하는 기본권이 다치지 않는 일종의 대안을 찾아내서 기본권의 상충관계를 해결하려는 방법이다.
[6] 최후수단의 억제방법은 대안식 해결방법에 의해서도 상충하는 기본권을 조화시킬 수 없는 경우에 대비한 해결책으로서 유리한 위치에 있는 기본권의 보호를 위해서 가능하고 필요한 수단일지라도 그 모든 수단을 최후의 선까지 동원하는 것만은 삼가려는 방법이다.

**기본권의 충돌 문제에 관한 헌법재판소의 해결방법**(헌재 2005.11.24. 2002헌바95 등)

기본권의 충돌이란 상이한 복수의 기본권주체가 서로의 권익을 실현하기 위해 하나의 동일한 사건에서 국가에 대하여 서로 대립되는 기본권의 적용을 주장하는 경우를 말하는데, 한 기본권 주체의 기본권 행사가 다른 기본권 주체의 기본권 행사를 제한 또는 희생시킨다는 데 그 특징이 있다. 이와 같이 두 기본권이 충돌하는 경우 그 해법으로는 기본권의 서열이론, 법익형량의 원리, 실제적 조화의 원리(=규범조화적 해석) 등을 들 수 있다. 헌법재판소는 기본권 충돌의 문제에 관하여 충돌하는 기본권의 성격과 태양에 따라 그때그때마다 적절한 해결방법을 선택, 종합하여 이를 해결하여 왔다.

예컨대, ① 국민건강증진법 시행규칙 제7조 위헌확인 사건에서 흡연권과 혐연권의 관계처럼 상하의 위계질서가 있는 기본권끼리 충돌하는 경우에는 상위기본권우선의 원칙에 따라 하위기본권이 제한될 수 있다고 보아서 흡연권은 혐연권을 침해하지 않는 한에서 인정된다고 판단한 바 있다(이익형량 방법).

또, ② 정기간행물의등록등에관한법률 제16조 제3항 등 위헌 여부에 관한 헌법소원 사건에서 동법 소정의 정정보도청구권(반론권)과 보도기관의 언론의 자유가 충돌하는 경우에는 헌법의 통일성을 유지하기 위하여 상충하는 기본권 모두가 최대한으로 그 기능과 효력을 발휘할 수 있도록 하는 조화로운 방법이 모색되어야 한다고 보고, 결국은 정정보도청구제도가 과잉금지의 원칙에 따라 그 목적이 정당한 것인가 그러한 목적을 달성하기 위하여 마련된 수단 또한 언론의 자유를 제한하는 정도가 인격권과의 사이에 적정한 비례를 유지하는 것인가의 관점에서 심사를 한 바 있다(규범조화적 해결방법).

③ 근로자의 단결하지 아니할 자유와 노동조합의 적극적 단결권이 충돌하는 경우 단결권 상호간의 충돌은 아니라고 하더라도 여전히 헌법상 보장된 일반적 행동의 자유 또는 결사의 자유와 적극적 단결권 사이의 기본권 충돌의 문제가 제기될 수 있다. … 단결하지 아니할 자유와 적극적 단결권이 충돌하게 되더라도, 근로자에게 보장되는 적극적 단결권이 단결하지 아니할 자유보다 특별한 의미를 갖고 있다고 볼 수 있고, 노동조합의 조직강제권도 이른바 자유권을 수정하는 의미의 생존권(사회권)적 성격을 함께 가지는 만큼 근로자 개인의 자유권에 비하여 보다 특별한 가치로 보장되는 점 등을 고려하면, 노동조합의 적극적 단결권은 근로자 개인의 단결하지 않을 자유보다 중시된다고 할 것이어서 노동조합에 적극적 단결권(조직강제권)을 부여한다고 하여 이를 두고 곧바로 근로자의 단결하지 아니할 자유의 본질적인 내용을 침해하는 것으로 단정할 수는 없다. … 개인적 단결권과 집단적 단결권이 충돌하는 경우 기본권의 서열이론이나 법익형량의 원리에 입각하여 어느 기본권이 더 상위기본권이라고 단정할 수는 없다. … 이러한 경우 헌법의 통일성을 유지하기 위하여 상충하는 기본권 모두가 최대한으로 그 기능과 효력을 발휘할 수 있도록 조화로운 방법을 모색하되, 법익형량의 원리, 입법에 의한 선택적 재량 등을 종합적으로 참작하여 심사하여야 한다(규범조화적 해결방법).

… 따라서 이 사건 법률조항은 노동조합의 집단적 단결권을 보장하기 위하여 특히 유니언 샵 협정과 같은 단체협약의 방식으로 조직강제를 가능케 하는 실정법적 근거조항으로 근

로자의 단결선택권과 충돌하는 면이 없지 아니하나, 전체적으로 상충되는 두 기본권 사이에 합리적인 조화를 이루고 있고 제한에 있어서도 적정한 비례관계를 유지하고 있으며, 또 근로자의 단결선택권의 본질적인 내용을 침해하는 것으로도 볼 수 없다.

## 3. 헌법적 가치충돌의 해결

헌법재판소는 기본권의 충돌이 아닌 헌법적 가치의 충돌의 경우에도 규범조화적 해결방법에 의한 해결을 시도한다. 예컨대 기본권과 국민의 의무 등과 같은 헌법적 가치가 서로 충돌하는 경우 규범조화적 해결방법을 사용하고 있다.

**헌법적 가치가 충돌할 경우 해결방법(규범조화적 해결방법)**(헌재 2011.8.30. 2008헌가22 등)

헌법상 보장되는 양심의 자유는 우리 헌법이 실현하고자 하는 가치의 핵이라고 할 '인간의 존엄과 가치'와 직결되는 기본권인 반면, 이 사건 법률조항은 헌법상 기본의무인 국방의 의무를 형성하기 위한 법률인데, 국방의 의무는 국가의 존립과 안전을 위한 불가결한 헌법적 가치를 담고 있으므로 헌법적으로 양심의 자유와 국방의 의무 중 어느 것이 더 가치 있는 것이라 말하기는 곤란하다. 이처럼 헌법적 가치가 서로 충돌하는 경우, 국가권력은 양 가치를 양립시킬 수 있는 조화점을 최대한 모색해야 하고, 그것이 불가능해 부득이 어느 하나의 헌법적 가치를 후퇴시킬 수밖에 없는 경우에도 그 목적에 비례하는 범위 내에 그쳐야 한다. 그런데 헌법 제37조 제2항의 비례원칙은, 단순히 기본권 제한의 일반원칙에 그치지 않고, 모든 국가작용은 정당한 목적을 달성하기 위하여 필요한 범위 내에서만 행사되어야 한다는 국가작용의 한계를 선언한 것이므로, 비록 이 사건 법률조항이 헌법 제39조에 규정된 국방의 의무를 형성하는 입법이라 할지라도 그에 대한 심사는 헌법상 비례원칙에 의하여야 한다.

## 제4절　기본권의 보호영역과 제한

### Ⅰ. 기본권의 보호영역

모든 기본권은 일정한 보호영역을 가진다. 기본권의 보호영역은 규범영역·보장영역·구성요건 등으로 표현되기도 하며, "기본권의 실체적인 내용"이라고 이해된다(헌재 2011.8.30. 2008헌마477). 기본권의 보호영역은 헌법의 해석에 의하여 확정된다. 개별 기본권의 해석이나 다른 기본권이나 헌법규정과의 체계적인 관련 하에서 고찰되어야 한다. 한편, 헌법재판소는 헌법에 열거되지 아니한 기본권을 새롭게 인정하려면, 그 필요성이 특별히 인정되고, 그 권리내용(보호영역)이 비교적 명확하여 구체적 기본권으로서의 실체 즉, 권리내용을 규범 상대방에게 요구할 힘이 있고 그 실현이 방해되는 경우 재판에 의하여 그 실현을 보장받을 수 있는 구체적 권리로서의 실질에 부합하여야 할 것이라고 판시하였다(헌재 2011.8.30. 2008헌마477).

> 보충적 기본권인 행복추구권이 독자적 의미를 가지는 경우(헌재 2009.9.24. 2006헌마1264)
> 행복추구권은 다른 자유권에 의하여 보호되지 않는 자유영역을 그 보호범위로 하는 보충적 자유권이므로 국가가 다른 개별 자유권에 의하여 보호되지 않는 자유영역을 침해하는 경우 비로소 행복추구권은 독자적인 의미를 가진다.

### Ⅱ. 기본권의 제한

#### 1. 기본권의 보호영역과 제한

기본권의 제한이란 기본권의 보호영역에 속하는 행위나 상태를 제한하는 것을 의미한다. 기본권의 보호영역은 논리적으로 제한의 개념보다는 앞서 논의된다.

#### 2. 기본권의 제한과 침해

기본권의 침해는 헌법이 허용하는 한계를 넘어서 위헌적으로 보호영역을 제한하는 경우를 말한다. 기본권 침해의 심사는 일정한 단계를 거친다. 우선 침해 여부가 문제되는 기본권의 보호영역을 확정한다. 다음으로 일정한 국가작용 등이 기본권의 보호영역을 제한하고 있는지의 여부에 관한 '기본권 제한성'을 검토한다. 기본권에 대한 제한성이 긍정된다면 그러한 제한이 헌법적 관점에서 정당한지 여부를 심사한다.

#### 3. 기본권의 제한 방법

기본권 제한의 가장 전형적인 방법은 법률에 의한 기본권의 제한(법률유보)이다. 그 밖에도 헌법에서 직접 기본권을 제한하는 경우(기본권의 헌법적 한계)와 내재적 한계가 있다.

#### 4. 기본권 제한에 대한 정당성 심사

기본권 제한의 정당성 심사는 과잉금지심사, 헌법상 명확성의 원칙, 법률유보, 소급입법과 신뢰보호원칙, 기본권보호의무 등의 관점에서 심사한다.

## Ⅲ. 법률에 의한 기본권의 제한

### 1. 법률유보의 의의

기본권의 법률유보는 법률에 의한 기본권의 제한을 의미한다. 법률유보도 기본권 일반을 대상으로 하느냐, 특정한 기본권을 대상으로 하느냐에 따라 일반적 법률유보와 개별적 법률유보로 구분된다. 개별적 법률유보는 개별 기본권 조항에 법률이 정하는 바에 따라 제한할 수 있음을 명시한 경우이다. 일반적 법률유보는 모든 기본권을 대상으로 하여 기본권 제한의 목적이나 방법을 규정한 것을 의미한다. 헌법 제37조 제2항은 "국민의 모든 자유와 권리는 국가안전보장·질서유지 또는 공공복리를 위하여 필요한 경우에 한하여 법률로써 제한할 수 있으며, 제한하는 경우에도 자유와 권리의 본질적인 내용을 침해할 수 없다."라고 규정하여 기본권 제한에 관한 일반적 법률유보원칙을 명시하고 그에 대한 입법권의 한계를 설정하여 두고 있다(헌재 2009.6.25. 2007헌바25).

> **기본권의 제한 및 한계**(헌재 2010.10.28. 2007헌마890)
> 국민의 기본권은 헌법 제37조 제2항에 의하여 국가안전보장, 질서유지 또는 공공복리를 위하여 필요한 경우에 한하여 이를 제한할 수 있으나 그 제한은 원칙적으로 법률로써만 가능하며, 제한하는 경우에도 기본권의 본질적 내용을 침해할 수 없고 필요한 최소한도에 그쳐야 한다. 이러한 법률유보의 원칙은 '법률에 의한' 규율만을 뜻하는 것이 아니라 '법률에 근거한' 규율을 요청하는 것이므로 기본권 제한의 형식이 반드시 법률의 형식일 필요는 없고 법률에 근거를 두면서 헌법 제75조가 요구하는 위임의 구체성과 명확성을 구비하면 위임입법에 의하여도 기본권 제한을 할 수 있다.

### 2. 법률에 의한 기본권 제한의 한계

헌법 제37조 제2항은 기본권 제한입법의 수권규정이지만(헌재 1990.9.3. 89헌가95), 동시에 국민의 기본권을 제한하는 경우 절대로 넘을 수 없는 목적상의 한계(국가안전보장·질서유지·공공복리), 형식상의 한계(법률로써 제한할 수 있으며), 내용상의 한계(본질적인 내용은 침해할 수 없다), 방법상의 한계(필요한 경우에 한하여)를 명백히 밝히고 있는 기본권 제한입법의 한계조항이다.

(1) 목적상의 한계

기본권을 제한하는 경우에도 국가안전보장[7]·질서유지·공공복리라는 목적상의 한계를 넘어서는 안 된다. 국가안전보장, 질서유지, 공공복리를 통칭하여 정당한 목적이라고 할 수 있다.

---

[7] 헌법 제37조 제2항에서 기본권 제한의 근거로 제시하고 있는 국가의 안전보장의 개념은 국가의 존립·헌법의 기본질서의 유지 등을 포함하는 개념으로서 결국 국가의 독립, 영토의 보전, 헌법과 법률의 기능, 헌법에 의하여 설치된 국가기관의 유지 등의 의미로 이해될 수 있을 것이다(헌재 1992.2.25. 89헌가104).

## (2) 형식상의 한계

기본권의 제한은 법률로써 할 수 있다. 법률은 국회가 제정한 형식적 의미의 법률을 의미한다.

### 1) 법률에 근거한 제한

법률유보는 법률에 의한 규율만을 요청하는 것이 아니라 법률에 근거한 규율을 허용하는 것이기 때문에 기본권 제한의 형식이 반드시 법률일 필요는 없고 법률에 근거를 둔다면 명령에 의한 제한도 가능하다. 다만 법률유보원칙은 단순히 행정작용이 법률에 근거를 두기만 하면 충분한 것이 아니라, 국가공동체와 그 구성원에게 기본적이고도 중요한 의미를 갖는 영역, 특히 국민의 기본권실현에 관련된 영역에 있어서는 국민의 대표자인 입법자 스스로 그 본질적 사항에 대하여 결정하여야 한다는 의회유보원칙을 내포하는 것으로 이해해야 한다(헌재 1999.5.27. 98헌바70).

**법률유보원칙의 의의**(헌재 2011.12.29. 2010헌바205 등)

헌법은 법치주의를 그 기본원리의 하나로 하고 있으며, 법치주의는 행정작용에 국회가 제정한 형식적 법률의 근거가 요청된다는 법률유보를 그 핵심적 내용의 하나로 하고 있다. 헌법 제37조 제2항은 기본권제한에 관한 일반적 법률유보조항이라고 할 수 있는데, 법률유보의 원칙은 '법률에 의한 규율'만을 요청하는 것이 아니라 '법률에 근거한 규율'을 요청하는 것이기 때문에 기본권의 제한에는 법률의 근거가 필요할 뿐이고 기본권 제한의 형식이 반드시 모두 법률의 형식일 필요는 없다.

**의회유보원칙과 교육제도 법정주의**(헌재 2012.11.29. 2011헌마827)

오늘날의 법률유보원칙은 단순히 행정작용이 법률에 근거를 두기만 하면 충분한 것이 아니라, 국가공동체와 그 구성원에게 기본적이고도 중요한 의미를 갖는 영역, 특히 국민의 기본권 실현에 관련된 영역에 있어서는 행정에 맡길 것이 아니라 국민의 대표자인 입법자 스스로 그 본질적 사항에 대하여 결정하여야 한다는 요구, 즉 의회유보 원칙까지 내포하는 것으로 이해되고 있다. 이때 입법자가 형식적 법률로 스스로 규율하여야 하는 사항이 어떤 것인가는 일률적으로 획정할 수 없고 구체적인 사례에서 관련된 이익 내지 가치의 중요성, 규제 내지 침해의 정도와 방법 등을 고려하여 개별적으로 결정할 수 있을 뿐이나 적어도 헌법상 보장된 국민의 자유나 권리를 제한한 때에는 그 제한의 본질적인 사항에 관한 한 입법자가 법률로써 스스로 규율하여야 한다. 한편 헌법 제31조 제6항은 "학교교육 및 평생교육을 포함한 교육제도와 그 운영, 교육재정 및 교원의 지위에 관한 기본적인 사항은 법률로 정한다."라고 하여 교육제도 법정주의를 규정하고 있는바, 교육제도 법정주의는 소극적으로는 교육의 영역에서 본질적이고 중요한 결정은 입법자에게 유보되어야 한다는 의회유보의 원칙을 규정한 것이지만, 한편 적극적으로는 헌법이 국가에 학교제도를 통한 교육을 시행하도록 위임하고 있다는 점에서 학교제도에 관한 포괄적인 국가의 규율권한을 부여한 것이기도 하다.

2) 일반적 법률

기본권을 제한하기 위한 법률은 일반적인 법률의 형식으로 제정되어야 한다. 일반적인 법률이란 규범수신인의 일반성과 규율대상의 일반성을 충족하는 법률을 의미한다.

일반적·추상적 사항을 규율하는 일반적 법률의 형식이 아닌 처분적 법률에 의한 기본권 제한이 가능한지가 문제된다. 처분적 법률이란 행정집행이나 사법재판을 매개로 하지 아니하고 직접 국민에게 권리나 의무를 발생하게 하는 자동집행력 있는 법률을 의미하는 것으로(헌재 1989.12.18. 89헌마32 등), 개인대상법률, 개별 사건법률 등이 그것이다. 헌법재판소는 개인대상 또는 개별 사건법률에 해당한다는 이유만으로는 곧바로 위헌이라고 하지 않는다. 처분적 법률은 일반국민을 규율대상으로 하지 아니하고 특정 개인이나 사건만을 대상으로 함으로써 차별이 발생하게 되는데, 그러한 차별적 규율이 합리적인 이유로 정당화되는 경우에는 허용된다는 것이다. 따라서 헌법재판소는 처분적 법률에 해당하여 위헌이라는 주장에 대해서는 평등권 침해여부를 심사하고 있다(헌재 2008.1.10. 2007 헌마1468). 5·18민주화운동등에관한특별법, 연합뉴스를 국가기간뉴스통신사로 지정하고 이에 대한 재정지원 등을 규정한 뉴스통신진흥에관한법률, 한나라당 대통령후보 이명박의 주가조작 등 범죄혐의의 진상규명을 위한 특별검사의 임명 등에 관한 법률이 처분적 법률로써 헌법에 위반되는지 여부(헌재 2005.6.30. 2003헌마841)와 관련하여 헌법재판소는 헌법에 위반되지 않는다고 판시하였다.

**특정규범이 개인 혹은 개별 사건을 대상으로 할 경우 헌법 위반 여부**(헌재 2011.5.26. 2010헌마183)
우리 헌법은 처분적 법률로서의 개인대상법률 또는 개별 사건법률의 정의를 따로 두고 있지 않음은 물론, 이러한 처분적 법률의 제정을 금하는 명문의 규정도 두고 있지 않으므로, 특정한 규범이 개인대상 또는 개별 사건법률에 해당한다고 하여 그것만으로 바로 헌법에 위반되는 것은 아니다. 다만 이러한 법률이 일반국민을 그 규율대상으로 하지 아니하고 특정 개인이나 사건만을 대상으로 함으로써 차별이 발생하는바, 그 차별적 규율이 합리적인 이유로 정당화되는 경우에는 허용된다고 할 것이다.

**개별 사건법률이 합헌적으로 인정되기 위한 조건**(헌재 1996.2.16. 96헌가2 등)
우리 헌법은 개별 사건법률에 대한 정의를 하고 있지 않음은 물론 개별 사건법률의 입법을 금하는 명문의 규정도 없다. 개별 사건법률금지의 원칙은 "법률은 일반적으로 적용되어야지 어떤 개별 사건에만 적용되어서는 아니 된다."는 법원칙으로서 헌법상의 평등원칙에 근거하고 있는 것으로 풀이되고, 그 기본정신은 입법자에 대하여 기본권을 침해하는 법률은 일반적 성격을 가져야 한다는 형식을 요구함으로써 평등원칙위반의 위험성을 입법과정에서 미리 제거하려는 데 있다 할 것이다. 개별 사건법률은 개별 사건에만 적용되는 것이므로 원칙적으로 평등원칙에 위배되는 자의적인 규정이라는 강한 의심을 불러일으킨다. 그러나 개별 사건법률금지의 원칙이 법률제정에 있어서 입법자가 평등원칙을 준수할 것을 요구하는 것이기 때문에, 특정규범이 개별 사건법률에 해당한다 하여 곧바로 위헌을 뜻하는 것은 아니다. 비록 특정법률 또는 법률조항이 단지 하나의 사건만을 규율하려고 한다 하더라도 이러한 차별적 규율이 합리적인 이유로 정당화될 수 있는 경우에는 합헌적일 수 있다. 따라서 개별 사건법률의 위헌 여부는, 그 형식만으로 가려지는 것이 아니라, 나아가 평등의 원칙이 추구하는 실질적 내용이 정당한지 아닌지를 따져야 비로소 가려진다. 이른바 12·12 및 5·18 사건의 경우 그 이전에 있었던 다른 헌정질서파괴범과 비교해보면, 공소시효의 완성 여부에 관한 논의가 아직 진행 중이고, 집권과정에서의 불법적 요소나 올바른 헌정사의 정립을 위한 과거청산의 요청에 미루어볼 때 비록 특별법이 개별적사건법률이라고 하더라도 입법을 정당화할 수 있는 공익이 인정될 수 있다고 판단된다. 따라서 이 법률조항은 개별 사건법률에 내재된 불평등요소를 정당화할 수 있는 합리적인 이유가 있으므로 헌법에 위반되지 아니한다.

3) 조약 등

조약과 일반적으로 승인된 국제법규는 국내법과 동일한 효력을 가지므로 이들에 의한 기본권의 제한은 법률에 의한 기본권의 제한과 마찬가지로 허용된다. 긴급명령이나 긴급재정경제명령도 법률의 효력을 가지므로 기본권을 제한하는 것은 가능하다.

(3) 방법상의 한계 : 과잉금지심사

1) 과잉금지원칙의 의의

기본권을 제한할 때 그 제한이 목적과 균형을 유지하여야 한다는 의미에서 헌법 제37조 제2항의 "필요한 경우"를 일반적으로 기본권 제한에 있어서 비례의 원칙이라고 한다. 헌법재판소도 비례의 원칙을 과잉금지원칙이라고 부르면서 목적의 정당성, 방법의 적절성, 침해의 최소성, 법익의 균형성을 그 요소로 들고 있다.

과잉금지원칙은 국가가 국민의 기본권을 제한함에 있어서 준수하여야 할 기본원칙을 의미하는 것으로서 국민의 기본권을 제한하려는 목적이 헌법 및 법률의 체계상 그 정당성이 인정되어야 하고(목적의 정당성), 그 목적의 달성을 위하여 그 방법이 효과적이고 적절하여야 하며(방법의 적절성), 기본권의 제한은 필요한 최소한도에 그치도록 하여야 하며(침해의 최소성), 기본권을 제한함으로써 보호하려는 공익과 침해되는 사익을 비교형량할 때 보호되는 공익이 더 커야 한다(법익의 균형성)는 헌법상의 원칙이다(헌재 1990.9.3. 89헌가95).

2) 과잉금지원칙 심사기준

① **목적의 정당성** : 기본권 제한의 입법목적이 헌법 및 법률의 체제상 그 정당성이 인정되어야 한다.

**긴급조치 제1호, 제2호의 과잉금지원칙 위반 여부**(헌재 2013.3.21. 2010헌바132 등)
긴급조치 제1호, 제2호는 헌법개정을 주장하는 등의 일체의 행위를, 유신헌법에 반대하고 그 전복을 기도하며 사회질서의 혼란을 조장함으로써 국가의 안전보장을 위태롭게 하는 범죄행위로 판단하여 제정된 것이므로, 헌법의 근본원리인 국민주권주의와 자유민주적 기본질서에 비추어 볼 때 그 목적의 정당성을 인정할 수 없고, 기본권 제한에 있어서 준수되어야 할 방법의 적절성도 갖추지 못하였다.

**재외국민 선거권 제한의 과잉금지원칙 및 보통선거원칙 위반 여부**(헌재 2007.6.28. 2004헌마644 등)
대한민국의 국민임에도 불구하고 주민등록법상 주민등록을 할 수 없는 재외국민의 선거권 행사를 전면적으로 부정하고 있는 법 제37조 제1항은 어떠한 정당한 목적도 찾기 어려우므로 헌법 제37조 제2항에 위반하여 재외국민의 선거권과 평등권을 침해하고 보통선거원칙에도 위반된다.

② **방법의 적절성** : 기본권 제한의 방법이 입법목적을 달성하기 위하여 효과적이고 적절하여야 한다. 방법의 적절성은 입법자가 선택한 방법이 최적의 것이었는가를 요건으로 하지 않으며, 수단이 목적달성을 위한 유일무이한 것을 요건으로 하지 않는다. 방법의 적절성은 입법목적 달성에 유효한 수단인가 하는 점에 한정된다.

**방법의 적절성의 심사내용**(헌재 2006.6.29. 2002헌바80 등)
우리 재판소가 방법의 적절성으로 심사하는 내용은 입법자가 선택한 방법이 최적의 것이었는가 하는 것이 아니고, 그 방법이 입법목적 달성에 유효한 수단인가 하는 점에 한정되는 것이다.

③ **침해의 최소성** : 기본권 침해의 최소성은 목적달성을 위한 수단 중에서 기본권을 최소로 제한하는 수단을 선택해야 함을 의미한다. 덜 제한적인 방법을 선택하거나, 국민에게 의무를 부과하지 아니하고도 그 목적을 실현할 수 있음에도 불구하고 국민에게 의무를 부과하고 그 의무를 강제하기 위하여 그 불이행에 대해 제재를 가한다면 침해의 최소성의 원칙에 위배된다. 입법자가 임의적 규정으로도 법의 목적을 실현할 수 있는 경우에, 필요적 규정을 둔다면 이는 침해의 최소성의 원칙에 위배된다. 그리고 기본권을 제한하는 경우 침해의 최소성의 관점에서 기본권을 보다 적게 제한하는 단계인 기본권 행사의 '방법'에 관한 규제로써 공익을 실현할 수 있는가를 시도하고 이러한 방법으로는 공익달성이 어렵다고 판단되는 경우에 비로소 그 다음 단계인 기본권 행사의 '여부'에 관한 규제를 선택해야 한다.

**침해의 최소성의 위배 여부 판단**(헌재 2006.6.29. 2002헌바80 등)
어떤 법률의 입법목적이 정당하고 그 목적을 달성하기 위해 국민에게 의무를 부과하고 그 불이행에 대해 제재를 가하는 것이 적합하다고 하더라도 입법자가 그러한 수단을 선택하지 아니하고도 보다 덜 제한적인 방법을 선택하거나, 아예 국민에게 의무를 부과하지 아니하고도 그 목적을 실현할 수 있음에도 불구하고 국민에게 의무를 부과하고 그 의무를 강제하기 위하여 그 불이행에 대해 제재를 가한다면 이는 과잉금지원칙의 한 요소인 "최소침해성의 원칙"에 위배된다.

**기본권을 최소로 침해하는 수단 선택(침해정도 : 방법 < 여부)**(헌재 1998.5.28. 96헌가5)

입법자는 공익실현을 위하여 기본권을 제한하는 경우에도 입법목적을 실현하기에 적합한 여러 수단 중에서 되도록 국민의 기본권을 가장 존중하고 기본권을 최소로 침해하는 수단을 선택해야 한다. 기본권을 제한하는 규정은 기본권행사의 '방법'에 관한 규정과 기본권행사의 '여부'에 관한 규정으로 구분할 수 있다. 침해의 최소성의 관점에서, 입법자는 그가 의도하는 공익을 달성하기 위하여 우선 기본권을 보다 적게 제한하는 단계인 기본권행사의 '방법'에 관한 규제로써 공익을 실현할 수 있는가를 시도하고 이러한 방법으로는 공익달성이 어렵다고 판단되는 경우에 비로소 그 다음 단계인 기본권 행사의 '여부'에 관한 규제를 선택해야 한다.

④ **법익의 균형성**: 법익의 균형성은 기본권을 제한함으로써 보호하고자 하는 공익과 기본권을 제한함으로써 침해되는 사익 간에 균형을 이루어야 한다는 것을 말한다.

3) 과잉금지원칙의 적용범위

① 과잉금지원칙은 입법자에 대한 요청만을 의미하지 않고, 모든 국가권력에 적용된다. 헌법재판소는 경찰청장이 서울광장의 통행을 저지한 행위가 과잉금지원칙을 위반하여 일반적 행동의 자유를 침해한다고 보았다(헌재 2011.6.30. 2009헌마406).

**국민의 기본권에 대한 제한의 한계**(헌재 2002.7.18. 2000헌마327)

구 행형법 제68조 등에 근거하여 경찰서 유치장 내의 수용자에 대한 정밀신체검사의 실시에 따라 국민의 기본권에 대한 제한이 불가피하다 하더라도, 그 본질적인 내용을 침해하거나, 목적의 정당성, 방법의 적정성, 피해의 최소성 및 법익의 균형성 등을 의미하는 과잉금지의 원칙에 위배되어서는 아니 된다.

② 과잉금지원칙은 모든 국민의 자유와 권리를 제한하는 경우에 지켜져야 하는 원칙이다. 하지만 헌법재판소는 예외적으로 사회적 기본권이나 형성법률의 경우에는 과잉금지원칙을 적용하지 않고, 다른 심사기준을 적용하는 경우가 있다.

**인간다운 생활을 보장하기 위한 헌법적 의무(사회적 기본권)를 다하였는지에 대한 심사기준**(헌재 1997.5.29. 94헌마33)

모든 국민은 인간다운 생활을 할 권리를 가지며 국가는 생활능력 없는 국민을 보호할 의무가 있다는 헌법의 규정은 입법부와 행정부에 대하여는 국민소득, 국가의 재정능력과 정책 등을 고려하여 가능한 범위 안에서 최대한으로 모든 국민이 물질적인 최저생활을 넘어서 인간의 존엄성에 맞는 건강하고 문화적인 생활을 누릴 수 있도록 하여야 한다는 행위의 지침 즉 행위규범으로서 작용하지만, 헌법재판에 있어서는 다른 국가기관 즉 입법부나 행정부가 국민으로 하여금 인간다운 생활을 영위하도록 하기 위하여 객관적으로 필요한 최소한의 조치를 취할 의무를 다하였는지의 여부를 기준으로 국가기관의 행위의 합헌성을 심사하여야 한다는 통제규범으로 작용하는 것이다. 그러므로 국가가 인간다운 생활을 보장하기 위한 헌법적인 의무를 다하였는지의 여부가 사법적 심사의 대상이 된 경우에는, 국가가 생계보호에 관한 입법을 전혀 하지 아니하였다든가 그 내용이 현저히 불합리하여 헌법상 용인될 수 있는 재량의 범위를 명백히 일탈한 경우에 한하여 헌법에 위반된다고 할 수 있다.

### 방송운영의 자유(형성법률)에 대한 심사기준(헌재 2003.12.18. 2002헌바49)
방송사업자의 주관적 권리로서 방송운영의 자유는 이를 허용하는 형성법률에 의해 비로소 그 형성된 기준에 따라 성립되는 것이므로 이러한 형성법률에 대한 위헌성 판단은 기본권 제한의 한계 규정인 헌법 제37조 제2항에 따른 과잉금지 내지 비례의 원칙의 적용을 받는 것이 아니라, 그러한 형성법률이 그 재량의 한계인 자유민주주의 등 헌법상의 기본원리를 지키면서 방송의 자유의 실질적 보장에 기여하는지 여부에 따라 판단된다.

### 절차적 기본권에 대한 심사기준(헌재 2004.3.25. 2002헌바104)
본질적으로 제도적 보장의 성격이 강한 절차적 기본권에 관하여는 상대적으로 광범위한 입법형성권이 인정되기 때문에, 관련 법률에 대한 위헌성심사를 함에 있어서는 자의금지원칙이 적용되고, 따라서 현저하게 불합리한 절차법규정이 아닌 이상 이를 헌법에 위반된다고 할 수 없다.

### (4) 내용상의 한계
기본권을 제한하는 경우에도 기본권의 본질적인 내용은 침해해서는 안된다. 기본권의 본질적인 내용이 무엇인가와 관련하여 절대설과 상대설이 주장된다. ① 절대설은 기본권에는 어떠한 경우에도 제한될 수 없는 본질적인 내용, 즉 핵심내용이 존재한다고 이해한다. 절대설에 따르면 모든 기본권은 제한하고 난 후에도 남는 것이 있어야 하므로 비례의 원칙을 준수하는 것 외에도 본질적 내용침해금지의 요청까지 충족해야 한다. ② 상대설에 따르면 본질적 내용은 개별적 기본권에 있어서 이익과 가치의 형량을 통해 구체적으로 확정되고 필요에 따라 제한도 가능하다. 상대설에 따르면 본질적 내용침해금지라는 것은 비례성의 원칙과 관련하여 독립적인 의미를 가지는 것이 아니라 비례성원칙을 재차 확인하는 선언적인 규정에 그치게 된다.

### 기본권의 본질적 내용의 의미(헌재 1995.4.20. 92헌바29)
기본권의 본질적 내용은 만약 이를 제한하는 경우에는 기본권 그 자체가 무의미하여지는 경우에 그 본질적인 요소를 말하는 것으로서, 이는 개별 기본권마다 다를 수 있을 것이다.

### 사형제도가 생명권의 본질적 내용을 침해하는지 여부(상대설)(헌재 1996.11.28. 95헌바1)[8]
생명권 역시 헌법 제37조 제2항에 의한 일반적 법률유보의 대상이 될 수밖에 없는 것이나, 생명권에 대한 제한은 곧 생명권의 완전한 박탈을 의미한다 할 것이므로, 사형이 비례의 원칙에 따라서 최소한 동등한 가치가 있는 다른 생명 또는 그에 못지 아니한 공공의 이익을 보호하기 위한 불가피성이 충족되는 예외적인 경우에만 적용되는 한, 그것이 비록 생명을 빼앗는 형벌이라 하더라도 헌법 제37조 제2항 단서에 위반되는 것으로 볼 수는 없다.

---

8) 헌법재판소는 헌재 2010.2.25. 2008헌가23에서도 동일한 결정을 하였다.

> 재산권의 본질적 내용을 침해하는 경우(절대설)(헌재 1989.12.22. 88헌가13)
> 토지재산권의 본질적인 내용이라는 것은 토지재산권의 핵이 되는 실질적 요소 내지 근본 요소를 뜻하며, 따라서 재산권의 본질적인 내용을 침해하는 경우라고 하는 것은 그 침해로 사유재산권이 유명무실해지고 사유재산제도가 형해화(形骸化)되어 헌법이 재산권을 보장하는 궁극적인 목적을 달성할 수 없게 되는 지경에 이르는 경우라고 할 것이다.

## Ⅳ. 헌법유보

헌법에서 직접 국민의 기본권을 제한하는 명시적인 규정을 두는 경우가 있는데, 이를 헌법유보 내지는 헌법적 한계라고 한다. 헌법유보는 기본권 일반에 대한 제한을 헌법에 직접 명문으로 규정하는 일반적 헌법유보와 특정 기본권 제한을 헌법에 직접 규정하는 개별적 헌법유보로 구분된다. 우리 헌법은 일반적 헌법유보조항은 두고 있지 않으며, 제8조 제4항, 제21조 제4항, 제23조 제2항, 제29조 제2항 등은 개별적 헌법유보로 이해할 수 있다.

> 언론·출판의 자유의 헌법적 한계(헌법 제21조 제4항)(헌재 2009.5.28. 2006헌바109 등)
> 헌법 제21조 제4항은 헌법 제21조 제1항의 언론·출판의 자유의 헌법적 한계를 규정한 것으로서, 헌법 제37조 제2항의 일반적 법률유보조항과는 구별되는 개별적 헌법유보조항으로 보아야 할 것이고, 헌법 제21조 제4항의 헌법적 한계를 벗어난 표현은 헌법 제21조 제1항의 언론·출판의 자유로서 보호될 수 없는 것이다.

> 알 권리의 헌법유보와 일반적 법률유보에 의한 제한 여부 및 인정 범위(헌재 1989.9.4. 88헌마22)
> "알 권리"도 헌법유보(제21조 제4항)와 일반적 법률유보(제37조 제2항)에 의하여 제한될 수 있음은 물론이며, "알 권리"는 아무에게도 달리 보호되고 있는 법익을 침해하는 권리를 부여하는 것은 아니다.

## Ⅴ. 기본권의 내재적 한계

내재적 한계이론은 독일헌법과 같이 기본권 제한에 있어서 양심이나 종교의 자유와 같이 법률유보 없는 기본권을 제한할 필요성이 현실적으로 나타난 경우 이를 합리적으로 해결하기 위한 이론이다. 독일에서 내재적 한계 이론을 논증하는 방법은 3한계이론(사회공동체유보이론), 개념 내재적 한계이론, 국가공동체유보이론, 규범조화를 위한 한계이론 등이 있다. ① 3한계이론은 독일헌법 제2조 제1항에서 정하고 있는 타인의 권리, 헌법질서, 도덕률은 모든 기본권의 내재적 한계가 된다는 이론이다. ② 개념 내재적 한계이론은 기본권의 내재적 한계를 개별적인 기본권의 개념정의를 통해서 논증하려는 입장이다. ③ 국가공동체유보이론은 모든 기본권은 국가공동체의 존립을 전제로 하고 있으므로 국가의 존립보장을 기본권의 내재적 한계로 본다. ④ 규범조화를 위한 한계이론은 헌법의 통일성을 지키고 헌법이 추구하는 전체적인 가치질서를 실현하기 위한 이른바 규범조화적 해석의 필요성에서 기본권의 내재적 한계를 이끌어 내려는 입장이다.

우리 헌법 제37조 제2항과 같이 일반적 법률유보조항을 두고 있는 경우에는 내재적 한계이론을 논의할 실익이 크지 않다.

> **개인의 성적자기결정권에 대한 제한 가능 여부**(헌재 1990.9.10. 89헌마82)
> 개인의 성적자기결정권도 국가적·사회적·공공복리 등의 존중에 의한 내재적 한계가 있는 것이며, 따라서 절대적으로 보장되는 것은 아닐 뿐만 아니라 헌법 제37조 제2항이 명시하고 있듯이 질서유지(사회적 안녕질서), 공공복리(국민공동의 행복과 이익) 등 공동체 목적을 위하여 그 제한이 불가피한 경우에는 성적자기결정권의 본질적 내용을 침해하지 않는 한도에서 법률로써 제한할 수 있는 것이다.

## VI. 기본권 형성적 법률유보

법률유보와 구별되는 개념으로 기본권 형성적 법률유보가 있다. 기본권의 법률유보가 기본권의 제한형식으로서의 법률을 염두에 둔 것이라면 기본권 형성적 법률유보는 기본권의 실현형식으로서의 법률을 염두에 둔 개념형식이다. 재산권, 선거권, 재판절차진술권 등은 기본권 형성적 법률유보로 이해할 수 있다.

> **헌법상 재산권의 내용과 한계의 형성**(헌재 2011.10.25. 2009헌바234)
> 헌법상의 재산권에 관한 규정은 다른 기본권 규정과는 달리 그 내용과 한계가 법률에 의하여 구체적으로 형성되는 기본권 형성적 법률유보의 형태를 띠고 있고, 헌법이 보장하는 재산권의 내용과 한계는 국회에서 제정되는 형식적 의미의 법률에 의하여 정해지므로, 헌법상의 재산권 보장은 재산권 형성적 법률유보에 의하여 실현되고 구체화하게 되며, 따라서 재산권의 구체적 모습은 재산권의 내용과 한계를 정하는 법률에 의하여 형성된다.

> **재판절차진술권에 관한 법률유보의 유형**(헌재 1993.3.11. 92헌마48; 헌재 2009.9.24. 2008헌마255)
> 재판절차진술권에 관한 헌법 제27조 제5항이 정한 법률유보는 법률에 의한 기본권의 제한을 목적으로 하는 자유권적 기본권에 대한 법률유보의 경우와는 달리 기본권으로서의 재판절차진술권을 보장하고 있는 헌법규범의 의미와 내용을 법률로써 구체화하기 위한 이른바 기본권 형성적 법률유보에 해당한다.

## 제5절 기본권의 위헌심사

### I. 명확성의 원칙

#### 1. 헌법상 명확성의 원칙

(1) 명확성 원칙의 의의

명확성의 원칙은 법치국가원리의 한 표현으로서 기본권을 제한하는 법규범의 내용은 명확하여야 한다는 헌법상의 원칙이다. 명확성의 원칙은 기본적으로 모든 기본권제한입법에 대하여 요구된다. 규범의 의미내용으로부터 무엇이 금지되는 행위이고 무엇이 허용되는 행위인지를 수범자가 알 수 없다면 법적 안정성과 예측가능성은 확보될 수 없게 될 것이고, 법집행 당국에 의한 자의적 집행을 가능하게 할 것이기 때문이다(헌재 1999.9.16. 97헌바73 등).

(2) 명확성의 원칙 판단기준

법규범은 가치개념을 포함한 일반적, 규범적 개념을 사용하기 때문에 명확성의 원칙이란 기본적으로 최대한이 아닌 최소한의 명확성을 요구한다. 법 문언이 법관의 보충적인 가치판단을 통해서 그 의미내용을 확인할 수 있고, 그러한 보충적 해석이 해석자의 개인적인 취향에 따라 좌우될 가능성이 없다면 명확성의 원칙에 반하지 않는다. 그리고 당해 규정이 명확한지 여부는 그 규정의 문언만으로 판단할 것이 아니라 관련 조항을 유기적·체계적으로 종합하여 판단하여야 한다.

#### 2. 죄형법정주의와 명확성원칙

죄형법정주의에서 파생되는 명확성의 원칙은 법률이 처벌하고자 하는 행위가 무엇이며 그에 대한 형벌이 어떠한 것인지를 누구나 예견할 수 있고, 그에 따라 자신의 행위를 결정할 수 있도록 구성요건을 명확하게 규정하여야 하는 것을 의미한다(헌재 2012.3.29. 2010헌바83). 처벌규정에 대한 예측가능성 유무를 판단할 때는 당해 특정조항 하나만을 가지고 판단할 것이 아니고, 법률조항의 문언, 입법목적, 입법연혁, 체계적 구조 등을 종합적으로 고려하여 관련 법조항 전체를 종합 판단하여야 하며, 각 대상법률의 성질에 따라 구체적·개별적으로 검토하여야 한다. 따라서 처벌법규의 구성요건이 다소 광범위하여 법관의 보충적인 해석을 필요로 하는 개념을 사용하였다고 하더라도 통상의 해석방법에 의하여 건전한 상식과 통상적인 법감정을 가진 사람이라면 당해 처벌법규의 보호법익과 금지된 행위 및 처벌의 종류와 정도를 알 수 있도록 규정하였다면 헌법이 요구하는 처벌법규의 명확성원칙에 배치되는 것이 아니다(헌재 2009.2.26. 2005헌바94 등).

경범죄처벌법 제3조 제1항 제33호('과다노출' 금지조항)의 명확성원칙 위배 여부(헌재 2016.11.24. 2016헌가3)

'여러 사람의 눈에 뜨이는 곳에서 공공연하게 알몸을 지나치게 내놓거나 가려야 할 곳을 내놓아 다른 사람에게 부끄러운 느낌이나 불쾌감을 준 사람'을 처벌하는 경범죄처벌법 제3조 제1항 제33호가 죄형법정주의의 명확성원칙에 위배되는지 여부(적극)

심판대상조항의 불명확성을 해소하기 위해 노출이 허용되지 않는 신체부위를 예시적으로 열거하거나 구체적으로 특정하여 분명하게 규정하는 것이 입법기술상 불가능하거나 현저히 곤란하지도 않다. … 따라서 심판대상조항은 죄형법정주의의 명확성원칙에 위배된다.

구 파견근로자보호 등에 관한 법률 제42조 제1항('공중도덕상 유해한 업무'에 대한 근로자파견 금지)의 명확성원칙 위배 여부(헌재 2016.11.24. 2015헌가23)

공중도덕상 유해한 업무에 취업시킬 목적으로 근로자를 파견한 사람을 형사처벌하도록 규정한 구 '파견근로자보호 등에 관한 법률' 제42조 제1항 중 '공중도덕상 유해한 업무' 부분 및 '파견근로자보호 등에 관한 법률' 제42조 제1항 중 '공중도덕상 유해한 업무' 부분이 죄형법정주의의 명확성원칙에 위배되는지 여부(적극)

'공중도덕'은 시대상황, 사회가 추구하는 가치 및 관습 등 시간적·공간적 배경에 따라 그 내용이 얼마든지 변할 수 있는 규범적 개념이므로, 그것만으로는 구체적으로 무엇을 의미하는지 설명하기 어렵다(헌재 2005.3.31. 2004헌바29 참조). … 파견법은 '공중도덕상 유해한 업무'에 관한 정의조항은 물론 그 의미를 해석할 수 있는 수식어를 두지 않았으므로, 심판대상조항이 규율하는 사항을 바로 알아내기도 어렵다. … 심판대상조항과 관련하여 파견법이 제공하고 있는 정보는 파견사업주가 '공중도덕상 유해한 업무'에 취업시킬 목적으로 근로자를 파견한 경우 불법파견에 해당하여 처벌된다는 것뿐이다. … 파견법 제5조의 파견금지업무는 '간접고용형태'를 적용하는 것이 부적절한 업무 또는 위험한 성격의 업무로서 업무 중 발생할 수 있는 사고 위험의 수준 등을 고려한 것이므로, 심판대상조항의 '공중도덕'을 해석하는 데 참고할 수 있는 어떠한 기준도 제시하지 못한다. 또 파견법 제16조는 정당한 쟁의행위로 중단된 업무와 경영상 이유로 해고된 사람이 담당했던 업무에 근로자파견을 할 수 없도록 규정하고 있지만 이 역시 '공중도덕'과는 관련이 없다. … 그 밖에도 파견법은 근로자파견계약, 차별적 처우 금지, 파견·사용사업주가 세워야 할 조치 등 다양한 내용을 담고 있으나, 심판대상조항 중 '공중도덕'의 의미를 이끌어낼 수 있는 단서를 찾을 수는 없다. 파견법 전반에 걸쳐 심판대상조항과 유의미한 상호관계에 있는 다른 조항을 발견할 수 없고, 일부 관련성이 인정되는 규정은 심판대상조항 해석기준으로 활용하기 어렵다. 결국, 심판대상조항의 입법목적, 파견법의 체계, 관련조항 등을 모두 종합하여 보더라도 '공중도덕상 유해한 업무'의 내용을 명확히 알 수 없다. … 심판대상조항에 관한 이해관계기관의 확립된 해석기준이 마련되어 있다거나, 법관의 보충적 가치판단을 통한 법문 해석으로 심판대상조항의 의미내용을 확인해 낼 수 있다는 사정을 발견하기도 어렵다. … 이런 사정을 종합하여 보면, 심판대상조항은 건전한 상식과 통상적 법감정을 가진 사람으로 하여금 자신의 행위를 결정해 나가기에 충분한 기준이 될 정도의 의미내용을 가지고 있다고 볼 수 없다. … 따라서 심판대상조항은 죄형법정주의의 명확성원칙에 위배된다.

## 3. 포괄위임입법금지원칙과 명확성의 원칙

### (1) 포괄위임입법금지원칙의 의의와 판단기준

헌법 제75조는 "대통령은 법률에서 구체적으로 범위를 정하여 위임받은 사항과 법률을 집행하기 위하여 필요한 사항에 관하여 대통령령을 발할 수 있다"고 규정하여 위임입법의 근거를 마련함과 아울러 위임입법의 범위와 한계를 명시하고 있다. 여기서 '법률에서 구체적으로 범위를 정하여 위임받은 사항'이라 함은 법률에 이미 대통령령으로 규정될 내용 및 범위의 기본사항이 구체적이고 명확하게 규정되어 있어서 누구라도 당해 법률 그 자체로부터 대통령령에 규정될 내용의 대강을 예측할 수 있어야 한다는 것을 의미한다.

위임입법의 구체성, 명확성, 예측가능성의 요구 정도는 규제대상의 종류와 성질에 따라 달라진다. 처벌법규나 조세법규와 같이 국민의 기본권을 직접적으로 제한하거나 침해할 소지가 있는 법규에서는 구체성, 명확성의 요구가 강화된다. 규율대상이 다양하거나 수시로 변화하는 성질의 것일 때에는 위임의 구체성, 명확성의 요건이 완화된다.

위임입법의 예측가능성의 유무를 판단함에 있어서 당해 특정조항 하나만을 가지고 판단할 것은 아니고 관련 법조항 전체를 유기적·체계적으로 종합 판단하여야 하며, 각 대상법률의 성질에 따라 구체적·개별적으로 검토하여야 한다.

### (2) 포괄위임입법금지원칙과 법률유보

법률유보의 원칙은 '법률에 의한' 규율만을 뜻하는 것이 아니라 '법률에 근거한' 규율을 요청하는 것이다. 법률에 근거를 두면서 헌법 제75조가 요구하는 위임의 구체성과 명확성을 구비하면 위임입법에 의하여도 기본권 제한을 할 수 있으며, 위임명령의 내용은 수권법률이 수권한 규율대상과 목적의 범위 안에서 정해야 한다. 따라서 모법상 아무런 규정이 없는 입법사항을 하위명령이 규율하는 것은 위임입법의 한계를 위배하는 것이며, 모법의 위임범위를 벗어난 하위법령은 법률의 근거가 없는 것으로 법률유보원칙에 위반된다.

### (3) 헌법재판소에 의한 포괄위임입법금지원칙과 법률유보 판단

근로기준법 제11조 제2항(4인 이하 사업장에 적용될 근로기준법 대통령령 위임)의 의회유보원칙 및 포괄위임금지원칙 위배 여부(헌재 2019.4.11. 2013헌바112)

[심판대상조항]

근로기준법(2007. 4. 11. 법률 제8372호로 전부개정된 것)

제11조(적용 범위) ② 상시 4명 이하의 근로자를 사용하는 사업 또는 사업장에 대하여는 대통령령으로 정하는 바에 따라 이 법의 일부 규정을 적용할 수 있다.

[결정내용]

1. 헌법 제37조 제2항에서 규정하는 기본권 제한에 관한 법률유보원칙은 법률에 근거한 규율을 요청하는 것이므로, 그 형식이 반드시 법률일 필요는 없다 하더라도 법률상의 근거는 있어야 한다. 그런데 오늘날의 법률유보원칙은 단순히 행정작용이 법률에 근거를 두기만 하면 충분한 것이 아니라, 국가공동체와 그 구성원에게 기본적이고도 중요한 의미를 갖는 영역, 특히 국민의 기본권 실현에 관련된 영역에 있어서는 행정에 맡길 것이 아니라 국민의 대표자인 입법자 스스로 그 본질적 사항에 대하여 결정하여야 한다는 요구, 즉 의회유보원칙까지 내포하는 것으로 이해되고 있다. 따라서 적어도 헌법상 보장된 국민의 자유나 권리를 제한할 때에는 그 제한의 본질적인 사항에 관한 한 입법자가 형식적인 의미의 법률로써 스스로 규율하여야 할 것이다. 심판대상조항은 4인 이하 사업장에 대하여 근로기준법 중 어느 조항이 적용될지는 대통령령으로 정하도록 하고 있다. 근로기준법 제11조 제1항에서 근로기준법을 전부적용하는 범위를 근로자 5인 이상 사업장으로 한정하였고, 4인 이하 사업장에 근로기준법을 일부만 적용할 수 있도록 한 것이 심판대상조항에 의하여 법률로 명시적으로 규정되어 있는 이상, 구체적인 개별 근로기준법 조항의 적용 여부까지 입법자가 반드시 법률로써 규율하여야 하는 사항이라고 볼 수 없다. 따라서 심판대상조항이 일부적용 대상 사업장에 대해 적용될 구체적인 근로기준법 조항을 결정하는 문제를 대통령령으로 규율하도록 위임한 것이 헌법 제75조에서 금지하는 포괄위임의 한계를 준수하는 한, 법률유보원칙에 위배되지는 아니한다.

2. 포괄위임금지원칙 위배 여부

   헌법 제75조는 "대통령은 법률에서 구체적으로 범위를 정하여 위임받은 사항에 관하여 대통령령을 발할 수 있다"고 규정하여 위임입법의 근거 및 그 범위와 한계를 제시하고 있다. 여기에서 '법률에서 구체적으로 범위를 정하여'라 함은 법률에 이미 대통령령 등 하위법규에 규정될 내용 및 범위의 기본사항이 구체적이고 명확하게 규정되어 있어 누구라도 그 자체로부터 대통령령 등에 규정될 내용의 대강을 예측할 수 있어야 함을 의미한다. 그 예측가능성의 유무를 판단함에 있어서는 당해 특정조항 하나만 가지고 판단할 것이 아니고 관련 법조항 전체를 유기적·체계적으로 종합·판단하여야 하며, 대상법률의 성질에 따라 구체적이고 개별적으로 검토하여야 한다.

(4) 법률유보위반

**4·16세호참사 피해구제 및 지원 등을 위한 특별법(일명 세월호피해지원법) 제6조 제3항 등의 법률유보원칙 위반 여부**(헌재 2017.6.29. 2015헌마654)

배상금 등을 지급받으려는 신청인으로 하여금 '4·16세호참사에 관하여 어떠한 방법으로도 일체의 이의를 제기하지 않을 것임을 서약합니다'라는 내용이 기재된 배상금 등 동의 및 청구서를 제출하도록 규정한 세월호피해지원법 시행령 제15조 중 별지 제15호 서식 가운데 일체의 이의제기를 금지한 부분이 법률유보원칙을 위반하여 청구인들의 일반적 행동의 자유를 침해하는지 여부(적극)

세월호피해지원법은 배상금 등의 지급 이후 효과나 의무에 관한 일반규정을 두거나 이에 관하여 범위를 정하여 하위법규에 위임한 바가 전혀 없다. 따라서 세월호피해지원법 제15조 제2항의 위임에 따라 시행령으로 규정할 수 있는 사항은 지급신청이나 지급에 관한 기술적이고 절차적인 사항일 뿐이다. 신청인에게 지급결정에 대한 동의의 의사표시 전에 숙고의 기회를 보장하고, 그 법적 의미와 효력에 관하여 안내해 줄 필요성이 인정된다 하더라도, 세월호피해지원법 제16조에서 규정하는 동의의 효력 범위를 초과하여 세월호 참사 전반에 관한 일체의 이의제기를 금지시킬 수 있는 권한을 부여받았다고 볼 수는 없다. 따라서 이의제기금지조항은 법률유보원칙을 위반하여 법률의 근거 없이 대통령령으로 청구인들에게 세월호 참사와 관련된 일체의 이의 제기 금지 의무를 부담시킴으로써 일반적 행동의 자유를 침해한다.

**위임명령의 내용의 한계**(헌재 2011.9.29. 2007헌마1083 등)
우리 헌법은 제75조에서 대통령령은 '법률에서 구체적으로 범위를 정하여 위임받은 사항'에 관하여만 발할 수 있다고 한정함으로써 위임입법의 범위와 한계를 제시하고 있다. 따라서 위임명령의 내용은 수권법률이 수권한 규율대상과 목적의 범위 안에서 정해야 하는데 이를 위배한 위임명령은 위임입법의 한계를 벗어난 것이고, 결국 법률의 근거가 없는 것으로서 법률유보원칙에 위반된다.

**위임입법의 범위와 한계**(헌재 2010.4.29. 2007헌마910)
우리 헌법은 제75조에서 "대통령은 법률에서 구체적으로 범위를 정하여 위임받은 사항과 법률을 집행하기 위하여 필요한 사항에 관하여 대통령령을 발할 수 있다."고 규정하여 대통령이 발할 수 있는 위임입법의 근거를 마련하는 한편, 대통령령은 '법률에서 구체적으로 범위를 정하여 위임받은 사항'에 관하여만 발할 수 있다고 한정함으로써 위임입법의 범위와 한계를 제시하고 있다. 위임입법의 내용에 관한 헌법적 한계는 그 수범자가 누구냐에 따라 입법권자에 대한 한계와 수권법률에 의해 법규명령을 제정하는 수임자에 대한 한계로 구별할 수 있다. 즉, 국회가 법률에 의하여 입법권을 위임하는 경우에도 헌법 등 상위규범에 위반해서는 아니 된다는 것이 전자의 문제이고, 반면에 법률의 우위원칙에 따른 위임입법의 내용적 한계는 후자에 속한다. 일반적으로 위임입법의 내용적 한계라고 하는 경우에는 주로 후자가 문제되고 있으며 이 사건도 이에 해당한다. 그러므로 위임명령의 내용은 수권법률이 수권한 규율대상과 목적의 범위 안에서 정해야 하는데 이를 위배한 위임명령은 위법이라고 평가되며, 여기에서 모법의 수권조건에 의한 위임명령의 한계가 도출된다. 즉, 모법상 아무런 규정이 없는 입법사항을 하위명령이 규율하는 것은 위임입법의 한계를 위배하는 것이다. 이러한 문제는 법률유보원칙과 연결되는바, 국민의 기본권은 헌법 제37조 제2항에 의하여 국가안전보장·질서유지 또는 공공복리를 위하여 필요한 경우에 한하여 이를 제한할 수 있으나, 그 제한의 방법은 원칙적으로 법률로써만 가능하고 제한의 정도도 기본권의 본질적 내용을 침해할 수 없으며 필요한 최소한도에 그쳐야 한다. 여기서 기본권 제한에 관한 법률유보원칙은 '법률에 근거한 규율'을 요청하는 것이므로, 그 형식이 반드시 법률일 필요는 없다 하더라도 법률상의 근거는 있어야 한다 할 것이다. 따라서 모법의 위임범위를 벗어난 하위법령은 법률의 근거가 없는 것으로 법률유보원칙에 위반된다.

### 4. 표현의 자유와 명확성의 원칙

표현의 자유를 규제하는 입법에 있어서 명확성의 원칙은 특별히 중요한 의미를 지닌다. 현대 민주사회에서 표현의 자유가 국민주권주의 이념의 실현에 불가결한 것인 점에 비추어 볼 때, 불명확한 규범에 의한 표현의 자유의 규제는 헌법상 보호받는 표현에 대한 위축적 효과를 야기하고, 그로 인하여 다양한 의견, 견해, 사상의 표출을 가능케 함으로써 그러한 표현들이 상호 검증을 거치도록 한다는 표현의 자유의 본래의 기능을 상실케 한다. 즉, 무엇이 금지되는 표현인지가 불명확한 경우에, 자신이 행하고자 하는 표현이 규제의 대상이 아니라는 확신이 없는 기본권주체는 대체로 규제를 받을 것을 우려해서 표현행위를 스스로 억제하게 될 가능성이 높은 것이다. 그렇기 때문에 표현의 자유를 규제하는 법률은 규제되는 표현의 개념을 세밀하고 명확하게 규정할 것이 헌법적으로 요구된다(헌재 2009.5.28. 2006헌바109 등).

> '음란'의 명확성의 원칙 위반 여부(헌재 2009.5.28. 2006헌바109 등)
> 입법자가 음란에 해당하는 행위를 일일이 구체적, 서술적으로 열거하는 방식으로 명확성의 원칙을 관철하는 것은 '사회일반의 건전한 성적 풍속 내지 성도덕' 보호라는 입법목적의 온전한 달성을 위한 적절한 방법이라 하기 어렵고, '음란'의 개념과 그 행태는 사회와 시대적 변화에 따라 변동하는 상대적, 유동적인 것이고 그 시대에 있어서 사회의 풍속, 윤리, 종교 등과도 밀접한 관계를 가지는 추상적인 것이므로, 음란에 해당하는 행위를 일일이 구체적, 서술적으로 열거하는 방식으로 명확성의 원칙을 관철하는 것은 입법기술상 현저히 곤란하다. 물론 규범적 음란개념 대신 보호법익과 표현내용에 따른 해악발생 가능성을 고려하여 개별적으로 법문화·구체화하여 '음란'에 해당하는 행위를 구체적 유형별로 명시하는 것이 명확성을 더욱 담보할 수 있는 바람직한 입법형식으로 볼 수도 있겠으나, 입법목적, 입법연혁, 법규범의 체계적 구조 등을 고려한 합리적인 해석기준을 통하여 어떠한 행위가 '음란'한 것인지를 판단할 수 있는 이상 보다 구체적인 입법이 가능하다는 이유만으로 이 사건 법률조항이 곧바로 명확성의 원칙에 위반된다고 할 수는 없다. 명확성의 원칙이 언제나 최상의 명확성을 요구한다고는 볼 수 없기 때문이다.

## Ⅱ. 소급입법과 입법부작위

### 1. 소급입법금지원칙

(1) 소급입법금지원칙의 의의

헌법 제13조 제2항은 "모든 국민은 소급입법에 의하여 참정권의 제한을 받거나 재산권을 박탈당하지 않는다."고 규정하여 소급입법에 의한 참정권이나 재산권의 침해를 금지하고 있다.

소급입법은 이미 종료된 사실관계에 작용하는지 아니면 현재 진행 중인 사실관계에 작용하는지에 따라 진정소급입법과 부진정소급입법으로 구분된다. ① 진정소급입법은 이미 종료된 과거의 사실관계 또는 법률관계를 규율대상으로 하여 사후에 그 전과 다른 법적 효과를 생기게 하는 입법을 말하는 것으로, 이는 원칙적으로 허용되지 않는다. ② 부진정소급입법은 과거에 이미 개시되었지만 아직 완결되지 아니하고 진행 중인 사실이나 법률관계에 새로이 개입하여 그 법적 지위를 사후에 변경하는 입법을 말한다. 부진정소급입법은 원칙적으로 허용되지만, 소급효를 요구하는 공익과 신뢰보호의 요청 사이의 교량과정에서 신뢰보호의 관점이 입법자의 형성권에 제한을 가하게 된다.

### (2) 진정소급입법의 금지

진정소급입법은 개인의 신뢰보호와 법적 안정성을 내용으로 하는 법치국가원리에 의하여 헌법적으로 허용되지 아니하는 것이 원칙이다(헌재 2009.6.25. 2008헌마413). 다만 예외적으로 국민이 소급입법을 예상할 수 있었거나, 법적 상태가 불확실하고 혼란스러웠거나 하여 보호할 만한 신뢰의 이익이 적은 경우와 소급입법에 의한 당사자의 손실이 없거나 아주 경미한 경우, 그리고 신뢰보호의 요청에 우선하는 심히 중대한 공익상의 사유가 소급입법을 정당화하는 경우에는 허용될 수 있다(헌재 2011.3.31. 2008헌바141 등).

> **일제강점하 반민족행위 진상규명에 관한 특별법 제2조 제7호 등(친일재산의 국가귀속)의 입법형태 및 위헌 여부**(헌재 2011.11.24. 2009헌바292)
> 일제 과거사 청산으로서의 친일재산 환수 문제는 그 시대적 배경에 비추어 역사적으로 매우 특수하고 이례적인 공동체적 과업이라 할 것이므로, 설령 이러한 소급입법의 합헌성을 인정한다고 하더라도 이를 계기로 진정소급입법이 빈번하게 발생해 그로 인한 폐해가 만연될 것이라는 일부의 우려는 충분히 불식될 수 있다. 따라서 이 사건 귀속조항은 진정소급입법에 해당하지만 소급입법을 예상할 수 있었던 예외적인 사안이고 진정소급입법을 통해 침해되는 법적 신뢰는 심각하다고 볼 수 없는 데 반해 이를 통해 달성되는 공익적 중대성은 압도적이라고 할 수 있으므로 진정소급입법이 허용되는 경우에 해당한다. 그러므로 이 사건 귀속조항이 진정소급입법이라는 이유만으로 위헌이라 할 수 없다.

### (3) 부진정소급입법과 신뢰보호원칙

#### 1) 부진정소급입법과 신뢰보호의 문제

부진정소급입법은 원칙적으로 허용되기 때문에 신뢰보호만이 문제된다. 새로운 입법이 이미 과거에 시작하였으나 아직 완성되지 아니한 채 진행과정에 있는 사실관계에 적용되는 경우에는 신뢰보호의 문제가 발생하기 때문에(헌재 1999.4.29. 94헌바37 등) 신뢰보호원칙의 요청을 위반한 것인지의 여부가 문제된다.

소급입법의 구분 및 산업재해보상보험법 제38조 제6항의 소급입법금지원칙 위배 여부(헌재 2009. 5.28. 2005헌바20 등)

소급입법은 신법이 이미 종료된 사실관계나 법률관계에 적용되는지, 아니면 현재 진행 중인 사실관계나 법률관계에 적용되는지에 따라 '진정소급입법'과 '부진정소급입법'으로 구분되는데, 전자는 헌법상 원칙적으로 허용되지 않고 특단의 사정이 있는 경우에만 예외적으로 허용되는 반면, 후자는 원칙적으로 허용되지만 소급효를 요구하는 공익상의 사유와 신뢰보호 요청 사이의 교량과정에서 신뢰보호의 관점이 입법자의 입법형성권에 일정한 제한을 가하게 된다는 데 차이가 있다. … 심판대상조항은 청구인들과 같은 기존의 장해보상연금 수급권자들에 대하여 이미 발생하여 이행기가 도래한 장해연금 수급권의 내용을 변경하지는 아니하고, 심판대상조항 시행 이후의 법률관계, 즉 장래 이행기가 도래하는 장해연금 수급권의 내용을 변경하는 것에 불과하므로, 이미 종료된 과거의 사실관계 또는 법률관계에 새로운 법률이 소급적으로 적용되어 과거를 법적으로 새로이 평가하는 진정 소급입법에는 해당하지 아니한다. 따라서 이 사건에서는 소급입법에 의한 재산권 침해는 문제될 여지가 없고, 다만 청구인들이 지니고 있는 기존의 법상태에 대한 신뢰를 법치국가적인 관점에서 헌법적으로 보호해 주어야 할 것인지 여부가 문제된다 할 것이다.

2) 신뢰보호원칙의 의의

신뢰보호의 원칙은 헌법상 법치국가 원리로부터 파생하는 원칙이다. 일반적으로 국민이 어떤 법률이나 제도가 장래에도 그대로 존속될 것이라는 합리적인 신뢰를 바탕으로 하여 일정한 법적 지위를 형성한 경우, 국가는 그와 같은 법적 지위와 관련된 법규나 제도의 개폐에 있어서 법치국가의 원칙에 따라 국민의 신뢰를 최대한 보호하여 법적 안정성을 도모하여야 한다. 즉 신뢰보호원칙은 법률을 제정하거나 개정할 때 기존의 법질서에 대한 당사자의 합리적이고 정당한 신뢰를 파괴하는 입법은 허용될 수 없다는 원칙이다(헌재 2012.8.23. 2010헌바28).

3) 신뢰보호원칙 위배 여부

신뢰보호원칙의 위배 여부를 판단하기 위해서는 침해받은 이익의 보호가치, 침해의 중한 정도, 신뢰가 손상된 정도, 신뢰침해의 방법 등과, 새로운 입법을 통해 실현하고자 하는 공익적 목적을 종합적으로 비교·형량하여야 판단해야 한다(헌재 2012.8.23. 2010헌바28). 따라서 신뢰보호원칙의 위반 여부를 판단함에 있어서는, 첫째, 보호가치 있는 신뢰이익이 존재하는가, 둘째, 과거에 발생한 생활관계를 현재의 법으로 규율함으로써 달성되는 공익이 무엇인가, 셋째, 개인의 신뢰이익과 공익상의 이익을 비교 형량하여 어떠한 법익이 우위를 차지하는가를 살펴보아야 한다(헌재 2009.5.28. 2005헌바20 등).

## 2. 입법부작위

### (1) 입법부작위의 의의와 유형

입법자는 헌법상 입법의무를 하지 않거나 불충분한 입법을 함으로써 국민의 기본권을 침해할 수 있다. 입법부작위에는 단순입법부작위, 진정입법부작위, 부진정입법부작위가 있다. 입법의무를 전제로 하지 않는 단순입법부작위는 기본권 침해문제가 발생하지 않는다.

진정입법부작위란 헌법상 입법자의 입법의무가 인정됨에도 불구하고 입법의무를 이행하지 않음으로써 있어야 할 법률이 없는 경우를 말한다. 부진정입법부작위란 입법자가 입법의무의 대상이 되고 있는 입법사항에 대하여 비록 형식적으로 규율하고 있지만 그것이 불완전하고 불충분한 경우를 말한다.

> **입법부작위의 구분**(헌재 2010.7.29. 2008헌마664 등)
> 입법부작위란 입법자가 헌법상 입법의무가 있는 어떤 사항에 관하여 전혀 입법을 하지 아니함으로써 입법권을 행사하지 않은 것과 입법자가 어떤 사항에 관하여 입법을 하였으나 그 입법의 내용·범위·절차 등이 불완전, 불충분 또는 불공정하여 결함이 있는 방식으로 입법권을 행사한 것을 말하는데, 통상 전자를 진정입법부작위, 후자를 부진정입법부작위라고 부르고 있다.

### (2) 입법부작위에 의한 기본권 침해

진정입법부작위에 의한 기본권 침해를 주장하려면 헌법상 명시적인 입법위임이 있거나 헌법해석상 입법의무가 있음에도 불구하고 입법자가 입법의무를 게을리 하고 있는 경우이어야 한다. 부진정입법부작위에 의한 기본권 침해의 주장은 입법자가 혜택부여규정에서 일정 인적 집단을 배제하고 있는 경우, 입법자가 입법개선의무를 게을리한 경우, 경과규정을 두지 않은 경우 등에 주로 문제된다.

> **태평양전쟁 전후 국외 강제동원희생자 등 지원에 관한 법률 제2조 등(태평양전쟁 국외 강제동원자 지원)의 진정입법부작위 해당 여부**(헌재 2011.2.24. 2009헌마94)
> 입법자가 혜택부여규정에서 일정 인적 집단을 배제한 경우, 그 규정의 인적 대상범위의 확대를 구하는 헌법소원은 비록 외형적으로는 진정입법부작위에 대한 헌법소원과 유사하나, 실질은 그러하지 아니하다. 입법자의 하자 있는 행위는 언제나 올바른 행위의 부작위로 해석될 수 있다는 의미에서 이러한 부작위는 입법자가 혜택부여규정의 제정을 통하여 내린 적극적인 결정의 반사적 효과일 뿐이기 때문이다. 청구인의 이 사건 청구는 평등원칙의 관점에서 입법자가 구 국외강제동원자지원법의 적용대상에 '국내' 강제동원자도 당연히 '국외' 강제동원자와 같이 포함시켰어야 한다는 주장에 지나지 아니하므로, 이는 헌법적 입법의무에 근거한 진정입법부작위에 해당하는 것이 아니라 단지 혜택부여규정의 인적 범위의 제한에 따른 결과에 지나지 아니하여 이른바 부진정입법부작위에 해당할 뿐이다.

> 부진정 입법부작위에 대한 헌법소원심판에 있어 기본권 침해의 직접성 요부(헌재 2010.7.29. 2009헌마51)
>
> 청구인은 이 사건 부칙조항에 이 사건 경과규정을 두지 않은 것이 청구인의 기본권을 침해하였다라고 주장하고 있는바, 이처럼 부진정입법부작위를 다투는 형태의 헌법소원심판 청구의 경우에도 해당 법률 또는 법령 조항 자체를 심판의 대상으로 삼는 것이므로 법령소원에 있어서 요구되는 기본권 침해의 직접성 요건을 갖추어야 한다.

### (3) 입법부작위에 대한 권리구제

진정입법부작위의 경우에는 헌법재판소법 제68조 제1항에 의한 헌법소원이 가능하다. 부진정입법부작위의 경우에는 위헌법률심판, 헌법재판소법 제68조 제1항에 의한 헌법소원이 가능하며, 불완전한 법규 자체를 대상으로 하여 그것이 평등원칙에 위배된다는 등의 이유로 헌법소원을 제기해야 한다. 부진정입법부작위의 경우 법률 자체에 대하여 헌법소원을 제기하지 않고, 입법부작위에 대한 헌법소원을 청구하는 경우에는 부적법하다.

> 진정입법부작위에 대한 헌법소원이 가능한 경우(헌재 2010.7.29. 2008헌마664 등)
>
> 진정입법부작위에 대한 헌법소원은 헌법에서 기본권보장을 위하여 법령에 명시적인 입법위임을 하였음에도 입법자가 이를 이행하지 아니한 경우이거나, 헌법해석상 특정인에게 구체적인 기본권이 생겨 이를 보장하기 위한 국가의 행위의무 내지 보호의무가 발생하였음이 명백함에도 불구하고 입법자가 아무런 입법조치를 취하지 아니한 경우에 한하여 허용된다.

> 부진정입법부작위에 대한 헌법소원 제기요건(헌재 2009.7.14. 2009헌마349)
>
> 부진정입법부작위를 대상으로 헌법소원을 제기하려면 그 입법부작위를 헌법소원의 대상으로 삼을 수는 없고, 결함이 있는 당해 입법규정 그 자체를 대상으로 하여 그것이 평등의 원칙에 위배된다는 등 헌법위반을 내세워 적극적인 헌법소원을 제기하여야 하며, 이 경우에는 법령에 의하여 직접 기본권이 침해되는 경우라고 볼 수 있으므로 헌법재판소법 제69조 제1항 소정의 청구기간을 준수하여야 한다.

> 진정입법부작위를 대상으로 한 헌법소원의 적법 여부(헌재 2009.7.14. 2009헌마349)
>
> 헌법소원의 대상이 본래 "부진정입법부작위"에 해당하는 경우임에도 "진정입법부작위"를 대상으로 하여 제기된 헌법소원심판 청구는 존재하지도 않는 "진정입법부작위"를 심판의 대상으로 삼은 것으로서 부적법하다.

## Ⅲ. 기본권의 보호의무

### 1. 기본권 보호의무의 의의

기본권 보호의무는 기본권을 제3자인 사인에 의한 위법한 가해나 가해의 위험으로부터 국가가 보호해야 하는 의무를 말하는 것이다. 주로 사인인 제3자에 의한 개인의 생명이나 신체의 훼손의 경우에 문제된다.

기본권 보호의무의 의의(헌재 2009.2.26. 2005헌마764 등)

기본권 보호의무란 기본권적 법익을 기본권 주체인 사인에 의한 위법한 침해 또는 침해의 위험으로부터 보호하여야 하는 국가의 의무를 말하며, 주로 사인인 제3자에 의한 개인의 생명이나 신체의 훼손에서 문제되는데, 이는 타인에 의하여 개인의 신체나 생명 등 법익이 국가의 보호의무 없이는 무력화될 정도의 상황에서만 적용될 수 있다.

### 2. 기본권 보호의무의 법적 근거

기본권 보호의무의 실정법적 근거는 헌법 제10조에서 그 근거를 찾을 수 있다. 헌법 제10조 제2문은 "국가는 개인이 가지는 불가침의 기본적 인권을 확인하고 이를 보장할 의무를 진다"고 규정함으로써, 소극적으로 국가권력이 국민의 기본권을 침해하는 것을 금지하는데 그치지 아니하고 나아가 적극적으로 국민의 기본권을 타인의 침해로부터 보호할 의무를 부과하고 있다(헌재 2003.1.30. 2002헌마358).

기본권 보호의무는 기본권의 객관적 가치질서성으로부터 도출된다. 기본권은 주관적 공권으로서의 성격 외에도 객관적 가치질서성을 갖기 때문에 그 효력은 사인 상호간에도 미친다. 국가는 이러한 사회세력의 위해로부터 개인의 기본권을 보호해야 할 의무가 발생한다.

### 3. 기본권 보호의무 심사기준

국민의 생명·신체의 안전에 대한 보호의무를 다하지 않았는지 여부를 헌법재판소가 심사할 때에는 국가가 이를 보호하기 위하여 적어도 적절하고 효율적인 최소한의 보호조치를 취하였는가 하는 이른바 '과소보호금지원칙'의 위반 여부를 기준으로 심사한다. 국민의 생명·신체의 안전을 보호하기 위한 조치가 필요한 상황인데도 국가가 아무런 보호조치를 취하지 않았든지 아니면 취한 조치가 법익을 보호하기에 전적으로 부적합하거나 매우 불충분한 것임이 명백한 경우에 한하여 국가의 보호의무의 위반을 확인한다(헌재 2011.2.24. 2009헌마94).

## Ⅳ. 체계정당성의 원리

### 1. 체계정당성의 원리의 의의

일반적으로 일정한 공권력작용이 체계정당성에 위반하는 경우 비례의 원칙이나 평등원칙위반 내지 입법의 자의금지위반 등의 위헌성을 시사하는 하나의 징후를 의미한다(헌재 2005.6.30. 2004헌바40 등). 체계정당성의 원리란 동일 규범 내에서 또는 상이한 규범 간에 그 규범의 구조나 내용 또는 규범의 근거가 되는 원칙면에서 상호 배치되거나 모순되어서는 아니된다는 하나의 헌법적 요청이다. 헌법재판소는 체계정당성의 원리를 규범 상호간의 구조와 내용 등이 모순됨이 없이 체계와 균형을 유지하도록 입법자를 기속하는 헌법적 원리라고 보고 있다.

## 2. 체계정당성의 원리 위반과 평등권 침해

공권력작용이 체계정당성에 위반한다고 해서 곧 위헌이 되는 것은 아니고, 그것이 위헌이 되기 위해서는 결과적으로 비례의 원칙이나 평등의 원칙 등 일정한 헌법의 규정이나 원칙을 위반하여야 한다. 따라서 입법의 체계정당성 위반과 관련하여 그러한 위반을 허용할 공익적인 사유가 존재한다면 그 위반은 정당화될 수 있고 입법상의 자의금지원칙을 위반한 것이라고 볼 수 없다.

> **체계정당성의 원리의 의의 및 체계정당성 위반이 곧 위헌이 되는지 여부**(헌재 2010.6.24. 2007헌바101 등)
>
> 체계정당성의 원리라는 것은 동일 규범 내에서 또는 상이한 규범 간에 그 규범의 구조나 내용 또는 규범의 근거가 되는 원칙면에서 상호 배치되거나 모순되어서는 아니된다는 하나의 헌법적 요청이다. 즉 이는 규범 상호간의 구조와 내용 등이 모순됨이 없이 체계와 균형을 유지하도록 입법자를 기속하는 헌법적 원리라고 볼 수 있다. 이처럼 규범 상호간의 체계정당성을 요구하는 이유는 입법자의 자의를 금지하여 규범의 명확성, 예측가능성 및 규범에 대한 신뢰와 법적 안정성을 확보하기 위한 것이고 이는 국가공권력에 대한 통제와 이를 통한 국민의 자유와 권리의 보장을 이념으로 하는 법치주의 원리로부터 도출되는 것이라고 할 수 있다. 그러나 일반적으로 일정한 공권력작용이 체계정당성에 위반한다고 해서 곧 위헌이 되는 것은 아니고, 그것이 위헌이 되기 위해서는 결과적으로 비례의 원칙이나 평등의 원칙 등 일정한 헌법의 규정이나 원칙을 위반하여야 한다. 또한 입법의 체계정당성 위반과 관련하여 그러한 위반을 허용할 공익적인 사유가 존재한다면 그 위반은 정당화될 수 있고 따라서 입법상의 자의금지원칙을 위반한 것이라고 볼 수 없다. 나아가 체계정당성의 위반을 정당화할 합리적인 사유의 존재에 대하여는 입법의 재량이 인정되어야 한다. 다양한 입법의 수단 가운데서 어느 것을 선택할 것인가 하는 것은 원래 입법의 재량에 속하기 때문이다. 그러므로 이러한 점에 관한 입법의 재량이 현저히 한계를 일탈한 것이 아닌 한 위헌의 문제는 생기지 않는다고 할 것이다.

## 제6절 기본권의 포기

기본권의 포기는 기본권의 주체가 국가 또는 사인에 대하여 자신의 기본권을 행사하지 않겠다는 의사표시를 말한다. 기본권의 포기는 국가나 사인에 의하여 특정한 기본권 또는 기본권 전체에 대하여 일반적·추상적으로 기본권의 보유능력을 포기하는 것을 의미하는 것은 아니고, 기본권의 부분포기를 말한다. 예컨대 재산권의 공용사용에 있어서 보상 없이 사용하도록 허락하는 행위, 영장 없이 가택을 수색하고자 하는 경우 자유의사에 의하여 이를 받아들이는 행위 등이 그 예이다.

기본권의 포기는 기본권으로 보호되는 법익을 향유하지 않겠다는 적극적 의사표시를 말하므로, 기본권을 행사하지 않고 있는 기본권의 불행사와 구분되며, 기본권의 소극적 자유는 기본권의 보호영역에 포함되는 기본권의 내용이라는 점에서 기본권의 포기와 구분된다.

기본권의 포기는 기본권 침해에 동의한 경우에 해당하므로 기본권의 주체에 의한 기본권의 포기가 있게 되면, 국가에 의한 기본권 제약이 기본권의 침해에 해당하여도 국가는 기본권 침해에 대한 책임을 지지 않으며, 국가의 행위는 헌법적으로 유효하게 된다.

# CHAPTER 02 | 개별 기본권

## 제1절 인간의 존엄과 가치 및 행복추구권

### I. 인간의 존엄과 가치

#### 1. 인간의 존엄과 가치의 의의

헌법 제10조는 "모든 국민은 인간으로서의 존엄과 가치를 가지며, 행복을 추구할 권리를 가진다. 국가는 개인이 가지는 불가침의 기본적 인권을 확인하고 이를 보장할 의무를 진다."라고 하여 모든 기본권의 종국적 목적이자 기본이념이라 할 수 있는 인간의 존엄과 가치를 규정하고 있다(헌재 2010.2.25. 2008헌가23). 인간의 존엄과 가치의 규범적 의미는 인격적 주체성(헌재 1997.3.27. 96헌가11; 헌재 2008.5.29. 2006헌바85 등), 인격의 내용을 이루는 윤리적 가치 등으로 이해된다.

> **인간의 존엄성의 의미**(헌재 2011.8.30. 2008헌마648)
> 우리 헌법은 제10조에서 "모든 국민은 인간으로서의 존엄과 가치를 가지며, 행복을 추구할 권리를 가진다. 국가는 개인이 가지는 불가침의 기본적 인권을 확인하고 이를 보장할 의무를 진다."고 규정하고 있는데, 이 때 인간의 존엄성은 최고의 헌법적 가치이자 국가목표규범으로서 모든 국가기관을 구속하며, 그리하여 국가는 인간존엄성을 실현해야 할 의무와 과제를 안게 됨을 의미한다.

#### 2. 법적 성격

인간의 존엄과 가치규정은 기본원리적 성격과 구체적 권리성을 함께 가지고 있다. 헌법재판소도 인간의 존엄과 가치규정은 헌법의 기본원리를 선언한 조항으로 이해하고 있으며, 인간의 존엄과 가치로부터 유래하는 인격권을 보장하고 있다고 한다(헌재 2001.7.19. 2000헌마546).

> **인간의 존엄과 가치 조항의 의의**(헌재 2010.2.25. 2008헌가23)
> 인간의 존엄과 가치 조항은 헌법이념의 핵심으로 국가는 헌법에 규정된 개별적 기본권을 비롯하여 헌법에 열거되지 아니한 자유와 권리까지도 이를 보장하여야 하고, 이를 통하여 개별 국민이 가지는 인간으로서의 존엄과 가치를 존중하고 확보하여야 한다는 헌법의 기본원리를 선언한 것이라 할 것이다.

> **헌법 제10조의 보장 내용**(헌재 2012.8.23. 2010헌바402)
> 헌법 제10조는 "모든 국민은 인간으로서의 존엄과 가치를 가지며, 행복을 추구할 권리를 가진다. 국가는 개인이 가지는 불가침의 기본적 인권을 확인하고 이를 보장할 의무를 진다."라고 규정하여 개인의 인격권과 행복추구권을 보장하고 있다.

## 3. 인격권

### (1) 인격권의 내용

헌법재판소는 인간의 존엄과 가치규정으로부터 인격권이 도출된다고 한다. 인격권에는 개인의 명예에 관한 권리(헌재 2013.5.30. 2012헌바19), 성명권(자유로운 성의 사용), 초상권(헌재 2014.3.27. 2012헌마652)[9] 등이 포함될 수 있다(헌재 2001.8.30. 2000헌바36).[10]

> **헌법 제10조에 의해 보호되는 '명예'의 의미**(헌재 2005.10.27. 2002헌마425)
> 헌법 제10조로부터 도출되는 일반적 인격권에는 개인의 명예에 관한 권리도 포함될 수 있으나, '명예'는 사람이나 그 인격에 대한 '사회적 평가', 즉 객관적·외부적 가치평가를 말하는 것이지 단순히 주관적·내면적인 명예감정은 포함되지 않는다.

> **자유로운 성(姓)의 사용이 헌법상 인격권으로 보호되는지 여부**(헌재 2005.12.22. 2003헌가5 등)
> 헌법은 제10조에서 "모든 국민은 인간으로서의 존엄과 가치를 가지며 행복을 추구할 권리가 있다"고 규정하여 모든 국민이 자신의 존엄한 인격권을 바탕으로 자율적으로 자신의 생활영역을 형성해 나갈 수 있는 권리를 보장하고 있는데 성명은 개인의 정체성과 개별성을 나타내는 인격의 상징으로서 개인이 사회 속에서 자신의 생활영역을 형성하고 발현하는 기초가 되는 것이라 할 것이므로 자유로운 성의 사용 역시 헌법상 인격권으로부터 보호된다고 할 수 있다.

> **촬영허용행위가 일반적 인격권을 제한하는지 여부**(헌재 2014.3.27. 2012헌마652)
> 사람은 자신의 의사에 반하여 얼굴을 비롯하여 일반적으로 특정인임을 식별할 수 있는 신체적 특징에 관하여 함부로 촬영당하지 아니할 권리를 가지고 있으므로, 촬영허용행위는 헌법 제10조로부터 도출되는 초상권을 포함한 일반적 인격권을 제한한다고 할 것이다.

### (2) 인격권의 주체와 법인의 인격권

인간의 존엄과 가치의 향유주체는 자연인이다. 따라서 법인 등은 그 주체가 될 수 없다. 하지만 인간의 존엄과 가치로부터 유래하는 인격권의 주체는 법인도 포함한다는 것이 헌법재판소의 태도이다. 법인도 인격권의 한 내용인 사회적 신용이나 명예 등의 주체가 될 수 있고 법인이 이러한 사회적 신용이나 명예 유지 내지 법인격의 자유로운 발현을 위하여 의사결정이나 행동을 어떻게 할 것인지를 자율적으로 결정하는 것도 법인의 인격권의

---

9) 대법원 역시 같은 초상권을 헌법상 보장되는 권리로 인정하고 있다. 즉, "사람은 누구나 자신의 얼굴 기타 사회통념상 특정인임을 식별할 수 있는 신체적 특징에 관하여 함부로 촬영 또는 그림묘사되거나 공표되지 아니하며 영리적으로 이용당하지 않을 권리를 가지는데, 이러한 초상권은 우리 헌법 제10조 제1문에 의하여 헌법적으로 보장되는 권리이다."라고 판시하였다(대판 2006.10.13. 2004다16280).

10) TV, 라디오 등의 방송매체가 공적 이해에 관계된 개인의 부정과 비리를 폭로하고 편견과 독단을 비판하는 것이 언론의 자유로 허용되어야 하지만, 한편으로는 그 보도, 논평 등으로 인하여 개인이나 단체의 명예나 신용의 훼손, 성명권이나 초상권, 프라이버시 등의 인격권 침해와 같이 타인의 법익 내지 기본권을 침해하게 되는 것을 피할 수 없게 된다(헌재 2001.8.30. 2000헌바36).

한 내용을 이룬다는 것이다. 하지만 반대의견은 인격권은 인간의 존엄과 가치에서 유래하고, 인간의 존엄과 가치는 자연적 생명체인 개인의 존재를 전제로 하는 기본권이기 때문에 인간의 존엄과 가치에서 유래하는 인격권은 성질상 법인에게는 적용될 수 없다고 한다(헌재 2012.8.23. 2009헌가27).[11]

> **법인의 인격권 인정 여부 및 내용**(헌재 2012.8.23. 2009헌가27)
> 법인도 법인의 목적과 사회적 기능에 비추어 볼 때 그 성질에 반하지 않는 범위 내에서 인격권의 한 내용인 사회적 신용이나 명예 등의 주체가 될 수 있고 법인이 이러한 사회적 신용이나 명예 유지 내지 법인격의 자유로운 발현을 위하여 의사결정이나 행동을 어떻게 할 것인지를 자율적으로 결정하는 것도 법인의 인격권의 한 내용을 이룬다고 할 것이다.

## Ⅱ. 행복추구권

### 1. 행복추구권의 의의

헌법 제10조에서는 인간의 존엄과 가치 및 행복추구권을 함께 보장하고 있다. 행복추구권 조항은 1776년 미국독립선언, 버지니아권리장전의 영향으로 1980년 우리 헌법에서 수용되었다.

### 2. 법적 성격

(1) 포괄적 의미의 자유권

행복추구권은 포괄적인 의미의 자유권으로서의 성격을 가지며(헌재 2011.6.30. 2009헌마406), 사회적 기본권으로서의 성격은 인정되지 않는다.

> **헌법 제10조의 행복추구권의 성격**(헌재 2008.10.30. 2006헌바35)
> 헌법 제10조의 행복추구권은 국민이 행복을 추구하기 위하여 필요한 급부를 국가에게 적극적으로 요구할 수 있는 것을 내용으로 하는 것이 아니라, 국민이 행복을 추구하기 위한 활동을 국가권력의 간섭 없이 자유롭게 할 수 있다는 포괄적인 의미의 자유권으로서의 성격을 가진다.

---

11) 재판관 김종대 반대의견 : 우리 재판소는 이미 여러 차례 인격권을 헌법 제10조의 인간의 존엄과 가치에서 유래하는 기본권이라고 확인한 바 있다. 이처럼 인간의 존엄과 가치에서 유래하는 인격권은 자연적 생명체로서 개인의 존재를 전제로 하는 기본권으로서 그 성질상 법인에게는 적용될 수 없다. 따라서 이 사건 법률조항을 놓고 법인의 인격권을 과잉제한 했는지 여부를 판단하기 위해 기본권 제한에 대한 헌법원칙인 비례심사를 할 수는 없다. 그러나 법인이 헌법상 인격권의 주체가 될 수 없다고 하여서 어떠한 인격권적 내용도 향유할 수 없는 것은 아니다. 법인은 헌법상 기본권인 인격권을 누릴 수는 없지만, 법률에 의하여 법인에게 인격권 유사의 내용이 인정될 수 있으므로 그 범위 내에서 법인은 법률적 수준의 인격권적 권리를 누릴 수는 있을 것이다. 따라서 법인에게 헌법상 기본권으로서 명예권이 인정되지 않아 인격권 침해로 인한 헌법소원이 인용되지 않는다고 하더라도 법인의 명예를 형법 등에 의하여 법률적 수준에서 보호할 수는 있을 것이므로 법원에 제소하여 법률상 보호를 받을 수 있다(이 경우 법인의 명예보호는 헌법상 기본권에서 직접 유래하는 것이 아니라 어디까지나 법률상의 권리로서 입법정책적인 것이 되어 입법자의 입법형성의 재량영역 또는 그 구체화로서 법원의 법률해석영역에 속하는 것이다).

(2) 보충적 기본권

행복추구권의 보충적 기본권으로서의 성격을 가지므로, 직접 적용할 기본권이 없는 경우에 한하여 행복추구권이 적용된다.

> **보충적 기본권으로서의 행복추구권**(헌재 2011.3.31. 2010헌바291)
> 행복추구권은 다른 개별적 기본권이 적용되지 않는 경우에 한하여 보충적으로 적용되는 기본권으로, 이 사건에서 알 권리의 제한이 고려되는 경우에는 그 적용이 배제되므로, 행복추구권의 침해 여부에 관하여는 따로 판단하지 아니하기로 한다.

## 3. 행복추구권의 내용

행복추구권에는 일반적 행동자유권·개성의 자유로운 발현권·자기결정권 등이 포함된다. 헌법재판소는 그 밖에 휴식권(헌재 2001.9.27. 2000헌마159),[12] 문화향유권(헌재 2004.5.27. 2003헌가1 등),[13] 분묘를 가꾸고 봉제사를 하는 권리(헌재 2009.9.24. 2007헌마872)[14] 등을 행복추구권의 내용으로 본다.

(1) 일반적 행동자유권

일반적 행동자유권이란 모든 국민이 행복을 추구하기 위하여 자유롭게 행동할 수 있는 자유권이다. 일반적 행동자유권은 적극적으로 자유롭게 행동할 자유는 물론 소극적으로 행동을 하지 않을 부작위의 자유도 포함된다. 일반적 행동자유권의 보호영역에는 개인의 생활방식과 취미에 관한 사항도 포함되며, 여기에는 위험한 스포츠를 즐길 권리도 포함된다(헌재 2008.4.24. 2006헌마954).

> **헌법 제10조 전문의 행복추구권의 인정 범위**(헌재 2011.6.30. 2009헌마406)
> 헌법 제10조 전문의 행복추구권에는 그 구체적인 표현으로서 일반적인 행동자유권이 포함되는바, 이는 적극적으로 자유롭게 행동을 하는 것은 물론 소극적으로 행동을 하지 않을 자유도 포함되는 권리로서, 포괄적인 의미의 자유권이라는 성격을 갖는다.

> **도로교통법 제118조 위헌 여부(좌석안전띠를 매지 않을 자유가 속하는 보호영역 및 과잉금지원칙 위반 여부)**(헌재 2003.10.30. 2002헌마518)
> 좌석안전띠를 매지 않을 자유는 헌법 제10조의 행복추구권에서 나오는 일반적 행동자유권의 보호영역에 속한다. 이 사건 심판대상조항들은 운전할 때 좌석안전띠를 매야 할 의

---

12) 휴식권은 헌법상 명문의 규정은 없으나 포괄적 기본권인 행복추구권의 한 내용으로 볼 수 있을 것이다(헌재 2001.9.27. 2000헌마159).

13) 헌법이 보장하는 인간의 존엄성 및 행복추구권은 국가의 교육권한과 부모의 교육권의 범주 내에서 아동에게도 자신의 교육환경에 관하여 스스로 결정할 권리, 그리고 자유롭게 문화를 향유할 권리를 부여한다고 할 것이다(헌재 2004.5.27. 2003헌가1 등).

14) 청구인은 부모의 분묘를 가꾸고 봉제사를 하고자 하는 권리를 제한당한다고 할 수 있다. 청구인은 이러한 권리가 헌법 제34조의 사회보장권이라고 하나 이는 헌법 제10조의 행복추구권의 한 내용으로 봄이 타당하다(헌재 2009.9.24. 2007헌마872).

무를 지우고 이에 위반했을 때 범칙금을 부과하고 있으므로 청구인의 일반적 행동의 자유에 대한 제한이 존재한다. … 도로에서 좌석안전띠를 매지 않고 운전할 자유는 다른 영역에서 이루어지는 위험한 스포츠를 즐기는 행위 등과 똑같게 평가될 수 없다 … 운전자의 좌석안전띠착용을 의무화하고 이를 어겼을 때 범칙금을 부과하는 것은 청구인의 일반적 행동자유권을 헌법 제37조 제2항의 비례의 원칙에 위반되어 과도하게 침해하지 않는다 할 것으로 침해의 최소성요건을 준수하였다 할 것이다.

**계약의 자유의 근거 및 내용**(헌재 2006.7.27. 2005헌바19)

헌법 제10조는 행복을 추구할 권리를 보장하고 있는바, 여기의 행복추구권 속에는 일반적 행동자유권이 들어있고, 이 일반적 행동자유권으로부터 계약의 자유가 파생된다. 계약의 자유란 계약체결의 여부, 계약의 상대방, 계약의 방식과 내용 등을 당사자의 자유로운 의사로 결정하는 자유를 말한다.

### (2) 개성의 자유로운 발현권

헌법재판소는 개성의 자유로운 발현권을 일반적 행동자유권과 함께 행복추구권의 내용으로 거론한다.

**지역 방언 사용이 일반적 행동의 자유 내지 개성의 자유로운 발현권의 내용이 되는지 여부**(헌재 2009.5.28. 2006헌마618)

지역 방언을 자신의 언어로 선택하여 공적 또는 사적인 의사소통과 교육의 수단으로 사용하는 것은 행복추구권에서 파생되는 일반적 행동의 자유 내지 개성의 자유로운 발현의 한 내용이 된다 할 것이다

### (3) 자기결정권

#### 1) 행복추구권과 자기결정권

자기결정권은 개인이 일정한 사안에 대하여 국가의 간섭 없이 스스로 결정할 수 있는 권리를 말한다. 헌법재판소는 행복추구권의 내용으로 자기결정권을 들고 있다. 행복추구권에는 자기운명결정권이 전제되는 것이고, 이 자기운명결정권에는 성적자기결정권이 포함되는 것이므로 인격권과 행복추구권을 규정한 헌법 제10조가 자기결정권의 근거가 된다고 결정하였다. 그 밖에도 헌법재판소는 행복추구권에 포함되는 자기결정권의 유형으로 연명치료 중단에 관한 자기결정권, 소비자의 자기결정권(헌재 1996.12.26. 96헌가18) 등을 들고 있다

**성적자기결정권이 자기운명결정권에 포함되는지 여부**(헌재 2009.11.26. 2008헌바58 등)

개인의 인격권·행복추구권에는 개인의 자기운명결정권이 전제되는 것이고, 이 자기운명결정권에는 성행위 여부 및 그 상대방을 결정할 수 있는 성적자기결정권이 포함되어 있다.

**연명치료 중단에 관한 자기결정권의 헌법적 근거 및 보장방법**(헌재 2009.11.26. 2008헌마385)
생명과 직결되는 치료행위라 할 수 있는 연명치료의 중단은 생명권 주체인 환자 본인의 의사를 떠나서 그 정당성을 찾을 수 없기 때문에 여기서 '무의미한 연명치료를 중단하고 자연스럽게 죽음을 맞이할 이익'은 헌법 제10조에 근거를 둔 자기운명결정권의 한 내용으로서 '연명치료 중단에 관한 자기결정권'으로 포섭될 수 있을 것이다. … 환자가 장차 죽음에 임박한 상태에 이를 경우에 대비하여 미리 의료인 등에게 연명치료 거부 또는 중단에 관한 의사를 밝히는 등의 방법으로 죽음에 임박한 상태에서 인간으로서의 존엄과 가치를 지키기 위하여 연명치료의 거부 또는 중단을 결정할 수 있다 할 것이고, 위 결정은 헌법상 기본권인 자기결정권의 한 내용으로서 보장된다 할 것이다. … '연명치료 중단에 관한 자기결정권[15])'을 보장하는 방법으로서 '법원의 재판을 통한 규범의 제시'와 '입법' 중 어느 것이 바람직한가는 입법정책의 문제로서 국회의 재량에 속한다 할 것이다. … '연명치료 중단에 관한 자기결정권'을 보장하기 위해 반드시 입법이 필요한 것은 아니다.

2) 그 밖의 자기결정권

행복추구권의 보호영역 외에도 기본권의 하나로서 자기결정권을 찾을 수 있다. 개인정보자기결정권, 배아에 대한 결정권 등이 그것이다. 개인정보자기결정권은 헌법 제10조에서 도출되는 일반적 인격권 및 헌법 제17조의 사생활의 비밀과 자유에 의하여 보장된다고 보거나, 굳이 그 헌법적 근거를 어느 하나에 국한하지 않고 독자적으로 보장되는 기본권으로 이해하고 있다. 배아생성자의 배아에 대한 결정권은 헌법 제10조의 일반적 인격권에 그 근거를 두고 있다.

**개인정보 자기결정권의 헌법적 근거 및 의의**(헌재 2010.5.27. 2008헌마663)
개인정보 자기결정권은 자신에 관한 정보가 언제 누구에게 어느 범위까지 알려지고 또 이용되도록 할 것인지를 그 정보주체가 스스로 결정할 수 있는 권리이다. … 개인정보 자기결정권의 헌법상 근거로는 헌법 제17조의 사생활의 비밀과 자유, 헌법 제10조 제1문의 인간의 존엄과 가치 및 행복추구권에 근거를 둔 일반적 인격권 또는 위 조문들과 동시에 우리 헌법의 자유민주적 기본질서 규정 또는 국민주권원리와 민주주의원리 등을 고려할 수 있으나, 개인정보 자기결정권으로 보호하려는 내용을 위 각 기본권들 및 헌법원리들 중 일부에 완전히 포섭시키는 것은 불가능하다고 할 것이므로, 그 헌법적 근거를 굳이 어느 한두 개에 국한시키는 것은 바람직하지 않은 것으로 보이고, 오히려 개인정보 자기결정권은 이들을 이념적 기초로 하는 독자적 기본권으로서 헌법에 명시되지 아니한 기본권이라고 보아야 할 것이다.

**배아생성자의 배아에 대한 결정권의 헌법상 권리 인정 여부**(헌재 2010.5.27. 2005헌마346)
배아생성자의 배아에 대한 결정권은 헌법상 명문으로 규정되어 있지는 아니하지만, 헌법 제10조로부터 도출되는 일반적 인격권의 한 유형으로서의 헌법상 권리라 할 것이다.

---

15) 법률제정: 호스피스·완화의료 및 임종과정에 있는 환자의 연명의료결정에 관한 법률(약칭: 연명의료결정법) [시행 2020. 4. 7.] [법률 제17218호, 2020. 4. 7., 일부개정]

3) 자기결정권과 자기책임의 원리

행복추구권에서 파생되는 자기결정권은 책임감 있는 사람의 자기 운명에 대한 결정·선택은 존중하되 그에 대한 책임을 스스로 부담함을 전제로 한다. 이를 자기책임의 원리라고 하며, 자기책임의 원리는 자기결정권의 한계논리로 기능한다(헌재 2013.5.30. 2011헌바360 등). 헌법재판소는 자기책임의 원리를 민사법이나 형사법에 국한된 원리로서가 아니라 근대법의 기본이념으로 법치국가의 원리에 내재하는 기본원칙인 동시에 인간의 존엄과 가치 및 자유로운 행동을 보장하는 헌법 제10조에서 도출된다고 한다(헌재 2010.7.29. 2009헌바218).

**자기책임의 원리의 의의 및 근거**(헌재 2010.7.29. 2009헌바218)

자기책임의 원리는 자기결정권의 한계논리로서 책임부담의 근거로 기능하는 동시에 자기가 결정하지 않은 것이나 결정할 수 없는 것에 대하여는 책임을 지지 않는다는 것으로서, 법치국가의 원리에 내재하는 기본원칙인 동시에 인간의 존엄과 가치 및 자유로운 행동을 보장하는 헌법 제10조에서 도출되는 것이다.

**공직선거법 제265조의 자기책임의 원리와 헌법 제13조 제3항의 연좌제금지원칙 위반 여부**(헌재 2011.9.29. 2010헌마68)

헌법 제10조가 정하고 있는 행복추구권에서 파생되는 자기결정권 내지 일반적 행동자유권은 이성적이고 책임감 있는 사람의 자기 운명에 대한 결정·선택을 존중하되 그에 대한 책임은 스스로 부담함을 전제로 한다. 자기책임의 원리는 이와 같이 자기결정권의 한계논리로서 책임부담의 근거로 기능하는 동시에 자기가 결정하지 않은 것이나 결정할 수 없는 것에 대하여는 책임을 지지 않고 책임부담의 범위도 스스로 결정한 결과 내지 그와 상관관계가 있는 부분에 국한됨을 의미하는 책임의 한정원리로 기능한다. 이러한 자기책임의 원리는 인간의 자유와 유책성, 그리고 인간의 존엄성을 진지하게 반영한 원리로서 그것이 비단 민사법이나 형사법에 국한된 원리라기보다는 근대법의 기본이념으로서 법치주의에 당연히 내재하는 원리로 볼 것이고, 헌법 제13조 제3항은 그 한 표현에 해당하는 것으로서 자기책임의 원리에 반하는 제재는 그 자체로서 헌법위반을 구성한다. 따라서 이 사건 법률조항(공직선거법 제265조)에서 배우자의 범죄 및 형 선고를 요건으로 후보자의 당선을 무효로 하는 것이 자기책임원리에 반하는 것인가의 문제는 자기책임원리의 특수한 형태인 헌법 제13조 제3항의 친족의 행위로 인한 불이익 처우의 금지 원칙에 위배되는지 여부로 귀결된다.

## 제2절 평등권

## I. 평등권의 의의

### 1. 평등권과 평등원칙

헌법 제11조에서는 평등원칙을 정하고 있다. 헌법 제11조 제1항은 "모든 국민은 법 앞에 평등하다. 누구든지 성별·종교 또는 사회적 신분에 의하여 정치적·경제적·사회적·문화적 생활의 모든 영역에 있어서 차별을 받지 아니한다."고 규정하고 있다. 제2항에서는 "사회적 특수계급의 제도는 인정되지 아니하며, 어떤 형태로도 이를 창설할 수 없다."라고 규정하고 있으며, 제3항에서는 "훈장 등의 영전은 이를 받은 자에게만 효력이 있고, 어떠한 특권도 이에 따르지 아니한다."고 규정하고 있다.

헌법 제11조는 평등권이라는 규범형식을 취하고 있지 않지만 평등원칙 외에 평등권이라는 기본권을 보장하고 있는 조항이다.

> **평등의 원칙의 의의**(헌재 2011.10.25. 2010헌마661)
> 평등의 원칙은 국민의 기본권 보장에 관한 우리 헌법의 최고원리로서 국가가 입법을 하거나 법을 해석 및 집행함에 있어 따라야 할 기준인 동시에, 국가에 대하여 합리적 이유 없이 불평등한 대우를 하지 말 것과, 평등한 대우를 요구할 수 있는 국민의 권리이다.

### 2. 평등권의 규범적 의미

(1) 상대적 평등

평등원칙은 본질적으로 같은 것은 같게, 본질적으로 다른 것은 다르게 취급할 것을 요구하는 것으로, 본질적으로 같은 것을 자의적으로 다르게, 본질적으로 다른 것을 자의적으로 같게 취급하는 것을 금하는 것이다(헌재 2011.10.25. 2010헌바134). 이러한 평등은 일체의 차별적 대우를 부정하는 절대적 평등을 의미하는 것이 아니라 합리적인 근거가 없는 차별을 배제하는 상대적 평등을 의미한다. 따라서 합리적 근거가 있는 차별은 평등의 원칙에 반하는 것이 아니다.

> **헌법상 평등원칙과 합리적 이유 없는 차별의 의미**(헌재 2013.11.28. 2011헌바168)
> 헌법상 평등원칙은 본질적으로 같은 것은 같게, 본질적으로 다른 것은 다르게 취급할 것을 요구하나, 이는 일체의 차별적 대우를 부정하는 절대적 평등을 의미하는 것이 아니라, 입법과 법의 적용에 있어서 합리적인 근거가 없는 차별을 배제하는 상대적 평등을 뜻하므로, 합리적 근거가 있는 차별은 평등원칙에 반하는 것이 아니다. 여기서 합리적 이유 없는 차별이란 본질적으로 같은 것을 자의적으로 다르게 취급하는 것을 말하는데, 비교되는 두 사실관계가 본질적으로 같은 것인지 여부는 일반적으로 당해 법률조항의 의미와 목적에 비추어 판단하여야 한다.

(2) 법 내용상의 평등

'법 앞에 평등'의 의미는 행정부나 사법부에 의한 법적용상의 평등을 뜻하는 것 외에도 입법권자에게 합헌적으로 법률을 제정하도록 하는 것을 명령하는 법 내용상의 평등까지도 포함한다.

> 법 앞의 평등원칙의 의미(헌재 1995.10.26. 93헌마246)
> 우리 헌법이 선언하고 있는 "법 앞의 평등"원칙은 행정부나 사법부에 의한 법적용상의 평등만을 의미하는 것이 아니고, 입법권자에게 정의와 형평의 원칙에 합당하게 합헌적으로 법률을 제정하도록 하는 것을 명하는 법내용상의 평등을 의미하고 있기 때문에 그 입법내용이 정의와 형평에 반하거나 자의적으로 이루어진 경우에는 평등권 등의 기본권을 본질적으로 침해한 입법권의 행사로서 위헌성을 면하기 어렵다고 할 것이다.

## Ⅱ. 평등심사기준

평등권 위반 여부를 심사하기 위해서는 비교집단을 구분하고, 비교기준에 의한 차별성이 존재하는지의 여부를 검토하여 차별성이 긍정된다면 차별의 정당성을 심사하는 단계를 거친다.

### 1. 비교집단의 구분

평등원칙의 위반을 인정하기 위해서는 우선 법적용과 관련하여 상호 배타적인 '두 개의 비교집단'을 일정한 기준에 따라서 구분할 수 있어야 한다(헌재 2013.10.24. 2012헌바278).

> 일반직공무원을 경찰공무원의 비교집단으로 볼 수 있는지 여부(헌재 2014.1.28. 2012헌마267)
> 일반직공무원은 기술·연구 또는 행정 일반 업무를 담당하는 공무원으로 그 업무의 성격, 위험성 및 직무의 곤란 정도가 경찰공무원과 유사하다고 볼 수 없어 그 보수와 관련하여 의미 있는 비교집단으로 보기 어려우므로, 공공의 안전을 보호하기 위한 업무로서 위험성, 긴급성, 강제성 등의 면에서 경찰공무원과 유사한 공안직공무원과의 차별의 위헌성 여부에 대해서만 판단하기로 한다.

### 2. 차별성의 존재

(1) 비교기준(차별기준)

헌법 제11조에서는 비교기준으로 성별·종교 또는 사회적 신분을 규정하고 있는데, 성별·종교 또는 사회적 신분은 예시적 규정으로 볼 수 있다.

사회적 신분의 의미와 관련하여 선천적 신분설과 후천적 신분설이 대립한다. ① 선천적 신분설은 출생으로 고정되는 사회적 지위를 사회적 신분이라고 보는 입장이며, ② 후천적 신분설은 선천적 신분 외에 후천적으로 사회에서 장기간 점하는 지위도 사회적 신분으로 보는 입장이다. 헌법재판소는 후천적 신분설을 취한다.

> 전과자의 사회적 신분 해당 여부 및 누범에 대한 가중처벌의 헌법상 평등 원칙 위배 여부(헌재 1995.2.23. 93헌바43; 헌재 2002.10.31. 2001헌바68)
> 사회적 신분이란 사회에서 장기간 점하는 지위로서 일정한 사회적 평가를 수반하는 것을 의미한다 할 것이므로 전과자도 사회적 신분에 해당된다고 할 것이며 누범을 가중처벌하는 것이 전과자라는 사회적 신분을 이유로 차별대우를 하는 것이 되어 헌법상의 평등의 원칙에 위배되는 것이 아닌가 하는 의문이 생길 수 있으므로 이에 대하여 살펴본다. … 누범을 가중처벌하는 것은 … 합리적 근거 있는 차별이어서 헌법상의 평등의 원칙에 위배되지 아니한다고 할 것이다.

(2) 차별성 인정 여부

입법 등의 조치가 비교집단 간에 비교기준에 의하여 차별을 하고 있는 경우 차별성을 인정할 수 있다. 같은 집단을 달리 취급한다거나 다른 집단을 같이 취급하는 경우 차별성이 존재한다.

### 3. 차별의 정당성심사

평등권 위반 여부를 심사하는 기준은 자의금지심사와 비례성심사가 있다. 평등권의 침해 여부에 대한 헌법재판소의 통상의 심사기준은 입법과 법의 적용에 있어서 합리적인 근거가 없는 자의적 차별이 있는지 여부이다(헌재 2003.9.25. 2003헌마30). 다만 헌법에서 특별히 평등을 요구하거나 기본권과 관련된 차별을 가져오는 경우 엄격한 비례성 심사를 한다.

> 평등원칙 위반 여부에 대한 심사기준(헌재 2011.10.25. 2010헌마661)
> 평등원칙 위반 여부를 심사함에 있어 엄격한 심사척도(비례의 원칙)에 의할 것인지, 완화된 심사척도(자의금지원칙)에 의할 것인지는 입법자에게 인정되는 입법형성권의 정도에 따라 다르게 될 것이다. 먼저 헌법에서 특별히 평등을 요구하고 있는 경우나, 차별적 취급으로 인하여 관련 기본권에 대한 중대한 제한을 초래하게 되는 경우에는 입법형성권은 축소되어 보다 엄격한 심사척도가 적용되어야 할 것이다. 여기서 엄격한 심사를 한다는 것은 자의금지원칙에 따른 심사, 즉 합리적 이유의 유무를 심사하는 것에 그치지 아니하고 비례성원칙에 따른 심사, 즉 차별취급의 목적과 수단 간에 엄격한 비례관계가 성립하는지를 기준으로 한 심사를 행함을 의미한다. 그러나 헌법에서 특별히 평등을 요구하고 있는 경우나 차별적 취급으로 인하여 관련 기본권에 중대한 제한을 초래하는 경우 이외에는 완화된 심사척도인 자의금지원칙에 의하여 심사하면 족하다.

(1) 자의금지심사

자의금지심사는 차별취급이 합리적 이유가 있는지의 여부를 심사하는 완화된 심사를 말한다. 일반적으로 헌법재판소의 심사기준이 되는 평등원칙은 자의적인 입법의 금지를 의미한다. 그러므로 헌법재판소는 입법자의 결정에서 차별을 정당화할 수 있는 합리적인 이유를 찾아볼 수 없는 때에만 평등원칙의 위반을 선언하게 된다(헌재 2007.5.31. 2006헌바49).

**자의금지원칙 위반 여부 심사시 검토 사항**(헌재 2013.9.26. 2012헌바259)
어느 법률조항이 평등원칙에 반하는 자의적 입법인지를 구체적으로 심사함에 있어서는 ① 우선 그 조항이 본질적으로 동일한 집단을 다르게 취급하고 있는가 하는 차별취급의 존재 여부와 ② 그러한 차별취급이 자의적인가의 여부가 문제된다. ①의 기준과 관련하여 두 개의 비교집단이 본질적으로 동일한지의 여부에 대한 판단은 일반적으로 관련 헌법규정 및 당해 법규정의 의미와 목적의 해석에 달려 있으며, ②의 기준과 관련하여 차별취급의 자의성은 합리적인 이유가 결여된 것을 의미한다.

**공무원 보수를 차별취급하는 시행령조항의 평등원칙 위반 여부 심사시 적용되는 심사기준**(헌재 2014.1.28. 2012헌마267)
평등권 위반 여부의 심사에 있어서 엄격심사에 의할 것인지, 완화된 심사에 의할 것인지는 입법자 내지 입법의 위임을 받은 행정부에게 인정되는 형성의 자유 정도에 따라 달라지는데, 공무원의 보수에 있어서의 차별취급은 헌법에서 특별히 평등을 요구하는 경우에 해당한다고 볼 수 없고 공무원 보수의 구체적 내용에 관하여는 광범위한 입법 재량이 부여되므로, 이 사건 시행령조항에 대한 평등심사는 완화된 심사기준인 자의금지원칙을 적용함이 타당하다.

(2) 비례성심사

평등원칙 위반 여부를 심사함에 있어 엄격한 심사척도(비례의 원칙)에 의할 것인지, 완화된 심사척도(자의금지원칙)에 의할 것인지는 입법자에게 인정되는 입법형성권의 정도에 따라 다르다. 헌법에서 특별히 평등을 요구하고 있는 경우나, 차별적 취급으로 인하여 관련 기본권에 대한 중대한 제한을 초래하게 되는 경우에는 입법형성권은 축소되어 보다 엄격한 심사척도가 적용된다. 엄격한 심사를 한다는 것은 자의금지원칙에 따른 심사, 즉 합리적 이유의 유무를 심사하는 것에 그치지 아니하고 비례성원칙에 따른 심사, 즉 차별취급의 목적과 수단 간에 엄격한 비례관계가 성립하는지를 기준으로 한 심사를 행함을 의미한다(헌재 1999.12.23. 98헌마363). 구체적으로 헌재 2008.11.27. 2006헌마352 사건에서는 차별목적과 수단의 비례성 심사를, 헌재 2001.2.22. 2000헌마25 사건에서는 입법목적의 정당성, 차별대우의 적합성, 차별대우의 필요성, 법익의 균형성의 심사를, 헌재 1999.12.23. 98헌마363 사건과 헌재 2003.3.27. 2002헌마573 사건에서는 입법목적 정당성, 차별취급의 적합성, 차별취급의 비례성 등을 심사한 바 있다.

1) 헌법에서 특별히 평등을 요구하는 경우

헌법에서 특별히 평등을 요구하고 있는 경우 엄격한 심사척도가 적용될 수 있다. 헌법이 스스로 차별의 근거로 삼아서는 아니 되는 기준을 제시하거나 차별을 특히 금지하고 있는 영역을 제시하고 있다면 그러한 기준을 근거로 한 차별이나 그러한 영역에서의 차별에 대하여 엄격하게 심사하는 것이 정당화된다(헌재 2002.4.25. 98헌마425 등).

**가산점제도에 대한 평등원칙 위반 여부 심사시 적용되는 심사기준**(헌재 1999.12.23. 98헌마363)

가산점제도는 엄격한 심사척도를 적용하여야 하는 위 두 경우에 모두 해당한다. 헌법 제32조 제4항은 "여자의 근로는 특별한 보호를 받으며, 고용·임금 및 근로조건에 있어서 부당한 차별을 받지 아니한다"고 규정하여 "근로" 내지 "고용"의 영역에 있어서 특별히 남녀평등을 요구하고 있는데, 가산점제도는 바로 이 영역에서 남성과 여성을 달리 취급하는 제도이기 때문이고, 또한 가산점제도는 헌법 제25조에 의하여 보장된 공무담임권이라는 기본권의 행사에 중대한 제약을 초래하는 것이기 때문이다.

**친일반민족 행위자의 후손에 대한 차별의 평등권 침해 여부 심사시 적용되는 심사기준**(헌재 2011.3.31. 2008헌바141 등)

사회적 신분에 대한 차별금지는 헌법 제11조 제1항 후문에서 예시된 것인데, 헌법 제11조 제1항 후문의 규정은 불합리한 차별의 금지에 초점이 있는 것으로서, 예시한 사유가 있는 경우에 절대적으로 차별을 금지할 것을 요구함으로써 입법자에게 인정되는 입법형성권을 제한하는 것은 아니다. 그렇다면 친일반민족행위자의 후손이라는 점이 헌법 제11조 제1항 후문의 사회적 신분에 해당한다 할지라도 이것만으로는 헌법에서 특별히 평등을 요구하고 있는 경우라고 할 수 없고, 아래와 같이 친일재산의 국가귀속은 연좌제금지원칙이 적용되는 경우라고 볼 수도 없으며 그 외 달리 친일반민족행위자의 후손을 특별히 평등하게 취급하도록 규정한 헌법 규정이 없는 이상, 친일반민족 행위자의 후손에 대한 차별은 평등권 침해 여부의 심사에서 엄격한 기준을 적용해야 하는 경우라 볼 수 없다.

**병역법 제3조 제1항의 평등권 침해 여부 심사시 적용되는 심사기준**(헌재 2010.11.25. 2006헌마328; 헌재 2014.2.27. 2011헌마825)

이 사건 법률조항은 '성별'을 기준으로 병역의무를 달리 부과하도록 한 규정이고, 이는 헌법 제11조 제1항 후문이 예시하는 사유에 기한 차별임은 분명하다. 그러나 헌법 제11조 제1항 후문의 위와 같은 규정은 불합리한 차별의 금지에 초점이 있고, 예시한 사유가 있는 경우에 절대적으로 차별을 금지할 것을 요구함으로써 입법자에게 인정되는 입법형성권을 제한하는 것은 아니다. '성별'의 경우를 살펴보면, 성별은 개인이 자유로이 선택할 수 없고 변경하기 어려운 생래적인 특징으로서 개인의 인간으로서의 존엄과 가치에 영향을 미치는 요소는 아니다. 그럼에도 불구하고 역사적으로 매우 오랜 기간 동안 대표적인 차별가능사유로서 정당화되어 왔기 때문에, 불합리한 차별을 극복해야 할 절실한 필요에 의하여 우리 헌법이 이를 차별금지의 사유로 예시하기에 이른 것이다. 그러나 이와 같은 헌법규정이 남성과 여성의 차이, 예컨대 임신이나 출산과 관련된 신체적 차이 등을 이유로 한 차별취급까지 금지하는 것은 아니며, 성별에 의한 차별취급이 곧바로 위헌의 강한 의심을 일으키는 사례군으로서 언제나 엄격한 심사를 요구하는 것이라고 단정짓기는 어렵다. 우리 헌법은 '근로', '혼인과 가족생활' 등 인간의 활동의 주요부분을 차지하는 영역으로서 성별에 의한 불합리한 차별적 취급을 엄격하게 통제할 필요가 있는 영역에 대하여는 양성평등 보호규정(제32조 제4항, 제36조 제1항)을 별도로 두고 있으며, 헌법재판소는 위와 같이 헌법이 특별히 양성평등을 요구하는 경우에는 엄격한 심사기준을 적용하여 왔으나, 이 사건 법률조항은 그에 해당한다고 보기 어렵다.

2) 관련 기본권에 중대한 제한을 초래하게 되는 경우

　차별적 취급으로 인하여 관련 기본권에 대한 중대한 제한을 초래하게 된다면 입법형성권은 축소되어 보다 엄격한 심사척도가 적용된다. 다만 헌법재판소는 기본권에 대한 제한인 경우 중대성 여부와 관계없이 엄격한 심사척도가 적용될 수 있다고 결정한 예도 있다(헌재 2003.9.25. 2003헌마30).[16]

**국가유공자 등에 대한 가산점제도의 평등권 침해 여부 심사시 적용되는 심사기준**(헌재 2001.2.22. 2000헌마25)

　이 사건의 경우는 위 결정에서 비례심사를 하여야 할 첫 번째 경우인 헌법에서 특별히 평등을 요구하고 있는 경우에는 해당하지 아니한다. 왜냐하면, 헌법 제32조 제6항은 "국가유공자·상이군경 및 전몰군경의 유가족은 법률이 정하는 바에 의하여 우선적으로 근로의 기회를 부여받는다"라고 규정함으로써, 국가유공자 등에 대하여 근로의 기회에 있어서 평등을 요구하는 것이 아니라 오히려 차별대우(우대)를 할 것을 명령하고 있기 때문이다. 그렇다면 이 사건 가산점제도의 경우와 같이 입법자가 국가유공자와 그 유족 등에 대하여 우선적으로 근로의 기회를 부여하기 위한 입법을 한다고 하여도 이는 헌법에 근거를 둔 것으로서, 이러한 경우에는 입법자는 상당한 정도의 입법형성권을 갖는다고 보아야 하기 때문에, 이에 대하여 비례심사와 같은 엄격심사를 적용하는 것은 적당하지 않은 것으로 볼 여지가 있다. 그러나 이 사건의 경우는 비교집단이 일정한 생활영역에서 경쟁관계에 있는 경우로서 국가유공자와 그 유족 등에게 가산점의 혜택을 부여하는 것은 그 이외의 자들에게는 공무담임권 또는 직업선택의 자유에 대한 중대한 침해를 의미하게 되는 관계에 있기 때문에, 헌법재판소의 위 결정에서 비례의 원칙에 따른 심사를 하여야 할 두 번째 경우인 차별적 취급으로 인하여 관련 기본권에 대한 중대한 제한을 초래하게 되는 경우에는 해당한다고 할 것이다. 따라서 자의심사에 그치는 것은 적절치 아니하고 원칙적으로 비례심사를 하여야 할 것이나, 구체적인 비례심사의 과정에서는 헌법에서 차별명령 규정을 두고 있는 점을 고려하여 보다 완화된 기준을 적용하여야 할 것이다.

**국가유공자 본인이 아닌 가족에 대한 가산점제도의 평등권 침해 여부 심사시 적용되는 심사기준**
(헌재 2006.2.23. 2004헌마675 등)

　이 사건 조항은 일반 응시자들의 공직취임의 기회를 차별하는 것이며, 이러한 기본권 행사에 있어서의 차별은 차별목적과 수단 간에 비례성을 갖추어야만 헌법적으로 정당화될

---

16) 입법자가 설정한 차별이 국민들 간에 단순한 이해관계의 차별을 넘어서서 기본권에 관련된 차별을 가져온다면 헌법재판소는 그러한 차별에 대해서는 자의금지 내지 합리성 심사를 넘어서 목적과 수단 간의 엄격한 비례성이 준수되었는지를 심사하여야 할 것이다. … 헌법재판소는 제대군인 가산점 사건에서 "차별적 취급으로 인하여 관련 기본권에 대한 중대한 제한을 초래하게 된다면 입법형성권은 축소되어 보다 엄격한 심사척도가 적용되어야 할 것이다."고 한 바 있는데, 이러한 판시는 차별적 취급으로 인하여 기본권에 중대한 제한을 초래할수록 보다 엄격한 심사척도가 적용되어야 한다는 취지이며, 기본권에 대한 제한이기는 하나 중대하지 않은 경우에는 엄격한 심사척도가 적용되지 않는다는 취지는 아니라고 볼 것이다(헌재 2003.9.25. 2003헌마30).

수 있다. 종전 결정은 국가유공자와 그 가족에 대한 가산점제도는 모두 헌법 제32조 제6항에 근거를 두고 있으므로 평등권 침해 여부에 관하여 보다 완화된 기준을 적용한 비례심사를 하였으나, 국가유공자 본인의 경우는 별론으로 하고, 그 가족의 경우는 위에서 본 바와 같이 헌법 제32조 제6항이 가산점제도의 근거라고 볼 수 없으므로[17] 그러한 완화된 심사는 부적절한 것이다.

**방송광고 판매대행 제한의 평등권 침해 여부 심사시 적용되는 심사기준**(헌재 2008.11.27. 2006헌마352)
이 사건 규정은 한국방송광고공사나 이로부터 출자를 받은 민영 방송광고 판매대행 사업자가 아니면 지상파 방송사업자에 방송광고 판매대행을 전혀 할 수 없도록 하여 일반 민영 방송광고 판매대행 사업자의 직업수행의 자유에 중대한 제한을 초래하고 있다. 따라서 이 사건 평등권 위반 여부 심사에 있어서는 엄격한 비례심사가 적용되어야 할 것이다.

## Ⅲ. 특권제도의 금지

### 1. 사회적 특수계급 금지

헌법 제11조 제2항에 의하면 사회적 특수계급은 인정되지 않으며, 어떠한 형태로든 이를 창설할 수 없다. 사회적 특수계급은 신분계급을 의미한다(헌재 2011.3.31. 2008헌바141 등). 사회적 특수계급은 귀족제도, 노예제도, 조선시대의 반상제도와 같은 과거의 봉건적 신분제도뿐만 아니라 신분계급을 창설하는 모든 형태의 계급을 말하는 것으로, 친일반민족행위결정은 특수계급을 인정하거나 창설한 것으로 볼 수 없다(헌재 2011.3.31. 2008헌바111).

헌법 제32조 제6항에서는 국가유공자 등에게 우선적 근로의 기회를 제공할 국가의 의무를 명시하고 있다. 이 규정은 사회적 특수계급을 창설하지 않는 범위 내에서 국가유공자 등을 예우할 포괄적 의무를 지우는 조항으로 이해할 수 있다(헌재 2008.10.30. 2006헌바35).

### 2. 영전일대의 원칙

헌법 제11조 제3항에서는 훈장 등의 영전은 이를 받은 자에게만 효력이 있고, 어떠한 특권도 이에 따르지 않는다고 규정하고 있다.

독립유공자나 그 유족에게 국가 보은적 견지에서 서훈의 등급에 따라 부가연금을 차등지급하는 것은 영전일대의 원칙을 규정한 헌법조항에 위배된다고 할 수 없다(헌재 1997.6.26. 94헌마52).

---

[17] 종전 결정에서 헌법재판소는 헌법 제32조 제6항의 "국가유공자·상이군경 및 전몰군경의 유가족은 법률이 정하는 바에 의하여 우선적으로 근로의 기회를 부여받는다."는 규정을 넓게 해석하여, 이 조항이 국가유공자 본인뿐만 아니라 가족들에 대한 취업보호제도(가산점)의 근거가 될 수 있다고 보았다. 그러나 … 위 조항은 엄격하게 해석할 필요가 있다. 이러한 관점에서 위 조항의 대상자는 조문의 문리해석대로 "국가유공자", "상이군경", 그리고 "전몰군경의 유가족"이라고 봄이 상당하다.

## Ⅳ. 적극적 평등실현조치

적극적 평등실현조치란 역사적으로 차별을 받아 온 특정집단에게 차별로 인한 불이익을 보상해 주기 위하여 그 집단의 구성원에게 취업·입학 등 사회적 이익을 직접 또는 간접적으로 부여하는 것을 말한다. 적극적 평등실현조치는 기회의 평등보다는 결과의 평등이나 실질적 평등을 추구하는 정책이고 개인보다는 집단에 초점을 맞춘 개념이며, 잠정적 우대조치이므로 항구적인 것이 아니라 목적을 달성하게 되면 종료하게 된다.

> **적극적 평등 실현 목적이라고 인정되지 않은 경우(이화여대 로스쿨 사건)**(헌재 2013.5.30. 2009헌마514)
> 청구인 엄○모는 평등권 및 균등하게 교육받을 권리의 침해도 주장하고 있으나, 이 사건 인가처분은 남성에 대한 차별이나 여성에 대한 적극적 평등 실현의 목적으로 이루어진 것이 아니며, 이 사건 인가처분으로 인하여 청구인 엄○모는 이화여자대학교 법학전문대학원에 입학하는 것이 제한될 뿐이지 그 이외의 법학전문대학원에 입학하는 것이 제한되는 것은 아니고, 결국 그로 인한 불이익은 남성이 여성에 비하여 전체 법학전문대학원에 입학할 가능성이 줄어든다는 것이어서, 이에 대한 판단은 청구인 엄○모의 직업선택의 자유가 침해되는지 여부에 대한 판단과 중복된다.

> **적극적 평등실현조치인 서울대학교의 농·어촌학생특별전형 지원자격 확대의 균등하게 교육을 받을 권리 및 평등권 침해 여부**(헌재 2008.9.25. 2008헌마456)
> 실질적인 평등교육을 실현해야 할 국가의 적극적인 의무가 인정된다고 하여 이로부터 국민이 직접 실질적 평등교육을 위한 교육비를 청구할 권리가 도출된다고 볼 수 없고 … 헌법 제31조 제1항에 의하여 모든 국민에게 균등한 교육을 받게 하고 특히 경제적 약자가 실질적인 평등교육을 받을 수 있도록 적극적 정책을 실현해야 하는 국가의 적극적인 의무가 인정된다고 하더라도, 그로부터 농·어촌학생특별전형과 같은 특정한 대학입시제도에 있어서 자신의 교육시설 참여 기회가 축소될 수도 있다는 우려로 인하여 타인의 교육시설 참여 기회를 제한할 것을 청구할 수 있는 권리가 도출된다거나, 자신의 교육시설 참여 기회가 축소될 수 있음을 이유로 지원 자격을 확대하지 않도록 요구하는 것이 본래 균등한 취학기회 보장을 목표로 하는 교육을 받을 권리의 내용이라고 볼 수는 없다.

> **적극적 평등실현조치인 시각장애인 안마제도의 직업선택의 자유 침해 여부**(헌재 2013.6.27. 2011헌가39 등)
> 시각장애인 안마사제도는 생활전반에 걸쳐 시각장애인에게 가해진 유·무형의 사회적 차별을 보상해 주고 실질적인 평등을 이룰 수 있는 수단이며, … 비시각장애인을 시각장애인에 비하여 비례의 원칙에 반하여 차별하는 것이라고 할 수 없을 뿐 아니라, 비시각장애인의 직업선택의 자유를 과도하게 침해하여 헌법에 위반된다고 보기도 어렵다.

> **종교의 자유에 종교에 대한 적극적 우대조치 요구권 포함 여부**(헌재 2010.2.25. 2007헌바131 등)
> 종교의 자유에서 종교에 대한 적극적인 우대조치를 요구할 권리가 직접 도출되거나 우대할 국가의 의무가 발생하지 아니한다.

# 03 자유권적 기본권

## 제1절 신체의 자유

### I. 생명권

#### 1. 생명권의 의의 및 헌법적 근거

① 생명권은 헌법에서 명문으로 규정하고 있지는 않지만, 모든 기본권의 전제로서 기능하는 기본권 중의 기본권이다. 따라서 인간의 생명권은 최대한 존중되어야 하고, 국가는 헌법상 용인될 수 있는 정당한 사유 없이 생명권을 박탈하는 내용의 입법 등을 하여서는 아니될 뿐만 아니라, 사인의 범죄행위로 인해 일반국민의 생명권이 박탈되는 것을 방지할 수 있는 입법 등을 함으로써 국민의 생명권을 최대한 보호할 의무가 있다(헌재 2010.2.25. 2008헌가23).

② 생명권의 헌법적 근거는 헌법 제10조 인간의 존엄과 가치규정, 제12조 신체의 자유 등에서 구할 수 있다.

#### 2. 생명권에 대한 제한

**(1) 생명권에 대한 제한가능성**

생명권도 일반적 법률유보의 대상이 된다. 예컨대, 생명에 대한 현재의 급박하고 불법적인 침해 위협으로부터 벗어나기 위한 정당방위로서 그 침해자의 생명에 제한을 가하여야 하는 경우, 모체의 생명이 상실될 우려가 있어 태아의 생명권을 제한하여야 하는 경우, 국민 전체의 생명에 대하여 위협이 되는 현재적이고 급박한 외적의 침입에 대한 방어를 위하여 부득이하게 국가가 전쟁을 수행하는 경우, 정당한 이유 없이 타인의 생명을 부정하거나 그에 못지 아니한 중대한 공공이익을 침해하는 극악한 범죄의 발생을 예방하기 위하여 범죄자에 대한 극형의 부과가 불가피한 경우 등 매우 예외적인 상황 하에서 국가는 생명에 대한 법적인 평가를 통해 특정 개인의 생명권을 제한할 수 있다(헌재 2010.2.25. 2008헌가23).

**(2) 본질적 내용 침해 여부**

생명권 역시 그 제한을 정당화할 수 있는 예외적 상황 하에서는 헌법상 그 제한이 허용된다는 점을 고려한다면, 비록 생명권의 박탈이 초래된다 하더라도 곧바로 기본권의 본질적인 내용을 침해하는 것이라 볼 수는 없다(헌재 2010.2.25. 2008헌가23).

(3) 사형제도와 생명권

  1) 사형제도의 위헌성

    우리 헌법은 사형제도에 대하여 그 금지나 허용을 직접적으로 규정하고 있지는 않다. 헌법 제110조 제4항에서 적어도 문언의 해석상 사형제도를 간접적으로나마 인정하고 있다. 따라서 사형이 비례의 원칙에 따라 최소한 동등한 가치가 있는 다른 생명 또는 그에 못지 아니한 공공의 이익을 보호하기 위한 불가피성이 충족되는 예외적인 경우에만 적용됨으로써 생명권의 제한이 정당화될 수 있는 경우에는, 그것이 비록 생명권의 박탈을 초래하는 형벌이라 하더라도 이를 두고 곧바로 생명권이라는 기본권의 본질적인 내용을 침해하는 것이라 볼 수는 없다.

  2) 사형제도의 폐지 여부

    사형제도가 위헌인지 여부의 문제는 헌법재판소에 최종적인 결정권한이 있는 반면, 사형제도를 법률상 존치시킬 것인지 또는 폐지할 것인지의 문제는 입법부가 결정할 입법정책적 문제이지 헌법재판소가 심사할 대상은 아니다(헌재 2010.2.25. 2008헌가23).

(4) 연명치료 거부와 생명권

  환자가 미리 의료인 등에게 연명치료 거부 또는 중단에 관한 의사를 밝히는 등의 방법으로 죽음에 임박한 상태에서 인간으로서의 존엄과 가치를 지키기 위하여 연명치료의 거부 또는 중단을 결정할 수 있다. 이는 헌법상 기본권인 자기결정권의 한 내용으로서 보장된다. 연명치료 중단에 관한 자기결정권을 보장하는 방법으로서 '법원의 재판을 통한 규범의 제시'와 '입법' 중 어느 것이 바람직한가는 입법정책의 문제로서 국회의 재량에 속한다. 따라서 헌법해석상 '연명치료 중단 등에 관한 법률'을 제정할 국가의 입법의무가 명백하다고 볼 수 없다.

(5) 낙태죄와 생명권

  **낙태죄의 임신한 여성의 자기결정권 침해 여부**(헌재 2019.4.11. 2017헌바127)

  임신한 여성의 자기낙태를 처벌하는 형법 제269조 제1항('자기낙태죄 조항')과, 의사가 임신한 여성의 촉탁 또는 승낙을 받아 낙태하게 한 경우를 처벌하는 같은 법 제270조 제1항 중 '의사'에 관한 부분('의사낙태죄 조항')이 각각 임신한 여성의 자기결정권을 침해하는지 여부(적극)

  [재판관 유남석, 재판관 서기석, 재판관 이선애, 재판관 이영진의 헌법불합치의견]

  자기낙태죄 조항은 모자보건법이 정한 예외를 제외하고는 임신기간 전체를 통틀어 모든 낙태를 전면적·일률적으로 금지하고, 이를 위반할 경우 형벌을 부과함으로써 임신의 유지·출산을 강제하고 있으므로, 임신한 여성의 자기결정권을 제한한다. 자기낙태죄 조항은 태아의 생명을 보호하기 위한 것으로서, 정당한 입법목적을 달성하기 위한 적합한 수단이다. 임신·출산·육아는 여성의 삶에 근본적이고 결정적인 영향을 미칠 수 있는 중요한 문제이므로, 임신한 여성이 임신을 유지 또는 종결할 것인지 여부를 결정하는 것은 스스로 선택한 인생관·사회관을 바탕으로 자신이 처한 신체적·심리적·사회적·경제적 상황에 대한 깊은 고민을 한 결과를 반영하는 전인적(全人的) 결정이다. 현 시점에서 최선의 의료기술과 의료 인력이 뒷받침될 경우 태아는 임신 22주 내외부터 독자적인 생존이 가능하다고 한다. 한편 자기결정권이 보장되려면 임신한 여성이 임신 유지와 출산 여부에 관하여 전인적 결정을 하고 그 결정을 실행함에 있어서 충분한 시간이 확보되어야 한다. 이러한 점들을 고려하면, 태아가 모체를 떠난 상태에서 독자적으로 생존할 수 있는 시점인 임신 22주 내외에 도달하기 전이면서 동시에 임신 유지와 출산 여부에 관한 자기결정권을 행사하기에 충분한 시간이 보장되는 시기(이하 착상 시부터 이 시기까지를 '결정가능기간'이라 한다)까지의 낙태에 대해서는 국가가 생명보호의 수단 및 정도를 달리 정할 수 있다고 봄이 타당하다. 낙태갈등 상황에서 형벌의 위하가 임신종결 여부 결정에 미치는 영향이 제한적이라는 사정과 실제로 형사처벌되는 사례도 매우 드물다는 현실에 비추어 보면, 자기낙태죄 조항이 낙태갈등 상황에서 태아의 생명 보호를 실효적으로 하지 못하고 있다고 볼 수 있다. 낙태갈등 상황에 처한 여성은 형벌의 위하로 말미암아 임신의 유지 여부와 관련하여 필요한 사회적 소통을 하지 못하고, 정신적 지지와 충분한 정보를 제공받지 못한 상태에서 안전하지 않은 방법으로 낙태를 실행하게 된다. 모자보건법상의 정당화사유에는 다양하고 광범위한 사회적·경제적 사유에 의한 낙태갈등 상황이 전혀 포섭되지 않는다. 예컨대, 학업이나 직장생활 등 사회활동에 지장이 있을 것에 대한 우려, 소득이 충분하지 않거나 불안정한 경우, 자녀가 이미 있어서 더 이상의 자녀를 감당할 여력이 되지 않는 경우, 상대 남성과 교제를 지속할 생각이 없거나 결혼 계획이 없는 경우, 혼인이 사실상 파탄에 이른 상태에서 배우자의 아이를 임신했음을 알게 된 경우, 결혼하지 않은 미성년자가 원치 않은 임신을 한 경우 등이 이에 해당할 수 있다. 자기낙태죄 조항은 모자보건법에서 정한 사유에 해당하지 않는다면 결정가능기간 중에 다양하고 광범위한 사회적·경제적 사유를 이유로 낙태갈등 상황을 겪고 있는 경우까지도 예외 없이 전면적·일률적으로 임신의 유지 및 출산을 강제하고, 이를 위반한 경우 형사처벌하고 있다. 따라서, 자기낙태죄 조항은 입법목적을 달성하기 위하여 필요한 최소한의 정도를 넘어 임신한 여성의 자기결정권을 제한하고 있어 침해의 최소성을 갖추지 못하였고, 태아의 생명 보호라는 공익에 대하여만 일방적이고 절대적인 우위를 부여함으로써 법익균형성의 원칙도 위반하였으므로, 과잉금지원칙을 위반하여 임신한 여성의 자기결정권을 침해한다. 자기낙태죄 조항과 동일한 목표를 실현하기 위하여 임신한 여성의 촉탁 또는 승낙을 받아 낙태하게 한 의사를 처벌하는 의사낙태죄 조항도 같은 이유에서 위헌이라고 보아야 한다. 자기낙태죄 조항과 의사낙태죄 조항에 대하여 각각 단순위헌결정을 할 경우, 임신 기간 전체에 걸쳐 행해진 모든 낙태를 처벌할 수 없게 됨으로써 용인하기 어려운 법적 공백이 생기게 된다. 더욱이 입법자는 결정가능기간을 어떻게 정하고 결정가능기간의 종기를 언제까지로 할 것인지, 결정가능기간 중 일정한 시기까지는 사회적·경제적 사유에 대한 확인을 요구하지 않을 것인지 여부까지를 포함하여 결정가능기간과 사회적·경제적 사유를 구체적으로 어떻게 조합할 것인지, 상담요건이나 숙려기간 등과 같은 일정한 절차적 요건을 추가할 것인지 여부 등에 관하여 앞서 헌법재판소가 설시한 한계 내에서 입법재량을 가진다. 따라서 자기낙태죄 조항과 의사낙태죄 조항에 대하여 단순위헌 결정을 하는 대신 각각 헌법불합치 결정을 선고하되, 다만 입법자의 개선입법이 이루어질 때까지 계속적용을 명함이 타당하다.

## Ⅱ. 신체의 자유

우리 헌법 제12조 제1항 전문에서 보장하는 신체의 자유는 신체의 안정성이 외부로부터의 물리적인 힘이나 정신적인 위험으로부터 침해당하지 아니할 자유와 신체활동을 임의적이고 자율적으로 할 수 있는 자유를 말하는 것이다(헌재 2005.5.26. 99헌마513 등). 신체의 자유는 신체의 완전성이 훼손당하지 아니할 자유를 포함한다(헌재 2015.12.23. 2013헌가9).

## Ⅲ. 신체의 자유 보호를 위한 헌법상 기속원리

### 1. 적법절차원칙

(1) 적법절차원칙의 의의

적법절차라 함은 입법·행정·사법 등 모든 국가작용은 정당한 법률을 근거로 하고 정당한 절차에 따라 발동되어야 한다는 헌법원리를 말한다. 적법절차에 관한 헌법적 근거로는 우리 헌법 제12조 제1항 제2문에서 "누구든지 법률에 의하지 아니하고는 체포·구속·압수·수색·심문을 받지 아니하며, 법률과 적법한 절차에 의하지 아니하고는 처벌·보안처분·강제노역을 받지 아니한다"라는 규정과 제3항의 "체포·구속·압수 또는 수색을 할 때에는 적법한 절차에 따라 검사의 신청에 의하여 법관이 발부한 영장을 제시하여야 한다"라는 규정을 들 수 있다. 적법절차원칙은 법률이 정한 형식적 절차와 실체적 내용이 모두 합리성과 정당성을 갖춘 적정한 것이어야 한다는 실질적 의미를 갖는 것으로, 독자적인 헌법원리의 하나로 수용되고 있다.

(2) 적법절차원칙의 연혁

연혁적으로 적법절차원리는 영국의 대헌장에서 그 기원을 찾을 수 있다. 그 후 적법절차원리는 1791년 미국연방헌법 수정 제5조에 수용되었고, 이 규정이 1868년 미국연방헌법 수정 제14조 제1항에 그대로 규정되어 모든 주의 공권력까지를 기속하는 헌법상의 원리로 정착되었다. 우리 헌법은 제9차 개정헌법에서 처음으로 인신보호를 위한 헌법상의 기속원리로 채택하였다.

> 헌법 제12조 제1항 후문과 제3항의 적법절차의 원칙(헌재 1992.12.24. 92헌가8)
> 현행 헌법 제12조 제1항 후문과 제3항은 위에서 본 바와 같이 적법절차의 원칙을 헌법상 명문규정으로 두고 있는데 이는 개정전의 헌법 제11조 제1항의 "누구든지 법률에 의하지 아니하고는 체포·구금·압수·수색·처벌·보안처분 또는 강제노역을 당하지 아니한다."라는 규정을 1987.10.29. 제9차 개정한 현행헌법에서 처음으로 영미법계의 국가에서 국민의

인권을 보장하기 위한 기본원리의 하나로 발달되어 온 적법절차의 원칙을 도입하여 헌법에 명문화한 것이며, 이 적법절차의 원칙은 역사적으로 볼 때 영국의 마그나 카르타(대헌장) 제39조, 1335년의 에드워드 3세 제정법률, 1628년 권리청원 제4조를 거쳐 1791년 미국 수정헌법 제5조 제3문과 1868년 미국 수정헌법 제14조에 명문화되어 미국헌법의 기본원리의 하나로 자리잡고 모든 국가작용을 지배하는 일반원리로 해석·적용되는 중요한 원칙으로서, 오늘날에는 독일 등 대륙법계의 국가에서도 이에 상응하여 일반적인 법치국가원리 또는 기본제한의 법률유보원리로 정립되게 되었다. 우리 현행 헌법에서는 제12조 제1항의 처벌, 보안처분, 강제노역 등 및 제12조 제3항의 영장주의와 관련하여 각각 적법절차의 원칙을 규정하고 있지만 이는 그 대상을 한정적으로 열거하고 있는 것이 아니라 그 적용대상을 예시한 것에 불과하다고 해석하는 것이 우리의 통설적 견해이다.

### (3) 적법절차원칙의 내용

#### 1) 적법절차원칙의 적용범위

적법절차원칙은 형사소송절차에 국한하지 않고, 모든 입법작용 및 행정작용에도 광범위하게 적용된다. 따라서 적법절차원칙은 국가작용 전반에 대하여 문제된 법률의 실체적 내용이 합리성과 정당성을 갖추고 있는지 여부를 판단하는 기준으로 적용된다(헌재 2012.6.27. 2011헌가36).

#### 2) 적법절차원칙과 기본권의 관련성

적법절차원칙은 국가와 국민의 관계에서 적용되는 원리이다. 헌법재판소는 적법절차원칙이 국가작용으로서 기본권 제한과 관련되든 아니든 모든 입법작용 및 행정작용에 적용되지만, 탄핵소추절차에는 적용되지 않는다고 결정하였다.

**적법절차의 원칙의 적용범위**(헌재 2001.11.29. 2001헌바41)
적법절차의 원칙은 공권력에 의한 국민의 생명·자유·재산의 침해는 반드시 합리적이고 정당한 법률에 의거해서 정당한 절차를 밟은 경우에만 유효하다는 원리로서 … 이는 형사절차상의 제한된 범위 내에서만 적용되는 것이 아니라 국가작용으로서 기본권 제한과 관련되든 아니든 모든 입법작용 및 행정작용에도 광범위하게 적용된다고 해석하여야 한다.

**행정상 불이익처분에도 적법절차의 원리가 적용되는지 여부**(헌재 2002.4.25. 2001헌마200)
헌법이 채택하고 있는 적법절차의 원리는 절차적 차원에서 볼 때에 국민의 기본권을 제한하는 경우에는 반드시 당사자인 국민에게 자기의 입장과 의견을 자유로이 개진할 수 있는 기회를 보장하여야 한다는 것을 그 핵심적인 내용으로 하고, 형사처벌이 아닌 행정상의 불이익처분에도 적용된다.

**탄핵소추절차에도 적법절차의 원칙이 적용되는지 여부**(헌재 2004.5.14. 2004헌나1)
국가기관이 국민과의 관계에서 공권력을 행사함에 있어서 준수해야 할 법원칙으로서 형성된 적법절차의 원칙을 국가기관에 대하여 헌법을 수호하고자 하는 탄핵소추절차에는 직접 적용할 수 없다고 할 것이고, 그 외 달리 탄핵소추절차와 관련하여 피소추인에게 의견진술의 기회를 부여할 것을 요청하는 명문의 규정도 없으므로, 국회의 탄핵소추절차가 적법절차원칙에 위배되었다는 주장은 이유 없다.

3) 적법절차원칙 위배 여부 기준

적법절차원칙의 위배 여부를 판단할 때 중요한 절차적 요청으로 당사자에게 적절한 고지를 행할 것, 의견 및 자료제출의 기회를 부여할 것 등을 들고 있다. 그 밖에 출석권과 진술권의 보장, 불복절차의 보장 등도 기준이 된다.

**적법절차원칙 판단기준**(헌재 2019.6.28. 2017헌바135)
적법절차원칙에서 도출할 수 있는 중요한 절차적 요청은 당사자에게 적절한 고지를 행할 것, 당사자에게 의견 및 자료제출의 기회를 부여할 것을 들 수 있겠으나, 이 원칙이 구체적으로 어떠한 절차를 어느 정도로 요구하는지는 규율되는 사항의 성질, 관련 당사자의 사익, 절차의 이행으로 제고될 가치, 국가작용의 효율성, 절차에 소요되는 비용, 불복의 기회 등 다양한 요소들을 형량하여 개별적으로 판단할 수밖에 없다.

**전투경찰순경에 대한 영장처분의 적법절차원칙 위배 여부**(헌재 2016.3.31. 2013헌바190)
헌법 제12조 제1항의 적법절차원칙은 형사소송절차에 국한되지 않고 모든 국가작용 전반에 대하여 적용되므로, 전투경찰순경의 인신구금을 내용으로 하는 영창처분에 있어서도 적법절차원칙이 준수되어야 한다. 그런데 전투경찰순경에 대한 영창처분은 그 사유가 제한되어 있고, 징계위원회의 심의절차를 거쳐야 하며, 징계 심의 및 집행에 있어 징계대상자의 출석권과 진술권이 보장되고 있다. 또한 소청과 행정소송 등 별도의 불복절차가 마련되어 있고 소청에서 당사자 의견진술 기회 부여를 소청결정의 효력에 영향을 주는 중요한 절차적 요건으로 규정하는바, 이러한 점들을 종합하면 이 사건 영창조항이 헌법에서 요구하는 수준의 절차적 보장 기준을 충족하지 못했다고 볼 수 없으므로 헌법 제12조 제1항의 적법절차원칙에 위배되지 아니한다.

**특별검사 후보자 추천 사건**(헌재 2019.2.28. 2017헌바196)
대통령이 임명할 특별검사 1인에 대하여 그 후보자 2인의 추천권을 교섭단체를 구성하고 있는 두 야당의 합의로 행사하게 한 '박근혜 정부의 최순실 등 민간인에 의한 국정농단 의혹 사건 규명을 위한 특별검사의 임명 등에 관한 법률' 제3조 제2항, 제3항이 적법절차원칙에 위배되는지 여부(소극)

헌법 제12조 제1항 후문은 "누구든지 법률에 의하지 아니하고는 체포·구속·압수·수색 또는 심문을 받지 아니하며, 법률과 적법한 절차에 의하지 아니하고는 처벌·보안처분 또는 강제노역을 받지 아니한다."고 규정하여 적법절차 원칙을 헌법원리로 수용하고 있는데, 이 적법절차원칙은 법률이 정한 형식적 절차와 실체적 내용이 모두 합리성과 정당성을 갖춘 적정한 것이어야 한다는 실질적 의미를 지니고 있는 것으로 이해하여야 한다. 이러한 적법절차원칙은 형사절차상의 제한된 범위 내에서만 적용되는 것이 아니라 국가작용으로서 기본권 제한과 관련되든 아니든 모든 입법작용 및 행정작용에도 광범위하게 적용된다고 해석된다.

특별검사후보자의 추천권을 누구에게 부여하고 어떠한 방식으로 특별검사를 임명할 것인지에 관한 사항 역시 사건의 특수성과 특별검사법의 도입 배경, 수사대상과 임명 관여주체와의 관련성 및 그 정도, 그에 따른 특별검사의 독립성·중립성 확보 방안 등을 고려하여 국회가 입법재량에 따라 결정할 사항이다. 그러한 국회의 결정이 명백히 자의적이거나 현저히 불합리한 것이 아닌 한 입법재량으로서 존중되어야 할 것이다. 이 사건 법률의 제정 배경과 수사대상에 대통령이 포함될 수도 있었던 사정, 여야 합의의 취지, 이 사건 법률에서 규정하고 있는 특별검사의 정치적 중립성과 독립성 확보를 위한 여러 보완장치 등을 고려할 때 심판대상조항이 당시 여당을 특별검사후보자 추천권자에서 배제하고 교섭단체를 구성하고 있는 두 야당으로 하여금 특별검사후보자 2명을 추천하도록 규정하였다고 하여 합리성과 정당성을 잃은 입법이라고 볼 수 없다.

### 4) 독립된 중립적 기관의 통제 여부

헌법재판소는 행정절차상 강제처분에 의해 신체의 자유가 제한되는 경우 강제처분의 집행기관으로부터 독립된 중립적인 기관이 이를 통제하도록 하는 것은 적법절차원칙의 중요한 내용에 해당한다고 결정하였다.

**출입국관리법상 독립된 중립적 기관이나 사법부의 판단을 받도록 하는 절차가 규정되어 있지 않은 것이 적법절차원칙 위반인지 여부**(헌재 2018.2.22. 2017헌가29)

강제퇴거대상자에 대한 보호의 특수성에 비추어볼 때, 출입국관리에 관한 공권력 행사와 관련하여 단속, 조사, 심사, 집행 업무를 동일한 행정기관에서 하게 할 것인지, 또는 서로 다른 행정기관에서 하게 하거나 사법기관을 개입시킬 것인지는 입법정책의 문제이며, 반드시 객관적·중립적 기관에 의한 통제절차가 요구되는 것은 아니다. … 강제퇴거대상자는 보호의 원인이 되는 강제퇴거명령에 대하여 행정소송을 제기함으로써 그 원인관계를 다툴 수 있고, 보호 자체를 다투는 소송을 제기하거나 그 집행의 정지를 구하는 집행정지 신청을 할 수 있다. 이와 같이 행정소송 등을 통해 사법부로부터 보호의 적법 여부를 판단 받을 수 있는 이상, 객관적·중립적 기관에 의한 통제절차가 없다고 볼 수 없다. 따라서 출입국관리법상 심판대상조항에 의한 보호의 개시나 연장 단계에서 제3의 독립된 중립적 기관이나 사법부의 판단을 받도록 하는 절차가 규정되어 있지 않다고 하여 곧바로 적법절차원칙에 위반된다고 볼 수는 없다.

**출입국관리법상 독립된 중립적 기관에 의한 통제절차 미구비 및 피보호자에 대한 기회미보장의 적법절차원칙 위배 여부(신체의 자유 침해 여부)**(헌재 2023.3.23. 2020헌가등)

행정절차상 강제처분에 의해 신체의 자유가 제한되는 경우 강제처분의 집행기관으로부터 독립된 중립적인 기관이 이를 통제하도록 하는 것은 적법절차원칙의 중요한 내용에 해당한다. 심판대상조항에 의한 보호는 신체의 자유를 제한하는 정도가 박탈에 이르러 형사절차상 '체포 또는 구속'에 준하는 것으로 볼 수 있는 점을 고려하면, 보호의 개시 또는 연장 단계에서 그 집행기관인 출입국관리공무원으로부터 독립되고 중립적인 지위에 있는 기관이 보호의 타당성을 심사하여 이를 통제할 수 있어야 한다. 그러나 현재 출입국관리법상 보호의 개시 또는 연장 단계에서 집행기관으로부터 독립된 중립적 기관에 의한 통제절차가 마련되어 있지 아니하다. 또한 당사자에게 의견 및 자료 제출의 기회를 부여하는 것은 적법절차원칙에서 도출되는 중요한 절차적 요청이므로, 심판대상조항에 따라 보호를 하는 경우에도 피보호자에게 위와 같은 기회가 보장되어야 하나, 심판대상조항에 따른 보호명령을 발령하기 전에 당사자에게 의견을 제출할 수 있는 절차적 기회가 마련되어 있지 아니하다. 따라서 심판대상조항은 적법절차원칙에 위배되어 피보호자의 신체의 자유를 침해한다.

5) 적법절차원칙과 재판청구권

적법절차원칙과 재판청구권의 보호영역이 중첩되는 경우 적법절차원칙은 별도로 판단하지 않는다.

**재판청구권 침해 여부 판단시 적법절차원칙 별도 판단 여부**(헌재 2021.2.25. 2018헌바224)
형사소송절차에서 적법절차원칙은 형사소송절차의 전반을 기본권 보장 측면에서 규율하여야 한다는 기본원리를 천명하는 것으로 이해하여야 하고, 이는 포괄적·절차적 기본권으로 파악되고 있는 재판청구권의 보호영역과 중복되므로, 재판청구권의 침해 여부를 판단하는 이상 심판대상조항이 적법절차원칙 내지 적정절차원칙에 위배된다는 청구인의 주장에 대해서는 별도로 판단하지 아니한다.

6) 적법절차원칙과 과잉금지원칙

헌법재판소는 적법절차원칙은 모든 국가작용을 지배하는 독자적인 헌법의 기본원리로서 입법권의 유보제한이라는 한정적 의미를 갖는 과잉입법금지원칙과 구분된다고 한다. 그런데 헌법상의 과잉금지원칙도 모든 공권력작용에 적용된다는 점에서 적법절차원칙과 구분되는 점을 찾기가 쉽지 않다.

**적법절차원칙이 과잉입법금지원칙과 구별되는지 여부**(헌재 1992.12.24. 92헌가8)
현행 헌법상 적법절차의 원칙을 위와 같이 법률이 정한 절차와 그 실체적인 내용이 합리성과 정당성을 갖춘 적정한 것이어야 한다는 것으로 이해한다면, 그 법률이 기본권의 제한입법에 해당하는 한 헌법 제37조 제2항의 일반적 법률유보조항의 해석상 요구되는 기본권제한법률의 정당성 요건과 개념상 중복되는 것으로 볼 수도 있을 것이나, 현행 헌법이 명문화하고 있는 적법절차의 원칙은 단순히 입법권의 유보제한이라는 한정적인 의미에 그치는 것이 아니라 모든 국가작용을 지배하는 독자적인 헌법의 기본원리로서 해석되어야 할 원칙이라는 점에서 입법권의 유보적 한계를 선언하는 과잉입법금지의 원칙과는 구별된다고 할 것이다.

**형사소송절차에서 적법절차의 원칙이 법률의 위헌 여부에 관한 심사기준으로 작용하는 경우의 한계**(헌재 2004.9.23. 2002헌가17 등)
적법절차의 원칙이 법률의 위헌 여부에 관한 심사기준으로 작용하는 경우 특히 형사소송절차에서는 법률에 따른 형벌권의 행사라고 할지라도 신체의 자유의 본질적인 내용을 침해하지 않아야 할 뿐 아니라 비례의 원칙이나 과잉입법금지의 원칙에 반하지 아니하는 한도 내에서만 그 적정성과 합헌성이 인정된다는 의미를 가지므로(헌재 1992.12.24. 92헌가8, 판례집 4, 853, 877 참조), 결국 이 사건 법률조항의 적법절차원칙위반은 피의자로 입건되어 신문을 받는 자들에게 인적 사항에 대한 자료를 수집하는 수사기관에게 협력할 것을 처벌로서 강제하는 것과 나아가 이를 거부하는 경우 벌금, 과료, 구류의 처벌을 하는 것이 비례의 원칙이나 과잉입법금지의 원칙에 위반되는지 여부에 따라 결정되어야 할 것이다.

## 2. 죄형법정주의

### (1) 죄형법정주의의 의의와 헌법적 근거

죄형법정주의는 무엇이 범죄이며 그에 대한 형벌이 어떠한 것인가는 국민의 대표로 구성된 입법부가 제정한 법률로써 정하여야 한다는 원칙이다.

**죄형법정주의의 의의**(헌재 2003.4.24. 2002헌가8)
우리 헌법 제13조 제1항 전단은 모든 국민은 행위시의 법률에 의하여 범죄를 구성하지 아니하는 행위로 소추되지 아니한다고 규정하고, 제12조 제1항 후문은 누구든지 법률과 적법한 절차에 의하지 아니하고는 처벌·보안처분 또는 강제노역을 받지 아니한다고 규정하고 있다. 이러한 죄형법정주의의 원칙은 범죄의 구성요건과 그에 대한 형벌의 내용을 국민의 대표로 구성된 입법부가 성문의 법률로 정하도록 함으로써 국가형벌권의 자의적인 행사로부터 개인의 자유와 권리를 보장하려는 법치국가 형법의 기본원칙으로서, 형벌법규의 보장적 기능을 수행하는 것이다. 관습형법금지의 원칙, 소급효금지의 원칙, 유추해석금지의 원칙과 함께 죄형법정주의의 내용을 이루는 명확성의 원칙은 그 구성요건과 법적 결과를 법률로 명확하게 규정하여야 한다는 원칙으로서 법률에 범죄와 형벌을 가능한 한 명확하게 규정하여야 법관의 자의를 방지할 수 있고, 국민들에게 어떠한 행위가 금지되어 있고 그 행위에 대하여 어떠한 형벌이 과하여질지를 예측할 수 있도록 하여 규범의 의사결정효력을 담보할 수 있다는데 그 근거가 있다.

### (2) 성문법주의

죄형법정주의 원칙상 관습형법은 금지된다. 범죄의 구성요건을 성문법률로 명확하게 규정하지 않으면 어떤 행위가 처벌을 받을 행위인지를 예측할 수 없을 뿐만 아니라 명확성과 법적 안정성을 기할 수 없어 국가 형벌권의 자의적인 행사를 막을 수가 없다.

### (3) 형벌불소급의 원칙

헌법 제13조 제1항은 소급적인 범죄구성요건의 제정과 소급적인 형벌의 가중을 엄격히 금하고 있다. 형벌불소급의 원칙은 범죄구성요건인 행위의 가벌성에 관련된 것으로 소추요건인 공소시효는 형벌불소급의 적용대상이 아니다. 보안처분도 소급효금지원칙이 적용되는지가 문제되는데, 보안처분은 형벌과는 달리 행위자의 장래 재범위험성에 근거하는 것으로서, 행위시가 아닌 재판시의 재범위험성 여부에 대한 판단에 따라 보안처분 선고를 결정하므로 원칙적으로 재판 당시 현행법을 소급적용할 수 있다.

과거에 행한 범죄의 공소시효를 정지시키는 법률의 형벌불소급의 원칙 위배 여부(헌재 1996.2.16. 96헌가2 등)

형벌불소급의 원칙은 "행위의 가벌성" 즉 형사소추가 "언제부터 어떠한 조건하에서" 가능한가의 문제에 관한 것이고, "얼마 동안" 가능한가의 문제에 관한 것은 아니므로, 과거에 이미 행한 범죄에 대하여 공소시효를 정지시키는 법률이라 하더라도 그 사유만으로 헌법 제12조 제1항 및 제13조 제1항에 규정한 죄형법정주의의 파생원칙인 형벌불소급의 원칙에 언제나 위배되는 것으로 단정할 수는 없다.

'형집행'에서 가석방 요건에 관한 개정법률 적용을 규율시 형벌불소급 원칙 적용 여부(헌재 2013.8.29. 2011헌마408)

이 사건 부칙조항은 이미 형이 확정된 수용자의 '형집행'에서 가석방 요건에 관한 개정 법률의 적용을 규율하는 것이지 '행위의 가벌성'에 관한 개정 법률의 적용을 규율하는 것이 아니므로, 형벌불소급 원칙의 적용을 받지 아니한다.

비형벌적 보안처분(전자장치 부착명령)에 소급효금지원칙이 적용되는지 여부(헌재 2012.12.27. 2010헌가82 등)

전자장치 부착명령은 전통적 의미의 형벌이 아닐 뿐 아니라, 성폭력범죄자의 성행교정과 재범방지를 도모하고 국민을 성폭력범죄로부터 보호한다고 하는 공익을 목적으로 하며, 의무적 노동의 부과나 여가시간의 박탈을 내용으로 하지 않고 전자장치의 부착을 통해서 피부착자의 행동 자체를 통제하는 것도 아니라는 점에서 처벌적인 효과를 나타낸다고 보기 어렵다. 또한 부착명령에 따른 피부착자의 기본권 침해를 최소화하기 위하여 피부착자에 관한 수신자료의 이용을 엄격하게 제한하고, 재범의 위험성이 없다고 인정되는 경우에는 부착명령을 가해제할 수 있도록 하고 있다. 그러므로 이 사건 부착명령은 형벌과 구별되는 비형벌적 보안처분으로서 소급효금지원칙이 적용되지 아니한다.

소급하여 신상정보 공개·고지명령(비형벌적 보안처분)의 대상이 되도록 하는 것의 소급처벌금지원칙 위배 여부(헌재 2016.12.29. 2015헌바196 등)

신상정보 공개·고지명령은 형벌과는 구분되는 비형벌적 보안처분으로서 어떠한 형벌적 효과나 신체의 자유를 박탈하는 효과를 가져오지 아니하므로 소급처벌금지원칙이 적용되지 아니한다. 그렇다면, 성폭력처벌법 시행 당시 신상정보 공개·고지명령의 대상에 포함되지 않았던 사람들을 이후 소급하여 신상정보 공개·고지명령의 대상이 되도록 하였더라도 소급처벌금지원칙에 위배되는 것은 아니다.

(4) 유추해석금지

일반적으로 형벌법규 이외의 법규범에서는 법문의 의미가 명확하지 않은 경우에는, 입법목적이나 입법자의 의도를 합리적으로 추론하여 문언의 의미를 보충하여 확정하는 체계적, 합목적적 해석을 할 수도 있고, 유사한 규범이나 유사한 사례로부터 확대해석을 하거나 유추해석을 하여 법의 흠결을 보충할 수도 있다. 그러나 형벌조항을 해석함에 있어서는 죄형법정주의 원칙 때문에 입법목적이나 입법자의 의도를 감안하는 확대해석이나 유추해석은 일체 금지되고 형벌조항의 문언의 의미를 엄격하게 해석해야 한다.

'공무원'의 개념에 '제주자치도 위촉위원'을 포함시키는 것이 죄형법정주의에 위배되는지 여부(헌재 2012.12.27. 2011헌바117)
형벌법규는 헌법상 규정된 죄형법정주의원칙상 입법목적이나 입법자의 의도를 감안한 유추해석이 일체 금지되고, 법률조항의 문언의 의미를 엄격하게 해석하여야 하는바, 유추해석을 통하여 형벌법규의 적용범위를 확대하는 것은 '법관에 의한 범죄구성요건의 창설'에 해당하여 죄형법정주의원칙에 위배된다. … 이 사건 법률조항의 '공무원'에 국가공무원법·지방공무원법에 따른 공무원이 아니고 공무원으로 간주되는 사람도 아닌 제주자치도 위촉위원이 포함된다고 해석하는 것은 법률해석의 한계를 넘은 것으로서 죄형법정주의에 위배된다.

(5) 구성요건명확성의 원칙

죄형법정주의원칙은 법률이 처벌하고자 하는 행위가 무엇이며, 그에 대한 형벌이 어떠한 것인지를 누구나 예견할 수 있고, 그에 따라 자신의 행위를 결정할 수 있게끔 구성요건을 명확하게 규정할 것을 요구한다.

1) 명확성원칙 판단기준

모든 법규범의 문언을 순수하게 기술적 개념만으로 구성하는 것은 입법 기술적으로 불가능하고, 다소 광범위하여 어느 정도의 범위에서는 법관의 보충적인 해석을 필요로 하는 개념을 사용하였다고 하더라도, 통상의 해석방법에 의하여 건전한 상식과 통상적인 법 감정을 가진 사람이라면 당해 처벌법규의 보호법익과 금지된 행위 및 처벌의 종류와 정도를 알 수 있도록 규정하였다면 헌법이 요구하는 명확성원칙에 반한다고 할 수는 없다(헌재 2013.6.27. 2012헌바37).

처벌법규의 구성요건이 법관의 보충적인 해석이 필요한 경우 처벌법규의 명확성에 반드시 배치되는지 여부(헌재 2014.1.28. 2011헌바252)
죄형법정주의원칙은 법률이 처벌하고자 하는 행위가 무엇이며, 그에 대한 형벌이 어떠한 것인지를 누구나 예견할 수 있고, 그에 따라 자신의 행위를 결정할 수 있게끔 구성요건을 명확하게 규정할 것을 요구한다. 다만, 그 구성요건이 명확하여야 한다고 하여 입법권자가 모든 구성요건을 단순한 의미의 서술적인 개념에 의하여 규정하여야 한다는 것은 아니고, 자의를 허용하지 않는 통상의 해석방법에 의하더라도 당해 처벌법규의 보호법익과 그에 의하여 금지된 행위 및 처벌의 종류와 정도를 누구나 알 수 있도록 규정되어야 한다는 의미로 파악되어야 할 것이며, 처벌법규의 구성요건이 다소 광범위하여 어떤 범위에서는 법관의 보충적인 해석을 필요로 하는 개념을 사용하였다고 하더라도 그 점만으로 헌법이 요구하는 처벌법규의 명확성에 반드시 배치되는 것이라고는 볼 수 없다.

### 2) 명확성의 원칙과 절대적 부정기형

죄형법정주의 원칙상 상대적 부정기형은 금지되지 않지만, 형기를 전혀 정하지 않는 절대적 부정기형은 형벌법규의 명확성 요청에 비추어 허용되지 않는다(헌재 2002.11.28. 2002헌가5).[18]

## 3. 이중처벌금지원칙

헌법 제13조 제1항에서 "동일한 범죄에 대하여 거듭 처벌받지 아니한다"고 규정하여 이중처벌금지원칙을 규정하고 있다. 이 원칙은 한 번 판결이 확정되면 동일한 사건에 대해서는 다시 심판할 수 없다는 '일사부재리의 원칙'을 말하는 것으로, 동일한 범죄행위에 대하여 국가가 형벌권을 거듭 행사할 수 없도록 함으로써 국민의 기본권 특히 신체의 자유를 보장하기 위한 것이다(헌재 2013.6.27. 2012헌바345 등).

이중처벌금지원칙에서 말하는 처벌은 원칙적으로 범죄에 대한 국가의 형벌권의 실행을 말하므로 국가가 행하는 일체의 제재나 불이익처분을 모두 그 처벌에 포함시킬 수는 없다(헌재 2010.3.25. 2009헌바83).[19] 형벌권과 징계권은 그 처벌의 목적과 방향이 전혀 다르기 때문에 이를 동시에 발동해도 이중처벌금지원칙에 반하지 않는다. 누범의 가중처벌(헌재 2011.5.26. 2009헌바63 등),[20] 상습범 가중처벌(헌재 1995.3.23. 93헌바59),[21] 신상공개명령(헌재 2013.10.24. 2011헌바106 등)[22]은 일사부재리의 원칙에 위배되지 않으며, 집행유예가 취소되는 경우 사회봉사 등의 의무를 이행하였는지의 여부와 관계없이 본형 전부를 집행하는 것도 이중처벌금지원칙에 위배되지 않는다.

---

18) 이 사건 법률조항이 "그 죄에 대한 법정형의 최고를 사형으로 한다"고 규정한 것을, 법정형의 최고가 사형이므로 그 이하의 형벌까지 모두 선고할 수 있다는 의미로 해석할 것인지, … 이 사건 법률조항이 실질적으로 절대적 부정기형을 정한 것이나 마찬가지여서 그 자체로 형벌법규의 명확성 요청에 반하고 …(헌재 2002.11.28. 2002헌가5).

19) 운전면허 취소처분은 형법상에 규정된 형이 아니고, 그 절차도 일반 형사소송절차와는 다를 뿐만 아니라, 주취 중 운전금지라는 행정상 의무의 존재를 전제하면서 그 이행을 확보하기 위해 마련된 수단이라는 점에서 형벌과는 다른 목적과 기능을 가지고 있다고 할 것이므로, 운전면허 취소처분을 이중처벌금지원칙에서 말하는 "처벌"로 보기 어렵다(헌재 2010.3.25. 2009헌바83).

20) 누범을 가중처벌 하는 것은 전범에 대하여 형벌을 받았음에도 그 형벌의 경고기능을 무시하고 다시 범행을 하였다는 데 있는 것이지 전범에 대하여 처벌을 받았음에도 다시 범행을 하는 경우에 전범을 후범과 일괄하여 다시 처벌한다는 것은 아님이 명백하고, 전범 자체가 심판의 대상이 되어 다시 처벌받기 때문에 형이 가중되는 것은 아니므로, 이 사건 법률조항은 일사부재리원칙에 위배된다고 볼 수 없다(헌재 2011.5.26. 2009헌바63 등).

21) 이 사건 법률조항이 처벌대상으로 삼고 있는 것은 이미 처벌받은 전범이 아니며 후범이며 상습성의 위험성 때문에 일반범죄와 달리 가중처벌함에 목적을 두고 있으므로 헌법 제13조 제1항 소정의 일사부재리의 원칙에 위배되지 아니한다(헌재 1995.3.23. 93헌바59).

22) 이중처벌은 동일한 행위를 대상으로 처벌이 거듭 행해질 때 발생하는 문제이고, 이 사건과 같이 특정한 범죄행위에 대하여 동일한 재판절차를 거쳐 형벌과 신상정보 공개명령을 함께 선고하는 것은 이중처벌금지원칙과 관련이 없다(헌재 2013.10.24. 2011헌바106 등).

집행유예 취소시 부활되는 본형이 일사부재리 원칙에 반하는지 여부 및 사회봉사명령 또는 수강명령이 '처벌'에 해당하는지 여부(이중처벌금지원칙 위반 여부)(헌재 2013.6.27. 2012헌바345 등)

집행유예의 취소 시 부활되는 본형은 집행유예의 선고와 함께 선고되었던 것으로 판결이 확정된 동일한 사건에 대하여 다시 심판한 결과 부과되는 것이 아니므로 일사부재리의 원칙과 무관하고, 사회봉사명령 또는 수강명령은 그 성격, 목적, 이행방식 등에서 형벌과 본질적 차이가 있어 이중처벌금지원칙에서 말하는 '처벌'이라 보기 어려우므로, 이 사건 법률조항은 이중처벌금지원칙에 위반되지 아니한다.

외국에서 형의 집행을 받은 자에 대한 임의적 감면조항 사건(헌재 2015.5.28. 2013헌바129)

외국에서 형의 전부 또는 일부의 집행을 받은 자에 대하여 형을 감경 또는 면제할 수 있도록 규정한 형법 제7조가 이중처벌금지원칙에 위배되는지 여부(소극)

헌법 제13조 제1항은 "모든 국민은 … 동일한 범죄에 대하여 거듭 처벌받지 아니한다."고 하여 '이중처벌금지원칙'을 규정하고 있다. 이는 한 번 판결이 확정되면 동일한 사건에 대해서는 다시 심판할 수 없다는 '일사부재리원칙'이 국가형벌권의 기속원리로 헌법상 선언된 것으로서, 동일한 범죄행위에 대하여 국가가 형벌권을 거듭 행사할 수 없도록 함으로써 국민의 기본권, 특히 신체의 자유를 보장하기 위한 것이다. 이러한 점에서 헌법 제13조 제1항에서 말하는 '처벌'은 원칙적으로 범죄에 대한 국가의 형벌권 실행으로서의 과벌을 의미하는 것이고, 국가가 행하는 일체의 제재나 불이익처분을 모두 그 '처벌'에 포함시킬 수는 없다. 형사판결은 국가주권의 일부분인 형벌권 행사에 기초한 것으로서, 외국의 형사판결은 원칙적으로 우리 법원을 기속하지 않으므로 동일한 범죄행위에 관하여 다수의 국가에서 재판 또는 처벌을 받는 것이 배제되지 않는다. 따라서 이중처벌금지원칙은 동일한 범죄에 대하여 대한민국 내에서 거듭 형벌권이 행사되어서는 안 된다는 뜻으로 새겨야 할 것이다. 따라서 헌법상 일사부재리원칙은 외국의 형사판결에 대하여는 적용되지 아니한다고 할 것이므로, 이 사건 법률조항(형법 제7조)[23]은 헌법 제13조 제1항의 이중처벌금지원칙에 위반되지 아니한다.

---

23) 1. 이 사건 법률조항은 이중처벌금지원칙에 위반되지 않으므로, 외국에서 형의 집행을 받은 자를 다시 국내에서 처벌하는 것이 가능하다. 그러나 그와 같은 경우에도, 입법자는 국가형벌권 행사로 인한 신체의 자유에 대한 침해를 최소화하기 위한 방법을 강구하여야 한다. 입법자는 국가형벌권의 실현과 국민의 기본권 보장의 요구를 조화시키기 위하여 형을 필요적으로 감면하거나 외국에서 집행된 형의 전부 또는 일부를 필요적으로 산입하는 등의 방법을 선택하여 청구인의 신체의 자유를 덜 침해할 수 있음에도 이 사건 법률조항과 같이 우리 형법에 의한 처벌 시 외국에서 받은 형의 집행을 전혀 반영하지 아니할 수도 있도록 한 것은, 입법재량의 범위를 일탈하여 필요최소한의 범위를 넘어선 과도한 기본권제한이라고 할 것이다(헌재 2015.5.28. 2013헌바129).
2. 죄를 지어 외국에서 형의 전부 또는 일부가 집행된 사람에 대해서는 그 집행된 형의 전부 또는 일부를 선고하는 형에 산입한다(헌법 제7조).

## 4. 사전영장제도

(1) 사전영장의 원칙

헌법 제12조에서는 "체포·구속·압수 또는 수색을 할 때에는 적법한 절차에 따라 검사의 신청에 의하여 법관이 발부한 영장을 제시하여야 한다."라고 규정하고 있다. 영장주의의 본질은 신체의 자유를 침해하는 강제처분을 함에 있어서는 중립적인 법관이 발부한 영장에 의하여야만 한다는 데에 있으며, 원칙적으로 사전영장의 원칙을 의미한다. 헌법 제12조 제3항의 영장주의는 적법절차원칙에서 도출되는 원리로서, 형사절차와 관련하여 체포·구속·압수·수색의 강제처분을 함에 있어서는 사법권독립에 의하여 신분이 보장되는 법관이 발부한 영장에 의하지 않으면 아니 된다는 원칙이다(헌재 2018.4.26. 2015헌바370(병합)).

> **체포영장 집행시 별도 영장 없이 타인의 주거 등을 수색할 수 있도록 한 형사소송법 조항**(형사소송법 제216조 제1항 제1호) 위헌소원 및 위헌제청 사건(헌재 2018.4.26. 2015헌바370(병합))
> 체포영장을 집행하는 경우 필요한 때에는 타인의 주거 등에서 피의자 수사를 할 수 있도록 한 형사소송법 제216조 제1항 제1호 중 제200조의2에 관한 부분이 헌법 제16조의 영장주의에 위반되는지 여부(적극)
>
> 심판대상조항은 체포영장을 발부받아 피의자를 체포하는 경우에 필요한 때에는 영장 없이 타인의 주거 등 내에서 피의자 수사를 할 수 있다고 규정함으로써, 앞서 본 바와 같이 별도로 영장을 발부받기 어려운 긴급한 사정이 있는지 여부를 구별하지 아니하고 피의자가 소재할 개연성만 소명되면 영장 없이 타인의 주거 등을 수색할 수 있도록 허용하고 있다. 이는 체포영장이 발부된 피의자가 타인의 주거 등에 소재할 개연성은 소명되나, 수색에 앞서 영장을 발부받기 어려운 긴급한 사정이 인정되지 않는 경우에도 영장 없이 피의자 수색을 할 수 있다는 것이므로, 위에서 본 헌법 제16조의 영장주의 예외 요건을 벗어나는 것으로서 영장주의에 위반된다.

> **전투경찰순경에 대한 징계영창 사건**(헌재 2016.3.31. 2013헌바190)
> 1. 4인 합헌의견(헌법재판소 의견)
>
> 전투경찰순경에 대한 징계처분으로 영창을 규정하고 있는 구 전투경찰대 설치법(2011. 5. 30. 법률 제10749호로 개정되고, 2015. 7. 24. 법률 제13425호 '의무경찰대 설치 및 운영에 관한 법률'로 개정되기 전의 것) 제5조 제1항, 제2항 중 각 '전투경찰순경에 대한 영창' 부분(영창조항)이 적법절차원칙에 위배되는지 여부(소극)
>
> 헌법 제12조 제1항의 적법절차원칙은 형사소송절차에 국한되지 않고 모든 국가작용 전반에 대하여 적용되므로, 전투경찰순경의 인신구금을 내용으로 하는 영창처분에 있어서도 적법절차원칙이 준수되어야 한다. 그런데 전투경찰순경에 대한 영창처분은 그 사유가 제한되어 있고, 징계위원회의 심의절차를 거쳐야 하며, 징계 심의 및 집행에 있어 징계대상자의 출석권과 진술권이 보장되고 있다. 또한 소청과 행정소송 등 별도의 불복절차가 마련되어 있고 소청에서 당사자 의견진술 기회 부여를 소청결정의 효력에 영향을 주는 중요한 절차적 요건으로 규정하는바, 이러한 점들을 종합하면 이 사건 영창조항이 헌법에

서 요구하는 수준의 절차적 보장 기준을 충족하지 못했다고 볼 수 없으므로 헌법 제12조 제1항의 적법절차원칙에 위배되지 아니한다.

2. 5인 위헌의견(반대의견)

공권력의 행사로 인하여 신체를 구속당하는 국민의 입장에서는, 그러한 구속이 형사절차에 의한 것이든, 행정절차에 의한 것이든 신체의 자유를 제한당하고 있다는 점에서는 본질적인 차이가 있다고 볼 수 없으므로, 행정기관이 체포·구속의 방법으로 신체의 자유를 제한하는 경우에도 원칙적으로 헌법 제12조 제3항의 영장주의가 적용된다고 보아야 하고, 다만 행정작용의 특성상 영장주의를 고수하다가는 도저히 그 목적을 달성할 수 없는 경우에는 영장주의의 예외가 인정될 수 있다. 이 사건 영창조항에 의한 영창처분은 행정기관에 의한 구속에 해당하고, 그 본질상 급박성을 요건으로 하지 않음에도 불구하고 법관의 판단을 거쳐 발부된 영장에 의하지 않고 이루어지므로, 이 사건 영창조항은 헌법 제12조 제3항의 영장주의에 위배되어 청구인의 신체의 자유를 침해한다.

(2) 사전영장주의의 예외

1) 현행범인과 준현행범인

형사소송법상의 긴급체포(형사소송법 제200조의3), 현행범인 및 준현행범인의 체포(형사소송법 제211조, 제212조)의 경우에는 사전영장주의의 예외가 인정된다(헌재 2012.5.31. 2010헌마672).[24] 다만 현행범인으로 체포된 자를 구속하고자 할 때에는 체포한 때부터 48시간 이내에 구속영장을 청구하여야 하고, 그 기간 내에 구속영장을 청구하지 아니하는 때에는 피의자를 즉시 석방하여야 한다(형사소송법 제200조의2 제5항, 제213조의2). 그런데 수사기관이 현행범인을 영장 없이 체포하였다가 구속영장을 청구하지 않고 석방하는 경우, 체포와 구금의 정당성 여부에 대한 법관의 통제가 이루어지지 않는 것이 헌법위반이 아닌지가 문제된다. 헌법재판소는 헌법에서 현행범인 체포의 경우 사전영장원칙의 예외를 인정하고 있을 뿐 사후영장의 청구 방식에 대해 특별한 규정을 두지 않고 있는 이상, 영장청구조항이 사후 체포영장제도를 규정하지 않았다고 하여 헌법상 영장주의에 위반된다고 볼 수는 없다고 판시하였다(헌재 2012.5.31. 2010헌마672).

> **형사소송법 제200조의3(긴급체포)** ① 검사 또는 사법경찰관은 피의자가 사형·무기 또는 장기 3년이상의 징역이나 금고에 해당하는 죄를 범하였다고 의심할 만한 상당한 이유가 있고, 다음 각 호의 어느 하나에 해당하는 사유가 있는 경우에 긴급을 요하여 지방법원판사의 체포영장을 받을 수 없는 때에는 그 사유를 알리고 영장없이 피의자를 체포할 수 있다. 이 경우 긴급을 요한다 함은 피의자를 우연히 발견한 경우 등과 같이 체포영장을 받을 시간적 여유가 없는 때를 말한다.
> 1. 피의자가 증거를 인멸할 염려가 있는 때
> 2. 피의자가 도망하거나 도망할 우려가 있는 때

---

24) 현행범인 체포조항에서는 현행범인을 "영장 없이" 체포할 수 있도록 규정하고 있는데, 현행범인 체포에 대하여는 헌법에서 직접 사전영장원칙의 예외를 인정하고 있으므로, 위 현행범인체포조항은 헌법상 영장주의에 반하지 않는다(헌재 2012.5.31. 2010헌마672).

② 사법경찰관이 제1항의 규정에 의하여 피의자를 체포한 경우에는 즉시 검사의 승인을 얻어야 한다.

**형사소송법 제211조(현행범인과 준현행범인)** ① 범죄를 실행하고 있거나 실행하고 난 직후의 사람을 현행범인이라 한다.
② 다음 각 호의 어느 하나에 해당하는 사람은 현행범인으로 본다.
　1. 범인으로 불리며 추적되고 있을 때
　2. 장물이나 범죄에 사용되었다고 인정하기에 충분한 흉기나 그 밖의 물건을 소지하고 있을 때
　3. 신체나 의복류에 증거가 될 만한 뚜렷한 흔적이 있을 때
　4. 누구냐고 묻자 도망하려고 할 때

**형사소송법 제212조(현행범인의 체포)** 현행범인은 누구든지 영장없이 체포할 수 있다.

### 2) 비상계엄

비상계엄이 선포된 경우에는 법률이 정하는 바에 따라 영장제도에 특별한 조치를 취할 수 있다(헌법 제77조 제3항).

### 3) 행정상 즉시강제

영장주의가 행정상 즉시강제에도 적용되는지에 관하여는 논란이 있다. 행정상 즉시강제는 상대방의 임의이행을 기다릴 시간적 여유가 없을 때 하명 없이 바로 실력을 행사하는 것으로서, 그 본질상 급박성을 요건으로 하고 있어 법관의 영장을 기다려서는 그 목적을 달성할 수 없다고 할 것이므로, 원칙적으로 영장주의가 적용되지 않는다(헌재 2002.10.31. 2000헌가12). 그러나 법률조항이 영장주의를 배제할 만한 합리적인 이유가 없을 정도로 급박성이 인정되지 아니함에도 행정상 즉시강제를 인정하고 있다면, 과잉금지의 원칙에 위반되어 위헌이다.

## 5. 연좌제금지

### (1) 연좌제금지의 의의

헌법 제13조 제3항에서 "모든 국민은 자기의 행위가 아닌 친족의 행위로 인하여 불이익한 처우를 받지 아니한다."고 하여 연좌제금지규정을 두고 있다. 연좌제금지는 친족의 행위와 본인 간에 실질적으로 의미 있는 아무런 관련성을 인정할 수 없음에도 불구하고 오로지 친족이라는 사유 그 자체만으로 불이익한 처우를 가하는 경우에만 적용된다(헌재 2011.3.31. 2008헌바141 등). 따라서 배우자의 중대 선거범죄를 이유로 후보자의 당선을 무효로 하는 것(헌재 2005.12.22. 2005헌마19), 선거사무장 또는 회계책임자가 벌금형을 선고받는 경우에 후보자의 당선이 무효로 되는 것은 연좌제를 금지한 헌법 위반이라고 할 수 없다(헌재 2010.3.25. 2009헌마170).

공직선거법 제265조(배우자에 대한 형 선고로 인한 당선무효규정)의 연좌제 해당 및 자기책임원리 위배 여부(헌재 2011.9.29. 2010헌마68)

이 사건 법률조항(공직선거법 제265조)은 '친족인 배우자의 행위와 본인 간에 실질적으로 의미 있는 아무런 관련성을 인정할 수 없음에도 불구하고 오로지 배우자라는 사유 그 자체만으로' 불이익한 처우를 가하는 것이거나 배우자가 죄를 저질렀다는 이유만으로 후보자에게 불이익을 주는 것이 아니라, 후보자와 불가분의 선거운명공동체를 형성하여 활동하게 마련인 배우자의 실질적 지위와 역할을 근거로 후보자에게 연대책임을 부여한 것이므로, 이 사건 법률조항은 헌법 제13조 제3항에서 금지하고 있는 연좌제에 해당하지 아니하고, 자기책임의 원리에도 위배되지 아니한다.

친일재산귀속법 제2조 등이 연좌제금지원칙에 반하는지 여부(헌재 2011.3.31. 2008헌바141 등)

친일반민족행위자의 후손이 소유한 재산 중에서 그 후손 자신의 경제적 활동으로 취득하게 된 재산이라든가 친일재산 이외의 상속재산 등을 단지 그 선조가 친일행위를 했다는 이유만으로 국가로 귀속시키는 것이 아닌 한, … 이 사건 귀속조항(친일재산귀속법 제2조)이 헌법 제13조 제3항에서 정한 연좌제금지원칙에 반한다고 할 수 없다.

(2) 연좌제금지와 자기책임의 원리

헌법재판소는 연좌제금지를 자기책임원리의 특수한 형태로 이해한다(헌재 2011.9.29. 2010헌마68).25) 헌법재판소는 본인과 일정한 친족관계에 있는 경우에는 자기책임의 원리의 한 표현인 연좌제금지 위반 여부를 심사한다(헌재 2012.8.23. 2010헌가65).26) 다만 연좌제금지의 문제가 아닌 경우에는 자기책임의 원리 위배 여부를 연좌제금지와 별도로 심사하기도 한다(헌재 2010.3.25. 2009헌마170).27)

---

25) 자기책임의 원리는 인간의 자유와 유책성, 그리고 인간의 존엄성을 진지하게 반영한 원리로서 그것이 비단 민사법이나 형사법에 국한된 원리라기보다는 근대법의 기본이념으로서 법치주의에 당연히 내재하는 원리로 볼 것이고, 헌법 제13조 제3항은 그 한 표현에 해당하는 것으로서 자기책임의 원리에 반하는 제재는 그 자체로서 헌법위반을 구성한다. … 자기책임원리의 특수한 형태인 헌법 제13조 제3항의 친족의 행위로 인한 불이익 처우의 금지 원칙에 위배되는지 여부로 귀결된다(헌재 2011.9.29. 2010헌마68).

26) 이 사건 법률조항이 매각 또는 백지신탁의 대상이 되는 주식의 보유한도액을 결정함에 있어 국회의원 본인뿐만 아니라 본인과 일정한 친족관계가 있는 자들의 보유주식 역시 포함하도록 하고 있는 것은 본인과 친족 사이의 실질적·경제적 관련성에 근거한 것이지, 실질적으로 의미 있는 관련성이 없음에도 오로지 친족관계 그 자체만으로 불이익한 처우를 가하는 것이 아니므로 헌법 제13조 제3항에 위배되지 아니한다(헌재 2012.8.23. 2010헌가65).

27) 1. 헌법 제13조 제3항은 '친족의 행위와 본인간에 실질적으로 의미 있는 아무런 관련성을 인정할 수 없음에도 불구하고 오로지 친족이라는 사유 그 자체만으로' 불이익한 처우를 가하는 경우에만 적용되기 때문에 원칙적으로 회계책임자가 친족이 아닌 이상, 이 사건 법률조항은 적어도 헌법 제13조 제3항의 규범적 실질 내용에 위배될 수는 없다.

2. 이 사건 법률조항은 후보자에게 회계책임자의 형사책임을 연대하여 지게 하는 것이 아니라, 선거의 공정성을 해치는 객관적 사실(회계책임자의 불법행위)에 따른 선거결과를 교정하는 것에 불과하고, 또한 후보자는 공직선거법을 준수하면서 공정한 경쟁이 되도록 할 의무가 있는 자로서 후보자 자신뿐만 아니라 최소한

배우자의 범죄 및 형 선고를 요건으로 후보자 당선을 무효로 하는 것이 연좌제금지원칙 위배 여부로 귀결되는지 여부(헌재 2011.9.29. 2010헌마68)

배우자의 범죄 및 형 선고를 요건으로 후보자의 당선을 무효로 하는 것이 자기책임원리에 반하는 것인가의 문제는 자기책임원리의 특수한 형태인 헌법 제13조 제3항의 친족의 행위로 인한 불이익 처우의 금지 원칙에 위배되는지 여부로 귀결된다.

### 6. 자백의 증거능력 제한

헌법은 제12조 7항에서 "고문, 폭행, 협박, 구속의 부당한 장기화 또는 기망 등의 방법으로 받아낸 임의성 없는 자백과 피고인의 자백이 그에게 불리한 유일한 증거인 경우에는 이를 뒷받침하는 보강증거가 없는 한 유죄의 증거로 삼거나 이를 이유로 처벌할 수 없다"고 하여 자백의 증거능력과 증명력을 제한하고 있다. 임의성이 없는 자백은 처음부터 증거능력을 갖지 못하며, 자백이 유일한 범죄의 증거인 경우에는 증거능력은 인정하지만 증명력을 제한하고 있다.

(1) 자백의 증거능력 제한

피고인의 자백이 고문, 폭행, 협박, 신체구속의 부당한 장기화 또는 기망 기타의 방법으로 임의로 진술한 것이 아니라고 의심할 만한 이유가 있는 때에는 이를 유죄의 증거로 하지 못한다(형사소송법 제309조). 헌법과 형사소송법은 피의자의 임의로운 진술권과 진술거부권을 충분히 보장하고 있으며, 수사기관이 이를 위반하는 경우 증거능력이 부정되며, 불법행위를 구성하여 법률상 책임을 지게 된다(헌재 2004.9.23. 2000헌마138).

(2) 자백의 증명력 제한

헌법은 형사재판에 있어서 증거의 증명력에 대한 판단 방법에 관하여 직접적인 규정을 두고 있지 않다(헌재 2009.11.26. 2008헌바25).[28] 형사소송법 제308조에서는 자유심증주의를 규정하고 있다. 증거의 증명력은 법관의 자유판단에 의하게 되는데(형사소송법 제308조), 법관의 자유판단이란 법관의 합리적인 자유심증에 따른 사실인정과정을 의미한다. 헌법과 형사소송법 제310조는 피고인의 자백이 불리한 유일한 증거일 때에는 이를 유죄의 증거로 하지 못하도록 함으로써 자유심증주의를 제한하고 있다.

**형사소송법 제308조(자유심증주의)** 증거의 증명력은 법관의 자유판단에 의한다.

---

회계책임자 등에 대하여는 선거범죄를 범하지 않도록 지휘·감독할 책임을 지는 것이므로, 이 사건 법률조항은 후보자 '자신의 행위'에 대하여 책임을 지우고 있는 것에 불과하기 때문에, 헌법상 자기책임의 원칙에 위반되지 아니한다(헌재 2010.3.25. 2009헌마170).

28) 형사소송에서 증거의 가치 평가를 어떤 방법으로 할 것인가의 문제는 헌법원리에 위배되지 아니하는 한 입법자가 결정해야 할 입법형성의 자유에 속하는 영역이다(헌재 2009.11.26. 2008헌바25).

## 7. 무죄추정원칙

### (1) 무죄추정원칙의 의의

헌법은 제27조 제4항에서 "형사피고인은 유죄의 판결이 확정될 때까지는 무죄로 추정된다."고 규정하고 있다. 헌법상 무죄추정의 원칙은 형사재판에 있어서 유죄의 판결이 확정될 때까지 피의자나 피고인은 원칙적으로 죄가 없는 자로 다루어져야 하고, 그 불이익은 필요최소한에 그쳐야 한다는 것을 의미하는 것으로 형사피고인뿐만 아니라 형사피의자에 대해서도 적용된다(헌재 1992.1.28. 91헌마111). 이러한 무죄추정의 원칙은 증거법에 국한된 원칙이 아니라 수사절차에서 공판절차에 이르기까지 형사절차의 전과정을 지배하는 지도원리로서 원리로 작용한다(헌재 2009.6.25. 2007헌바25).

### (2) 무죄추정원칙의 내용

#### 1) 불이익처분의 금지

무죄추정의 원칙은 유죄판결이 확정될 때까지는 원칙적으로 죄가 없는 자에 준하여 취급하여야 하고, 어떠한 불이익도 입혀서는 안 된다는 것을 말한다. 불이익을 입힌다 하여도 필요한 최소한도에 그치도록 비례의 원칙이 존중되어야 한다. 여기의 불이익에는 형사절차상의 처분뿐만 아니라 그 밖의 기본권제한과 같은 처분도 포함된다(헌재 1990.11.19. 90헌가48).

> **무죄추정의 원칙에서 금지되는 '불이익'의 의미**(헌재 2011.4.28. 2010헌마474)
> 무죄추정의 원칙상 금지되는 '불이익'이란 '범죄사실의 인정 또는 유죄를 전제로 그에 대하여 법률적·사실적 측면에서 유형·무형의 차별취급을 가하는 유죄인정의 효과로서의 불이익'을 뜻하고, 이는 비단 형사절차 내에서의 불이익뿐만 아니라 기타 일반 법생활 영역에서의 기본권 제한과 같은 경우에도 적용된다.

> **피의자에 대한 계구사용 허용 여부**(헌재 2005.5.26. 2001헌마728)
> 형사피고인뿐만 아니라 피의자에게도 무죄추정의 원칙과 방어권 보장의 원칙이 적용되므로, 피의자에 대한 계구사용은 도주 또는 증거인멸의 우려가 있거나 검사조사실 내의 안전과 질서를 유지하기 위하여 꼭 필요한 목적을 위하여만 허용될 수 있다.

#### 2) 불구속수사·불구속재판

무죄추정의 원칙은 불구속수사, 불구속재판을 원칙으로 한다(헌재 2009.6.25. 2007헌바25). 구속수사 또는 구속재판이 허용될 경우라도 인신의 구속은 가능한 한 최소한에 그쳐야 한다(헌재 1997.8.21. 96헌마48).

> **참여재판 배제조항이 무죄추정원칙에 위배되는지 여부**(헌재 2014.1.28. 2012헌바298)
> 헌법 제27조 제4항에서 규정하고 있는 무죄추정의 원칙은, 피고인이나 피의자를 유죄의 판결이 확정되기 전에 죄 있는 자에 준하여 취급함으로써 법률적, 사실적 측면에서 유형,

무형의 불이익을 주어서는 아니 된다는 것을 뜻하고, 여기서 불이익이란 유죄를 근거로 그에 대하여 사회적 비난 내지 기타 응보적 의미의 차별 취급을 가하는 유죄 인정의 효과로서의 불이익을 뜻한다. 그런데 이 사건 참여재판 배제조항은 국민참여재판의 특성에 비추어 그 절차로 진행함이 부적당한 사건에 대하여 법원의 재량으로 국민참여재판을 하지 아니하기로 하는 결정을 할 수 있도록 한 것일 뿐, 피고인에 대한 범죄사실 인정이나 유죄 판결을 전제로 하여 불이익을 과하는 것이 아니므로 무죄추정원칙에 위배된다고 볼 수 없다.

## Ⅳ. 사법절차적 기본권

### 1. 고문을 받지 아니할 권리와 불리한 진술거부권

(1) 고문을 받지 아니할 권리와 불리한 진술거부권의 헌법적 의의

우리 헌법 제12조 제2항에서는 고문을 받지 아니할 권리 및 불리한 진술을 거부할 권리를 규정하고 있다. 헌법이 고문을 받지 아니할 권리와 불리한 진술을 거부할 권리를 보장하는 것은 피고인 또는 피의자의 인권을 실체적 진실 발견보다 우선적으로 보호함으로써 인간의 존엄성과 가치를 보장하고 나아가 비인간적인 자백의 강요와 고문을 근절하려는 데 있다. 그리고 피고인 또는 피의자와 검사 사이에 무기평등을 도모하여 공정한 재판의 이념을 실현하려는데 있다(헌재 2005.12.22. 2004헌바25).

(2) 진술거부권

1) 진술거부권의 의의

헌법은 형사책임에 관하여 자신에게 불이익한 진술을 강요당하지 아니할 것을 국민의 기본권으로 보장하고 있다. 불리한 진술거부권에 있어서 '진술'이라 함은 언어적 표출, 즉 생각이나 지식, 경험사실을 언어를 통하여 표출하는 것을 의미한다. 따라서 음주측정의 요구는 불리한 진술강요에 해당하지 아니한다(헌재 1997.3.27. 96헌가11).

2) 진술거부권의 주체

진술거부권의 주체는 현재 피의자나 피고인으로서 수사 또는 공판절차에 계속 중인 자이다. 하지만 이에 한정되지 않고 장차 피의자나 피고인이 될 자에게도 보장된다(헌재 1997.3.27. 96헌가11).

3) 진술거부권의 내용과 적용범위

진술거부권이 보장하는 것은 '형사상 자기에게 불리한 진술의 강요금지'이다. 진술거부권은 형사상 불리한 진술을 거부할 수 있다는 의미이며, 자기에게 불리한 진술이 아닌 제3자에게 형사상 불리한 경우에는 진술거부권이 인정되지 않는다. 형사상 불리한 진술이 강요당하지 않는다는 의미는 고문 등 폭행에 의한 강요는 물론 법률로써도 진술을 강요당하지 아니함을 의미한다(헌재 2005.12.22. 2004헌바25). 따라서 어떠한 법률이

형사상 불리한 내용의 진술을 하도록 강요하는 것이라고 인정된다면 진술거부권을 침해하는 위헌조항이 될 수도 있다.

불리한 진술거부권은 형사절차뿐만 아니라 행정절차나 국회에서의 조사절차 등에서도 보장된다(헌재 2005.12.22. 2004헌바25).

## 2. 변호인의 조력을 받을 권리

(1) 변호인의 조력을 받을 권리의 의의

헌법 제12조 제4항에서는 "누구든지 체포 또는 구속을 당한 때에는 즉시 변호인의 조력을 받을 권리를 가진다. 다만 형사피고인이 스스로 변호인을 구할 수 없을 때에는 법률이 정하는 바에 의하여 국가가 변호인을 붙인다."라고 하여 변호인의 도움을 받을 권리를 규정하고 있다. 변호인의 조력을 받을 권리란 국가권력의 일방적인 형벌권 행사에 대항하여 자신에게 부여된 헌법상·소송법상 권리를 효율적이고 독립적으로 행사하기 위하여 변호인의 도움을 얻을 피의자 및 피고인의 권리를 말한다(헌재 2011.5.26. 2009헌마341). 이는 형사피의자 또는 피고인이 체포·구속되었을 때 즉시 법률전문가의 조력을 받게 함으로써 당사자대등의 원칙을 실질적으로 확보하여 공정한 재판을 실현하고자 함에 그 목적이 있다(헌재 1997.11.27. 94헌마60).

(2) 변호인의 조력을 받을 권리의 헌법적 근거

헌법 제12조에서는 체포·구속을 당한 피의자나 피고인의 '변호인의 조력을 받을 권리'를 헌법상 기본권으로서 명시적으로 언급하고 있다. 변호인의 조력을 받을 권리가 불구속 피의자·피고인 모두에게 포괄적으로 인정되는지 여부에 관하여 명시적으로 규율하고 있지는 않지만, 불구속 피의자의 경우에도 변호인의 조력을 받을 권리는 우리 헌법에 나타난 법치국가원리, 적법절차원칙에서 인정되는 당연한 내용이고, 헌법 제12조 제4항은 특히 신체구속을 당한 사람에 대하여 변호인의 조력을 받을 권리의 중요성을 강조하기 위하여 별도로 명시하고 있다(헌재 2004.9.23. 2000헌마138).

(3) 변호인의 조력을 받을 권리의 주체

1) 변호인의 조력을 받을 권리의 주체는 형사절차에서 피의자 또는 피고인이다. 형사절차가 종료되어 교정시설에 수용 중인 수형자는 원칙적으로 변호인의 조력을 받을 권리의 주체가 될 수 없다. 다만, 수형자의 경우에도 재심절차 등에는 변호인 선임을 위한 일반적인 교통·통신이 보장될 수도 있다(헌재 1998.8.27. 96헌마398). 그리고 변호인의 조력을 받을 권리는 '형사사건'에서의 변호인의 조력을 받을 권리를 의미한다. 따라서 수형자나 미결수용자가 형사사건의 변호인이 아닌 민사사건, 행정사건, 헌법소원사건 등에서 변호사와 접견할 경우에는 원칙적으로 헌법상 변호인의 조력을 받을 권리의 주체가 될 수 없다(헌재 2013.9.26. 2011헌마398).

형사사건이 아닌 경우에도 헌법상 변호인의 조력을 받을 권리의 주체가 되는지 여부(헌재 2013.8.29. 2011헌마122)

변호인의 조력을 받을 권리에 대한 헌법과 법률의 규정 및 취지에 비추어 보면, '형사사건에서 변호인의 조력을 받을 권리'를 의미한다고 보아야 할 것이므로 형사절차가 종료되어 교정시설에 수용 중인 수형자나 미결수용자가 형사사건의 변호인이 아닌 민사재판, 행정재판, 헌법재판 등에서 변호사와 접견할 경우에는 원칙적으로 헌법상 변호인의 조력을 받을 권리의 주체가 될 수 없다.

2) 행정절차상 구속의 경우에도 변호인의 조력을 받을 권리의 주체가 된다.

**인천국제공항 송환대기실에 수용된 난민에 대한 변호인 접견불허처분사건**(헌재 2018.5.31. 2014헌마346)

1. 헌법 제12조 제4항 본문에 규정된 "구속"에 행정절차상 구속도 포함되는지 여부(적극, 선례변경)

    헌법 제12조 제4항 본문의 문언 및 헌법 제12조의 조문 체계, 변호인조력권의 속성, 헌법이 신체의 자유를 보장하는 취지를 종합하여 보면 헌법 제12조 제4항 본문에 규정된 "구속"은 사법절차에서 이루어진 구속뿐 아니라, 행정절차에서 이루어진 구속까지 포함하는 개념이다. 따라서 헌법 제12조 제4항 본문에 규정된 변호인의조력을받을권리는 행정절차에서 구속을 당한 사람에게도 즉시 보장된다. 종래 이와 견해를 달리하여 헌법 제12조 제4항 본문에 규정된 변호인의조력을받을권리는 형사절차에서 피의자 또는 피고인의 방어권을 보장하기 위한 것으로서 출입국관리법상 보호 또는 강제퇴거의 절차에도 적용된다고 보기 어렵다고 판시한 우리 재판소 결정(헌재 2012.8.23. 2008헌마430)은, 이 결정 취지와 저촉되는 범위 안에서 변경한다.

2. 인천국제공항에서 난민인정신청을 하였으나 난민인정심사불회부결정을 받은 청구인을 인천국제공항 송환대기실에 약 5개월째 수용하고 환승구역으로의 출입을 막은 것이 헌법 제12조 제4항 본문에 규정된 "구속"에 해당되는지 여부(적극)

    인천국제공항 송환대기실은 출입문이 철문으로 되어 있는 폐쇄된 공간이고, 인천국제공항 항공사운영협의회에 의해 출입이 통제되기 때문에 청구인은 송환대기실 밖 환승구역으로 나갈 수 없었으며, 공중전화 외에는 외부와의 소통 수단이 없었다. 청구인은 이 사건 변호인 접견신청 거부 당시 약 5개월 째 송환대기실에 수용되어 있었고, 적어도 난민인정심사불회부 결정 취소소송이 종료될 때까지는 임의로 송환대기실 밖으로 나갈 것을 기대할 수 없었다. 청구인은 이 사건 변호인 접견신청 거부 당시 자신에 대한 송환대기실 수용을 해제해 달라는 취지의 인신보호청구의 소를 제기해 둔 상태였으므로 자신의 의사에 따라 송환대기실에 머무르고 있었다고 볼 수도 없다. 따라서 청구인은 이 사건 변호인 접견신청 거부 당시 헌법 제12조 제4항 본문에 규정된 "구속" 상태였다.

3. 피청구인이 청구인의 변호인의 접견신청을 거부한 것이 청구인에게 보장되는 헌법 제12조 제4항 본문에 의한 변호인의 조력을 받을 권리를 침해한 것인지 여부(적극)

이 사건 변호인 접견신청 거부는 현행법상 아무런 법률상 근거가 없이 청구인의 변호인의조력을 받을 권리를 제한한 것이므로, 청구인의 변호인의 조력을 받을 권리를 침해한 것이다. 또한 청구인에게 변호인 접견신청을 허용한다고 하여 국가안전보장, 질서유지, 공공복리에 어떠한 장애가 생긴다고 보기는 어렵고, 필요한 최소한의 범위 내에서 접견 장소 등을 제한하는 방법을 취한다면 국가안전보장이나 환승구역의 질서유지 등에 별다른 지장을 주지 않으면서도 청구인의 변호인 접견권을 제대로 보장할 수 있다. 따라서 이 사건 변호인 접견신청 거부는 국가안전보장이나 질서유지, 공공복리를 위해 필요한 기본권 제한 조치로 볼 수도 없다.

**'변호인이 되려는 자'의 접견교통권의 헌법상 기본권 해당 여부**(헌재 2019.2.28. 2015헌마1204)
'변호인이 되려는 자'의 접견교통권은 피의자 등을 조력하기 위한 핵심적인 부분으로서, 피의자 등이 가지는 헌법상의 기본권인 '변호인이 되려는 자'와의 접견교통권과 표리의 관계에 있다. 따라서 피의자 등이 가지는 '변호인이 되려는 자'의 조력을 받을 권리가 실질적으로 확보되기 위해서는 '변호인이 되려는 자'의 접견교통권 역시 헌법상 기본권으로서 보장되어야 한다.

(4) 변호인의 조력을 받을 권리의 내용

1) 변호인선임권

변호인의 조력을 받을 권리의 출발점은 변호인의 선임권에 있다. 따라서 변호인 선임권은 변호인의 조력을 받을 권리의 가장 기초적인 구성부분으로서 법률로써도 이를 제한할 수 없다(헌재 2004.9.23. 2000헌마138).

**변호인과 상담하고 조언을 구할 권리의 도출**(헌재 2004.9.23. 2000헌마138)
변호인의 조력을 받을 권리의 출발점은 변호인선임권에 있고, 이는 변호인의 조력을 받을 권리의 가장 기초적인 구성부분으로서 법률로써도 제한할 수 없다. 변호인선임권에서 나아가 변호인의 조력을 받을 권리가 구체적으로 어떠한 내용을 포함하는가, 그러한 권리가 헌법의 위 조항상 막바로 도출될 수 있는지 아니면 구체적인 입법형성이 있어야 비로소 부여되는지의 문제는 형사절차에서 변호인의 역할과 기능의 관점에 의하여 결정된다. 형사절차에서의 변호인은 피의자·피고인이 수사·공소기관과 대립되는 당사자의 지위에서 스스로 방어하는 것을 지원하는 조력자로서의 역할과 피의자·피고인에게 유리하게 형사절차에 영향을 미치고 피의자·피고인의 권리가 준수되는지를 감시·통제하는 역할을 담당하고 있다. 변호인의 위 역할 중 보다 중요한 것은 조력자로서의 역할이고, 이를 수행하기 위한 구체적인 권리는 입법형성이 있어야 비로소 부여되는 것이 원칙이다. 이에 형사소송법은 변호인을 통하여 수사기록을 포함한 소송기록, 증거물을 열람하고 등사할 수 있는 권리, 증거보전을 청구할 권리 및 기타 증거자료를 수집할 권리, 그리고 이에 대한 검토 결과를 토대로 공격과 방어의 준비를 할 수 있는 권리 등 변호인의 조력을 받을 권리의 구체적 내용을 자세하게 규정하고 있다. 위와 같은 구체적인 권리의 행사는 모두 변호인 선임 후 변호인과의 접견을 통한 조언과 상담이 보장되어야만 이루어질 수 있다. 피의자·

피고인이 변호인의 조언과 상담을 구할 수 없다면 위와 같은 구체적인 권리의 행사는 불가능하거나 간과될 수 있고, 나아가 잘못 행사되어 결과적으로 변호인의 조력을 받을 권리 자체의 존재의의를 훼손할 수 있기 때문이다. 따라서 피의자·피고인의 구속 여부를 불문하고 조언과 상담을 통하여 이루어지는 변호인의 조력자로서의 역할은 변호인선임권과 마찬가지로 변호인의 조력을 받을 권리의 내용 중 가장 핵심적인 것이 되고, 변호인과 상담하고 조언을 구할 권리는 변호인의 조력을 받을 권리의 내용 중 구체적인 입법형성이 필요한 다른 절차적 권리의 필수적인 전제요건으로서 변호인의 조력을 받을 권리 그 자체에서 막바로 도출되는 것이다.

2) 접견교통권

① **변호인과의 접견교통권**: 변호인의 조력을 받을 권리를 실질적으로 보장하기 위한 것이 변호인과의 접견교통권이며, 이는 변호인의 조력을 받을 권리의 가장 중요한 내용으로 헌법상의 기본권이다(헌재 2003.11.27. 2002헌마193).

헌법재판소도 "변호인과의 자유로운 접견은 신체구속을 당한 사람에게 보장된 변호인의 조력을 받을 권리의 가장 중요한 내용이어서 국가안전보장·질서유지·공공복리 등 어떠한 명분으로도 제한될 수 있는 성질의 것이 아니"라고 밝힌바 있다(헌재 1992.1.28. 91헌마111). 여기서 어떠한 명분으로도 제한할 수 없다고 한 것은 구속된 자와 변호인 간의 접견이 실제로 이루어지는 경우에 있어서의 '자유로운 접견', 즉 '대화내용에 대하여 비밀이 완전히 보장되고 어떠한 제한, 영향, 압력 또는 부당한 간섭 없이 자유롭게 대화할 수 있는 접견'을 제한할 수 없다는 것이지, 변호인과의 접견 자체에 대해 아무런 제한도 가할 수 없다는 것을 의미하는 것이 아니다. 변호인의 조력을 받을 권리 역시 다른 모든 헌법상 기본권과 마찬가지로 국가안전보장·질서유지 또는 공공복리를 위하여 필요한 경우에는 법률로써 제한할 수 있으므로, 변호인의 조력을 받을 권리의 내용 중 하나인 미결수용자의 변호인 접견권 역시 법률로써 제한될 수 있다(헌재 2011.5.26. 2009헌마341).

② **변호인 이외의 자와의 접견교통권**: 구속된 피의자 또는 피고인이 변호인 아닌 '타인'과 접견할 수 있는 권리에 관하여는 헌법상 명문의 규정이 없으므로 이것이 단순히 형사소송법에 의하여 비로소 보장된 권리인지 아니면 헌법상의 기본권으로까지 볼 수 있는 것인지가 문제된다. 구속된 피의자 또는 피고인이 갖는 변호인 아닌 자와의 접견교통권은, 피구속자가 가족 등 외부와 연결될 수 있는 통로를 적절히 개방하고 유지함으로써 한편으로는 가족 등 타인과 교류하는 인간으로서의 기본적인 생활관계가 인신의 구속으로 인하여 완전히 단절되어 파멸에 이르는 것을 방지하고 다른 한편으로는 피의자 또는 피고인의 방어를 준비하기 위하여, 반드시 보장되지 않으면 안되는 인간으로서의 기본적인 권리에 해당하므로 이는 성질상 헌법상의 기본권에 속한다. 다만 그 헌법적 근거는 헌법 제10조의 행복추구권의 하나인 일반적 행동자유권으로부터

나온다고 보아야 하며, 다른 한편으로는 무죄추정의 원칙을 규정한 헌법 제27조 제4항도 미결수용자의 접견교통권 보장의 한 근거가 된다(헌재 2003.11.27. 2002헌마193).

**수형자의 접견교통권의 헌법상 기본권인지 여부 및 근거**(헌재 2009.9.24. 2007헌마738)
수형자가 갖는 접견교통권은 가족 등 외부와 연결될 수 있는 통로를 적절히 개방하고 유지함으로써 가족 등 타인과 교류하는 인간으로서의 기본적인 생활관계가 인신의 구속으로 완전히 단절되어 정신적으로 황폐하게 되는 것을 방지하기 위하여 반드시 보장되지 않으면 안되는 인간으로서의 기본적인 권리에 해당하므로 성질상 헌법상의 기본권에 속한다. 이러한 수형자의 접견교통권은 비록 헌법에 열거되지는 아니하였지만 헌법 제10조의 행복추구권에 포함되는 기본권의 하나로서의 일반적 행동자유권으로부터 나온다고 할 것이다.

③ **접견교통권의 범위**: 접견교통권은 교통내용에 대하여 비밀이 보장되고 부당한 간섭이 없어야 하는 것이며, 이러한 취지는 접견의 경우뿐만 아니라 변호인과 미결수용자 사이의 서신에도 적용되어 그 비밀이 보장되어야 한다(헌재 1995.7.21. 92헌마144).

**피의자신문에 참여한 변호인에 대한 후방착석요구행위가 변호권을 침해하는지 여부**(헌재 2017.11.30. 2016헌마503)
1. 변호인이 피의자신문에 자유롭게 참여할 수 있는 권리는 피의자가 가지는 변호인의 조력을 받을 권리를 실현하는 수단이므로 헌법상 기본권인 변호인의 변호권으로서 보호되어야 한다. 피의자신문에 참여한 변호인이 피의자 옆에 앉는다고 하여 피의자 뒤에 앉는 경우보다 수사를 방해할 가능성이 높아진다거나 수사기밀을 유출할 가능성이 높아진다고 볼 수 없으므로, 이 사건 후방착석요구행위의 목적의 정당성과 수단의 적절성을 인정할 수 없다. 이 사건 후방착석요구행위로 인하여 위축된 피의자가 변호인에게 적극적으로 조언과 상담을 요청할 것을 기대하기 어렵고, 변호인이 피의자의 뒤에 앉게 되면 피의자의 상태를 즉각적으로 파악하거나 수사기관이 피의자에게 제시한 서류 등의 내용을 정확하게 파악하기 어려우므로, 이 사건 후방착석요구행위는 변호인인 청구인의 피의자신문참여권을 과도하게 제한한다. 그런데 이 사건에서 변호인의 수사방해나 수사기밀의 유출에 대한 우려가 없고, 조사실의 장소적 제약 등과 같이 이 사건 후방착석요구행위를 정당화할 그 외의 특별한 사정도 없으므로, 이 사건 후방착석요구행위는 침해의 최소성 요건을 충족하지 못한다. 이 사건 후방착석요구행위로 얻어질 공익보다는 변호인의 피의자신문참여권 제한에 따른 불이익의 정도가 크므로, 법익의 균형성 요건도 충족하지 못한다. 따라서 이 사건 후방착석요구행위는 변호인인 청구인의 변호권을 침해한다.

④ **면접교섭권의 한계**: 변호인과의 면접·교섭권의 중요성은 독자적으로 존재하는 것이 아니라 국가형벌권의 적정한 행사와 피고인의 인권보호라는 형사소송절차의 전체적인 체계 안에서 의미를 갖는 것이기 때문에, 구속피고인의 변호인 면접·교섭권은 최대한 보장되어야 하지만, 형사소송절차의 목적을 구현하기 위하여 제한될 수 있다. 다만 그 제한은 엄격한 비례의 원칙에 따라야 하고, 시간·장소·방법 등 일반적 기준에

따라 중립적이어야 한다. 예컨대, 미결수용자와 변호인과의 접견에는 교도관이 참여하거나 그 내용을 청취 또는 녹취하지 못하고, 단지 보이는 거리에서 미결수용자를 감시할 수 있도록 하고 있으며, 미결수용자와 변호인 간의 접견에 대하여는 특별규정을 두어, 접견시간 및 접견횟수의 제한이 없도록 하면서, 출정수용자의 변호인과의 접견은 허용하되, 계호의 필요성과 접견의 비밀성을 위하여 비례의 원칙에 따라 일반적 기준 아래에서 그 절차, 시간, 장소, 방식 등이 제한될 수 있다(헌재 2009.10.29. 2007헌마992).

**재판대기 중인 피고인의 변호인 접견신청 거부가 변호인의 조력을 받을 권리를 침해한 것인지 여부**(헌재 2009.10.29. 2007헌마992)

청구인은 법정 옆 구속피고인 대기실에서 재판을 대기하던 중 자신에 대한 재판 시작 전 약 20분 전에 교도관 김○호에게 변호인과의 면담을 요구하였다. … 시간적·장소적 상황을 고려할 때, 청구인의 면담 요구는 구속피고인의 변호인과의 면접·교섭권으로서 현실적으로 보장할 수 있는 한계 범위 밖이라고 아니할 수 없다. 따라서 청구인의 변호인 면담 요구를 받아들이지 아니한 교도관 김○호의 접견불허행위는 청구인의 기본권을 침해하는 위헌적인 공권력의 행사라고 보기 어렵다.

3) 열람등사권

변호인의 조력을 받을 권리는 피고인이 변호인을 통하여 수사서류, 소송관계 서류를 열람·등사하고 이를 토대로 공격과 방어의 준비를 할 수 있는 권리도 포함한다. 변호인의 수사서류 열람·등사권은 피고인의 신속·공정한 재판을 받을 권리 및 변호인의 조력을 받을 권리라는 헌법상 기본권의 중요한 내용이자 구성요소이며 이를 실현하는 구체적인 수단이 된다. 다만 수사기록에 대한 열람·등사권이 헌법상 피고인에게 보장된 신속·공정한 재판을 받을 권리와 변호인의 조력을 받을 권리 등에 의하여 보호되는 권리라 하더라도 무제한적인 것은 아니며, 또한 헌법상 보장된 다른 기본권과 사이에 조화를 이루어야 한다(헌재 1997.11.27. 94헌마60).

**변호인의 수사서류 열람·등사 제한이 신속·공정한 재판을 받을 권리 또는 변호인의 충분한 조력을 받을 권리를 침해하는지 여부**(헌재 2010.6.24. 2009헌마257)

피고인의 신속·공정한 재판을 받을 권리 및 변호인의 조력을 받을 권리는 헌법이 보장하고 있는 기본권이고, 변호인의 수사서류 열람·등사권은 피고인의 신속·공정한 재판을 받을 권리 및 변호인의 조력을 받을 권리라는 헌법상 기본권의 중요한 내용이자 구성요소이며 이를 실현하는 구체적인 수단이 된다. 따라서 변호인의 수사서류 열람·등사를 제한함으로 인하여 결과적으로 피고인의 신속·공정한 재판을 받을 권리 또는 변호인의 충분한 조력을 받을 권리가 침해된다면 이는 헌법에 위반되는 것이다.

(5) 국선변호인의 조력을 받을 권리

헌법 제12조 제4항 단서에서는 형사피고인이 스스로 변호인을 구할 수 없을 때에는 법률이 정하는 바에 의하여 국가가 변호인을 붙인다고 하여 국선변호인의 조력을 받을 권리를 규정하고 있다. 형사사건에 있어 변호인의 조력을 받을 권리는 피의자나 피고인을 불문하고 보장되지만, 국선변호인의 조력을 받을 권리는 피고인에게만 인정되는 것으로 해석된다(헌재 2008.9.25. 2007헌마1126). 형사소송법에서는 형사피의자에게도 국선변호인제도를 준용하고 있으나, 이는 법률상의 권리로 이해할 수 있다.

(6) 피구속자를 조력할 변호인의 권리

변호인이 가지는 피의자·피고인과의 접견교통권은 헌법상의 권리는 아니고, 형사소송법 제34조에 의하여 인정된 권리이다. 다만 피구속자를 조력할 변호인의 권리 중 그것이 보장되지 않으면 피구속자가 변호인으로부터 조력을 받는다는 것이 유명무실하게 되는 핵심적인 부분은, "조력을 받을 피구속자의 기본권"과 표리의 관계에 있기 때문에 이러한 핵심부분에 관한 변호인의 조력할 권리 역시 헌법상의 기본권으로서 보호되어야 한다(헌재 2003.3.27. 2000헌마474).

> **피의자 및 피고인에 대한 변호인의 조력할 권리의 핵심적인 부분이 헌법상 기본권으로서 보호받는지 여부**(헌재 2017.11.30. 2016헌마503)
> 
> 피의자 및 피고인이 가지는 변호인의 조력을 받을 권리는 그들과 변호인 사이의 상호관계에서 구체적으로 실현될 수 있다. 피의자 및 피고인이 가지는 변호인의 조력을 받을 권리는 그들을 조력할 변호인의권리가 보장됨으로써 공고해질 수 있으며, 반면에 변호인의 권리가 보장되지 않으면 유명무실하게 될 수 있다. 피의자 및 피고인을 조력할 변호인의 권리 중 그것이 보장되지 않으면 그들이 변호인의 조력을 받는다는 것이 유명무실하게 되는 핵심적인 부분은 헌법상 기본권인 피의자 및 피고인이 가지는 변호인의 조력을 받을 권리와 표리의 관계에 있다 할 수 있다. 따라서 피의자 및 피고인이 가지는 변호인의 조력을 받을 권리가 실질적으로 확보되기 위해서는, 피의자 및 피고인에 대한 변호인의 조력할 권리의 핵심적인 부분은 헌법상 기본권으로서 보호되어야 한다.

> **'변호인이 되려는 자'의 접견교통권이 헌법상 기본권인지 여부**(헌재 2019.2.28. 2015헌마1204)
> 
> 가. 변호인 선임을 위하여 피의자·피고인이 가지는 '변호인이 되려는 자'와의 접견교통권은 헌법상 기본권으로 보호되어야 하고, '변호인이 되려는 자'의 접견교통권은 피의자 등이 변호인을 선임하여 그로부터 조력을 받을 권리를 공고히 하기 위한 것으로서, 그것이 보장되지 않으면 피의자 등이 변호인 선임을 통하여 변호인으로부터 충분한 조력을 받는다는 것이 유명무실하게 될 수밖에 없다. 이와 같이 '변호인이 되려는 자'의 접견교통권은 피의자 등을 조력하기 위한 핵심적인 부분으로서, 피의자 등이 가지는 헌법상의 기본권인 '변호인이 되려는 자'와의 접견교통권과 표리의 관계에 있다. 따라서 피의자 등이 가지는 '변호인이 되려는 자'의 조력을 받을 권리가 실질적으로 확보되기 위해서는 '변호인이 되려는 자'의 접견교통권 역시 헌법상 기본권으로서 보장되어야 한다.

## 3. 체포구속시 이유를 고지받을 권리

헌법 제12조 제5항에서 "누구든지 체포 또는 구속의 이유와 변호인의 조력을 받을 권리가 있음을 고지받지 아니하고는 체포 또는 구속을 당하지 아니할 권리가 있다. 체포 또는 구속을 당한 자의 가족 등에게는 그 이유와 일시·장소가 지체 없이 통지되어야 한다"고 하여 구속이유 고지제도를 규정하고 있다.

### 4. 체포구속적부심사청구권

(1) 체포구속적부심사청구권의 의의

헌법 제12조 제6항에서는 "누구든지 체포 또는 구속을 당한 때에는 적부의 심사를 법원에 청구할 권리를 가진다." 하여 구속적부심사청구권에 관하여 규정하고 있다. 체포·구속적부심사청구권은 체포·구속을 당한 자가 체포나 구속의 적부 여부에 대하여 법원에 심사를 청구할 수 있는 권리이다.

(2) 체포구속적부심사청구권의 주체

1) 체포구속적부의 심사를 청구할 수 있는 자는 체포 또는 구속된 피의자 또는 그 변호인, 법정대리인, 배우자, 직계친족, 형제자매나 가족, 동거인 또는 고용주이며, 피고인은 청구할 수 없다.

2) 전격기소 된 형사피고인에게도 체포구속적부심사청구권이 인정된다. 형사소송법은 구속적부심사의 청구인적격을 피의자 등으로 한정하고 있어서 청구인이 구속적부심사청구권을 행사한 다음 검사가 법원의 결정이 있기 전에 기소하는 경우(이른바 전격기소), 영장에 근거한 구속의 헌법적 정당성에 대하여 법원이 실질적인 판단을 하지 못하고 그 청구를 기각할 수밖에 없게 되는데, 이는 헌법상 독립된 법관으로부터 심사를 받고자 하는 청구인의 '절차적 기회'를 박탈하는 것이라고 하여 헌법불합치결정을 하였다(헌재 2004.3.25. 2002헌바104).[29] 이에 따라 개정된 형사소송법 제214조의2 제4항 및 제5항에서는 체포·구속적부심사청구 후 피의자에 대하여 공소제기가 있는 경우에도 법원에 의한 기각 또는 석방결정과 보증금납입조건부 석방결정도 가능하도록 규정하고 있다.

3) 체포영장 또는 구속영장에 의해서 체포구속 된 자뿐만 아니라 영장에 의하지 않고 긴급체포나 현행범으로 체포된 피의자도 적부심사를 청구할 수 있다.

---

29) 우리 형사소송법상 구속적부심사의 청구인적격을 피의자 등으로 한정하고 있어서 청구인이 구속적부심사청구권을 행사한 다음 검사가 법원의 결정이 있기 전에 기소하는 경우(이른바 전격기소), 영장에 근거한 구속의 헌법적 정당성에 대하여 법원이 실질적인 판단을 하지 못하고 그 청구를 기각할 수밖에 없다. 그러나 구속된 피의자가 적부심사청구권을 행사한 경우 검사는 그 적부심사절차에서 피구속자와 대립하는 반대 당사자의 지위만을 가지게 됨에도 불구하고 헌법상 독립된 법관으로부터 심사를 받고자 하는 청구인의 절차적 기회가 반대 당사자의 전격기소라고 하는 일방적 행위에 의하여 제한되어야 할 합리적인 이유가 없고, 검사가 전격기소를 한 이후 청구인에게 구속취소라는 후속절차가 보장되어 있다고 하더라도 그에 따르는 적지 않은 시간적, 정신적, 경제적 부담을 청구인에게 지워야 할 이유도 없으며, 기소 이전단계에서 이미 행사된 적부심사청구권의 당부에 대하여 법원으로부터 실질적인 심사를 받을 수 있는 청구인의 절차적 기회를 완전히 박탈하여야 하는 합리적인 근거도 없기 때문에, 입법자는 그 한도 내에서 적부심사청구권의 본질적 내용을 제대로 구현하지 아니하였다고 보아야 한다(헌재 2004.3.25. 2002헌바104).

(3) 체포구속적부심사청구권의 법적 성질

신체의 자유는 대표적인 자유권적 기본권이지만, 신체의 자유를 보장하기 위한 방법의 하나인 '체포·구속적부심사청구권'은 절차적 기본권(청구권적 기본권)이기 때문에, 본질적으로 제도적 보장의 성격을 강하게 띠고 있다.

(4) 체포구속적부심사청구권의 내용

현행 헌법 제12조 제6항의 본질적 내용은 당사자가 체포·구속된 원인관계 등에 대한 최종적인 사법적 판단절차와는 별도로 체포·구속 자체에 대한 적부 여부를 법원에 심사 청구할 수 있는 절차를 헌법적 차원에서 보장하는 규정이다.

## 5. 정당한 재판을 받을 권리(재판청구권)

(1) 재판청구권의 의의

헌법 제27조 제1항은 모든 국민은 헌법과 법률이 정한 법관에 의하여 재판을 받을 권리를 가진다고 규정한다.

(2) 재판청구권의 법적 성격

재판청구권은 재판이라는 국가적 행위를 청구할 수 있는 적극적 측면과 헌법과 법률이 정한 법관이 아닌 자에 의한 재판이나 법률에 의하지 아니한 재판을 받지 아니하는 소극적 측면을 아울러 가지고 있다(헌재 1998.5.28. 96헌바4). 재판청구권은 청구권적 성격뿐만 아니라 자유권적 성격을 함께 가지고 있다.

(3) 재판청구권의 주체

재판청구권은 국민, 외국인, 국·내외 법인뿐만 아니라 법인이 아닌 사법상의 결사 모두에게 인정된다.

(4) 재판청구권의 내용

1) 헌법과 법률이 정한 법관에 의한 재판받을 권리

헌법과 법률이 정한 법관에 의한 재판을 받을 권리라 함은 헌법과 법률이 정한 자격과 절차에 의하여 임명되고 물적 독립과 인적 독립이 보장된 법관에 의한 재판을 받을 권리를 의미한다(헌재 1993.11.25. 91헌바8; 헌재 2009.11.26. 2008헌바12).

① 배심제 : 배심제는 일반시민으로 구성된 배심원단이 법관과 독립하여 사실문제에 대한 판단권한을 행사하는 제도를 말한다. 배심원은 사실문제에만 판단권한을 행사하고 법률문제에는 관여하지 않기 때문에 헌법과 법률이 정한 법관에 의한 재판받을 권리에 위배되지 않는다는 것이 일반적이다.

우리 형사재판에도 '국민의 형사재판 참여에 관한 법률'이 제정되어 배심원이 참여하는 '국민참여재판'이 허용되고 있다. 배심원은 국민참여재판에서 사실의 인정, 법령의 적용 및 형의 양정에 관한 의견을 제시할 권한이 있다. 그렇다면 국민참여재판을 받을 권리가 헌법 제27조 제1항에서 규정한 재판을 받을 권리의 보호범위에 속한다고 볼 수 있을지가 문제된다. 헌법상 헌법과 법률이 정한 법관에 의한 재판을 받을 권리라 함은 직업법관에 의한 재판을 주된 내용으로 하는 것이므로 '국민참여재판을 받을 권리'가 헌법 제27조 제1항에서 규정한 재판을 받을 권리의 보호범위에 속한다고 볼 수 없다는 것이 헌법재판소의 태도이다(헌재 2009.11.26. 2008헌바12).

그리고 국민참여재판은 국민의 관심사가 집중되고 피고인의 선호도가 높은 중죄 사건으로 그 대상사건을 한정한 것은 평등권을 침해하지 않으며(헌재 2009.11.26. 2008헌바12), 국민참여재판으로 진행하는 것이 적절하지 않다고 인정되는 경우 법원이 국민참여재판 배제결정을 할 수 있도록 하는 것은 재판청구권을 침해하지 않는다.

**참여재판 배제 조항의 재판청구권 침해 여부 및 국민참여재판을 받을 권리가 헌법상 기본권인지 여부와 헌법상 적법절차원칙을 따라야 하는지 여부**(헌재 2014.1.28. 2012헌바298)

1. 형사소송절차에서 국민참여재판제도는 사법의 민주적 정당성과 신뢰를 높이기 위하여 배심원이 사실심 법관의 판단을 돕기 위한 권고적 효력을 가지는 의견을 제시하는 제한적 역할을 수행하게 되고, 헌법상 재판을 받을 권리의 보호범위에는 배심재판을 받을 권리가 포함되지 아니한다. 그러므로 이 사건 참여재판 배제조항은 청구인의 재판청구권을 침해한다고 볼 수 없다.

2. 국민참여재판을 받을 권리는 헌법상 기본권으로서 보호될 수는 없지만, 재판참여법에서 정하는 대상 사건에 해당하는 한 피고인은 원칙적으로 국민참여재판으로 재판을 받을 법률상 권리를 가진다고 할 것이고, 이러한 형사소송절차상의 권리를 배제함에 있어서는 헌법에서 정한 적법절차원칙을 따라야 한다.

**국민참여재판을 받을 권리가 헌법 제27조 제1항의 보호범위에 속하는지 여부**(헌재 2015.7.30. 2014헌바447)

우리 헌법상 헌법과 법률이 정한 법관에 의한 재판을 받을 권리라 함은 직업법관에 의한 재판을 주된 내용으로 하는 것이므로, '국민참여재판을 받을 권리'는 헌법 제27조 제1항에서 규정한 재판을 받을 권리의 보호범위에 속한다고 볼 수 없다.

② **참심제** : 참심제는 일반 시민이 재판부의 일원으로 참여하는 제도를 말한다. 참심제는 헌법과 법률이 정한 법관에 의한 재판을 받을 권리에 위배될 소지가 크다.

③ **군사법원** : 군사법원법 제22조에 의하면 군사법원의 재판관은 군판사와 심판관으로 구성된다. 심판관은 일반장교 중에서 관할관이 임명하게 되는데, 이는 헌법과 법률이 정한 법관에 의한 재판받을 권리를 침해하는 것이 아닌지 문제된다. 그런데 우리 헌법은 군사법원을 특별법원으로 설치하고 상고심은 원칙적으로 대법원의 관할로 하고 있기 때문에 재판청구권을 침해하는 것은 아니다(헌재 1996.10.31. 93헌바25).

군사법원법 제22조(군사법원의 재판관) ① 군사법원에서는 군판사 3명을 재판관으로 한다.
② 제1항에도 불구하고 약식절차에서는 군판사 1명을 재판관으로 한다.

④ **사법보좌관** : 법원조직법 제54조에서는 대법원과 각급 법원에 사법보좌관을 둘 수 있도록 정하고 있다. 법원조직법에서 사법보좌관제도를 도입한 취지는 사법 인력을 보다 효율적으로 운용하기 위해 법관으로 하여금 실질적 쟁송에 관한 업무에 집중하도록 하고 그 외 부수적인 업무는 일정한 자격 요건을 갖춘 법원일반직 공무원으로 하여금 처리하도록 하는 데 있다. 사법보좌관 제도는 법관의 업무를 경감시키고 전체적인 사법서비스를 향상시킬 수 있으며, 사법보좌관의 처분에 대하여 법관에 의한 사실확정과 법률의 해석적용의 기회를 보장하고 있다는 점에서 재판청구권에 위반되지 않는다(헌재 2009.2.26. 2007헌바8 등).

⑤ **재판받을 권리의 의미** : 재판받을 권리란 민사재판·형사재판·행정재판 등 각종의 재판을 받을 권리와 헌법과 법률이 정한 재판 이외의 재판을 받지 아니할 권리를 말한다. 여기에 대법원의 재판을 받을 권리, 헌법재판을 받을 권리, 군사재판을 받지 아니할 권리 등이 포함되는지가 문제된다. 우선, 대법원의 재판을 받을 권리는 재판을 받을 권리에 포함되지 않는다. 헌법이 대법원을 최고법원으로 하고 심급을 달리하여 각급 법원을 두도록 하여 심급제도를 마련하고 있어 재판받을 권리에 포함되는 것처럼 보인다. 하지만 심급제도가 모든 사건에 대하여 대법원을 구성하는 법관에 의한 균등한 재판을 받을 권리나 상고심재판을 받을 권리를 의미하는 것이라고 할 수는 없다. 따라서 대법원의 재판을 받을 권리는 재판받을 권리에 포함된다고 볼 수 없다.

**대법원의 재판을 받을 권리가 재판청구권에 포함되는지 여부**(헌재 2012.3.29. 2010헌마693)
헌법이 대법원을 최고법원으로 규정하고 있다 하더라도 대법원이 곧바로 모든 사건을 상고심으로서 관할하여야 한다는 결론이 당연히 도출되는 것은 아니고, '헌법과 법률이 정하는 법관에 의하여 법률에 의한 재판을 받을 권리'가 사건의 경중을 가리지 않고 모든 사건에 대하여 대법원을 구성하는 법관에 의한 균등한 재판을 받을 권리를 의미한다거나 또는 상고심재판을 받을 권리를 의미하는 것이라고 할 수 없으며, 심급제도는 사법에 의한 권리보호에 관하여 한정된 법발견자원(法發見資源)의 합리적인 분배의 문제인 동시에 재판의 적정과 신속이라는 서로 상반되는 두 가지의 요청을 어떻게 조화시키느냐의 문제로 돌아가므로, 이는 원칙적으로 입법자의 형성의 자유에 속하는 사항이라 할 것이다.

반면, 헌법재판을 받을 권리는 재판청구권에 포함된다. 다만, 반드시 헌법재판의 형태로 재판을 받을 권리는 포함되지 않는다.

**헌법재판을 받을 권리가 재판청구권에 포함되는지 여부**(헌재 2014.4.24. 2012헌마2)
공정한 재판을 받을 권리는 헌법 제27조의 재판청구권에 의하여 함께 보장되고, 재판청구권에는 민사재판, 형사재판, 행정재판뿐만 아니라 헌법재판을 받을 권리도 포함되므로,

헌법상 보장되는 기본권인 '공정한 재판을 받을 권리'에는 '공정한 헌법재판을 받을 권리'도 포함된다.

**국회의 퇴임한 헌법재판소 재판관 후임자 선출 부작위 사건**(헌재 2014.4.24. 2012헌마2)

1. 헌법 제27조가 보장하는 재판청구권에는 공정한 헌법재판을 받을 권리도 포함되고, 헌법 제111조 제2항은 헌법재판소가 9인의 재판관으로 구성된다고 명시하여 다양한 가치관과 헌법관을 가진 9인의 재판관으로 구성된 합의체가 헌법재판을 담당하도록 하고 있으며, 같은 조 제3항은 재판관 중 3인은 국회에서 선출하는 자를 임명한다고 규정하고 있다. 그렇다면 헌법 제27조, 제111조 제2항 및 제3항의 해석상, 피청구인이 선출하여 임명된 재판관 중 공석이 발생한 경우, 국회는 공정한 헌법재판을 받을 권리의 보장을 위하여 공석인 재판관의 후임자를 선출하여야 할 구체적 작위의무를 부담한다고 할 것이다.

2. 헌법의 명문규정 또는 헌법해석상 피청구인이 공석인 재판관의 후임자를 선출함에 있어서 준수하여야 할 기간을 구체적으로 도출하기는 어렵다. 헌법재판소법 제6조 제3항 내지 제5항은 공석이 된 재판관의 후임자 선출 기한을 규정하고 있으나, 위 조항들은 훈시규정으로 보는 것이 타당하다. 그런데 헌법재판소법 제6조 제2항은 재판관의 선출 시 국회의 인사청문을 거쳐야 한다고 규정하고 있고, 국회법 및 인사청문회법은 이를 위한 구체적인 절차를 규정하고 있다. 그렇다면 피청구인이 공석인 재판관의 후임자를 선출함에 있어 준수하여야 할 기간은 헌법재판소법 제6조 제3항 내지 제5항이 규정하고 있는 기간이 아니라, 헌법 제27조, 제111조 제2항 및 제3항의 입법취지, 공석인 재판관 후임자의 선출절차 진행에 소요되는 기간 등을 고려한 '상당한 기간'이라 할 것이므로, 피청구인은 '상당한 기간' 내에 공석이 된 재판관의 후임자를 선출하여야 할 헌법상 작위의무를 부담한다.

3. 조용환 재판관 후보자에 대한 선출안 부결 이후 약 7개월 동안 피청구인이 새로운 후보자를 찾고 검증하는 절차를 진행하였다고 볼 만한 사정이 없는 점, 국회법 제12조 제1항에 의하여 의장이 사고가 있을 때에는 의장이 지정하는 부의장이 그 직무를 대리할 수 있는 점, 제19대 국회의원 선거의 실시 후에도 다수의 법률이 제·개정된 점에 더하여 헌법 제27조, 제111조 제2항 및 제3항의 입법취지, 조대현 전 재판관 후임자 선출절차 진행에 소요된 기간, 당시의 정치적 상황 등을 종합하여 보면, 피청구인은 공석이 된 조대현 전 재판관의 후임자를 선출함에 있어 준수하여야 할 '상당한 기간'을 정당한 사유 없이 경과함으로써, 공석인 재판관의 후임자를 선출하여야 할 헌법상 작위의무의 이행을 지체하였다고 보아야 할 것이다.

4. 헌법소원심판청구가 적법하려면 심판청구 당시는 물론 결정 당시에도 권리보호이익이 있어야 하는데, 피청구인이 2012. 9. 19. 조대현 전 재판관의 후임자를 비롯한 3인의 재판관을 선출함으로써 작위의무 이행지체 상태가 해소되었고, 청구인이 제기한 헌법소원심판청구(2011헌마850)에 대하여 2013. 11. 28. 재판관 9인의 의견으로 각하결정이 선고됨으로써 9인의 재판관으로 구성된 헌법재판소 전원재판부의 판단을 받고자 하였

던 청구인의 주관적 목적도 달성되었으므로, 이 사건 심판청구의 권리보호이익은 소멸하였다 할 것이다.

### 반드시 헌법재판의 형태로 재판받을 권리가 재판청구권에 포함되는지 여부(헌재 1997.12.24. 96헌마172 등)

재판청구권은 사실관계와 법률관계에 관하여 최소한 한 번의 재판을 받을 기회가 제공될 것을 국가에게 요구할 수 있는 절차적 기본권을 뜻하므로 기본권의 침해에 대한 구제절차가 반드시 헌법소원의 형태로 독립된 헌법재판기관에 의하여 이루어 질 것만을 요구하지는 않는다. 법원의 재판은 법률상 권리의 구제절차이자 동시에 기본권의 구제절차를 의미하므로, 법원의 재판에 의한 기본권의 보호는 이미 기본권의 영역에서의 재판청구권을 충족시키고 있기 때문이다.

한편, 군사재판을 받지 아니할 권리 역시 재판받을 권리에 포함된다. 즉, 헌법 제27조 제2항은 "군인 또는 군무원이 아닌 국민은 대한민국의 영역 안에서는 중대한 군사상 기밀·초병·초소·유독음식물공급·포로·군용물에 관한 죄 중 법률이 정한 경우와 비상계엄이 선포된 경우를 제외하고는 군사법원의 재판을 받지 아니한다."고 규정하여 일반 국민은 헌법 제27조 제2항이 규정한 경우 이외에는 군사법원의 재판을 받지 않을 권리가 있음을 선언하고 있다. 1980년 헌법에는 '군사시설'에 관한 죄를 군사법원의 재판권에 포함시키고 있었으나, 현행헌법에서는 삭제하였다.

### 일반 국민에게 국사재판을 받지 아니한 권리 인정 여부(헌재 2013.11.28. 2012헌가10)

구 군형법 제69조 중 '전투용에 공하는 시설'은 '군사목적에 직접 공용되는 시설'로 항상 '군사시설'에 해당한다. 군용물·군사시설에 관한 죄를 병렬적으로 규정하고 있었던 구 헌법 제26조 제2항에서 '군용물'은 명백히 '군사시설'을 포함하지 않는 개념으로 사용된 점, 군사시설에 관한 죄를 범한 민간인에 대한 군사법원의 재판권을 제외하는 것을 명백히 의도한 헌법 개정 경과 등을 종합하면, 군인 또는 군무원이 아닌 국민에 대한 군사법원의 예외적인 재판권을 정한 헌법 제27조 제2항에 규정된 군용물에는 군사시설이 포함되지 않는다. 그렇다면 '군사시설' 중 '전투용에 공하는 시설'을 손괴한 일반 국민이 항상 군사법원에서 재판받도록 하는 이 사건 법률조항은, 비상계엄이 선포된 경우를 제외하고는 '군사시설'에 관한 죄를 범한 군인 또는 군무원이 아닌 일반 국민은 군사법원의 재판을 받지 아니하도록 규정한 헌법 제27조 제2항에 위반되고, 국민이 헌법과 법률이 정한 법관에 의한 재판을 받을 권리를 침해한다.

### 군사법원법 제2조 제2항이 재판청구권을 침해하는지 여부(헌재 2009.7.30. 2008헌바162)

1. 현역병의 군대 입대 전 범죄에 대한 군사법원의 재판권을 규정하고 있는 군사법원법 제2조 제2항 중 제1항 제1호의 '군형법 제1조 제2항의 현역에 복무하는 병' 부분이 재판청구권을 침해하여 헌법에 위반되는지 여부(소극)
2. 군대는 각종 훈련 및 작전수행 등으로 인해 근무시간이 정해져 있지 않고 집단적 병영

생활 및 작전위수구역으로 인한 생활공간적인 제약 등, 군대의 특수성으로 인하여 일단 군인신분을 취득한 군인이 군대 외부의 일반법원에서 재판을 받는 것은 군대 조직의 효율적인 운영을 저해하고, 현실적으로도 군인이 수감 중인 상태에서 일반법원의 재판을 받기 위해서는 상당한 비용·인력 및 시간이 소요되므로 이러한 군의 특수성 및 전문성을 고려할 때 군인신분 취득 전에 범한 죄에 대하여 군사 법원에서 재판을 받도록 하는 것은 합리적인 이유가 있다. 또한, 형사재판에 있어 범죄사실의 확정과 책임은 행위시를 기준으로 하지만, 재판권 유무는 원칙적으로 재판시점을 기준으로 해야 하며, 형사재판은 유죄인정과 양형이 복합되어 있는데 양형은 일반적으로 재판 받을 당시, 즉 선고시점의 피고인의 군인신분을 주요 고려 요소로 해 군의 특수성을 반영할 수 있어야 하므로, 이러한 양형은 군사법원에서 담당하도록 하는 것이 타당하다. 나아가 군사 법원의 상고심은 대법원에서 관할하고 군사법원에 관한 내부규율을 정함에 있어서도 대법원이 종국적인 관여를 하고 있으므로 이 사건 법률조항이 군사법원의 재판권과 군인의 재판 청구권을 형성함에 있어 그 재량의 헌법적 한계를 벗어났다고 볼 수 없다.

2) 공정한 재판을 받을 권리

공정한 재판을 받을 권리는 명문의 규정은 없지만, 재판청구권에 포함되는 것으로 이해된다.

**공정한 재판을 받을 권리의 내용**(헌재 2013.12.26. 2011헌바108)

헌법 제27조 제1항은 "모든 국민은 헌법과 법률이 정한 법관에 의하여 법률에 의한 재판을 받을 권리를 가진다."라고 규정함으로써 모든 국민에게 적법하고 공정한 재판을 받을 권리를 보장하고 있다. 이 공정한 재판을 받을 권리 속에는 신속하고 공개된 법정의 법관의 면전에서 모든 증거자료가 조사·진술되고 이에 대하여 피고인이 공격·방어할 수 있는 기회가 보장되는 재판, 즉 원칙적으로 당사자주의와 구두변론주의가 보장되어 당사자가 공소사실에 대한 답변과 입증 및 반증을 하는 등 공격, 방어권이 충분히 보장되는 재판을 받을 권리가 포함되어 있다.

**증인에 대한 차폐시설 설치가 공정한 재판을 받을 권리 및 변호인의 조력을 받을 권리를 침해하는지 여부**(헌재 2016.12.29. 2015헌바221)

강력범죄 또는 조직폭력범죄의 수사와 재판 에서 범죄입증을 위해 증언한 자의 안전을 효과적으로 보장해 줄 수 있는 조치가 마련되어야 할 필요성은 매우 크고, 경우에 따라서는 증인이 피고인의 변호인과 대면하여 진술하는 것으로부터 보호할 필요성이 있을 수 있다. 피고인 등과 증인 사이에 차폐시설을 설치한 경우에도 피고인 및 변호인에게는 여전히 반대신문권이 보장되고, 증인신문과정에서 증언의 신빙성에 대한 최종 판단 권한을 가진 재판부가 증인의 진술태도를 충분히 관찰할 수 있으며, 형사소송법은 차폐시설을 설치하고 증인신문절차를 진행할 경우 피고인으로부터 의견을 듣도록 하는 등 피고인이 받을 수 있는 불이익을 최소화하기 위한 장치를 마련하고 있다. 따라서 심판대상조항은 과잉금지원칙에 위배되어 청구인의 공정한 재판을 받을 권리 및 변호인의 조력을 받을 권리를 침해한다고 할 수 없다.

3) 신속한 재판을 받을 권리

헌법 제27조 제3항은 "모든 국민은 신속한 재판을 받을 권리를 가진다."고 규정하고 있다. 신속한 재판을 받을 권리의 '신속'의 개념에는 분쟁해결의 시간적 단축과 아울러 효율적인 절차의 운영이라는 요소도 포함된다. 또한 신속한 재판을 받을 권리의 실현을 위해서는 구체적인 입법형성이 필요하며, 다른 사법절차적 기본권에 비하여 폭넓은 입법재량이 허용된다(헌재 2007.3.29. 2004헌바93).

4) 공개재판을 받을 권리

헌법 제27조 제3항 후단에서는 "형사피고인은 상당한 이유가 없는 한 지체 없이 공개재판을 받을 권리를 가진다.", 헌법 제109조에서는 "재판의 심리와 판결은 공개한다."고 하여 재판공개원칙을 규정하고 있다. 다만 심리는 국가의 안전보장 또는 안녕질서를 방해하거나 선량한 풍속을 해할 염려가 있을 때에는 법원의 결정으로 공개하지 아니할 수 있다.

(5) 재판청구권의 제한

1) 헌법에 의한 제한

헌법 제64조 제4항에서는 국회의원의 자격심사, 징계, 제명에 대해서는 법원에 제소할 수 없도록 하여 재판청구권을 제한하고 있다.

2) 법률에 의한 제한

헌법 제37조 제2항에 따라 재판청구권도 제한될 수 있다. 재판청구권은 제도적 보장의 성격이 강하므로 제한에 대한 위헌심사기준은 합리성원칙이나 자의금지원칙이 적용된다.

**재판청구권과 같은 절차적 기본권에 대한 위헌심사기준**(헌재 2014.2.27. 2013헌바178)
재판청구권과 같은 절차적 기본권은 원칙적으로 제도적 보장의 성격이 강하기 때문에, 자유권적 기본권 등 다른 기본권의 경우와 비교하여 볼 때 상대적으로 광범위한 입법형성권이 인정되므로, 관련 법률에 대한 위헌심사기준은 합리성원칙 내지 자의금지원칙이 적용된다.

**디엔에이감식시료채취영장 발부 과정에서 의견진술 기회 및 구제절차를 마련하지 않은 것이 재판청구권을 침해하는지 여부**(헌재 2018.8.30. 2016헌마344 등)
디엔에이감식시료채취영장 발부 여부는 채취대상자에게 자신의 디엔에이감식시료가 강제로 채취당하고 그 정보가 영구히 보관·관리됨으로써 자신의 신체의 자유, 개인정보자기결정권 등의 기본권이 제한될 것인지 여부가 결정되는 중대한 문제이다. 그럼에도 불구하고 이 사건 영장절차 조항은 채취대상자에게 디엔에이감식시료채취영장 발부 과정에서 자신의 의견을 진술할 수 있는 기회를 절차적으로 보장하고 있지 않을 뿐만 아니라, 발부 후 그 영장 발부에 대하여 불복할 수 있는 기회를 주거나 채취행위의 위법성 확인을 청구할 수 있도록 하는 구제절차마저 마련하고 있지 않다. 위와 같은 입법상의 불비가 있는 이 사건 영장절차 조항은 채취대상자인 청구인들의 재판청구권을 과도하게 제한하므로, 침해의 최소성 원칙에 위반된다.

### 6. 형사피해자 재판절차진술권

헌법 제27조 제5항에서는 "형사피해자는 법률이 정하는 바에 의하여 당해 사건의 재판절차에서 진술할 수 있다."고 규정하여 형사피해자의 재판절차진술권을 보장하고 있다. 형사피해자의 재판절차진술권은 범죄로 인한 피해자가 당해 사건의 재판절차에 증인으로 출석하여 자신이 입은 피해의 내용과 사건에 관하여 의견을 진술할 수 있는 권리를 말하는데, 이는 피해자 등에 의한 사인소추를 전면 배제하고 형사소추권을 검사에게 독점시키고 있는 현행 기소독점주의의 형사소송체계 아래에서 형사피해자로 하여금 당해 사건의 형사재판절차에 참여하여 증언하는 이외에 형사사건에 관한 의견진술을 할 수 있는 청문의 기회를 부여함으로써 형사사법의 절차적 적정성을 확보하기 위하여 이를 기본권으로 보장하는 것이다(헌재 2011.10.25. 2010헌마243).

헌법상 재판절차진술권의 주체인 '형사피해자'의 개념은 반드시 형사실체법상의 보호법익을 기준으로 한 피해자의 개념에 의존할 필요가 없고, 형사실체법상으로는 직접적인 보호법익의 주체로 해석되지 않는 자라 하더라도 문제되는 범죄로 인하여 법률상의 불이익을 받게 되는 자도 포함된다(헌재 1997.2. 20. 96헌마76).

### 7. 형사보상청구권

(1) 형사보상청구권의 의의

형사보상청구권이란 형사피의자 또는 형사피고인으로 구금되었던 자가 불기소처분을 받거나 무죄판결을 받은 때에는 법률이 정하는 바에 의하여 국가에 정당한 보상을 청구할 권리를 말한다. 형사보상 및 명예회복에 관한 법률이 이에 관하여 규정하고 있다(헌법 제28조).

(2) 형사피고인의 형사보상청구권

형사피고인이 무죄재판을 받은 경우 구금에 대한 보상을 청구할 수 있다. 다만 형사미성년, 심신장애로 무죄판결을 받은 경우, 본인이 수사 또는 심판을 그르칠 목적으로 거짓 자백을 하거나 다른 유죄의 증거를 만듦으로써 기소, 미결구금 또는 유죄재판을 받게 된 것으로 인정된 경우, 경합범의 일부에 대하여 무죄재판을 받고 다른 부분에 대하여 유죄재판을 받았을 경우에는 형사보상하지 않을 수 있다.

보상청구는 무죄재판을 한 법원에 대하여 해야 하며, 무죄재판이 확정된 사실을 안 날로부터 3년, 무죄재판이 확정된 때로부터 5년 이내에 하여야 한다. 형사보상의 청구는 무죄재판이 확정된 때로부터 1년 이내에 하도록 규정하고 있었던 형사보상법 제7조에 대하여 헌법재판소가 헌법불합치결정(헌재 2010.7.29. 2008헌가4)[30]을 한 이후 형사보상 및 명예회복에 관한 법률을 새로이 마련하면서 이와 같이 기간이 연장되었다.

(3) 형사피의자 형사보상청구권

피의자로서 구금되었던 자 중 검사로부터 공소를 제기하지 아니하는 처분을 받은 자는 국가에 대하여 그 구금에 대한 보상을 청구할 수 있다. 다만 본인이 수사 또는 재판을 그르칠 목적으로 거짓 자백을 하거나 다른 유죄의 증거를 만듦으로써 구금된 것으로 인정되는 경우, 구금기간 중에 다른 사실에 대하여 수사가 이루어지고 그 사실에 관하여 범죄가 성립한 경우, 보상을 하는 것이 선량한 풍속이나 그 밖에 사회질서에 위배된다고 인정할 특별한 사정이 있는 경우에는 보상하지 않을 수 있다.

피의자보상을 청구하려는 자는 공소를 제기하지 아니하는 처분을 한 검사가 소속된 지방검찰청의 심의회에 보상을 청구하여야 하며, 피의자보상의 청구는 검사로부터 공소를 제기하지 아니하는 처분의 고지 또는 통지를 받은 날부터 3년 이내에 하여야 한다.

---

[30] 권리의 행사가 용이하고 일상 빈번히 발생하는 것이거나 권리의 행사로 인하여 상대방의 지위가 불안정해지는 경우 또는 법률관계를 보다 신속히 확정하여 분쟁을 방지할 필요가 있는 경우에는 특별히 짧은 소멸시효나 제척기간을 인정할 필요가 있으나, 이 사건 법률조항은 위의 어떠한 사유에도 해당하지 아니하는 등 달리 합리적인 이유를 찾기 어렵고, 일반적인 사법상의 권리보다 더 확실하게 보호되어야 할 권리인 형사보상청구권의 보호를 저해하고 있다. 또한, 이 사건 법률조항은 형사소송법상 형사피고인이 재정하지 아니한 가운데 재판할 수 있는 예외적인 경우를 상정하고 있는 등 형사피고인은 당사자가 책임질 수 없는 사유에 의하여 무죄재판의 확정사실을 모를 수 있는 가능성이 있으므로, 형사피고인이 책임질 수 없는 사유에 의하여 제척기간을 도과할 가능성이 있는바, 이는 국가의 잘못된 형사사법작용에 의하여 신체의 자유라는 중대한 법익을 침해받은 국민의 기본권을 사법상의 권리보다도 가볍게 보호하는 것으로서 부당하다(헌재 2010.7.29. 2008헌가4).

## 제2절 거주이전의 자유

### I. 거주이전의 자유의 의의

거주·이전의 자유는 국가의 간섭 없이 자유롭게 거주와 체류지를 정할 수 있는 자유, 일단 정한 주소·거소를 자신의 의사에 반하여 옮기지 아니할 자유를 말한다(헌법 제14조).

### II. 거주이전의 자유의 주체

거주이전의 자유의 주체는 원칙적으로 국민이며 법인이나 단체도 그 주체가 된다. 외국인의 경우에는 거주이전의 자유에 제한을 받게 된다.

### III. 거주이전의 자유의 내용

1. 거주이전의 자유는 국내에서 체류지와 거주지를 자유롭게 정할 수 있는 자유, 국외에서 체류지와 거주지를 자유롭게 정할 수 있는 '해외여행 및 해외 이주의 자유', 대한민국의 국적을 이탈할 수 있는 '국적변경의 자유' 등을 포함한다(헌재 2004.10.28. 2003헌가18). 그리고 해외여행 및 해외이주의 자유는 출국의 자유와 입국의 자유를 포함한다.

2. 거주·이전의 자유는 거주지나 체류지라고 볼 만한 정도로 생활과 밀접한 연관을 갖는 장소를 선택하고 변경하는 행위를 보호하는 기본권으로서, 생활의 근거지에 이르지 못하는 일시적인 이동을 위한 장소의 선택과 변경까지 그 보호영역에 포함되는 것은 아니다. 따라서 서울광장을 출입하고 통행하는 자유는 헌법상의 거주·이전의 자유의 보호영역에 속한다고 할 수 없다(헌재 2011.6.30. 2009헌마406).

> 거주·이전의 자유의 의의 및 범위(헌재 2015.9.24. 2012헌바302)
> 헌법 제14조의 거주·이전의 자유는 국가의 간섭 없이 자유롭게 거주와 체류지를 정할 수 있는 자유로서, 정치·경제·사회·문화 등 모든 생활영역에서 개성 신장을 촉진함으로써 헌법상 보장되고 있는 다른 기본권의 실효성을 증대시키는 기능을 한다. 거주·이전의 자유에는 국외에서 체류지와 거주지를 자유롭게 정할 수 있는 '해외여행 및 해외이주의 자유'가 포함되고, 이는 필연적으로 외국에서 체류하거나 거주하기 위해서 대한민국을 떠날 수 있는 '출국의 자유'와 외국체류 또는 거주를 중단하고 다시 대한민국으로 돌아올 수 있는 '입국의 자유'를 포함한다.

## 제3절　직업의 자유

### I. 직업의 자유의 의의

헌법 제15조에 의한 직업선택의 자유는 자신이 원하는 직업을 자유롭게 선택하는 좁은 의미의 직업선택의 자유와 직업을 자기가 원하는 방식으로 자유롭게 수행할 수 있는 직업수행의 자유를 포함하는 직업의 자유를 뜻한다(헌재 2009.7.30. 2007헌마1037).

### II. 직업의 자유의 주체

직업의 자유는 국민뿐만 아니라 법인에게도 인정되는 기본권이다(헌재 2003.10.30. 2000헌마563). 외국인은 직업의 자유의 주체가 되기 어렵지만 헌법재판소는 직업의 자유 중 직장선택의 자유에 대하여 외국인의 기본권 주체성을 제한적으로 긍정하고 있다. 직장선택의 자유는 인간의 존엄과 가치 및 행복추구권과도 밀접한 관련을 가지는 인간의 권리로 이해되기 때문이다. 다만 기본권 주체성의 인정문제와 기본권 제한의 정도는 별개의 문제이므로, 외국인에게 직장선택의 자유에 대한 기본권주체성을 인정한다는 것이 곧바로 국민과 동일한 수준의 직장 선택의 자유가 보장된다는 것을 의미하는 것은 아니다(헌재 2011.9.29. 2007헌마1083 등).

### III. 직업의 자유의 내용

#### 1. 직업의 의미

직업의 자유에 의한 보호의 대상이 되는 '직업'은 '생활의 기본적 수요를 충족시키기 위한 계속적 소득활동'을 의미하며 그러한 내용의 활동인 한 그 종류나 성질을 묻지 아니한다. 직업의 개념적 표지는 계속성과 생활수단성 등이다. '계속성'은 주관적으로 활동의 주체가 어느 정도 계속적으로 해당 소득활동을 영위할 의사가 있고, 객관적으로도 그러한 활동이 계속성을 띨 수 있으면 족하다고 해석된다. 그러므로 휴가기간 중에 하는 일, 수습직으로서의 활동도 포함된다. '생활수단성'과 관련하여서는 단순한 여가활동이나 취미활동은 직업의 개념에 포함되지 않으나 겸업이나 부업은 삶의 수요를 충족하기에 적합하므로 직업에 해당한다(헌재 2003.9.25. 2002헌마519).

#### 2. 포괄적 자유

직업의 자유는 직업결정의 자유, 직업수행의 자유(영업의 자유), 전직의 자유, 겸직의 자유 등을 그 내용으로 하는 종합적이고 포괄적인 직업의 자유를 보장한다. 자신이 원하는 직업을 선택하여 자유롭게 수행하고, 언제든지 임의로 그것을 바꿀 수 있으며, 여러 개의 직업을 선택하여 동시에 함께 행사할 수도 있다(헌재 1997.4.24. 95헌마90; 헌재 1997.11.27. 97헌바10). 그 밖에 직업의 자유는 직업적 활동을 하는 장소인 직장을 선택할 자유를 포함한다. 직장선택의 자유란 개인이 그 선택한 직업분야에서 구체적인 취업의 기회를 가지거나, 이미 형성된 근로관계를 계속 유지하거나 포기하는 데 있어 국가의 방해를 받지 않는 자유로운 선택·결정을 보호하는 것을 내용으로 한다(헌재 2011.9.29. 2007헌마1083 등).

## Ⅳ. 직업의 자유에 대한 제한

직업의 자유도 다른 기본권과 마찬가지로 무제한적으로 보호되는 것은 아니며 공익을 이유로 제한될 수 있다(헌재 2013.11.28. 2012헌마770).

직업의 자유의 제한에 대한 위헌심사는 기본적으로 비례의 원칙을 적용하고 있다(헌재 2009.9.24. 2006헌마1264). 다만 구체적으로는 직업선택의 자유와 직업수행의 자유는 기본권 주체에 대한 제한의 효과가 다르므로 심사기준도 달리하여 적용하고 있다.

> 도로교통법 제93조 제1항 제2호의 직업의 자유 및 일반적 행동의 자유 침해 여부(헌재 2010.3.25. 2009헌바83)
>
> 주취 중 운전 금지규정을 2회 이상 위반한 사람이 다시 이를 위반한 때에는 운전면허를 필요적으로 취소하도록 규정하고 있는 도로교통법 제93조 제1항 단서 제2호 중 "제44조 제1항을 2회 이상 위반한 사람이 다시 동조 제1항의 규정을 위반하여 운전면허 정지사유에 해당한 때" 부분이 청구인의 직업의 자유 및 일반적 행동의 자유를 침해하는지 여부(소극)
>
> 증가하는 교통사고에 대응하여 교통질서를 확립하고자 필요적 면허취소 규정을 두고 이를 계속 확대하는 과정에서 이 사건 법률조항이 신설된 점, 음주운전을 방지하고 이를 규제함으로써 도로교통에서 일어나는 국민의 생명 또는 신체에 대한 위험과 장해를 방지·제거하여 안전하고 원활한 교통질서를 확립하고자 하는 입법목적, 이 사건 법률조항에 해당하여 운전면허가 취소되는 경우 운전면허 결격기간이 법이 정한 기간 중 비교적 단기간인 2년인 점, 음주단속에 있어서의 시간적·공간적 한계를 고려할 때 음주운전으로 3회 이상 단속되었을 경우에는 음주운전행위 사이의 기간에 관계없이 운전자에게 교통법규에 대한 준법정신이나 안전의식이 현저히 결여되어 있음을 충분히 인정할 수 있는 점 등에 비추어 보면, 이 사건 법률조항은 직업의 자유를 제한함에 있어 필요 최소한의 범위를 넘었다고 볼 수는 없고 음주운전으로 인하여 발생할 국민의 생명, 신체에 대한 위험을 예방하고 교통질서를 확립하려는 공익과 자동차 등을 운전하고자 하는 사람의 기본권이라는 사익 간의 균형성을 도외시한 것이라고 보기 어려우므로 법익균형성의 원칙에 반하지 아니한다.

> 사고 후 미조치시 운전면허 임의적 취소조항의 일반적 행동의 자유 및 직업의 자유 침해 여부(헌재 2019.8.29. 2018헌바4)
>
> 이 사건 취소조항은 교통사고로 사람을 사상한 후 필요한 조치를 하지 않은 경우 '행정자치부령으로 정하는 기준에 따라' 운전면허를 취소하거나 1년 이내의 범위에서 운전면허

의 효력을 정지시킬 수 있다고 규정하여 제재적 행정처분의 기준을 부령인 시행규칙에 위임하고 있으므로, 먼저 형식적인 측면에서 법률유보원칙 및 포괄위임금지원칙 위배 여부가 문제된다. 이 사건 취소조항은 자동차 등의 운전면허를 취소함으로써 자유롭게 자동차를 운전할 자유를 제한하게 되므로 일반적 행동의 자유 침해 여부가 문제되고, 위 조항의 수범자 가운데 자동차 등의 운전을 필수불가결한 요소로 하는 일정한 직업군의 사람들에 대하여는 종래의 직업을 계속 유지하는 것을 불가능하게 하는 효과를 발생시키므로 이들에 대한 직업의 자유 침해 여부 역시 문제된다. 이와 같이 일반적 행동의 자유 및 직업의 자유 침해 여부를 판단함에 있어서는 헌법 제37조 제2항의 비례원칙 준수 여부가 그 기준이 될 것이다.

**자동차등을 훔친 경우 운전면허를 필요적 취소하는 것이 직업의 자유를 침해하는지 여부**(헌재 2017.5.25. 2016헌가6)

심판대상조항(구 도로교통법 제93조 제1항 제12호 : 운전면허를 받은 사람이 다른 사람의 자동차등을 훔친 경우 그 운전면허를 필요적으로 취소하도록 함)은 다른 사람의 자동차등을 훔친 범죄행위에 대한 행정적 제재를 강화하여 자동차등의 운행과정에서 야기될 수 있는 교통상의 위험과 장해를 방지함으로써 안전하고 원활한 교통을 확보하기 위한 것이다. 그러나 자동차등을 훔친 범죄행위에 대한 행정적 제재를 강화하더라도 불법의 정도에 상응하는 제재수단을 선택할 수 있도록 임의적 운전면허 취소 또는 정지사유로 규정하여도 충분히 그 목적을 달성하는 것이 가능함에도, 심판대상조항은 필요적으로 운전면허를 취소하도록 하여 구체적 사안의 개별성과 특수성을 고려할 수 있는 여지를 일절 배제하고 있다. 자동차 절취행위에 이르게 된 경위, 행위의 태양, 당해 범죄의 경중이나 그 위법성의 정도, 운전자의 형사처벌 여부 등 제반사정을 고려할 여지를 전혀 두지 아니한 채 다른 사람의 자동차등을 훔친 모든 경우에 필요적으로 운전면허를 취소하는 것은, 그것이 달성하려는 공익의 비중에도 불구하고 운전면허 소지자의 직업의 자유 내지 일반적 행동의 자유를 과도하게 제한하는 것이다. 그러므로 심판대상조항은 직업의 자유 내지 일반적 행동의 자유를 침해한다.

**자동차등을 이용한 범죄행위를 할 경우 운전면허를 필요적 취소하는 것이 포괄위임금지원칙에 위배되는지 여부 및 직업의 자유와 일반적 행동의 자유를 침해하는지 여부**(헌재 2015.5.28. 2013헌가6)

1. 심판대상조항이 포괄위임금지원칙에 위배되는지 여부(소극).

안전하고 원활한 교통의 확보와 자동차 이용 범죄의 예방이라는 심판대상조항의 입법목적, 필요적 운전면허취소 대상범죄를 자동차등을 이용하여 살인·강간 및 이에 준하는 정도의 흉악 범죄나 법익에 중대한 침해를 야기하는 범죄로 한정하고 있는 점, 자동차 운행으로 인한 범죄에 대한 처벌의 특례를 규정한 관련 법조항 등을 유기적·체계적으로 종합하여 보면, 결국 심판대상조항에 의하여 하위법령에 규정될 자동차등을 이용한 범죄행위의 유형은 '범죄의 실행행위 수단으로 자동차등을 이용하여 살인 또는 강간 등과 같이 고의로 국민의 생명과 재산에 큰 위협을 초래할 수 있는 중대한 범죄'가 될 것임을 충분히 예측할 수 있으므로, 심판대상조항은 포괄위임금지원칙에 위배되지 아니한다.

2. 운전면허를 받은 사람이 자동차등을 이용하여 살인 또는 강간 등 행정안전부령이 정하는 범죄행위를 한 때 운전면허를 취소하도록 하는 구 도로교통법 제93조 제1항 제11호가 직업의 자유 및 일반적 행동의 자유를 침해하는지 여부(적극)

> 자동차등을 이용한 범죄를 근절하기 위하여 그에 대한 행정적 제재를 강화할 필요가 있다 하더라도 이를 임의적 운전면허 취소 또는 정지사유로 규정함으로써 불법의 정도에 상응하는 제재수단을 선택할 수 있도록 하여도 충분히 그 목적을 달성하는 것이 가능함에도, 심판대상조항은 이에 그치지 아니하고 필요적으로 운전면허를 취소하도록 하여 구체적 사안의 개별성과 특수성을 고려할 수 있는 여지를 일체 배제하고 있다. 나아가 심판대상조항 중 '자동차등을 이용하여' 부분은 포섭될 수 있는 행위 태양이 지나치게 넓을 뿐만 아니라, 하위법령에서 규정될 대상범죄에 심판대상조항의 입법목적을 달성하기 위해 반드시 규제할 필요가 있는 범죄행위가 아닌 경우까지 포함될 우려가 있어 침해의 최소성 원칙에 위배된다. 심판대상조항은 운전을 생업으로 하는 자에 대하여는 생계에 지장을 초래할 만큼 중대한 직업의 자유의 제약을 초래하고, 운전을 업으로 하지 않는 자에 대하여도 일상생활에 심대한 불편을 초래하여 일반적 행동의 자유를 제약하므로 법익의 균형성 원칙에도 위배된다. 따라서 심판대상조항은 직업의 자유 및 일반적 행동의 자유를 침해한다.

## 1. 직업수행의 자유에 대한 제한

직업행사의 자유는 직업선택의 자유에 비하여 상대적으로 그 침해의 정도가 크지 않기 때문에 공공복리 등 공익상의 이유로 비교적 넓은 법률상의 규제가 가능하다. 따라서 다소 완화된 심사기준을 적용하여 왔다(헌재 2009.9.24. 2006헌마1264). 그렇지만 직업수행의 자유를 제한할 때에도 헌법 제37조 제2항에 의한 비례의 원칙에 위배되어서는 안 된다(헌재 2003.10.30. 2000헌마563).

> 직업수행의 자유에 대한 제한할 경우 판단기준(헌재 2008.2.28. 2006헌마1028)
> 청구인들의 직업의 자유의 제한은 '직업선택의 자유'가 아닌 '직업수행의 자유'에 대한 제한이므로, '월등하게 중요한 공익이나 명백하고 확실한 위험을 방지하기 위한 필요' 등과 같은 정당화 사유는 요구되지 않고 헌법 제37조 제2항이 정하는 과잉금지원칙 위배 여부만을 판단하면 족하다.

## 2. 주관적 사유에 의한 직업선택의 자유 제한

주관적 사유에 의한 직업선택의 자유에 대한 제한은 기본권 주체가 충족시킬 수 있는 일정한 주관적 사유와 결부시켜서 제한하는 경우이다. 주관적 사유에 의한 직업선택의 자유에 대한 제한은 주관적 요건을 갖추도록 요구하는 것이 공공의 손실과 위험을 방지하기 위한 적절한 수단이고, 그 직업을 희망하는 모든 사람에게 동일하게 적용되어야 하며, 주관적 요건 자체가 그 제한목적과 합리적인 관계가 있어야 한다는 과잉금지의 원칙이 적용된다.

**주관적 사유에 의한 직업선택의 자유를 제한할 경우 판단기준(학원법 위반죄 벌금형 확정을 이유로 한 등록실효의 위헌 여부)**(헌재 2014.1.28. 2011헌바252)

청구인과 같은 학원설립·운영자는 학원법 위반으로 벌금형을 선고받을 경우 이 사건 효력상실조항에 따라 그 등록은 효력을 잃게 되고, 다시 등록을 하지 않는 이상 학원을 설립·운영할 수 없게 된다. 이는 일정한 직업을 선택함에 있어 기본권 주체의 능력과 자질에 따른 제한으로서 이른바 '주관적 요건에 의한 좁은 의미의 직업선택의 자유의 제한'에 해당한다. 좁은 의미의 직업선택의 자유를 제한함에 있어, 어떤 직업의 수행을 위한 전제요건으로서 일정한 주관적 요건을 갖춘 자에게만 그 직업에 종사할 수 있도록 제한하는 경우에는 이러한 주관적 요건을 갖추도록 요구하는 것이 누구에게나 제한 없이 그 직업에 종사하도록 방임함으로써 발생할 우려가 있는 공공의 손실과 위험을 방지하기 위한 적절한 수단이고, 그 직업을 희망하는 모든 사람에게 동일하게 적용되어야 하며, 주관적 요건 자체가 그 제한목적과 합리적인 관계가 있어야 한다는 과잉금지의 원칙이 적용된다.

**시험제도에 의한 제한의 성질 및 위헌 여부 심사시 판단기준(사법시험법 제4조 등 위헌 여부)**(헌재 2010.5.27. 2008헌바110)

청구인들은 이 사건 법률조항과 같이 정원제로 사법시험의 합격자를 결정하는 방법은 개인의 주관적인 노력으로 획득할 수 있는 변호사로서의 자질과 능력을 검정하는 것이 아니라 변호사의 사회적 수급 상황 등 객관적 사유에 의하여 제한하는 것이므로 객관적 사유에 의한 직업선택의 자유의 제한에 해당한다고 주장한다. 그러나 시험제도란 본질적으로 응시자의 자질과 능력을 측정하는 것이고, 합격자를 결정하는 방법에 있어 상대평가(정원제)에 의할 것인지 절대평가에 의할 것인지의 문제는 개인의 주관적인 자질과 능력을 측정하는 기술적 방법들 중 어떤 것을 택할 것인지의 문제일 따름이므로, 절대평가의 방법을 택하면 주관적 사유에 의한 제한이고, 상대평가의 방법을 택하면 객관적 사유에 의한 제한이라고 단정할 수 없다. 즉, 사법시험은 판사, 검사, 변호사 또는 군법무관이 되려고 하는 자에게 필요한 학식과 능력의 유무 등을 검정하기 위한 것인바, 선발인원의 제한을 두는 취지는 상대평가라는 방식을 통하여 응시자의 주관적 자질과 능력을 검정하려 하는 것이므로, 이는 객관적 사유에 의한 제한이 아니라 주관적 사유에 의한 제한이라고 하여야 할 것이다. 따라서 이 사건 법률조항의 위헌 여부를 심사함에 있어서는 다소 완화된 비례의 원칙을 적용하여야 한다.

## 3. 객관적 사유에 의한 직업선택의 자유 제한

객관적 사유에 의한 직업선택의 자유에 대한 제한은 기본권 주체와는 무관한 객관적 사유에 의하여 제한하는 경우이다. 당사자의 능력이나 자격과 상관없는 객관적 사유에 의한 직업선택의 자유의 제한은 월등하게 중요한 공익을 위하여 명백하고 확실한 위험을 방지하기 위한 경우에만 정당화될 수 있다.

새마을금고법 위반에 따른 당연퇴직 사유의 법적 성질 및 직업선택의 자유의 제한이 정당화되는 사유(헌재 2010.10.28. 2008헌마612 등)

이 사건 법률조항에 의하면 청구인들이 형사재판 결과 벌금형 이상의 형을 선고받아 그 판결이 확정되면 임원직에서 당연퇴임되므로, 형사재판의 결과에 따라 본인의 의지와는 상관없이 새마을금고 임원이라는 직위를 박탈당하게 되는 것이어서, 직업선택의 자유가 직접적으로 문제된다. 직업의 자유를 제한함에 있어, 당사자의 능력이나 자격과 상관없는 객관적 사유에 의한 직업선택의 자유의 제한은 월등하게 중요한 공익을 위하여 명백하고 확실한 위험을 방지하기 위한 경우에만 정당화될 수 있다. 이 사건에서 청구인들은 이 사건 금지조항(새마을금고법 제21조 제2항, 제1항 제10호) 위반죄로 법원으로부터 벌금형 이상의 확정판결을 받기만 하면 새마을금고 임원으로서의 직업을 박탈당하게 되므로, 청구인들 스스로 그 조건 충족에 아무런 영향을 미칠 수 없는 객관적인 사유, 즉 법원이 벌금형 이상의 형을 선고하고 그 판결이 확정된다는 객관적 사유가 발생함으로써 자신이 선택한 직업을 강제로 박탈당하게 된다. 따라서 이 사건은 객관적 사유에 기한 직업선택의 자유 제한에 관한 문제로서, 월등히 중요한 공익을 위하여 명백하고 확실한 위험을 방지하기 위한 경우에만 정당화된다 할 것이다.

## 제4절  사생활의 자유

## I. 사생활의 비밀과 자유의 의의

헌법 제17조에서는 사생활의 비밀과 자유에 관한 규정을 두고 있다. 이 규정은 헌법 제16조의 주거의 자유 및 제18조의 통신의 자유와도 불가분의 관련성을 가진다.

사생활의 비밀과 자유는 미국의 프라이버시(privacy)라는 개념에서 유래한다. 원래 프라이버시권은 홀로 있을 권리(the right to be alone) 즉 소극적으로 사생활의 평온을 침해받지 아니하고 사생활의 비밀을 함부로 공개당하지 아니할 권리로 이해되었으나, 오늘날과 같은 정보화 사회에서는 자신에 관한 정보를 스스로 통제할 수 있는 권리까지 포함하는 적극적인 개념으로 이해된다.

## II. 사생활의 비밀과 자유의 내용

### 1. 사생활의 비밀과 자유

사생활의 비밀과 자유는 사생활의 비밀의 불가침, 사생활의 자유의 불가침, 자기정보에 대한 통제권으로 구분할 수 있다.

사생활의 비밀은 국가가 사생활영역을 들여다보는 것에 대한 보호를 제공하는 기본권이며, 사생활의 자유는 국가가 사생활의 자유로운 형성을 방해하거나 금지하는 것에 대한 보호를 의미한다. 구체적으로 사생활의 비밀과 자유가 보호하는 것은 개인의 내밀한 내용의 비밀을 유지할 권리, 개인이 자신의 사생활의 불가침을 보장받을 수 있는 권리, 개인의 양심영역이나 성적 영역과 같은 내밀한 영역에 대한 보호, 인격적인 감정세계의 존중의 권리와 정신적인 내면생활이 침해받지 아니할 권리 등이다(헌재 2003.10.30. 2002헌마518; 헌재 2010.12.28. 2009헌바258). 그러므로 사생활의 비밀과 자유가 보호하는 것은 '사생활영역'의 자유로운 형성과 비밀유지이며, 공적인 영역의 활동은 사생활의 비밀과 자유가 보호하는 것은 아니다(헌재 2003.10.30. 2002헌마518).

> **구 변호사법 제28조의2가 사생활의 비밀과 자유를 침해하는지 여부**(헌재 2009.10.29. 2007헌마667)
> 청구인들은 변호사의 영업에 있어서 매우 중요하고 은밀한 내용인 수임사건의 건수와 수임액을 지방변호사회에 보고하도록 규정하고 있는 이 사건 법률조항(구 변호사법 제28조의2)은 변호사의 사생활의 비밀 역시 침해한다고 주장한다. … 공적인 영역의 활동은 다른 기본권에 의한 보호는 별론으로 하고 사생활의 비밀과 자유가 보호하는 것은 아니라고 할 것이다. 일반적으로 경제적 내지 직업적 활동은 복합적인 사회적 관계를 전제로 하여 다수 주체간의 상호작용을 통하여 이루어지는 것이고, 특히 변호사의 업무는 앞서 본 바와 같이 다른 어느 직업적 활동보다도 강한 공공성을 내포한다는 점 등을 감안하여 볼 때,

변호사의 업무와 관련된 수임사건의 건수 및 수임액이 변호사의 내밀한 개인적 영역에 속하는 것이라고 보기 어렵고, 따라서 이 사건 법률조항이 청구인들의 사생활의 비밀과 자유를 침해하는 것이라 할 수 없다.

**간통죄(형법 제241조)의 성적 자기결정권 및 사생활의 비밀과 자유 침해 여부(간통죄 폐지 사건)** (헌재 2015.2.26. 2009헌바17 등)

부부 간 정조의무 및 여성 배우자의 보호는 간통한 배우자를 상대로 한 재판상 이혼 청구, 손해배상청구 등 민사상의 제도에 의해 보다 효과적으로 달성될 수 있고, 오히려 간통죄가 유책의 정도가 훨씬 큰 배우자의 이혼수단으로 이용되거나 일시 탈선한 가정주부 등을 공갈하는 수단으로 악용되고 있기도 하다. 결국 심판대상조항은 과잉금지원칙에 위배하여 국민의 성적 자기결정권 및 사생활의 비밀과 자유를 침해하는 것으로서 헌법에 위반된다.

## 2. 개인정보자기결정권

### (1) 개인정보 자기결정권의 의의

개인정보 자기결정권은 자신에 관한 정보가 언제 누구에게 어느 범위까지 알려지고 또 이용되도록 할 것인지를 그 정보주체가 스스로 결정할 수 있는 권리이다. 즉 정보주체가 개인정보의 공개와 이용에 관하여 스스로 결정할 권리를 말한다(헌재 2005.7.21. 2003헌마282 등).

### (2) 개인정보 자기결정권의 헌법적 근거

개인정보 자기결정권은 헌법 제10조에서 도출되는 일반적 인격권 및 헌법 제17조의 사생활의 비밀과 자유에 의하여 보장된다고 보거나, 굳이 그 헌법적 근거를 어느 하나에 국한하지 않고 독자적으로 보장되는 기본권으로 이해하고 있다.

**개인정보 자기결정권의 헌법적 근거**(헌재 2010.5.27. 2008헌마663)

개인정보 자기결정권의 헌법상 근거로는 헌법 제17조의 사생활의 비밀과 자유, 헌법 제10조 제1문의 인간의 존엄과 가치 및 행복추구권에 근거를 둔 일반적 인격권 또는 위 조문들과 동시에 우리 헌법의 자유민주적 기본질서 규정 또는 국민주권원리와 민주주의원리 등을 고려할 수 있으나, 개인정보 자기결정권으로 보호하려는 내용을 위 각 기본권들 및 헌법원리들 중 일부에 완전히 포섭시키는 것은 불가능하다고 할 것이므로, 그 헌법적 근거를 굳이 어느 한두 개에 국한시키는 것은 바람직하지 않은 것으로 보이고, 오히려 개인정보 자기결정권은 이들을 이념적 기초로 하는 독자적 기본권으로서 헌법에 명시되지 아니한 기본권이라고 보아야 할 것이다.

### (3) 개인정보 자기결정권의 내용

#### 1) 개인정보

개인정보 자기결정권의 보호대상이 되는 개인정보는 개인의 신체, 신념, 사회적 지위, 신분 등과 같이 개인의 인격주체성을 특징짓는 사항으로서 그 개인의 동일성을 식별할 수 있게 하는 일체의 정보라고 할 수 있고, 반드시 개인의 내밀한 영역이나 사사(私事)의 영역에 속하는 정보에 국한되지 않고 공적 생활에서 형성되었거나 이미 공개된 개인정보까지 포함한다(헌재 2005.7.21. 2003헌마282 등).

2) 자기정보 열람청구권 및 자기정보 정정청구권

개인정보 자기결정권에는 자신에 관한 정보의 열람을 청구할 수 있는 자기정보 열람청구권과 부정확하거나 불완전한 자신의 정보에 대하여 정정을 요구할 수 있는 자기정보 정정청구권이 포함된다(헌재 2013.7.25. 2011헌마364).[31]

**강제추행죄로 유죄판결이 확정된 자를 신상정보 등록대상자로 규정한 것이 개인정보 자기결정권을 침해하는지 여부**(헌재 2014.7.24. 2013헌마423 등)

형법상 강제추행죄로 유죄판결이 확정된 자는 신상정보 등록대상자가 되도록 규정한 부분이 청구인들의 개인정보 자기결정권을 침해하는지 여부(소극)

심판대상조항이 강제추행죄의 행위태양이나 불법성의 경중을 고려하지 않고 있더라도 이는 본질적으로 성폭력범죄에 해당하는 강제추행죄의 특성을 고려한 것이라고 할 것이므로, 심판대상조항은 침해최소성이 인정된다. 또 신상정보 등록으로 인한 사익의 제한은 비교적 경미한 반면 달성되는 공익은 매우 중대하다고 할 것이어서 법익균형성도 인정된다. 따라서 심판대상조항은 과잉금지원칙에 반하여 개인정보 자기결정권을 침해한다고 할 수 없다.

**통신매체이용음란죄로 유죄판결이 확정된 자를 신상정보 등록대상자로 규정한 것이 개인정보 자기결정권을 침해하는지 여부**(헌재 2016.3.31. 2015헌마688)

통신매체이용음란죄로 유죄판결이 확정된 자는 신상정보 등록대상자가 된다고 규정한 부분이 청구인의 개인정보 자기결정권을 침해하는지 여부(적극)

모든 성범죄자가 신상정보 등록대상이 되어서는 안되고, 신상정보 등록제도의 입법목적에 필요한 범위 내로 제한되어야 한다. 통신매체이용음란죄의 구성요건에 해당하는 행위태양은 행위자의 범의·범행 동기·행위 상대방·행위 횟수 및 방법 등에 따라 매우 다양한 유형이 존재하고, 개별 행위유형에 따라 재범의 위험성 및 신상정보 등록 필요성은 현저히 다르다. 그런데 심판대상조항은 통신매체이용음란죄로 유죄판결이 확정된 사람은 누구나 법관의 판단 등 별도의 절차 없이 필요적으로 신상정보 등록대상자가 되도록 하고 있고, 등록된 이후에는 그 결과를 다툴 방법도 없다. 그렇다면 심판대상조항은 통신매체이용음란죄의 죄질 및 재범의 위험성에 따라 등록대상을 축소하거나, 유죄판결 확정과 별도로 신상정보 등록 여부에 관하여 법관의 판단을 받도록 하는 절차를 두는 등 기본권 침해를 줄일 수 있는 다른 수단을 채택하지 않았다는 점에서 침해의 최소성 원칙에 위배된다. 또한, 심판대상조항으로 인하여 비교적 불법성이 경미한 통신매체이용음란죄를 저지

---

[31] 개인정보를 제공한 주체는 그 정보의 수집·이용·제공의 각 단계에서 그 정보에 대한 통제권을 가지고 있어야 하고, 해당 정보에의 자유로운 접근권, 정정청구권 등이 보장되어야 하는데…(헌재 2013.7.25. 2011헌마364).

르고 재범의 위험성이 인정되지 않는 이들에 대하여는 달성되는 공익과 침해되는 사익 사이에 불균형이 발생할 수 있다는 점에서 법익의 균형성도 인정하기 어렵다.

**형제자매에게 증명서 교부청구권을 부여하는 것이 개인정보 자기결정권을 침해하는지 여부**(헌재 2016.6.30. 2015헌마924)

형제자매에게 가족관계등록부 등의 기록사항에 관한 증명서 교부청구권을 부여하는 '가족관계의 등록 등에 관한 법률'이 과잉금지원칙을 위반하여 청구인의 개인정보 자기결정권을 침해하는지 여부(적극)

이 사건 법률조항은 증명서 발급에 있어 형제자매에게 정보주체인 본인과 거의 같은 지위를 부여하고 있으므로, 이는 증명서 교부청구권자의 범위를 필요한 최소한도로 한정한 것이라고 볼 수 없다. 본인은 인터넷을 이용하거나 위임을 통해 각종 증명서를 발급받을 수 있으며, 가족관계등록법 제14조 제1항 단서 각 호에서 일정한 경우에는 제3자도 각종 증명서의 교부를 청구할 수 있으므로 형제자매는 이를 통해 각종 증명서를 발급받을 수 있다. 따라서 이 사건 법률조항은 침해의 최소성에 위배된다. 또한, 이 사건 법률조항을 통해 달성하려는 공익에 비해 초래되는 기본권 제한의 정도가 중대하므로 법익의 균형성도 인정하기 어려워, 이 사건 법률조항은 청구인의 개인정보 자기결정권을 침해한다.

## Ⅲ. 사생활의 비밀과 자유의 제한

### 1. 사생활의 자유와 표현의 자유

사생활의 비밀은 표현의 자유와 갈등관계에 놓이는 것이 일반적이다. 사생활에 관한 사항이 언론에 의하여 공개될 경우 그것을 정당화할 수 있는 근거로는 공적인 관심사, 공적 인물 등이다. 우리 헌법재판소는 "명예훼손적 표현의 피해자가 공적 인물인지 아니면 사인인지, 그 표현이 공적인 관심사안에 관한 것인지 순수한 사적인 영역에 속하는 사안인지의 여부에 따라 헌법적 심사기준에는 차이가 있어야 한다."고 하여(헌재 1999.6.24. 97헌마265; 헌재 2013.12.26. 2009헌마747) 공적 인물이나 공적인 관심사에 대한 표현과 사적 영역에 대한 표현의 심사기준을 달리하고 있다. 그리고 공직자의 공무집행과 직접적인 관련이 없는 개인적인 사생활에 관한 사실이라도 일정한 경우 공적인 관심사안에 해당할 수 있다고 한다(헌재 2013.12.26. 2009헌마747).

**공직자의 개인적 사생활도 공적인 관심사안에 해당할 수 있는지 여부**(헌재 2013.12.26. 2009헌마747)

공직자의 자질·도덕성·청렴성에 관한 사실은 그 내용이 개인적인 사생활에 관한 것이라 할지라도 순수한 사생활의 영역에 있다고 보기 어렵다. 이러한 사실은 공직자 등의 사회적 활동에 대한 비판 내지 평가의 한 자료가 될 수 있고, 업무집행의 내용에 따라서는 업무와 관련이 있을 수도 있으므로, 이에 대한 문제제기 내지 비판은 허용되어야 한다.

## 2. CCTV와 사생활의 비밀과 자유

전자기술의 발달과 함께 교정시설에도 CCTV가 도입·설치되었으나, 법률의 근거규정 없이 법무부 훈령 등에 의하여 운영되고 있었다. CCTV 계호행위의 법률적 근거가 마련되지 않고 있던 중 이에 관한 헌법소원심판이 청구되었는데, 재판관 5인의 다수의견은 법률의 근거 없이 CCTV 계호행위가 이루어지고 있는 것은 법률유보원칙에 반하여 위헌이라고 판단하였으나, 위헌의결정족수에 이르지 못하여 합헌결정이 이루어졌다(헌재 2008.5.29. 2005헌마13). 헌법재판소결정 이후 '형의 집행 및 수용자의 처우에 관한 법률'이 개정되어 CCTV 등 전자영상장비를 이용하여 수용자를 계호할 수 있는 근거규정을 마련하였다. 그 후 구치소장이 수용자의 거실에 CCTV를 설치하여 계호한 행위가 과잉금지원칙에 위배하여 수용자의 사생활의 비밀 및 자유를 침해한다는 헌법소원심판청구사건에서 헌법재판소는 합헌결정을 하였다.

> **수용자의 거실에 CCTV를 설치하여 계호한 행위가 수용자의 사생활의 비밀 및 자유를 침해하는지 여부**(헌재 2011.9.29. 2010헌마413)
>
> 이 사건 CCTV 계호행위는 청구인의 생명·신체의 안전을 보호하기 위한 것으로서 그 목적이 정당하고, 교도관의 시선에 의한 감시만으로는 자살·자해 등의 교정사고 발생을 막는 데 시간적·공간적 공백이 있으므로 이를 메우기 위하여 CCTV를 설치하여 수형자를 상시적으로 관찰하는 것은 위 목적 달성에 적합한 수단이라 할 것이며, '형의 집행 및 수용자의 처우에 관한 법률' 및 동법 시행규칙은 CCTV 계호행위로 인하여 수용자가 입게 되는 피해를 최소화하기 위하여 CCTV의 설치·운용에 관한 여러 가지 규정을 하고 있고, 이에 따라 피청구인은 청구인의 사생활의 비밀 및 자유에 대한 제한을 최소화하기 위한 조치를 취하고 있는 점, 상시적으로 청구인을 시선계호할 인력을 확보하는 것이 불가능한 현실에서 자살이 시도되는 경우 신속하게 이를 파악하여 응급조치를 실행하기 위하여는 CCTV를 설치하여 청구인의 행동을 지속적으로 관찰하는 방법 외에 더 효과적인 다른 방법을 찾기 어려운 점 등에 비추어 보면, 이 사건 CCTV 계호행위는 피해의 최소성 요건을 갖추었다 할 것이고, 이로 인하여 청구인의 사생활에 상당한 제약이 가하여진다고 하더라도, 청구인의 행동을 상시적으로 관찰함으로써 그의 생명·신체를 보호하고 교정 시설 내의 안전과 질서를 보호하려는 공익 또한 그보다 결코 작다고 할 수 없으므로, 법익의 균형성도 갖추었다. 따라서 이 사건 CCTV 계호행위가 과잉금지원칙을 위배하여 청구인의 사생활의 비밀 및 자유를 침해하였다고는 볼 수 없다.

## Ⅳ. 주거의 자유

헌법 제16조에서 "모든 국민은 주거의 자유를 침해받지 아니한다. 주거에 대한 압수나 수색을 할 때에는 검사의 신청에 의하여 법관이 발부한 영장을 제시하여야 한다."고 규정하고 있다. 주거의 자유는 주거의 평온과 불가침을 헌법상의 권리로 보장하는 것이다.

주거는 개인의 사생활영역으로 주택에 한정되지는 않는다. 학교, 회사, 호텔의 객실 등을 포함하는 개념으로 주거자 또는 거주자의 의사에 반하여 불법적으로 주거에 들어가거나 수색하는 것은 주거침입죄가 성립할 수 있다.

주거에 대한 압수·수색의 경우에도 영장주의가 적용된다.

## V. 통신의 자유

### 1. 통신의 자유의 의의

헌법 제18조에서 "모든 국민은 통신의 비밀을 침해받지 아니한다."라고 규정하여 통신의 비밀을 침해받지 아니할 권리, 즉 통신의 자유를 보장하고 있다. 통신의 자유를 기본권으로서 보장하는 것은 사적 영역에 속하는 개인 간의 의사소통을 사생활의 일부로서 보장하겠다는 취지이다.

### 2. 통신의 자유의 내용

(1) 통신의 의미

통신비밀보호법 제2조 제1호에서 "통신"이라 함은 우편물 및 전기통신을 말한다고 정의한다. 따라서 통신매체수단을 이용하지 아니하는 개인 간의 대화의 침해는 사생활의 비밀의 침해는 될 수 있으나, 통신의 비밀침해는 아니다.

(2) 통신의 비밀

통신의 비밀의 불가침은 본인의 의사에 반하여 통신수단을 도청·열람·개봉하는 행위 등이 금지된다는 의미이다. 직무상 적법하게 지득한 것이라도 이를 누설하는 것은 금지된다. 헌법재판소는 "공개되지 아니한 타인 간의 대화를 녹음 또는 청취하여 지득한 대화의 내용을 공개하거나 누설한 자를 처벌하는 통신비밀보호법 제16조 제1항 제2호 중 '대화의 내용'에 관한 부분이 과잉금지원칙에 반하여 대화의 내용을 공개한 자의 표현의 자유를 침해하는지 여부"와 관련하여 표현의 자유를 침해하지 않는다고 판단하였다(헌재 2011.8.30. 2009헌바42).

> 통신비밀보호법상 불법취득된 타인 간의 대화내용을 공개하는 것이 표현의 자유를 침해하는지 여부(헌재 2011.8.30. 2009헌바42)
> 
> 이 사건 법률조항이 불법 감청·녹음 등을 통하여 취득한 타인 간의 대화내용을 공개·누설하는 경우 그러한 취득행위에는 관여하지 않고 다른 경로를 통하여 그 대화내용을 알게 된 사람이라 하더라도 처벌하는 것은 위와 같이 헌법 제18조에 의하여 보장되는 통신의 비밀을 보호하기 위함이다. 그러나 이 사건 법률조항은 다른 한편으로는 위법하게 취득한 타인간의 대화내용을 공개하는 자를 처벌함으로써 그 대화내용을 공개하는 자의 표현의 자유를 제한하게 된다. … 이 사건 법률조항에 의하여 대화자의 통신의 비밀과 공개자의 표현의 자유라는 두 기본권이 충돌하게 된다. … 이 사건 법률조항은 표현의 자유를 보장한 헌법 제21조 제1항에 위반되지 아니한다.

> 인터넷회선감청(패킷감청)의 통신의 자유 및 사생활의 비밀과 자유 침해 여부(헌재 2018.8.30. 2016헌마263)
>
> 통신비밀보호법 제5조 제2항 중 '인터넷회선을 통하여 송·수신하는 전기 통신'에 관한 부분이 과잉금지원칙을 위반하여 청구인의 기본권을 침해하는지 여부(적극)
>
> 인터넷회선감청은 인터넷회선을 통하여 흐르는 전기신호 형태의 '패킷'을 중간에 확보한 다음 재조합 기술을 거쳐 그 내용을 파악하는 이른바 '패킷감청'의 방식으로 이루어진다. 따라서 이를 통해 개인의 통신뿐만 아니라 사생활의 비밀과 자유가 제한된다. … 인터넷회선 감청으로 수사기관은 타인 간 통신 및 개인의 내밀한 사생활의 영역에 해당하는 통신 자료까지 취득할 수 있게 … 법은 "범죄를 계획 또는 실행하고 있거나 실행하였다고 의심할만한 충분한 이유가 있는 경우" 보충적 수사 방법으로 통신 제한조치가 활용하도록 요건을 정하고 있고, 법원의 허가 단계에서 특정 피의자 내지 피내사자의 범죄수사를 위해 그 대상자가 사용하는 특정 인터넷회선에 한하여 필요한 범위 내에서만 감청이 이루어지도록 제한이 되어 있다(법 제5조, 제6조). 그러나 '패킷감청'의 방식으로 이루어지는 인터넷회선 감청은 수사기관이 실제 감청 집행을 하는 단계에서는 해당 인터넷회선을 통하여 흐르는 불특정 다수인의 모든 정보가 패킷 형태로 수집되어 일단 수사기관에 그대로 전송되므로, 다른 통신 제한조치에 비하여 감청 집행을 통해 수사기관이 취득하는 자료가 비교할 수 없을 정도로 매우 방대하다는 점에 주목할 필요가 있다. 불특정 다수가 하나의 인터넷회선을 공유하여 사용하는 경우가 대부분이므로, 실제 집행 단계에서는 법원이 허가한 범위를 넘어 피의자 내지 피내사자의 통신 자료뿐만 아니라 동일한 인터넷회선을 이용 하는 불특정 다수인의 통신 자료까지 수사기관에 모두 수집·저장된다. 따라서 인터넷회선 감청을 통해 수사기관이 취득하는 개인의 통신 자료의 양을 전화감청 등 다른 통신 제한조치와 비교할 바는 아니다. 따라서 인터넷회선 감청은 집행 및 그 이후에 제3자의 정보나 범죄수사와 무관한 정보까지 수사기관에 의해 수집·보관되고 있지는 않는지, 수사기관이 원래 허가받은 목적, 범위 내에서 자료를 이용·처리하고 있는지 등을 감독 내지 통제할 법적 장치가 강하게 요구된다. … 이 사건 법률조항은 인터넷회선 감청의 특성을 고려하여 그 집행 단계나 집행 이후에 수사기관의 권한 남용을 통제하고 관련 기본권의 침해를 최소화하기 위한 제도적 조치가 제대로 마련되어 있지 않은 상태에서, 범죄수사 목적을 이유로 인터넷회선 감청을 통신 제한조치 허가 대상 중 하나로 정하고 있으므로 침해의 최소성 요건을 충족한다고 할 수 없다.… 그러므로 이 사건 법률조항은 과잉금지원칙에 위반하는 것으로 청구인의 기본권을 침해한다.

### 3. 통신의 자유의 제한

(1) 통신비밀보호법에 의한 제한

통신비밀보호법에서는 범죄수사를 위한 통신제한조치, 국가안보를 위한 통신제한조치, 긴급통신제한조치 등에 관하여 규정하고 있다.

**통신비밀보호법 제5조(범죄수사를 위한 통신제한조치의 허가요건)** ① 통신제한조치는 다음 각 호의 범죄를 계획 또는 실행하고 있거나 실행하였다고 의심할만한 충분한 이유가 있고 다른 방법으로는 그 범죄의 실행을 저지하거나 범인의 체포 또는 증거의 수집이 어려운 경우에 한하여 허가할 수 있다.

**통신비밀보호법 제6조(범죄수사를 위한 통신제한조치의 허가절차)** ① 검사(군검사를 포함한다.)는 제5조제1항의 요건이 구비된 경우에는 법원(군사법원을 포함한다.)에 대하여 각 피의자별 또는 각 피내사자별로 통신제한조치를 허가하여 줄 것을 청구할 수 있다.

**통신비밀보호법 제7조(국가안보를 위한 통신제한조치)** ① 대통령령이 정하는 정보수사기관의 장은 국가안전보장에 상당한 위험이 예상되는 경우 또는 「국민보호와 공공안전을 위한 테러방지법」 제2조제6호의 대테러활동에 필요한 경우에 한하여 그 위해를 방지하기 위하여 이에 관한 정보수집이 특히 필요한 때에는 다음 각 호의 구분에 따라 통신제한조치를 할 수 있다.
1. 통신의 일방 또는 쌍방당사자가 내국인인 때에는 고등법원 수석부장판사의 허가를 받아야 한다. 다만, 군용전기통신법 제2조의 규정에 의한 군용전기통신(작전수행을 위한 전기통신에 한한다)에 대하여는 그러하지 아니하다.
2. 대한민국에 적대하는 국가, 반국가활동의 혐의가 있는 외국의 기관·단체와 외국인, 대한민국의 통치권이 사실상 미치지 아니하는 한반도내의 집단이나 외국에 소재하는 그 산하단체의 구성원의 통신인 때 및 제1항 제1호 단서의 경우에는 서면으로 대통령의 승인을 얻어야 한다.

**통신비밀보호법 제8조(긴급통신제한조치)** ① 검사, 사법경찰관 또는 정보수사기관의 장은 국가안보를 위협하는 음모행위, 직접적인 사망이나 심각한 상해의 위험을 야기할 수 있는 범죄 또는 조직범죄등 중대한 범죄의 계획이나 실행 등 긴박한 상황에 있고 제5조 제1항 또는 제7조 제1항 제1호의 규정에 의한 요건을 구비한 자에 대하여 제6조 또는 제7조 제1항 및 제3항의 규정에 의한 절차를 거칠 수 없는 긴급한 사유가 있는 때에는 법원의 허가없이 통신제한조치를 할 수 있다.
② 검사, 사법경찰관 또는 정보수사기관의 장은 제1항에 따른 통신제한조치(이하 "긴급통신제한조치"라 한다)의 집행에 착수한 후 지체 없이 제6조(제7조 제3항에서 준용하는 경우를 포함한다)에 따라 법원에 허가청구를 하여야 한다.
③ 사법경찰관이 긴급통신제한조치를 할 경우에는 미리 검사의 지휘를 받아야 한다. 다만, 특히 급속을 요하여 미리 지휘를 받을 수 없는 사유가 있는 경우에는 긴급통신제한조치의 집행착수 후 지체없이 검사의 승인을 얻어야 한다.

(2) 형의 집행 및 수용자의 처우에 관한 법률에 의한 제한

교정시설에 수용 중인 수용자의 경우도 통신비밀의 자유의 주체가 될 수 있다(헌재 2012.2.23. 2009헌마333). 따라서 통신의 중요한 수단인 서신의 당사자나 내용은 본인의 의사에 반하여 공개되어서는 안된다. 수용자는 다른 사람과 서신을 주고받을 수 있으며, 수용자가 주고받는 서신의 내용은 검열 받지 아니한다. 다만 소장은 수용자가 주고받는 서신에 법령에 따라 금지된 물품이 들어 있는지 확인할 수 있으며, 예외적으로 서신을 검열할 수도 있다(형의 집행 및 수용자의 처우에 관한 법률 제43조). 헌법재판소는 교도소장으로 하여금 수용자가 주고받는 서신에 금지 물품이 들어 있는지를 확인할 수 있도록 규정하고 있는 형의 집행 및 수용자의 처우에 관한 법률 제43조 제3항은 헌법에 위반되지 않지만, 수용자가 밖으로 내보내는 모든 서신을 봉함하지 않은 상태로 교정시설에 제출하도록 규정하고 있는 동법 시행령 제65조 제1항은 통신의 비밀을 침해한다고 결정하였다(헌재

2012.2.23. 2009헌마333). 그 후 시행령에서는 수용자가 서신을 봉함하여 교정시설에 제출하도록 하면서, 예외적으로는 서신을 봉함하지 않은 상태로 제출하게 할 수 있도록 개정되었다.

> **형의 집행 및 수용자의 처우에 관한 법률 시행령 제65조(편지 내용물의 확인)** ① 수용자는 편지를 보내려는 경우 해당 편지를 봉함하여 교정시설에 제출한다. 다만, 소장은 다음 각 호의 어느 하나에 해당하는 경우로서 법 제43조제3항에 따른 금지물품의 확인을 위하여 필요한 경우에는 편지를 봉함하지 않은 상태로 제출하게 할 수 있다.
> 1. 다음 각 목의 어느 하나에 해당하는 수용자가 변호인 외의 자에게 편지를 보내려는 경우
>    가. 법 제104조제1항에 따른 마약류사범·조직폭력사범 등 법무부령으로 정하는 수용자
>    나. 제84조 제2항에 따른 처우등급이 법 제57조 제2항 제4호의 중(重)경비시설 수용대상인 수형자
> 2. 수용자가 같은 교정시설에 수용 중인 다른 수용자에게 편지를 보내려는 경우
> 3. 규율위반으로 조사 중이거나 징벌집행 중인 수용자가 다른 수용자에게 편지를 보내려는 경우
> ② 소장은 수용자에게 온 편지에 금지물품이 들어 있는지를 개봉하여 확인할 수 있다.

또한 수용자는 소장의 허가를 받아 교정시설의 외부에 있는 사람과 전화통화도 할 수 있다. 다만 허가에는 통화내용의 청취 또는 녹음을 조건으로 붙일 수 있다(형의 집행 및 수용자의 처우에 관한 법률 제44조).

> **수용자가 보내려는 모든 서신을 무봉함 상태로 제출을 강제하는 것이 통신 비밀의 자유를 침해하는지 여부**(헌재 2012.2.23. 2009헌마333)
> 시행령 조항이 수용자가 보내려는 모든 서신에 대해 무봉함 상태의 제출을 강제함으로써 수용자의 발송 서신 모두를 사실상 검열 가능한 상태에 놓이도록 하는 것은 기본권 제한의 최소침해성 요건을 위반하여 수용자인 청구인의 통신비밀의 자유를 침해하는 것이다.

## 제5절 양심의 자유

### Ⅰ. 양심의 자유의 의의

헌법 제19조는 양심의 자유를 보장하고 있다.

#### 1. 양심의 의미

양심의 의미와 관련하여 헌법재판소는 윤리적 내심영역으로 이해하기도 하고, 널리 사회적 양심으로서 사상의 자유 등을 포함하는 개념으로 이해하기도 한다. 즉 헌법이 보호하고자 하는 양심은 어떤 일의 옳고 그름을 판단함에 있어서 그렇게 행동하지 않고는 자신의 인격적 존재가치가 파멸되고 말 것이라는 강력하고 진지한 마음의 소리로서의 절박하고 구체적인 양심을 말하는 것이지 막연하고 추상적인 개념으로서의 양심이 아니라는 윤리적 양심설을 채택하기도 하고(헌재 2002.4.25. 98헌마425 등), 양심이란 세계관·인생관·주의·신조 등은 물론 이에 이르지 아니하여도 보다 널리 개인의 인격형성에 관계되는 내심에 있어서의 가치적·윤리적 판단도 포함된다(헌재 1997.11.27. 92헌바28)는 사회적 양심설을 채택하기도 한다.

#### 2. 양심의 자유의 주체

양심의 자유의 주체는 자연인이다. 헌법에서는 '모든 국민'이라는 표현을 사용하지만 외국인도 양심의 자유의 주체가 될 수 있다. 양심의 자유의 성격상 법인은 주체가 될 수 없다. 헌법재판소도 법인의 경우에는 대표자의 양심의 자유를 제약하게 된다고 함으로써 양심의 자유의 주체성을 인정하지 않고 있다(헌재 1991.4.1. 89헌마160).

### Ⅱ. 양심의 자유의 내용

#### 1. 양심형성의 자유와 양심실현의 자유

양심의 자유는 내심의 자유인 '양심형성의 자유'와 양심적 결정을 외부로 표현하고 실현하는 '양심실현의 자유'로 구분된다. 양심형성의 자유란 외부로부터의 부당한 간섭이나 강제를 받지 않고 개인의 내심영역에서 양심을 형성하고 양심상의 결정을 내리는 자유를 말한다. 양심실현의 자유란 형성된 양심을 외부로 표명하고 양심에 따라 삶을 형성할 자유, 구체적으로는 양심을 표명하거나 또는 양심을 표명하도록 강요받지 아니할 자유(양심표명의 자유), 양심에 반하는 행동을 강요받지 아니할 자유(부작위에 의한 양심실현의 자유), 양심에 따른 행동을 할 자유(작위에 의한 양심실현의 자유)를 모두 포함한다(헌재 2011.8.30. 2008헌가22 등).

## 2. 침묵의 자유

양심을 지키는 자유는 양심을 일정한 행동에 의하여 강요되지 않을 '양심추지의 금지'와 언어에 의해서 양심을 표명하도록 강제당하지 않을 '침묵의 자유'로 구분하는 견해가 있다. 헌법재판소도 윤리적 판단을 국가권력에 의하여 외부에 표명하도록 강제받지 않을 자유를 침묵의 자유라고 한다(헌재 1991.4.1. 89헌마160).

## 3. 부작위에 의한 양심실현의 자유(양심을 지키는 자유)

부작위에 의한 양심실현의 자유를 양심에 반하는 작위의무로부터 양심을 지키는 자유의 하나로 포함시키는 견해가 있다. 종래 헌법재판소는 양심적 병역거부가 헌법상 양심의 자유로서 보장되지 않는다고 하였으나(헌재 2011.8.30. 2008헌가22 등), 양심적 병역거부자에게 대체복무제를 인정하지 않는 것은 병역종류조항은 헌법상 양심의 자유를 침해한다고 결정하였다.

**양심적 병역거부 사건 1(양심적 병역거부자에게 형사처벌을 하는 것이 양심의 자유를 침해하는지 여부)**(헌재 2011.8.30. 2008헌가22 등)

상반된 내용의 2개의 명령 즉, '양심의 명령'과 '법질서의 명령'이 충돌하는 경우에 양심의 목소리를 따를 수 있는 가능성을 부여하고자 하는 것이 바로 양심의 자유가 보장하고자 하는 영역이다. 결국, 이 사건 법률조항(구 병역법 제88조 제1항 제1호)은 형사처벌을 통하여 양심적 병역거부자에게 양심에 반하는 행동을 강요하고 있으므로, '양심에 반하는 행동을 강요당하지 아니할 자유', 즉, '부작위에 의한 양심실현의 자유'를 제한하는 규정이다. … 양심적 병역거부자들이 자신의 양심을 지키기 위하여 징역형을 감수하는 상황이 국가적으로 바람직하다고 할 수는 없으나, 앞서 본 여러 사항을 고려할 때 양심적 병역거부자들에게 대체복무제를 허용하더라도 국가안보와 병역의무의 형평성이란 중대한 공익의 달성에 아무런 지장이 없다는 판단 또한 쉽사리 내릴 수 없다. 그렇다면 양심적 병역거부자에 대하여 대체복무제를 도입하지 않은 채 형사 처벌하는 규정만을 두고 있다 하더라도, 이 사건 법률조항이 최소침해의 원칙에 반한다 할 수 없다.

**양심적 병역거부 사건 2**(헌재 2018.6.28. 2011헌바379 등 병합)

1. (1) 양심적 병역거부자에 대한 대체복무제를 규정하지 아니한 병역종류조항이 과잉금지원칙을 위반하여 양심적 병역거부자의 양심의 자유를 침해하는지 여부(적극)

    (2) 현역입영 또는 소집통지서를 받은 사람이 정당한 사유 없이 입영일이나 소집일부터 3일이 지나도 입영하지 아니하거나 소집에 응하지 아니한 경우를 처벌하는 병역법 제88조 제1항 본문 제1호, 제88조 제1항 본문 제2호('처벌조항')가 과잉금지원칙을 위반하여 양심적 병역거부자의 양심의 자유를 침해하는지 여부(소극)

    (3) 병역종류조항에 대하여 헌법불합치 결정을 하되 계속 적용을 명한 사례

2. (1) 병역종류조항에 대체복무제가 마련되지 아니한 상황에서, 양심상의 결정에 따라 입영을 거부하거나 소집에 불응하는 이 사건 청구인 등이 현재의 대법원 판례에 따라 처

벌조항에 의하여 형벌을 부과받음으로써 양심에 반하는 행동을 강요받고 있으므로, 이 사건 법률조항은 '양심에 반하는 행동을 강요당하지 아니할 자유', 즉, '부작위에 의한 양심실현의 자유'를 제한하고 있다.

(2) 헌법적 가치가 서로 충돌하는 경우, 입법자는 두 가치를 양립시킬 수 있는 조화점을 최대한 모색해야 하고, 그것이 불가능해 부득이 어느 하나의 헌법적 가치를 후퇴시킬 수밖에 없는 경우에도 그 목적에 비례하는 범위 내에 그쳐야 한다. 헌법 제37조 제2항의 비례원칙은, 단순히 기본권 제한의 일반원칙에 그치지 않고, 모든 국가작용은 정당한 목적을 달성하기 위하여 필요한 범위 내에서만 행사되어야 한다는 국가작용의 한계를 선언한 것이므로, 비록 이 사건 법률조항이 헌법 제39조에 규정된 국방의 의무를 형성하는 입법이라 할지라도 그에 대한 심사는 헌법상 비례원칙에 의하여야 한다.

(3) 대체복무 편입 여부를 판정하는 객관적이고 공정한 심사절차를 마련하고 현역복무와 대체복무 사이의 형평성이 확보되도록 제도를 설계한다면, 대체복무제의 도입은 병역자원을 확보하고 병역부담의 형평을 기하고자 하는 입법목적을 병역종류조항과 같은 정도로 충분히 달성할 수 있다고 판단된다. 이와 같이 대체복무제라는 대안이 있음에도 불구하고 군사훈련을 수반하는 병역의무만을 규정한 병역종류조항은 침해의 최소성 원칙에 어긋난다.

(4) 처벌조항은 '정당한 사유 없이' 입영하지 아니하거나 소집에 응하지 아니하는 경우를 처벌하도록 하고 있을 뿐, 양심적 병역거부를 처벌하는 내용을 규정하고 있지 않다. … 처벌조항이 과잉금지원칙을 위반하여 양심적 병역거부자의 양심의 자유를 침해한다고 볼 수는 없다.

## Ⅲ. 양심의 자유의 제한

### 1. 양심실현의 자유에 대한 제한

양심의 자유 중 양심형성의 자유는 양심이 내심에 머무르는 한 절대적인 자유로서 제한할 수 없다. 반면에 양심적 결정을 외부로 표현하고 실현하는 있는 권리인 양심실현의 자유는 법률에 의해 제한될 수 있는 상대적 자유이다(헌재 1998.7.16. 96헌바35).

### 2. 양심실현의 자유 침해 여부에 대한 심사기준

양심실현의 자유에 대한 침해 여부의 심사에 일반적인 비례의 원칙이 적용되는지 여부와 관련하여 헌법재판소는 비례의 원칙 적용 여부에 소극적이었으나, 현재는 비례의 원칙이 적용된다고 명시적으로 판단하고 있다.

> 양심실현의 자유에 대한 침해 여부의 심사에 일반적인 비례의 원칙이 적용되는지 여부(헌재 2004.8.26. 2002헌가1)
> 양심의 자유의 경우 비례의 원칙을 통하여 양심의 자유를 공익과 교량하고 공익을 실현하기 위하여 양심을 상대화하는 것은 양심의 자유의 본질과 부합될 수 없다. 양심상의 결정이 법익교량과정에서 공익에 부합하는 상태로 축소되거나 그 내용에 있어서 왜곡·굴절

된다면, 이는 이미 '양심'이 아니다. 따라서 양심의 자유의 경우에는 법익교량을 통하여 양심의 자유와 공익을 조화와 균형의 상태로 이루어 양 법익을 함께 실현하는 것이 아니라, 단지 '양심의 자유'와 '공익' 중 양자택일 즉, 양심에 반하는 작위나 부작위를 법질서에 의하여 '강요받는가 아니면 강요받지 않는가'의 문제가 있을 뿐이다.

**헌법적 가치가 서로 충돌할 경우 심사기준(양심적 병역거부 사건 2)**(헌재 2011.8.30. 2008헌가22 등; 헌재 2018.6.28. 2011헌바379 등 병합)

헌법적 가치가 서로 충돌하는 경우, 입법자는 두 가치를 양립시킬 수 있는 조화점을 최대한 모색해야 하고, 그것이 불가능해 부득이 어느 하나의 헌법적 가치를 후퇴시킬 수밖에 없는 경우에도 그 목적에 비례하는 범위 내에 그쳐야 한다. 헌법 제37조 제2항의 비례원칙은, 단순히 기본권 제한의 일반원칙에 그치지 않고, 모든 국가작용은 정당한 목적을 달성하기 위하여 필요한 범위 내에서만 행사되어야 한다는 국가작용의 한계를 선언한 것이므로, 비록 이 사건 법률조항이 헌법 제39조에 규정된 국방의 의무를 형성하는 입법이라 할지라도 그에 대한 심사는 헌법상 비례원칙에 의하여야 한다.

### 3. 양심의 자유 침해에 대한 구제

UN 자유권규약위원회는 대한민국이 양심적 병역거부자에 대하여 유죄를 선고한 것은 자유권규약 제18조 제1항을 위반하여 양심의 자유를 침해한 것이라고 하면서, 대한민국은 그들에 대한 전과기록 말소와 적절한 보상을 포함한 효과적인 구제조치를 취할 의무가 있다고 하였으나, 헌법재판소는 자유권규약위원회의 견해에 대하여는 법적 구속력을 인정하고 있지 않다.

**양심적 병역거부를 이유로 유죄판결을 받은 청구인들의 개인통보에 대하여 자유권규약위원회가 채택한 견해에 따른 법률을 제정하지 아니한 입법부작위가 헌법소원심판의 대상이 되는지 여부**(헌재 2018.7.26. 2011헌마306 등)

개인통보에 대한 자유권규약위원회의 견해(Views)에 사법적인 판결이나 결정과 같은 법적 구속력이 인정된다고 단정하기는 어렵다. 또한, 자유권규약위원회의 견해가 그 내용에 따라서는 규약 당사국의 국내법 질서와 충돌할 수 있고, 그 이행을 위해서는 각 당사국의 역사적, 사회적, 정치적 상황 등이 충분히 고려될 필요가 있다는 점을 감안할 때, 우리 입법자가 반드시 자유권규약위원회의 견해(Views)의 구체적인 내용에 구속되어 그 모든 내용을 그대로 따라야만 하는 의무를 부담한다고 볼 수는 없다. … 입법자가 기존에 유죄판결을 받은 양심적 병역거부자에 대해 전과기록 말소 등의 구제조치를 할 것인지에 대하여는 입법자에게 광범위한 입법재량이 부여되어 있다고 보아야 한다. 따라서 우리나라가 자유권규약의 당사국으로서 자유권규약위원회의 견해를 존중하고 고려하여야 한다는 점을 감안하더라도, 피청구인에게 이 사건 견해에 언급된 구제조치를 그대로 이행하는 법률을 제정할 구체적인 입법의무가 발생하였다고 보기는 어렵다. … 이 사건 심판청구는 헌법소원심판의 대상이 될 수 없는 입법부작위를 대상으로 한 것으로서 부적법하다.

## 제6절 종교의 자유

### I. 종교의 자유의 의의

헌법 제20조는 제1항에서 "모든 국민은 종교의 자유를 가진다."고 규정하고, 제2항에서 "국교는 인정되지 아니하며 종교와 정치는 분리된다."라고 규정하여 종교의 자유와 정교의 분리를 선언하고 있다.

### II. 종교의 자유의 내용[32]

#### 1. 신앙의 자유

신앙의 자유는 신과 피안 또는 내세에 대한 인간의 내적 확신에 대한 자유를 말하는 것으로서 이러한 신앙의 자유는 그 자체가 내심의 자유의 핵심이기 때문에 법률로써도 이를 침해할 수 없다.

#### 2. 종교적 행위의 자유

종교적 행위의 자유는 종교상의 의식·예배 등 종교적 행위를 각 개인이 임의로 할 수 있는 등 종교적인 확신에 따라 행동하고 교리에 따라 생활할 수 있는 자유와 소극적으로는 자신의 종교적인 확신에 반하는 행위를 강요당하지 않을 자유 그리고 선교의 자유, 종교교육의 자유 등이 포함된다.

#### 3. 종교적 집회·결사의 자유

종교적 집회·결사의 자유는 종교적 목적으로 같은 신자들이 집회하거나 종교단체를 결성할 자유를 말한다. 이러한 종교적 행위의 자유와 종교적 집회·결사의 자유는 신앙의 자유와는 달리 절대적 자유가 아니므로 헌법 제37조 제2항에 의거하여 질서유지, 공공복리 등을 위해서 제한할 수 있는데, 그러한 제한은 비례의 원칙이나 종교의 자유의 본질적 내용을 침해해서는 안 된다.

### III. 종교의 자유의 제한

#### 1. 종교전파의 자유의 제한

종교전파의 자유는 자신의 종교 또는 종교적 확신을 알리고 선전하는 자유를 말하며, 포교행위 또는 선교행위가 이에 해당한다. 그러나 이러한 종교전파의 자유는 국민에게 그가 선택한 임의의 장소에서 자유롭게 행사할 수 있는 권리까지 보장한다고 할 수 없으며, 그 임의의 장소가 대한민국의 주권이 미치지 아니하는 지역 나아가 국가에 의한 국민의

---

[32] 헌재 2011.12.29. 2009헌마527

생명·신체 및 재산의 보호가 강력히 요구되는 해외 위난지역인 경우에는 더욱 그러하다(헌재 2008.6.26. 2007헌마1366).

## 2. 종교교육의 자유의 제한

종교의 자유에는 종교교육의 자유가 포함된다(헌재 2000.3.30. 99헌바14). 종교교육이란 가정이나 학교 등에서 종교교리에 관한 교육을 실시할 수 있는 자유를 말한다. 국가 및 지방자치단체가 설립한 국·공립학교에서의 일반적인 종교교육은 허용되지만 특정한 종교교육은 교육기본법 제6조에 의하여 금지된다. 사립학교의 경우에도 교육부고시에 의하여 정규과목인 종교교육이 있는 경우 종교과목 외의 복수과목을 두고 이를 선택하는 제도를 시행하여 종교과목을 선택하지 않을 수 있도록 하고 있다. 그리고 정규과목인 종교과목 이외의 종교활동은 자율참가가 원칙이다. 그렇지만 중·고등학교의 경우 본의의 의사와 관계없이 추첨에 의하여 일방적으로 배정되는 교육제도 하에서는 종교재단이 설립한 학교가 특정종교교육을 실시하는 것은 학교선택권이나 학생들의 신앙고백의 자유 및 소극적 신앙의 자유를 침해할 가능성이 있다. 사립대학에서는 학생들의 대학선택권이 비교적 자유롭게 보장되기 때문에 종교교육은 가능하다.

## 3. 종교적 행사의 제한

수형자도 종교적 행사의 자유가 보장된다. 다만 금치기간 중 공동행사 참가를 제한하는 것은 종교의 자유를 침해하지 않는다고 결정하였다(헌재 2016.5.26. 2014헌마45).[33]

**정화구역 내 납골시설 설치·운영의 일반적 금지가 종교의 자유, 행복추구권, 직업의 자유를 침해하는지 여부**(헌재 2009.7.30. 2008헌가2)
이 사건 법률조항은 정화구역 내의 납골시설 설치·운영을 일반적으로 금지하고 있다. 종교단체의 납골시설은 사자의 죽음을 추모하고 사후의 평안을 기원하는 종교적 행사를 하기 위한 시설이라고 할 수 있다. 종교단체가 설치·운영하고자 하는 납골시설이 금지되는 경우에는 종교의 자유에 대한 제한 문제가 발생한다. 그리고 개인이 조상이나 가족을 위하여 설치하는 납골시설 또는 문중·종중이 구성원을 위하여 설치하는 납골시설이 금지되는 경우에는 행복추구권 제한의 문제가 발생한다. 납골시설의 설치·운영을 직업으로서 수행하고자 하는 자에게는 이 사건 법률조항이 직업의 자유를 제한하게 된다. … 입법자는 학교 부근의 납골시설이 현실적으로 학생들의 정서교육에 해로운 영향을 끼칠 가능성이 있다고 판단하고 학생들에 대한 정서교육의 환경을 보호하기 위하여 학교 부근의 납골시설을 규제하기로 결정한 것이다. 납골시설을 기피하는 풍토와 정서가 과학적인 합리성이 없다고 하더라도, 그러한 풍토와 정서가 현실적으로 학생들의 정서발달에 해로운 영

---

[33] 한편, 같은 사건(헌재 2016.5.26. 2014헌마45)에서 헌법재판소는 ① 금치기간 중 텔레비전 시청을 제한하는 것은 청구인의 알권리를 침해하지 않으며, ② 신문·도서·잡지 외 자비구매물품의 사용을 제한하는 것은 청구인의 일반적 행동의 자유를 침해하지 않는다고 결정하였으나, ③ 금치기간 중 실외운동을 원칙적으로 제한하는 것은 청구인의 신체의 자유를 침해한다고 결정하였다.

향을 끼칠 가능성이 있는 이상, 규제하여야 할 필요성과 공익성을 부정하기 어렵다. … 이 사건 법률조항은 입법목적을 달성하기 위하여 필요한 한도를 넘어서 종교의 자유, 행복추구권 및 직업의 자유를 과도하게 제한하여 헌법 제37조 제2항에 위반된다고 보기 어렵다.

> **미결수용자 및 미지정 수형자의 종교집회 참석 제한이 종교의 자유를 침해하는지 여부**(헌재 2014.6.26. 2012헌마782)
>
> 피청구인은 출력수(작업에 종사하는 수형자)를 대상으로 원칙적으로 월 3~4회의 종교 집회를 실시하는 반면, 미결수용자와 미지정 수형자에 대해서는 원칙적으로 매월 1회, 그것도 공간의 협소함과 관리 인력의 부족을 이유로 수용동별로 돌아가며 종교 집회를 실시하여 실제 연간 1회 정도의 종교 집회 참석 기회를 부여하고 있다. 이는 미결수용자 및 미지정 수형자의 구금기간을 고려하면 사실상 종교 집회 참석 기회가 거의 보장되지 않는 결과를 초래할 수도 있다. 나아가 피청구인은 현재의 시설 여건 하에서도 종교 집회의 실시 회수를 출력수와 출력수 외의 수용자의 종교의 자유를 보장하는 범위 내에서 적절히 배분하는 방법, 공범이나 동일사건 관련자가 있는 경우에 한하여 이를 분리하여 종교 집회 참석을 허용하는 방법, 미지정 수형자의 경우 추가사건의 공범이나 동일사건 관련자가 없는 때에는 출력수와 함께 종교 집회를 실시하는 등의 방법으로 청구인의 기본권을 덜 침해하는 수단이 있음에도 불구하고 이를 전혀 고려하지 아니하였다. 따라서 이 사건 종교 집회 참석 제한 처우는 부산구치소의 열악한 시설을 감안하더라도 과잉금지원칙을 위반하여 청구인의 종교의 자유를 침해한 것이다.

## Ⅳ. 국교부인과 정교분리

국가는 특정 종교를 국교로 지정해서는 안 되며, 종교가 정치에 간섭하거나 종교단체가 정치활동을 하는 것은 금지된다. 그리고 종교의 자유에서 종교에 대한 적극적인 우대조치를 요구할 권리가 직접 도출되거나 우대할 국가의 의무가 발생하지 아니한다. 모든 종교를 동등하게 보호하거나 우대하는 조치도 무종교의 자유를 고려하면 헌법이 규정하고 있는 종교와 정치의 분리원칙에 어긋난다.

> **육군훈련소 내 종교행사 참석 강제의 정교분리원칙 위배 및 종교의 자유 침해 여부**(헌재 2022.11.24. 2019헌마941)
>
> 1. 피청구인이 청구인들로 하여금 개신교, 천주교, 불교, 원불교 4개 종교의 종교행사 중 하나에 참석하도록 한 것은 그 자체로 종교적 행위의 외적 강제에 해당한다. 이는 피청구인이 위 4개 종교를 승인하고 장려한 것이자, 여타 종교 또는 무종교보다 이러한 4개 종교 중 하나를 가지는 것을 선호한다는 점을 표현한 것이라고 보여질 수 있으므로 국가의 종교에 대한 중립성을 위반하여 특정 종교를 우대하는 것이다. 또한, 이 사건 종교행사 참석조치는 국가가 종교를, 군사력 강화라는 목적을 달성하기 위한 수단으로 전락시키거나, 반대로 종교단체가 군대라는 국가권력에 개입하여 선교행위를 하는 등 영향력을 행사할 수 있는 기회를 제공하므로, 국가와 종교의 밀접한 결합을 초래한다는 점에서 정교분리원칙에 위배된다.

2. 피청구인이 청구인들로 하여금 육군훈련소 내 종교행사에 참석하도록 한 이 사건 종교행사 참석조치는 군에서 필요한 정신전력을 강화하는 데 기여하기보다 오히려 해당 종교와 군 생활에 대한 반감이나 불쾌감을 유발하여 역효과를 일으킬 소지가 크고, 훈련병들의 정신전력을 강화할 수 있는 방법으로 종교적 수단 이외에 일반적인 윤리교육 등 다른 대안도 택할 수 있으며, 종교는 개인의 인격을 형성하는 가장 핵심적인 신념일 수 있는 만큼 종교에 대한 국가의 강제는 심각한 기본권 침해에 해당하는 점을 고려할 때, 과잉금지원칙을 위반하여 청구인들의 종교의 자유를 침해한다.

**종교시설 건축행위에 기반시설부담금을 면제 혹은 감경을 하지 않은 것이 종교의 자유를 침해하는지 여부**(헌재 2010.2.25. 2007헌바131 등)

종교의 자유에서 종교에 대한 적극적인 우대조치를 요구할 권리가 직접 도출되거나 우대할 국가의 의무가 발생하지 아니한다. 종교시설의 건축행위에만 기반시설부담금을 면제한다면 국가가 종교를 지원하여 종교를 승인하거나 우대하는 것으로 비칠 소지가 있어 헌법 제20조 제2항의 국교금지·정교분리에 위배될 수도 있다고 할 것이므로 종교시설의 건축행위에 대하여 기반시설부담금 부과를 제외하거나 감경하지 아니하였더라도, 종교의 자유를 침해하는 것이 아니다.

## 제7절 언론·출판의 자유

### I. 언론·출판의 자유의 의의

헌법 제21조는 언론·출판의 자유를 보장한다. 언론·출판의 자유는 민주체제에 있어서 불가결의 본질적 요소이다. 사회구성원이 자신의 사상과 의견을 자유롭게 표현할 수 있다는 것이야말로 모든 민주사회의 기초이며, 사상의 자유로운 교환을 위한 열린 공간이 확보되지 않는다면 민주정치는 결코 기대할 수 없기 때문이다.

> **헌법 제21조** ① 모든 국민은 언론·출판의 자유와 집회·결사의 자유를 가진다.
> ② 언론·출판에 대한 허가나 검열과 집회·결사에 대한 허가는 인정되지 아니한다.
> ③ 통신·방송의 시설기준과 신문의 기능을 보장하기 위하여 필요한 사항은 법률로 정한다.
> ④ 언론·출판은 타인의 명예나 권리 또는 공중도덕이나 사회윤리를 침해하여서는 아니된다. 언론·출판이 타인의 명예나 권리를 침해한 때에는 피해자는 이에 대한 피해의 배상을 청구할 수 있다.

### II. 언론·출판의 자유의 내용

#### 1. 의사표현의 자유

의사표현의 자유는 언론의 자유에 속한다. 의사표현의 자유는 불특정 다수인에게 자신의 의사를 표현하고 유포(전달)할 자유를 말한다.

(1) 소극적 의사표현의 자유

의사표현의 자유는 자신의 의사를 표현하고 전파할 적극적인 자유뿐만 아니라 자신의 의사를 표현하지 않거나 전파하지 않을 소극적인 자유도 포함한다. 예컨대, 담배포장지에 특정한 경고문구나 사진 등의 표시를 의무화하도록 하는 것은 소극적 표현의 자유에 대한 제한이 될 수 있다. 다만, 제한의 정당성의 관점에서 국민의 건강이나 보건권 등을 이유로 정당화될 수 있을 것이다.

(2) 전부거부 의사표시

헌법재판소는 표현의 자유는 기본적으로 자유로운 정치적 의사표현 등을 국가가 소극적으로 금지하거나 제한하지 말 것을 요구하는 권리이며, 국가에게 국민들의 표현의 자유를 실현할 방법을 적극적으로 마련해 달라는 것까지 포함하는 것이라 볼 수 없다고 판시하였다. 따라서 공직후보자들에 대한 유권자의 전부거부의 의사표시를 할 방법을 제공하지 않는 것이 헌법상 표현의 자유를 침해하지 않는다고 하였다(헌재 2007.8.30. 2005헌마975).

(3) 의사표현의 매개체

의사를 표현하는 매개체는 어떠한 형태이건 그 제한이 없으므로, 담화·연설·토론·연극·방송·음악·영화·가요 등과 문서·소설·시가·도화·사진·조각·서화 등 모든 형상의 의사표현 또는 의사전파의 매개체를 포함한다. 게임물 역시 예술표현의 수단이 될 수 있으므로 그 제작 및 판매·배포는 표현의 자유를 보장하는 헌법 제21조 제1항에 의하여 보장을 받으며(헌재 2002.2.28. 99헌바117), 음란물도 의사표현의 매개체가 될 수 있다(헌재 2002.4.25. 2001헌가27).

(4) 상업적 표현

광고가 단순히 상업적인 상품이나 서비스에 관한 사실을 알리는 경우에도 그 내용이 공익을 포함하는 때에는 헌법 제21조의 표현의 자유에 의하여 보호된다(헌재 2002.12.18. 2000헌마764). 다만 상업광고도 표현의 자유의 보호영역에 속하지만 사상이나 지식에 관한 정치적, 시민적 표현행위와는 차이가 있고, 한편 직업수행의 자유의 보호영역에 속하지만 인격발현과 개성신장에 미치는 효과가 중대한 것은 아니기 때문에 상업광고 규제에 관한 심사는 완화된다는 것이 헌법재판소 판례의 태도이다. 상업광고 규제에 관한 비례의 원칙 심사에 있어서 '피해의 최소성' 원칙은 같은 목적을 달성하기 위하여 달리 덜 제약적인 수단이 없을 것인지 혹은 입법목적을 달성하기 위하여 필요한 최소한의 제한인지를 심사하기 보다는 '입법목적을 달성하기 위하여 필요한 범위 내의 것인지'를 심사하는 정도로 완화된다는 것이다(헌재 2005.10.27. 2003헌가3).

**세무사 자격이 있는 변호사로 하여금 세무사 또는 이와 유사한 명칭을 사용하지 못하도록 한 것이 표현의 자유 및 직업의 자유를 침해하는지 여부**(헌재 2008.5.29. 2007헌마248)

이 사건 법률조항이 금지하는 것은 '세무사 또는 이와 유사한 명칭'으로서 '세무관리사', '세무회계관리사'와 같이 세무사와 동격으로 오해될 소지가 있는 '자격'명칭의 사용일 뿐이고, 변호사가 자신이 취급하는 '업무'의 종류로서 '세무', '세무대리', '조세'라고 표시하는 것까지 불허하는 것은 아니다. 따라서 청구인은 세무사라는 자격명칭을 사용하지 않더라도 얼마든지 자신이 세무대리업무를 하고 있음을 일반 소비자들에게 알릴 수 있다. 이러한 사정을 종합할 때, 이 사건 법률조항에 의한 제한은 입법목적을 달성하기 위하여 필요한 범위 내의 것이라고 볼 것이다.

**건강기능식품의 기능성 광고(상업광고)가 표현의 자유 및 사전검열금지의 대상이 되는지 여부**(헌재 2018.6.28. 2016헌가8 등)

광고도 사상·지식·정보 등을 불특정 다수인에게 전파하는 것으로서 언론·출판의 자유에 의한 보호를 받는 대상이 됨은 물론이고, 상업적 광고 표현 또한 보호 대상이 된다. … 현행 헌법상 사전검열은 표현의 자유 보호대상이면 예외 없이 금지된다는 입장을 명시적으로 밝힌 바 있다. 따라서 건강기능식품의 기능성 광고는 인체의 구조 및 기능에 대하여 보건용도에 유용한 효과를 준다는 기능성 등에 관한 정보를 널리 알려 해당 건강기능식품의 소비를 촉진시키기 위한 상업 광고로서 헌법 제21조 제1항의 표현의 자유의 보호 대상이 됨과 동시에 같은 조 제2항의 사전검열금지 대상도 된다.

(5) 음란적 표현

헌법재판소는 종래에는 '음란'을 인간존엄 내지 인간성을 왜곡하는 노골적이고 적나라한 성표현으로서 오로지 성적 흥미에만 호소할 뿐 전체적으로 보아 하등의 문학적·예술적·과학적 또는 정치적 가치를 지니지 않는 것으로서, 사회의 건전한 성도덕을 크게 해칠 뿐만 아니라 사상의 경쟁메커니즘에 의해서도 그 해악이 해소되기 어려운 것이라 보아 언론·출판의 자유에 의해서도 보호되지 않는다고 하였다(헌재 1998.4.30. 95헌가16).[34] 헌재 2009.5.28. 2006헌바109 결정에서는 음란표현은 헌법 제21조가 규정하는 언론·출판의 자유의 보호영역 내에 있다고 하면서 종래의 결정(헌재 1998.4.30. 95헌가16)을 변경(헌재 2009.5.28. 2006헌바109)하였다.

(6) 정치적 표현의 자유

정치적 표현의 자유는 자유민주적 기본질서의 구성요소로서 다른 기본권에 비하여 우월한 효력을 가진다. 정치적 표현의 자유의 중요성을 감안하더라도, 정치적 표현의 자유도 절대적인 것은 아니기 때문에, 헌법 제37조 제2항에서 도출되는 과잉금지원칙에 따라 제한될 수 있다. 특히 공무원은 국민 전체에 대한 봉사자로서의 지위와 기본권을 향유하는 기본권 주체로서의 지위라는 이중적 지위를 가진다. 따라서 공무원이라고 하여 기본권이 무시되거나 경시되어서도 안 되지만, 공무원 지위의 특수성에 비추어 공무원에 대해서는 개별 법률에서 일반 국민에 비해 보다 폭넓고 강한 기본권 제한이 필요한 경우가 많다. 우리 헌법 제7조는 공무원이 국민 전체에 대한 봉사자라는 지위에 있음을 확인하면서 공무원에 대해 정치적 중립성을 지킬 것을 요구하고 있으므로, 공무원의 경우 그 신분과 지위의 특수성에 비추어 경우에 따라서는 일반 국민에 비하여 표현의 자유가 더 제한될 수 있다(헌재 2014.8.28. 2011헌바32 등). 그렇지만 공무원이라는 지위에 있다는 이유만으로 정치적 표현의 자유를 전면적으로 부정할 수는 없으며, 함부로 그 제한을 정당화해서는 안 된다.

> **공무원의 집단행위 금지 사건**(헌재 2014.8.28. 2011헌바32 등)
> 공무원의 집단행위를 금지하고 있는 국가공무원법이 과잉금지원칙에 위배되는지 여부(소극)
> 이 사건 국가공무원법 규정에서 공무원의 정치적 의사표현이 집단적으로 이루어지는 것을 금지하는 것은, 다수의 집단행동은 그 행위의 속성상 개인행동보다 공공의 안녕질서나 법적 평화와 마찰을 빚을 가능성이 크고, 공무원이 집단적으로 정치적 의사표현을 하는 경우에는 이것이 공무원이라는 집단의 이익을 대변하기 위한 것으로 비춰질 수 있으며, 정치적 중립성의 훼손으로 공무의 공정성과 객관성에 대한 신뢰를 저하시킬 수 있기 때문이다. 특히 우리나라의 정치 현실에서는 집단적으로 이루어지는 정부 정책에 대한 비판이나 반대가 특정 정당이나 정파 등을 지지하는 형태의 의사표시로 나타나지 않더라도

---

[34] 반면에 같은 사건(헌재 1998.4.30. 95헌가16)에서 "저속"은 이러한 정도에 이르지 않는 성표현 등을 의미하는 것으로서 헌법적인 보호영역 안에 있는 것으로 판단하고 있다.

그러한 주장 자체로 현실정치에 개입하려 한다거나, 정파적 또는 당파적인 것으로 오해받을 소지가 크다. 따라서 공무원의 집단적인 의사표현을 제한하는 것은 불가피하고 이것이 과잉금지원칙에 위반된다고 볼 수 없다.

**군무원의 정치적 표현행위 금지가 표현의 자유를 침해하는지 여부**(헌재 2018.7.26. 2016헌바139)
구 군형법 제94조 중 '연설, 문서 또는 그 밖의 방법으로 정치적 의견을 공표한 사람' 부분 가운데 제1조 제3항 제1호의 군무원에 관한 부분이 군무원의 정치적 표현의 자유를 침해하는지 여부(소극)

군조직의 질서와 규율을 유지·강화하여 군 본연의 사명인 국방의 임무에 전력을 기울이도록 하고, 우리나라의 민주헌정체제와 이에 대한 국민의 신뢰를 보호하려는 심판대상조항의 입법목적은 정당하고, 심판대상조항에서 군무원이 연설, 문서 또는 그 밖의 방법으로 정치적 의견을 공표하는 것을 금지하고 이를 위반하면 처벌하도록 하는 것은 그러한 입법목적을 달성하기 위한 효과적이고 적합한 수단이 된다. 군무원은 그 특수한 지위로 인하여 헌법 제7조와 제5조 제2항에 따라 그 정치적 표현의 자유에 대해 엄격한 제한을 받을 수밖에 없으므로, 그 정치적 의견을 공표하는 행위 역시 이를 엄격히 제한할 필요가 있다. … 심판대상조항은 침해의 최소성원칙에 위반되지도 않는다.

**공무원의 국가 정책에 대한 집단적인 반대·방해 행위 금지 사건**(헌재 2012.5.31. 2009헌마705 등)
1. 공무원에 대하여 국가 또는 지방자치단체의 정책에 대한 반대·방해 행위를 금지한 구 '국가공무원 복무규정'이 공무원의 정치적 표현의 자유를 침해하는지 여부(소극)

   위 규정들은 국가 또는 지방자치단체의 정책에 대한 공무원의 집단적인 반대·방해 행위를 금지함으로써 공무원의 근무기강을 확립하고 공무원의 정치적 중립성을 확보하려는 입법목적을 가진 것으로서, … 위 규정들은 공무원의 정치적 의사 표현이 집단적인 행위가 아닌 개인적·개별적인 행위인 경우에는 허용하고 있고, 공무원의 행위는 그것이 직무 내의 것인지 직무 외의 것인지 구분하기 어려운 경우가 많으며, 설사 공무원이 직무 외에서 집단적인 정치적 표현 행위를 한다 하더라도 공무원의 정치적 중립성에 대한 국민의 신뢰는 유지되기 어려우므로 직무 내외를 불문하고 금지한다 하더라도 침해의 최소성원칙에 위배되지 아니한다. 따라서 위 규정들은 과잉금지원칙에 반하여 공무원의 정치적 표현의 자유를 침해한다고 할 수 없다.

2. 공무원에 대하여 직무수행 중 정치적 주장을 표시·상징하는 복장 등 착용행위를 금지한 '국가공무원 복무규정'이 공무원의 정치적 표현의 자유를 침해하는지 여부(소극)

   공무원이 직무수행 중 정치적 주장을 표시·상징하는 복장 등을 착용하는 행위는 그 주장의 당부를 떠나 국민으로 하여금 공무집행의 공정성과 정치적 중립성을 의심하게 할 수 있으므로 공무원이 직무수행 중인 경우에는 그 활동과 행위에 더 큰 제약이 가능하다고 하여야 할 것인바, 위 규정들은 오로지 공무원의 직무수행 중의 행위만을 금지하고 있으므로 침해의 최소성원칙에 위배되지 아니한다. 따라서 위 규정들은 과잉금지원칙에 반하여 공무원의 정치적 표현의 자유를 침해한다고 할 수 없다.

**공무원 지위이용 선거운동죄가 정치적 표현의 자유를 침해하는지 여부**(헌재 2020.3.26. 2018헌바3)
공무원 지위이용 선거운동죄 조항이 선거에서의 정치적 중립의무를 지지 않는 지방의회의원의 지위를 이용한 선거운동을 금지하고 위반 시 형사처벌하면서 5년 이하의 징역형만을 법정형으로 규정한 것이 과잉금지원칙을 위반하여 정치적 표현의 자유를 침해하는지 여부(소극)

선거운동죄 조항은 지방의회의원이 그 지위를 이용하여 선거운동하는 것을 금지하고 그 위반행위를 형사처벌하고 있으므로, 선거운동의 자유, 즉 정치적 표현의 자유를 제한한다.

지방의회의원에게는 선거에 있어서는 정무직공무원의 지위와, 부여받은 공적 권한을 주민 전체의 복리추구라는 공익실현을 위하여 사용하여야 하는 국민에 대한 봉사자로서의 지위 간의 균형이 요구되고, 선거의 공정성을 준수하여야 할 의무가 있다. 그런데 지방의회의원이 선거운동을 함에 있어 지방의회의원의 지위를 이용하면, 이는 주민 전체의 복리를 위해 행사하도록 부여된 자원과 권한을 일방적으로 특정 정당과 개인을 위하여 남용하는 것이고, 그로 인해 선거의 공정성을 해칠 우려뿐 아니라 공직에 대한 국민의 신뢰 실추라는 폐해도 발생한다. … 따라서 공무원 지위이용 선거운동죄 조항은 과잉금지원칙을 위반하여 청구인의 정치적 표현의 자유를 침해하지 아니한다.

**병역의무를 이행하는 병의 선거운동 금지가 선거운동의 자유를 침해하는지 여부**(헌재 2018.4.26. 2016헌마611)
병역의무를 이행하는 병에 대하여 정치적 중립 의무를 부과하면서 선거운동을 할 수 없도록 하는 국가공무원법 등이 청구인의 선거운동의 자유를 침해하는지 여부(소극)

심판대상조항이 청구인의 선거운동의 자유를 침해하는지 여부가 문제된다. 다만, 청구인은 심판대상조항이 병의 정치적 활동을 제한한다고 포괄적으로 주장할 뿐, 심판대상조항 중 국가공무원법 제65조 제2항과 군인복무기본법 제33조 제2항 각 호가 규정하는 개별 금지행위에 대하여 구체적인 기본권 침해 주장을 하지 않고 있으므로, 개별 금지행위를 나누어 살펴보지 않고 심판대상조항을 포괄하여 검토한다. … 선거운동은 국민주권 행사의 일환일 뿐만 아니라, 정치적 표현의 자유의 영역에 속하는 것으로 민주사회를 구성하고 작동하는 요소이므로 제한 입법에 대해서는 엄격한 심사기준이 적용된다. … 심판대상조항이 병의 선거운동의 자유를 전면적으로 제한하고 있으나, 위와 같은 사정을 고려하면 병이 국토방위라는 본연의 업무에 전념할 수 있도록 하고, 헌법이 요구하는 공무원과 국군의 정치적 중립성을 확보하며, 선거의 공정성과 형평성을 확보하기 위하여 반드시 필요한 제한이라 할 수 있고, 달리 제한적 입법으로 입법목적을 충분히 달성할 수 있을지 불분명하다. 따라서 심판대상조항이 침해의 최소성에 위배되었다고 단정할 수 없다.

**허용되는 경선운동방법을 한정하는 것이 정치적 표현의 자유를 침해하는지 여부**(헌재 2019.4.11. 2016헌바458 등)
당내경선에서 허용되는 경선운동방법을 한정하고, 이를 위반하여 경선운동을 한 자를 처벌하는 공직선거법이 정치적 표현의 자유를 침해하는지 여부(소극)

경선운동방법 제한조항에 의하면, 경선후보자는 선거사무소를 설치하거나 그 선거사무소에 간판·현판, 현수막을 설치·게시하는 방법으로 선거운동을 할 수 있고, 유권자들과 개별적·직접적으로 대면하여 명함을 주거나 지지를 호소할 수 있다. … 한편, 당원과 당원이 아닌 자에게 투표권을 부여하여 실시하는 당내경선에 있어 경선후보자가 지지호소를 위해 확성장치를 사용하게 되면, 경선운동과정에서 일반 국민들에게까지 심각한 소음 공해를 발생시켜 공공의 안녕과 질서에 직접적인 위해를 가져올 수 있다. 통상적으로 당내경선은 본 선거에 비해 상대적으로 소수의 경선선거인이 참여하므로, 확성장치의 사용을 반드시 허용해야 할 필요성도 크지 않다. 이처럼 확성장치를 사용한 지지호소 행위가 금지되는 것을 비롯하여 경선운동방법이 엄격하게 제한되고 있기는 하나, 허용되는 방법을 통해서도 충분히 경선후보자가 자신의 능력이나 자질, 공약 등을 알릴 수 있는 기회가 보장되어 있으므로, 경선운동방법 조항들이 과잉금지원칙을 위반하여 정치적 표현의 자유를 침해한다고 할 수 없다.

**중퇴학력 표기규정의 선거운동의 자유 침해 여부**(헌재 2017.12.28. 2015헌바232)
선거운동의 자유에는 선거과정에서 자유롭게 의사를 표현 할 수 있는 자유가 포함되므로, 청구인이 주장하는 중퇴 학력의 수학기간을 기재하지 않을 정치적 표현의 자유는 선거운동의 자유에 포함된다. 결국, 청구인의 주장 중 중퇴학력 표기규정이 과잉금지원칙에 위배되었다는 부분은 선거운동의 자유를 어느 범위에서 제한할 수 있는가의 문제로 귀결된다. … 중퇴학력 표기규정이 정규학력 중 중퇴한 학력을 기재하는 경우 반드시 수학기간을 기재하도록 하고, 이를 위반한 행위에 대해 학력을 허위로 기재하는 경우와 같이 처벌하도록 한 것이 현저히 부당하다고 보기 어렵다. … 중퇴학력 표기규정은 헌법 제37조 제1항이 요구하는 비례원칙 내지 과잉금지원칙에 반하여 선거운동의 자유를 침해한다고 할 수 없다.

**공직선거 선거운동 시 확성장치 사용에 따른 소음 규제기준 부재 사건**(헌재 2019.12.27. 2018헌마730)
1. 심판대상조항은 공직선거법상 전국동시지방선거의 선거운동 시 확성장치를 사용할 수 있도록 허용하면서도 그 사용에 따른 소음의 규제기준을 두지 아니하는 등 그 입법 내용이 불완전·불충분하여 환경권을 침해하는지 문제된다.
2. 국가가 국민의 건강하고 쾌적한 환경에서 생활할 권리에 대한 보호의무를 다하지 않았는지 여부를 헌법재판소가 심사할 때에는 국가가 이를 보호하기 위하여 적어도 적절하고 효율적인 최소한의 보호조치를 취하였는가 하는 이른바 '과소보호금지원칙'의 위반 여부를 기준으로 삼아야 한다. … 따라서 심판대상조항이 선거운동의 자유를 감안하여 선거운동을 위한 확성장치를 허용할 공익적 필요성이 인정된다고 하더라도 정온한 생활환경이 보장되어야 할 주거지역에서 출근 또는 등교 이전 및 퇴근 또는 하교 이후 시간대에 확성장치의 최고출력 내지 소음을 제한하는 등 사용시간과 사용지역에 따른 수인한도 내에서 확성장치의 최고출력 내지 소음 규제기준에 관한 규정을 두지 아니한 것은, 국민이 건강하고 쾌적하게 생활할 수 있는 양호한 주거환경을 위하여 노력하여야 할 국가의 의무를 부과한 헌법 제35조 제3항에 비추어 보면, 적절하고 효율적인 최

소한의 보호조치를 취하지 아니하여 국가의 기본권 보호의무를 과소하게 이행한 것으로서, 청구인의 건강하고 쾌적한 환경에서 생활할 권리를 침해하므로 헌법에 위반된다. … 종래 이와 견해를 달리하여 심판대상조항이 헌법에 위반되지 아니한다고 판시한 우리 재판소 결정(헌재 2008.7.31. 2006헌마711)[35]은 이 결정 취지와 저촉되는 범위 안에서 변경하기로 한다.

**단체관련자금으로 정치자금 기부금지 사건**(헌재 2014.4.24. 2011헌바254)
단체와 관련된 자금으로 정치자금을 수수하는 것을 금지 및 처벌하는 단체관련자금 기부금지조항이 과잉금지원칙을 위반하여 정치활동의 자유 내지 정치적 의사 표현의 자유를 침해하는지 여부(소극)

단체의 정치적 의사표현은 그 방법에 따라 정당·정치인이나 유권자의 선거권 행사에 심대한 영향을 미친다는 점에서 그 방법적 제한의 필요성이 매우 크고, 단체관련자금 기부금지조항은 단체의 정치적 의사표현 자체를 금지하거나 그 내용에 따라 규제하는 것이 아니라, 개인과의 관계에서 불균형적으로 주어지기 쉬운 '자금'을 사용한 방법과 관련하여 규제를 하는 것이므로, 정치적 표현의 자유의 본질을 침해하는 것이라고 볼 수 없다. 개인의 정치적 의사형성이 온전하게 이루어질 수 있는 범위에서의 자금모집에 관한 단체의 관여를 일반적·추상적으로 규범화하여 허용하는 것은 입법기술상 곤란할 뿐만 아니라, 개인의 정치적 기본권 보호라는 입법목적 달성에 충분한 수단이라고 보기 어려우므로 단체관련자금 기부금지조항이 침해의 최소성 원칙에 위반된다고 보기 어렵다.

## 2. 알권리

(1) 알권리의 의의 및 헌법적 근거

알권리(정보의 자유)라 함은 일반적으로 접근할 수 있는 정보원(情報源)으로부터 의사형성에 필요한 정보를 수집하고, 수집된 정보를 취사·선택할 수 있는 자유를 말한다. 헌법은 알권리에 관하여 명문의 규정을 두고 있지 않다. 하지만 사상 또는 의견의 자유로운 표명은 자유로운 의사의 형성을 전제로 하는데, 자유로운 의사의 형성은 충분한 정보에의 접근이 보장됨으로써 비로소 가능한 것이며, 다른 한편으로 자유로운 표명은 자유로운 수용 또는 접수와 불가분의 관계에 있기 때문에 정보에의 접근·수집·처리의 자유를 의미하는 알권리는 표현의 자유에 당연히 포함되는 것으로 보아야 한다(헌재 1989.9.4. 88헌마22).

(2) 알권리의 법적 성격

알권리는 표현의 자유와 표리일체의 관계에 있으며 자유권적 성질과 청구권적 성질을 공

---

[35] 이 사건의 경우 청구인의 기본권적 법익이 침해되고 있음이 명백히 드러나지 않고, 공직선거법의 규정을 보더라도 확성장치로 인한 소음을 예방하는 규정이 불충분하다고 단정할 수도 없으며, 기본권 보호의무의 인정 여부를 선거운동의 자유와의 비교형량 하에서 판단할 때, 확성장치 소음규제기준을 정하지 않았다는 것만으로 청구인의 정온한 환경에서 생활할 권리를 보호하기 위한 입법자의 의무를 과소하게 이행하였다고 평가할 수는 없다(헌재 2008.7.31. 2006헌마711).

유한다. 자유권적 성질은 일반적으로 정보에 접근하고 수집·처리함에 있어서 국가권력의 방해를 받지 아니한다는 것을 말하며, 정보원으로부터 정보를 받아들이는 정보수령권이나 언론기관이 취재활동을 자유로이 할 수 있는 정보수집권의 형태를 띠게 된다. 청구권적 성질은 의사형성이나 여론형성에 필요한 정보를 적극적으로 수집하고 보유하는 정보를 공개하도록 적극적으로 요구할 수 있는 정보공개청구권의 형태로 나타난다.

또한 알권리는 구체적 권리로서의 성격을 가진다. 알권리의 실현은 법률의 제정이 뒤따라 이를 구체화시키는 것이 충실하고도 바람직하지만, 그러한 법률이 제정되어 있지 않다고 하더라도 불가능한 것은 아니고 헌법 제21조에 의해 직접 보장될 수 있다고 하는 것이 헌법재판소의 확립된 판례이다(헌재 1991.5.13. 90헌마133).

(3) 알권리의 내용

알권리에는 일반적으로 접근할 수 있는 정보원으로부터 방해받지 않고 정보를 수령할 수 있는 정보수령권, 일반적으로 접근 가능한 정보원으로부터 능동적으로 정보를 수집할 수 있는 정보수집권, 비자발적 정보원에 대하여 적극적으로 정보의 공개를 청구할 수 있는 정보공개청구권 등이 포함된다.

(4) 알권리와 사생활의 비밀과 자유

국민의 알권리(정보공개청구권)와 개인정보 주체의 사생활의 비밀과 자유가 서로 충돌하는 경우(헌재 2010.12.28, 2009헌바258), 기본권의 서열이나 법익의 형량을 통하여 어느 한 쪽의 기본권을 우선시키고 다른 쪽의 기본권을 후퇴시킬 수는 없다. 이러한 경우에는 헌법의 통일성을 유지하기 위하여 상충하는 기본권 모두가 최대한으로 그 기능과 효력을 발휘할 수 있도록 조화로운 방법을 모색하되(규범조화적 해석), 법익형량의 원리, 입법에 의한 선택적 재량 등을 종합적으로 참작하여 심사하여야 한다.

> 교원의 노동조합 가입정보 공개금지 사건(헌재 2011.12.29. 2010헌마293)
> 교원의 교원단체 및 노동조합 가입에 관한 정보의 공개를 요구하는 학부모들의 알 권리와 그 정보의 비공개를 요청하는 정보주체인 교원의 개인정보 자기결정권이 충돌하는 경우로서, 이와 같이 두 기본권이 충돌하는 경우에는 헌법의 통일성을 유지하기 위하여 상충하는 기본권 모두 최대한으로 그 기능과 효력을 발휘할 수 있도록 조화로운 방법이 모색되어야 한다. … 이 사건 시행령조항은 공시대상정보로서 교원의 교원단체 및 노동조합 "가입현황(인원 수)"만을 규정할 뿐 개별 교원의 명단은 규정하고 있지 아니한바, 교원의 교원단체 및 노동조합 가입에 관한 정보는 '개인정보 보호법'상의 민감정보로서 특별히 보호되어야 할 성질의 것이고, 인터넷 게시판에 공개되는 '공시'로 말미암아 발생할 교원의 개인정보 자기결정권에 대한 중대한 침해의 가능성을 고려할 때, 이 사건 시행령조항은 학부모 등 국민의 알 권리와 교원의 개인정보 자기결정권이라는 두 기본권을 합리적으로 조화시킨 것이라 할 수 있으므로, 학부모들의 알 권리를 침해하지 않는다.

(5) 알권리와 시험정보

공공기관의 정보공개에 관한 법률 제9조 제1항 제5호에서는 시험에 관한 사항으로서 공개될 경우 업무의 공정한 수행에 현저한 지장을 초래한다고 인정할 만한 상당한 이유가 있는 정보는 공개하지 아니할 수 있도록 규정하고 있다. 사법시험 등은 답안지 열람은 허용하고 있으나, 채점위원별 채점결과는 비공개정보로서 열람을 허용하지 않고 있다(대판 2003.3.14. 2000두6114). 의사국가시험은 비공개정보로서 공개되지 않고 있다(헌재 2009.9.24. 2007헌바107). 변호사시험의 성적을 공개하지 않는 변호사시험법에 대하여 법학전문대학원에 재학 중인 학생이 제기한 헌법소원사건은 각하되었으나(헌재 2011.9.27. 2011헌마500), 변호사시험 성적을 합격자에게 공개하지 않도록 규정한 변호사시험법은 청구인들의 알권리(정보공개청구권)를 침해한다고 결정하였다.

> **시험정보 공개거부 사건(시험문제 및 정답 공개거부가 알권리를 침해하는지 여부)**(헌재 2011.3.31. 2010헌바291)
> 시험의 관리에 있어서 가장 중요한 것은 정확성과 공정성이므로, 이를 위하여 시험문제와 정답, 채점기준 등 시험의 정확성과 공정성에 영향을 줄 수 있는 모든 정보는 사전에 엄격하게 비밀로 유지되어야 할 뿐만 아니라, 공공기관에서 시행하는 대부분의 시험들은 평가대상이 되는 지식의 범위가 한정되어 있고 그 시행도 주기적으로 반복되므로 이미 시행된 시험에 관한 정보라 할지라도 이를 제한 없이 공개할 경우에는 중요한 영역의 출제가 어려워지는 등 시험의 공정한 관리 및 시행에 영향을 줄 수밖에 없다고 할 것이므로, 이 사건 법률조항이 시험문제와 정답을 공개하지 아니할 수 있도록 한 것이 과잉금지원칙에 위반하여 알권리를 침해한다고 볼 수 없다.

> **법학전문대학원 재학생의 변호사시험 합격 후 성적 비공개로 인한 기본권 침해 인정 여부**(헌재 2011.9.27. 2011헌바500)
> 변호사시험법 제18조 제1항에 따르면, 변호사시험의 시험정보(성적)를 공개하지 않는 대상은 변호사시험에 응시했다가 합격한 자 등에 한하는 것이고, 시험에 불합격한 자의 경우에는 합격자 발표일로부터 6개월 이내에 법무부장관에게 본인의 성적공개를 청구할 수 있는 것인바, 청구인은 법학전문대학원 2학년 재학 중에 불과하여 아직 변호사시험 응시자격도 구비하지 못한 경우이므로 변호사시험 합격 후 성적 비공개로 인한 기본권 침해가 확실히 예상되는 경우가 아니므로 법적 관련성 요건을 갖추지 못하였다.

> **변호사시험 응시자들에 대한 변호사시험 성적 비공개의 알권리 침해 여부**(헌재 2015.6.25. 2011헌마769 등)
> 변호사시험 성적 비공개를 통하여 법학전문대학원 간의 과다경쟁 및 서열화를 방지하고, 교육과정이 충실하게 이행될 수 있도록 하여 다양한 분야의 전문성을 갖춘 양질의 변호사를 양성하기 위한 심판대상조항의 입법목적은 정당하다. 그러나 변호사시험 성적 비공개로 인하여 변호사시험 합격자의 능력을 평가할 수 있는 객관적인 자료가 없어서 오히려 대학의 서열에 따라 합격자를 평가하게 되어 대학의 서열화는 더욱 고착화된다. … 오

히려 시험 성적을 공개하는 경우 경쟁력 있는 법률가를 양성할 수 있고, 각종 법조직역에 채용과 선발의 객관적 기준을 제공할 수 있다. 따라서 변호사 시험 성적의 비공개는 기존 대학의 서열화를 고착시키는 등의 부작용을 낳고 있으므로 수단의 적절성이 인정되지 않는다. 또한 법학교육의 정상화나 교육 등을 통한 우수 인재 배출, 대학원 간의 과다경쟁 및 서열화 방지라는 입법목적은 법학전문대학원 내의 충실하고 다양한 교과과정 및 엄정한 학사관리 등과 같이 알 권리를 제한하지 않는 수단을 통해서 달성될 수 있고, 변호사시험 응시자들은 자신의 변호사시험 성적을 알 수 없게 되므로, 심판대상조항은 침해의 최소성 및 법익의 균형성 요건도 갖추지 못하였다. 따라서 심판대상조항은 과잉금지원칙에 위배하여 청구인들의 알 권리를 침해한다.

## 3. 신문의 자유

헌법은 신문 등 인쇄매체에 의한 보도의 자유를 보장한다. 신문의 자유는 개인의 주관적 기본권으로서 보호될 뿐만 아니라 '자유 신문'이라는 객관적 제도로서도 보장되고 있다(헌재 2006.6.29. 2005헌마165 등(병합)). 주관적 공권으로서 신문의 자유는 신문발행의 자유, 신문편집·보도의 자유, 취재의 자유, 신문보급의 자유 등을 가진다. 객관적 제도로서 자유 신문은 신문의 사경제적·사법적 조직과 존립의 보장 및 그 논조와 경향, 정치적 색채 또는 세계관에 있어 국가권력의 간섭과 검열을 받지 않는 자유롭고 독립적인 신문의 자유의 보장을 내용으로 하는 한편, 자유롭고 다양한 의사형성을 위한 상호 경쟁적인 다수 신문의 존재는 다원주의를 본질로 하는 민주주의사회에서 필수불가결한 요소가 된다(헌재 2006.6.29, 2005헌마165).

> 신문사(청구인)에게 신문법 및 언론중재법의 조항으로 인한 기본권 침해의 가능성 내지 직접성이 인정되는지 여부(헌재 2006.6.29. 2005헌마165 등)
>
> 신문법 제3조 제3항, 제6조 제3항은 편집인 또는 기자들에게 독점적으로 '편집권'이라는 법적 권리를 부여한 것이 아니라 편집활동 보호에 관한 선언적·권고적 규정이고, 신문법 제18조는 편집위원회를 둘 것인지 여부 및 편집규약의 제정 여부에 관하여 신문사의 임의에 맡기고 있으므로 이들 조항은 기본권 침해의 가능성 내지 직접성이 없다.

## 4. 방송의 자유

(1) 방송의 자유의 의의와 법적 성격

방송의 자유도 언론·출판의 자유에 의해서 보장된다. 방송의 자유는 주관적 공권으로서의 성격과 객관적 법질서로서의 성격을 함께 가진다. 방송의 자유의 보호영역에는, 단지 국가의 간섭을 배제함으로써 성취될 수 있는 방송프로그램에 의한 의견 및 정보를 표현, 전파하는 주관적인 자유권 영역 외에 그 자체만으로 실현될 수 없고 그 실현과 행사를 위해 실체적, 조직적, 절차적 형성 및 구체화를 필요로 하는 객관적 규범질서의 영역이 존재한다(헌재 2003.12.18, 2002헌바49).

(2) 방송사 설립의 자유

헌법이 보장하는 방송의 자유에는 방송사 설립의 자유가 포함된다. 헌법 제21조 제3항에서 통신·방송의 시설기준은 법률로 정한다고 규정하고 있고, 방송사를 설립·운영하기 위해서는 방송법에 따른 허가를 받아야 한다. 헌법재판소는 방송사업의 허가제와 관련하여 내용규제 그 자체가 아니거나 내용규제의 효과를 초래하는 것이 아니라면 헌법 제21조 제2항의 금지된 허가에는 해당되지 않는다고 판시함으로써 방송사업의 허가제를 합헌이라고 판시하였다(헌재 2001.5.31, 2000헌바43).

> 방송사업 허가제가 헌법 제21조 제2항에 의해 금지된 허가에 해당하는지 여부(헌재 2001.5.31., 2000헌바43)
>
> 헌법 제21조 제2항은 "언론·출판에 대한 허가나 검열과 집회·결사에 대한 허가는 인정되지 아니한다"고 규정하고 있다. 이 재판소는 위 제21조 제2항의 검열금지원칙이 적용되는 '검열'에 관하여 '행정권이 주체가 되어 사상이나 의견 등이 발표되기 이전에 예방적 조치로서 그 내용을 심사, 선별하여 발표를 사전에 억제하는, 즉 허가받지 아니한 것의 발표를 금지하는 제도'라고 의미 규명한 바 있는데, 언론의 내용에 대한 허용될 수 없는 사전적 제한이라는 점에서 위 조항 전단의 "허가"와 "검열"은 본질적으로 같은 것이라고 할 것이며 위와 같은 요건에 해당되는 허가·검열은 헌법적으로 허용될 수 없다. 언론·출판에 대한 허가·검열금지의 취지는 정부가 표현의 내용에 관한 가치판단에 입각해서 특정 표현의 자유로운 공개와 유통을 사전 봉쇄하는 것을 금지하는 데 있으므로, 내용규제 그 자체가 아니거나 내용규제의 효과를 초래하는 것이 아니라면 위의 금지된 "허가"에는 해당되지 않는다고 할 것이다.

(3) 방송광고의 자유

방송광고도 표현의 자유의 보호대상이 된다. 헌법재판소는 방송광고를 하고자 하는 경우 방송위원회의 사전심의를 받도록 하는 것은 법에서 금지하는 사전검열에 해당한다고 하였다(헌재 2008.6.26. 2005헌마506).

그리고 방송법에서 한국방송광고공사(KOBACO) 및 한국방송광고공사가 출자한 방송광고 판매대행사만이 지상파방송사업자에게 방송광고를 판매할 수 있도록 규정함으로써 한국방송광고공사가 출자하지 않은 민영 방송광고 판매대행업자는 지상파방송사업자에 방송광고판매를 할 수 없도록 하고 하는 것은 민영 미디어랩[36]의 직업수행의 자유를 침해한다고 결정하였다(헌재 2008.11.27. 2006헌마352).

---

[36] 미디어랩은 매체사를 대신하여 광고주나 광고회사에 광고시간이나 지면을 대신 판매해주고, 매체사로부터 판매대행 수수료를 받는 회사를 의미하는 것으로, 매체를 뜻하는 미디어(Media)와 대표자를 뜻하는 레프리젠터티브(Representative)의 합성어이다.

> **방송광고판매대행업체 제한 사건**(헌재 2013.9.26. 2012헌마271)
>
> 방송문화진흥회가 최다출자자인 방송사업자의 경우 한국방송광고공사의 후신인 한국방송광고진흥공사가 위탁하는 방송 광고에 한하여 방송 광고를 할 수 있도록 한 방송광고판매대행 등에 관한 법률이 과잉금지원칙에 위반되는지 여부(소극)
>
> 구 방송 법령에 대한 종전 헌법불합치결정의 취지는 한국 방송 광고공사가 독점하던 방송 광고판매대행업에 제한적이나마 실질적인 경쟁체제가 이루어질 수 있도록 하여야 한다는 것이었고, 이 결정에 따라 새로 제정된 방송 광고판매대행 등에 관한 법률에서는 공영미디어렙인 한국방송광고진흥공사 이외에 민영미디어렙도 방송 광고판매대행업을 할 수 있도록 제한 경쟁체제를 도입하고 있으므로, 이 사건 심판대상조항이 구 방송 법령에 대한 헌법불합치결정의 기속력에 반한다고 볼 수 없다.
>
> 이 사건 심판대상조항이 공영방송사의 경우 공영미디어렙인 한국방송광고진흥공사만을 통해 방송광고판매를 하도록 한 것은 미디어렙 경쟁 체제에서 나타날 수 있는 방송의 상업화 등 부작용을 방지하고, 공영방송사에 대한 광고주나 특정인의 부당한 영향력 행사를 차단하여 방송의 공공성, 공정성, 다양성을 확보하기 위한 것으로, 방송 문화진흥회가 최다출자자인 청구인과 같은 공영방송사는 그 존립근거나 운영주체의 특성상 상대적으로 더 높은 수준의 공공성을 요구받는 것이 당연하다. 방송광고의 가격이나 광고총량을 통제하여 방송이 시청률 위주의 지나친 상업적 방송이 되는 것을 막고, 시청률은 낮더라도 공익성이 높은 프로그램의 경우에는 적정한 가격에 방송 광고를 판매할 수 있도록 그 규제가 가능한 공영미디어렙을 통해 방송 광고를 판매하도록 하는 것은 과잉금지원칙에 위반된다고 볼 수 없다.

### 5. 액세스권(보도매체접근이용권)

액세스권은 언론매체에 접근해서 이를 이용할 수 있는 권리이다. 언론중재법에서는 보도매체접근이용권으로 정정보도청구권, 반론보도청구권, 추후보도청구권을 인정하고 있다.

정정보도청구권은 사실적 주장에 관한 언론보도가 진실하지 아니함으로 인하여 피해를 입은 자가 그 보도내용에 관한 정정보도를 언론사에 청구할 수 있는 권리이다. 헌법재판소는 정정보도청구권은 반론보도청구권이나 민법상 불법행위에 기한 청구권과는 전혀 다른 새로운 성격의 청구권이라고 판시하였다(헌재 2006.6.29. 2005헌마165 등(병합)).

반론보도청구권은 사실적 주장에 관한 언론보도로 인하여 피해를 입은 자가 그 보도내용에 관한 반론보도를 언론사에 청구할 수 있는 권리이다.

추후보도청구권은 언론에 의하여 범죄혐의가 있거나 형사상의 조치를 받았다고 보도 또는 공표된 자는 그에 대한 형사절차가 무죄판결 또는 이와 동등한 형태로 종결된 때에는 추후보도의 게재를 청구할 수 있는 권리이다.

정정보도청구권의 연혁과 성격(헌재 2006.6.29. 2005헌마165 등)

1980년 말의 언론기본법은 '정정보도청구권'이란 이름의 규정을 처음으로 두었으며, 이는 1987년의 정간법에도 그대로 계승되었다. 이 정정보도청구권은 문제된 언론보도의 진위 여부를 불문하며, 언론이 스스로 정정 하는 것이 아니라 피해자가 작성한 보도문을 무료로 보도할 의무만을 진다는 점에서 서구의 반론권제도를 입법화한 것임에도, '정정보도'라는 용어로 인하여 이 청구권의 성격에 관한 혼선이 있었다. 그러나 대법원과 헌법재판소에 의하여 그 법적 성격은 반론 보도 청구권으로 정리되었으며(대판 1986.1.28. 85다카1973; 헌재 1991.9.16. 89헌마165),[37] 이에 따라 1995. 12. 30. 개정된 정간법에서 그 용어를 종전의 '정정보도청구권'에서 '반론보도청구권'으로 개칭하여 혼란을 해소하였다. 한편, 언론중재법은 제14조에서 정정보도청구권을 규정하여 "사실적 주장에 관한 언론보도가 진실하지 않음으로 인하여 피해를 입은 자"는 당해 언론보도가 있음을 안 날부터 3월 이내에, 당해 언론 보도가 있은 후 6월 이내에 그 보도 내용에 관한 정정 보도를 언론사에 청구할 수 있도록 하고 있다. 이 정정보도청구권은 언론사의 고의·과실이나 위법성을 요하지 않고, 정정보도 청구의 소제기로 인하여 민법 제764조의 규정에 의한 권리의 행사에 영향을 미치지 않으며, 민법상의 불법행위로 인한 손해배상 청구권의 소멸시효에 비하여 현저히 짧은 제소기간을 두고 있다는 점에서, 보도내용의 진실 여부와 관계없이 사실적 보도에 의하여 인격권을 침해당한 자가 언론사에 대하여 자신의 사실적 주장을 게재하여 줄 것을 청구하는 반론보도청구권이나 민법상 불법행위에 기한 청구권과는 전혀 다른 새로운 성격의 청구권이다.

### 6. 영화의 자유

영화도 의사표현의 한 수단이므로 영화의 제작 및 상영은 언론·출판의 자유에 의한 보장을 받는다. 영화는 학문적 연구결과를 발표하는 수단이 되기도 하고 예술표현의 수단이 되기도 하므로 그 제작 및 상영은 학문·예술의 자유에 의하여도 보장을 받는다(헌재 1996.10.4. 93헌가13 등(병합)).

제한상영가 등급영화에 대한 명확한 규정 필요 요부(헌재 2008.7.31. 2007헌가4)
제한상영가 등급의 영화도 마찬가지로 헌법상 표현의 자유를 통하여 보호를 받는 표현물인데도, 다른 등급의 영화에 비하여 상영이나 광고 등의 면에서 제한을 받고 있으므로 이에 해당하는 영화가 어떤 영화인지에 관하여는 법률이 명확하게 규정할 필요가 있다.

---

[37] 법상의 "정정"보도청구권은 그 표현의 형식에도 불구하고 그 내용을 보면 언론기관의 사실적 보도에 의한 피해자가 그 보도 내용에 대한 반박의 내용을 게재하여 줄 것을 청구할 수 있는 권리로서 이른바 "반론권"을 입법화한 것이다. 따라서 여기서 말하는 정정 보도 청구는 그 보도 내용의 진실 여부를 따지거나 허위 보도의 정정을 청구하기 위한 것이 아니다(헌재 1991.9.16. 89헌마165; 헌재 1996.4.25. 95헌바25).

## Ⅲ. 언론·출판의 자유의 제한

### 1. 법률유보

언론·출판의 자유는 헌법 제37조 제2항에 의하여 국가안전보장·질서유지 또는 공공복리를 위하여 필요한 경우에 한하여 법률로써 제한이 가능하다.

### 2. 명백·현존 위험의 원칙

> 위험의 명백성만을 기준으로 이적행위 조항의 적용을 결정하는 것이 표현의 자유에 대한 과도한 제한인지 여부(헌재 2015.4.30. 2012헌바95 등)
> 
> 청구인들은 국가의 존립·안전과 자유민주적 기본질서에 대한 실질적 해악이 구체적으로 현존하는 단계에 이른 경우만을 처벌대상으로 삼아도 국가의 안전, 국민의 생명 및 자유의 보호라는 목적을 충분히 달성할 수 있을 것임에도, '위험의 명백성'만을 기준으로 이적행위 조항의 적용 여부를 결정하는 것은 표현의 자유에 대한 과도한 제한이라고 주장한다. … 우리나라가 처한 이와 같은 특수한 안보현실에서 반국가단체 등에 대한 찬양·고무·선전·동조 등의 행위로 야기된 명백한 위험은 그것이 반드시 현재 시점에 당장 현실화된 것은 아닐지라도 언제든지 국가 안보에 상당한 위협이 될 수 있고, 이와 같은 행위로 인한 위험이 구체적이고 현존하는 단계에는 이미 국가의 존립이나 안전에 막대한 피해가 초래되어 돌이킬 수 없거나 공권력의 개입이 무의미해질 가능성도 있다. 따라서 구체적 위험이 현존하지는 않더라도 그 위험성이 명백한 단계에서 반국가단체 등에 대한 찬양·고무·선전·동조 행위 등을 규제하는 것은 공권력을 시의적절하게 발동함으로써 국가의 안전과 존립, 국민의 생존과 자유를 보호하기 위한 불가피한 선택으로 결코 표현의 자유에 대한 지나친 제한이 아니다.

### 3. 허가나 검열금지

(1) 사전검열금지의 의의

헌법 제21조 제1항과 제2항은 모든 국민은 언론·출판의 자유를 가지며, 언론·출판에 대한 허가나 검열은 인정되지 아니한다고 규정하고 있다. 여기서의 검열은 행정권이 주체가 되어 사상이나 의견 등이 발표되기 이전에 예방적 조치로서 그 내용을 심사, 선별하여 발표를 사전에 억제하는, 즉 허가받지 아니한 것의 발표를 금지하는 제도를 뜻한다. 따라서 사법권(법원)에 의한 방영금지가처분은 비록 사전에 그 내용을 심사하여 금지하는 것이기는 하지만 행정권에 의한 사전심사가 아니어서 사전검열에 해당하지 않는다(헌재 2001.8.30. 2000헌바36).

헌법 제21조 제2항이 언론·출판에 대한 검열금지를 규정한 것은 비록 헌법 제37조 제2항이 국민의 자유와 권리를 국가안전보장·질서유지 또는 공공복리를 위하여 필요한 경우에 한하여 법률로써 제한할 수 있도록 규정하고 있다고 할지라도 언론·출판의 자유에 대하여는 검열을 수단으로 한 제한만은 법률로써도 허용되지 아니 한다는 것을 밝힌 것이다.

### (2) 허가의 의미

언론에 대한 허가나 검열은 금지된다. 언론의 내용에 대한 허용될 수 없는 사전적 제한이라는 점에서 "허가"와 "검열"은 본질적으로 같은 것이다(헌재 2001.5.31, 2000헌바43). 언론·출판에 대한 허가·검열금지의 취지는 정부가 표현의 내용에 관한 가치판단에 입각해서 특정 표현의 자유로운 공개와 유통을 사전 봉쇄하는 것을 금지하는 데 있다. 따라서 내용규제 그 자체가 아니거나 내용규제의 효과를 초래하는 것이 아니라면 금지된 "허가"에는 해당되지 않는다.

### (3) 사전검열금지의 요건

#### 1) 표현물의 제출의무

검열은 발표 여부를 결정하기 위한 사전심사이므로 발표 이전에 표현물에 대한 제출의무가 있어야 한다.

#### 2) 표현내용에 대한 사전검열

검열금지의 원칙은 모든 형태의 사전적인 규제를 금지하는 것이 아니고, 단지 의사표현의 내용을 기준으로 그 발표 여부가 오로지 행정권의 허가에 달려 있는 사전심사만을 금지하는 것을 뜻한다. 그렇기 때문에 내용중립적인 규제는 그것이 발표이전에 행해지는 심사라고 하더라도 검열에 해당하지 않는다.

**광고물의 종류·모양·크기·색깔, 표시 등의 규제가 사전허가·검열에 해당하는지 여부**(헌재 1998.2.27. 96헌바2)

헌법 제21조 제2항에서 정하는 허가나 검열은 행정권이 주체가 되어 사상이나 의견 등이 발표되기 이전에 예방적 조치로서 그 내용을 심사·선별하여 발표를 사전에 억제하는, 즉 허가받지 아니한 것의 발표를 금지하는 제도를 뜻한다. 옥외광고물등관리법 제3조는 일정한 지역·장소 및 물건에 광고물 또는 게시시설을 표시하거나 설치하는 경우에 그 광고물 등의 종류·모양·크기·색깔, 표시 또는 설치의 방법 및 기간 등을 규제하고 있을 뿐, 광고물 등의 내용을 심사·선별하여 광고물을 사전에 통제하려는 제도가 아님은 명백하므로, 헌법 제21조 제2항이 정하는 사전허가·검열에 해당되지 아니한다.

#### 3) 행정기관에 의한 검열

검열의 주체는 행정권이다. 행정기관인지의 여부는 기관의 형식에 의하기보다는 그 실질에 따라 판단되어야 한다. 검열을 행정기관이 아닌 독립적인 위원회에서 행한다고 하더라도 행정권이 주체가 되어 검열절차를 형성하고 검열기관의 구성에 지속적인 영향을 미칠 수 있는 경우라면 실질적으로 검열기관은 행정기관이라고 보아야 한다(헌재 1996.10.4, 93헌가13). 검열은 행정권에 한하므로 사법권이 재판을 거쳐 일정한 표현물의 공표를 금지하는 가처분결정을 하는 것은 헌법이 금지하는 사전검열에 해당하지 않는다.

**사법권의 행사인 가처분결정이 사전검열에 해당하는지 여부**(헌재 2001.8.30. 2000헌바36)
헌법 제21조 제2항에서 규정한 검열 금지의 원칙은 모든 형태의 사전적인 규제를 금지하는 것이 아니고 단지 의사표현의 발표 여부가 오로지 행정권의 허가에 달려있는 사전심사만을 금지하는 것을 뜻하므로, 이 사건 법률조항에 의한 방영금지가처분은 행정권에 의한 사전심사나 금지처분이 아니라 개별 당사자 간의 분쟁에 관하여 사법부가 사법절차에 의하여 심리, 결정하는 것이어서 헌법에서 금지하는 사전검열에 해당하지 아니한다.

4) 허가를 받지 아니한 의사표현의 금지 및 심사절차를 관철할 수 있는 강제수단

허가를 받지 아니하면 의사표현이 금지되고 그러한 금지가 행정명령·과태료·형벌 등에 의해서 실제로 강제되는 경우에만 검열이 위헌적인 제한으로 작용한다.

**등급분류보류제도의 검열 해당 여부**(헌재 2001.8.30. 2000헌가9)
영상물등급위원회에 의한 등급분류보류제도는, 영상물등급위원회가 영화의 상영에 앞서 영화를 제출받아 그 심의 및 상영등급분류를 하되, 등급분류를 받지 아니한 영화는 상영이 금지되고 만약 등급분류를 받지 않은 채 영화를 상영한 경우 과태료, 상영금지명령에 이어 형벌까지 부과할 수 있도록 하며, 등급분류보류의 횟수제한이 없어 실질적으로 영상물등급위원회의 허가를 받지 않는 한 영화를 통한 의사표현이 무한정 금지될 수 있으므로 검열에 해당한다.

**수입 외국비디오물 수입추천의 사전검열 해당 여부**(헌재 2005.2.3. 2004헌가8)
외국비디오물을 수입할 경우에 반드시 영상물등급위원회로부터 수입추천을 받도록 규정하고 있는 구 음반·비디오물및게임물에관한법률 제16조 제1항 등에 의한 외국비디오물 수입추천제도는 외국비디오물의 수입·배포라는 의사표현행위 전에 표현물을 행정기관의 성격을 가진 영상물등급위원회에 제출토록 하여 표현행위의 허용 여부를 행정기관의 결정에 좌우되게 하고, 이를 준수하지 않는 자들에 대하여 형사처벌 등의 강제조치를 규정하고 있는바, 허가를 받기 위한 표현물의 제출의무, 행정권이 주체가 된 사전심사절차, 허가를 받지 아니한 의사표현의 금지, 심사절차를 관철할 수 있는 강제수단이라는 요소를 모두 갖추고 있으므로, 우리나라 헌법이 절대적으로 금지하고 있는 사전검열에 해당한다.

**외국음반 국내제작 추천제도의 사전검열 해당 여부**(헌재 2006.10.26. 2005헌가14)
외국음반 국내제작 추천제도는 외국음반의 국내제작이라는 의사표현행위 이전에 그 표현물을 행정기관의 성격을 가진 영상물등급위원회에 제출토록 하여 당해 표현행위의 허용 여부가 행정기관의 결정에 좌우되도록 하고 있으며, 더 나아가 이를 준수하지 않는 자들에 대하여 형사처벌 등 강제수단까지 규정하고 있는바, 허가를 받기 위한 표현물의 제출의무, 행정권이 주체가 된 사전심사절차, 허가를 받지 아니한 의사표현의 금지, 심사절차를 관철할 수 있는 강제수단의 존재라는 제 요소를 모두 갖추고 있으므로, 이 사건 법률조항들은 우리 헌법 제21조 제2항이 절대적으로 금지하고 있는 사전검열에 해당하여 헌법에 위반된다.

**사전심의를 받지 않은 건강기능식품의 기능성광고 금지 사건**(헌재 2019.5.30. 2019헌가4)

사전심의를 받지 않은 건강기능식품의 기능성 광고를 금지하고 이를 어길 경우 형사처벌하도록 한 구 '건강기능식품에 관한 법률'이 사전검열금지원칙에 위배되는지 여부(적극)

헌법재판소는 사전심의를 받은 내용과 다른 내용의 건강기능식품 기능성 광고를 금지하고 이를 위반한 경우 처벌하는 구 건강기능식품법이 사전검열금지원칙에 반하여 위헌이라는 결정을 한 바 있다.

헌법상 사전 검열은 표현의 자유 보호대상이면 예외 없이 금지된다. 건강기능식품의 기능성 광고는 인체의 구조 및 기능에 대하여 보건용도에 유용한 효과를 준다는 기능성 등에 관한 정보를 널리 알려 해당 건강기능식품의 소비를 촉진시키기 위한 상업광고이지만, 헌법 제21조 제1항의 표현의 자유의 보호대상이 됨과 동시에 같은 조 제2항의 사전검열금지대상도 된다. 광고의 심의기관이 행정기관인지 여부는 기관의 형식에 의하기보다는 그 실질에 따라 판단되어야 하고, 행정기관이 자의로 개입할 가능성이 열려 있다면 개입 가능성의 존재 자체로 헌법이 금지하는 사전검열이라고 보아야 한다. … 이 사건 건강기능식품 기능성 광고 사전심의는 행정권이 주체가 된 사전심사로서, 헌법이 금지하는 사전검열에 해당하므로 헌법에 위반된다.

**사전심의를 받지 않은 의료광고 금지 사건**(헌재 2015.12.23. 2015헌바75)

사전심의를 받지 아니한 의료광고를 금지하고 이를 위반한 경우 처벌하는 의료법이 사전검열금지원칙에 위배되는지 여부(적극)

의료광고 역시 사전 검열 금지원칙의 적용대상이 된다. 의료광고의 사전심의는 보건복지부장관으로부터 위탁을 받은 각 의사협회가 행하고 있으나 사전 심의의 주체인 보건복지부장관은 언제든지 위탁을 철회하고 직접 의료광고 심의업무를 담당할 수 있는 점, … 각 의사협회는 행정권의 영향력에서 벗어나 독립적이고 자율적으로 사전 심의업무를 수행하고 있다고 보기 어렵다. 따라서 이 사건 법률규정들은 사전검열금지원칙에 위배된다.

## Ⅳ. 언론·출판의 자유의 한계

언론·출판은 타인의 명예나 권리 또는 공중도덕이나 사회윤리를 침해하여서는 아니 된다(헌법 제21조 제4항).

## 제8절　집회·결사의 자유

### I. 집회의 자유

#### 1. 집회의 자유의 의의

**(1) 집회의 의미**

집회의 자유는 표현의 자유와 더불어 민주적 공동체가 기능하기 위한 불가결의 근본요소로 기능한다(헌재 2009.5.28. 2007헌바22). 집회란 일정한 장소를 전제로 하여 특정 목적을 가진 다수인이 일시적으로 회합하는 것을 말하는 것으로, 공동의 목적은 '내적인 유대관계'로 족하다.

**(2) 옥외집회**

집회 및 시위에 관한 법률(이하 집시법)에서는 집회에 관한 정의규정은 두지 않고, 옥외집회에 관하여만 정하고 있다. 동법 제2조 제1호에 의하면 "옥외집회"란 천장이 없거나 사방이 폐쇄되지 아니한 장소에서 여는 집회를 말한다고 정의한다.

옥외집회를 야간에 주최하는 것 역시 집회의 자유로서 보호되는 것이 원칙이다. 집시법 제10조에서는 야간옥외집회를 금지하고 있었다. 야간옥외집회의 금지는 사회의 안녕질서 또는 국민의 주거 및 사생활의 평온 등을 위하여 목적달성에 필요한 범위로 한정되어야 한다. 헌법재판소는 집시법 제10조에서 옥외집회가 금지되는 시간대를 '해가 뜨기 전이나 해가 진 후'라는 광범위하게 정하고 있는데, 이처럼 옥외집회가 금지되는 시간대를 광범위하게 정하지 않더라도 입법목적의 달성에 큰 어려움이 없으므로 집시법 제10조는 헌법에 합치되지 않는다고 결정하였다(헌재 2009.9.24. 2008헌가25).

이후 2011헌가29 결정에서 일출시간 전, 일몰시간 후에는 옥외집회와 시위를 금지하는 규정을 '일몰시간 후부터 같은 날 24시까지의 옥외집회 또는 시위'에 적용되는 한 헌법에 위반된다고 하여 한정위헌결정을 하였다.

> **집회 및 시위에 관한 법률 제10조 (옥외집회와 시위의 금지 시간)** 누구든지 해가 뜨기 전이나 해가 진 후에는 옥외집회 또는 시위를 하여서는 아니 된다. 다만, 집회의 성격상 부득이하여 주최자가 질서유지인을 두고 미리 신고한 경우에는 관할경찰관서장은 질서 유지를 위한 조건을 붙여 해가 뜨기 전이나 해가 진 후에도 옥외집회를 허용할 수 있다.
> [헌법 불합치, 2008헌가25, 2009. 9. 24., 집회 및 시위에 관한 법률(2007. 5. 11. 법률 제8424호로 전부개정된 것) 제10조 중 '옥외집회' 부분 및 제23조 제1호 중 '제10조 본문의 옥외집회' 부분은 헌법에 합치되지 아니한다. 위 조항들은 2010. 6. 30.을 시한으로 입법자가 개정할 때까지 계속 적용된다.]
> [한정위헌, 2010헌가2, 2014. 3. 27. 집회 및 시위에 관한 법률(2007. 5. 11. 법률 제8424호로 개정된 것) 제10조 본문 중 '시위'에 관한 부분 및 제23조 제3호 중 '제10조 본문' 가운데 '시위'에 관한 부분은 각 '해가 진 후부터 같은 날 24시까지의 시위'에 적용하는 한 헌법에 위반된다.]

> **야간 옥외집회, 시위금지 사건**(헌재 2014.4.24. 2011헌가29)
> 일출시간 전, 일몰시간 후에는 옥외집회 또는 시위를 금지하고, 다만 옥외집회의 경우 예외적으로 관할 경찰관서장이 허용할 수 있도록 한 구 '집회 및 시위에 관한 법률'이 집회의 자유를 침해하는지 여부(적극)
>
> 이 사건 법률조항은 사회의 안녕질서를 유지하고 시민들의 주거 및 사생활의 평온을 보호하기 위한 것으로서 정당한 목적 달성을 위한 적합한 수단이 된다. 그러나 '일출시간 전, 일몰시간 후'라는 광범위하고 가변적인 시간대의 옥외집회 또는 시위를 금지하는 것은 오늘날 직장인이나 학생들의 근무·학업 시간, 도시화·산업화가 진행된 현대사회의 생활형태 등을 고려하지 아니하고 목적 달성을 위해 필요한 정도를 넘는 지나친 제한을 가하는 것이어서 최소침해성 및 법익균형성 원칙에 반한다.
>
> 헌법재판소는, 2010헌가2 결정으로 '집회 및 시위에 관한 법률' 제10조 중 '시위' 부분 등에 대하여 한정위헌결정을 한 바 있고, 이 사건에 있어서 가능한 한 심판대상조항들 중 위헌인 부분을 가려내야 할 필요성은 2010헌가2 결정에서와 마찬가지로 인정되므로, 심판대상조항들은 '일몰시간 후부터 같은 날 24시까지의 옥외집회 또는 시위'에 적용되는 한 헌법에 위반된다.

(3) 시위

집회의 자유에 있어서 집회의 개념에 시위가 포함되는지가 문제된다. 집회의 자유는 집회를 통하여 형성된 의사를 집단적으로 표현하고 이를 통하여 불특정 다수인의 의사에 영향을 줄 자유를 포함한다. 따라서 이를 내용으로 하는 시위의 자유는 집회의 자유를 규정한 헌법 제21조 제1항에 의하여 보호되는 기본권이다(헌재 2014.3.27. 2010헌가2 등).

집시법에서는 시위개념을 집시법상의 집회, 옥외집회의 개념으로부터 분리하고 있으며, 해가 뜨기 전이나 해가 진 후의 옥외집회를 예외적으로 허용할 수 있도록 한 집시법 제10조 단서는 시위에 적용하지 않음으로써 야간의 시위를 절대적으로 금지하고 있다(헌재 2014.3.27. 2010헌가2 등). 헌법재판소는 야간시위를 절대적으로 금지하고 있는 집시법 제10조는 "목적 달성에 필요한 기본권의 제한을 최소화할 수 있는 방법을 강구하지 아니한 것으로서 침해최소성의 원칙에 반하는 것"이며, "야간이라는 광범위한 시간 동안 절대적으로 시위를 하지 못하게 하는 것은 공공의 안녕질서 보호라는 공익에 비해 집회의 자유를 과도하게 제한하는 것으로 법익 균형성 원칙도 위반하고 있다"고 하여 헌법에 위반된다고 하였다. 다만 헌법재판소는 위헌부분을 특정하여 한정위헌결정을 하고 있다. 야간시위를 절대적으로 금지하고 있는 집시법규정을 '해가 진 후부터 같은 날 24시까지의 시위'에 적용하는 한 헌법에 위반된다는 것이다(헌재 2014.3.27. 2010헌가2 등).

> **야간시위 금지 사건**(헌재 2014.3.27. 2010헌가2 등)
> 집시법상 집회에 대한 정의규정은 존재하지 아니한다. 그러나 일반적으로 집회는, 일정한 장소를 전제로 하여 특정 목적을 가진 다수인이 일시적으로 회합하는 것을 말하는 것으

로 일컬어지고 있고, 그 공동의 목적은 '내적인 유대 관계'로 족하다(헌재 2009.5.28. 2007헌바22; 헌재 2014.1.28. 2011헌바174 등). 이에 따를 때, 옥외집회는 집회 가운데 일정한 장소적 기준에 의하여 분류되는 집회를 의미하고, 시위는 집회 가운데 일정한 행위가 있는 경우를 말한다고 볼 여지가 있다. 개념적으로 시위는 집회의 부분집합이 되고, 옥외집회와 시위는 일부 교집합을 형성하게 될 가능성이 있는 것이다. 그러나 집시법은 전체적으로 시위를 집회와 별도로 규율하는 체제를 취하고 있다. 집시법 제1조는 적법한 '집회와 시위', '집회 및 시위'의 권리를 보장하도록 하고 있고, 집시법 제6조, 제8조는 '옥외집회나 시위'에 관한 사전신고제와 금지 또는 제한 통고 제도를 규정하고 있으며, 집시법 제11조는 '옥외집회 또는 시위'의 금지장소를 규정하면서 옥외집회와 시위를 병렬적으로 열거하고 있다. 또 집시법 제12조는 교통소통을 위한 '집회 또는 시위'의 제한을, 집시법 제20조는 '집회 또는 시위'에 대한 해산명령에 관하여 규율하면서 집회와 시위를 함께 규정하고 있다. 다만 집시법은 3개의 조항에서 예외를 두고 있는데, 위법한 '시위'로부터 국민을 보호할 것을 규정한 집시법 제1조, 예외적인 경우에 해가 뜨기 전이나 해가 진 후에도 '옥외집회'를 허용할 수 있다고 규정한 집시법 제10조 단서, 그리고 학문, 예술, 체육, 종교, 의식, 친목, 오락, 관혼상제 및 국경행사에 관한 '집회'에는 집시법상 일정한 규제를 적용하지 않도록 한 집시법 제15조가 그것이다. 이러한 예외 조항들은 시위에 대한 규제의 폭을 넓히는 방향의 규정들이라는 점에서 집시법은 집회, 옥외집회로부터 분리된 시위에 관한 특별한 규율의 의도를 나타내고 있다고 볼 수 있다. 결국 집시법의 전체적인 규정체계를 종합하면, 입법자는 집시법상의 시위 개념을 집시법상의 집회, 옥외집회 개념으로부터 의도적으로 분리한 것으로 이해함이 상당하고, 집시법상의 집회와 옥외집회의 개념은 시위에 해당하는 부분을 제외한 부분으로 축소된다. 이는 기본권으로서의 집회의 자유의 내용을 이루는 집회, 시위의 개념과는 구분되는 실정법상 개념 정의로 볼 수 있다. 따라서 예외적으로 해가 뜨기 전이나 해가 진 후의 옥외집회를 허용할 수 있도록 한 집시법 제10조 단서는 시위에 대하여 적용되지 않으며, 이 사건 법률조항은 해가 뜨기 전이나 해가 진 후의 시위를 예외 없이 절대적으로 금지하는 것이라고 볼 것이다.

## 2. 집회의 자유의 내용

(1) 집회의 자유는 적극적으로 집회를 주체하는 자유, 집회를 진행하는 자유, 집회에 참여하는 자유, 소극적으로 집회를 주최하지 않거나 참가하지 않을 자유 등을 포함한다.

(2) 집회의 자유는 집회의 시간, 장소, 방법과 목적을 스스로 결정할 권리를 보장한다. 집회의 자유에 의하여 구체적으로 보호되는 주요행위는 집회의 준비 및 조직, 지휘, 참가, 집회장소·시간의 선택이다. 따라서 집회의 자유는 개인이 집회에 참가하는 것을 방해하거나 또는 집회에 참가할 것을 강요하는 국가행위를 금지할 뿐만 아니라, 예컨대 집회장소로의 여행을 방해하거나, 집회장소로부터 귀가하는 것을 방해하거나, 집회참가자에 대한 검문의 방법으로 시간을 지연시킴으로써 집회장소에 접근하는 것을 방해하는 등 집회의 자유행사에 영향을 미치는 모든 조치를 금지한다(헌재 2003.10.30. 2000헌바67 등).

(3) 집회의 자유에 의하여 보호되는 것은 '평화적' 또는 '비폭력적' 집회이다. 집회의 자유는 민주국가에서 정신적 대립과 논의의 수단으로서, 평화적 수단을 이용한 의견의 표명은 헌법적으로 보호되지만, 폭력을 사용한 의견의 강요는 헌법적으로 보호되지 않는다(헌재 2003.10.30. 2000헌바67 등).

### 3. 집회의 자유에 대한 제한

집회도 헌법 제37조 제2항에 의한 제한을 받는다. 집회의 자유의 보장과 제한에 관한 법률로는 집시법이 있으며, 헌법 제21조에서는 집회의 허가제를 금지하고 있다.

(1) 허가제 금지

헌법 제21조 제2항은 집회에 대하여 '허가'의 방식에 의한 제한을 허용하지 않겠다는 헌법적 결단을 분명히 하고 있다. 헌법 제21조 제2항의 '허가'는 '행정청이 주체가 되어 집회의 허용 여부를 사전에 결정하는 것'으로서 행정청에 의한 사전허가는 헌법상 금지되지만, 입법자가 법률로써 일반적으로 집회를 제한하는 것은 헌법상 '사전허가금지'에 해당하지 않는다.[38]

(2) 사전신고제

1) 집시법에서는 옥외집회 및 시위를 주최하려는 자는 관한 경찰서장에 신고서를 제출하도록 규정하고 있는데, 이러한 사전신고제도는 사전허가금지에 위배되지 않는다는 것이 헌법재판소의 태도이다.

> 집회시위법의 사전신고제도가 사전허가금지에 위배되는지 여부(헌재 2014.1.28. 2011헌바174 등)
> 집회시위법의 사전신고는 경찰관청 등 행정관청으로 하여금 집회의 순조로운 개최와 공공의 안전보호를 위하여 필요한 준비를 할 수 있는 시간적 여유를 주기 위한 것으로서, 협력의무로서의 신고이다. 집회시위법 전체의 규정 체계에서 보면 집회시위법은 일정한 신고절차만 밟으면 일반적·원칙적으로 옥외집회 및 시위를 할 수 있도록 보장하고 있으므로, 집회에 대한 사전신고제도는 헌법 제21조 제2항의 사전허가금지에 위배되지 않는다.

2) 사전신고제와 긴급집회

사전신고가 불가능한 우발적 집회나 긴급한 이유로 사전신고를 할 수 없는 긴급집회도 집회의 자유에 의하여 보호되는지가 문제된다. 우발적 집회도 주최자만 없을 뿐이지 다수인이 일정한 목적 하에 일정한 장소에서 회합한다는 점에서 일반적 집회와 다르지 않기 때문에 보호되어야 한다는 견해가 있으며, 긴급집회의 경우 신고가능성이 존재하는 즉시 신고하여야 하는 것으로 해석된다(헌재 2014.1.28. 2011헌바174 등).

---

[38] 입법자는 법률로써 옥외집회에 대하여 일반적으로 시간적, 장소적 및 방법적인 제한을 할 수 있고, 국회의 사당 등 특정장소에서의 집회 금지와 같은 장소적 제한(집시법 제11조), 교통소통을 위한 제한(집시법 제12조)이나 확성기 등 사용의 제한(집시법 제14조) 등과 같은 방법적 제한에 관하여 규정하고 있다.

즉시 신고하지 않은 신고가능한 긴급집회에 대한 처벌이 집회의 자유를 침해하는지 여부(헌재 2014.1.28. 2011헌바174 등)

헌법 제21조 제1항을 기초로 하여 심판대상조항을 보면, 미리 계획도 되었고 주최자도 있지만 집회시위법이 요구하는 시간 내에 신고를 할 수 없는 옥외집회인 이른바 '긴급집회'의 경우에는 신고가능성이 존재하는 즉시 신고하여야 하는 것으로 해석된다. 따라서 신고 가능한 즉시 신고한 긴급집회의 경우에까지 심판대상조항을 적용하여 처벌할 수는 없다. 따라서 심판대상조항이 과잉금지원칙에 위배하여 집회의 자유를 침해하지 아니한다.

### (3) 집회장소의 제한

집회 및 시위의 자유에는 집회·시위의 장소를 스스로 결정할 장소선택의 자유가 포함된다(헌재 2005.11.24. 2004헌가17). 집회 장소의 선택은 집회의 성과를 결정하는 주요 요인이 된다. 따라서 집회 장소를 선택할 자유는 집회의 자유의 실질적 부분을 형성한다(헌재 2018.7.26. 2018헌바137). 그런데 집시법에서는 집회가 금지되는 장소와 집회 장소의 제한에 관하여 규정하고 있다. 헌법재판소는 각급법원이나 국회의사당의 경계지점으로부터 1백 미터 이내 장소에서의 옥외집회를 금지하는 것은 집회의 자유를 침해하지 않는다고 결정하였으나(헌재 2009.12.29. 2006헌바13; 헌재 2009.12.29. 2006헌바20 등), 2018년 헌법재판소의 결정에서는 국무총리공관, 국회, 법원 인근에서의 집회금지규정에 관하여 헌법불합치결정을 하였다.

> **집회 및 시위에 관한 법률 제11조 (옥외집회와 시위의 금지 장소)** 누구든지 다음 각 호의 어느 하나에 해당하는 청사 또는 저택의 경계 지점으로부터 100 미터 이내의 장소에서는 옥외집회 또는 시위를 하여서는 아니 된다.
> 1. 국회의사당. 다만, 다음 각 목의 어느 하나에 해당하는 경우로서 국회의 기능이나 안녕을 침해할 우려가 없다고 인정되는 때에는 그러하지 아니하다.
>    가. 국회의 활동을 방해할 우려가 없는 경우
>    나. 대규모 집회 또는 시위로 확산될 우려가 없는 경우
> 2. 각급 법원, 헌법재판소. 다만, 다음 각 목의 어느 하나에 해당하는 경우로서 각급 법원, 헌법재판소의 기능이나 안녕을 침해할 우려가 없다고 인정되는 때에는 그러하지 아니하다.
>    가. 법관이나 재판관의 직무상 독립이나 구체적 사건의 재판에 영향을 미칠 우려가 없는 경우
>    나. 대규모 집회 또는 시위로 확산될 우려가 없는 경우
> 3. 대통령 관저(官邸), 국회의장 공관, 대법원장 공관, 헌법재판소장 공관
> 4. 국무총리 공관. 다만, 다음 각 목의 어느 하나에 해당하는 경우로서 국무총리 공관의 기능이나 안녕을 침해할 우려가 없다고 인정되는 때에는 그러하지 아니하다.
>    가. 국무총리를 대상으로 하지 아니하는 경우
>    나. 대규모 집회 또는 시위로 확산될 우려가 없는 경우
> 5. 국내 주재 외국의 외교기관이나 외교사절의 숙소. 다만, 다음 각 목의 어느 하나에 해당하는 경우로서 외교기관 또는 외교사절 숙소의 기능이나 안녕을 침해할 우려가 없다고 인정되는 때에는 그러하지 아니하다.
>    가. 해당 외교기관 또는 외교사절의 숙소를 대상으로 하지 아니하는 경우
>    나. 대규모 집회 또는 시위로 확산될 우려가 없는 경우

> 다. 외교기관의 업무가 없는 휴일에 개최하는 경우
> [2020. 6. 9. 법률 제17393호에 의하여 헌법재판소에서 헌법불합치 결정된 이 조 제1호 및 제3호를 개정함.]
> [헌법불합치, 2018헌바48, 2019헌가1(병합), 2022. 12. 22.집회 및 시위에 관한 법률(2020. 6. 9. 법률 제17393호로 개정된 것) 제11조 제3호 중 '대통령 관저(官邸)' 부분 및 제23조 제1호 중 제11조 제3호 가운데 '대통령 관저(官邸)'에 관한 부분은 헌법에 합치되지 아니한다. 위 법률조항은 2024. 5. 31.을 시한으로 개정될 때까지 계속 적용된다.]
> [헌법불합치, 2021헌가1, 2023.3.23, 1. 구 집회 및 시위에 관한 법률(2007. 5. 11. 법률 제8424호로 전부개정되고, 2020. 6. 9. 법률 제17393호로 개정되기 전의 것) 제11조 제2호 중 '국회의장 공관'에 관한 부분 및 제23조 제3호 중 제11조 제2호 가운데 '국회의장 공관'에 관한 부분은 헌법에 합치되지 아니한다. 법원 기타 국가기관 및 지방자치단체는 위 법률조항의 적용을 중지하여야 한다. 2. 집회 및 시위에 관한 법률(2020. 6. 9. 법률 제17393호로 개정된 것) 제11조 제3호 중 '국회의장 공관'에 관한 부분 및 제23조 제3호 중 제11조 제3호 가운데 '국회의장 공관'에 관한 부분은 헌법에 합치되지 아니한다. 위 법률조항은 2024. 5. 31.을 시한으로 개정될 때까지 계속 적용된다.]

### 국무총리 공관 인근 옥외집회 금지 사건(헌재 2018.6.28. 2015헌가28 등 병합)

1. 이 사건 금지장소 조항은 국무총리 공관 경계지점으로부터 100미터 이내의 장소에서 옥외집회·시위를 금지하고, 이를 위반한 경우 주최자, 질서유지인, 그 사실을 알면서 참가한 자인지 여부에 따라 각기 다른 법정형을 부과하여 처벌할 수 있도록 하고 있다.

2. 국무총리 공관의 기능과 안녕을 직접 저해할 가능성이 거의 없는 '소규모 옥외집회·시위'의 경우 국무총리에게 물리적인 압력이나 위해를 가할 가능성 또는 국무총리 공관의 출입이나 안전에 위협을 가할 위험성은 일반적으로 낮다. … 그리고 '국무총리를 대상으로 한 옥외집회·시위가 아닌 경우'에도 국무총리 공관에 대한 직접적·간접적 물리력이 행사될 가능성이 낮다. …그럼에도 불구하고 이 사건 금지장소 조항은 전제되는 위험 상황이 구체적으로 존재하지 않는 경우까지도 예외 없이 국무총리 공관 인근에서의 옥외집회·시위를 금지하고 있는바, 이는 입법목적의 달성에 필요한 범위를 넘는 과도한 제한이라고 할 것이다.

### 국회의사당 인근 옥외집회 금지 사건(헌재 2018.5.31. 2013헌바322 등 병합)

1. 관련선례

    헌법재판소는 2009.12.29. 2006헌바20 등 결정에서, 누구든지 국회의사당 경계지점으로부터 1백미터 이내의 장소에서 옥외집회 또는 시위를 하여서는 아니 된다고 규정한 구 집시법 제11조 제1호 중 '국회의사당' 부분이 과잉금지원칙에 반하여 집회의 자유를 침해하지 않는다고 판단하였다.

2. 심판대상조항은 국회의사당 인근 일대를 광범위하게 집회금지장소로 설정함으로써, 국회의원에 대한 물리적인 압력이나 위해를 가할 가능성이 없는 장소 및 국회의사당 등 국회 시설에의 출입이나 안전에 지장이 없는 장소까지도 집회금지장소에 포함되게 한다. … 심판대상조항이 국회 부지 또는 담장을 기준으로 100미터 이내의 장소에서 옥외집회를 금지하는 것은 국회의 헌법적 기능에 대한 보호의 필요성을 고려하더라도 지나친 규제라고 할 것이다.

### 각급 법원 인근 옥외집회 금지 사건(헌재 2018.7.26. 2018헌바137)

1. 입법자로서는 심판대상조항으로 인하여 발생하는 집회의 자유에 대한 과도한 제한 가능성이 완화될 수 있도록, 법관의 독립과 구체적 사건의 재판에 영향을 미칠 우려가 없는 옥외집회·시위는 허용될 수 있도록 그 가능성을 열어두어야 한다.
2. 단지 폭력적이거나 불법적인 옥외집회·시위의 가능성이 있다는 이유만으로 심판대상조항에 따라 법원 인근에서의 옥외집회를 일률적이고 절대적으로 금지하는 것이 정당화될 수 없다.
3. 심판대상조항은 입법목적을 달성하는 데 필요한 최소한도의 범위를 넘어 규제가 불필요하거나 또는 예외적으로 허용 가능한 옥외집회·시위까지도 일률적·전면적으로 금지하고 있으므로, 침해의 최소성 원칙에 위배된다.

### 외교기관 인근의 옥외집회나 시위를 원칙적으로 금지하면서도 외교기관의 기능이나 안녕을 침해할 우려가 없다고 인정되는 구체적인 경우에는 예외적으로 옥외집회나 시위를 허용하는 것이 청구인의 집회의 자유를 침해하는지 여부(헌재 2010.10.28. 2010헌마111)

이 사건 법률조항(집회 및 시위에 관한 법률(2007. 5. 11. 법률 제8424호로 개정된 것) 제11조 제4호 중 '국내 주재 외국의 외교기관' 부분)은 외교기관을 대상으로 하는 외교기관 인근에서의 집회를 금지하고 있는바, 이는 외교기관에서 근무하는 외교관과 일반직원 그리고 외교기관에 출입하고자 하는 내·외국인 등이 생명·신체에 대한 어떠한 위협 없이 자유롭게 외교기관에 출입하고, 외교기관 시설 내에서의 안전이 보장될 수 있도록 하며, 나아가 외교관의 신체적 안전을 보호하고 원활한 업무를 보장함으로써 외교기관의 기능보장과 안전보호를 달성하고자 하는 데 그 주요한 입법목적이 있다고 할 것이므로 그 입법목적의 정당성과 수단의 적합성이 인정된다. 또한, 외교기관을 대상으로 하는 외교기관 인근에서의 옥외집회나 시위는 당사자들 사이의 갈등이 극단으로 치닫거나, 물리적 충돌로 발전할 개연성이 높고, 고도의 법익충돌 상황을 야기할 수 있기 때문에 집시법의 일반적인 규제조치 외에 외교기관 인근을 집회금지 구역으로 설정한 것 자체는 외교기관의 기능과 안전을 보호하려는 이 사건 법률조항의 입법목적을 보다 충실히 달성하기 위하여 적절한 수단이 될 수 있다. 나아가 이 사건 법률조항은 외교기관의 경계지점으로부터 반경 100미터 이내 지점에서의 집회 및 시위를 원칙적으로 금지하되, 그 가운데에서도 외교기관의 기능이나 안녕을 침해할 우려가 없다고 인정되는 세 가지의 예외적인 경우에는 이러한 집회 및 시위를 허용하고 있는바, 이는 입법기술상 가능한 최대한의 예외적 허용 규정이며, 그 예외적 허용 범위는 적절하다고 보이므로 이보다 더 넓은 범위의 예외를 인정하지 않는 것을 두고 침해의 최소성원칙에 반한다고 할 수 없다. 그리고 이 사건 법률조항으로 달성하고자 하는 공익은 외교기관의 기능과 안전의 보호라는 국가적 이익이며, 이 사건 법률조항은 법익충돌의 위험성이 없는 경우에는 외교기관 인근에서의 집회나 시위도 허용함으로써 구체적인 상황에 따라 상충하는 법익 간의 조화를 이루고 있다. 따라서 이 사건 법률조항이 청구인의 집회의 자유를 침해한다고 할 수 없다.

## Ⅱ. 결사의 자유

### 1. 결사의 자유의 의의

결사의 자유는 다수의 자연인 또는 법인이 공동의 목적을 위하여 단체를 결성할 수 있는 자유를 말한다(헌재 2012.12.27. 2011헌마562 등).

### 2. 결사의 자유의 내용

결사의 자유는 적극적으로는 단체결성의 자유, 단체존속의 자유, 단체활동의 자유, 결사에의 가입·잔류의 자유를, 소극적으로는 기존의 단체로부터 탈퇴할 자유와 결사에 가입하지 아니할 자유를 내용으로 한다. 결사의 자유에는 '단체활동의 자유'도 포함되는데, 단체활동의 자유는 단체 외부에 대한 활동뿐만 아니라 단체의 조직, 의사형성의 절차 등의 단체의 내부적 생활을 스스로 결정하고 형성할 권리인 '단체 내부 활동의 자유'를 포함한다(헌재 2012.12.27. 2011헌마562 등).

> 농협 조합장의 임기와 조합장선거에 관한 사항이 결사의 자유의 보호범위에 포함되는지 여부(헌재 2012.12.27. 2011헌마562 등)
>
> 결사의 자유에는 '단체활동의 자유'도 포함되는데, 단체활동의 자유는 단체 외부에 대한 활동뿐만 아니라 단체의 조직, 의사형성의 절차 등의 단체의 내부적 생활을 스스로 결정하고 형성할 권리인 '단체 내부 활동의 자유'를 포함한다. 농협의 조합장은 앞서 본 바와 같이 조합을 대표하며 업무를 집행하는 사람으로서, 총회와 이사회의 의장이 되며 이사회의 소집권자이다. 그러므로 조합장 선출행위는 결사 내 업무집행 및 의사결정기관의 구성에 관한 자율적인 활동이라 할 수 있으므로, 농협 조합장의 임기와 조합장선거의 시기에 관한 사항은 결사의 자유의 보호범위에 속한다.

> 새마을금고 임원선거시 선거운동방법 제한이 결사의 자유를 제한하는지 여부(헌재 2018.2.22. 2016헌바364)
>
> 새마을금고는 기본적으로 사법인적인 성격을 지니고 있으므로, 각 금고의 활동도 결사의 자유 보장의 대상이 된다. 그리고 임원 선거에 있어서 법률에서 정하고 있는 방법 이외의 방법으로 선거운동을 할 수 없도록 하고, 이를 위반하여 선거운동을 한 사람을 처벌하는 심판대상조항은 단체의 내부적 활동을 스스로 결정하고 형성하고자 하는 결사의 자유를 제한한다(헌재 2016.11.24. 2015헌바62; 헌재 2017.6.29. 2016헌가1 참조).

### 3. 공법상의 결사

결사란 자연인 또는 법인의 다수가 상당한 기간 동안 공동목적을 위하여 자유의사에 기하여 결합하고 조직화된 의사형성이 가능한 단체를 말하는 것으로 공법상의 결사는 이에 포함되지 아니한다.

안마사회는 안마사들이 공동의 목적을 위하여 결합하고 조직하는 사법상의 결사에 해당하고, 안마사들은 안마사회에 자유롭게 가입하고 탈퇴할 수 있는 헌법상 결사의 자유를 누릴 수 있다. 안마사들을 안마사회에 의무적으로 가입하도록 한 것은 결과적으로 소극적 결사의 자유를 제한하는 것이지만 결사의 자유를 침해하는 것은 아니다(헌재 2008.10.30. 2006헌가15). 마찬가지로 대한변리사회는 사법상의 결사에 해당하고, 등록한 변리사를 변리사회에 의무적으로 가입하도록 한 것은 결사에 가입하지 않을 '소극적 결사의 자유'를 제한하지만 비례의 원칙에 위배되는 것은 아니다(헌재 2008.7.31. 2006헌마666).

> 헌재 2000.11.30. 99헌마190
> 결사의 자유에서의 결사란 자연인 또는 법인이 공동목적을 위하여 자유의사에 기하여 결합한 단체를 말하는 것으로 공적책무의 수행을 목적으로 하는 공법상의 결사는 이에 포함되지 아니한다. 따라서 농지개량조합을 공법인으로 보는 이상, 이는 결사의 자유가 뜻하는 헌법상 보호법익의 대상이 되는 단체로 볼 수 없어 조합이 해산됨으로써 조합원이 그 지위를 상실하였다고 하더라도 조합원의 '결사의 자유'가 침해되었다고 할 수 없다.

### 4. 결사의 자유의 제한

결사의 자유도 헌법 제37조 제2항에 따라 법률로써 제한할 수 있다. 다만 공적인 역할을 수행하는 결사의 자유 제한이 과잉금지원칙에 위배되는지 여부를 판단할 때에는 순수한 사적 임의결사에 비하여 완화된 기준을 적용할 수 있다(헌재 2006.5.25. 2004헌가1).

> 공적인 역무를 수행하고 공적 자금을 지원받는 상공인 단체와 그 구성원의 결사의 자유와 완화된 심사기준(헌재 2006.5.25. 2004헌가1)
> 상공회의소는 상공업자들의 사적인 단체이기는 하나, 설립·회원·기관·의결방법·예산편성과 결산 등이 상공회의소법에 의하여 규율되고, 단체결성·가입·탈퇴에 상당한 제한이 있는 조직이며 다른 결사와 달리 일정한 공적인 역무를 수행하면서 지방자치단체의 행정지원과 자금지원 등의 혜택을 받고 있는 법인이므로, 이 사건 법률조항에 의한 결사의 자유 제한이 과잉금지원칙에 위배되는지 판단할 때에는, 순수한 사적인 임의결사에 비해서 완화된 기준을 적용할 수 있다.

> 공적인 역할을 수행하는 농협 구성원의 결사의 자유와 심사기준(헌재 2012.12.27. 2011헌마562 등)
> 농협 조합장의 임기와 조합장선거의 시기에 관한 사항은 결사의 자유의 보호범위에 속한다. … 공적인 역할을 수행하는 결사 또는 그 구성원들이 기본권의 침해를 주장하는 경우에 과잉금지원칙 위배 여부를 판단할 때에는, 순수한 사적인 임의결사의 기본권이 제한되는 경우의 심사에 비해서는 완화된 기준을 적용할 수 있다. 이 사건에서도 농협의 공법인적 성격과 조합장선거 관리의 공공성 등의 특성상 기본권 제한의 과잉금지원칙 위배 여부를 심사함에 있어 농협 및 농협 조합장선거의 공적인 측면을 고려해야 할 것이다.

> 법정된 선거운동방법만을 허용하면서 합동연설회 또는 공개토론회의 개최나 언론기관 및 단체가 주최하는 대담·토론회를 허용하지 아니한 방법조항이 조합장선거의 후보자 및 선거인인 조합원의 결사의 자유 등을 침해하는지 여부(헌재 2017.7.27. 2016헌바372)
> 심판대상조항들은 조합장선거와 관련하여 선거운동기간을 후보자등록마감일의 다음 날

부터 선거일 전일까지로 한정하고, 법정된 선거운동방법만을 허용하여 후보자가 사전선거운동이나 합동연설회 또는 공개토론회의 개최, 언론기관 및 단체가 주최하는 대담·토론회를 통하여 자신의 선거공약 등을 표현할 자유를 제한할 뿐만 아니라 단체의 의사결정기관의 구성에 관한 결사 의 자유를 제한한다. … 조합장선거의 후보자에게 합동연설회 또는 공개토론회의 개최나 언론기관 및 단체가 주최하는 대담·토론회를 허용하지 아니한 입법자의 선택은 현 시점에서도 충분히 수긍할 수 있다. 따라서 방법조항은 필요하고도 합리적인 제한에 해당하여 침해의 최소성 원칙에 반하지 아니한다.

**전화·컴퓨터통신을 이용한 선거운동방법 금지가 결사의 자유, 표현의 자유를 침해하는지 여부**(헌재 2016.11.24. 2015헌바62)

지역농협 이사 선거의 경우 전화(문자메시지를 포함한다)·컴퓨터통신(전자우편을 포함한다)을 이용한 지지 호소의 선거운동방법을 금지하고, 이를 위반한 자를 처벌하는 구 농업협동조합법이 청구인들의 결사의 자유, 표현의 자유를 침해하는지 여부(적극)

전화·컴퓨터통신은 누구나 손쉽고 저렴하게 이용할 수 있는 매체인 점, 농업협동조합법에서 흑색선전 등을 처벌하는 조항을 두고 있는 점을 고려하면 입법목적 달성을 위하여 위 매체를 이용한 지지 호소까지 금지할 필요성은 인정되지 아니한다. 이 사건 법률조항들이 달성하려는 공익이 결사의 자유 및 표현의 자유 제한을 정당화할 정도로 크다고 보기는 어려우므로, 법익의 균형성도 인정되지 아니한다. 따라서 이 사건 법률조항들은 과잉금지원칙을 위반하여 결사의 자유, 표현의 자유를 침해하여 헌법에 위반된다.

**초·중등학교 교육공무원의 정치단체의 결성관여·가입금지가 정치적 표현의 자유 및 결사의 자유를 침해하는지 여부**(헌재 2020.4.23. 2018헌마551)

초·중등학교의 교육공무원이 정치단체의 결성에 관여하거나 이에 가입하는 행위를 금지한 국가공무원법이 청구인들의 정치적 표현의 자유 및 결사의 자유를 침해하는지 여부(적극)

위 조항이 교원에 대하여 정치단체의 결성에 관여하거나 이에 가입하는 행위를 전면적으로 금지함으로써 달성할 수 있는 공무원의 정치적 중립성 및 교육의 정치적 중립성은 명백하거나 구체적이지 못한 반면, 그로 인하여 교원이 받게 되는 정치적 표현의 자유 및 결사의 자유에 대한 제약과 민주적 의사형성과정의 개방성과 이를 통한 민주주의의 발전이라는 공익에 발생하는 피해는 매우 크므로, 위 조항은 법익의 균형성도 갖추지 못하였다. 위 조항은 과잉금지원칙에 위배되어 나머지 청구인들의 정치적 표현의 자유 및 결사의 자유를 침해한다.

### 제9절　학문과 예술의 자유

## Ⅰ. 학문의 자유

### 1. 학문의 자유의 의의

헌법 제22조에서는 학문의 자유를 보장하고 있다. 학문의 자유는 개인의 인권으로서의 학문의 자유뿐만 아니라 대학에서 학문연구의 자유·연구활동의 자유·교수의 자유 등도 보장한다. 대학에서의 학문의 자유에 대한 보장을 담보하기 위해서는 대학의 자율성이 보장되어야 하는데, 헌법 제31조 제4항에서는 교육의 자주성과 대학의 자율성을 보장하고 있다.

### 2. 학문의 자유의 내용

학문의 자유는 진리를 탐구하는 자유(학문연구의 자유), 진리탐구 결과에 대한 발표의 자유(연구활동의 자유), 학문적 집회·결사의 자유, 교수의 자유 등을 보장한다. 학문연구의 자유는 절대적인 자유라고 할 수 있으나, 학문활동의 자유, 학문적 집회·결사의 자유, 교수의 자유 등은 제약이 있을 수밖에 없다.

학교교육에 있어서 교사의 가르치는 권리를 수업권이라고 하며, 수업권이 헌법상 보장되는 기본권인가와 관련하여 논란이 있다(헌재 1992.11.12. 89헌마88). 수업권을 헌법상 기본권에 준하는 것으로 간주하더라도 수업권을 내세워 수학권을 침해할 수는 없으며 국민의 수학권의 보장을 위하여 교사의 수업권은 일정범위 내에서 제약을 받을 수밖에 없다.

> **교사의 수업권의 법적 성질**(헌재 1992.11.12. 89헌마88)
> 교사의 수업권은 전술과 같이 교사의 지위에서 생겨나는 직권인데, 그것이 헌법상 보장되는 기본권이라고 할 수 있느냐에 대하여서는 이를 부정적으로 보는 견해가 많으며, 설사 헌법상 보장되고 있는 학문의 자유 또는 교육을 받을 권리의 규정에서 교사의 수업권이 파생되는 것으로 해석하여 기본권에 준하는 것으로 간주하더라도 수업권을 내세워 수학권을 침해할 수는 없으며 국민의 수학권의 보장을 위하여 교사의 수업권은 일정범위 내에서 제약을 받을 수밖에 없는 것이다.

> **국립대학교의 대학의 자율권 인정 여부 및 2015학년도 및 2016학년도 모집정지행위의 대학의 자율권 침해 여부**(헌재 2015.12.23. 2014헌마1149)
> 헌법재판소는, 헌법 제31조 제4항이 정하는 교육의 자주성 및 대학의 자율성은 헌법 제22조 제1항이 보장하는 학문의 자유의 확실한 보장수단으로 꼭 필요한 것으로서 대학에게 부여된 헌법상의 기본권인 대학의 자율권이라고 판시하면서 국립 서울대학교가 대학의 자율권의 주체가 될 수 있음을 인정한 바 있고(헌재 1992.10.1. 92헌마68 등 참조), 대학의 자율권은 기본적으로 대학에게 부여된 기본권이나 문제되는 사안에 따라 교수·교수회도

그 주체가 될 수 있다고 판시함으로써 대학의 자율권의 주체는 원칙적으로 대학 그 자체임을 재확인한 바 있다(헌재 2006.4.27. 2005헌마1047 등 참조). 그리고 이러한 대학의 자율권의 보호영역에는 대학시설의 관리·운영만이 아니라 학사관리 등 전반적인 것으로 연구와 교육의 내용, 그 방법과 대상, 교과과정의 편성, 학생의 선발, 학생의 전형도 포함된다(헌재 1992.10.1. 92헌마68 등 참조). 그런데 이 사건 모집정지는 ○○대학교 법학전문대학원의 2015학년도 및 2016학년도 신입생 모집정원 40명 중 각 1명의 모집을 정지하도록 하고 있으므로, 국립대학교인 청구인의 학생 선발에 관한 대학의 자율권을 제한한다. … 이 사건 모집정지는 과잉금지원칙에 반하여 청구인의 대학의 자율권을 침해한다.[39]

**유치원 회계 예산과목 구분 사건**(헌재 2019. 7. 25. 2017헌마1038등)
가. 개인이 설립한 사립유치원 역시 사립학교법·유아교육법상 학교로서 공교육 체계에 편입되어 그 공공성이 강조되고 공익적인 역할을 수행하며, 국가 및 지방자치단체로부터 재정지원 및 세제혜택을 받고 있다. 따라서 사립유치원의 재정 및 회계의 투명성은 그 유치원에 의하여 수행되는 교육의 공공성과 직결된다. 심판대상조항(사학기관 재무·회계 규칙 제15조의2 제1항)은 개인이 경영하는 사립유치원의 실정에 맞는 재무·회계기준을 제시하고 이에 따르도록 함으로써 그 재정의 건전성과 투명성을 확보한다. 이는 국가와 지방자치단체의 재정지원을 받는 사립유치원이 개인의 영리추구에 매몰되지 아니하고 교육기관으로서 양질의 유아교육을 제공하는 동시에 유아교육의 공공성을 지킬 수 있는 재정적 기초를 다지기 위한 것으로서 그 목적이 정당하다.

사립유치원이 그 재정을 건전하고 투명하게 운영하지 못한다면 교육의 질 저하로 유아교육의 공공성 및 그에 대한 신뢰는 나빠지고 나아가 국가의 교육재정의 건전성에도 악영향을 미칠 수 있다. 따라서 유아교육을 담당하고 국가 및 지방자치단체로부터 재정 지원을 받는 사립유치원은 그 운영에 공공성이 담보될 수 있도록 국가가 관여하는 것은 불가피하고, 사립유치원의 재무회계를 국가가 관리·감독하는 것은 사립유치원 경영의 투명성을 제고할 수 있는 적합한 수단이다.

심판대상조항이 규정한 예산과목의 내용은 유치원의 재정 건전성 확보를 위해 그 필요성이 인정되고, 일정 부분 사립유치원에 운영의 자율성을 보장하고 있으며, 교육감이 예산과목 구분을 조정할 수 있도록 함으로써 구체적 타당성도 도모하고 있다. 비록 심판대상조항의 사립유치원 세입·세출예산 과목에 청구인들이 주장하는 바와 같은 항목들(유치원 설립을 위한 차입금 및 상환금, 유치원 설립자에 대한 수익배당, 통학 및 업무용 차량 이외의 설립자 개인 차량의 유류대 등)을 두지 않았다고 하더라도, 그러한 사정만으로는 심판대상조항이 현저히 불합리하거나 자의적이라고 볼 수 없다. 따라서 심판대상조항이 입법형성의 한계를 일탈하여 사립유치원 설립·경영자의 사립유치원 운영의 자유를 침해한다고 볼 수 없다.

나. 심판대상조항은 사립유치원의 세입·세출예산 과목을 규정할 뿐 교사 등 시설물 자체에 대한 청구인들의 소유권이나 처분권에는 어떠한 영향도 미치지 않는다. 뿐만 아니

---

[39] 헌법재판소는 비록 헌법에 명문의 규정은 없지만 학교법인을 설립하고 이를 통하여 사립학교를 설립·경영하는 것을 내용으로 하는 사학의 자유가 헌법 제10조, 제31조 제1항, 제4항에서 도출되는 기본권임을 확인한 바 있다(헌재 2001.1.18. 99헌바63; 헌재 2016.2.25. 2013헌마692 참조).

라 유치원 설립·경영자가 자기 자신에게 교지·교사의 사용대가를 지급할 수 없는 것은 유아교육법상 요구되는 유치원설립기준의 충족을 위해 스스로 교지·교사를 제공한 것에 기인한 것으로서 심판대상조항에 의한 별도의 재산권 제한은 인정되지 않는다.

다. 사립유치원은 국가 및 지방자치단체의 재정지원을 받는 점에서 개인병원과 본질적 차이가 있으므로 비교집단이 될 수 없다. 또한 어린이집의 경우 청구인들의 주장과 달리 사립유치원과 거의 동일한 정도의 회계관리가 이루어지고 있으므로 차별취급 자체가 존재하지 않는다. 한편 사립유치원 역시 공공성이 강조되는 교육을 담당하는 사립학교법상 학교라는 점에서 국·공립학교나 다른 사립학교와 본질적 차이가 없으므로 이들을 동일하게 취급한다고 하여 평등권을 침해한다고 볼 수 없다.

라. 사립유치원은 교육기본법, 초·중등교육법, 유아교육법에 따른 학교로서 이 사건 규칙 제정 당시부터 그 적용을 받아 왔고, 그 회계의 예산과목에 대하여 심판대상조항 신설 이전에도 별표 3, 별표 4의 적용을 받아왔는바, 사립유치원 설립자의 자율적인 경영 및 이윤추구가 가능하다는 신뢰가 형성되었다거나 그러한 신뢰가 보호할 만한 정도에 이르렀다고 보기는 어려우므로, 심판대상조항이 신뢰보호의 원칙에 위반된다고 볼 수 없다.

마. 기본권 제한에 관한 법률유보원칙은 '법률에 근거한 규율'을 요청하는 것이고, 심판대상조항은 학교법인의 회계규칙 기타 예산 또는 회계에 관하여 필요한 사항은 교육부장관이 정하도록 한 사립학교법 제33조, 이를 사립학교경영자에게 준용하도록 한 사립학교법 제51조에 근거한 것이므로 법률유보원칙에 위반된다고 볼 수 없다.

[재판관 이은애, 재판관 이종석, 재판관 이영진의 보충의견]

원칙적으로 유아교육의 책임은 국가 및 지방자치단체가 부담하고 유치원의 공통과정은 무상교육의 대상임에도 국가와 지방자치단체의 재정상황 등을 고려하여 개인도 사립유치원을 설립할 수 있게 하고 있고, 실제 개인 설립 사립유치원이 유아교육에서 차지하는 비중이 상당히 높다. 최근 사립유치원에 대한 회계집행 등을 점검한 결과 위법·부당한 위반 사례가 다수 적발되었지만, 아직도 많은 사립유치원 설립·경영자들은 교육자로서의 본분을 지키면서 국가와 지방자치단체를 대신하여 우리나라 유아교육에 크게 기여하고 있다.

최근 발생한 사립유치원 사태를 사회통합적 차원에서 근원적으로 해결하고 유아교육의 공공성이 훼손되지 않도록 하기 위해서는, 교육부가 '유치원 공공성 강화 방안'을 마련함에 있어 사립유치원 설립·경영자들이 주장하는 사립유치원 운영상의 어려움을 경청하고 그 해결방안을 함께 협의하는 것이 바람직할 것이다. 나아가 '유치원 공공성 강화 방안'을 개인 설립 사립유치원에 적용하는 데는 일정한 유예기간을 두거나 과도기적 지원책을 마련하고, 사립유치원의 폐원을 희망하는 경우 유아들의 학습권 피해와 설립·경영자들의 경제적 손실을 최소화하면서 합리적인 절차를 거쳐 폐원할 수 있는 방안을 마련하는 등 현실 상황을 반영한 정책적 배려를 하는 것이 필요하다.

## Ⅱ. 예술의 자유

### 1. 예술의 자유의 의의
헌법 제22조에서는 예술의 자유를 보장한다.

### 2. 예술의 자유의 내용
예술의 자유는 예술창작의 자유, 예술표현의 자유, 예술적 집회·결사의 자유 등을 그 내용으로 한다. 예술창작의 자유는 예술창작활동을 할 수 있는 자유로서 창작소재, 창작형태 및 창작과정 등에 대한 임의로운 결정권을 포함한 모든 예술창작활동의 자유를 그 내용으로 한다. 따라서 음반 및 비디오물로써 예술창작활동을 하는 자유도 이 예술의 자유에 포함된다. 예술표현의 자유는 창작한 예술품을 일반대중에게 전시·공연·보급할 수 있는 자유이다. 예술품보급을 목적으로 하는 예술출판자 등도 예술의 자유의 보호를 받는다. 따라서 비디오물을 포함하는 음반제작자도 예술표현의 자유를 향유한다. 이러한 예술표현의 자유는 무제한적인 기본권은 아니다. 예술표현의 자유는 타인의 권리와 명예 또는 공중도덕이나 사회윤리를 침해하여서는 아니 되며, 과잉금지원칙에 위배되지 않아야 한다(헌재 1993.5.13. 91헌바17).

## Ⅲ. 저작자·발명가·과학기술자·예술가의 보호

헌법 제22조 제2항은 저작자·발명가·과학기술자와 예술가의 권리는 법률로써 보호한다고 하여 학문과 예술의 자유를 제도적으로 뒷받침해 주고 학문과 예술의 자유에 내포된 문화국가실현의 실효성을 높이기 위하여 저작자 등의 권리보호를 국가의 과제로 규정하고 있다. 저작자 등의 권리를 보호하는 것은 학문과 예술을 발전·진흥시키고 문화국가를 실현하기 위하여 불가결할 뿐 아니라, 이들 저작자 등의 산업재산권을 보호한다는 의미도 함께 가지고 있다(헌재 2002.4.25. 2001헌마200; 헌재 2011.2.24. 2009헌바13 등).

## 제10절 재산권

### I. 재산권 보장의 의의

헌법 제23조 제1항에서 경제활동의 기초로서 재산권을 보장하면서, 제2항에서 재산권 행사가 남용되는 일이 없도록 재산권 행사의 공공복리적합의무를 규정하고 있다. 제3항에서는 공공필요에 의한 재산권의 수용·사용·제한과 보상과의 상호관계를 규정하고 있다. 재산권 보장이란 국민 개개인이 재산권을 향유할 수 있는 법제도로서의 사유재산제도를 보장함과 동시에 국민 개개인이 그 기초 위에서 그들이 현재 갖고 있는 구체적 재산권을 개인의 기본권으로 보장한다는 이중적 의미를 가지고 있다.

헌법에서 보장하는 재산권이란 경제적 가치가 있는 모든 사법상·공법상의 권리를 말한다. 이러한 재산권의 범위에는 동산·부동산에 대한 모든 종류의 물권은 물론, 재산가치 있는 모든 사법상의 채권과 특별법상의 권리 및 재산가치 있는 공법상의 권리 등이 포함되나, 단순한 기대이익·반사적 이익 또는 경제적인 기회 등은 재산권에 속하지 않는다.

### II. 재산권의 제한과 한계

헌법 제23조에 의하여 재산권을 제한하는 형태에는 헌법 제23조 제1항 및 제2항에 근거하여 재산권의 내용과 한계를 정하는 것과, 제3항에 따른 수용·사용 또는 제한(재산권의 공용침해)을 하는 것의 두 가지 형태가 있다. 재산권의 내용과 한계 규정은 "입법자가 장래에 있어서 추상적이고 일반적인 형식으로 재산권의 내용을 형성하고 확정하는 것"을 의미하고, 재산권에 대한 공용침해규정은 "국가가 구체적인 공적 과제를 수행하기 위하여 이미 형성된 구체적인 재산적 권리를 전면적 또는 부분적으로 박탈하거나 제한하는 것"을 의미한다(헌재 1999.4.29. 94헌바37 등).

#### 1. 재산권 내용규정

헌법 제23조 제1항은 재산권의 내용과 한계는 법률로 정한다고 규정함으로써 입법자에게 재산권의 구체적인 내용을 형성할 권한을 부여하고 있다. 입법자는 재산권의 내용을 구체적으로 형성함에 있어서 헌법상의 재산권보장과 재산권의 제한을 요청하는 공익 등 재산권의 사회적 기속성을 함께 고려하고 조정하여 양 법익이 조화와 균형을 이루도록 하여야 한다(헌재 1998.12.24. 89헌마214 등).

#### 2. 재산권의 사회적 기속성

헌법 제23조 제2항은 "재산권의 행사는 공공복리에 적합하도록 하여야 한다."고 하여 재산권의 사회적 제약에 관하여 규정하고 있다. 재산권이 사회적 기속성으로 인하여 제한이 허용된다고 하더라도 일정한 한계가 있으며, 재산권 행사의 사회적 연관성과 사회적 기능에 따라 달라진다. 재산권에 대한 제한의 허용정도는 재산권 객체의 사회적 기능, 즉 재산권의 행사가 기본권의 주체와 사회전반에 대하여 가지는 의미에 달려 있는데, 재산권의 행사가 사회적 연관성과 사회적 기능을 가지면 가질수록 입법자에 의한 보다 광범위한 제한이 허용된다. 재산권의 이용과 처분이 소유자의 개인적 영역에 머무르지 아니하고 국민일반의 자유행사에 큰 영향을 미치거나 국민일반이 자신의 자유를 행사하기 위하여 문제되는 재산권에 의존하는 경우에는 입법자가 공동체의 이익을 위하여 개인의 재산권을 제한하는 규율권한은 더욱 넓어진다(헌재 2005.9.29. 2002헌바84 등).

재산권에 대한 제약이 비례원칙에 합치하는 것이라면 그 제약은 재산권자가 수인하여야 하는 사회적 제약의 범위 내에 있는 것이고, 반대로 재산권에 대한 제약이 비례원칙에 반하여 과잉된 것이라면 그 제약은 재산권자가 수인하여야 하는 사회적 제약의 한계를 넘는 것이다(헌재 2006.7.27. 2003헌바18).

### 3. 재산권의 내용·한계규정과 공용침해

(1) 경계이론

재산권에 대한 사회적 제약이나 공용침해 모두 재산권에 대한 제한을 의미한다. 사회적 제약은 재산권에 대한 침해가 적은 경우로서 보상 없이 감수해야 하는 반면에 공용침해는 재산권의 사회적 제약의 범주는 넘어서는 것으로 보상을 필요로 한다.

경계이론은 재산권에 대한 내용·한계규정과 공용침해규정을 구분하지 않고 동일선상에 있는 것으로 이해한다. 재산권에 대한 내용이나 한계규정이 사회적 제약을 넘어서면 특별한 희생으로 보상을 요하는 공용침해에 해당한다는 것이다. 경계이론은 보상을 요하는 공용침해와 보상을 요하지 않는 사회적 제약간의 경계설정이 중요한데, 그 경계를 특별희생으로 보고 있다.

(2) 분리이론

분리이론은 재산권의 내용·한계규정과 공용침해를 독립된 별개의 제도로 이해한다. 재산권의 내용과 한계규정이 사회적 제약의 한계를 벗어나더라도 공용침해로 전환되지 않으며, 위헌의 문제만을 가져온다. 재산권의 내용규정과 공용침해가 독립된 별개의 제도이기 때문에 위헌성을 심사하는 기준도 다르다. 재산권의 내용규정의 경우 비례의 원칙, 신뢰보호원칙, 평등원칙 등을 기준으로 위헌 여부를 판단하지만, 공용침해는 헌법 제23조 제3항이 정하는 '공공필요', '보상' 등의 조건이 판단기준이 된다. 분리이론에 의하면 재산권 제한의 유형은 보상이 필요 없는 내용·한계규정, 보상의무 있는 내용·한계규정, 보상을 요하는 공용침해로 구분할 수 있는데, 공용침해에서의 보상은 금전적 가치보상을 의미하지만, 내용·한계규정에서의 보상은 재산권의 내용을 합헌적으로 규율하기 위한 정책적·조절적 보상이다.

**토지 재산권에 대한 제한 및 방법**(헌재 1998.12.24. 89헌마214 등)

이 사건 법률조항에 의한 재산권의 제한은 개발제한구역으로 지정된 토지를 원칙적으로 지정 당시의 지목과 토지현황에 의한 이용방법에 따라 사용할 수 있는 한, 재산권에 내재하는 사회적 제약을 비례의 원칙에 합치하게 합헌적으로 구체화한 것이라고 할 것이나, 종래의 지목과 토지현황에 의한 이용방법에 따른 토지의 사용도 할 수 없거나 실질적으로 사용·수익을 전혀 할 수 없는 예외적인 경우에도 아무런 보상 없이 이를 감수하도록 하고 있는 한, 비례의 원칙에 위반되어 당해 토지소유자의 재산권을 과도하게 침해하는 것으로서 헌법에 위반된다 할 것이다. 따라서 입법자가 이 사건 법률조항을 통하여 국민의 재산권을 비례의 원칙에 부합하게 합헌적으로 제한하기 위해서는, 수인의 한계를 넘어 가혹한 부담이 발생하는 예외적인 경우에는 이를 완화하는 보상규정을 두어야 한다. 이러한 보상규정은 입법자가 헌법 제23조 제1항 및 제2항에 의하여 재산권의 내용을 구체적으로 형성하고 공공의 이익을 위하여 재산권을 제한하는 과정에서 이를 합헌적으로 규율하기 위하여 두어야 하는 규정이다. 재산권의 침해와 공익 간의 비례성을 다시 회복하기 위한 방법은 헌법상 반드시 금전보상만을 해야 하는 것은 아니다. 입법자는 지정의 해제 또는 토지매수청구권제도와 같이 금전보상에 갈음하거나 기타 손실을 완화할 수 있는 제도를 보완하는 등 여러 가지 다른 방법을 사용할 수 있다. 즉, 입법자에게는 헌법적으로 가혹한 부담의 조정이란 '목적'을 달성하기 위하여 이를 완화·조정할 수 있는 '방법'의 선택에 있어서는 광범위한 형성의 자유가 부여된다.

**재산권 제한의 형태**(헌재 1999.4.29. 94헌바37 등)

헌법 제23조에 의하여 재산권을 제한하는 형태에는, 제1항 및 제2항에 근거하여 재산권의 내용과 한계를 정하는 것과, 제3항에 따른 수용·사용 또는 제한을 하는 것의 두 가지 형태가 있다. 전자는 "입법자가 장래에 있어서 추상적이고 일반적인 형식으로 재산권의 내용을 형성하고 확정하는 것"을 의미하고, 후자는 "국가가 구체적인 공적 과제를 수행하기 위하여 이미 형성된 구체적인 재산적 권리를 전면적 또는 부분적으로 박탈하거나 제한하는 것"을 의미한다. … 법은 택지에 관한 권리와 의무를 일반·추상적으로 확정함으로써 그 내용과 한계를 정하는 규정으로서, 재산권의 사회적 제약을 구체화하는 입법이라고 할 수 있다. 따라서 이는 공익목적을 위하여 개별적·구체적으로 이미 형성된 구체적인 재산권을 박탈하거나 제한하는 것으로서 보상을 요하는 헌법 제23조 제3항 소정의 수용·사용 또는 제한과는 구별되는 것이다.

**토지재산권에 대한 제한입법의 한계**(헌재 2012.7.26. 2009헌바328)

문화재와 문화적으로 보존가치가 큰 건축물 등의 미관을 유지·관리하기 위해 필요한 지구를 지정하여 그 지정목적에 부합하지 않는 토지이용을 규제하려는 이 사건 법률조항들은, 입법자가 '토지재산권에 관한 권리와 의무를 일반·추상적으로 확정하는' 재산권의 내용과 한계에 관한 규정이자 재산권의 사회적 제약을 구체화하는 규정이다(헌법 제23조 제1항 및 제2항). 토지재산권에 대한 제한입법은 토지의 강한 사회성 내지는 공공성으로 말미암아 다른 재산권에 비하여 보다 강한 제한과 의무가 부과될 수 있으나, 역시 다른 기본권에 대한 제한입법과 마찬가지로 과잉금지의 원칙(비례의 원칙)을 준수해야 하고, 재산권의 본질적 내용인 사적 이용권과 원칙적인 처분권을 부인하여서는 아니 되며, 특히 토지재산권의 사회적 의미와 기능 및 법의 목적과 취지를 고려하더라도 당해 토지재산권을 과도하게 제한하여서는 아니 된다.

## Ⅲ. 재산권의 공용침해(공용수용)

### 1. 손실보상규정의 의의

헌법 제23조 제3항에서는 "공공필요에 의한 재산권의 수용·사용 또는 제한 및 그에 대한 보상은 법률로써 하되, 정당한 보상을 지급하여야 한다."고 규정한다. 재산권을 수용·사용 또는 제한하는 헌법 제23조 제3항의 공용수용이 합헌적이기 위해서는 국민의 재산권을 그 의사에 반하여 강제적으로 취득해야 할 공익적 필요성이 있어야 하며, 수용과 그에 대한 보상은 모두 법률에 의해야 하고, 정당한 보상을 지급할 것 등을 그 요건으로 한다(헌재 2011.12.29. 2010헌바205 등).

헌법이 규정한 '정당한 보상'이란 손실보상의 원인이 되는 재산권의 침해가 기존의 법질서 안에서 개인의 재산권에 대한 개별적인 침해인 경우에는 그 손실 보상은 원칙적으로 피수용재산의 객관적인 재산가치를 완전하게 보상하는 것이어야 한다는 완전보상을 뜻하는 것으로서 보상금액뿐만 아니라 보상의 시기나 방법 등에 있어서도 어떠한 제한을 두어서는 아니 된다는 것을 의미한다(헌재 2011.12.29. 2010헌바205 등).

### 2. 결부조항 여부

헌법 제23조 제3항의 해석과 관련하여 이를 결부조항으로 볼 수 있는지가 문제된다. 결부조항이란 헌법이 입법위임을 하면서 동시에 그 법률이 일정한 요건을 충족해야 한다거나 일정한 내용을 규정해야 한다는 취지를 규정한 조항을 말한다. 헌법 제23조 제3항을 결부조항으로 이해한다는 의미는 재산권의 제한과 보상의 방법 및 기준을 하나로 묶어서 동일한 법률에 규정해야 한다는 것을 뜻한다. 이는 보상규정을 두지 않은 수용관련 법률은 위헌으로 보게 된다. 헌법 제23조 제3항을 결부조항이 아니라고 보는 견해는 보상규정이 없는 공용수용 법률은 합헌이 되고, 단지 입법부는 보상입법을 해야 할 의무가 부과될 뿐이라고 이해하게 된다.

# 04 참정권·청구권적 기본권

## 제1절 참정권

참정권은 국민이 국가기관의 형성과 국가의 정치적 의사형성과정에 참여하는 권리이다. 일반적으로 참정권은 국민이 국가의 의사형성에 직접 참여하는 직접적인 참정권과 국민이 국가기관의 형성에 간접적으로 참여하거나 국가기관의 구성원으로 선임될 수 있는 권리인 간접적인 참정권으로 나눌 수 있다. 헌법은 간접적인 참정권으로 선거권, 공무담임권을, 직접적인 참정권으로 국민투표권을 규정하고 있다(헌재 2005.10.4. 2005헌마875).

> **주민투표권의 기본권 해당 여부**(헌재 2005.10.4. 2005헌마875)
> 우리 헌법은 법률이 정하는 바에 따른 선거권과 공무담임권 및 국가안위에 관한 중요정책과 헌법개정에 대한 국민투표권만을 헌법상의 참정권으로 보장하고 있다. 따라서 지방자치법 제13조의2와 이에 근거한 주민투표법이 정하는 주민투표권은 그 성질상 위에서 본 선거권, 공무담임권, 국민투표권과는 다른 것이어서 이를 법률이 보장하는 참정권이라고 할 수 있을지언정 헌법이 보장하는 참정권이라고 할 수는 없다.

> **주민투표권의 기본권 해당 여부**(헌재 2005.12.22. 2004헌마530)
> 우리 헌법은 간접적인 참정권으로 선거권(헌법 제24조), 공무담임권(헌법 제25조)을, 직접적인 참정권으로 국민투표권(헌법 제72조, 제130조)을 규정하고 있을 뿐 주민투표권을 기본권으로 규정한 바가 없다.

### I. 선거권과 피선거권

#### 1. 선거권의 의의

대의민주주의를 원칙으로 하는 오늘날 국민의 참여는 기본적으로 선거를 통하여 이루어진다. 선거는 주권자인 국민이 그 주권을 행사하는 통로이다(헌재 2001.7.19. 2000헌마91 등).

국민의 선거권 행사는 국민주권의 실현수단으로서 국민의 의사를 국정에 반영할 수 있는 중요한 통로로서 기능하며, 주기적 선거를 통하여 국가권력을 통제하는 수단으로서의 기능도 수행한다(헌재 2007.6.28. 2004헌마644 등).

#### 2. 국정선거권

헌법재판소는 선거권을 편의상 국정선거권과 지방선거권으로 구분한다. 국회의원과 대통령에 대한 선거권을 국정선거권이라 한다. 헌법재판소는 국정선거권을 국민의 참정권이 국민주권의 원칙을 실현하기 위한 가장 기본적이고 필수적인 권리로서 다른 기본권에 대하여 우월한 지위를 갖는 것이라고 한다(헌재 2007.6.28. 2004헌마644 등).

### 3. 지방선거 참여권

지방선거권은 지방의회의원 선거권과 지방자치단체장 선거권이 있다. 초기 헌법재판소는 지방의회의원 선거권이 헌법상 기본권이라는 점은 분명하다고 하면서, 지방자치단체장 선거권의 기본권성에 대해서는 부정적으로 보아, 지방자치단체장 선거권의 침해 여부에 대한 헌법소원심판청구에서 지방자치단체장 선거권의 기본권성에 의문을 제기하면서 평등권 침해를 이유로 헌법소원심판청구의 적법성을 인정하였다. 최근에는 헌법재판소가 지방자치단체장의 선거권도 헌법상의 기본권으로 인정하고 있다(헌재 2016.10.27. 2014헌마797).

**지방자치단체의 장의 선거권에 대한 제한이 헌법상 기본권에 대한 제한에 해당하는지 여부**(헌재 2007.6.28. 2004헌마644 등)

헌법 제118조는 제1항에서 "지방자치단체에 의회를 둔다."는 규정을 제2항에서 "지방의회의 … 의원선거 … 에 관한 사항은 법률로 정한다."라고 함으로써 지방의회 의원선거권이 헌법상의 기본권임을 분명히 하고 있다. 하지만 헌법 제118조 제2항은 " … 지방자치단체의 장의 선임방법 … 에 관한 사항은 법률로 정한다."라고만 규정하고 있어 지방자치단체의 장의 선거권에 대한 제한이 헌법상의 기본권에 대한 제한인지 여부가 문제된다. 헌법이 지방자치단체의 장에 대해서는 '선임방법'이라고 표현함으로써 지방의원의 '선거'와는 구별하고 있으므로 지방자치단체의 장의 선거권을 헌법상 기본권이라 단정하기는 어렵다. 하지만 지방자치단체의 장의 선거권을 법률상의 권리로 본다 할지라도, 비교집단 상호간에 차별이 존재할 경우에 헌법상 기본권인 평등권 심사까지 배제되는 것은 아니므로, 지방선거권에 대한 제한은 지방의원의 경우이든 지방자치단체의 장의 경우이든 모두 헌법상의 기본권에 대한 제한에 해당한다.

**지방자치단체의 장 선거에서 후보자가 1인일 경우 무투표 당선을 규정한 공직선거법 조항**(제191조 제3항) **위헌확인 사건**(헌재 2016.10.27. 2014헌마797)

1. 지방자치단체의 장 선거권이 헌법상 보장되는 기본권인지 여부(적극)
2. 지방자치단체의 장 선거에서 후보자 등록 마감시간까지 후보자 1인만이 등록한 경우 투표를 실시하지 않고 그 후보자를 당선인으로 결정하도록 하는 공직선거법 제191조 제3항 중 제188조 제2항의 '후보자등록 마감시각에 지역구국회의원 후보자가 1인 '이 된 때에 관한 부분을 준용하는 것이 청구인의 선거권을 침해하는지 여부(소극)
3. 지방자치단체의 장 선거권이 헌법상 보장되는 기본권인지 여부

국회의원(제41조 제1항)과 대통령(제67조 제1항) 선출에 관하여는 헌법이 직접적으로 보통·평등·직접·비밀선거의 원칙을 명문화하였고, 지방의회의원에 대해서는 헌법 제118조 제2항에서 "지방의회의 … 의원 '선거' … 에 관한 사항은 법률로 정한다."라고 하여 지방의회의원의 선출은 선거를 통해야 함을 천명하고 그 구체적인 방법이나 내용은 법률에 유보하여, 이러한 선거권이 헌법 제24조가 보장하는 기본권임을 분명히 하고 있다. 반면에 지방자치단체의 장에 대해서는 헌법 제118조 제2항에서 " … 지방자치

단체의 장의 '선임방법' … 에 관한 사항은 법률로 정한다"라고만 규정하여 지방의회의원의 '선거'와는 문언상 구별하고 있으므로, 지방자치단체의 장 선거권이 헌법상 보장되는 기본권인지 여부가 문제된다. 헌법에서 지방자치제를 제도적으로 보장하고 있고, 지방자치는 지방자치단체가 독자적인 자치 기구를 설치해서 그 자치 단체의 고유사무를 국가기관의 간섭 없이 스스로의 책임 아래 처리하는 것을 의미한다는 점에서 지방자치단체의 대표인 단체장은 지방 의회의원과 마찬가지로 주민의 자발적 지지에 기초를 둔 선거를 통해 선출되어야 한다는 것은 지방 자치제도의 본질에서 당연히 도출되는 원리이다. 이에 따라 공직선거관련법상 지방자치단체의 장 선임방법은 '선거'로 규정되어 왔고, 지방자치단체의 장을 선거로 선출하여온 우리 지방자치제의 역사에 비추어 볼 때 지방 자치단체의 장에 대한 주민직선제 이외의 다른 선출방법을 허용할 수 없다는 관행과 이에 대한 국민적 인식이 광범위하게 존재한다고 볼 수 있다. 주민자치제를 본질로 하는 민주적 지방자치제도가 안정적으로 뿌리내린 현 시점에서 지방자치단체의 장 선거권을 지방의회의원 선거권, 더 나아가 국회의원선거권 및 대통령선거권과 구별하여 하나는 법률상의 권리로, 나머지는 헌법상의 권리로 이원화하는 것은 허용될 수 없다. 그러므로 지방자치단체의 장 선거권 역시 다른 선거권과 마찬가지로 헌법 제24조에 의해 보호되는 헌법상의 권리로 인정하여야 할 것이다.

4. 지방자치단체의 장 선거권 침해 여부

법률 개정안 관련 자료를 살펴보면 후보자가 1인일 경우 선거 비용감소 및 절차의 간소화를 위한 제도 정비 차원에서 무투표 당선 제도가 효율적이므로 이를 도입한 것으로 보인다. 심판대상조항의 입법목적은 선거에 소요되는 여러 가지 절차를 간소화하여 행정적 편의를 도모하고 선거비용을 절감하는 등 선거제도의 효율성을 제고하기 위한 것으로 그 정당성을 인정할 수 있으며, 후보자등록기한까지 후보자가 1인일 경우 투표를 생략하고 해당 후보자를 당선자로 결정하는 것은 이러한 입법목적을 달성하기 위한 적절한 수단이라 할 수 있다. 입법자가 위와 같은 여러 가지 상황을 고려하여 후보등록마감일까지 후보자가 1인일 경우 투표를 실시하지 않고 해당 후보자를 지방자치단체의 장 당선자로 정하도록 결단한 것은 입법목적 달성에 필요한 범위를 넘은 과도한 제한이라 할 수 없다.

## 4. 수형자와 집행유예자의 선거권

(1) 헌법 제24조의 의미

헌법 제24조는 모든 국민은 '법률이 정하는 바에 의하여' 선거권을 가진다는 법률유보의 규정은 포괄적인 입법권의 유보 아래 있음을 뜻하는 것이 아니라, 국민의 기본권을 법률로 구체적으로 실현하라는 뜻이다.

(2) 수형자와 집행유예자에 대한 선거권 심사기준

입법자는 선거권을 최대한 보장하는 방향으로 입법을 하여야 하며, 선거권을 제한하는 법률의 합헌성을 심사하는 경우에는 그 심사의 강도도 엄격하여야 한다. 범죄자에게 형벌의 내용으로 선거권을 제한하는 경우에도 선거권 제한 여부 및 적용범위의 타당성에 관하여 보통선거원칙에 입각한 선거권 보장과 그 제한의 관점에서 헌법 제37조 제2항에 따라 엄격한 비례심사를 하여야 한다(헌재 2009.10.29. 2007헌마1462의 위헌의견; 헌재 2014.1.28. 2012헌마409 등).

(3) 헌법재판소의 결정

헌법재판소는 수형자와 집행유예자에 대한 선거권을 제한하는 공직선거법 규정에 대하여 헌법불합치결정을 하였다. 그 후 공직선거법의 개정으로 1년 이상의 징역의 형의 선고를 받았다는 이유로 그 형의 집행이 종료되지 아니한 수형자에 대하여 형 집행기간 동안 선거권을 제한하는 것이 청구인들의 선거권을 침해하지 않는다고 결정하였다(헌재 2017.5.25. 2016헌마292 등).

> **수형자와 집행유예자에 대한 선거권 제한 사건**(헌재 2014.1.28. 2012헌마409 등)
> 1. 범죄자가 저지른 범죄의 경중을 전혀 고려하지 않고 수형자와 집행유예자 모두의 선거권을 제한하는 것은 침해의 최소성 원칙에 어긋난다. 특히 집행유예자는 집행유예 선고가 실효되거나 취소되지 않는 한 교정시설에 구금되지 않고 일반인과 동일한 사회생활을 하고 있으므로, 그들의 선거권을 제한해야 할 필요성이 크지 않다. 따라서 심판대상조항은 청구인들의 선거권을 침해하고, 보통선거원칙에 위반하여 집행유예자와 수형자를 차별취급하는 것이므로 평등원칙에도 어긋난다.
> 2. 심판대상조항(공직선거법 제18조) 중 수형자에 관한 부분의 위헌성은 지나치게 전면적·획일적으로 수형자의 선거권을 제한한다는 데 있다. 그런데 그 위헌성을 제거하고 수형자에게 헌법합치적으로 선거권을 부여하는 것은 입법자의 형성재량에 속하므로 심판대상조항 중 수형자에 관한 부분에 대하여 헌법불합치결정을 선고한다.

> **공직선거법 제18조(선거권이 없는 자)** ① 선거일 현재 다음 각 호의 어느 하나에 해당하는 사람은 선거권이 없다.
> 1. 금치산선고를 받은 자.
> 2. 1년 이상의 징역 또는 금고의 형의 선고를 받고 그 집행이 종료되지 아니하거나 그 집행을 받지 아니하기로 확정되지 아니한 사람. 다만, 그 형의 집행유예를 선고받고 유예기간 중에 있는 사람은 제외한다.

> **1년 이상의 징역의 형의 선고를 받고 그 집행이 종료되지 아니한 사람의 선거권 제한이 선거권을 침해하는지 여부**(헌재 2017.5.25. 2016헌마292 등)
> 심판대상조항(제18조 제1항 제2호 본문 중 "1년 이상의 징역의 형의 선고를 받고 그 집행이 종료되지 아니한 사람"에 관한 부분)은 공동체 구성원으로서 기본적 의무를 저버린 수형자에 대하여 사회적·형사적 제재를 부과하고, 수형자와 일반국민의 준법의식을 제고하기 위한 것이다. … 1년 이상의 징역형을 선고받은 사람의 선거권을 제한함으로써 형사적·사회적 제재를 부과하고 준법의식을 강화한다는 공익이, 형 집행기간 동안 선거권을 행사하지 못하는 수형

자 개인의 불이익보다 작다고 할 수 없다. 따라서 심판대상조항은 과잉금지원칙을 위반하여 청구인의 선거권을 침해하지 아니한다.

## Ⅱ. 공무담임권

### 1. 공무담임권의 의의

헌법 제25조에서는 "모든 국민은 법률이 정하는 바에 의하여 공무담임권을 가진다."고 하여 공무담임권을 규정하고 있다. 공무담임권은 선거직 공무원을 비롯한 모든 국가기관의 공직에 취임할 수 있는 권리를 말한다.

### 2. 공무담임권의 보호영역

공무담임권은 모든 국민이 현실적으로 국가나 공공단체의 직무를 담당할 수 있다고 하는 의미가 아니라, 국민이 공무담임에 관한 자의적이지 않고 평등한 기회를 보장받는 것, 즉 공직취임의 기회를 자의적으로 배제당하지 않음을 의미한다(헌재 2009.9.24. 2007헌마117 등). 그리고 공무담임권의 보호영역에는 공직취임 기회의 자의적인 배제뿐 아니라 공무원 신분의 부당한 박탈이나 권한 또는 직무의 부당한 정지도 포함된다.

그러나 승진기회의 보장이나 우선 임용기회의 보장 등은 공무담임권의 보호영역에 포함되지 않는다. 승진가능성이라는 것은 공직신분의 유지나 업무수행과 같은 법적 지위에 직접 영향을 미치는 것이 아니고 간접적, 사실적 또는 경제적 이해관계에 영향을 미치는 것에 불과하여 공무담임권의 보호영역에 포함된다고 보기는 어렵다(헌재 2010.3.25. 2009헌마538). 그리고 기능직공무원이 일반직공무원으로 우선 임용될 수 있는 기회의 보장은 공무담임권에서 당연히 파생되는 것으로 볼 수 없다.

> **승진가능성이 공무담임권의 보호영역에 포함되는지 여부**(헌재 2010.3.25. 2009헌마538)
> 기능직공무원의 일반직공무원으로의 전환으로 인하여 일반직공무원의 정원이 증가함으로써 승진경쟁이 치열하게 되어 사실상 승진기회 내지 승진확률이 축소되는 불이익을 입게 된다고 하여도 그러한 불이익은 사실상의 불이익에 불과할 뿐이므로 이 사건 심판대상조항으로 인하여 청구인들의 헌법상 공무담임권 침해 문제가 생길 여지는 없다

> **지방공무원 중 사무직렬 기능직공무원의 정원 감축에 따라 증원되는 일반직공무원에 사무직렬 기능직공무원을 임용할 수 있도록 한 규정이 조무직렬 기능직공무원의 공무담임권을 제한하는지 여부**(헌재 2013.11.28. 2011헌마565)
> 공무담임권의 보호영역에는 공직취임 기회의 자의적인 배제뿐 아니라 공무원 신분의 부당한 박탈이나 권한 또는 직무의 부당한 정지도 포함된다. 다만, '승진시험의 응시제한'이나 이를 통한 승진기회의 보장 등 공직신분의 유지나 업무수행에 영향을 주지 않는 단순한 내부 승진인사에 관한 문제는 공무담임권의 보호영역에 포함되지 않는다. … 기능직공무원이 일반직공무원으로 우선 임용될 수 있는 기회의 보장은 공무담임권에서 당연히 파생되는 것으로 볼 수 없다. 특히 공개경쟁시험이나 일반적인 경력경쟁시험보다 유리한 조

건으로 청구인들과 같은 조무직렬 기능직공무원들에게 일반직공무원으로 우선 임용될 기회를 주지 않는다고 하여도 청구인들은 기능직공무원으로서 그대로 신분을 유지하게 되므로, 심판대상조항(지방공무원 임용령 부칙 제4조 제1항 및 제2항)이 청구인들의 공직신분의 유지나 업무수행과 같은 법적 지위에 직접 영향을 미치는 것도 아니다.

### 3. 공무담임권의 제한

공무담임권은 헌법 제37조 제2항에 따라 법률에 의하여 제한될 수 있다.

연령을 이유로 한 공무담임권의 제한과 관련하여 헌법재판소는 5급 공개경쟁채용시험의 응시연령 상한을 '32세까지'로 한 것은 공무담임권을 침해하지만(헌재 2008.5.29. 2007헌마1105), 9급 공개경쟁채용시험의 응시연령을 '28세까지'로 한 것(헌재 2006.5.25. 2005헌마11 등)이나 경찰대학의 입학 연령을 21세 미만으로 제한하는 것은 공무담임권을 침해하지 않는다(헌재 2009.7.30. 2007헌마991)고 판시하였다.

형사처벌을 이유로 공직에서 퇴직하도록 하는 것이 공무담임권을 침해하는 것인가와 관련하여 헌법재판소는 구체적 사례를 중심으로 판단하고 있다. 공무원이 금고 이상의 선고유예를 받은 경우 당연퇴직 하도록 하는 것은 공무담임권을 침해한다고 보았으나(헌재 2002.8.29. 2001헌마788 등; 헌재 2004.9.23. 2004헌가12),[40] 수뢰죄를 범하여 금고 이상의 형의 선고유예를 받은 국가공무원은 당연퇴직 하도록 하는 것은 공무담임권을 침해하지 않는다고 하였으며, 금고 이상의 집행유예를 받은 공무원을 당연퇴직하도록 하는 것은 공무담임권을 침해하지 않는다고 한다(헌재 1997.11.27. 95헌바14 등; 헌재 2011.6.30. 2010헌바478).

> 수뢰죄를 범하여 금고 이상의 형의 선고유예를 받은 국가공무원을 당연퇴직하도록 한 규정이 공무담임권을 침해하는지 여부(헌재 2013.7.25. 2012헌바409)
> 심판대상조항은 공무원 직무수행에 대한 국민의 신뢰 및 직무의 정상적 운영의 확보, 공무원범죄의 예방, 공직사회의 질서 유지를 위한 것으로서 목적이 정당하고, 형법 제129조 제1항의 수뢰죄를 범하여 금고 이상 형의 선고유예를 받은 국가공무원을 공직에서 배제하는 것은 적절한 수단에 해당한다. 수뢰죄는 수수액의 다과에 관계없이 공무원 직무의 불가매수성과 염결성을 치명적으로 손상시키고, 직무의 공정성을 해치며 국민의 불신을 초래하므로 일반 형법상 범죄와 달리 엄격하게 취급할 필요가 있다. 수뢰죄를 범하더라도 자격정지형의 선고유예를 받은 경우 당연퇴직하지 않을 수 있으며, 당연퇴직의 사유가 직

---

40) ① 공무원이 금고 이상의 형의 선고유예를 받은 경우에는 공무원직에서 당연히 퇴직하는 것으로 규정하고 있는 이 사건 법률조항은 금고 이상의 선고유예의 판결을 받은 모든 범죄를 포괄하여 규정하고 있을 뿐 아니라, 심지어 오늘날 누구에게나 위험이 상존하는 교통사고 관련 범죄 등 과실범의 경우마저 당연퇴직의 사유에서 제외하지 않고 있으므로 최소침해성의 원칙에 반한다(헌재 2002.8.29. 2001헌마788 등).
② 경찰공무원이 자격정지 이상의 형의 선고유예를 받은 경우 공무원직에서 당연퇴직 하도록 규정하고 있는 이 사건 법률조항은 자격정지 이상의 선고유예 판결을 받은 모든 범죄를 포괄하여 규정하고 있을 뿐만 아니라 심지어 오늘날 누구에게나 위험이 상존하는 교통사고 관련범죄 등 과실범의 경우마저 당연퇴직의 사유에서 제외하지 않고 있으므로 최소침해성의 원칙에 반한다(헌재 2004.9.23. 2004헌가12).

무 관련 범죄로 한정되므로 심판대상조항은 침해의 최소성원칙에 위반되지 않고, 이로써 달성되는 공익이 공무원 개인이 입는 불이익보다 훨씬 크므로 법익균형성원칙에도 반하지 아니한다. 따라서 심판대상조항은 과잉금지원칙에 반하여 청구인의 공무담임권을 침해하지 아니한다.

공무원이 금고 이상의 형의 집행유예를 받은 경우 지방공무원직에서 당연퇴직하도록 한 규정이 공무담임권을 침해하는지 여부(헌재 2011.6.30. 2010헌바478)

범죄행위로 형사처벌을 받은 공무원에 대하여 형사처벌사실 그 자체를 이유로 신분상 불이익처분을 하는 방법과 별도의 징계절차를 거쳐 불이익처분을 하는 방법 중 어느 방법을 선택할 것인가는 입법자의 재량에 속하는 것이다. 따라서 공무원에게 부과되는 신분상 불이익과 보호하려는 공익이 합리적 균형을 이루는 한 법원이 범죄의 모든 정황을 고려하여 금고 이상의 형의 집행유예 판결을 하였다면 그 범죄행위가 직무와 직접적 관련이 없거나 과실에 의한 것이라 하더라도 공무원의 품위를 손상하는 것으로 당해 공무원에 대한 사회적 비난가능성이 결코 적지 아니함을 의미하므로 이를 공무원의 당연퇴직사유로 규정한 법률조항이 입법자의 재량을 일탈 한 것이라고 볼 수 없다.

### 4. 공직선거와 공무담임권

헌법 제25조의 공무담임권은 국회의원을 비롯한 각종 선거직공무원과 기타 국가기관의 공직에 취임하여 이를 수행할 권리를 기본권으로 보장하고 있다. 공무담임권은 원하는 경우에 언제나 공직을 담당할 수 있는 현실적인 권리가 아니라 공무담임의 기회를 보장하는 성격을 갖는 것으로서 선거에 당선되거나 또는 공직채용시험에 합격하는 등 일정한 공무담임에 필요한 요건을 충족하는 때에만 그 권리가 구체화되고 현실화되기 때문에 입법자는 이러한 공무담임의 전제조건으로서 각종 공직선거의 내용과 절차, 선거권·피선거권 등 공직선거에 참여할 수 있는 권리 또는 자격을 구체적으로 정하는 권한과 책임을 진다(헌재 2005.4.28. 2004헌마219).

(1) 피선거권

국회의원선거에 입후보하여 국회의원으로 당선될 권리로서 피선거권을 누구에게, 어떤 조건으로 부여할 것인지는 입법자가 그의 입법형성권의 범위 내에서 스스로 정할 사항이지만, 이때에도 헌법이 피선거권을 비롯한 공무담임권을 기본권으로 보장하는 취지와 대의민주주의 통치질서에서 선거가 가지는 의미와 기능이 충분히 고려되어야 한다는 헌법적인 한계가 있다(헌재 2005.4.28. 2004헌마219).[41]

---

[41] 헌법재판소는 관여 재판관 전원의 일치된 의견으로 국회의원 및 지방의회의원 피선거권 행사 연령을 "25세 이상"으로 규정한 국회의원 피선거권 조항 및 지방의회의원 등 피선거권 조항 중 '지방의회의원 피선거권' 부분이 공무담임권이나 평등권을 침해하지 아니한다는 내용의 결정을 하였다(헌재 2005.4.28. 2004헌마219 참조).

피선거권 행사연령을 25세 이상으로 정한 것이 공무담임권을 침해하는지 여부(헌재 2014.4.24. 2012헌마287)

헌법 제25조 및 제118조 제2항에 따라 입법자는 국회의원, 지방의회의원, 지방자치단체의 장의 피선거권 행사 연령을 정함에 있어 선거의 의미와 기능, 그 지위와 직무 등을 고려하여 재량에 따라 결정할 수 있는데, 입법자가 국회의원 등에게 요구되는 능력 및 이러한 능력을 갖추기 위하여 요구되는 교육과정 등에 소요되는 최소한의 기간, 선출직공무원에게 납세 및 병역의무의 이행을 요구하는 국민의 기대와 요청, 일반적으로 선거권 행사 연령보다 피선거권 행사연령을 높게 정하는 다른 국가들의 입법례 등을 고려하여 피선거권 행사연령을 25세 이상으로 정한 것은 합리적이고 입법형성권의 한계 내에 있으므로, 25세 미만인 청구인들의 공무담임권 등을 침해한다고 볼 수 없다.

(2) 기탁금

공직선거 후보자에게 기탁금을 납부하도록 하는 것은 공무담임권을 제한한다(헌재 2010.12.28. 2010헌마79).

대통령선거 예비후보자의 기탁금 사건(헌재 2015.7.30. 2012헌마402)

대통령선거의 예비후보자등록을 신청하는 사람에게 대통령선거 기탁금의 100분의 20에 해당하는 금액인 6,000만 원을 기탁금으로 납부하도록 정한 공직선거법 제60조의2 제2항 후문 중 '대통령선거'에 관한 부분이 공무담임권을 침해하는지 여부(소극)

예비후보자 기탁금제도는 예비후보자의 무분별한 난립을 막고 책임성과 성실성을 담보하기 위한 것인데, 선거권자 추천제도 역시 상당한 숫자의 선거권자로부터 추천을 받는데에 적지 않은 노력과 비용이 소요될 것이므로 예비후보자의 수를 적정 범위로 제한하는 방법으로서 덜 침해적인 것이라고 단정할 수 없다. 대통령선거는 가장 중요한 국가권력담당자를 선출하는 선거로서 후보난립의 유인이 다른 선거에 비해 훨씬 더 많으며, 본선거의 후보자로 등록하고자 하는 예비후보자에게 예비후보자 기탁금은 본선거 기탁금의 일부를 미리 납부하는 것에 불과하다는 점 등을 고려하면 기탁금 액수가 과다하다고도 할 수 없으므로 심판대상조항이 과잉금지원칙에 위배되어 공무담임권을 침해한다고 볼 수 없다.

## Ⅲ. 국민투표권

### 1. 국민투표권의 의의

국민투표권이란 국가의 특정 사안에 대해 국민이 직접 정책결정에 참여함으로써 주권을 직접적을 행사할 수 있는 권리를 말한다. 국민투표권은 선거권, 공무담임권 등과 함께 기본권으로 이해된다.

### 2. 국민투표의 유형

국민투표의 유형으로는 법안 등의 가부를 결정하는 국민표결(Referendum), 신임 여부를 묻는 신임투표(Plebiszit), 입법에 대한 국민의 발의를 의미하는 국민발안(Volksinitiative),

국민에 의한 대표자의 파면을 의미하는 국민소환(Volksabberufung) 등으로 나눌 수 있다. 국민표결(Referendum)은 반드시 국민투표에 붙여야 하는 필수적 국민투표와 국민투표에 붙이는 것이 강제되지 않는 임의적 국민투표 등이 있다.

헌법은 외교·국방·통일 기타 국가안위에 관한 중요정책을 결정하는 경우와 헌법개정안을 확정하는 경우에 국민투표권을 인정하고 있다. 헌법 제72조의 외교·국방·통일 기타 국가안위에 관한 중요정책에 관한 국민투표는 임의적 국민투표이며, 헌법 제130조의 헌법개정안에 대한 국민투표는 필수적 국민투표이다.

## 3. 헌법 제72조의 국민투표

헌법 제72조의 국민투표에 있어서 '국가안위와 관계되는 중요정책'에 대통령에 대한 신임투표가 포함되는지가 문제된다. 헌법재판소는 신임을 묻는 국민투표뿐만 아니라 정책과 연계한 신임국민투표도 헌법 제72조의 국민투표에는 포함되지 않는다고 하였다.

> **재신임 국민투표 제안이 헌법 제72조에 반하는지 여부**(헌재 2004.5.14. 2004헌나1)
> 헌법 제72조의 국민투표의 대상인 '중요정책'에는 대통령에 대한 '국민의 신임'이 포함되지 않는다. 선거는 '인물에 대한 결정' 즉, 대의제를 가능하게 하기 위한 전제조건으로서 국민의 대표자에 관한 결정이며, 이에 대하여 국민투표는 직접민주주의를 실현하기 위한 수단으로서 '사안에 대한 결정' 즉, 특정한 국가정책이나 법안을 그 대상으로 한다. 따라서 국민투표의 본질상 '대표자에 대한 신임'은 국민투표의 대상이 될 수 없으며, 우리 헌법에서 대표자의 선출과 그에 대한 신임은 단지 선거의 형태로써 이루어져야 한다. 대통령이 이미 지난 선거를 통하여 획득한 자신에 대한 신임을 국민투표의 형식으로 재확인하고자 하는 것은, 헌법 제72조의 국민투표제를 헌법이 허용하지 않는 방법으로 위헌적으로 사용하는 것이다. 대통령은 헌법상 국민에게 자신에 대한 신임을 국민투표의 형식으로 물을 수 없을 뿐만 아니라, 특정 정책을 국민투표에 붙이면서 이에 자신의 신임을 결부시키는 대통령의 행위도 위헌적인 행위로서 헌법적으로 허용되지 않는다. … 국민투표는 국민에 의한 국가권력의 행사방법의 하나로서 명시적인 헌법적 근거를 필요로 한다. 따라서 국민투표의 가능성은 국민주권주의나 민주주의원칙과 같은 일반적인 헌법원칙에 근거하여 인정될 수 없으며, 헌법에 명문으로 규정되지 않는 한 허용되지 않는다. 결론적으로, 대통령이 자신에 대한 재신임을 국민투표의 형태로 묻고자 하는 것은 헌법 제72조에 의하여 부여받은 국민투표부의권을 위헌적으로 행사하는 경우에 해당하는 것으로, 국민투표제도를 자신의 정치적 입지를 강화하기 위한 정치적 도구로 남용해서는 안 된다는 헌법적 의무를 위반한 것이다. 물론, 대통령이 위헌적인 재신임 국민투표를 단지 제안만 하였을 뿐 강행하지는 않았으나, 헌법상 허용되지 않는 재신임 국민투표를 국민들에게 제안한 것은 그 자체로서 헌법 제72조에 반하는 것으로 헌법을 실현하고 수호해야 할 대통령의 의무를 위반한 것이다.

## 4. 국민소환제도와 국민발안제도

헌법은 국민의 의사에 따라서 공직자를 임기만료 전에 해직할 수 있는 국민소환제도와 국민이 직접 헌법개정안이나 법률안을 제안할 수 있는 국민발안제도를 도입하지 않고 있다.

헌법은 국민소환제도는 도입하지 않고 있으나, 주민소환에 관한 법률과 지방교육자치에 관한 법률에서 선출직 공직자인 지방자치단체의 장, 지방의회의원, 교육감 등에 대한 주민소환제도를 두고 있다. 헌법재판소는 주민소환권을 헌법상의 기본권으로 보지 않고, 법률상의 권리로 이해한다.

> **주민소환권의 기본권 해당 여부**(헌재 2011.12.29. 2010헌바368)
> 우리 헌법은 법률에 정하는 바에 따른 '선거권'(헌법 제24조)과 '공무담임권'(헌법 제25조) 및 국가안위에 관한 중요정책과 헌법개정에 대한 '국민투표권'(헌법 제72조, 제130조)만을 헌법상의 참정권으로 보장하고 있으므로, 지방자치법에서 규정한 주민투표권이나 주민소환청구권은 그 성질상 위에서 본 선거권, 공무담임권, 국민투표권과는 다른 것이어서 이를 법률이 보장하는 참정권이라고 할 수 있을지언정 헌법이 보장하는 참정권이라 할 수는 없다. 또한 주민소환제 자체는 지방자치의 본질적 내용이라고 할 수 없으므로 이를 보장하지 않는 것이 위헌이라거나 어떤 특정한 내용의 주민소환제를 반드시 보장해야 한다는 헌법적인 요구가 있다고 볼 수 없으므로, 주민소환제 및 그에 부수하여 법률상 창설되는 주민소환권이 지방자치의 본질적 내용에 해당하여 반드시 헌법적인 보장이 요구되는 제도라고 할 수도 없다. … 헌법 제37조 제1항에서 말하는 '헌법에서 열거되지 아니한 기본권'으로 볼 수도 없다. 결국, 주민소환청구권 자체는 헌법상 기본권으로서 보장되는 것은 아니고, 입법에 의하여 형성된 주민소환청구제도에 따라 행사할 수 있는 법률상의 권리에 불과하다 할 것이므로, 이 사건 법률조항이 주민소환권이라는 기본권을 침해한다는 취지의 청구인 주장에 대해서는 더 이상의 판단을 필요로 하지 아니한다.

### 제2절 청구권적 기본권

## I. 청원권

### 1. 청원권의 의의

헌법 제26조는 "모든 국민은 법률이 정하는 바에 의하여 국가기관에 문서로 청원할 권리를 가진다. 국가는 청원에 대하여 심사할 의무를 진다."고 규정하여, 청원권을 기본권으로 보장하고 있다. 청원권은 공권력과의 관계에서 일어나는 여러 가지 이해관계, 의견, 희망 등에 관하여 적법한 청원을 한 모든 국민에게 국가기관이 청원을 수리할 뿐만 아니라 이를 심사하여 청원자에게 그 처리결과를 통지할 것을 요구할 수 있는 권리를 말한다(헌재 2006.6.29. 2005헌마604).

### 2. 청원권의 내용

청원권의 구체적 내용은 입법에 의하여 형성되며 입법형성에는 폭넓은 재량권이 인정된다. 입법자는 청원의 내용과 절차는 물론 청원의 심사·처리를 공정하고 효율적으로 행할 수 있게 하는 합리적인 수단을 선택할 수 있다. 따라서 입법자가 불필요한 청원의 억제를 위하여 국회나 지방의회에 청원을 하려는 자로 하여금 국회의원이나 지방의회 의원의 소개를 받아 청원서를 제출하도록 하는 것은 청원권을 침해하는 것이 아니다(헌재 2006.6.29. 2005헌마604).

헌법은 청원대상기관을 국가기관으로 규정하고 있다. 청원법 제4조에서는 청원대상기관으로 국가기관, 지방자치단체와 그 소속기관, 법령에 의하여 행정권한을 가지고 있거나 행정권한을 위임 또는 위탁받은 법인이나 개인 등으로 규정하고 있다.

정부에 제출 또는 회부된 정부의 정책에 관계되는 청원은 국무회의의 심의사항이다(헌법 제89조 제15호).

### 3. 청원의 효과

청원을 수리한 기관은 성실하고 공정하게 청원을 심사하고 처리하여야 한다. 청원사항의 처리결과는 청원인에게 통지하여야 한다. 처리내용이 청원인 등이 기대하는 바에 미치지 않는다고 하더라도 헌법소원의 대상이 되는 공권력의 행사에 해당한다고 할 수 없다(헌재 2004.5.27. 2003헌마851). 여러 기관에 반복된 청원은 나중에 접수된 청원을 반려할 수 있으므로(청원법 제16조) 청원에 대한 수리, 심사 및 통지의무가 없다(헌재 2004.5.27. 2003헌마851).

> **군인연금법개정 청원에 대한 부작위 위헌확인 사건**(헌재 2004.5.27. 2003헌마851)
> 1. 청원권의 보호범위 및 청원 처리내용이 청원인의 기대에 미치지 않는 경우 헌법소원의 대상이 되는지 여부(소극)
>
> 청원서를 접수한 국가기관은 청원법이 정하는 절차와 범위 내에서 청원사항을 성실·

공정·신속히 심사하고 청원인에게 그 청원을 어떻게 처리하였거나 처리하려 하는지를 알 수 있을 정도로 결과 통지함으로써 충분하고, 비록 그 처리내용이 청원인이 기대한 바에 미치지 않는다고 하더라도 헌법소원의 대상이 되는 공권력의 불행사가 있다고 볼 수 없다.

2. 이중청원에 대한 작위의무의 존재 여부(소극)

청원법 제8조는 동일내용의 청원서를 동일기관에 2개 이상 또는 2개 기관 이상에 제출할 수 없도록 하고, 이에 위배된 청원서를 접수한 관서는 이를 취급하지 아니하도록 하고 있으므로, 동일내용의 청원에 대하여는 국가기관이 이를 수리, 심사 및 통지를 하여야 할 아무런 의무가 없다.

**국회법 제123조 제1항 등 위헌확인 사건**(헌재 2006.6.29. 2005헌마604)

1. 국회에 청원을 할 때 의원의 소개를 얻어 청원서를 제출하도록 한 국회법 제123조 제1항이 국회에 청원을 하려는 자의 청원권을 침해하는지 여부(소극)

청원권의 구체적 내용은 입법활동에 의하여 형성되며, 입법형성에는 폭넓은 재량권이 있으므로 입법자는 청원의 내용과 절차는 물론 청원의 심사·처리를 공정하고 효율적으로 행할 수 있게 하는 합리적인 수단을 선택할 수 있는 바, 의회에 대한 청원에 국회의원의 소개를 얻도록 한 것은 청원 심사의 효율성을 확보하기 위한 적절한 수단이다. 또한 청원은 일반의안과 같이 처리되므로 청원서 제출단계부터 의원의 관여가 필요하고, 의원의 소개가 없는 민원의 경우에는 진정으로 접수하여 처리하고 있으며, 청원의 소개의원은 1인으로 족한 점 등을 감안할 때 이 사건 법률조항이 국회에 청원을 하려는 자의 청원권을 침해한다고 볼 수 없다.

2. 이 사건 법률조항이 국회에 청원을 하려는 자를 행정기관 등에 청원을 하는 자에 비하여 합리적인 이유 없이 차별하여 평등의 원칙에 위배되는지 여부(소극)

행정부 등에 대한 청원은 당해 기관이 단독으로 의사결정을 할 수 있기 때문에 합의제 기관인 국회에 대한 청원과는 달리 취급할 수 있으므로 국회에 청원을 하려는 자를 행정기관 등에 청원을 하는 자와 차별하는 이 사건 법률조항이 자의적이라거나 합리성이 없는 것이라고 볼 수 없다.

**국회법 제123조 제1항 위헌확인 사건**(헌재 2012.11.29. 2012헌마330)

1. 국회법 제123조 제1항 중 "의원의 소개를 얻어" 부분이 청구인의 청원권을 침해하는지 여부(소극)

이 사건 법률조항이 의회에 대한 청원에 의원의 소개를 얻도록 한 목적은 무책임한 청원서의 제출과 남용을 예방하여 청원 심사의 실효성을 확보하려는 것으로서, 청원은 일반의안과 같은 심사절차를 거치므로 청원서 제출단계에서부터 의원의 관여가 필요하며, 청원의 소개의원이 되려는 의원이 단 한 명도 없는 경우에까지 청원서를 제출할 수 있도록 하여 이를 심사할 실익은 없다 할 것이다. 또한 국회는 의원의 소개를 얻지 못한 민원들을 진정으로 접수하여 처리하는 점, 청원의 소개의원은 1인으로 족한 점 등을 감안할 때, 이 사건 법률조항이 입법형성의 재량의 범위를 넘었다고 볼 수 없으므로, 이 사건 법률조항은 청구인의 청원권을 침해하지 아니한다.

2. 이 사건 법률조항이 청구인의 평등권을 침해하는지 여부(소극)

이 사건 법률조항은 입법청원의 절차에 있어 의원의 소개를 요건으로 할 뿐, 의원과 사적 친분이 있는 자를 그렇지 않은 자에 비하여 차별하려는 의도로 만들어진 것이 아니며, 설사 의원의 소개를 얻은 자만이 국회에 청원을 할 수 있고 그렇지 않은 자는 청원을 할 수 없다는 점에서 사실상의 차별이 있다 하더라도, 의원의 소개를 통하여 무책임한 청원을 억제함으로써 효율적인 심사를 제고할 수 있는 점, 의원의 소개를 얻지 못한 민원의 경우에도 국회가 '진정'으로 접수하여 처리하고 있는 점 등에 비추어 이를 자의적이라거나 합리성이 없다고 볼 수 없다.

## Ⅱ. 국가배상청구권

### 1. 국가배상청구권의 의의

국가배상청구권은 공무원의 직무상 불법행위로 손해를 받은 국민은 국가 또는 공공단체에 정당한 배상을 청구할 수 있는 권리이다. 헌법 제29조 제1항에서는 "공무원의 직무상 불법행위로 손해를 받은 국민은 법률이 정하는 바에 의하여 국가 또는 공공단체에 정당한 배상을 청구할 수 있다. 이 경우 공무원 자신의 책임은 면제되지 아니한다."고 하여 공무원의 직무상 불법행위로 인한 국가배상청구권을 정하면서, 제2항에서는 "군인·군무원·경찰공무원 기타 법률이 정하는 자가 전투·훈련 등 직무집행과 관련하여 받은 손해에 대하여는 법률이 정하는 보상 외에 국가 또는 공공단체에 공무원의 직무상 불법행위로 인한 배상은 청구할 수 없다."하여 이중배상금지를 규정하고 있다.

국가배상법 제2조에서도 공무원의 직무상 불법행위로 인한 국가배상책임에 관하여 규정하고 있고, 제5조에서는 도로·하천 기타 공공의 영조물의 설치 또는 관리의 하자로 인한 배상책임을 규정하고 있다.

### 2. 국가배상청구권의 법적 성질

국가배상청구권의 법적 성질과 관련하여 공권이라는 견해와 사권이라는 견해가 대립하고 있으며, 국가배상법의 성질도 공법설과 사법설로 대립하고 있다. 소송실무상으로는 국가배상청구사건은 행정소송이 아닌 민사소송으로 처리하고 있다.

### 3. 공무원의 직무상 불법행위로 인한 국가배상청구권

공무원의 직무상 불법행위에 대하여 국가배상을 청구하기 위해서는 1) 공무원의 고의·과실에 의한 2) 직무상 불법행위로 3) 타인에게 손해가 발생해야 한다.

공무원은 국가공무원법 및 지방공무원뿐만 아니라 공무수탁사인 등 널리 공무를 위탁받아 실질적으로 공무에 종사하고 있는 일체의 자를 말하며, 소집 중인 향토예비군, 미군부

대의 카투사, 시청소차운전수, 집행관, 통장, 교통할아버지 등도 공무원으로 볼 수 있다.

공무원의 직무에는 권력적 작용만이 아니라 비권력적 작용도 포함되지만, 사경제주체로서 하는 활동은 제외된다. 직무행위의 내용에는 입법·행정·사법의 모든 작용이 포함되며, 사실행위, 부작위 등도 포함된다. 직무행위인지 여부는 객관적으로 직무행위의 외관을 갖추고 있는지의 여부에 따라 판단한다.

불법행위를 한 공무원과 국가를 제외한 타인에게 손해가 발생해야 하며, 손해의 발생과 불법행위 사이에는 상당인과관계가 있어야 한다.

> **국가배상법의 과실책임 사건**(헌재 2015.4.30. 2013헌바395; 헌재 2020.3.26. 2016헌바55 등)
> 국가배상청구권의 성립요건으로서 공무원의 고의 또는 과실을 규정함으로써 무과실책임을 인정하지 않은 국가배상법 제2조 제1항 본문 중 '고의 또는 과실로' 부분이 헌법상 국가배상 청구권을 침해하는지 여부(소극)
>
> 헌법 제29조 제1항 제1문은 '공무원의 직무상 불법행위'로 인한 국가 또는 공공단체의 책임을 규정하면서 제2문은 '이 경우 공무원 자신의 책임은 면제되지 아니한다'고 규정하여 헌법상 국가배상책임은 공무원의 책임을 일정 부분 전제하는 것으로 해석될 수 있고, 헌법 제29조 제1항에 법률유보 문구를 추가한 것은 국가 재정을 고려하여 국가배상책임의 범위를 법률로 정하도록 한 것으로 해석된다. 공무원의 고의 또는 과실이 없는데도 국가배상을 인정할 경우 피해자 구제가 확대되기는 하겠지만 현실적으로 원활한 공무수행이 저해될 수 있어 이를 입법정책적으로 고려할 필요성이 있다. 외국의 경우에도 대부분 국가에서 국가배상책임에 공무수행자의 유책성을 요구하고 있으며, 최근에는 국가배상법상의 과실관념의 객관화, 조직과실의 인정, 과실 추정과 같은 논리를 통하여 되도록 피해자에 대한 구제의 폭을 넓히려는 추세에 있다. 이러한 점들을 고려할 때, 이 사건 법률조항이 국가 배상 청구권의 성립요건으로서 공무원의 고의 또는 과실을 규정한 것을 두고 입법형성의 범위를 벗어나 헌법 제29조에서 규정한 국가배상청구권을 침해한다고 보기는 어렵다.

### 4. 영조물의 설치·관리상의 하자로 인한 배상책임

도로·하천 그 밖의 공공의 영조물의 설치나 관리의 하자로 인하여 타인에게 손해가 발생하였을 때에는 국가나 지방자치단체는 손해를 배상해야 한다. 영조물의 설치관리상의 하자로 인한 배상책임은 공무원의 직무상 불법행위로 인한 배상책임과는 달리 무과실책임이다.

### 5. 배상책임

(1) 국가 또는 지방자치단체

헌법은 배상청구의 상대방으로 '국가 또는 공공단체'로 규정하고 있지만, 국가배상법에서는 '국가 또는 지방자치단체'로 규정하여 그 범위를 좁히고 있다. 국가배상책임은 원칙적으로 국가 또는 지방자치단체가 진다.[42]

---

42) 지방자치단체가 아닌 공공단체 등은 민법규정에 의하여 배상책임의 의무를 진다.

국가나 지방자치단체가 손해를 배상할 책임이 있는 경우에 공무원의 선임·감독 또는 영조물의 설치·관리를 맡은 자와 공무원의 봉급·급여 기타의 비용 또는 영조물의 설치·관리의 비용을 부담하는 자가 동일하지 아니한 경우에는 그 비용을 부담하는 자도 손해를 배상하여야 한다. 이 경우 손해를 배상한 자는 내부관계에서 손해를 배상할 책임이 있는 자에게 구상할 수 있다.

(2) 공무원

국가 등이 배상책임을 지는 경우 공무원 자신의 책임은 면제되지 아니한다. 국가배상법 제2조 제2항에서는 공무원에게 고의 또는 중대한 과실이 있는 경우 국가나 지방자치단체가 공무원에게 구상할 수 있다고 함으로써 가해 공무원의 내부적 구상책임을 정하고 있다.[43]

### 6. 이중배상금지규정

헌법 제29조 제2항은 군인·군무원 등에게 국가배상을 금지하는 이중배상금지에 관하여 규정하고 있다. 국가배상법 제2조 단서에서도 "군인·군무원·경찰공무원 또는 향토예비군대원이 전투·훈련 등 직무 집행과 관련하여 전사·순직하거나 공상을 입은 경우에 본인이나 그 유족이 다른 법령에 따라 재해보상금·유족연금·상이연금 등의 보상을 지급받을 수 있을 때에는 이 법 및 「민법」에 따른 손해배상을 청구할 수 없다."고 정하고 있다.

이중배상금지규정은 위헌성 논란이 끊임없이 제기되었으나 헌법재판소는 헌법 제29조 제2항은 헌법의 개별 규정 자체가 위헌심사의 대상이 될 수 없다고 위헌법률심판이나 헌법소원심판의 대상성을 부정하였으며, 국가배상법 제2조 제1항 단서부분은 헌법에 위반되지 않는다고 판시하였다(헌재 1995.12.28. 95헌바3).

> **국가배상법 제2조 제1항 단서가 헌법에 위반되는지 여부**(헌재 1995.12.28. 95헌바3)
> 국가배상법 제2조 제1항 단서는 헌법 제29조 제1항에 의하여 보장되는 국가배상청구권을 헌법 내재적으로 제한하는 헌법 제29조 제2항에 직접 근거하고, 실질적으로 그 내용을 같이하는 것이므로 헌법에 위반되지 아니한다.

또한 국가배상법이 헌법에서 규정하고 있지 않은 향토예비군대원을 이중배상금지 대상으로 한 것에 대해서도 합헌결정을 하였으며(헌재 1996.6.13. 94헌바20), 전투경찰순경도 경찰공무원에 해당하는 것으로 판시하였다(헌재 1996.6.13. 94헌마118 등).

---

[43] 대법원은 대외적 책임과 관련해서도 공무원에게 고의 또는 중과실이 있는 때에만 공무원 개인도 피해자에게 민사상 손해배상책임이 있고, 경과실의 경우에는 대외적 민사책임은 없다고 본다(대판 1996.2.15. 95다38677). 공무원이 직무수행 중 불법행위로 타인에게 손해를 입힌 경우에 국가 등이 국가배상책임을 부담하는 외에 공무원 개인도 고의 또는 중과실이 있는 경우에는 불법행위로 인한 손해배상책임을 진다고 할 것이지만, 공무원에게 경과실뿐인 경우에는 공무원 개인은 손해배상책임을 부담하지 아니한다고 해석하는 것이 헌법 제29조 제1항 본문과 단서 및 국가배상법 제2조의 입법취지에 조화되는 올바른 해석이다.

향토예비군대원을 이중배상금지원칙 대상으로 한 것이지 헌법에 위반되는지 여부(헌재 1996.6.13. 94헌바20)

향토예비군의 직무는 그것이 비록 개별 향토예비군대원이 상시로 수행하여야 하는 것이 아니라 법령에 의하여 동원되거나 소집된 때에 한시적으로 수행하게 되는 것이라 하더라도 그 성질상 고도의 위험성을 내포하는 공공적 성격의 직무이므로, 국가배상법 제2조 제1항 단서가 그러한 직무에 종사하는 향토예비군대원에 대하여 다른 법령의 규정에 의한 사회보장적 보상제도를 전제로 이중보상으로 인한 일반인들과의 불균형을 제거하고 국가재정의 지출을 절감하기 위하여 임무수행 중 상해를 입거나 사망한 개별 향토예비군대원의 국가배상청구권을 금지하고 있는 데에는 그 목적의 정당성, 수단의 상당성 및 침해의 최소성, 법익의 균형성이 인정되어 기본권 제한규정으로서 헌법상 요청되는 과잉금지의 원칙에 반한다고 할 수 없고, 나아가 그 자체로서 평등의 원리에 반한다거나 향토예비군대원의 재산권의 본질적인 내용을 침해하는 위헌규정이라고 할 수 없다.

국가배상법 제2조 제1항 단서의 위헌 여부 및 이중배상금지조항의 개헌필요성(헌재 2018.5.31. 2013헌바22 등)

1. 군인의 국가 등에 대한 손해배상청구권을 제한하고 있는 국가배상법 제2조 제1항 단서가 헌법에 위반되는지 여부(소극)

    국가배상법 제2조 제1항 단서 중 군인에 관한 부분은 헌법 제29조 제1항에 의하여 보장되는 국가배상청구권을 제한하는 헌법 제29조 제2항 중 군인에 관한 부분에 직접 근거하고, 실질적으로 그 내용을 같이하는 것이므로 헌법에 위반되지 아니한다.

2. 주요 입법목적 소멸로 군인에 대한 이중배상을 금지한 헌법조항에 대한 개헌의 필요성

    이중배상금지를 헌법 제29조 제2항이 최초로 도입된 1972년으로부터 46년이 지난 현재에는 국가의 재정이 당시와 비할 수 없을 정도로 나아졌고, 따라서 주요 입법목적이 소멸되었다고도 볼 수 있으므로 다음에 있을 헌법 개정시에는 위 헌법조항의 존치 여부에 대한 고려가 필요하다.

## Ⅲ. 범죄피해자구조청구권

### 1. 범죄피해자구조청구권의 의의

헌법 제30조는 "타인의 범죄행위로 인하여 생명·신체에 대한 피해를 받은 국민은 법률이 정하는 바에 의하여 국가로부터 구조를 받을 수 있다."고 하여 범죄피해자구조청구권을 정하고 있다. 범죄피해자구조청구권을 보장하기 위하여 범죄피해자보호법이 제정되었다.

### 2. 범죄피해자구조청구권의 내용

타인의 범죄행위로 인하여 생명·신체에 대한 피해를 받은 국민은 범죄피해자보호법이 정하는 바에 의하여 국가로부터 구조를 받을 수 있다. 구조대상 범죄피해란 대한민국의

영역 안에서 또는 대한민국의 영역 밖에 있는 대한민국의 선박이나 항공기 안에서 행하여진 사람의 생명 또는 신체를 해치는 죄에 해당하는 행위로 인하여 사망하거나 장해 또는 중상해를 입은 것을 말한다.

국가는 구조피해자 또는 그 유족에게 범죄피해 구조금을 지급한다. 구조금은 유족구조금·장해구조금 및 중상해구조금으로 구분한다. 외국인이 구조피해자이거나 유족인 경우에는 해당 국가의 상호보증이 있는 때에 한하여 범죄피해자구조청구권의 주체가 될 수 있다.

## 3. 범죄피해자구조청구권의 보충성

범죄피해자구조청구권은 범죄로 인한 피해보상에 있어서 보충성을 갖는다. 구조피해자나 유족이 해당 구조대상 범죄피해를 원인으로 하여 국가배상법이나 그 밖의 법령에 따른 급여 등을 받을 수 있는 경우에는 대통령령이 정하는 바에 따라 구조금을 지급하지 않으며(범죄피해자보호법 제20조), 국가는 구조피해자나 유족이 해당 구조대상 범죄피해를 원인으로 하여 손해배상을 받았으면 그 범위에서 구조금을 지급하지 아니한다(범죄피해자보호법 제21조).

> **간접적 피해의 범죄피해자구조청구권의 보호범위 포함 여부**(헌재 2018.5.15. 2018헌마434(지정재판부 각하결정))
> 
> 헌법 제30조는 "타인의 범죄 행위로 인하여 생명·신체에 대한 피해를 받은 국민은 법률이 정하는 바에 의하여 국가로부터 구조를 받을 수 있다."라고 규정하고 있다. 헌법 문언상 범죄피해자구조청구권은 타인의 범죄 행위로 말미암아 생명을 잃거나 신체상의 피해를 입은 경우에 성립하는 것이기 때문에, 범죄행위로 인한 피해가 아닌, 범죄행위에 대한 적법한 수사 및 재판 등 법적 절차의 집행에 따른 간접적인 피해는 헌법상 범죄피해자구조청구권의 보호범위에 속한다고 보기 어렵다.

# CHAPTER 05 | 사회적 기본권

## 제1절 사회적 기본권의 일반론

### I. 사회국가원리의 헌법적 수용

우리 헌법은 사회적 기본권을 규정함으로써 사회국가원리를 헌법적으로 수용하고 있다. 전통적 이론에서 사회권으로 분류되는 기본권은 인간다운 생활을 할 권리, 교육을 받을 권리, 근로의 권리, 환경권, 혼인과 가족에 관한 권리, 보건에 관한 권리 등이다.

### II. 사회적 기본권의 법적 성격

자유권적 기본권과 달리 사회적 기본권은 국가의 적극적인 급부에 의하여 보장될 수 있다. 따라서 사회적 기본권은 급부의 실현대상이나 방법 등에 관한 입법자에 의한 구체화가 필요하며, 국가의 급부능력에 따라 입법정책적으로 결정된다.

사회적 기본권의 법적 성격은 프로그램규정설, 추상적 권리설, 구체적 권리설 등이 대립한다. ① 프로그램규정설(입법방침규정설)에 의하면 사회적 기본권은 국가의 입법이 있을 때 비로소 국가에 요구할 수 있는 공권이 발생한다. ② 추상적 권리설에 의하면 사회적 기본권은 헌법규정에 따라 국민은 국가에 대하여 추상적 권리를 가지며, 국가는 입법적 조치를 강구할 추상적 의무를 가진다. 따라서 사회적 기본권은 법률에 의하여 구체적으로 형성되며, 구체적인 입법이 없는 경우에는 헌법의 사회권규정을 근거로 소송을 통한 권리구제를 주장할 수 없다. ③ 구체적 권리설에 의하면 사회적 기본권은 그것을 구체화하는 입법이 존재하지 않는 경우에도 국가에 대하여 적극적인 조치를 요구할 수 있다. 그러므로 국가가 사회적 기본권의 실현을 위한 입법을 게을리하거나 불충분한 입법을 한 경우 헌법재판 등에 의한 권리구제가 가능하다.

헌법재판소는 최소한의 물질적인 생활을 요구할 수 있는 범위 내에서는 구체적인 권리성을 인정하지만, "최소한의 물질적인 생활"의 유지에 필요한 그 이상의 급부를 내용으로 하는 구체적인 권리는 법률을 통하여 구체화할 때에 비로소 인정되는 법률적 권리라고 하여, 원칙적으로는 사회적 권리의 추상적 권리성에 기초하고 있다(헌재 1995.7.21. 93헌가14).

> **인간다운 생활을 할 권리의 보장 범위**(헌재 2003.5.15. 2002헌마90)
> 인간다운 생활을 할 권리로부터는 인간의 존엄에 상응하는 생활에 필요한 "최소한의 물질적인 생활"의 유지에 필요한 급부를 요구할 수 있는 구체적인 권리가 상황에 따라서는 직접 도출될 수 있다고 할 수는 있어도, 동 기본권이 직접 그 이상의 급부를 내용으로 하는 구체적인 권리를 발생케 한다고는 볼 수 없다.

## 제2절  인간다운 생활을 할 권리

### Ⅰ. 인간다운 생활을 할 권리의 의의

인간다운 생활을 할 권리는 다른 사회적 기본권에 관한 헌법규범들의 이념적인 목표를 제시하는 규정이다(헌재 2003.5.15. 2002헌마90). 헌법 제34조 제1항은 인간다운 생활을 할 권리를 보장하면서 이 권리의 실효성을 확보하기 위하여 국가의 사회정책적 의무를 강조하고 있다. 국가의 사회보장·사회복지 증진에 노력할 의무, 생활능력이 없는 국민을 보호해야 할 의무, 여자의 복지와 권익향상을 위해 노력할 의무, 노인과 청소년의 복지향상을 위한 정책을 실시할 의무, 재해를 예방하고 그 위험으로부터 국민을 보호해야 할 의무 등이 그것이다(헌법 제34조).

### Ⅱ. 인간다운 생활을 할 권리의 내용

#### 1. 인간다운 생활을 할 권리의 의미

인간다운 생활을 할 권리는 사회권적 기본권의 일종으로서 인간의 존엄에 상응하는 최소한의 물질적인 생활의 유지에 필요한 급부를 요구할 수 있는 권리를 의미한다(헌재 2012.2.23. 2009헌바47). 헌법은 인간다운 생활을 할 권리를 실현하기 위하여 제34조에서 국가의 사회보장증진의무를 정하고 있으며, 이 규정으로부터 사회적 기본권의 하나인 사회보장수급권이 도출된다.

> **사회보장수급의 기본권 해당 여부**(헌재 2001.9.27. 2000헌마342)
> 헌법 제34조 제1항은 "모든 국민은 인간다운 생활을 할 권리를 가진다."고 규정하고, 제2항은 "국가는 사회보장·사회복지의 증진에 노력할 의무를 진다"고 규정하고 있는바, 사회보장수급권은 이 규정들로부터 도출되는 사회적 기본권의 하나이다.

#### 2. 사회보장수급권

(1) 인간다운 생활을 할 권리의 실현방법

사회보장수급권은 인간다운 생활을 할 권리를 영위하기 위하여 국가에 일정한 내용의 적극적 급부를 요구할 수 있는 권리를 말한다. 인간다운 생활을 할 권리를 보장하기 위한 사회보장의 방법에는 국민 스스로의 기여를 기초로 생활의 여러 가지 위험에 대비하도록 하는 "사회보험"과 국민의 자기기여를 전제로 하지 않고 국가가 순수한 사회 정책적 목적에서 지급하는 "사회부조"의 방법 등이 있다. 국민연금법상의 연금제도(헌재 2001.4.26. 2000헌마390), 공무원연금, 군인연금, 국민건강보험, 산재보험 등은 자기 기여를 전제로 하는 사회보험의 한 형태이다. 국민기초생활 보장제도는 국민의 인간다운 생활을 보장하고 절대적 빈곤문제를 해결하기 위한 제도(헌재 2012.2.23. 2009헌바47)로 공적 부조에 의한 사회보장의 방법이다(헌재 2011.3.31. 2009헌마617 등).

**국민연금의 가입대상을 경제활동이 가능한 18세 이상 60세 미만의 국민으로 제한하는 것이 헌법에 위반되는지 여부**(헌재 2001.4.26. 2000헌마390)

국민연금제도는 자기 기여를 전제로 하지 않고, 국가로부터 소득을 보장받는 순수한 사회부조 형 사회보장제도가 아니라, 가입자의 보험료를 재원으로 하여 가입기간, 기여도 및 소득수준 등을 고려하여 소득을 보장받는 사회보험제도이다. 국민연금제도는 국민의 노령·폐질 또는 사망과 같은 사회적 위험에 대비하기 위한 것으로 위와 같은 위험이 발생한 때에 그 부담을 국가적인 보험기술을 통하여 분산시킴으로써 그 구제를 도모하는 보험원리에 사회적 부양원리가 결합된 공적 보험제도이다. 따라서 국민연금의 가입대상, 가입기간, 보험료, 연금수급자격 및 급여수준 등을 구체적으로 어떻게 정할 것인가는 국민의 소득 수준, 경제활동연령, 정년퇴직연령, 평균수명, 연금재정 등 여러 가지 사회적, 경제적 사정을 참작하여 입법자가 폭넓게 그의 형성재량으로 결정할 수 있는 사항이라고 할 것이고, 그 결정이 명백히 자의적인 것으로서 입법재량을 벗어나지 않는 한 헌법에 위반된다고 할 수 없다.

**교도소·구치소에 수용 중인 자의 기초생활보장급여 지급 대상 제외가 인간다운 생활을 할 권리를 침해하는지 여부**(헌재 2011.3.31. 2009헌마617 등)

생활이 어려운 국민에게 필요한 급여를 행하여 이들의 최저생활을 보장하기 위해 제정된 '국민기초생활 보장법'은 부양의무자에 의한 부양과 다른 법령에 의한 보호가 이 법에 의한 급여에 우선하여 행하여지도록 하는 보충급여의 원칙을 채택하고 있는바, '형의 집행 및 수용자의 처우에 관한 법률'에 의한 교도소·구치소에 수용 중인 자는 당해 법률에 의하여 생계유지의 보호를 받고 있으므로 이러한 생계유지의 보호를 받고 있는 교도소·구치소에 수용 중인 자에 대하여 '국민기초생활 보장법'에 의한 중복적인 보장을 피하기 위하여 개별 가구에서 제외키로 한 입법자의 판단이 헌법상 용인될 수 있는 재량의 범위를 일탈하여 인간다운 생활을 할 권리를 침해한다고 볼 수 없다.

### (2) 사회보장수급권의 법적 성격

사회보장수급권은 헌법 제34조에서 나오는 사회적 기본권으로 이해된다. 즉 사회적 기본권의 성격을 가지는 사회보장수급권은 국가에 대하여 적극적으로 급부를 요구하는 것이므로 헌법규정만으로는 이를 실현할 수 없고, 법률에 의한 형성을 필요로 한다. 사회보장수급권의 구체적 내용인 수급요건, 수급권자의 범위, 급여금액 등은 법률에 의하여 비로소 확정된다(헌재 2001.9.27. 2000헌마342). 사회보장수급권과 같은 사회적 기본권을 법률로 형성함에 있어 입법자는 광범위한 형성의 자유를 누린다.

헌법재판소는 사회보장수급권은 헌법 제34조 제1항에 의한 인간다운 생활을 보장하기 위한 사회적 기본권 중의 핵심적인 것이고 의료보험수급권, 산재보험수급권(헌재 2012.3.29. 2011헌바133)은 바로 이러한 사회적 기본권에 속한다고 판시하면서도, 일부 판례에서는 사회보장수급권의 내용인 산재보험에 대하여 법률적 차원의 권리로 이해하기도 한다.

### 사회보장수급권의 기본권 해당 여부 및 법률에 의한 형성 필요성(헌재 2012.8.23. 2010헌바425)
공무원연금법상의 연금수급권과 같은 사회보장수급권은 헌법 제34조의 규정으로부터 도출되는 사회적 기본권의 하나이며, 따라서 국가에 대하여 적극적으로 급부를 요구하는 것이므로 헌법규정만으로는 이를 실현할 수 없고, 법률에 의한 형성을 필요로 한다.

### 의료보험수급권의 기본권 해당 여부 및 법률에 의한 형성 필요성(헌재 2003.12.18. 2002헌바1)
사회보장수급권은 헌법 제34조 제1항에 의한 인간다운 생활을 보장하기 위한 사회적 기본권 중의 핵심적인 것이고 의료보험수급권은 바로 이러한 사회적 기본권에 속한다. 그런데 이와 같이 사회적 기본권의 성격을 가지는 의료보험수급권은 국가에 대하여 적극적으로 급부를 요구하는 것이므로 헌법규정만으로는 이를 실현할 수 없고 법률에 의한 형성을 필요로 한다. 의료보험수급권의 구체적 내용, 즉 수급요건·수급권자의 범위·급여금액 등은 법률에 의하여 비로소 확정된다.

### 산재보험수급권의 법적 성질(헌재 2003.7.24. 2002헌바51)
사회보장수급권은 헌법 제34조 제1항 및 제2항 등으로부터 개인에게 직접 주어지는 헌법적 차원의 권리라거나 사회적 기본권의 하나라고 볼 수는 없고, 다만 위와 같은 사회보장·사회복지 증진의무를 포섭하는 이념적 지표로서의 인간다운 생활을 할 권리를 실현하기 위하여 입법자가 입법재량권을 행사하여 제정하는 사회보장입법에 그 수급요건, 수급자의 범위, 수급액 등 구체적인 사항이 규정될 때 비로소 형성되는 법률적 차원의 권리에 불과하다 할 것이다. … 어떠한 내용의 산재보험제도를 언제, 어떠한 범위에서, 어떠한 방법으로 시행할 것인지의 문제 역시 입법자의 재량영역에 속하는 문제라 할 것이고, 따라서 근로자에게 인정되는 산재보험금 수급권 역시 산재보험법에 의하여 비로소 구체화되는 법률상의 권리라고 볼 것이다.

### 산재보험수급권의 법적 성질(헌재 2005.7.21. 2004헌바2)
헌법재판소의 선례에 의하면, 헌법 제34조 제2항 및 제6항의 국가의 사회보장·사회복지 증진의무나 재해예방노력의무 등의 성질에 비추어 국가가 어떠한 내용의 산재보험을 어떠한 범위와 방법으로 시행할지 여부는 입법자의 재량영역에 속하는 문제이고, 산재피해 근로자에게 인정되는 산재보험수급권도 그와 같은 입법재량권의 행사에 의하여 제정된 산재보험법에 의하여 비로소 구체화되는 '법률상의 권리'이며, 개인에게 국가에 대한 사회보장·사회복지 또는 재해예방 등과 관련된 적극적 급부청구권은 인정하고 있지 않다.

### 산재보험수급권의 기본권 해당 여부 및 내용의 확정(헌재 2012.3.29. 2011헌바133)
산재보험제도는 재해 근로자와 그 가족의 생활을 보장하기 위하여 주로 보험가입자(사업주)가 납부하는 보험료와 국고부담을 재원으로 하여 근로자에게 발생하는 업무상 재해라는 사회적 위험을 보험방식에 의하여 대처하는 사회보험제도이므로, 이 제도에 따른 산재보험수급권은 이른바 '사회보장수급권'의 하나에 속한다. 그런데 이러한 산재보험수급권은 국가에 대하여 적극적으로 급부를 요구하는 것이므로 헌법 규정만으로는 이를 실현할 수 없고 법률에 의한 형성을 필요로 한다. 즉, 사회적 기본권의 성격을 가지는 산재보험수급권의 구체적 내용인 수급요건·수급권자의 범위·급여금액 등은 법률에 의하여 비로소 확정된다.

소득월액보험료 체납자에 대한 건강보험급여 제한 사건(헌재 2020.4.23. 2017헌바244)
직장가입자가 소득월액보험료를 일정 기간 이상 체납한 경우 그 체납한 보험료를 완납할 때까지 국민건강보험공단이 그 가입자 및 피부양자에 대하여 보험급여를 실시하지 아니할 수 있도록 한 구 국민건강보험법 제53조 제3항 제1호가 해당 직장가입자의 인간다운 생활을 할 권리 및 재산권을 침해하는지 여부(소극)

가입자들에 대한 안정적인 보험급여 제공을 보장하기 위해서는 보험료 체납에 따른 보험재정의 악화를 방지할 필요가 있다. 보험료 체납에 대하여 보험급여 제한과 같은 제재를 가하지 않는다면, 가입자가 충분한 자력이 있음에도 보험료를 고의로 납부하지 않은 채 보험급여만을 받고자 하는 도덕적 해이가 만연하여 건강보험제도 자체의 존립이 위태로워질 수 있다. 가입자 간 보험료 부담의 형평성을 제고하고자 하는 소득월액보험료의 도입취지를 고려하면, 소득월액보험료를 체납한 가입자에 대하여 보수월액보험료를 납부하였다는 이유로 보험급여를 제한하지 아니할 경우, 형평에 부합하지 않는 결과가 초래될 수 있다. 따라서 소득월액보험료 체납자에 대한 보험급여를 제한하는 것은 그 취지를 충분히 납득할 수 있다. … 따라서 심판대상조항은 청구인의 인간다운 생활을 할 권리 나 재산권을 침해하지 아니한다.

## Ⅲ. 인간다운 생활을 할 권리의 제한과 위헌심사기준

인간다운 생활을 할 권리는 법률에 의하여 구체화된다. 인간다운 생활을 할 권리는 법률에 의해 구체화되지 않거나, 법률에 의해 성립된 권리가 축소 또는 소멸되는 경우 사회적 기본권에 대한 제한의 문제가 발생한다.

결국 인간다운 생활을 할 권리의 제한과 그에 대한 구제는 개별적인 입법과 관련될 수밖에 없다. 헌법재판소는 입법부나 행정부가 국민으로 하여금 인간다운 생활을 영위하도록 하기 위하여 객관적으로 필요한 최소한의 조치를 취할 의무를 다하였는지를 기준으로 국가기관의 행위의 합헌성을 심사한다. 그러므로 국가가 인간다운 생활을 보장하기 위한 헌법적 의무를 다하였는지의 여부가 사법적 심사의 대상이 된 경우에는 국가가 최저생활보장에 관한 입법을 전혀 하지 아니하였다든가, 그 내용이 현저히 불합리하여 헌법상 용인될 수 있는 재량의 범위를 명백히 일탈한 경우에 한하여 헌법에 위배된다.

인간다운 생활을 할 권리 규정의 '기속'의 의미 및 사법심사시 판단기준(헌재 2004.10.28. 2002헌마328)
모든 국민은 인간다운 생활을 할 권리를 가지며 국가는 생활능력 없는 국민을 보호할 의무가 있다는 헌법의 규정은 모든 국가기관을 기속하지만 그 기속의 의미는 동일하지 아니한데, 입법부나 행정부에 대하여는 국민소득, 국가의 재정능력과 정책 등을 고려하여 가능한 범위 안에서 최대한으로 모든 국민이 물질적인 최저생활을 넘어서 인간의 존엄성에 맞는 건강하고 문화적인 생활을 누릴 수 있도록 하여야 한다는 행위의 지침, 즉 행위규범으로서 작용하지만, 헌법재판에 있어서는 다른 국가기관, 즉 입법부나 행정부가 국민으로 하여금 인간다운 생활을 영위하도록 하기 위하여 객관적으로 필요한 최소한의 조치를 취할 의무를 다하였는지를 기준으로 국가기관의 행위의 합헌성을 심사하여야 한다는 통제규범으로 작용하는 것이다. 또한, 국가가 행하는 생계보호가 헌법이 요구하는 객관적인 최소한도의 내용을 실현하고 있는지 여부는 결국 국가가 국민의 '인간다운 생활'을 보장함에 필요한 최소한도의 조치를 취하였는가의 여부에 달려 있다고 할 것인데 생계보호의 구체적 수준을 결정하는 것은 입법부 또는 입법에 의하여 다시 위임을 받은 행정부 등 해당기관의 광범위한 재량에 맡겨져 있다고 보아야 할 것이므로, 국가가 인간다운 생활을 보장하기 위한 헌법적 의무를 다하였는지의 여부가 사법적 심사의 대상이 된 경우에는, 국가가 생계보호에 관한 입법을 전혀 하지 아니하였다든가 그 내용이 현저히 불합리하여 헌법상 용인될 수 있는 재량의 범위를 명백히 일탈한 경우에 한하여 인간다운 생활을 할 권리를 보장한 헌법에 위반된다고 할 수 있다.

## 제3절 교육을 받을 권리

### I. 교육받을 권리의 의의

헌법 제31조 제1항은 "모든 국민은 능력에 따라 균등하게 교육을 받을 권리를 가진다"고 규정하여 국민의 교육을 받을 권리(수학권)를 보장하고 있다. 수학권의 보장은 인간으로서의 존엄과 가치를 가지며 행복을 추구하고 인간다운 생활을 영위하는 데 필수적인 조건이자 대전제다. 헌법 제31조 제2항 내지 제6항의 교육을 받게 할 의무, 의무교육의 무상, 교육의 자주성·전문성·정치적 중립성 및 대학의 자율성, 평생교육진흥, 교육제도와 그 운영·교육재정 및 교원지위 법률주의 등은 수학권의 효율적인 보장을 위한 규정이다(헌재 1999.3.25. 97헌마130).

### II. 교육받을 권리의 법적 성격

교육받을 권리는 사회권적 성격뿐만 아니라 자유권적 성격도 함께 가진다. 교육을 받을 권리는 국민이 능력에 따라 균등하게 교육받을 것을 공권력에 의하여 부당하게 침해받지 않을 권리와 국민이 능력에 따라 균등하게 교육받을 수 있도록 국가가 적극적으로 배려하여 줄 것을 요구할 수 있는 권리로 구성되는데, 전자는 자유권적 기본권의 성격이, 후자는 사회권적 기본권의 성격이 강하다고 할 수 있다(헌재 2008.4.24. 2007헌마1456).

> 교육받을 권리의 제한에 대한 심사기준(헌재 2008.4.24. 2007헌마1456)
> 이 사건 규칙조항과 같이 검정고시응시자격을 제한하는 것은, 국민의 교육받을 권리 중 그 의사와 능력에 따라 균등하게 교육받을 것을 국가로부터 방해받지 않을 권리, 즉 자유권적 기본권을 제한하는 것이므로, 그 제한에 대하여는 헌법 제37조 제2항의 비례원칙에 의한 심사, 즉 과잉금지원칙에 따른 심사를 받아야 할 것이다.

### III. 교육받을 권리의 내용

#### 1. 능력에 따라 균등한 교육을 받을 권리

능력에 따른 교육이란 정신적·육체적 능력에 상응하는 교육을 의미한다. 교육의 기회균등이란 국민 누구나 교육에 대한 접근 기회 즉, 취학의 기회가 균등하게 보장되어야 함을 뜻한다. 정신적·육체적 능력 이외의 성별·종교·경제적·사회적 신분 등에 의하여 교육을 받을 기회를 차별하지 않고, 합리적 차별사유 없이 교육을 받을 권리를 제한하지 아니함과 동시에 국가가 모든 국민에게 균등한 교육을 받게 하고, 경제적 약자가 실질적인 평등교육을 받을 수 있도록 적극적 정책을 실현해야 한다는 것을 의미한다.

헌법 제31조 제1항은 국민 누구나 능력에 따라 균등한 교육을 받을 수 있게끔 노력해야 할 의무와 과제를 국가에게 부과하고 있다(헌재 2009.4.30. 2005헌마514). 교육을 받을 권리는 국가로 하여금 능력이 있는 국민이 여러 가지 사회적·경제적 이유로 교육을 받지 못하는 일이 없도록 국가의 재정능력이 허용하는 범위 내에서 모든 국민에게 취학의 기회가 골고루 주어지게끔 그에 필요한 교육시설 및 제도를 마련할 의무를 부과한다. 그러나 교육을 받을 권리는 국민이 국가에 대하여 직접 특정한 교육제도나 교육과정 또는 학교시설을 요구할 수 있는 것을 뜻하지는 않는다(헌재 2008.9.25. 2008헌마456).[44]

교육이란 학교교육, 가정교육, 사회교육(평생교육) 등을 포괄하는 넓은 의미의 교육을 말하지만, 교육은 주로 학교교육을 말한다.

## 2. 의무교육

모든 국민은 보호하는 자녀에게 적어도 초등교육과 법률이 정하는 교육을 받게 할 의무가 있으며, 의무교육은 무상으로 한다. 교육기본법은 의무교육을 6년의 초등교육과 3년의 중등교육으로 한다고 규정하여 의무교육의 범위를 중학교까지로 정하였다(교육기본법 제8조 제1항).

의무교육 무상의 범위에 있어서 학교 교육에 필요한 모든 부분을 무상으로 제공하는 것이 바람직한 방향이다. 그러나 균등한 교육을 받을 권리와 같은 사회적 기본권을 실현하는 데는 국가의 재정상황 역시 도외시할 수 없다. 따라서 원칙적으로 의무교육 무상의 범위는 헌법상 교육의 기회균등을 실현하기 위해 필수불가결한 비용, 즉 모든 학생들이 의무교육을 받음에 있어서 경제적인 차별 없이 수학하는 데 반드시 필요한 비용에 한한다. 의무교육에 있어서 무상의 범위에는 의무교육이 실질적이고 균등하게 이루어지기 위한 본질적 항목으로, 수업료나 입학금의 면제, 학교와 교사 등 인적·물적 시설 및 그 시설을 유지하기 위한 인건비와 시설유지비, 신규시설투자비 등의 재원 부담으로부터의 면제가 포함된다. 그 밖에도 의무교육을 받는 과정에 수반하는 비용으로서 의무교육의 실질적인 균등보장을 위해 필수불가결한 비용은 무상의 범위에 포함된다. 의무교육에 있어서 본질적이고 필수불가결한 비용 이외의 비용을 무상의 범위에 포함시킬 것인지는 국가의 재정상황과 국민의 소득수준, 학부모들의 경제적 수준 및 사회적 합의 등을 고려하여 입법자가 입법정책적으로 해결해야 할 문제이다(헌재 2012.4.24. 2010헌바164).

> 급식관련비용 일부 부담이 의무교육 무상원칙에 위배되는지 여부(헌재 2012.4.24. 2010헌바164)
> 의무교육 대상인 중학생의 학부모에게 급식관련비용 일부를 부담하도록 하는 것은 의무교육의 무상원칙에 위배되는 것은 아니다.

---

[44] 교육을 받을 권리의 내용과 관련하여 헌법재판소는 자신의 교육환경을 최상 혹은 최적으로 만들기 위해 타인의 교육시설 참여 기회를 제한할 것을 청구할 수 있는 것은 교육을 받을 권리의 내용이 아니고 자신이 이수한 교육과정을 유사한 다른 교육과정을 이수한 것과 동등하게 평가해 줄 것을 요구할 수 있음을 뜻하는 것도 아니며, 실질적인 평등교육을 실현해야 할 국가의 적극적인 의무가 인정된다고 하여 이로부터 국민이 직접 실질적 평등교육을 위한 교육비를 청구할 권리가 도출된다고 볼 수 없고, 국가 및 지방자치단체가 사립유치원에 대하여 교사 인건비, 운영비 및 영양사 인건비를 예산으로 지원하여야 할 구체적인 작위의무가 헌법해석상 바로 도출된다고 볼 수 없다고 판시하였다(헌재 2008.9.25. 2008헌마456 참조).

## 3. 교육제도의 보장

헌법 제31조 제4항에서는 교육의 자주성·전문성·정치적 중립성·대학의 자율성을 보장하고, 제6항에서는 교육제도의 법정주의를 정하고 있다.

교육내용과 교육기구 등이 자주적으로 결정되어야 하고 국가에 의한 감독과 개입은 필요하고 합리적인 범위 내에서 개입되어야 한다. 헌법재판소는 초중등교육에 있어서 국정교과서제도는 합헌이라고 보고 있다(헌재 1992.11.12. 89헌마88). 교육의 전문성은 교육전문가에 의한 교육, 교육전문가에 의한 교육정책의 실시 등을 그 내용으로 한다. 교육의 정치적 중립성은 교육이 국가권력, 정치세력, 사회세력 등의 압력으로부터 중립적일 것을 요구한다. 그 때문에 교원의 정치활동은 금지되고 노동운동을 위한 집단행동도 금지된다. 대학의 자율성은 교육제도와도 관련을 가지지만, 오히려 학문의 자유의 보장수단으로 대학에 부여된 헌법상의 기본권으로 이해할 수 있다(헌재 1992.10.1. 92헌마68 등).

헌법 제31조 제6항은 학교교육 및 평생교육을 포함한 교육제도와 그 운영, 교육재정 및 교원의 지위에 관한 기본적인 사항은 법률로 정하도록 함으로써 교육제도 법정주의를 정하고 있다.

## 4. 교육을 시킬 권리

교육받을 권리에 교육을 시킬 교육의 자유가 포함되는지가 문제된다. 교육을 시킬 권리는 부모의 자녀에 대한 교육권과 교사의 교육의 자유 등이 포함된다.

헌법재판소는 '부모의 자녀에 대한 교육권'은 헌법에 명문으로 규정되어 있지 않지만, 모든 인간이 국적과 관계없이 누리는 양도할 수 없는 불가침의 인권으로서 혼인과 가족생활을 보장하는 헌법 제36조 제1항, 행복추구권을 보장하는 헌법 제10조 및 '국민의 자유와 권리는 헌법에 열거되지 아니한 이유로 경시되지 아니한다.'고 규정하는 헌법 제37조 제1항에서 나오는 중요한 기본권이라고 이해한다(헌재 2012.11.29. 2011헌마827).

> **부모의 자녀교육권의 실현**(헌재 2012.11.29. 2011헌마827)
> 부모의 자녀교육권은 학교영역에서는 부모가 자녀의 개성과 능력을 고려하여 자녀의 학교교육에 관한 전반적 계획을 세운다는 것에 기초하고 있으며, 자녀 개성의 자유로운 발현을 위하여 그에 상응한 교육과정을 선택할 권리, 즉 자녀의 교육 진로에 관한 결정권 내지는 자녀가 다닐 학교를 선택하는 권리로 구체화된다.

학교교육에서 교사의 가르치는 권리를 수업권이라 할 수 있는데, 수업의 자유는 무제한 보호되기 어렵다. 따라서 수업권을 헌법상 보장되는 기본권으로 이해하는 데는 소극적이다. 헌법재판소는 "교사의 수업권은 전술과 같이 교사의 지위에서 생겨나는 직권인데, 그것이 헌법상 보장되는 기본권이라고 할 수 있느냐에 대하여서는 이를 부정적으로 보는 견해가 많으며, 설사 헌법상 보장되고 있는 학문의 자유 또는 교육을 받을 권리의 규정에서 교사의 수업권이 파생되는 것으로 해석하여 기본권에 준하는 것으로 간주하더라도 수업권을 내세워 수학권을 침해할 수는 없으며 국민의 수학권의 보장을 위하여 교사의 수업권은 일정범위 내에서 제약을 받을 수밖에 없는 것이다."라고 판시하고 있다(헌재 1992.11.12. 89헌마88).

## 제4절 근로의 권리

### Ⅰ. 근로의 권리의 의의

근로의 권리란 자신의 일할 능력을 임의로 상품화할 수 있는 권리로 근로관계를 형성·유지를 위하여 국가에게 근로의 기회를 제공하여 줄 것을 요구할 수 있는 권리를 말한다.

### Ⅱ. 근로의 권리의 법적 성격

근로의 권리는 사회권적 기본권으로서의 성격을 가지며, 고용증진을 위한 사회적·경제적 정책을 요구할 수 있는 권리를 의미한다. 따라서 근로의 권리는 국가에 대하여 직접 일자리를 청구하거나 일자리에 갈음하는 생계비의 지급을 청구할 수 있는 권리를 의미하는 것은 아니며, 근로의 권리로부터 국가에 대한 직접적인 직장존속청구권이 도출되는 것도 아니다(헌재 2012.10.25. 2011헌마307).

> 근로의 권리의 의의(헌재 2007.8.30. 2004헌마670)
> 
> 근로의 권리란 인간이 자신의 의사와 능력에 따라 근로관계를 형성하고, 타인의 방해를 받음이 없이 근로관계를 계속 유지하며, 근로의 기회를 얻지 못한 경우에는 국가에 대하여 근로의 기회를 제공하여 줄 것을 요구할 수 있는 권리를 말하며, 이러한 근로의 권리는 생활의 기본적인 수요를 충족시킬 수 있는 생활수단을 확보해 주고 나아가 인격의 자유로운 발현과 인간의 존엄성을 보장해 주는 것으로서 사회권적 기본권의 성격이 강하므로(헌재 1991.7.22. 89헌가106, 판례집 3, 387, 421; 헌재 2002.11.28. 2001헌바50, 판례집 14-2, 668, 678 참조) 이에 대한 외국인의 기본권 주체성을 전면적으로 인정하기는 어렵다.
> 
> 그러나 근로의 권리가 "일할 자리에 관한 권리"만이 아니라 "일할 환경에 관한 권리"도 함께 내포하고 있는바, 후자(後者)는 인간의 존엄성에 대한 침해를 방어하기 위한 자유권적 기본권의 성격도 갖고 있어 건강한 작업환경, 일에 대한 정당한 보수, 합리적인 근로조건의 보장 등을 요구할 수 있는 권리 등을 포함한다고 할 것이므로 외국인 근로자라고 하여 이 부분에까지 기본권 주체성을 부인할 수는 없다. 즉 근로의 권리의 구체적인 내용에 따라, 국가에 대하여 고용증진을 위한 사회적·경제적 정책을 요구할 수 있는 권리(헌재 2002.11.28. 2001헌바50, 판례집 14-2, 668, 678)는 사회권적 기본권으로서 국민에 대하여만 인정해야 하지만, 자본주의 경제질서하에서 근로자가 기본적 생활수단을 확보하고 인간의 존엄성을 보장받기 위하여 최소한의 근로조건을 요구할 수 있는 권리는 자유권적 기본권의 성격도 아울러 가지므로 이러한 경우 외국인 근로자에게도 그 기본권 주체성을 인정함이 타당하다.

## Ⅲ. 근로의 권리의 내용

### 1. 국가의 고용증진의무

헌법 제32조 제1항 제2문에서 국가는 사회적·경제적 방법으로 근로자의 고용의 증진에 노력할 것을 규정하고 있다. 이에 따라 고용확대·실업대책 등에 관한 정책을 수립하고 추진해야 한다.

### 2. 적정임금보장의 노력과 최저임금제의 시행

헌법 제32조에서 국가는 적정임금의 보장하도록 노력해야 할 의무와 법률이 정하는 최저임금제를 시행할 것을 규정하고 있다. 적정임금이란 근로자가 받는 임금이 그 가족이 인간다운 생활을 영위하는데 적합한 액수임을 말하는 것으로 최저임금 이상이어야 한다. 최저임금제의 시행을 위하여 최저임금법을 두고 있다. 최저임금법은 근로자의 생계비, 유사근로자의 임금, 노동생산성 및 소득분배율 등을 고려하여 최저임금을 정하도록 하고 있다.

최저임금을 청구할 수 있는 권리도 헌법상 바로 도출되는 것은 아니며, 최저임금법 등 관련 법률에서 구체적으로 정함으로써 비로 인정될 수 있다(헌재 2012.10.25. 2011헌마307).

### 3. 여자와 연소자의 근로의 특별보호

여자의 근로는 특별한 보호를 받으며, 고용·임금 및 근로조건에 있어서 부당한 차별을 받지 않는다. 연소자의 근로도 특별한 보호를 받는다. 15세 미만인 자와 중학교에 재학 중인 18세 미만인 자는 근로자로 사용하지 못한다. 그 밖에 근로기준법에서는 근로분야, 근로시간 등에 관하여 많은 제한을 정하고 있다.

### 4. 국가유공자 등의 근로기회 우선보장

국가유공자·상이군경 및 전몰군경의 유가족은 법률이 정하는 바에 의하여 우선적으로 근로기회를 부여받는다. 우선적 근로기회가 부여되는 범위는 "국가유공자", "상이군경" 및 "전몰군경의 유가족" 등이다(헌재 2006.2.23. 2004헌마675).

### 5. 근로조건 법정주의

헌법 제32조 제3항은 근로조건의 기준은 인간의 존엄성을 보장하도록 법률로 정하도록 하고 있다. 헌법이 근로조건의 기준을 법률로 정하도록 한 것은 인간의 존엄에 상응하는 근로조건에 관한 기준의 확보가 경제적·사회적으로 열등한 지위에 있는 개별 근로자의 인간존엄성의 실현에 중요한 사항일 뿐만 아니라, 근로자와 사용자 간의 이해관계는 첨예하게 대립될 수 있는 사항이므로 입법자가 이를 법률로 정할 필요성이 크기 때문이다 (헌재 2006.7.27. 2004헌바77).

> 임금에 관한 사항과 관련한 입법재량권 남용 여부(헌재 2006.7.27. 2004헌바77)
> 임금에 관한 사항의 명시방법을 대통령령에 규정하고 위반 시 행정 질서벌이 아닌 형벌을 부과하였다고 하여 이를 두고 입법재량권을 남용하였다고 보기는 어렵다.

## 제5절 근로3권

헌법은 근로자에게 자주적인 단결권·단체교섭권·단체행동권을 보장한다. 근로자가 근로조건의 유지·향상을 위해서 자주적으로 단체를 조직하고, 단체의 이름으로 사용자와 교섭을 하고, 소기의 목적을 달성하기 위해서 집단적으로 행동할 수 있는 권리를 말한다.

근로3권은 국가가 근로자의 단결권을 존중하고 부당한 침해를 하지 아니함으로써 보장되는 자유권적인 측면인 국가로부터의 자유뿐이 아니라, 근로자의 권리행사의 실질적 조건을 형성하고 유지해야 할 국가의 적극적인 활동을 필요로 한다.

근로3권의 주체는 근로자를 말하며, 육체적·정신적 노동자를 포괄한다. 공무원의 경우는 제한적으로 근로3권이 인정되며, 자영업자, 외국인, 사용자 등은 근로3권의 향유주체가 되지 못한다.

## I. 단결권

단결권은 사용자와 대등한 교섭권을 가지기 위하여 단체를 구성하는 권리를 말한다. 단결권은 주체에 따라 개인적 단결권과 집단적 단결권으로 구분되고, 성격에 따라 소극적 단결권과 적극적 단결권으로 구분된다.

### 1. 개별적 단결권과 집단적 단결권

개별적 단결권은 개별 근로자가 노동조합 등 근로자단체를 조직하거나 그에 가입하여 활동할 수 있는 것을 말하며, 집단적 단결권은 근로자단체가 존립하고 활동할 수 있는 것을 말한다. 헌법재판소도 단결권은 근로자 개인의 단결권만이 아니라 근로자단체 자체의 단결권 보장을 보장한다고 하면서, 단체존속의 권리, 단체자치의 권리, 단체활동의 권리를 포함한다고 판시한다(헌재 2013.7.25. 2012헌바116).[45]

> 헌법 제33조 제1항의 보호범위(헌재 2013.7.25. 2012헌바116)
> 헌법재판소도 헌법 제33조 제1항은 근로자 개인의 단결권만이 아니라 근로자단체 자체의 단결권 보장, 즉 근로자단체의 존속, 유지, 발전, 확장 등을 국가공권력으로부터 보장하고(단체존속의 권리), 근로자단체의 조직 및 의사형성절차에 관하여 규약의 형태로 자주적으로 결정하는 것을 보장하며(단체자치의 권리), 근로조건의 유지와 향상을 위한 근로자단체의 활동, 즉 단체교섭, 단체협약 체결, 단체행동, 단체의 선전 및 단체가입의 권유 등을 보호하는 것(단체활동의 권리)을 포함한다고 판시한 바 있다.

---

[45] 노동조합으로 하여금 행정관청이 요구하는 경우 결산결과와 운영상황을 보고하도록 하고 그 위반시 과태료에 처하도록 하는 것은 국가가 노동조합에 대하여 일정한 의무를 부과하고 강제하는 것으로서 노동조합의 단결권을 제한하지만, 과잉금지원칙을 위반하여 노동조합의 단결권을 침해하는 것은 아니다(헌재 2013.7.25. 2012헌바116 참조).

## 2. 적극적 단결권과 소극적 단결권

근로자들은 근로조건의 유지 또는 개선을 위하여 사용자와 대등한 교섭력을 가질 목적으로 자주적 단체를 결성하고 이에 가입하여 활동할 수 있는 적극적 단결권을 가진다. 헌법재판소는 근로자의 단결권은 단결할 자유만을 가리킬 뿐이며 단결하지 아니할 소극적 단결권은 헌법상의 단결권에 포함되지 않는다고 한다. 근로자가 노동조합을 결성하지 아니할 자유나 노동조합에 가입을 강제당하지 아니할 자유, 가입한 노동조합을 탈퇴할 자유는 근로자에게 보장된 단결권의 내용에 포섭되는 권리가 아니라 헌법 제10조의 행복추구권에서 파생되는 일반적 행동의 자유 또는 제21조 제1항의 결사의 자유에서 그 근거를 찾을 수 있다는 것이다(헌재 2005.11.24. 2002헌바95 등).

> 당해 사업장에 종사하는 근로자의 3분의 2 이상을 대표하는 노동조합의 경우 단체협약을 매개로 한 조직강제[이른바 유니언 샵(Union Shop) 협정의 체결]를 용인하고 있는 것이 근로자의 단결권을 침해하는지 여부(헌재 2005.11.24. 2002헌바95 등)
>
> 가. 이 사건 법률조항(노동조합및노동관계조정법 제81조 제2호 단서)은 노동조합의 조직유지·강화를 위하여 당해 사업장에 종사하는 근로자의 3분의 2 이상을 대표하는 노동조합의 경우 단체협약을 매개로 한 조직강제[이른바 유니언 샵(Union Shop) 협정의 체결]를 용인하고 있다. 이 경우 근로자의 단결하지 아니할 자유와 노동조합의 적극적 단결권(조직강제권)이 충돌하게 되나, 근로자에게 보장되는 적극적 단결권이 단결하지 아니할 자유보다 특별한 의미를 갖고 있고, 노동조합의 조직강제권도 이른바 자유권을 수정하는 의미의 생존권(사회권)적 성격을 함께 가지는 만큼 근로자 개인의 자유권에 비하여 보다 특별한 가치로 보장되는 점 등을 고려하면, 노동조합의 적극적 단결권은 근로자 개인의 단결하지 않을 자유보다 중시된다고 할 것이고, 또 노동조합에게 위와 같은 조직강제권을 부여한다고 하여 이를 근로자의 단결하지 아니할 자유의 본질적인 내용을 침해하는 것으로 단정할 수는 없다.
>
> 나. 이 사건 법률조항은 단체협약을 매개로 하여 특정 노동조합에의 가입을 강제함으로써 근로자의 단결선택권과 노동조합의 집단적 단결권(조직강제권)이 충돌하는 측면이 있으나, 이러한 조직강제를 적법·유효하게 할 수 있는 노동조합의 범위를 엄격하게 제한하고 지배적 노동조합의 권한남용으로부터 개별 근로자를 보호하기 위한 규정을 두고 있는 등 전체적으로 상충되는 두 기본권 사이에 합리적인 조화를 이루고 있고 그 제한에 있어서도 적정한 비례관계를 유지하고 있으며, 또 근로자의 단결선택권의 본질적인 내용을 침해하는 것으로도 볼 수 없으므로, 근로자의 단결권을 보장한 헌법 제33조 제1항에 위반되지 않는다.

## 3. 노동조합의 설립

노동조합 및 노동관계조정법은 노동조합의 설립에 있어서 신고주의를 취하고 있으며, 복수노조의 설립이 허용되고 있다. 노동조합을 설립할 때 행정관청에 설립신고서를 제출하도록 하고, 요건을 충족하지 못하는 경우 설립신고서를 반려하도록 하는 것은 단체결성에 대한 허가제에 해당하지 않으며 단결권을 침해하지도 않는다(헌재 2012.3.29. 2011헌바53).

## Ⅱ. 단체교섭권

근로자는 단결권에 기초하여 결성한 단체가 사용자 또는 사용자단체와 자주적으로 교섭하는 단체교섭권을 가진다. 노동조합의 대표자는 노동조합이나 조합원을 위하여 사용자와 교섭하고 단체협약을 체결할 권한을 가진다. 즉, 근로조건의 향상을 위한 근로자 및 그 단체의 본질적인 활동의 자유인 '단체교섭권'에는 단체협약체결권이 포함된다(헌재 2006.3.30. 2005헌마337).

## Ⅲ. 단체행동권

단체행동권은 노동쟁의가 발생한 경우에 쟁의행위 등을 할 수 있는 권리를 말한다. 단체행동에는 업무의 정상적인 운영을 저해하는 쟁의행위와 그 밖에 전단살포나 리본착용 등의 단체행동이 포함된다.

노동조합 및 노동관계조정법에서는 쟁의행위를 '노동관계 당사자가 주장을 관철할 목적으로 업무의 정상적인 운영을 저해하는 행위'로 정의한다. 쟁의행위의 유형으로 파업·태업 등을 예시하면서, 쟁의행위에 직장폐쇄를 포함시키고 있다. 여기에 대하여 합헌론과 위헌론이 대립한다.

## Ⅳ. 근로3권의 제한

### 1. 공무원인 근로자

공무원인 근로자는 법률이 정하는 자에 한하여 단결권·단체교섭권 및 단체행동권을 가진다. 공무원의 노동조합 설립은 "공무원의 노동조합 설립 및 운영 등에 관한 법률"에 의하여 보장되며, 노동조합에 가입할 수 있는 범위를 정하여 일정한 공무원은 노동조합의 가입이 금지된다.

> **공무원의 노동조합 설립 및 운영 등에 관한 법률 제6조(가입 범위)** ① 노동조합에 가입할 수 있는 사람의 범위는 다음 각 호와 같다.
> 1. 일반직공무원
> 2. 특정직공무원 중 외무영사직렬·외교정보기술직렬 외무공무원, 소방공무원 및 교육공무원(다만, 교원은 제외한다)
> 3. 별정직공무원
> 4. 제1호부터 제3호까지의 어느 하나에 해당하는 공무원이었던 사람으로서 노동조합 규약으로 정하는 사람
> 5. 삭제
> ② 제1항에도 불구하고 다음 각 호의 어느 하나에 해당하는 공무원은 노동조합에 가입할 수 없다.
> 1. 업무의 주된 내용이 다른 공무원에 대하여 지휘·감독권을 행사하거나 다른 공무원의 업무를 총괄하는 업무에 종사하는 공무원

> 2. 업무의 주된 내용이 인사·보수 또는 노동관계의 조정·감독 등 노동조합의 조합원 지위를 가지고 수행하기에 적절하지 아니한 업무에 종사하는 공무원
> 3. 교정·수사 등 공공의 안녕과 국가안전보장에 관한 업무에 종사하는 공무원
> 4. 삭제
> ③ 삭제
> ④ 제2항에 따른 공무원의 범위는 대통령령으로 정한다.

다만 사실상 노무에 종사하는 공무원은 공무원의 노동조합 설립 및 운영 등에 관한 법률이 적용되지 않기 때문에 근로3권이 모두 인정된다(국가공무원법 제66조 제1항, 공무원의 노동조합 설립 및 운영 등에 관한 법률 제2조).

### 2. 주요방위산업체 종사하는 근로자

법률이 정하는 주요방위산업체에 종사하는 근로자의 단체행동권은 법률이 정하는 바에 의하여 이를 제한하거나 인정하지 아니할 수 있다.

### 3. 교원

교원의 노동조합 설립 및 운영 등에 관한 법률에 의하여 교원도 노동조합을 설립하고 가입할 수 있다. 다만 교원의 노동조합은 일체의 정치활동을 하여서는 안 되며, 노동조합과 그 조합원은 파업, 태업 또는 그 밖에 업무의 정상적인 운영을 방해하는 일체의 쟁의행위를 해서는 안된다.

> **전국교수노동조합 사건**(헌재 2018.8.30. 2015헌가38)
> '교원의 노동조합 설립 및 운영 등에 관한 법률'의 적용대상을 초·중등교육법 제19조 제1항의 교원이라고 규정함으로써, 고등교육법에서 규율하는 대학 교원들의 단결권을 인정하지 않는 '교원의 노동조합 설립 및 운영 등에 관한 법률' 제2조 본문이 헌법에 위반되는지 여부(적극)
>
> 1) 심사기준
>
> 대학 교원에는 교육공무원인 교원과 교육공무원이 아닌 교원이 모두 포함되어 있다. 이 사건에서는 대학 교원을 교육공무원 아닌 대학 교원과 교육공무원인 대학 교원으로 나누어, 각각의 단결권에 대한 제한이 헌법에 위배되는지 여부에 관하여 살펴보기로 하되, 교육공무원 아닌 대학 교원에 대해서는 과잉금지원칙 위배 여부를 기준으로, 교육공무원인 대학 교원에 대해서는 입법형성의 범위를 일탈하였는지 여부를 기준으로 나누어 심사하기로 한다.
>
> 2) 단결권의 의의 및 그 제한의 요건
>
> 근로3권은 사회적 보호기능을 담당하는 자유권 또는 사회권적 성격을 띤 자유권이라고 할 수 있다. 자유권적 성격과 사회권적 성격을 함께 갖는 근로3권은, 국가가 근로자의 단결권을 존중하고 부당한 침해를 하지 아니함으로써 보장되는 자유권적 측면인 국가로부터의 자유뿐만 아니라, 근로자의 권리행사의 실질적 조건을 형성하고 유지해야

할 국가의 적극적인 활동을 필요로 한다. 심판대상조항은 교육공무원 아닌 대학 교원에 대하여 교원노조법의 적용을 배제함으로써 단결권을 비롯한 일체의 근로3권을 인정하지 않으므로, 자유권적 측면의 근로3권과 관련이 깊다. 또 단결권은 근로자의 다른 권리들을 진정한 권리로 만들어주는 근로기본권의 핵심으로서, 단결의 자유를 통해 노조의 조직·운영 및 제반 단결활동을 보장하는 권리라는 점에서도 자유권적인 성격이 강하다. 그러므로 이러한 단결권에 대한 제한이 헌법 제37조 제2항에서 정한 기본권 제한 입법의 한계 내에 있기 위해서는 정당한 입법목적을 위한 필요 최소한의 제한이 되어야 한다.

3) 교육공무원인 대학 교원의 단결권 침해 여부(입법형성권의 한계)

대학 교원 가운데에는 교육공무원 신분인 교원이 있으며, 공무원은 헌법 제33조 제2항에 의하여 법률이 정하는 자에 한하여 근로3권을 가진다. 헌법 제33조 제2항에 의하여 입법자는 어느 범위의 공무원에게 근로3권을 인정할 것인지에 관하여 광범위한 입법형성권을 가지나, 입법재량이 무제한적인 것은 아니다.

4) 소결

(1) 심판대상조항은 과잉금지원칙에 위배되어 교육공무원 아닌 대학교원의 단결권을 침해한다.

(2) 교육공무원인 대학 교원에게 노동조합을 조직하고 가입할 권리인 단결권을 전혀 인정하지 않는 심판대상조항은 입법형성권의 범위를 벗어난 것으로서 헌법에 위반된다.

## 제6절 환경권

### Ⅰ. 환경권의 의의와 법적 성격

헌법 제35조 제1항은 "모든 국민은 건강하고 쾌적한 환경에서 생활할 권리를 가지며, 국가와 국민은 환경보전을 위하여 노력하여야 한다."고 정하고 있다. 국민은 국가로부터 건강하고 쾌적한 환경을 향유할 수 있는 자유를 침해당하지 않을 권리를 가질 뿐만 아니라 일정한 경우 국가에 대하여 건강하고 쾌적한 환경에서 생활할 수 있도록 요구할 수 있는 권리가 인정된다. 따라서 환경권은 그 자체 종합적 기본권으로서의 성격을 지닌다(헌재 2008.7.31. 2006헌마711).

### Ⅱ. 환경권의 주체

환경권은 성질상 외국인을 포함한 자연인에게만 인정되고 법인에게는 인정되지 않는다. 독일기본법은 환경권의 미래세대 기본권성을 확인하고 있다.

### Ⅲ. 환경권의 내용

환경권의 내용과 행사는 법률에 의해 구체적으로 정해진다. '건강하고 쾌적한 환경에서 생활할 권리'를 보장하는 환경권의 보호대상이 되는 환경에는 자연 환경뿐만 아니라 인공적 환경과 같은 생활환경도 포함된다. 그러므로 일상생활에서 소음을 제거·방지하여 정온한 환경에서 생활할 권리는 환경권의 한 내용을 구성한다.

## 제7절 혼인과 가족에 관한 권리

### I. 혼인과 가족에 관한 권리

헌법 제36조 제1항에서 "혼인과 가족생활은 개인의 존엄과 양성의 평등을 기초로 성립되고 유지되어야 하며, 국가는 이를 보호한다."고 규정하고, 제2항에서는 "국가는 모성의 보호를 위하여 노력하여야 한다."고 규정한다.

혼인과 가족에 관한 권리는 기본권으로서의 성격과 제도보장으로서의 성격을 함께 가진다(헌재 2011.2.24. 2009헌바89 등). 즉 혼인과 가족생활에서의 자유뿐만 아니라 개인의 존엄과 양성의 평등에 기초한 혼인제도와 가족제도 등을 보장하고 있다.

현재 다양한 가족제도 지원법이 시행 중이다. 한부모가족지원법, 다문화가족지원법 등이 그것이다.

### II. 헌법재판소의 결정례

#### 1. 혼인가족제도관련 결정

헌법재판소는 간통제의 위헌 여부와 관련하여 위헌결정을 하였고, 동성동본 금혼제와 호주제에 대해서는 헌법불합치결정을 하였다.

#### 2. 친양자제도

원칙적으로 3년 이상 혼인 중인 부부만이 친양자를 입양할 수 있도록 하면서 독신자는 친양자를 입양할 수 없도록 하는 것은 독신자의 평등권 및 가족생활의 자유권을 침해하지 않는다(헌재 2013.9.26. 2011헌가42).

#### 3. 육아휴직신청권

육아휴직제도는 여성근로에 대한 특별한 보호를 규정하고 있는 헌법 제32조 제4항과 국가의 모성보호의무를 규정하고 있는 헌법 제36조 제2항에서 그 헌법적 근거를 찾아왔으나, 현행 육아휴직제도는 모성보호 및 근로여성의 직업능력 개발이라는 당초의 취지에서 한발 더 나아가 자녀양육의 지원을 통한 여성의 노동시장 참여 장려 및 직장과 가정의 양립, 출산장려와 아동복지 제고, 남성의 가족책임 분담과 이를 통한 실질적인 가족내 양성평등의 달성이라는 사회적 기능을 수행한다고 할 수 있다(헌재 2008.10.30. 2005헌마1156).

> 육아휴직신청권의 법적 성질(헌재 2008.10.30. 2005헌마1156)
> 자녀에 대한 부모의 양육권은 비록 헌법에 명문으로 규정되어 있지는 아니하지만, 이는 모든 인간이 누리는 불가침의 인권으로서 혼인과 가족생활을 보장하는 헌법 제36조 제1항, 행복추구권을 보장하는 헌법 제10조 및 '국민의 자유와 권리는 헌법에 열거되지 아니한 이유로 경시되지 아니한다.'고 규정한 헌법 제37조 제1항에서 나오는 중요한 기본권이

다. … 양육권은 공권력으로부터 자녀의 양육을 방해받지 않을 권리라는 점에서는 자유권적 기본권으로서의 성격을, 자녀의 양육에 관하여 국가의 지원을 요구할 수 있는 권리라는 점에서는 사회권적 기본권으로서의 성격을 아울러 가지고 있다고 할 수 있고, 이 사건 법률조항과 같이 육아휴직을 신청할 수 있는 대상 군인을 제한하는 것은 사회권적 기본권으로서의 양육권을 제한하는 것으로 볼 수 있다. … 육아휴직신청권은 헌법 제36조 제1항 등으로부터 개인에게 직접 주어지는 헌법적 차원의 권리라고 볼 수는 없고, 입법자가 입법의 목적, 수혜자의 상황, 국가예산, 전체적인 사회보장수준, 국민정서 등 여러 요소를 고려하여 제정하는 입법에 적용요건, 적용대상, 기간 등 구체적인 사항이 규정될 때 비로소 형성되는 법률상의 권리에 불과하다 할 것이다.

## 제8절  보건에 관한 권리

헌법 제36조 제3항에서는 "모든 국민은 보건에 관하여 국가의 보호를 받는다."고 하여 보건권을 규정하고 있다. 헌법은 국가의 국민보건에 관한 보호 의무를 명시하고 있으므로 국가는 국민건강 및 보건의 양적, 질적 향상을 위한 의료정책을 적극적으로 수립·시행하여야 한다(헌재 2004.1.29. 2001헌바30).

## 06 | 국민의 의무

1. 헌법 제38에서는 조세의 납부를 국민의 기본의무로 규정하고 있다.
2. 헌법 제39조에서는 국방의 의무와 병역의무의 이행으로 인한 불이익한 처우금지에 관하여 규정하고 있다.
3. 민주국가에서 병역의무는 납세의무와 더불어 국가라는 정치적 공동체의 존립·유지를 위하여 국가 구성원인 국민에게 그 부담이 돌아갈 수밖에 없는 것으로서, 병역의무의 부과를 통하여 국가방위를 도모하는 것은 국가공동체에 필연적으로 내재하는 헌법적 가치라 할 수 있다.
4. 헌법 제31조 제2항은 자녀에 대하여 부모의 교육을 받게 할 의무를 규정하고 있다.
5. 헌법 제32조 제2항에서는 근로의 의무를 규정하고 있다.
6. 헌법 제35조 제1항은 "모든 국민은 건강하고 쾌적한 환경에서 생활할 권리를 가지며, 국가와 국민은 환경보전을 위하여 노력하여야 한다."고 규정하여, 국민의 환경권을 보장함과 아울러 국가와 국민에게 환경보전을 위하여 노력할 의무를 부과하고 있다.

헌법교과서

# PART 03

# 국가조직

# 01 우리나라 통치구조의 개관

한 나라의 통치질서는 국민의 자유와 권리를 최대한으로 존중하고 보호하기 위하여 존재한다. 우리 헌법상 중요한 통치기구로는 제3장 국회(제40조~제65조), 제4장 정부(제66조~제100조), 제5장 법원(제101조~제110조), 제6장 헌법재판소(제111조~제113조) 등을 들 수 있다.

# CHAPTER 02 | 통치를 위한 기관의 구성원리

통치를 위하여 기관을 구성하는 원리는 국민주권의 실현과 국민의 자유와 권리보장에 그 중심이 있다. 국민주권을 실현하기 위한 헌법원리로서 대의제에 기초하고 있다. 대표자는 선거에 의해 선출되며, 선거구민의 대표자가 아니 전체국민의 대표자로서의 지위에 가진다. 선거에 의한 국민의 대표자 외에도 임명직 공직자에 의해 통치기관은 구성된다. 국민의 자유와 권리의 보장은 권력분립의 원칙에 기초하고 있다. 오늘날 권력분립은 고전적인 3권분립에서 나아가 현대의 기능적 권력통제가 강조되고 있다. 지방자치제도, 직업공무원제도, 헌법재판제도 등이 그것이다.

## 제1절 대의제

### Ⅰ. 대의제의 의의

대의제도란 국민이 직접 정치적인 결정을 내리지 않고 그 대표를 통해 간접적으로만 정치적인 결정에 참여하는 통치기관의 구성원리를 말한다. 즉 대의제도는 국민이 직접 정책결정에 참여하는 대신 정책결정을 맡을 대의기관을 선거하고 이 대의기관의 정책결정 내지 통치권 행사를 여론 내지 주기적인 선거를 통해 통제 내지 정당화시킴으로써 국민주권을 실현하는 통치기관의 구성원리를 의미한다.

> 대의제 민주주의에서 '선거'의 의의(헌재 2009.6.25. 2007헌마40)
> 대의제 민주주의는 헌법의 기본원리에 속하는 것으로서, 대의제 민주주의를 원칙으로 하는 오늘날의 민주정치 아래에서의 선거는 국민의 참여가 필수적이고, 주권자인 국민이 자신의 정치적 의사를 자유로이 결정하고 표명하여 선거에 참여함으로써 민주사회를 구성하고 움직이게 하는 것이다.

### Ⅱ. 대의제의 발달과정

대의제도는 그 나라의 정치적·사회적 전통에 따라 다소 상이한 발전과정을 거쳐서 확립되었다.

대의제의 모국이라고 할 수 있는 영국에서는 17세기 하원과 스튜어트왕조와의 정치투쟁에서 스튜어트왕조를 몰락시킨 명예혁명(1688) 후 의회우위의 의회주권확립으로부터 비롯되었다. 즉 영국은 군권에 맞서서 국민의 대표기관으로서 기능을 수행하기 위한 투쟁적·항의적 이데올로기에서 출발하였고, 18세기 후반(1774) 버크의 '의원은 선거구민의 대표가 아니고 전체국민의 대표'라는 대의이론으로 확립되었다.

프랑스에서는 1789년 프랑스대혁명을 전후해서 루소의 직접민주주의사상과 쉬에스의 대의사상의 치열한 논쟁에서 비롯되었다. 국민의사는 대표될 수 없으며, 경험적 국민의사와 추정적·잠재적 국민의사는 언제나 일치한다는 루소의 동일성이론과 경험적 국민의사로부터 완전히 독립된 대의기관의 의사만이 진정한 국민의 이익을 대변할 수 있다는 쉬에스의 논쟁은 결국 1791년 프랑스혁명헌법이 쉬에스의 대의사상을 받아들임으로써 대의민주주의를 탄생시켰다.

독일은 영국이나 프랑스에서 일찍 대의제도가 뿌리를 내린 것과는 대조적으로 매우 늦게 이루어졌다. 독일에서는 군주주권론에 따라 군주와, 군주에 봉사하는 관료조직만이 국민의 이익을 존중하고 공공복리를 실현하는 국민의 진정한 대표자로 인식되었기 때문에 대의의 논리가 쉽게 정착하지는 못하였다. 결국 독일에서는 대의제도보다는 직접민주주의적인 통치제도가 더 큰 비중을 가지고 발전했으며, 직접민주제적 요소를 수용한 것이 바이마르헌법이었다. 따라서 독일에서 대의제도의 발전은 바이마르헌법의 부정적 경험을 거울삼아 1949년 기본법이 제정되면서부터라고 볼 수 있다. 1949년에 제정된 본 기본법은 국민투표적 요소를 철저히 배제한 초대의제적 헌법이다.

## Ⅲ. 대의제의 이념적 기초

대의제도란 기관구성권과 정책결정권의 분리를 전제로 하고 정책결정권의 자유위임을 그 바탕으로 하고 있다.

### 1. 기관구성권과 정책결정권의 분리

대의제도는 국민이 직접 정치적인 결정을 내리지 않고 그 대표를 통해 간접적으로만 정치적인 결정에 참여하는 기관의 구성원리를 의미하므로, 치자와 피치자의 구별을 부인하는 동일성이론에 바탕을 둔 직접민주주의이념과는 조화되기 어렵다. 대의제도는 치자와 피치자가 동일한 국민의 자기통치제도가 아니며, 치자에게는 정책결정권과 책임을, 그리고 피치자에게는 기관구성권과 통제를 바탕으로 하는 통치기관의 구성원리이다.

### 2. 정책결정권의 자유위임

국민이 선출한 대의기관은 일단 국민에 의하여 선출된 후에는 법적으로 국민의 의사와 관계없이 독자적인 양식과 판단에 따라 정책결정에 임하는 자유위임관계를 그 본질로 한다. 우리 헌법 제46조 제2항의 "국회의원은 국가이익을 우선하여 양심에 따라 직무를 행한다"는 규정도 국민과 대의기관이 자유위임의 관계에 있다는 것을 나타낸다. 대의제의 이념적 기초가 되는 자유위임은 정책결정을 할 때마다 국민의 의사와 구체적인 지시에 따라야 하고 그 위임사항만을 집행하는 명령적 위임과는 다르다.

**대의제의 본질**(헌재 2009.3.26. 2007헌마843)

대의제는 국민주권의 이념을 존중하면서도 현대국가가 지니는 민주정치에 대한 현실적인 장애요인들을 극복하기 위하여 마련된 통치구조의 구성원리로서, 기관구성권과 정책결정권의 분리, 정책결정권의 자유위임을 기본적 요소로 하고, 특히 국민이 선출한 대의기관은 일단 국민에 의하여 선출된 후에는 법적으로 국민의 의사와 관계없이 독자적인 양식과 판단에 따라 정책 결정에 임하기 때문에 자유위임 관계에 있게 된다는 것을 본질로 하고 있다.

**대의민주주의의 의의 및 대의기관의 자격**(헌재 2005.4.28. 2004헌마219)

현대국가의 헌법은 그 정도에 차이가 있을 뿐, 국가기관구성권과 국가정책결정권의 분리를 전제로 하는 대의민주주의에 그 기초를 두고 있다. 대의민주주의는 치자와 피치자가 다르다는 것을 전제로 치자에게는 '정책결정권'을 부여함으로써 책임정치를 구현하고, 피치자에게는 '기관구성권'을 부여함으로써 치자의 정책결정권 행사에 정당성을 부여하는 한편 이를 통제하는 통치질서의 구성원리이다. … 자유위임관계에 기초하여 국민의 잠재적 의사로서 부분이익을 넘어 전체이익을 대의하여야 하고, 현대의 산업사회가 요구하는 복잡하고 전문적인 정책사항에 관한 결정권한을 담당하는 현대 대의민주주의 통치구조 아래에서 대의기관의 피선거권을 구체적으로 정함에 있어서는 독자적인 신념과 양식에 기초한 스스로의 판단에 따라 국가의 전체의사를 발견하고, 이를 정책결정과정에 충실히 반영할 수 있는 정치적 대의능력과 전문적인 정책결정능력의 구비 여부가 대의기관으로 선출될 수 있는 자격으로 요구된다고 할 것이다.

## Ⅳ. 대의제와 정당국가화 현상

### 1. 정당국가의 발전과 대의제

현대 정당국가적 현상으로 인하여 선거는 인물중심의 선거에서 정당중심의 선거로 변질되었고, 국민의 진정한 대표자를 뽑는 것이 아니라 정당의 리더나 정강정책에 대한 국민투표적 성격으로 변모되었다. 선거에서 정당의 헌법적 지위가 커지게 됨으로써 의원의 정당 내지는 교섭단체기속이 강화되어 개인의 독자적인 판단과 결정권이 약화되었다.

**정당국가현상의 의의**(헌재 2020.5.27. 2019헌라1)

정당국가현상이 대의제 민주주의의 실현과정에 현실적 변화를 가져왔지만 대의제 민주주의의 본질이 변화한 것은 아니다. 대의제 민주주의의 정치적 의사 형성의 과정과 방식이 변화된 것에 불과하다. 정당국가현상은 차별화된 정강 정책을 지닌 복수의 정당이 정기적 선거를 통해 서로 경쟁하면서 국민의 심판과 선택을 받은 대의기관을 탄생시켜 대의제 민주주의를 실현함에 따라 발생한 정치현실이다.

## 2. 대의제와 정당기속성

### (1) 국회의원의 자유위임적 지위와 정당기속성

**국회의원의 자유위임적 지위와 정당기속성 및 정당 내지 교섭단체의 내부 민주주의와 정당기속성**
(헌재 2020.5.27. 2019헌라3 등)

가. 국회의원이 정당에 사실상 기속되는 경향이 있고, 의회가 정당에서 결정된 사항을 중심으로 의견을 모으는 장소로 변했다 해도 국가의사를 결정하는 주체는 여전히 국회의원으로 구성되는 의회이다. 정당은 국가기관이 아니고 사적 결사에 불과하므로 그 의사가 곧바로 국가의사가 되는 것이 아니다. 의회가 국민 전체를 대표하여 국가이익을 위해 국가의사를 결정할 수 있으려면 그 구성원인 국회의원이 자유로운 토론과 비판을 통해 국가이익에 부합하는 정책을 도출하고 양심과 소신에 따라 투표할 수 있는 자유위임적 지위를 가져야 하며, 이는 앞서 살핀 것과 같이 대의제 민주주의의 본질적 개념요소로서 포기될 수 없는 가치이다. 헌법에는 국회의원이 소속 정당의 명령을 따라야 한다는 규정이 어디에도 존재하지 않는다. 헌법 제8조 제1항이 "정당의 설립은 자유이며, 복수정당제는 보장된다."고 규정하여 정당설립·활동의 자유를 보장하고 있지만, 이 조항은 정당에 소속된 국회의원이 정당의 명령에 복종해야 한다는 명령적 위임을 인정하는 근거가 아니다. 국회의원이 정당의 공천을 받아 선거에 입후보하고, 유권자는 후보자의 소속 정당을 고려하여 투표하며, 국회의원이 되면 정당의 지시나 명령에 따라 활동하는 것은 부정할 수 없는 정치현실이다. … 이런 정당기속성은 헌법규범에 의한 기속이 아니라 현실적 기속에 불과하다. 정당기속성은 정치현실에 불과할 뿐이고, 개별 국회의원에게 자유위임 된 국가의사 결정권한을 의회 의사 진행과정의 효율성을 위해 정당 내지 교섭단체에게 귀속·독점시키는 것을 의미하는 것이 아니다. 헌법상의 통치기관 구성원리인 대의제 민주주의는 정당기속성이라는 정치 현실에도 불구하고 변화하는 사회·경제 환경 속에서 자유로운 정치적 의사형성과 국가이익을 위한 정책결정을 보장하기 위해 국회의원의 자유위임적 지위를 필수적으로 요구하고 있다. … 교섭단체는 국회의원이 자유위임적 지위에 있음을 토대로 성립하는 것이므로, 교섭단체가 국회 의사진행 과정의 효율성을 제고하기 위해 국회의원의 자유위임적 지위를 압도하여 형해화하는 것은 자기의 토대를 스스로 무너뜨리는 것이 되어 허용될 수 없다.

나. 정당 내지 교섭단체의 내부에서 민주적 절차에 따라 형성된 당론이라고 해도 정당은 국가기관이 아닌 사적 결사에 불과하므로, 사적 결사의 당론에 복종해야 한다는 정당기속성이 사실적 수준에 머무르지 않고 국회의원의 자유위임적 지위를 압도하여 형해화할 정도에 이르는 것은 헌법상 용인될 수 없다. 정당이 민주적으로 운영되고 있는 민주주의 국가들에서도 국회의원이 당론에 따르지 않고 양심에 따른 교차투표(cross-voting)를 하는 것이 인정되어 온 것은 개방적인 의견 교환과 자유로운 토론을 통해 국가이익을 위한 결정을 하기 위해서 국회의원의 자유위임적 지위가 보장되고 있기 때문이다.

(2) 자유위임과 정당의 사실상 강제

**정당 내부의 사실상 강제 혹은 소속정당으로부터의 제명이 가능한지 여부**(헌재 2003.10.30. 2002헌라1)

국회의원의 국민대표성보다는 오늘날 복수 정당제 하에서 실제적으로 정당에 의하여 국회가 운영되고 있는 점을 강조하려는 견해와, 반대로 대의제 민주주의 원리를 중시하고 정당 국가적 현실은 기본적으로 국회의원의 전체 국민대표성을 침해하지 않는 범위 내에서 인정하려는 입장이 서로 맞서고 있다. 국회의원의 원내활동을 기본적으로 각자에 맡기는 자유위임은 자유로운 토론과 의사형성을 가능하게 함으로써 당내민주주의를 구현하고 정당의 독재화 또는 과두화를 막아주는 순기능을 갖는다. 그러나 자유위임은 의회 내에서의 정치의사형성에 정당의 협력을 배척하는 것이 아니며, 의원이 정당과 교섭단체의 지시에 기속되는 것을 배제하는 근거가 되는 것도 아니다. 또한 국회의원의 국민대표성을 중시하는 입장에서도 특정 정당에 소속된 국회의원이 정당 기속 내지는 교섭단체의 결정(소위 '당론')에 위반하는 정치활동을 한 이유로 제재를 받는 경우, 국회의원 신분을 상실하게 할 수는 없으나 "정당 내부의 사실상의 강제" 또는 소속 "정당으로부터의 제명"은 가능하다고 보고 있다.

(3) 대의제와 위원회 사·보임

**당론과 다른 견해를 가진 국회의원의 전임조치가 헌법상 용인되는지 여부**(헌재 2003.10.30. 2002헌라1)

당론과 다른 견해를 가진 소속 국회의원을 당해 교섭단체의 필요에 따라 다른 상임위원회로 전임(사·보임)하는 조치는 특별한 사정이 없는 한 헌법상 용인될 수 있는 "정당 내부의 사실상 강제"의 범위 내에 해당한다고 할 것이다.

**사법개혁 특별위원회 의원 개선 사건(오신환 의원 사건)**(헌재 2020.5.27. 2019헌라1)

피청구인 국회의장이 2019. 4. 25. 사법개혁 특별위원회의 바른미래당 소속 위원을 청구인 국회의원 오신환에서 국회의원 채이배로 개선한 행위가 청구인의 법률안 심의·표결권을 침해하는지 여부 및 이 사건 개선행위가 무효인지 여부(소극)

이 사건 개선행위로 인한 법률안 심의·표결권 침해 여부에 관한 판단

가. 이 사건의 쟁점

이 사건 개선행위로 인하여 청구인은 사개특위 위원으로서 사개특위에 상정된 법률안들에 대하여 심의·표결할 수 없게 되었으므로, 이 사건 개선행위가 청구인의 법률안 심의·표결권을 침해하였는지 여부를 살펴본다.

나. 이 사건 개선행위로 인한 청구인 권한 침해 여부

(1) 국회의 자율권의 의의 및 이 사건 개선행위의 법적 성격

㈎ 헌법 제64조는 국회가 법률에 저촉되지 아니하는 범위 안에서 의사와 내부규율에 관한 규칙을 제정할 수 있고, 국회의원의 자격심사·징계·제명에 관하여 자율적 결정을

할 수 있음을 규정하여 국회의 자율권을 보장하고 있다. … 국회의 자율권에는 집회 등에 관한 자율권, 내부조직에 관한 자율권, 국회규칙의 자율적 제정권(헌법 제64조 제1항), 의사에 관한 자율권, 국회의원신분에 관한 자율권(헌법 제64조 제2항), 질서유지권 등이 포함된다. 국회는 어떠한 사항에 대하여 언제, 어떻게 입법할지 여부를 스스로 판단하여 결정할 입법형성의 자유를 가지므로, 국회가 법률에 의하여 그 자율권에 속하는 사항을 스스로 정하는 것 역시 국회의 자율권의 내용에 속한다.

㈏ '국회의 내부조직에 관한 자율권'이란 국회가 외부의 간섭 없이 스스로 내부조직을 구성할 수 있는 자율권을 의미하고, 교섭단체와 위원회를 구성하는 것도 이에 포함된다. … 국회의장이 위원회의 위원을 선임·개선하는 행위는 국회가 그 자율권에 근거하여 내부적으로 회의체 기관을 구성·조직하는 행위로서, 국회가 그 기능을 민주적이고 효율적으로 수행하기 위해서 다른 국가기관의 간섭을 받지 아니하고 광범위한 재량에 의하여 자율적으로 정할 수 있는 고유한 영역에 속한다. 그러므로 이 사건 개선행위가 청구인의 권한을 침해하는지 여부를 판단할 때 헌법이나 법률을 명백히 위반한 흠이 있는지를 심사하는 것으로 충분하다.

⑵ 자유위임원칙 위배 여부

헌법 제46조 제2항은 "국회의원은 국가이익을 우선하여 양심에 따라 직무를 행한다."라고 규정하고 있다. … 의사절차와 내부조직을 정할 때에도 국회의원의 자유위임에 기한 권한을 충분히 보장하여야 하는 것이나, 국회 내 다수형성의 가능성을 높이고 의사결정의 능률성을 확보하는 것 역시 중대한 헌법적 요청이므로 자유위임원칙이 언제나 최우선적으로 고려되어야 하는 것은 아니다. 나아가 자유위임원칙이 개별 국회의원이 국회 내부에서 구체적으로 어떠한 직무를 담당하는 것까지 보장하는 원리는 아니다. 통치구조의 구성원리는 자기목적적인 것이 아니라 국민의 기본권과 헌법이 추구하는 가치를 보장하고 실현하기 위한 수단의 성격을 가지는 것이다. 따라서 자유위임원칙 역시 무제한적으로 보장되는 것은 아니며, 국회의 기능을 수행하기 위해서 필요한 범위 내에서 불가피하게 제한될 수밖에 없는 것이다. … 이 사건 개선행위는 사개특위의 의사를 원활하게 운영하고, 사법개혁에 관한 국가정책결정의 가능성을 높이기 위하여 국회가 자율권을 행사한 것으로서, 앞서 살펴본 제반 사정을 종합적으로 고려하면, 이 사건 개선행위로 인하여 자유위임원칙이 제한되는 정도가 위와 같은 헌법적 이익을 명백히 넘어선다고 단정하기 어렵다. 따라서 이 사건 개선행위는 자유위임원칙에 위배되지 않는다. … 이 사건 개선행위는 청구인의 법률안 심의·표결권을 침해하지 않으므로, 더 나아가 살펴볼 필요 없이 이 사건 개선행위는 무효로 볼 수 없다.

## V. 대의제와 직접민주제

### 1. 대의제와 직접민주제의 조화

대의제를 통치구조의 기본원리로 채택하는 경우에도 대의제를 보완하기 위하여 국민발안·국민투표 및 국민소환과 같은 직접민주주의의 방식을 일부 도입하고 있다.

> **직접민주제 도입시 한계**(헌재 2009.3.26. 2007헌마843)
> 대의제는 국가의사를 간접적으로, 직접민주제는 직접적으로 결정하는 방식으로서, 상호 본질적으로 성격을 달리하므로 이들을 근본적으로 결합하기에는 어려움이 있다 할 것이나, 그렇다고 하더라도 어느 한 원리를 원칙으로 하면서 그 본질적인 요소를 훼손하지 않는 범위 내에서 이를 보완하기 위하여 다른 원리에서 유래된 제도를 일부 도입할 수는 있다 할 것이다. … 헌법적인 차원에서 직접민주제를 직접 헌법에 규정하는 것은 별론으로 하더라도 법률에 의하여 직접민주제를 도입하는 경우에는 기본적으로 대의제와 조화를 이루어야 하고, 대의제의 본질적인 요소나 근본적인 취지를 부정하여서는 아니 된다는 내재적인 한계를 지닌다 할 것이다.

## 2. 직접민주제적 요소

### (1) 국민투표

헌법 제130조 제2항에서 헌법개정안에 대한 국민투표와 제72조에서 대통령이 부의한 중요정책에 대한 국민투표제도를 두고 있다. 국민발안제나 국민소환제는 채택하지 않고 있다.

### (2) 주민소환제

지방자치법은 주민투표제, 조례의 제정과 개폐청구권, 주민소환제를 규정하고 있다. 지방자치단체장에 대한 주민소환은 대의제의 결함을 보완하는 직접민주제로서의 성격을 가진다.

> **주민소환의 성격 및 의의**(헌재 2009.3.26. 2007헌마843)
> 지방자치단체장에 대한 선거권의 성격이 어떻다 하더라도, 현행 지방자치제에 있어 대의제는 원칙적인 요소이고, 직접민주제로서의 주민소환은 예외적으로 대의제의 결함을 보완하는 것으로 볼 수 있을 것이다.

> **지방자치단체의 장 선거권의 기본권 해당 여부**(헌재 2016.10.27. 2014헌마797)
> 주민자치제를 본질로 하는 민주적 지방자치제도가 안정적으로 뿌리내린 현 시점에서 지방자치단체의 장 선거권을 지방의회의원 선거권, 나아가 국회의원 선거권 및 대통령 선거권과 구별하여 하나는 법률상의 권리로, 나머지는 헌법상의 권리로 이원화하는 것은 허용될 수 없다. 그러므로 지방자치단체의 장 선거권 역시 다른 선거권과 마찬가지로 헌법 제24조에 의해 보호되는 기본권으로 인정하여야 한다.

## Ⅵ. 대의제와 국회구도의 변경

### 1. 국회구성권

대통령이 야당 국회의원을 여당에 인위적으로 입당시킴으로써 국회의 의석분포를 변경시킨 것이 국민의 국회구성권을 침해하는지의 여부와 관련하여 헌법재판소는 국회구성권이라는 기본권을 인정하지 않는다고 결정하였다.

> **국회구성권의 기본권 해당 여부**(헌재 1998.10.29. 97헌마186)
> 국회구성권이라는 기본권은 헌법의 명문규정으로도 해석상으로도 인정될 수 없는 바, 헌법의 기본원리인 대의제 민주주의 하에서 국외의원의 선거권은 국회의원을 보통·평등·직접·비밀선거에 의하여 국민의 대표자인 국회의원을 선출하는 권리에 그치고, 개별 유권자 혹은 집단으로서 국민의 의사를 선출된 국회의원이 그대로 대리하여 줄 것을 요구할 수 있는 권리까지 포함하는 것은 아니며, 또한 대의제도에 있어서 국민과 국회의원은 명령적 위임관계에 있는 것이 아니라 자유위임관계에 있기 때문에 일단 선출된 후에는 국회의원은 국민의 의사와 관계없이 독자적인 양식과 판단에 따라서 정책결정에 임할 수 있다 할 것이므로 국회구성권은 대의제도의 본질에 반하는 것으로 인정될 여지가 없고, 나아가 헌법의 기본원리 혹은 헌법상 보장된 제도의 본질이 훼손되었다고 하여 그 점만으로 국민의 기본권이 직접 현실적으로 침해되었다고 할 수 없다.

## 2. 당적변경과 자유위임

전국구의원(현 비례대표의원)이 공천한 정당을 탈당한 경우 의원직을 상실하는지의 여부에 관하여 헌법재판소는 의원직을 상실하지 않는다고 결정하였다. 그 후 공직선거법이 개정되어 비례대표의원이 탈당을 한 경우에는 의원직을 상실하도록 개정되었다(공직선거법 제192조 제3항, 제4항).

> **탈당한 전국구의원의 국회의원직 상실 여부**(헌재 1994.4.28. 92헌마153)
> 전국구의원이 그를 공천한 정당을 탈당할 때 의원직을 상실하는 여부는 그 나라의 헌법과 법률이 국회의원을 이른바 자유위임(또는 무기속위임)하에 두었는가, 명령적 위임(또는 기속위임) 하에 두었는가, 양 제도를 병존하는가에 달려 있다. 자유위임 하의 국회의원의 지위는 그 의원직을 얻는 방법, 즉 전국구로 얻었는가, 지역구로 얻었는가에 의하여 차이가 없으며, 전국구의원도 그를 공천한 정당을 탈당하였다고 하여도 별도의 법률규정이 있는 경우를 별론으로 하고 당연히 국회의원직을 상실하지는 않는다는 것이다.

> **공직선거법 제192조(피선거권상실로 인한 당선무효 등)**
> ③ 당선인이 임기개시전에 다음 각 호의 어느 하나에 해당되는 때에는 그 당선을 무효로 한다.
>   3. 비례대표국회의원 또는 비례대표지방의회의원의 당선인이 소속정당의 합당·해산 또는 제명외의 사유로 당적을 이탈·변경하거나 2 이상의 당적을 가지고 있는 때(당선인결정시 2 이상의 당적을 가진 자를 포함한다)
> ④ 비례대표국회의원 또는 비례대표지방의회의원이 소속정당의 합당·해산 또는 제명외의 사유로 당적을 이탈·변경하거나 2 이상의 당적을 가지고 있는 때에는 「국회법」 제136조(退職) 또는 「지방자치법」 제90조(의원의 퇴직)의 규정에 불구하고 퇴직된다. 다만, 비례대표국회의원이 국회의장으로 당선되어 「국회법」 규정에 의하여 당적을 이탈한 경우에는 그러하지 아니하다.

## 3. 비례대표 의석승계 제한

임기만료일 전 180일 이내에 비례대표국회의원에 궐원이 생긴 때, 선거범죄로 인하여 당선이 무효로 된 때를 비례대표국회의원, 비례대표지방의회의원의 의석승계 제한사유로 규정한 공직선거법 규정에 대하여 각각 헌법불합치와 위헌으로 결정하였다.

> **공직선거법 제200조(보궐선거)**
> ② 비례대표국회의원 및 비례대표지방의회의원에 궐원이 생긴 때에는 선거구선거관리위원회는 궐원통지를 받은 후 10일 이내에 그 궐원된 의원이 그 선거 당시에 소속한 정당의 비례대표국회의원후보자명부 및 비례대표지방의회의원후보자명부에 기재된 순위에 따라 궐원된 국회의원 및 지방의회의원의 의석을 승계할 자를 결정하여야 한다.

(1) 비례대표국회의원의 궐원

> **공직선거법 제200조 제2항 단서 위헌확인 사건**(헌재 2009.6.25. 2008헌마413)
>
> 1. 임기만료일 전 180일 이내에 비례대표국회의원에 궐원이 생긴 때를 비례대표국회의원 의석승계 제한사유로 규정한 공직선거법 제200조 제2항 단서 중 '임기만료일 전 180일 이내에 비례대표국회의원에 궐원이 생긴 때' 부분(이하 '심판대상조항'이라 한다)이 대의제 민주주의 원리에 위배되는지 여부(적극)
>
>    심판대상조항은 임기만료일 전 180일 이내에 비례대표국회의원에 궐원이 생긴 때에는 정당의 비례대표국회의원 후보자명부에 의한 의석 승계를 인정하지 아니함으로써 결과적으로 그 정당에 비례대표국회의원의석을 할당받도록 한 선거권자들의 정치적 의사표명을 무시하고 왜곡하는 결과가 된다. 또한, 비례대표국회의원에 궐원이 생긴 때에는 지역구국회의원에 궐원이 생긴 때와는 달리 원칙적으로 상당한 비용이나 시간이 소요되는 보궐선거나 재선거가 요구되지 아니하고 정당이 제출한 후보자명부에 기재된 순위에 따라서 간명하게 승계 여부가 결정되는 점, 국회의원으로서의 의정활동준비나 업무수행이 임기만료일 전부터 180일이라는 기간 내에는 불가능하다거나 현저히 곤란한 것으로 단정하기는 어려운 점 등을 종합해 볼 때, '임기만료일 전 180일 이내에 비례대표국회의원에 궐원이 생긴 때'를 일반적인 경우와 달리 취급하여야 할 합리적인 이유가 있는 것으로 보기도 어렵다. 더욱이 임기만료일 전 180일 이내에 비례대표국회의원에 상당수의 궐원이 생길 경우에는 의회의 정상적인 기능수행을 부당하게 제약하는 결과를 초래할 수도 있다. 따라서 심판대상조항은 선거권자의 의사를 무시하고 왜곡하는 결과를 낳을 수 있고, 의회의 정상적인 기능 수행에 장애가 될 수 있다는 점에서 헌법의 기본원리인 대의제 민주주의 원리에 부합되지 않는다고 할 것이다.
>
> 2. 심판대상조항이 궐원된 비례대표국회의원 의석을 승계 받을 후보자명부상의 차순위후보자의 공무담임권을 침해하는지 여부(적극)
>
>    비례대표국회의원의 전체 임기(4년)의 1/8 정도에 해당하는 180일이라는 기간은 비례대표국회의원으로서 국정을 수행함에 있어 결코 짧지 않은 기간이라 할 수 있고, 잔여임기가 180일 이내인 경우에 궐원된 비례대표국회의원의 의석 승계를 일체 허용하지 아니하는 것은 그 입법목적에 비추어 지나친 것이어서 침해의 최소성원칙에도 위배된다. 따라서 심판대상조항은 과잉금지원칙에 위배하여 청구인들의 공무담임권을 침해한 것이다.

(2) 비례대표국회의원의 선거범죄

> 공직선거법 제200조 제2항 단서 중 '비례대표국회의원 당선인이 제264조(당선인의 선거범죄로 인한당선무효)의 규정에 의하여 당선이 무효로 된 때' 부분이 대의제 민주주의 원리 및 자기책임의 원리에 위배되는지 여부(헌재 2009.10.29. 2009헌마350 등)

> 선거권자들의 정치적 의사표명에 의하여 직접 결정되는 것은 비례대표국회의원의석을 할당받을 정당에 배분되는 비례대표국회의원의 의석수라고 할 수 있다. 그런데, 심판대상조항(공직선거법 제200조 제2항 단서 중 '비례대표국회의원 당선인이 제264조(당선인의 선거범죄로 인한당선무효)의 규정에 의하여 당선이 무효로 된 때' 부분)은 선거범죄를 범한 비례대표국회의원 당선인 본인의 의원직 박탈로 그치지 아니하고 그로 인하여 궐원된 의석의 승계를 인정하지 아니함으로써 결과적으로 그 정당에 비례대표국회의원의석을 할당받도록 한 선거권자들의 정치적 의사표명을 무시하고 왜곡하는 결과를 초래한다는 점에서 헌법의 기본원리인 대의제 민주주의 원리에 부합되지 않는다고 할 것이다. 또한 심판대상조항이 정하고 있는 위와 같은 승계의 예외사유는 심판대상조항으로 인하여 불이익을 입게 되는 소속 정당이나 후보자명부상의 차순위 후보자의 귀책사유에서 비롯된 것이 아니라 당선인의 선거범죄에서 비롯된 것이라는 점에서 자기책임의 범위를 벗어나는 제재라고 할 것이다.

(3) 비례대표지방의회의원의 선거범죄

> 궐원된 비례대표지방의회의원 의석의 승계를 인정하지 않는 것이 대의제 민주주의 원리에 반하는지 여부(헌재 2009.6.25. 2007헌마40)

> 심판대상조항은 선거범죄를 범한 비례대표지방의회의원 당선인 본인의 의원직 박탈로 그치지 아니하고 그로 인하여 궐원된 의석의 승계를 인정하지 아니함으로써 결과적으로 그 정당에 비례대표지방의회의원의석을 할당받도록 한 선거권자들의 정치적 의사표명을 무시하고 왜곡하는 결과가 된다. … 따라서 심판대상조항은 선거권자의 의사를 무시하고 왜곡하는 결과를 초래할 수 있다는 점에서 헌법의 기본원리인 대의제 민주주의 원리에 부합되지 않는다고 할 것이다.

## 제2절 선거제도

### I. 선거의 의의

선거는 선거인이 다수의 후보자 중에서 일정한 선거절차에 따라 특정인을 대표자로 결정하는 행위로서 민주적 정당성의 확보와 대의민주주의를 실현시키기 위한 불가결한 수단을 말한다.

### II. 선거의 기본원칙

헌법 제41조, 제67조에서는 선거의 기본원칙으로 보통·평등·직접·비밀선거원칙을 정하고 있다. 헌법재판소는 자유선거원칙을 선거원칙으로 인정한다.

> **헌법상 선거원칙의 구현**(헌재 2016.5.26. 2012헌마374)
> 국회의원선거의 모든 선거권자들에게 성별, 재산, 사회적 신분, 학력 등에 의한 제한 없이 모두 투표참여의 기회를 부여하고(보통선거), 그들의 투표가치에 경중을 두지 않고 선거권자 1인의 투표를 모두 동등한 가치를 가진 1표로 계산하며(평등선거), 선거결과가 중간 선거인이나 정당이 아닌 선거권자에 의해 직접 결정되고 있고(직접선거), 투표의 비밀이 보장되며(비밀선거), 강제투표가 아닌 자유로운 투표를 보장함으로써(자유선거) 헌법상의 선거원칙은 모두 구현되는 것이므로, 이에 더하여 국회의원선거에서 사표를 줄이기 위해 소선거구 다수대표제를 배제하고 다른 선거제도를 채택할 것까지 요구할 수는 없다.

#### 1. 보통선거 원칙

(1) 보통선거 원칙의 의의

보통선거의 원칙은 제한선거에 대한 개념으로서 평등선거와 마찬가지로 일반적인 평등원리의 실현원리이다. 모든 국민은 누구나 선거권과 피선거권을 가져야 한다는 원리이다. 성별·인종·언어·재산·직업·종교·교육수준·사회적 신분 등에 의해서 선거권과 피선거권의 제한을 받아서는 안 된다는 것을 뜻한다.

(2) 연령과 선거권

합리적인 기준에 의하여 연령을 이유로 선거권과 피선거권을 제한하는 것은 보통선거의 원칙에 위배되지 아니한다.

> **선거권 연령을 19세 이상으로 정한 것이 선거권 및 평등권을 침해하는지 여부**(헌재 2013.7.25. 2012헌마174)
> 보통선거의 원칙은 일정한 연령에 도달한 사람이라면 누구라도 당연히 선거권을 갖는 것을 요구하는데 그 전제로서 일정한 연령에 이르지 못한 국민에 대하여는 선거권을 제한하는바, 선거권 행사는 일정한 수준의 정치적인 판단능력이 전제되어야 하기 때문이다. 헌법 제24조는 "모든 국민은 '법률이 정하는 바'에 의하여 선거권을 가진다."라고 규정함

으로써, 선거권 연령을 어떻게 정할 것인지는 입법자에게 위임하고 있다. 입법자는 우리의 현실상 19세 미만의 미성년자의 경우, 아직 정치적·사회적 시각을 형성하는 과정에 있거나, 일상생활에 있어서도 현실적으로 부모나 교사 등 보호자에게 의존할 수밖에 없는 상황이므로 독자적인 정치적 판단을 할 수 있을 정도로 정신적·신체적 자율성을 충분히 갖추었다고 보기 어렵다고 보고, 선거권 연령을 19세 이상으로 정한 것이다. 또한 많은 국가에서 선거권 연령을 18세 이상으로 정하고 있으나, 선거권 연령은 국가마다 특수한 상황 등을 고려하여 결정할 사항이고, 다른 법령에서 18세 이상의 사람에게 근로능력이나 군복무능력 등을 인정한다고 하여 선거권 행사능력과 반드시 동일한 기준에 따라 정하여야 하는 것은 아니므로 선거권 연령을 19세 이상으로 정한 것이 불합리하다고 볼 수 없다. 따라서 선거권 연령을 19세 이상으로 정한 것이 입법자의 합리적인 입법재량의 범위를 벗어난 것으로 볼 수 없으므로, 19세 미만인 사람의 선거권 및 평등권을 침해하였다고 볼 수 없다.

**공선법상 선거권 연령을 20세 이상으로 제한한 것이 평등권 혹은 보통·평등선거 원칙을 위반하는지 여부**(헌재 2001.6.28. 2000헌마111)

공선법 제15조 제1항이 선거권 연령을 20세 이상으로 제한하고 있는 것은, 입법자가 미성년자의 정신적 신체적 자율성의 불충분 외에도 교육적인 측면에서 예견되는 부작용과 일상생활 여건상 독자적으로 정치적인 판단을 할 수 있는 능력에 대한 의문 등 여러 가지 사정을 고려하여 규정한 것이어서 이를 입법부에게 주어진 합리적인 재량의 범위를 벗어난 것으로 볼 수 없으므로, 위 법 조항은 18~19세 미성년자들에게 보장된 헌법 제11조 제1항의 평등권이나 제41조 제1항의 보통·평등선거의 원칙에 위반하는 것이 아니다.

**국회의원 등의 피선거권 행사연령을 25세 이상으로 정한 것이 공무담임권을 침해하는지 여부**(헌재 2014.4.24. 2012헌마287)

헌법 제25조 및 제118조 제2항에 따라 입법자는 국회의원, 지방의회의원, 지방자치단체의 장의 피선거권 행사 연령을 정함에 있어 선거의 의미와 기능, 그 지위와 직무 등을 고려하여 재량에 따라 결정할 수 있는데, 입법자가 국회의원 등에게 요구되는 능력 및 이러한 능력을 갖추기 위하여 요구되는 교육과정 등에 소요되는 최소한의 기간, 선출직공무원에게 납세 및 병역의무의 이행을 요구하는 국민의 기대와 요청, 일반적으로 선거권 행사연령보다 피선거권 행사연령을 높게 정하는 다른 국가들의 입법례 등을 고려하여 피선거권 행사연령을 25세 이상으로 정한 것은 합리적이고 입법형성권의 한계 내에 있으므로, 25세 미만인 청구인들의 공무담임권 등을 침해한다고 볼 수 없다.

### (3) 국적과 선거권

대한민국 국적을 가진 국민만이 선거권을 가진다.

주민등록을 기준으로 재외국민의 선거권을 인정하지 않은 공직선거법 조항에 대한 헌법재판소 결정 이후 개정 공직선거법은 재외국민에게 대통령과 임기만료비례대표국회의원 선거권을 인정하였다. 국내거소인명부에 3개월 이상 올라와 있는 재외국민은 지역구

국회의원선거, 지방자치단체장선거, 지방의회의원선거에서 선거권을 가진다(공직선거법 제15조 제1항 제2호, 제2항 제2호).

주민등록이 되어 있지 않고 국내거소 신고도 하지 않은 재외국민(재외선거인)이 임기만료지역구국회의원선거권이 인정되지 않으며, 임기만료에 따른 비례대표국회의원선거를 실시할 때마다 재외선거인 등록신청을 하여야 한다. 헌법재판소는 공직선거법 조항에 대하여 합헌결정을 하였다.

**공직선거법 218조의5(재외선거인 등록신청)** ① 주민등록이 되어 있지 아니하고 재외선거인명부에 올라 있지 아니한 사람으로서 외국에서 투표하려는 선거권자는 대통령선거와 임기만료에 따른 비례대표국회의원선거를 실시하는 때마다 해당 선거의 선거일 전 60일까지(이하 이 장에서 "재외선거인 등록신청기한"이라 한다) 다음 각 호의 어느 하나에 해당하는 방법으로 중앙선거관리위원회에 재외선거인 등록신청을 하여야 한다.
1. 공관을 직접 방문하여 서면으로 신청하는 방법. 이 경우 대한민국 국민은 가족(본인의 배우자와 본인·배우자의 직계존비속을 말한다)의 재외선거인 등록신청서를 대리하여 제출할 수 있다.
2. 관할구역을 순회하는 공관에 근무하는 직원에게 직접 서면으로 신청하는 방법. 이 경우 제1호 후단을 준용한다.
3. 우편 또는 전자우편을 이용하거나 중앙선거관리위원회 홈페이지를 통하여 신청하는 방법. 이 경우 외국에 머물거나 거주하는 사람은 공관을 경유하여 신고하여야 한다.

**재외선거인 선거권 및 국민투표권 제한 사건**(헌재 2014.7.24. 2009헌마256 등)
1. 주민등록이 되어 있지 않고 국내거소신고도 하지 않은 재외국민('재외선거인')에게 임기만료지역구국회의원선거권을 인정하지 않은 공직선거법 제15조 제1항 단서 부분 및 공직선거법 제218조의5 제1항 중 '임기만료에 따른 비례대표국회의원선거를 실시하는 때마다 재외선거인 등록신청을 하여야 한다' 부분('재외선거인 등록신청조항')이 재외선거인의 선거권을 침해하거나 보통선거원칙에 위배되는지 여부(소극)

    지역구국회의원은 국민의 대표임과 동시에 소속지역구의 이해관계를 대변하는 역할을 하고 있다. 전국을 단위로 선거를 실시하는 대통령선거와 비례대표국회의원선거에 투표하기 위해서는 국민이라는 자격만으로 충분한 데 반해, 특정한 지역구의 국회의원선거에 투표하기 위해서는 '해당 지역과의 관련성'이 인정되어야 한다. 주민등록과 국내거소신고를 기준으로 지역구국회의원선거권을 인정하는 것은 해당 국민의 지역적 관련성을 확인하는 합리적인 방법이다. 따라서 선거권조항과 재외선거인 등록신청조항이 재외선거인의 임기만료지역구국회의원선거권을 인정하지 않은 것이 재외선거인의 선거권을 침해하거나 보통선거원칙에 위배된다고 볼 수 없다.

2. 재외선거인에게 국회의원 재·보궐선거의 선거권을 인정하지 않은 재외선거인 등록신청조항이 재외선거인의 선거권을 침해하거나 보통선거원칙에 위배되는지 여부(소극)

    입법자는 재외선거제도를 형성하면서, 잦은 재·보궐선거는 재외국민으로 하여금 상시적인 선거체제에 직면하게 하는 점, 재외 재·보궐선거의 투표율이 높지 않을 것으로 예상되는 점, 재·보궐선거 사유가 확정될 때마다 전 세계 해외공관을 가동하여야 하는 등

많은 비용과 시간이 소요된다는 점을 종합적으로 고려하여 재외선거인에게 국회의원의 재·보궐선거권을 부여하지 않았다고 할 것이고, 이와 같은 선거제도의 형성이 현저히 불합리하거나 불공정하다고 볼 수 없다. 따라서 재외선거인 등록신청조항은 재외선거인의 선거권을 침해하거나 보통선거원칙에 위배된다고 볼 수 없다.

3. 재외선거인으로 하여금 선거를 실시할 때마다 재외선거인 등록신청을 하도록 한 재외선거인 등록신청조항이 재외선거인의 선거권을 침해하는지 여부(소극)

재외선거인의 등록신청서에 따라 재외선거인명부를 작성하는 방법은 해당 선거에서 투표할 권리가 있는지 확인함으로써 투표의 혼란을 막고, 선거권이 있는 재외선거인을 재외선거인명부에 등록하기 위한 합리적인 방법이다. 따라서 재외선거인 등록신청조항이 재외선거권자로 하여금 선거를 실시할 때마다 재외선거인 등록신청을 하도록 규정한 것이 재외선거인의 선거권을 침해한다고 볼 수 없다.

(4) 기탁금과 피선거권

선거의 공정성과 민주적 정당성을 확보하고 후보자의 난립을 막기 위하여 기탁금제도를 두고 있다. 헌법재판소는 과다한 기탁금액을 규정하여 입후보의 기회를 제한함으로써 재력 없는 사람이 국회에 진출할 수 있는 길을 봉쇄하는 것은 보통·평등선거원리에 위배된다고 결정하였다.[1]

> **공직선거법 제56조(기탁금)** ① 후보자등록을 신청하는 자는 등록신청 시에 후보자 1명마다 다음 각 호의 기탁금(후보자등록을 신청하는 사람이 「장애인복지법」 제32조에 따라 등록한 장애인이거나 선거일 현재 29세 이하인 경우에는 다음 각 호에 따른 기탁금의 100분의 50에 해당하는 금액을 말하고, 30세 이상 39세 이하인 경우에는 다음 각 호에 따른 기탁금의 100분의 70에 해당하는 금액을 말한다)을 중앙선거관리위원회규칙으로 정하는 바에 따라 관할선거구선거관리위원회에 납부하여야 한다. 이 경우 예비후보자가 해당 선거의 같은 선거구에 후보자등록을 신청하는 때에는 제60조의2제2항에 따라 납부한 기탁금을 제외한 나머지 금액을 납부하여야 한다.
> 1. 대통령선거는 3억원
> 2. 지역구국회의원선거는 1천500만원
> 2의2. 비례대표국회의원선거는 500만원
> 3. 시·도의회의원선거는 300만원
> 4. 시·도지사선거는 5천만원
> 5. 자치구·시·군의 장 선거는 1천만원
> 6. 자치구·시·군의원선거는 200만원

---

1) ① 헌재 1989.9.8. 88헌가6 결정에서 국회의원선거법이 정당추천후보자와 무소속 후보자의 기탁금을 1천만 원과 2천만 원으로 차별하는 것은 위헌이라고 선언하였으며, ② 헌재 1991.3.11. 91헌마21 결정에서도 지방의회의원선거법 중 광역의회의원후보자의 기탁금을 700만 원을 하는 것 역시 너무 과다하다는 취지로 결정하였다. 그러나 ③ 헌재 1995.5.25. 91헌마44 결정에서 기초의회의원선거기탁금 200만 원과 ④ 헌재 1995.5.25. 92헌마269 결정에서 대통령선거에서의 기탁금 3억 원에 대하여는 합헌이라고 결정하였다.

(5) 선거유형과 기탁금

1) 시·도지사선거

**시·도지사선거 기탁금을 5,000만 원으로 정한 것이 최소성 원칙에 반하는지 여부**(헌재 2019.9.26. 2018헌마128 등)

시·도지사선거에서의 기탁금을 5,000만 원으로 정한 이 사건 기탁금조항이 그 입법목적을 초과하여 합리적인 이유 없이 지나치게 많은 기탁금액을 요구함으로써 후보자등록을 사실상 불가능하게 하거나 현저히 어렵게 한다고 볼 수 없다. 이 사건 기탁금조항은 피해의 최소성 원칙에 위배되지 않는다.

2) 대통령선거

**대통령선거 기탁금을 3억 원으로 한 것이 헌법에 위반되는지 여부**(헌재 1995.5.25. 92헌마269 등)

기탁금 3억 원은 대통령선거에서 기탁금제도의 목적달성에 필요한 금액을 넘지 아니하고 입후보하려는 국민의 기본권의 본질적 내용을 침해하는 정도에 이르지도 아니하여 입법재량의 범위를 일탈한 과다한 금액이라고 할 수 없으므로, 대선법 제26조 제1항은 헌법에 위반되지 아니한다.

**대통령선거 입후보예정자 기탁금을 5억 원으로 한 것이 공무담임권을 침해하는지 여부**(헌재 2008.11.27. 2007헌마1024)

후보자난립 방지를 위하여 기탁금제도를 두더라도 그 금액이 현저하게 과다하거나 불합리하게 책정된 것이라면 허용될 수 없다. 5억 원의 기탁금은 대통령선거 입후보예정자가 조달하기에 매우 높은 액수임이 명백하다. 개정된 정치자금법은 대통령선거의 후보자 및 예비후보자도 후원회 지정권자에 포함시켰으나, 5억 원은 쉽게 모금할 수 있는 액수라고 보기 어렵고, 지지도가 높은 후보자라고 하더라도 그 지지도가 반드시 후원금의 기부액수로 연결될 것이라고 단정할 수 없다. … 따라서 현행 선거법 하에서 대통령선거의 기탁금 액수가 종전과 같이 3억 원이 되어야 할 필요성이 오히려 약해졌는데도 기탁금이 5억으로 증가되어 있고, 또 기탁금이 반환되는 유효투표총수의 득표율은 더 높아졌다. 결국, 이 사건 조항은 개인에게 현저하게 과다한 부담을 초래하며, 이는 고액 재산의 다과에 의하여 공무담임권 행사기회를 비합리적으로 차별하므로, 청구인의 공무담임권을 침해한다.

(6) 예비후보자 기탁금

1) 예비후보자 기탁금

**예비후보자 기탁금제도가 공무담임권, 재산권을 침해하는지 여부**(헌재 2010.12.28. 2010헌마79)

예비후보자의 기탁금제도는 공식적인 선거운동기간 이전이라도 일정범위 내에서 선거운동을 할 수 있는 예비후보자의 무분별한 난립에 따른 폐해를 예방하고 그 책임성을 강화하기 위한 것으로서 입법목적이 정당하고, 예비후보자에게 일정액의 기탁금을 납부하게 하고 후보자등록을 하지 않으면 예비후보자가 납부한 기탁금을 반환받지 못하도록 하는 것은 예비후보자의 난립 예방이라는 입법목적을 달성하기 위한 적절한 수단이라 할 것이며 예비후보자가 납부하는 기탁금의 액수와 국고귀속 요건도 입법재량의 범위를 넘은 과도한 것이라고 볼 수 없으므로, 공직선거법 제57조 제1항 제1호 다목 및 제60조의2 제2항은 청구인의 공무담임권, 재산권을 침해하지 아니한다.

2) 대통령선거 예비후보자

**대통령선거 예비후보자 6,000만 원 기탁금 납부 규정의 위헌 여부**(헌재 2015.7.30. 2012헌마402)
대통령선거의 예비후보자등록을 신청하는 사람에게 대통령선거 기탁금의 100분의 20에 해당하는 금액인 6,000만 원을 기탁금으로 납부하도록 정한 공직선거법 제60조의2 제2항 후문 중 '대통령선거'에 관한 부분이 공무담임권을 침해하는지 여부(소극)

예비후보자 기탁금제도는 예비후보자의 무분별한 난립을 막고 책임성과 성실성을 담보하기 위한 것인데, 선거권자 추천제도 역시 상당한 숫자의 선거권자로부터 추천을 받는데에 적지 않은 노력과 비용이 소요될 것이므로 예비후보자의 수를 적정한 범위로 제한하는 방법으로서 덜 침해적인 것이라고 단정할 수 없다. 대통령선거는 가장 중요한 국가권력담당자를 선출하는 선거로서 후보난립의 유인이 다른 선거에 비해 훨씬 더 많으며, 본선거의 후보자로 등록하고자 하는 예비후보자에게 예비후보자 기탁금은 본선거 기탁금의 일부를 미리 납부하는 것에 불과하다는 점 등을 고려하면 기탁금 액수가 과다하다고도 할 수 없으므로 심판대상조항이 과잉금지원칙에 위배되어 공무담임권을 침해한다고 볼 수 없다.

3) 지역구국회의원 예비후보자

**지역구국회의원 예비후보자에게 국회의원이 납부할 기탁금의 100분의 20에 해당하는 금액을 기탁금으로 납부하도록 하는 규정이 공무담임권을 침해하는지 여부**(헌재 2017.10.26. 2016헌마623)
지역구국회의원 예비후보자에게 지역구 국회의원이 납부할 기탁금의 100분의 20에 해당하는 금액을 기탁금으로 납부하도록 정한 공직선거법 제60조의2 제2항 후문 중 '지역구국회의원 선거'에 관한 부분이 공무담임권을 침해하는지 여부(소극)

예비후보자 기탁금조항은 예비후보자의 무분별한 난립을 막고 책임성과 성실성을 담보하기 위한 것으로서, 입법목적의 정당성과 수단의 적합성이 인정된다. 또한 예비후보자 기탁금제도보다 덜 침해적인 다른 방법이 명백히 존재한다고 할 수 없고, 일정한 범위의 선거운동이 허용된 예비후보자의 기탁금 액수를 해당 선거의 후보자등록 시 납부해야 하는 기탁금의 100분의 20인 300만 원으로 설정한 것은 입법재량의 범위를 벗어난 것으로 볼 수 없으므로 침해의 최소성 원칙에 위배되지 아니한다. 그리고 위 조항으로 인하여 예비후보자로 등록하려는 사람의 공무담임권 제한은 이로써 달성하려는 공익보다 크다고 할 수 없어 법익의 균형성 원칙에도 반하지 않는다. 따라서 예비후보자 기탁금조항은 청구인의 공무담임권을 침해하지 않는다.

(7) 비례대표국회의원 기탁금

**비례대표 기탁금조항의 침해의 최소성 위반 여부**(헌재 2016.12.29. 2015헌마509 등)
정당에 대한 선거로서의 성격을 가지는 비례대표국회의원선거는 인물에 대한 선거로서의 성격을 가지는 지역구국회의원선거와 근본적으로 그 성격이 다르고, 공직선거법상 허용된 선거운동을 통하여 선거의 혼탁이나 과열을 초래할 여지가 지역구국회의원선거보다 훨씬 적다고 볼 수 있다. 그럼에도 불구하고 비례대표 기탁금조항은 이러한 차이를 전혀 반영하지 않고 지역구국회의원선거에서의 기탁금과 동일한 금액을 기탁금으로 설정하고 있는바, 이는 후보자 추천의 진지성이나 선거관리업무의 효율성 확보 등의 입법목적을 달성하기 위해 필요한 최소한의 액수보다 지나치게 과다한 액수라 하지 않을 수 없다. … 상대적으로 당비나 국고보조금을 지원받기 어렵고 재정상태가 열악한 신생정당이나 소수정당에게 후보자 1명마다 1천500만 원이라는 기탁금액은 선거에의 참여 자체를 위축시킬 수 있는 금액으로서, 비례대표제의 취지를 실현하기 위해 필요한 최소한의 액수보다 지나치게 과다한 액수이다. 이상을 종합하면, 비례대표 기탁금조항은 침해의 최소성 원칙에 위반된다.

## 2. 평등선거 원칙

평등선거는 차등선거 내지 불평등선거에 대한 개념으로서 일반적인 평등원리의 선거법상의 실현원리이다.

### (1) 투표가치의 평등

평등선거의 원칙은 모든 선거인의 투표가치가 평등하게 평가될 것을 요구하고 있다. 투표가치의 평등은 투표의 수적 평등인 1인 1표의 원칙과 1표의 투표가치가 대표자 선정이라는 선거의 결과에 대하여 기여한 정도에 있어서도 평등하여야 한다는 투표의 성과가치가 평등할 것을 그 내용으로 한다.

> **평등선거 원칙의 의의**(헌재 2001.10.25. 2000헌마92 등 병합)
> 평등선거의 원칙은 평등의 원칙이 선거제도에 적용된 것으로서 투표의 수적 평등, 즉 1인 1표의 원칙(one person, one vote)과 투표의 성과가치의 평등 즉 1표의 투표가치가 대표자 선정이라는 선거의 결과에 대하여 기여한 정도에 있어서도 평등하여야 한다는 원칙(one vote, one value)을 그 내용으로 할 뿐만 아니라, 일정한 집단의 의사가 정치과정에 반영될 수 없도록 차별적으로 선거구를 획정하는 이른바 '게리멘더링'에 대한 부정을 의미하기도 한다.

#### 1) 국회의원 선거구획정

선거인수에 있어서 선거구 간의 편차가 너무 크게 벌어지도록 선거구를 분할하는 것은 투표의 성과가치를 무시하는 것으로서 평등선거의 원칙에 위배된다. 헌법재판소는 1995년 국회의원선거에서 전국 선거구의 최대선거구와 최소선거구의 인구편차가 4:1을 초과하는 선거구 획정은 헌법에 위반된다고 판시하였다가(헌재 1995.12.27. 95헌마224 등 병합),[2] 2001년에는 평균인구수 기준으로 상하 50%의 편차를 기준으로 위헌 여부

---

[2] 헌법재판소의 다수의견은 "현재 우리나라의 제반 여건 아래에서는 적어도 국회의원의 선거에 관한 한, 전국 선거구의 평균 인구수(전국의 인구수를 선거구수로 나눈 수치)에 그 100분의 60을 더하거나 뺀 수를 넘거나 미달하는(즉, 상하 60%의 편차를 초과하는) 선거구가 있을 경우에는, 그러한 선거구의 획정은 국회의 합리적 재량의 범위를 일탈한 것으로서 헌법에 위반된다."고 판시하였다(헌재 1995.12.27. 95헌마224 등

를 판단하는 것으로 판례를 변경하였다. 그러나 헌법상의 요청인 평등선거의 원칙에 비추어 원칙적으로 지역선거구획정에 따른 선거구 간의 인구의 편차는 적어도 최대선거구의 인구가 최소선거구의 인구 2배를 넘지 않도록 조정해야 함이 마땅하다 할 것이고, 앞으로 상당한 기간이 지난 후에는 인구편차가 상하 33 1/3%(이 경우 상한 인구수와 하한 인구수의 비율은 2 : 1), 또는 그 미만의 기준에 따라 위헌 여부를 판단하여야 할 것이라는 점을 다시 밝히고 있다.

**선거구를 획정함에 있어 인구편차 기준을 상하 33⅓%를 넘어서는 것이 선거권 및 평등권을 침해하는지 여부(헌재 2014.10.30. 2012헌마192 등)[3]**

인구편차 상하 33⅓%를 넘어 인구편차를 완화하는 것은 지나친 투표가치의 불평등을 야기하는 것으로, 이는 대의민주주의의 관점에서 바람직하지 아니하고, 국회를 구성함에 있어 국회의원의 지역대표성이 고려되어야 한다고 할지라도 이것이 국민주권주의의 출발점인 투표가치의 평등보다 우선시 될 수는 없다. 특히, 현재는 지방자치제도가 정착되어 지역대표성을 이유로 헌법상 원칙인 투표가치의 평등을 현저히 완화할 필요성이 예전에 비해 크지 아니하다. 또한, 인구편차의 허용기준을 완화하면 할수록 과대대표 되는 지역과 과소대표 되는 지역이 생길 가능성 또한 높아지는데, 이는 지역정당구조를 심화시키는 부작용을 야기할 수 있다. 같은 농·어촌 지역 사이에서도 나타날 수 있는 이와 같은 불균형은 농·어촌 지역의 합리적인 변화를 저해할 수 있으며, 국토의 균형발전에도 도움이 되지 아니한다. 나아가, 인구편차의 허용기준을 점차로 엄격하게 하는 것이 외국의 판례와 입법추세임을 고려할 때, 우리도 인구편차의 허용기준을 엄격하게 하는 일을 더 이상 미룰 수 없다. 이러한 사정들을 고려할 때, 현재의 시점에서 헌법이 허용하는 인구편차의 기준을 인구편차 상하 33⅓%를 넘어서지 않는 것으로 봄이 타당하다. 따라서 심판대상 선거구구역표 중 인구편차 상하 33⅓%의 기준을 넘어서는 선거구에 관한 부분은 위 선거구가 속한 지역에 주민등록을 마친 청구인들의 선거권 및 평등권을 침해한다.

### 2) 자치구·시·군의원 선거구획정

**자치구·시·군의원 선거구획정시 인구편차 허용의 한계(헌재 2018.6.28. 2014헌마166)**

헌법상 용인되는 각 자치구·시·군의원 선거구 사이의 인구편차의 한계를 어디까지 용인할 것인가는 인구비례의 원칙 이외에 참작하여야 할 2차적 요소들을 얼마나 고려하여 선거구 사이의 인구비례에 의한 투표가치 평등의 원칙을 완화할 것이냐의 문제이다. 선거구 획정에 있어서 인구비례의 원칙에 의한 투표가치의 평등은 헌법적 요청으로서 다른 요소에 비하여 기본적이고 일차적인 기준이므로, 입법자로서는 인구편차의 허용한계를 최대한 엄격하게 설정함으로써 투표가치의 평등을 관철하기 위한 최대한의 노력을 기울여야

---

병합 참조).

[3] 이 사건 선거구구역표 전체에 기한 국회의원선거가 실시된 상황에서 단순위헌의 결정을 하게 되면, 추후 재선거 또는 보궐선거가 실시될 경우 국회의원지역선거구 구역표가 존재하지 아니하게 되는 법의 공백이 생기게 될 우려가 큰 점 등을 고려하여, 2015. 12. 31.을 시한으로 입법자가 개정할 때까지 이 사건 선거구구역표 전체의 잠정적 적용을 명하는 헌법불합치결정을 하기로 한다.

한다. 그런데 위 2006헌마14 결정에서 인구편차의 허용기준으로 삼은 인구편차 상하 60%의 기준[4]을 적용하게 되면 1인의 투표가치가 다른 1인의 투표가치에 비하여 네 배의 가치를 가지는 경우도 발생하게 되어 투표가치의 불평등이 지나치다. … 현시점에서 선택 가능한 방안으로 인구편차 상하 33⅓%(인구비례 2 : 1)를 기준으로 하는 방안 또는 인구편차 상하 50%(인구비례 3 : 1)를 기준으로 하는 방안이 고려될 수 있다. 자치구·시·군의원은 지방 주민 전체의 대표이기는 하나, 지방자치단체의 구역에 관한 사무, 주민의 복지증진에 관한 사무, 지역개발과 주민의 생활환경시설의 설치·관리에 관한 사무 등 주로 지역적 사안을 다루는 지방의회의 특성상 지역대표성도 겸하고 있다. 뿐만 아니라 우리나라는 급격한 산업화·도시화의 과정에서 인구의 도시집중으로 인하여 도시와 농어촌 간의 인구격차가 크고 각 분야에 있어서의 개발불균형이 현저하다는 특수한 사정이 존재한다. 따라서 자치구·시·군의원 선거구 획정에 있어서는 행정구역 내지 지역대표성 등 2차적 요소도 인구비례의 원칙에 못지않게 함께 고려해야 할 필요성이 크다. 위 두 가지 기준 중 인구편차 상하 33⅓%의 기준이 선거권 평등의 이상에 보다 접근하는 안이지만, 위 기준을 적용할 경우 자치구·시·군의원의 지역대표성과 도시와 농어촌 간의 인구격차를 비롯한 각 분야에 있어서의 지역 간 불균형 등 2차적 요소를 충분히 고려하기 어렵다. 반면 인구편차 상하 50%를 기준으로 하는 방안은 최대선거구와 최소선거구의 투표가치의 비율이 1차적 고려사항인 인구비례를 기준으로 볼 때의 등가의 한계인 2 : 1의 비율에 그 50%를 가산한 3 : 1 미만이 되어야 한다는 것으로서, 인구편차 상하 33⅓%를 기준으로 하는 방안보다 2차적 요소를 폭넓게 고려할 수 있다. … 현재의 시점에서 자치구·시·군의원 선거구 획정과 관련하여 헌법이 허용하는 인구편차의 기준을 인구편차 상하 50%(인구비례 3 : 1)로 변경하는 것이 타당하다.

3) 정당투표

국회의원선거에서 지역구국회의원선거와 병행하여 정당명부식 비례대표제를 실시하면서도 별도의 정당투표를 허용하는 않는 1인1표제는 어떤 선거권자가 무소속 지역구 후보자를 지지하여 그에 대하여 투표하는 경우 그 무소속후보자의 선출에만 기여할

---

[4] ① 시·도의원 지역선거구의 획정에는 인구 외에 행정구역·지세·교통 등 여러 가지 조건을 고려하여야 하므로, 그 기준은 선거구 획정에 있어서 투표가치의 평등으로서 가장 중요한 요소인 인구비례의 원칙과 우리나라의 특수사정으로서 시·도의원의 지역대표성 및 인구의 도시집중으로 인한 도시와 농어촌 간의 극심한 인구편차 등 3개의 요소를 합리적으로 참작하여 결정되어야 할 것이며, 현시점에서는 상하 60%의 인구편차(상한 인구수와 하한 인구수의 비율은 4 : 1) 기준을 시·도의원 지역선거구 획정에서 헌법상 허용되는 인구편차기준으로 삼는 것이 가장 적절하다고 할 것이다(헌재 2007.3.29. 2005헌마985 등).

② 자치구·시·군의회의원 선거구 획정에는 인구 외에 행정구역·지세·교통 등 여러 가지 조건을 고려하여야 하므로, 그 기준은 투표가치의 평등으로서 가장 중요한 요소인 인구비례의 원칙과 우리나라의 특수한 사정으로서 자치구·시·군의회의원의 지역대표성 및 인구의 도시집중으로 인한 농어촌 간의 극심한 인구편차 등 3개의 요소를 합리적으로 참작하여 결정되어야 할 것인바, 이러한 점에서 자치구·시·군의회의원 선거구 획정에서는 국회의원 선거구 획정에서 요구되는 기준보다 더 완화된 인구편차 허용기준을 적용하는 것이 타당하고, 인구비례·지역대표성 등 고려할 사정이 유사한 시·도의회의원 선거구 획정에서의 선례 또한 평균인구수로부터 상하 60%의 편차를 허용기준으로 삼았으므로, 이와 동일한 기준에 따르는 것이 상당하다(헌재 2009.3.26. 2006헌마67).

뿐 비례대표의원의 선출에는 전혀 기여하지 못하므로 투표가치의 불평등이 발생한다(헌재 2001.7.19. 2000헌마91·2000헌마112·2000헌마134 병합).[5]

(2) 선거참여자의 기회균등

1) 공직선거후보자의 기회균등

공직선거에서 후보자 간에는 선거운동의 기회가 균등히 보장되어야 하고 특정후보자로 하여금 다른 후보자에 비하여 불합리한 차별을 받게 하여서는 아니 된다(헌재 1999.1.28. 98헌마172). 헌법재판소는 대통령선거방송토론위원회가 공영방송 후보자 대담·토론회에 참석할 후보자의 선정기준을 원내교섭단체 보유 정당의 대통령후보자와 여론조사결과 평균지지율 10% 이상인 대통령후보자로 제한하는 것은 헌법에 위반되지 않으며(헌재 1998.8.27. 97헌마372 등), 후보자 등의 대담·토론회의 개최·보도를 언론기관의 자율에 맡김으로써 방송시간·신문의 지면 등을 고려하여 언론기관에 의한 후보자의 초청범위 등의 제한이 가능하도록 한 것은 평등원칙에 위반되지 않는다고 결정하였다(헌재 1999.1.28. 98헌마172).

토론위원회가 원내교섭단체 보유 정당의 대통령후보자와 여론조사결과 평균지지율 10% 이상인 대통령후보자로 제한하여 그들을 초청하여 3회에 걸쳐 다자간 합동방송토론회를 개최하기로 정한 결정이 헌법에 위반되는지 여부(헌재 1998.8.27. 97헌마372 등)

토론위원회가 방송토론회의 장점을 극대화하고 대담·토론의 본래 취지를 살리기 위하여, 공직선거법이 부여한 재량범위 내에서, 후보자 선정기준으로서 최소한의 당선가능성과 주요 정당의 추천에 입각한 소수의 후보자를 선정한 것은 비합리적이고 자의적이라 할 수 없다. 관련된 공직선거법 규정이 적절치 않다고 할 수 없다. 한편 위 기준에 못 미치는 4인의 후보자도 별도 초청되어 방송토론회를 거친 점이 고려된다.

대담·토론회에 후보자를 선별하여 초청하는 것이 평등원칙에 반하는지 여부(헌재 1999.1.28. 98헌마172)

법 제82조 제2항에 의하여 언론기관은 후보자의 당선가능성, 선거권자의 관심도, 유력한 주요정당의 추천을 받았는지의 여부 등을 참작하여 선거권자의 알권리를 충족함에 필요한 범위 내에서 자율적인 판단에 따라 후보자 등의 일부만을 초청하여 대담·토론회를 개최하고 이를 보도할 수 있으므로, 초청받은 후보자는 초청받지 못한 후보자에 비하여 선거운동에 있어 더 유리하게 되는 결과가 초래될 수 있으나, 그러한 차별은 대담·토론회를 활성화하고 선거권자에게 선거에 관한 유용한 정보를 제공하기 위한 합리적이고 상대적인 차별이라 할 것이다.

---

[5] 그 밖에도 이 사건에서 1인 1표제는 유권자가 지역구후보자나 그가 속한 정당 중 어느 일방만을 지지할 경우 자신의 진정한 의사는 반영시킬 수 없으며, 유권자로서는 후보자든 정당이든 절반의 선택권을 박탈당할 수밖에 없기 때문에 민주주의원리에 반하며, 1인 1표제는 비례대표명부에 대한 별도의 투표 없이 지역구후보자에 대한 투표를 정당에 대한 투표로 의제하여 비례대표의석을 배분하는 것은 직접선거의 원칙에 반한다고 판시하였다(헌재 2001.7.19. 2000헌마91·2000헌마112·2000헌마134 병합 참조).

2) 후보자 기호배정

> 정당후보자에게 우선순위 기호를 부여하는 것이 공무담임권을 침해하는지 여부(헌재 1996.3.28. 96헌마9 등)
> 후보자기호결정에 관한 현행의 정당·의석우선제도는 다수의석을 가진 정당후보자에게 유리하고 소수의석을 가진 정당이나 의석이 없는 정당후보자 및 무소속후보자에게는 상대적으로 불리하여 차별이 있다고 할 것이나, 정당후보자에게 무소속후보자보다 우선순위의 기호를 부여하는 것은 정당제도의 존재 의의에 비추어 그 목적이 정당할 뿐만 아니라, 당적유무, 의석순, 정당명 또는 후보자성명의 "가, 나, 다"순 등 합리적 기준에 의하고 있으므로 평등권을 침해한다고 할 수 없고, 또 후보자에 대한 투표용지 게재순위를 결정하는 방법에 관한 것일 뿐이므로 공무담임권을 침해하는 것이라고 할 수 없다.

3) 국민의 선거참여 평등

국민의 선거과정에의 참여행위는 원칙적으로 자유롭게 행하여질 수 있도록 최대한 보장되어야 하며, 선거 또한 공정하게 행하여지지 않으면 안 된다(헌재 2006.12.28. 2005헌바23).

## 3. 직접선거의 원칙

직접선거의 원칙은 간접선거에 대한 개념으로서 선거인 스스로가 직접 대의기관을 선출하는 것을 말하는 것으로, 선거결과가 선거권자의 투표에 의하여 직접 결정될 것을 요구하는 원칙이다. 대표자의 선출이나 정당의 의석획득이 중간선거인이나 정당 등에 의하여 이루어지지 않고 선거권자의 의사에 따라 직접 이루어져야 함을 의미한다(헌재 2001.7.19. 2000헌마91 등).

> 직접선거 원칙의 의의(헌재 2001.7.19. 2000헌마91 등)
> 직접선거의 원칙은 선거결과가 선거권자의 투표에 의하여 직접 결정될 것을 요구하는 원칙이다. 국회의원선거와 관련하여 보면, 국회의원의 선출이나 정당의 의석획득이 중간선거인이나 정당 등에 의하여 이루어지지 않고 선거권자의 의사에 따라 직접 이루어져야 함을 의미한다. 역사적으로 직접선거의 원칙은 중간선거인의 부정을 의미하였고, 다수대표제 하에서는 이러한 의미만으로도 충분하다고 할 수 있다. 그러나 비례대표제 하에서 선거결과의 결정에는 정당의 의석배분이 필수적인 요소를 이룬다. 그러므로 비례대표제를 채택하는 한 직접선거의 원칙은 의원의 선출뿐만 아니라 정당의 비례적인 의석확보도 선거권자의 투표에 의하여 직접 결정될 것을 요구하는 것이다.

(1) 고정명부식 정당투표제

비례대표후보자를 유권자들이 직접 선택할 수 있는 자유명부식이나 가변명부식과 달리 고정명부식에서는 후보자의 순위가 전적으로 정당에 의하여 결정되므로 직접선거의 원칙에 위반되는 것이 아닌지가 문제될 수 있다. 그러나 비례대표후보자명단과 그 순위, 의석배분방식은 선거시에 이미 확정되어 있고, 투표 후 후보자명부의 순위를 변경하는 것과 같은 사후개입은 허용되지 않는다. 그러므로 비록 후보자 각자에 대한 것은 아니지만 선거권자가 종국적인 결정권을 가지고 있으며, 선거결과가 선거행위로 표출된 선거권자의 의사표시에만 달려 있다고 할 수 있다. 따라서 고정명부식을 채택한 것 자체가 직접선거원칙에 위배된다고 할 수 없다(헌재 2001.7.19. 2000헌마91 등).

(2) 1인1표제

1인1표제 하에서의 비례대표후보자명부에 대한 별도의 투표 없이 지역구후보자에 대한 투표를 정당에 대한 투표로 의제하여 비례대표의석을 배분하는 것은 직접선거의 원칙에 반한다고 하지 않을 수 없다. 현행제도는 정당명부에 대한 투표가 따로 없으므로 유권자들에게 비례대표의원에 대한 직접적인 결정권이 전혀 없는 것이나 마찬가지이다. 정당명부에 대한 직접적인 투표가 인정되지 않기 때문에 비례대표의원의 선출에 있어서는 유권자의 투표행위가 아니라 정당의 명부작성행위가 최종적·결정적인 의의를 지니게 된다(헌재 2001.7.19. 2000헌마91 등).

> 비례대표의원선거에서 별도로 정당에 대한 투표권을 인정하는 것이 타당한지 여부(헌재 2009.6.25. 2007헌마40)
> 공직선거법은 비례대표의원선거에 있어 지역구의원선거와는 별도로 정당에 대한 투표권을 인정하고 있는바, 이는 비례대표의원선거에 있어서 민주주의원리와 직접선거의 원칙, 평등선거의 원칙을 구현하기 위한 조치라 평가할 수 있다.

(3) 선상투표

직접선거의 원칙은 선거 결과가 선거권자의 투표에 의하여 직접 결정될 것을 요구하는 것인데, 이러한 선상투표도 선거권자가 직접 의사결정을 하고 단지 그 송부만이 모사전송 시스템에 의하여 이루어지는 것이므로, 직접선거원칙에 위배되는 것이 아니다(헌재 2007.6.28. 2005헌마772).

## 4. 비밀선거의 원칙

비밀선거원칙은 공개투표 내지는 공개선거에 대한 개념으로서 투표에 의해서 나타나는 선거인의 의사결정이 타인에게 알려지지 않도록 하는 선거를 말한다. 그러므로 비밀선거의 원칙은 타인에게 투표의 공개를 요구하는 행위나 선거인 스스로가 투표내용을 공개하는 행위가 모두 금지된다. 하지만 투표의 비밀을 침해하지 않는 범위 내에서의 출구조사는 허용된다.

> 공직선거법 제167조(투표의 비밀보장) ① 투표의 비밀은 보장되어야 한다.
> ② 선거인은 투표한 후보자의 성명이나 정당명을 누구에게도 또한 어떠한 경우에도 진술할 의무가 없으며, 누구든지 선거일의 투표마감시각까지 이를 질문하거나 그 진술을 요구할 수 없다. 다만, 텔레비전방송국·라디오방송국·「신문 등의 진흥에 관한 법률」제2조제1호가목 및 나목에 따른 일간신문사가 선거의 결과를 예상하기 위하여 선거일에 투표소로부터 50미터 밖에서 투표의 비밀이 침해되지 않는 방법으로 질문하는 경우에는 그러하지 아니하며 이 경우 투표마감시각까지 그 경위와 결과를 공표할 수 없다.
> ③ 선거인은 자신이 기표한 투표지를 공개할 수 없으며, 공개된 투표지는 무효로 한다.

(1) 선상투표

국민주권의 원리를 실현하고 국민의 근본적인 권리인 선거권의 행사를 보장하려면, 비밀선거의 원칙에 일부 저촉되는 면이 있다 하더라도, 이 사건과 같은 경우 '선거권' 내지 '보통선거원칙'과 '비밀선거원칙'을 조화적으로 해석하여 이들 관계를 합리적으로 조정할 필요가 있다. 모사전송 시스템이나 기타 전자통신 장비를 이용한 선상투표 결과 그 내용이 일부 노출될 우려가 있다 하더라도, 그러한 부정적인 요소보다는 국외의 구역을 항해하는 선박에 장기 기거하는 대한민국 선원들의 선거권 행사를 보장한다고 하는 긍정적인 측면에 더욱 관심을 기울여야 할 것이다. 이러한 점을 고려할 때, 모사전송 시스템을 이용한 선상투표와 같은 제도는 국외를 항해하는 대한민국 선원들의 선거권을 충실히 보장하기 위한 입법수단으로 충분히 수용될 수 있고, 입법자는 비밀선거원칙을 이유로 이를 거부할 수 없다 할 것이다(헌재 2007.6.28. 2005헌마772).

(2) 투표보조인 동반 투표

헌법재판소는 신체의 장애로 인하여 자신이 기표할 수 없는 선거인에 대해 투표보조인이 가족이 아닌 경우 반드시 2인을 동반하여서만 투표를 보조하게 할 수 있도록 정하고 있는 공직선거법은 선거권을 침해하지 않는다고 결정하였다.

> 투표보조인이 가족이 아닌 경우 반드시 2인을 동반하여서만 투표 보조가 가능하게 한 것이 선거권을 침해하는지 여부(헌재 2020.5.27. 2017헌마867)
>
> 심판대상조항은 선거인이 투표보조 제도를 쉽게 활용하면서 투표의 비밀이 보다 유지되도록 투표보조인을 상호 견제가 가능한 최소한의 인원인 2인으로 한정하고 있고, 중앙선거관리위원회는 실무상 선거인이 투표보조인 2인을 동반하지 않은 경우 투표사무원 중에 추가로 투표보조인으로 선정하여 투표를 보조할 수 있도록 함으로써 선거권 행사를 지원하고 있으며, 공직선거법은 처벌규정을 통해 투표보조인이 비밀유지의무를 준수하도록 강제하고 있다. 따라서 심판대상조항은 침해의 최소성원칙에 반하지 않는다.

## 5. 자유선거의 원칙

(1) 자유선거원칙의 의의

자유선거의 원칙은 우리 헌법에 명시되지는 않았지만 민주국가의 선거제도에 내재하는 법원리인 것으로서 국민주권의 원리, 의회민주주의의 원리 및 참정권에 관한 규정에서 그 근거를 찾을 수 있다. 자유선거의 원칙은 선거의 전 과정에 요구되는 선거권자의 의사형성의 자유와 의사실현의 자유를 말하고, 구체적으로는 투표의 자유, 입후보의 자유, 나아가 선거운동의 자유를 뜻한다(헌재 1994.7.29. 93헌가4 등).

(2) 투표의 자유

1) 투표의 자유는 투표권을 어떻게 행사할 것인가에 관한 선거의 내용뿐만 아니라 투표에 참여할 것인지 아니면 참여하지 않을 것인지에 관한 선거의 가부까지도 유권자의 자유로운 결정에 의할 것을 요구한다.

2) 최소투표율제

헌법재판소는 보통·평등·직접·비밀 선거 및 자유선거를 보장함으로써 헌법상 모든 선거원칙이 구현되는 것이고, 최소투표율제를 채택하지 않았다고 하더라도 선거의 대표성이나 국민주권원리를 침해하지 아니한다고 결정하였다(헌재 2016.5.26. 2012헌마374).

> 저조한 투표율에도 유효투표의 다수만 얻으면 당선인으로 될 수 있도록 한 것이 선거의 대표성의 본질이나 국민주권 원리를 침해하는지 여부(헌재 2003.11.27. 2003헌마259 등)
> 
> 헌법 제41조 제1항에 의한 선거원칙은 보통·평등·직접·비밀·자유 선거인데 공선법 제188조의 규정처럼 유효투표의 다수를 얻은 자를 당선인으로 결정하도록 하는 것이 헌법에서 선언된 위와 같은 선거원칙에 위반된다고 할 근거는 찾아볼 수 없다. 선거의 대표성 확보는 모든 선거권자들에게 차등 없이 투표참여의 기회를 부여하고, 그 투표에 참여한 선거권자들의 표를 동등한 가치로 평가하여 유효투표 중 다수의 득표를 얻은 자를 당선인으로 결정하는 현행 방식에 의해 충분히 구현된다고 해야 하는 것이다. 그리고 차등 없이 투표참여의 기회를 부여했음에도 불구하고 자발적으로 투표에 참가하지 않은 선거권자들의 의사도 존중해야 할 필요가 있다. 따라서 유효투표의 다수를 얻은 후보자를 당선인으로 결정하게 한 공선법 규정도 선거의 대표성의 본질이나 국민주권 원리를 침해하는 것이 아니다.

(3) 입후보의 자유

후보자가 자유롭게 입후보할 수 있는 권리는 자유선거의 원칙에 의하여 보호되며, 입후보과정에서 정당이나 일정 수 이상의 유권자의 추천을 받도록 하는 것은 자유선거의 원칙과 모순되는 것은 아니다.

> 무소속후보자의 입후보에 선거권자의 추천을 받도록 하는 것이 불합리한 차별에 해당하는지 여부(헌재 1996.8.29. 96헌마99)
> 
> 무소속후보자의 입후보에 선거권자의 추천을 받도록 하고 있는 것은 국민인 선거권자의 추천에 의한 일정한 자격을 갖추게 하여 후보자가 난립하는 현상을 방지하는 한편, 후보자등록 단계에서부터 국민의 의사가 반영되도록 함으로써 국민의 정치적 의사가 효과적으로 국정에 반영되도록 하기 위한 것이고, 이에 반하여 일정한 정강정책을 내세워 공직선거에 있어서 후보자를 추천함으로써 국민의 정치적 의사 형성에 참여함을 목적으로 하는 정치적 조직인 정당이 후보자를 추천하는 행위에는 정치적 의사나 이해를 집약한 정강정책을 후보자를 통하여 제시하는 의미가 포함되어 있는 것이어서 무소속후보자의 경우와 같이 선거권자의 추천을 따로 받을 필요가 없으므로 무소속후보자에게만 선거권자의 추천을 받도록 한 것이 정당후보자와 불합리한 차별을 하는 것이라고 할 수 없다.

(4) 선거운동의 자유

1) 선거운동의 의의

선거운동은 후보자 자신의 당선이나 특정한 후보자를 당선시키기 위한 일체의 활동을 의미한다. 누구든지 공직선거법에서 금지 또는 제한하는 경우 외에는 자유롭게 선거운동을 할 수 있다. 공직선거법 제58조 제1항에서는 선거운동에 관하여 "당선되거나 되게 하거나 되지 못하게 하기 위한 행위를 말한다."고 규정하면서, "선거에 관한 단순한 의견개진 및 의사표시, 입후보와 선거운동을 위한 준비행위, 정당의 후보자 추천에 관한 단순한 지지·반대의 의견개진 및 의사표시, 통상적인 정당활동, 설날·추석 등 명절 및 석가탄신일·기독탄신일 등에 하는 의례적인 인사말을 문자메시지로 전송하는 행위" 등은 선거운동으로 보지 않는다(공직선거법 제58조 제1항).

헌법재판소는 단순한 의사표시·의견개진과 구별되는 선거운동이란 특정 후보자의 당선 내지 이를 위한 득표에 필요한 모든 행위 또는 특정 후보자의 낙선에 필요한 모든 행위 중 당선 또는 낙선을 위한 것이라는 목적의사가 객관적으로 인정될 수 있는 능동적, 계획적 행위를 말한다고 결정하였다(헌재 1994.7.29. 93헌가4 등).

2) 낙선운동

특정후보자의 당선을 목적으로 함이 없이 부적격후보자가 당선되지 못하게 하기 위한 낙선운동도 선거운동으로 공직선거법에 의해 규제된다.

> **낙선운동의 종류와 제3자편의 낙선운동의 성질**(헌재 2001.8.30. 2000헌마121 등)
> 선거운동은 당선을 목적으로 하는 것과 낙선을 목적으로 하는 것으로 나누어 볼 수 있고, 낙선운동은 다시 이를 나누어 당선을 목적으로 하여 운동하는 후보자측이, 경쟁 후보자의 낙선을 위하여 수행하는 낙선운동과 당선의 목적 없이 오로지 특정 후보자의 낙선만을 목적으로 하여 후보자편 이외의 제3자가 벌이는 낙선운동으로 분류할 수 있으나 우선 첫째로 제3자편의 낙선운동이 실제로 선택하는 운동의 방법이나 형식은 후보자편의 낙선운동이 취하는 운동의 방법, 형식과 다를 것이 없고 둘째로 제3자편의 낙선운동의 효과는 경쟁하는 다른 후보자의 당선에 크건 작건 영향을 미치게 되고 경우에 따라서는 제3자편의 낙선운동이 그 명분 때문에 후보자편의 낙선운동보다도 훨씬 더 큰 영향을 미칠 수도 있다. 이러한 점들을 생각할 때에, 제3자편의 낙선운동은 후보자측이 자기의 당선을 위하여 경쟁 후보자에 대하여 벌이는 낙선운동과 조금도 다를 것이 없다.

3) 선거운동 기간

선거운동은 선거기간 개시일부터 선거일 전일까지에 한하여 할 수 있다. 다만 예비후보자 등이 선거운동을 하는 경우, 문자메시지를 전송하는 방법으로 선거운동을 하는 경우, 인터넷 홈페이지 또는 그 게시판·대화방 등에 글이나 동영상 등을 게시하거나 전자우편을 전송하는 방법으로 선거운동을 하는 경우, 선거일이 아닌 때에 전화(송·수화자 간 직접 통화하는 방식에 한정하며, 컴퓨터를 이용한 자동 송신장치를 설치한 전화는 제외한다)를 이용하거나 말(확성장치를 사용하거나 옥외집회에서 다중을 대상으로 하는 경우를 제외한다)로 선거운동을 하는 경우(헌재 2022.2.24. 2018헌바146)에는 선거운동 기간이 아닌 경우에도 할 수 있다(공직선거법 제59조).

> 공직선거법 제33조(선거기간) ① 선거별 선거기간은 다음 각 호와 같다.
>   1. 대통령선거는 23일
>   2. 국회의원선거와 지방자치단체의 의회의원 및 장의 선거는 14일
> ③ "선거기간"이란 다음 각 호의 기간을 말한다.
>   1. 대통령선거: 후보자등록마감일의 다음 날부터 선거일까지
>   2. 국회의원선거와 지방자치단체의 의회의원 및 장의 선거: 후보자등록마감일 후 6일부터 선거일까지

**선거운동기간 제한의 타당성**(헌재 2013.12.26. 2011헌바153)

기간의 제한 없이 선거운동을 무한정 허용할 경우에는 후보자 간의 지나친 경쟁이 선거관리의 곤란으로 이어져 부정행위의 발생을 막기 어렵게 된다. 또한 후보자 간의 무리한 경쟁의 장기화는 경비와 노력이 지나치게 들어 사회경제적으로 많은 손실을 가져올 뿐만 아니라 후보자 간의 경제력 차이에 따른 불공평이 생기게 되고, 아울러 막대한 선거비용을 마련할 수 없는 젊고 유능한 신참 후보자의 입후보의 기회를 빼앗는 결과를 가져올 수 있다. 선거운동의 기간제한은 제한의 입법목적, 제한의 내용, 우리나라에서의 선거의 태양, 현실적 필요성 등을 고려할 때 필요하고도 합리적인 제한이며, 선거운동의 자유를 형해화 할 정도로 과도하게 제한하는 것으로 볼 수 없다.

**선거운동기간 전에 개별적으로 대면하여 말로 하는 선거운동에 관한 부분 및 공직선거법 제254조 제2항 중 '그 밖의 방법'에 관한 부분 가운데 개별적으로 대면하여 말로 하는 선거운동을 한 자에 관한 부분이 정치적 표현의 자유를 침해하는지 여부**(헌재 2022.2.24. 2018헌바146)

심판대상조항은 입법목적을 달성하는 데 지장이 없는 선거운동방법, 즉 돈이 들지 않는 방법으로서 '후보자 간 경제력 차이에 따른 불균형 문제'나 '사회·경제적 손실을 초래할 위험성'이 낮은, 개별적으로 대면하여 말로 지지를 호소하는 선거운동까지 금지하고 처벌함으로써, 과잉금지원칙에 반하여 선거운동 등 정치적 표현의 자유를 과도하게 제한하고 있다. 결국 이 사건 선거운동기간조항 중 선거운동기간 전에 개별적으로 대면하여 말로 하는 선거운동에 관한 부분, 이 사건 처벌조항(공직선거법 제254조 제2항) 중 '그 밖의 방법'에 관한 부분 가운데 개별적으로 대면하여 말로 하는 선거운동을 한 자에 관한 부분은 과잉금지원칙에 반하여 선거운동 등 정치적 표현의 자유를 침해한다.

4) 선거일 선거운동

**선거일의 선거운동 금지 및 처벌이 정치적 표현의 자유를 침해하는지 여부**(헌재 2021.12.23. 2018헌바152)

선거일의 선거운동을 금지하고 처벌하는 것은 무분별한 선거운동으로 선거 당일 유권자의 평온을 해치거나 자유롭고 합리적인 의사결정에 악영향을 미치는 것을 방지하기 위한 것이다. 문자메시지나 온라인을 통한 선거운동은 전파의 규모와 속도에 비추어 파급력이 작지 않고, 선거일은 유권자의 선택에 직접적으로 영향을 미칠 가능성이 큰 시점이어서 선거 당일에 무제한적 선거운동으로 후보자에 대한 비난이나 반박이 이어질 경우 혼란이 발생하기 쉬우므로, 이를 규제할 필요성이 인정된다. 또한 선거운동방법의 다양화로 포괄

적인 규제조항을 두는 것이 불가피한 측면이 있다. 선거운동이 금지되는 기간은 선거일 0시부터 투표마감시각 전까지로 하루도 채 되지 않고, 선거일 전일까지 선거운동기간 동안 선거운동이 보장되는 등 사정을 고려하면, 이 사건 처벌조항으로 인해 제한되는 정치적 표현의 자유가 선거운동의 과열을 방지하고 유권자의 올바른 의사형성에 대한 방해를 방지하는 공익에 비해 더 크다고 보기 어렵다. 따라서 이 사건 처벌조항이 과잉금지원칙을 위반하여 정치적 표현의 자유를 침해한다고 할 수 없다.

5) 선거운동을 할 수 없는 자

대한민국 국민이 아닌 자, 미성년자, 공직선거법상 선거권이 없는 자, 정당의 당원이 될 수 없는 공무원 등은 선거운동을 할 수 없다(공직선거법 제60조(선거운동을 할 수 없는 자) 참조).

## Ⅲ. 선거제도의 유형

### 1. 우리나라 선거제도

(1) 선거구

국회의원의 선거구와 비례대표제 기타 선거에 관한 사항은 법률로 정한다(헌법 제41조 제3항). 대통령 및 비례대표국회의원은 전국을 단위로 하여 선거한다(공직선거법 제20조 제1항). 국회의원선거제도는 지역구에 대한 소선거구 다수대표제와 정당명부식 비례대표제를 혼합한 형태라고 할 수 있다.

> **공직선거법 제21조(국회의 의원정수)** ① 국회의 의원정수는 지역구국회의원 254명과 비례대표국회의원 46명을 합하여 300명으로 한다.

> **현행 국회의원선거제도의 형태**(헌재 2016.5.26. 2012헌마374)
> 지역구국회의원선거에서는 각 선거구에서 유효투표의 다수를 얻은 1인을 선출하고(제21조 제2항), 비례대표국회의원선거에서 유효투표총수의 100분의3 이상을 득표하였거나 지역구국회의원총선거에서 5석 이상의 의석을 차지한 각 정당에 대하여 각 득표비율에 따라 비례대표국회의원의석을 배분하는 제도를 채택하고 있다. 즉 현행 국회의원선거제도는 지역구에 대한 소선거구 다수대표제와 정당명부식 비례대표제를 혼합한 형태라고 할 수 있다.

(2) 소선거구·중선거구

하나의 선거구에서 1인의 대표자를 선출하는 제도를 소선거구, 2~4인의 대표자를 선출하는 제도를 중선거구, 5인 이상의 대표자를 선출하는 것을 대선거구제라고 한다. 비례대표제와 결합하는 경우 선거구별 의원정수는 더 커질 수 있다.[6]

---

[6] 우리나라 비례대표국회의원선거는 기본적으로 전국을 하나의 선거구로 하는 전국단위의 선거이다(헌재 2013. 10. 24. 2012헌마311).

하나의 국회의원지역선거구에서 선출할 국회의원의 정수는 1인(공직선거법 제21조 제2항)으로 하며, 하나의 시·도의원지역구에서 선출할 지역구시·도의원정수는 1인으로 한다(공직선거법 제26조 제1항). 자치구·시·군의회 지역구 의원 선거에서만 한 선거구에서 2인 이상 4인 이하로 선출하는 중선거구제(투표 방식은 단순 단기명 투표)를 채택하고 있다.

> **공직선거법 제26조(지방의회의원선거구의 획정)**
> ② 자치구·시·군의원지역구는 인구·행정구역·지세·교통 그 밖의 조건을 고려하여 획정하되, 하나의 자치구·시·군의원지역구에서 선출할 지역구자치구·시·군의원정수는 2인 이상 4인 이하로 하며, 그 자치구·시·군의원지역구의 명칭·구역 및 의원정수는 시·도조례로 정한다.

서울특별시 자치구의회의원선거구와 선거구별 의원정수에 관한 조례의 [별표]에서 1선거구 2인 선출제를 채택한 것이 정당활동의 자유를 침해하는지 여부(헌재 2009.3.26. 2006헌마72)
선거구제나 한 선거구에서 선출되는 의원수를 정하는 문제는 헌법이 직접 규정한 것이 아니라 기본적으로 입법에 맡겨져 있는 것이고, 국가가 특정한 선거구제의 채택을 통하여 특정 정당이나 소수 정당의 지방의회 진출을 반드시 보장하여야 한다거나 모든 정당에 대하여 지방의회에 현실적으로 진출하도록 할 의무가 있는 것은 아니다.

## 2. 대표제

### (1) 다수대표제

#### 1) 다수대표제의 의의

다수대표제는 다수결원리의 선거제도상의 실현형태로서 다수의 후보자 중에서 선거인으로부터 다수표를 얻은 사람을 당선자로 결정하는 선거제도를 말한다. 다수대표제는 일반적으로 소선거구제를 취한다.

다수대표제는 절대다수대표제와 상대다수대표제로 나눌 수 있다. 절대다수대표제는 유효투표의 과반수 이상의 득표자를 당선자로 결정하는 제도로서 제1차 투표에서 당선자가 나오지 않을 경우 최다득표자와 차점득표자 2인을 상대로 제2차 투표가 실시되는 것이 보통이다. 상대다수대표제는 상대적으로 가장 많은 득표를 한 후보자가 당선자로 결정된다.

#### 2) 다수대표제의 장점

다수대표제가 특히 소선거구제와 결합할 경우 선거인과 대표자 간의 유대관계 형성이 용이해지고, 양당제도의 확립과 다수세력의 형성에 유리하다.

#### 3) 다수대표제의 단점

다수대표제는 사표의 발생으로 유권자의 투표가치가 선거결과에 정확하게 반영되지 않는다는 단점이 있다. 사표의 발생으로 소수세력의 이해관계를 충분히 반영시킬 수 없으며, 정당의 득표율과 의석수 확보 사이에 비례관계가 성립하지 않는 편향(bias)현상으로 인하여, 표에서는 이기고 의석수에서는 지는 불합리한 경우가 발생할 수 있다. 선거구분할에 있어 gerrymandering현상이 나타날 수 있다.

> **소선거구 다수대표제가 평등권과 선거권을 침해하는지 여부**(헌재 2016.5.26. 2012헌마374)
> 소선거구 다수대표제는 하나의 지역구에서 1인의 국회의원을 선출하도록 하는 것으로서 선거권자가 후보자를 직접 검증하여 선택할 수 있고, 양대 정당 중심으로 득표가 집중되어 의원내각제에서는 단일정당에 의해 행정부를 구성할 수 있으며 대통령제에서는 그 정당에 의해 정책이 뒷받침될 수 있어 정치의 책임성과 안정성에 유리하다. 또한 소선거구 다수대표제에서는 의회 내 통합적 야당을 구성할 수 있어 행정부를 견제하는 데 있어서도 효율적일 수 있다. 그리고 소선거구 다수대표제 하에서 차순위 후보자에 대한 득표가 사표로 됨으로써 정당에 대한 지지비율과의 괴리가 생길 수 있음이 지적되지만, 지역구국회의원선거는 정당에 대한 지지여부 외에도 후보자인 인물에 대한 평가의 의미도 지니므로 이러한 결과가 반드시 불합리한 것이라고 할 수 없다. 또한 대안이 될 수 있는 중선거구제 또는 대선거구제는 특정 후보자를 선출하고자 하는 다수의 의사에 반하여 후순위 득표자도 모두 당선되는 결과를 가져옴으로써 오히려 선거권자의 의사에 반하게 될 수도 있다. 이와 같이 소선거구 다수대표제는 다수의 사표를 발생시킬 수 있는 문제점이 제기됨에도 불구하고 정치의 책임성과 안정성을 강화하고 인물 검증을 통해 당선자를 선출하는 등 장점을 가진다고 할 것이며, 선거의 대표성이나 평등선거의 원칙 측면에서도 대체 가능한 다른 선거제도와 비교하여 반드시 열등하다고 단정할 수 없다. … 국회의원선거에서 사표를 줄이기 위해 소선거구 다수대표제를 배제하고 다른 선거제도를 채택할 것까지 요구할 수는 없다. 선거의 대표성 확보는 모든 선거권자들에게 차등 없이 투표참여의 기회를 부여하고, 그 투표에 참여한 선거권자들의 표를 동등한 가치로 평가하여 유효투표 중 다수의 득표를 얻은 자를 당선인으로 결정하는 현행 방식에 의해 구현될 수 있다. 그러므로 이 사건 법률조항이 소선거구 다수대표제를 규정하여 다수의 사표가 발생한다 하더라도 그 이유만으로 헌법상 요구된 선거의 대표성의 본질을 침해한다거나 그로 인해 국민주권원리를 침해하고 있다고 할 수 없고, 청구인의 평등권과 선거권을 침해한다고 할 수 없다.

(2) 비례대표제

1) 비례대표선거제도의 의의

비례대표제는 정당이나 후보자에 대한 선거권자의 지지에 비례하여 의석을 배분하는 선거제도를 말한다. 비례대표제는 거대정당에게 유리하고, 다양해진 국민의 목소리를 제대로 대표하지 못하며 사표를 양산하는 다수대표제의 문제점에 대한 보완책으로 고안·시행되는 것이다. 비례대표제는 바이마르(Weimar)헌법에서 기원하는 것으로 우리 헌법 3공화국헌법에서 도입하였다.

> **비례대표선거제의 의의와 장점 및 궐원된 비례대표의원의 의석 승계**(헌재 2009.6.25. 2007헌마40)
> 비례대표선거제란 정당이나 후보자에 대한 선거권자의 지지에 비례하여 의석을 배분하

는 선거제도를 말한다. 비례대표제는 거대정당에게 일방적으로 유리하고 다양해진 국민의 목소리를 제대로 대표하지 못하며 사표를 양산하는 다수대표제의 문제점에 대한 보완책으로 고안·시행된 것이다. 비례대표제는 그것이 적절히 운용될 경우 사회세력에 상응한 대표를 형성하고, 정당정치를 활성화하며, 정당간의 경쟁을 촉진하여 정치적 독점을 배제하는 장점을 가질 수 있다. … 비례대표의원선거제에 있어 비례대표의원의 선출은 유권자의 정당에 대한 투표와 정당에 의한 후보자명부에 기재된 순위에 따라 이루어지는 것이므로, 비례대표의원에 궐원이 생긴 경우 지역구의원에 궐원이 생긴 경우와는 달리 후보자등록 당시에 제출된 정당의 후보자명부에 기재된 순위에 따라 궐원된 비례대표의원의 의석 승계가 이루어지는 것은 지극히 자연스러운 것이라 할 수 있고, 이는 비례대표제를 채택하고 있는 독일과 일본의 경우에도 마찬가지인 것이다.

### 2) 비례대표제의 장점

비례대표선거제도는 투표의 산술적 가치뿐만 아니라 성과가치의 평등까지도 실현시키려는 것이므로 평등선거원리와 조화되는 제도이다. 또한 소수정치세력의 의회진출이 용이하여 소수보호정신에 부합하는 제도이다. 다수대표선거제도 하에서 발생할 수 있는 선거구분할의 불균형을 시정하는 기능을 아울러 가진다.

### 3) 비례대표제의 단점

비례대표선거제도는 후보자선정이 정당간부에 의해서 행해지므로 금권·파벌정치의 우려가 있으며, 군소정당의 난립으로 인하여 안정적 다수세력의 형성이 어려울 수 있다.

### 4) 입후보방식

비례대표제는 명부제연대입후보방식을 채택한다. 명부제연대입후보방식이란 선거인이 정당이 제시한 명부를 보고 정당에 투표하고 정당이 득표한 총수에 비례하여 의석수가 배분되는 제도를 말한다. 명부제연대입후보방식도 명부의 내용과 순위가 처음부터 고정적인 고정명부제, 선거인에게 명부선택권뿐 아니라 인물선택권까지 함께 부여하는 가변명부제와 개방명부제로 나눌 수 있다.

**현행 공직선거법상 비례대표국회의원선거제도**(헌재 2013.10.24. 2012헌마311)
공직선거법이 비례대표국회의원선거에 있어 지역구국회의원선거와는 별도로 정당에 대한 투표권을 인정하여 각 정당이 얻은 득표율에 따라 비례대표국회의원 의석을 배분하는 이른바 '정당명부식 비례대표제'와 정당의 비례대표국회의원후보자 명부상의 순위가 처음부터 정당에 의하여 고정적으로 결정되는 이른바 '고정명부식 비례대표제'를 채택하고 있다. 그러므로 선거에 참여한 선거권자들의 정치적 의사표명에 의하여 직접 결정되는 것은 어떠한 비례대표국회의원후보자가 비례대표국회의원으로 선출되느냐의 문제라기보다는 비례대표국회의원을 할당받을 정당에 배분되는 비례대표국회의원의 의석수이며, 비례대표국회의원선거는 인물에 대한 선거가 아닌 정당에 대한 선거로서의 성격을 갖는다.

### 5) 의석배분방법

비례대표제도에서 의석배분방법이 문제되는 경우는 비례대표의석수가 고정된 고정의석수의 경우이다. 의원수를 확정하지 않고 선거인의 투표율에 따라 의원수가 정해지는 이른바 유동의석수의 경우에는 선거인의 투표수에 따라 각 정당이 차지하는 의석수가 자동적으로 정해지기 때문에 의석배분방법은 크게 문제되지 않는다.[7]

고정의석수에서 의석배분방식은 해어/니마이어식과 돈트식계산방법이 있다. 우리나라의 국회의원선거에서는 해어/니마이어식 계산방법에 가깝다.

### 6) 의석배분상의 저지규정

저지규정(봉쇄조항)이란 선거에서 일정수 이상의 득표를 올렸거나 당선자를 낸 정당에게만 의석배분에 참여케 함으로써 군소정당의 난립을 막고 다수세력의 형성을 촉진하려는 제도이다. 비례대표선거제도에 있어서 군소정당의 난립을 방지하기 위해서 저지규정을 둘 것인지, 둔다면 그 저지선을 어느 정도로 정할 것인지의 문제된다.

중앙선거관리위원회는 비례대표국회의원선거에서 유효투표총수의 100분의 3 이상을 득표하였거나 지역구국회의원총선거에서 5석 이상의 의석을 차지한 각 정당에 대하여 당해 의석할당정당이 비례대표국회의원선거에서 얻은 득표비율에 따라 비례대표국회의원의석을 배분한다(공직선거법 제189조 제1항).

**저지조항의 평등원칙 위반 여부**(헌재 2001.7.19. 2000헌마91 등)

득표율이나 직선의석수 등을 기준으로 비례대표의석배분에 일정한 제한을 가하는 조항을 저지조항이라 한다. 일반적으로 저지조항에 관하여는 비례대표의석배분에서 정당을 차별하고, 저지선을 넘지 못한 정당에 대한 투표의 성과가치를 차별하게 되므로 평등선거의 원칙에 대한 위반 여부가 문제된다. 저지조항의 인정 여부, 그 정당성 여부는 각 나라의 전체 헌정상황에 비추어 의석배분에서의 정당간 차별이 불가피한가에 따라 판단되어야 하는바, 현행 저지조항에서 설정하고 있는 기준이 지나치게 과도한 것인지의 판단은 별론으로 하더라도, 현행 저지조항은 지역구의원선거의 유효투표총수를 기준으로 한다는 점에서 현행 의석배분방식이 지닌 문제점을 공유하고 있다. 일정한 저지선을 두고 이를 하회하는 정당에게 의회참여의 기회를 제한하겠다는 제도는 본질적으로 정당에 대한 국민의 지지도를 정확하게 반영할 것을 전제로 한다. 그런데 현행 1인 1표제 하에서의 비례대표제 의석배분방식은 위에서 본 바와 같이 국민의 정당에 대한 지지도를 정확하게 반영하지 못하며 오히려 적극적으로 이를 왜곡하고 있다. 지역구후보자에 대한 지지는 정당에 대한 지지로 의제할 수 없는데도 이를 의제하는 것이기 때문이다. 지역구선거의 유효투표총수의 100분의 5 이상을 득표한 정당이 그 만큼의 국민의 지지를 받는 정당이라는 등식은 도저히 성립하지 않는다. 그리하여 실제로는 5% 이상의 지지를 받는 정당이

---

[7] 예컨대 바이마르공화국 당시 선거법에 따르면 각 정당은 매 6만표마다 1석의 의석을 차지할 수 있기 때문에 각 정당이 차지하는 의석수는 선거인의 투표율에 의하여 좌우되었다.

비례대표의석을 배분받지 못하는 수도 있고, 그 역의 현상도 얼마든지 가능한 것이다. 이와 같이 국민의 정당지지의 정도를 계산함에 있어 불합리한 잣대를 사용하는 한 현행의 저지조항은 그 저지선을 어느 선에서 설정하건 간에 평등원칙에 위반될 수밖에 없다.

## Ⅳ. 우리나라 선거제도

### 1. 선거제도 비교

|  | 대통령선거 | 국회의원선거 | 지방선거 |
|---|---|---|---|
| 선거권 | 18세 이상 국민 | 18세 이상 국민 | 18세 이상 주민 |
| 피선거권 | 5년 이상 국내에 거주하고 있는 40세 이상의 국민 | 18세 이상의 국민 | 60일 이상 해당 지방자치단체의 관할구역에 주민등록이 되어 있는 주민으로서 18세 이상의 국민 |
| 기탁금 | 3억 | 지역구 1천 500만 원<br>비례대표 500만 원 | 시·도의회의원선거는 300만 원<br>시·도지사선거는 5천만 원<br>자치구·시·군의 장 선거는 1천만 원<br>자치구·시·군의원선거는 200만 원 |
| 선거일 | 임기만료일 전 70일 이후 첫번째 수요일 | 임기만료일 전 50일 이후 첫번째 수요일 | 임기만료일 전 30일 이후 첫번째 수요일 |
| 선거기간 | 후보자등록마감일의 다음 날부터 선거일까지(23일) | 후보자등록마감일 후 6일부터 선거일까지(14일) | 후보자등록마감일 후 6일부터 선거일까지(14일) |
| 임기 | 5년 | 4년 | 4년 |
| 중임여부 | 단임 | 연임 | 지방의회 의원 연임<br>지방자치단체장 3기 재임 |

### 2. 당선자 결정방식

(1) 최고득표자 2인 이상인 경우

1) 대통령선거 최다득표자가 2인 이상인 경우 국회의 재적의원 과반수가 출석한 공개회의에서 다수표를 얻은 자를 당선자로 결정한다(헌법 제67조 제2항).

2) 지역구 국회의원, 지역구 지방의회의원, 지방자치단체장 선거에서 최고득표자가 2인 이상인 경우에는 연장자를 당선인으로 결정한다(공직선거법 제188조 제1항, 제190조 제1항, 제191조 제1항).

(2) 후보자가 1인인 경우
  1) 대통령후보자가 1인일 때에는 그 득표수가 선거권자 총수의 3분의 1 이상이 아니면 대통령으로 당선될 수 없다(헌법 제67조 제3항).
  2) 지역구 국회의원후보자수가 1인이 된 때에는 지역구국회의원후보자에 대한 투표를 실시하지 아니하고, 선거일에 그 후보자를 당선인으로 결정한다(공직선거법 제188조 제2항). 지방자치단체장 선거도 후보자가 1인인 경우 지역구국회의원후보자수가 1인인 경우를 준용한다(공직선거법 제191조 제3항).
  3) 지역구지방의회의원선거에서 후보자수가 당해 선거구에서 선거할 의원정수를 넘지 아니하게 된 때에는 투표를 실시하지 아니하고, 선거일에 그 후보자를 당선인으로 결정한다(공직선거법 제190조 제2항).

## 제3절　공직제도

### Ⅰ. 공직제도와 공무원

#### 1. 공무원의 의의

공무원이란 직접 또는 간접적으로 국민에 의하여 선출 또는 임용되어 국가나 공공단체와 공법상의 근무관계를 맺고 공공적 업무를 담당하고 있는 사람들을 가리킨다(헌재 2007.8.30. 2003헌바51 등). 국가공무원법과 지방공무원법은 공무원을 국가공무원과 지방공무원으로 나누고, 이를 다시 경력직공무원과 특수경력직공무원으로 구분한다.

> **국가공무원법 제2조(공무원의 구분)** ① 국가공무원은 경력직공무원과 특수경력직공무원으로 구분한다.
> ② "경력직공무원"이란 실적과 자격에 따라 임용되고 그 신분이 보장되며 평생 동안(근무기간을 정하여 임용하는 공무원의 경우에는 그 기간 동안을 말한다) 공무원으로 근무할 것이 예정되는 공무원을 말하며, 그 종류는 다음 각 호와 같다.
> 　1. 일반직공무원 : 기술·연구 또는 행정 일반에 대한 업무를 담당하는 공무원
> 　2. 특정직공무원 : 법관, 검사, 외무공무원, 경찰공무원, 소방공무원, 교육공무원, 군인, 군무원, 헌법재판소 헌법연구관, 국가정보원의 직원과 특수 분야의 업무를 담당하는 공무원으로서 다른 법률에서 특정직공무원으로 지정하는 공무원
> ③ "특수경력직공무원"이란 경력직공무원 외의 공무원을 말하며, 그 종류는 다음 각 호와 같다.
> 　1. 정무직공무원
> 　　가. 선거로 취임하거나 임명할 때 국회의 동의가 필요한 공무원
> 　　나. 고도의 정책결정 업무를 담당하거나 이러한 업무를 보조하는 공무원으로서 법률이나 대통령령(대통령비서실 및 국가안보실의 조직에 관한 대통령령만 해당한다)에서 정무직으로 지정하는 공무원
> 　2. 별정직공무원: 비서관·비서 등 보좌업무 등을 수행하거나 특정한 업무 수행을 위하여 법령에서 별정직으로 지정하는 공무원

> **헌법 제7조 제1항과 제2항에서의 공무원의 의미**(헌재 2012.12.27. 2011헌바117)
> 헌법 제7조 제1항은 "공무원은 국민전체에 대한 봉사자이며 국민에 대하여 책임을 진다"고 규정하여 공무원의 공익실현의무를 규정하고 있고, 헌법 제7조 제2항에서는 "공무원의 신분과 정치적 중립성은 법률이 정하는 바에 의하여 보장된다"고 하여 직업공무원제를 규정하고 있는데 헌법 제7조 제1항에서 규정한 공무원은 선출, 정무직 공무원을 포함한 광의의 공무원을 의미하고, 헌법 제7조 제2항의 공무원은 신분이 보장되는 경력직 공무원을 의미한다.

#### 2. 공무원의 헌법상 지위

헌법 제7조 제1항에서 "공무원은 국민전체에 대한 봉사자이며, 국민에 대하여 책임을 진다"고 규정하고 있다.

> **공무원의 특별한 신분상 권리와 의무**(헌재 2007.8.30. 2003헌바51 등)
> 우리 헌법은 제7조 제1항, 제2항에서 "공무원은 국민전체에 대한 봉사자이며 국민에 대하여 책임을 진다.", "공무원의 신분과 정치적 중립성은 법률이 정하는 바에 의하여 보장된다."고 규정하고 있어 공무원은 특별한 신분상의 권리를 가지는 한편 국민전체의 봉사자로서 공공의 이익을 위하여 근무하는 특수한 신분과 지위에 따르는 의무를 부담한다.

> **공무원의 근무관계**(헌재 1992.4.28. 90헌바27)
> 공무원은 그 임용주체가 궁극에는 주권자인 국민 또는 주민이기 때문에 국민전체에 대하여 봉사하고 책임을 져야 하는 특별한 지위에 있고, 그가 담당한 업무가 국가 또는 공공단체의 공공적인 일이어서 특히 그 직무를 수행함에 있어서 공공성·공정성·성실성 및 중립성 등이 요구되기 때문에 일반근로자와는 달리 특별한 근무관계에 있는 사람이다.

(1) 국민전체에 대한 봉사자

공무원은 국민전체에 대한 봉사자로서 고도의 윤리성과 도덕성을 갖추어야 하며, 수행하는 직무 그 자체가 공공의 이익을 위한 것이어야 한다.

> **국민전체에 대한 봉사자로서 공무원**(헌재 2020.4.23. 2018헌바402)
> 공무원은 국민전체에 대한 봉사자로서 고도의 윤리·도덕성을 갖추어야 할 뿐 아니라 그가 수행하는 직무 그 자체가 공공의 이익을 위한 것이고 원활한 직무수행을 위해서는 공무원 개개인이나 공직에 대한 국민의 신뢰가 기본바탕이 되어야 한다.

> **공무원의 이중적 지위 및 보다 넓고 강한 기본권 제한**(헌재 2012.5.31. 2009헌마705 등)
> 공무원은 공직자인 동시에 국민의 한 사람이기도 하므로, 공무원은 공인으로서의 지위와 사인으로서의 지위, 국민전체에 대한 봉사자로서의 지위와 기본권을 향유하는 기본권 주체로서의 지위라는 이중적 지위를 가진다. 따라서 공무원이라고 하여 기본권이 무시되거나 경시되어서도 아니 되지만, 공무원의 신분과 지위의 특수성에 비추어 공무원에 대해서는 일반 국민에 비해 보다 넓고 강한 기본권 제한이 가능하게 된다. 그런 측면에서 우리 헌법은 공무원이 국민전체의 봉사자라는 지위에 있음을 확인하면서 공무원에 대해 정치적 중립성을 지킬 것을 요구하고 있다.

(2) 국민에 대한 책임

1) '공무원의 국민에 대한 책임'의 법적 성격에 관하여 법적·정치적·윤리적 책임으로 이해되며, 공무원의 책임은 공무원의 유형에 따라 그 성격이 달라질 수 있다. 공무원이 정치적 책임으로서의 성격을 갖는 경우는 선거직 공직자의 선거, 국무총리 또는 국무위원의 해임건의 등을 들 수 있다. 공무원이 법적 책임을 가지는 경우는 탄핵, 국가배상책임, 국가공무원법상의 징계에 의한 책임, 형사책임 등을 들 수 있다.

2) 국민은 공무원에 대한 소환권이나 파면권을 갖지 않는다.

> **헌법 제7조 제1항이 국민소환권이나 공무원 파면권의 헌법적 근거가 되는지 여부**(헌재 2011.12.29. 2010헌바368)
>
> 헌법 제7조 제1항이 "공무원은 …… 국민에 대하여 책임을 진다"라고 규정하고 있기는 하나, 공무원의 파면권을 명문으로 규정한 일본국 헌법 제15조 제1항과 달리 국민에 대한 정치적·윤리적 책임이라고 해석되는 이상, 위 규정이 국민소환권이나 국민의 공무원 파면권의 헌법적 근거가 될 수도 없다.

3) 직업공무원은 정치적 중립성이 요청되는 공무원이므로 정치적 책임을 지지 않는다.

> **공무원의 책임·의무**(헌재 2016.2.25. 2013헌바435)
>
> 공무원은 특정인이나 특정집단의 이익만을 대표하여서는 아니 되고 국민전체의 이익을 위하여 봉사해야 하며, 헌법과 법률에 따라 그 직무를 성실히 수행하여야 할 책임이 있다. 공무원의 헌법상 책무를 실현하기 위하여 국가공무원법은 공무원에게 법령준수의무와 성실의무, 직무상 명령 복종의무, 직장이탈금지, 친절공정의무, 청렴의무, 품위유지의무, 영리업무금지 및 겸직금지 등의 여러 의무를 부과하고 있으며, 그 의무위반행위 및 직무태만행위에 대하여 징계책임을 추궁하고 있다.

## Ⅱ. 직업공무원제도

### 1. 직업공무원제도의 의의

헌법 제7조 제2항에서 "공무원의 신분과 정치적 중립성은 법률이 정하는 바에 의하여 보장된다."고 규정한다. 직업공무원제도는 바이마르헌법에서 도입되었으며, 우리나라 제2공화국헌법에서 처음으로 도입되었다.

직업공무원제도는 신분이 보장되고 정치적 중립성을 갖는 직업공무원에게 국가의 정책집행기능을 맡김으로써 안정적이고 능률적 정책집행을 보장하려는 공직구조에 관한 제도적 보장을 말한다. 직업공무원제도는 정권의 교체에 관계없이 행정의 독자성 유지함으로써 정치세력을 통제하는 기능적 권력통제효과도 가진다.

> **직업공무원제도의 의의와 공무원의 범주**(헌재 1989.12.18. 89헌마32 등)
>
> 우리나라는 직업공무원제도를 채택하고 있는데, 이는 공무원이 집권세력의 논공행상의 제물이 되는 엽관제도를 지양하고 정권교체에 따른 국가작용의 중단과 혼란을 예방하고 일관성 있는 공무수행의 독자성을 유지하기 위하여 헌법과 법률에 의하여 공무원의 신분이 보장되는 공직구조에 관한 제도이다. 여기서 말하는 공무원은 국가 또는 공공단체와 근로관계를 맺고 이른바 공법상 특별권력관계 내지 특별행정법관계 아래 공무를 담당하는 것을 직업으로 하는 협의의 공무원을 말하며 정치적 공무원이라든가 임시적 공무원은 포함되지 않는 것이다. 직업공무원제도 하에 있어서는 과학적 직위분류제, 성적주의 등에 따른 인사의 공정성을 유지하는 장치가 중요하지만 특히 공무원의 정치적 중립과 신분보장은 그 중추적 요소라고 할 수 있는 것이다. 그러나 보장이 있음으로 해서 공무원은 어떤

특정정당이나 특정상급자를 위하여 충성하는 것이 아니고 국민전체에 대한 공복으로서 법에 따라 그 소임을 다할 수 있게 되는 것으로서 이는 당해 공무원의 권리나 이익의 보호에 그치지 않고 국가통치 차원에서의 정치적 안정의 유지와 공무원으로 하여금 상급자의 불법부당한 지시나 정실에 속박되지 않고 오직 법과 정의에 따라 공직을 수행하게 하는 법치주의의 이념과 고도의 합리성, 전문성, 연속성이 요구되는 공무의 차질 없는 수행을 보장하기 위한 것이다.

**제도적 보장으로서 직업공무원제도**(헌재 1997.4.24. 95헌바48)

헌법 제7조는 앞서 본 바와 같이 공무원의 공무수행의 독자성과 영속성을 유지하기 위하여 공직구조에 대하여 제도적 보장으로서의 직업공무원제도를 마련하도록 규정하고 있다. 제도적 보장은 객관적 제도를 헌법에 규정하여 당해 제도의 본질을 유지하려는 것으로서, 헌법제정권자가 특히 중요하고도 가치가 있다고 인정되고 헌법적으로 보장할 필요가 있다고 생각하는 국가제도를 헌법에 규정함으로써 장래의 법발전, 법형성의 방침과 범주를 미리 규율하려는데 있다. 다시 말하면 이러한 제도적 보장은 주관적 권리가 아닌 객관적 법규범이라는 점에서 기본권과 구별되기는 하지만 헌법에 의하여 일정한 제도가 보장되면 입법자는 그 제도를 설정하고 유지할 입법의무를 지게 될 뿐만 아니라 헌법에 규정되어 있기 때문에 법률로써 이를 폐지할 수 없고, 비록 내용을 제한한다고 하더라도 그 본질적 내용을 침해할 수는 없다. 그러나 기본권의 보장은 … '최대한 보장의 원칙'이 적용되는 것임에 반하여, 제도적 보장은 기본권 보장의 경우와는 달리 그 본질적 내용을 침해하지 아니하는 범위 안에서 입법자에게 제도의 구체적인 내용과 형태의 형성권을 폭넓게 인정한다는 의미에서 '최소한 보장의 원칙'이 적용될 뿐인 것이다.

## 2. 직업공무원제도의 내용

(1) 신분보장

1) 직업공무원제도는 공무수행의 독자성을 유지하기 위하여 헌법과 법률에 의하여 공무원의 신분이 보장되는 공직구조에 관한 제도이다. 우리 헌법은 직업공무원제를 취하고 있고 공무원의 신분보장을 그 핵심적 조건이자 내용으로 하고 있으며, 공무원으로 임용되어 그 지위를 취득한 사람에 대하여는 강한 신분보장이 요청된다(헌재 2012.8.23. 2010헌마328).

**공무원 신분의 보장**(헌재 1997.11.27. 95헌바14 등)

헌법 제7조 제2항은 "공무원의 신분과 정치적 중립성은 법률이 정하는 바에 의하여 보장된다"라고 규정하고 있는바, 이는 공무원이 정당한 이유 없이 해임되지 아니하도록 신분을 보장하여 국민전체에 대한 봉사자로서 성실히 근무할 수 있도록 하기 위한 것임과 동시에, 공무원의 신분은 무제한 보장되는 것이 아니라 공무의 특수성을 고려하여 헌법이 정한 신분보장의 원칙 아래 법률로 그 내용을 정할 수 있도록 한 것이며….

**공무원의 보상청구권의 인정과 성격**(헌재 2008.12.26. 2007헌마444)

공무원에 대한 특별한 신분보장은 직업공무원제도를 유지하기 위해 공무원에게 반사적으로 인정되는 제도상의 지위인바, 공무원은 공무수행상의 사유가 아니면 자신의 지위를 상실하거나 기타 불이익한 처분을 받지 아니하고, 공무 이외의 타 직을 겸하는 것이 금지되지만 법정 보수를 받고 각종 연금 내지 보상청구권을 갖는다. 다만, 공무원의 신분은 무제한 보장되는 것이 아니라 공무원의 지위 및 공무의 특수성을 고려하여 헌법이 정한 신분보장의 원칙 아래 법률로 그 내용이 정하여진다. 이처럼 직업공무원제도를 유지하기 위해 공무원에게 보수청구권이 인정되지만, 공무담당자로서의 지위, 공무의 특수성, 국가재정적 상황 등 공무원법관계의 특수성으로 인하여 그 보수청구권의 구체적 내용을 형성함에 있어서는 입법자에게 폭 넓은 재량이 헌법상 허용된다고 할 것이다. 한편 이러한 공무원의 보수청구권은 법률 및 법률의 위임을 받은 하위법령에서 보수의 구체적 수준이 형성되면 직업공무원제도의 한 내용으로서 재산권적 성격이 인정되는 공법상 권리가 된다.

## 2) 공무원 징계

**전투경찰순경에 대한 징계영창사건**(헌재 2016.3.31. 2013헌바190)

1. 전투경찰순경에 대한 징계처분으로 영창을 규정하고 있는 구 전투경찰대 설치법 제5조 제1항, 제2항 중 각 '전투경찰순경에 대한 영창' 부분이 적법절차원칙에 위배되는지 여부(소극)

    헌법 제12조 제1항의 적법절차원칙은 형사소송절차에 국한되지 않고 모든 국가작용 전반에 대하여 적용되므로, 전투경찰순경의 인신구금을 내용으로 하는 영창처분에 있어서도 적법절차원칙이 준수되어야 한다. 그런데 전투경찰순경에 대한 영창처분은 그 사유가 제한되어 있고, 징계위원회의 심의절차를 거쳐야 하며, 징계 심의 및 집행에 있어 징계대상자의 출석권과 진술권이 보장되고 있다. 또한 소청과 행정소송 등 별도의 불복절차가 마련되어 있고 소청에서 당사자 의견진술 기회 부여를 소청결정의 효력에 영향을 주는 중요한 절차적 요건으로 규정하는바, 이러한 점들을 종합하면 이 사건 영창조항이 헌법에서 요구하는 수준의 절차적 보장 기준을 충족하지 못했다고 볼 수 없으므로 헌법 제12조 제1항의 적법절차원칙에 위배되지 아니한다.

2. 이 사건 영창조항이 과잉금지원칙에 위배되어 전투경찰순경의 신체의 자유를 침해하는지 여부(소극)

    인신구금과 복무기간 불산입이라는 효과를 가지지 않는 다른 징계수단이 엄중한 복무위반 행위를 예방 및 제재함에 있어 영창과 동등하거나 유사한 효과가 있다고 단정할 수 없다. … '경찰공무원 징계령'과 '경찰공무원 징계양정 등에 관한 규칙'을 준용하도록 하여 의무위반 행위의 유형·정도, 과실의 경중, 평소의 행실, 근무성적, 공적, 뉘우치는 정도 또는 그 밖의 정상을 참작하도록 하므로, 복무규율 위반의 정도와 책임에 상응하는 징계처분을 할 수 있는 기준이 마련되어 있어 영창처분의 남용 가능성이 크다고 볼 수도 없으므로, 침해의 최소성 원칙에 위배된다고 볼 수 없다.

[재판관 이정미, 재판관 김이수, 재판관 이진성, 재판관 안창호, 재판관 강일원의 위헌의견]

공권력의 행사로 인하여 신체를 구속당하는 국민의 입장에서는, 그러한 구속이 형사절차에 의한 것이든, 행정절차에 의한 것이든 신체의 자유를 제한당하고 있다는 점에서는 본질적인 차이가 있다고 볼 수 없으므로, 행정기관이 체포·구속의 방법으로 신체의 자유를 제한하는 경우에도 원칙적으로 헌법 제12조 제3항의 영장주의가 적용된다고 보아야 하고, 다만 행정작용의 특성상 영장주의를 고수하다가는 도저히 그 목적을 달성할 수 없는 경우에는 영장주의의 예외가 인정될 수 있다. 이 사건 영창조항에 의한 영창처분은 행정기관에 의한 구속에 해당하고, 그 본질상 급박성을 요건으로 하지 않음에도 불구하고 법관의 판단을 거쳐 발부된 영장에 의하지 않고 이루어지므로, 이 사건 영창조항은 헌법 제12조 제3항의 영장주의에 위배되어 청구인의 신체의 자유를 침해한다. 영창은 신체의 자유를 직접적, 전면적으로 박탈하는 것이므로, 징계로서 이와 같은 구금을 행하는 것은 원칙적으로 허용되어서는 아니 된다. 가사 구금이 일부 허용될 수 있다고 보더라도, 예외적, 보충적으로 이루어져야 한다. … 따라서 이 사건 영창조항은 전투경찰순경의 신체의 자유를 필요 이상으로 과도하게 제한하고 있으므로, 과잉금지원칙에 위배되어 청구인의 신체의 자유를 침해한다.

**병(兵)에 대한 징계영창이 헌법에 위반되는지 여부**(헌재 2020.9.24. 2017헌바157 등)[8]

징계란 공무원의 의무위반 또는 비행이 있는 경우에 공무원조직의 질서유지를 위해 임용권자에 의해 부과되는 제재로서 기본적으로 공무원의 신분적 이익의 전부 또는 일부를 박탈함을 그 내용으로 한다. 징계로서 신체의 자유를 직접적이고 전면적으로 박탈하는 구금을 행하는 것은 원칙적으로 허용되어서는 아니 된다. 그럼에도 불구하고 심판대상조항에 의한 영창처분은 병에 대한 징계의 일종으로 부과되는 것으로 영창처분이 집행되는 경우 복무기간 불산입이라는 신분상의 불이익 외에 외부로부터 고립된 장소에 감금하는 것을 통한 신체의 자유 박탈까지 그 내용으로 삼고 있다. 이는 본래 징계로서 예정하고 있는 불이익을 넘는 제재로서 징계의 한계를 초과한 것이다. … 영창처분에 의한 징계입창자는 미결수와 동일한 시설에 구금되는 것이 대부분의 현실이며, 외부와 차폐된 구금시설에서 제한된 범위 내에서만 운동, 목욕, 면회, 전화통화 등이 허용되고 있는바 그 실질은

---

[8] 심판대상조항에 의한 영창처분은 징계처분임에도 불구하고 신분상 불이익 외에 신체의 자유를 박탈하는 것까지 그 내용으로 삼고 있어 징계의 한계를 초과한 점, 심판대상조항에 의한 영창처분은 그 실질이 구류형의 집행과 유사하게 운영되므로 극히 제한된 범위에서 형사상 절차에 준하는 방식으로 이루어져야 하는데, 영창처분이 가능한 징계사유는 지나치게 포괄적이고 기준이 불명확하여 영창처분의 보충성이 담보되고 있지 아니한 점, 심판대상조항은 징계위원회의 심의·의결과 인권담당 군법무관의 적법성 심사를 거치지만, 모두 징계권자의 부대 또는 기관에 설치되거나 소속된 것으로 형사절차에 견줄 만한 중립적이고 객관적인 절차라고 보기 어려운 점, 심판대상조항으로 달성하고자 하는 목적은 인신구금과 같이 징계를 중하게 하는 것으로 달성되는 데 한계가 있고, 병의 비위행위를 개선하고 행동을 교정할 수 있도록 적절한 교육과 훈련을 제공하는 것 등으로 가능한 점, 이와 같은 점은 일본, 독일, 미국 등 외국의 입법례를 살펴보더라도 그러한 점 등에 비추어 심판대상조항은 침해의 최소성 원칙에 어긋난다.

구류형의 집행과 유사하게 운영되고 있다. 그렇다면 심판대상조항에 의한 영창처분을 할 때는 극히 제한된 범위에서 형사상 절차에 준하는 방식으로 이루어져야 할 것이다.

3) 정년보장

공무원정년제도는 공무원에게 정년까지 계속 근무를 보장함으로써 신분을 보장하고, 공무원에 대한 계획적인 교체를 통하여 조직의 신진대사를 위한 것으로 공무원의 신분보장에 반하지 않는다. 헌법재판소는 공무원의 정년단축과 계급정년규정을 합헌으로 본다.

**공무원의 정년보장의 의의 및 초·중등교원의 정년을 3년간 단축한 것이 입법형성권의 한계를 일탈하였는지 여부**(헌재 2000.12.14. 99헌마112 등)

공무원이 정년까지 근무할 수 있는 권리는 헌법의 공무원신분보장규정에 의하여 보호되는 기득권으로서 그 침해 내지 제한은 신뢰보호의 원칙에 위배되지 않는 범위내에서만 가능하다고 할 것인 즉 기존의 정년규정을 변경하여 임용 당시의 공무원법상의 정년까지 근무할 수 있다는 기대 내지 신뢰를 합리적 이유 없이 박탈하는 것은 위 공무원신분 보장규정에 위배된다 할 것이나, 임용당시의 공무원법상의 정년까지 근무할 수 있다는 기대와 신뢰는 절대적인 권리로서 보호되어야만 하는 것은 아니고 행정조직, 직제의 변경 또는 예산의 감소 등 강한 공익상의 정당한 근거에 의하여 좌우될 수 있는 상대적이고 가변적인 것이라 할 것이므로 입법자에게는 제반사정을 고려하여 합리적인 범위내에서 정년을 조정할 입법형성권이 인정된다. … 초·중등교원의 정년을 3년간 단축하여 62세로 설정하고 있는바, 입법자의 이러한 교육정책적 판단과 결정은 나름대로 합리성이 있는 것으로 인정될 뿐만 아니라, … 입법형성권의 한계를 일탈하여 초·중등교원의 정년을 불합리할 정도로 지나치게 단축한 것이라고 보기 어렵다.

**계급정년규정이 헌법에 위반되는지 여부**(헌재 1994.4.28. 91헌바15 등)

계급정년규정은 정당한 공익목적을 달성하기 위한 것으로 구법질서하에서의 공무원들의 기대 내지 신뢰를 과도히 해치는 것으로 보기는 어렵다고 할 것이다. 따라서 이 사건 계급정년규정은 입법자의 입법형성재량 범위 내에서 입법된 것이라고 할 것이므로 이를 공무원신분관계의 안정을 침해하는 입법이라고 할 수 없고, 또한 소급입법에 의한 기본권 침해규정이라고 할 수도 없다고 할 것이다.

4) 사회국가대상으로서 공무원

**사회국가의 실현수단이자 대상인 공직제도**(헌재 2007.3.29. 2005헌바33)

현대 민주주의국가에 이르러 사회국가원리에 입각한 공직제도의 중요성이 특히 강조됨에 따라 사회적 법치국가이념을 추구하는 자유민주국가에서 공직제도란 사회국가의 실현수단일 뿐 아니라, 그 자체가 사회국가의 대상이며 과제라는 점을 중요시하게 되었다. 이는 모든 공무원들에게 보호가치 있는 이익과 권리를 인정해 주고, 공무원에게 자유의 영역이 확대될 수 있도록 공직자의 직무의무를 가능한 선까지 완화하며, 공직자들의 직무환경을 최대한으로 개선해 주고, 공직수행에 상응하는 생활부양을 해 주고, 퇴직 후나 재난, 질병에 대처한 사회보장의 혜택을 마련하는 것 등을 그 내용으로 한다.

## (2) 정치적 중립성의 보장

공무원의 정치적 중립성은 정권교체로 인한 행정의 일관성과 계속성이 상실되지 않도록 하고, 공무원의 정치적 신조에 따라서 행정이 좌우되지 않도록 함으로써 공무집행에서의 혼란의 초래를 예방하고 국민의 신뢰를 확보하기 위함이다(헌재 2004.3.25. 2001헌마710). 국가공무원법과 지방공무원법은 공무원의 정치적 중립성을 실현하기 위하여 정당이나 정치단체의 결성이나 가입을 금지하고 있으며, 일정한 정치적 행위나 노동운동 기타 공무 이외의 일을 위한 집단행위를 금지하고 있다.

> **국가공무원법 제65조(정치 운동의 금지)** ① 공무원은 정당이나 그 밖의 정치단체의 결성에 관여하거나 이에 가입할 수 없다.
>
> **국가공무원법 제66조(집단 행위의 금지)** ① 공무원은 노동운동이나 그 밖에 공무 외의 일을 위한 집단행위를 하여서는 아니 된다. 다만, 사실상 노무에 종사하는 공무원은 예외로 한다.

**공무원의 공무 이외의 일을 위한 집단행위를 금지규정에 대한 해석 및 본질적 내용 침해 여부**(헌재 2007.8.30. 2003헌바51 등)
공무원의 공무 이외의 일을 위한 집단행위를 금지하고 있는 것은 공무원의 집단행동이 공무원 집단의 이익을 대변함으로써 국민전체의 이익추구에 장애가 될 소지가 있기 때문에 공무원이라는 특수한 신분에서 나오는 의무의 하나를 규정한 것이고, 위 개념이 '공익에 반하는 목적을 위하여 직무전념의무를 해태하는 등의 영향을 가져오는 집단적 행위'라고 명백히 한정하여 해석되므로, 법 제66조 제1항이 언론·출판의 자유와 집회·결사의 자유의 본질적인 내용을 과도하게 침해한다고 볼 수 없다.

**초·중등학교 교원의 정당가입 금지가 헌법에 위반되는지 여부**(헌재 2020.4.23. 2018헌마551)
공무원은 공직자인 동시에 국민의 한 사람이기도 하므로, 공무원은 공인의 지위와 사인의 지위, 국민 전체에 대한 봉사자의 지위와 기본권을 누리는 기본권주체의 지위라는 이중적 지위를 가진다. 따라서 공무원이라고 하여 기본권이 무시되거나 경시되어서도 아니 되지만, 공무원의 신분과 지위의 특수성에 비추어 공무원에 대해서는 일반 국민보다 더욱 넓고 강한 기본권제한이 가능하게 된다. 그런 측면에서 우리 헌법은 공무원이 국민 전체의 봉사자라는 지위에 있음을 확인하면서 공무원에 대하여 정치적 중립성을 지킬 것을 요구하고 있다. 이와 같은 공무원에 대한 정치적 중립성의 요청은 교육 분야에서 종사하는 교육공무원에게까지 제도적으로 보장되고 있다. 즉 헌법 제31조 제4항은 "교육의 … 정치적 중립성 … 은 법률이 정하는 바에 의하여 보장된다."고 선언함으로써 헌법적 차원에서 이를 강력히 보장하고 있다. … 이 사건 정당가입 금지조항이 청구인들과 같은 초·중등학교 교원의 정당가입 자유를 금지함으로써 정치적 기본권을 제한하는 측면이 있는 것은 사실이나, 감수성과 모방성, 그리고 수용성이 왕성한 초·중등학교 학생들에게 교원이 미치는 영향은 매우 크고, 교원의 활동은 근무시간 내외를 불문하고 학생들의 인격 및 기본 생활습관 형성 등에 큰 영향을 끼치는 잠재적 교육과정의 일부분인 점을 고려하고, 교원의 정치활동은 교육수혜자인 학생으로서는 수업권의 침해로 받아들여질 수 있다는 점에서 현시점에서는 국민의 교육기본권을 더욱 보장함으로써 얻을 수 있는 공익을 우선시해야 할 것이다. … 따라서 이 사건 정당가입 금지조항은 과잉금지원칙에 위배된다고 볼 수 없다.9)

---

9) 헌법재판소는 이 결정에서 초·중등학교의 교육공무원이 정치단체의 결성에 관여하거나 이에 가입하는 행위를 금지한 국가공무원법 제65조 제1항 중 '국가공무원법 제2조 제2항 제2호의 교육공무원 가운데 초·중등교육법 제19조 제1항의 교원은 그 밖의 정치단체의 결성에 관여하거나 이에 가입할 수 없다.' 부분이 교원의 정치적 표현의 자유 및 결사의 자유를 침해한다고 결정하였다. 국가공무원법조항 중 '그 밖의 정치단체'에 관한 부분이 직무와 관련되거나 그 지위를 이용하는 것을 넘어서 교원이 정치단체의 결성에 관여하는 행위를 전면적으로 금지하는 것은 침해의 최소성 원칙에 위배된다. … 교원이 정치단체에 '가입'하는 행위를 금지하는 것은 공무원의 정치적 중립성 및 교육의 정치적 중립성을 보장하기 위해서 필요하다고 볼 수 없으므로, 국가공무원법조항 중 '그 밖의 정치단체'에 관한 부분은 이러한 점에서도 침해의 최소성 원칙에 위배된다.

### 제4절  권력분립원칙

## Ⅰ. 권력분립원칙의 의의

직접민주제 하에서 권력분립이론은 특별한 위치를 자치하지 않기 때문에 대의제와 직접 관련된다. 권력분립원칙은 국가권력을 그 성질에 따라 여러 국가기관에 분산시킴으로써 권력 상호간의 견제와 균형을 통해서 국민의 자유와 권리를 보호하려는 통치기관의 구성원리를 말한다.

## Ⅱ. 고전적 권력분립원칙

### 1. 고전적 권력분립이론의 발전

고전적 권력분립이론의 기원은 전제군주정치가 제한정치로 바뀌는 17세기 영국의 정치상황에서 등장하였다. 고전적 권력분립이론은 조직과 기능의 분리, 견제와 균형을 특징으로 한다.

### 2. 로크의 권력분립사상

로크는 1690년 '시민정부에 관한 두 논문'에서 자신의 권력분립이론을 전개하고 있다. 그는 국가권력을 입법·집행·외교(연합권,동맹권)·대권[10]의 네 가지로 나누고 이 네 가지 권한이 국왕과 의회의 두 기관에 의하여 행사된다고 하였다. 입법권과 집행권의 관계에 있어서는 입법권의 우월성을 강조하면서, 입법권은 국민으로부터 위임을 받은 권력 중에서 최고의 권력이고 집행권과 외교권은 이에 종속된다고 보았다.

로크의 권력분립론은 기관중심으로 볼 경우에는 국가권력은 의회와 국왕에 의하여 행사되므로 2권분립이라 할 수 있고, 통치기능을 중심으로 본다면 4권분립이라 할 수 있다.

로크의 권력분립론에서는 사법권에 관한 언급이 없으며, 입법권의 집행권 및 동맹권에 대한 우위를 인정함으로써 권력의 분리에 대한 인식은 있었으나 권력의 균형에는 미치지 못하였다고 평가할 수 있다.

### 3. 몽테스키외의 권력분립사상

몽테스키외는 1729년부터 1731년까지 2년 간의 걸친 영국의 체류에서 영국의 헌정을 토대로 쓴 '법의정신(1748)'에서 자신의 권력분립이론을 전개한다. 몽테스키외는 국가권력을 입법권, 집행권(국제법에 속하는 집행권), 사법권(시민권에 속하는 집행권)으로 나누고, 이 세 가지 국가권력은 시민의 자유가 보장될 수 있도록 각각 다른 국가기관에 나누어서 맡겨야 한다고 주장한다. 몽테스키외의 3권분립이론의 핵심은 권력의 분산을 통하여 견제와 균

---

10) 대권은 국민전체의 공공복리를 위해서 행사하는 국왕의 대권을 말한다.

형을 실현시켜 시민의 자유를 보호하는 것이었다. 따라서 그의 권력분립이론은 법치국가의 원리로 인식된다. 몽테스키외의 권력분립론은 미국의 대통령제 헌법제정에 영향을 미쳐 오늘에 이르고 있다.

## Ⅲ. 현대의 기능적 권력통제이론

### 1. 새로운 권력분립제의 모색

현대에는 권력분립의 주안점이 형식적인 권력분리에서 실질적인 기능통제로 그 중심이 바뀌면서 고전적 권력분립이론은 기능적 권력통제이론이라는 새로운 권력분립제의 모색이 불가피해졌다. 기능적 권력통제이론으로는 연방국가제도, 지방자치제도, 직업공무원제도, 복수정당제도, 헌법재판제도 등이 있다.

> **기능적 권력분립의 의의와 구체적 형태**(헌재 2021.1.28. 2020헌마264 등)
> 오늘날 고전적 의미의 3권 분립은 그 의미가 약화되고 통치권을 행사하는 여러 권한과 기능들의 실질적인 분산과 상호간의 조화를 도모하는 이른바 기능적 권력분립이 중요한 의미를 갖게 되었다. 기능적 권력분립론은 몽테스키외적인 고전적 권력분립 이념을 존중하면서 국가권력 또는 국가기능의 단순한 기계적·획일적 분리보다는 실질적인 기능적 권력통제에 중점을 둔 이론이라 할 수 있다. 기능적 권력분립의 구체적인 내용은 주장하는 학자마다 다르고, 구체적인 입법형태 역시 다양하다. 위헌법률심판, 헌법소원심판, 탄핵심판 등과 같은 헌법재판제도와 지방자치제도, 직업공무원제도, 다원적 민주주의에서의 사회단체를 통한 권력분립 등도 현대 자유민주국가에서 권력분립에 기여하는 제도들로 주창되고 있다.

> **헌법상 권력분립 원칙의 의의 및 특별검사제도 도입이 권력분립 원칙에 반하는지 여부**(헌재 2008.1.10. 2007헌마1468)
> 헌법상 권력분립의 원칙이란 국가권력의 기계적 분립과 엄격한 절연을 의미하는 것이 아니라, 권력 상호간의 견제와 균형을 통한 국가권력의 통제를 의미하는 것이다. 따라서 특정한 국가기관을 구성함에 있어 입법부, 행정부, 사법부가 그 권한을 나누어 가지거나 기능적인 분담을 하는 것은 권력분립의 원칙에 반하는 것이 아니라 권력분립의 원칙을 실현하는 것으로 볼 수 있다. 이러한 원리에 따라 우리 헌법은 대통령이 국무총리, 대법원장, 헌법재판소장을 임명할 때에 국회의 동의를 얻도록 하고 있고, 헌법재판소와 중앙선거관리위원회의 구성에 대통령, 국회 및 대법원장이 공동으로 관여하도록 하고 있는 것이다. … 특별검사제도의 도입 여부를 입법부가 독자적으로 결정하고, 특별검사 임명에 관한 권한을 헌법기관 간에 분산시키는 것이 권력분립의 원칙에 반한다고 볼 수 없다.

> **헌법상 권력분립원칙의 의의**(헌재 2021.1.28. 2020헌마264 등)
> 우리 헌법은 근대자유민주주의헌법의 원리에 따라 권력분립원칙을 채택하여 국가의 기능을 입법권(제40조), 행정권(제66조 제4항), 사법권(제101조 제1항)으로 분할하고 이를 조직

상으로 분리·독립된 국가기관인 국회(제3장), 정부(제4장), 법원(제5장)에 각각 나누어 맡기고 있다. 또한 우리 헌법은 다른 국가기관과의 협력 하에서만 헌법적 과제를 이행할 수 있도록 규정함으로써 기관 간의 관계를 '협력적 통제관계'로 형성하고 있다. 우리 헌법에서 권력분립원칙은 권력의 분할뿐만 아니라 권력 간의 상호작용과 통제의 원리로 형성되어 국가기관 상호간의 통제 및 협력과 공조는 권력분립원칙에 대한 예외가 아니라 헌법상 권력분립원칙을 구성하는 하나의 요소가 된 것이다. … 즉, 헌법상 권력분립원칙이란 국가권력의 기계적 분립과 엄격한 절연을 의미하는 것이 아니라 권력 상호간의 견제와 균형을 통한 국가권력의 통제를 의미한다.

## 2. 연방국가제도

연방국가제도는 입법·집행·사법 등의 국가작용을 연방과 지방 간에 수직적 권력분립과 수평적 권력분립이라는 두 가지 측면에서 권력분립적 효과를 가진다. 헤세(Hesse)는 연방국가제도가 가지는 수평적 권력분립과 수직적 권력분립의 두 가지 측면을 강조하였다.

## 3. 지방자치제도

지방자치제도는 주민근거리행정이나 풀뿌리 민주정치 못지않게 수직적 권력분립의 요소가 강조되고 있다. 지방자치단체는 중앙정부의 통치권 행사에 대하여 통제적 기능을 행사하는 수직적 권력분립[11]의 요소를 가진다.

> **지방자치제도의 헌법적 보장과 의의**(헌재 2014.1.28. 2012헌바216)
> 지방자치제도의 헌법적 보장은 한마디로 국민주권의 기본원리에서 출발하여 주권의 지역적 주체로서의 주민에 의한 자기통치의 실현으로 요약할 수 있고, 이러한 지방자치의 본질적 내용인 핵심영역(자치단체·자치기능·자치사무의 보장)은 어떠한 경우라도 입법 기타 중앙정부의 침해로부터 보호되어야 한다는 것을 의미한다. 즉 중앙정부의 권력과 지방자치단체 간의 권력의 수직적 분배는 서로 조화가 요청되고 그 조화과정에서 지방자치의 핵심영역은 침해되어서는 안 되는 것이므로, 이와 같은 권력분립적·지방분권적인 기능을 통하여 지역주민의 기본권 보장에도 이바지하는 것이다. 현대사회에서 고전적 의미의 3권분립은 그 의미가 약화되고 통치권을 행사하는 여러 권한과 기능들의 실질적인 분산과 상호간의 조화를 도모하는 이른바 기능적 권력분립이 중요한 의미를 갖게 되었는데, 지방자치제도는 중앙정부와 지방자치단체 간에 권력을 기능적으로 나누어 가짐으로써 오늘날 민주주의 헌법이 통치기구의 구성원리로 보편적으로 받아들이고 있는 권력분립의 실현에도 기여한다. 특히 지방자치단체 내 지방의회와 지방자치단체의 장 사이의 관계는, … 지방의회와 지방자치단체의 장에게 상호 독자적 권한을 부여하고 있는 점 등을 종합할

---

[11] 권영성 교수는 구조적인 측면에서의 수직적 권력분할은 지방자치제의 채택과 기관 내부에서의 관할권의 배분을 통하여 보장되고, 시간적인 측면에서의 수직적 권력분할은 국회의원의 임기는 4년, 대통령의 임기는 5년, 대법원장·헌법재판소장·대법관·헌법재판소재판관·선거관리위원회위원의 임기는 6년으로 한다는 헌법규정을 그 예로 든다. 즉 임기차등제에 의한 권력통제의 효과를 시간적인 측면에서의 수직적인 권력분할로 설명한다.

때 상호 견제와 균형의 관계로 설명된다. … 헌법상 권력분립의 원리는 지방의회와 지방자치단체의 장 사이에서도 상호 견제와 균형의 원리로서 실현되고 있다.

다만 지방자치단체의 장과 지방의회는 정치적 권력기관이긴 하지만 지방자치제도가 본질적으로 훼손되지 않는다면, 중앙·지방 간 권력의 수직적 분배라고 하는 지방자치제의 권력분립적 속성상 중앙정부와 국회 사이의 구성 및 관여와는 다른 방법으로 국민주권·민주주의원리가 구현될 수 있다. 따라서 지방의회와 지방자치단체의 장 사이에서의 권력분립제도에 따른 상호견제와 균형의 원리 역시 그 구체적인 실현은, 국회와 중앙정부 사이의 원칙적인 권력분립과는 달리 현재 우리 사회 내 지방자치의 수준과 특성을 감안하여 국민주권·민주주의원리가 최대한 구현될 수 있도록 하는 효율적이고도 발전적인 방식이 되어야 한다.[12]

## 4. 직업공무원제도

직업공무원은 관료조직으로서 정치세력에 대한 견제기능을 가진다. 정권교체에 영향을 받지 않고 정치적 중립성과 신분보장을 받는 직업공무원이 국가의 행정업무를 처리함으로써 정치세력을 견제하고 통제하는 권력분립적 효과를 나타낸다. 직업공무원제도는 능력주의, 신분보장, 합리적 상벌제 등이 지켜진다면 행정조직내부에서도 수직적 권력분립적 기능을 가진다.

> **직업공무원제도를 통한 권력분립**(헌재 2020.4.23. 2018헌마550 반대의견)
> 현대국가는 군주와 시민계급의 대립관계를 전제로 한 고전적 권력분립구조와 근본적으로 구분되는 다양한 제도와 규정을 두고 있고, 그 중 하나가 직업공무원제도를 통한 권력분립이다. 헌법상 직업공무원제도는 정치적 세력과 직업공무원 간의 권력의 분리 및 견제·균형, 즉 '정치적으로 편향적인 세력'과 '정치적으로 중립적인 직업공무원' 사이의 역할분담과 권력의 균형을 의도하고 있다.

## 5. 복수정당제도

정당국가의 발달과 정당국가적 경향으로 인하여 정당이 국정운영의 중심기관으로 부상하면서 복수정당제를 전제로 한 여당과 야당의 권력분립적 기능의 중요성을 커졌다. 여당과 야당의 관계는 정권획득을 위한 단순한 경쟁자가 아니고, 통치권 행사의 절차적 정당성을 보장해 주기 위한 권력분립의 관계라는 인식이 필요하다.

## 6. 헌법재판제도

헌법재판제도는 입법·행정·사법권 행사에 대한 가장 강력한 통제수단으로 기능한다. 입법권 통제수단으로는 법률에 대한 위헌법률심판과 헌법소원심판, 행정권에 대한 통제수

---

[12] 지방자치단체의 장에게 지방의회 사무직원의 임용권을 부여하고 있는 심판대상조항은 … 지방의회 의장의 추천권이 적극적이고 실질적으로 발휘된다면 지방의회 사무직원의 임용권이 지방자치단체의 장에게 있다고 하더라도 그것이 곧바로 지방의회와 집행기관 사이의 상호 견제와 균형의 원리를 침해할 우려로 확대된다거나 또는 지방자치제도의 본질적 내용을 침해한다고 볼 수는 없다.

단으로는 탄핵심판, 권한쟁의심판, 헌법소원심판 등이 있으며, 사법권에 대한 통제는 법관에 대한 탄핵심판 등이 있다. 법원의 재판은 우리 헌법재판소법 제68조 제1항에서 헌법소원심판의 대상에서 제외하고 있으므로 법원의 재판에 대하여는 헌법재판소에 의한 통제가 원칙적으로 불가능하다. 다만 예외적으로 헌법재판소 판례에 의하여 법원의 재판도 헌법소원심판의 대상이 되는 경우가 있다(헌재 1997.12.24. 96헌마172·173(병합)).

## 제5절 정부형태

정부형태는 권력분립주의의 조직적·구조적 실현형태를 말한다. 정부형태는 각 나라의 구체적인 정치전통과 사회구조에 따라 상이한 헌법현실로 나타날 수 있다. 가장 고전적이고 전통적인 정부형태 대통령제와 의원내각제를 들 수 있고, 대통령제와 의원내각제를 그 나라의 정치실정에 맞게 변형시킨 절충형정부형태가 있다.

### I. 의원내각제

#### 1. 의원내각제의 의의

의회에서 선출되고 의회에 대하여 정치적 책임을 지는 내각 중심으로 국정이 운영되는 정부형태를 말한다. 영국의 의회정치에서 유래하는 의원내각제는 절대군주에 대한 항의적 이데올로기로서의 성격을 띠고 생성·발전된 제도이다.

#### 2. 의원내각제의 본질적 요소

(1) 입법부와 집행부의 상호 의존성의 원리

의원내각제는 의회와 집행부 상호간에 권력의 공유관계에 기초하여 상호 의존성의 원리에 의하여 규율된다. 의원내각제에서 민주적 정당성의 축은 국민에 의하여 선출된 의회 하나만이 존재하며, 의회가 국민에 대하여 정치적 책임을 진다. 집행부 구성원인 내각은 의회에 의하여 임명되고 유지되며, 해임되는 것을 그 요소로 한다.

(2) 제도적 징표

의회와 집행부의 조직·활동·기능이 상호 의존성의 원리에 의하여 규율된다.

    1) 의회는 내각을 불신임할 수 있으며, 내각도 의회를 해산할 수 있다.

    2) 의회 의원과 내각각료의 겸직이 허용된다.

    3) 내각은 의회에 법률안을 제출할 수 있다.

    4) 내각의 각료는 자유로이 의회에 출석하여 발언할 수 있다.

#### 3. 의원내각제의 특징

(1) 집행부의 구성

의원내각제의 집행부는 대통령(또는 군주)과 내각으로 구성된다. 의원내각제는 통합 및 견제의 정부형태를 의미하므로 통합을 지속시키고 의회와 내각의 갈등을 건설적 방향으로 유도하기 위한 상징적인 국가원수가 필요하다. 입헌군주제에서는 군주가, 공화제에서는 대통령이 상징적 원수로서의 역할을 한다.

(2) 권력분립의 견제와 균형

의원내각제는 의회와 내각의 기능적 공화와 협력을 바탕으로 하는 균형이론에 기초한다(균형이론). 그 때문에 의원내각제에서의 권력분립은 엄격한 것이 아니라 연성형이다.

(3) 정치적 책임이론

의원내각제는 내각이 의회에 정치적으로 책임을 지는 정부형태이므로 책임정치를 구현할 수 있다. 의회와 내각이 대립하는 경우에는 내각불신임과 의회해산으로 정치적 대립을 신속하게 해결할 수 있다.

## 4. 의원내각제의 성공적 운용

의원내각제는 내각의 조직과 활동이 의회의 세력분포에 따라서 영향을 받기 때문에 의회 내의 안정된 다수세력의 확보가 필요하므로 의원내각제의 성공적 운용을 위해서는 양당제의 확립이 필수적이다. 반대로 내각이 다수당과 결탁할 경우에는 다수당의 횡포가 나타날 수 있다.

## 5. 영국의 의원내각제

영국의 의원내각제는 의회우위의 정부형태로 출발하여 수상을 우월적 지위로 인정하는 수상정부제로 변모되었다. 역사적으로 국왕은 모든 통치권력의 보유자이며 형식적으로 광범위한 법적 권한을 보유하였다. 국왕은 국가의 원수, 정부의 최고의 장, 정의와 명예의 원천이며, '의회에 있어서의 국왕'(King in Parliament), '추밀원에 있어서의 국왕'(King in Council)으로서 입법권능을 행사한다. 그러나 대부분은 헌법상의 관습에 의하여 제한되고 있으며 실질적으로는 다른 기관에 의하여 행사되고 있다.

## 6. 독일의 의원내각제

독일의 의원내각제는 연방수상을 중심으로 하는 집행부가 우월적 지위를 차지한다. 연방수상은 연방대통령의 제청으로 연방의회에서 토론 없이 선출된다.

독일의 의원내각제는 건설적 불신임제를 채택하고 있다. 건설적 불신임제는 차기 수상을 연방의회 재적의원 과반수의 찬성으로 선임하지 아니하고는 내각을 불신임할 수 없게 하는 제도로서 정국의 불안정을 예방하는 기능을 가지고 있다. 건설적 불신임투표제도는 연방수상의 불신임안의 제출과 동시에 후임자 선출을 한다. 불신임안에 명시된 차기 수상후보는 과반수를 획득하여야 하며, 과반수 획득에 실패한 경우 현직 연방수상에 대한 불신임안은 자동적으로 부결된 것으로 본다. 차기 연방수상후보자가 재적의원 과반수를 획득한 경우 연방의회는 연방대통령에게 연방수상의 해임을 요청할 수 있다. 연방대통령은 이에 따라 현직 연방수상을 해임하고, 연방의회가 선출한 차기 연방수상을 임명한다.

## Ⅱ. 대통령제

### 1. 대통령제의 의의

대통령제는 의회로부터 독립하고 국민에 대해서만 책임을 지는 대통령 중심으로 국정이 운영되는 정부형태를 말한다.

### 2. 대통령제의 탄생

미국 연방헌법(1787년)[13]의 아버지들이 새로운 독립국가를 건설함에 있어서 몽테스키외의 권력분립사상을 받아들여 탄생한 것이 대통령제이다. 미국의 대통령제는 영국의 정치제도를 어느 정도 직·간접으로 체험했던 미국 연방헌법의 아버지들이 영국의 부정적인 정치상황을 거울삼아 만든 독창적인 정부형태이다. 미국헌법제정 당시 영국의 헌정상황은 피트내각이 소수내각으로서 의회다수세력의 지지를 얻지 못하여 정치적으로 혼란스러운 상태였으며, 왕권신수설에 입각한 '왕은 잘못을 저지를 수 없다'는 군주제에 대한 반동과 공화제의 책임정치를 추구하려는 부산물이 대통령제인 것이다. 법적으로 무책임한 군주 대신 책임지는 대통령을 선출하여 의회에 대해서는 법적인 책임(탄핵)을, 국민에 대해서는 정치적 책임을 지는 대통령 중심으로 국정을 운영하려고 모색하였다. 그 결과 군주제의 잔재로 여겨졌던 부서제도와 국무위원에 대한 불신임제도를 미국 연방헌법에서는 채택하지 않았다.

### 3. 대통령제의 본질적 요소

(1) 대통령과 의회의 상호독립성의 원리

대통령제에서는 국민에 의하여 직접 선출된 대통령과 의회로 민주적 정당성이 이원화된다. 대통령과 의회의 민주적 정당성의 축은 상호 독립성의 원리에 의하여 규율되므로 대통령과 의회는 주기적인 선거에 의하여 국민에 대해서만 정치적 책임을 질 뿐 대통령과 의회 상호간에는 책임의 문제가 발생하지 않는다.

(2) 제도적 징표

입법부와 집행부의 조직과 활동이 상호 독립성의 원리에 의하여 규율된다.

1) 집행부구성원과 의회의원의 겸직이 금지된다.

2) 대통령의 의회해산권이 인정되지 않으며, 의회의 집행부 구성원에 대한 불신임권이 인정되지 않는다.

3) 집행부는 의회에 법률안 제출할 수 있는 권한이 없다.

---

13) 1787년 필라델피아 헌법회의에서 영국의 전통교육을 받은 상류계층 출신의 55명이 회의의장으로 와싱턴을 선출하고 새로운 연방헌법의 제정에 합의하였다. 4개월 후에 연방헌법이 제정되었고, 연방헌법제정에 주도권을 행사하였던 버지니아와 뉴욕의 두 주에서는 기본권조항의 추가를 조건으로 늦게 인준하여, 1791년에 수정헌법 10개조(the first ten amendment)효력을 발생하였다.

4) 의회의 요구가 없는 한 대통령이나 집행부 구성원은 의회에 출석하거나 출석하여 발언을 할 수 없다.

(3) 독립성 원리에 대한 예외

대통령제는 독립성의 원리에 충실하면서도 견제·균형의 원리상 예외를 허용한다. 대통령의 법률안 거부권, 대통령이 체결한 조약과 고위직 공무원의 임명에 대한 의회의 동의권이 그것이다.

## 4. 대통령제의 특징

1) 대통령제에서는 집행부의 구성이 일원적이다.

2) 대통령의 임기 동안 의회의 신임 여부와 관계없이 행정부가 안정되어 국가의 정책을 강력하게 계속적으로 수행할 수 있다. 또한 의회 다수당의 횡포나 졸속입법에 대하여 법률안거부권을 행사함으로써 의회를 견제할 수 있다.

3) 대통령이 강력한 권한을 가지면서 의회에 대하여 책임을 지지 않기 때문에 독재화로 흐를 수 있다. 또한 의회와 대통령이 대립하여 입법이나 예산이 의결되지 못하는 경우 정국이 불안정해질 수 있다.

## 5. 대통령제의 실현형태

(1) 신대통령제

신대통령제는 미국식 대통령제와는 무관한 권위주의적 정부형태를 의미한다. 뢰벤슈타인은 나폴레옹의 권위주의적 체제의 현대적 형태가 신대통령제라고 하면서, 이집트의 낫세르정권, 한국의 이승만정권 등을 그 예로 들고 있다.

(2) 반대통령제

폰바이메와 뒤베르제가 사용한 개념이다. 폰바이메는 반대통령제를 신대통령제의 범주로 이해하고, 뒤베르제는 반대통령제를 이원정부제의 범주로 이해한다.

## 6. 미국의 대통령제

(1) 대통령

1) 대통령은 국가원수임과 동시에 정부수반으로서 고위공직자 임면에서부터 정책집행에 이르는 포괄적인 권한을 행사한다.

2) 대통령은 교서의 형식으로 입법을 요청하고, 법률안에 대하여 거부권을 행사할 수 있다.

(2) 연방의회

1) 연방의회는 상원과 하원으로 구성된다. 하원은 임기 2년의 직선의원으로 구성된다. 상원과 동일한 권한을 가지는 평등양원제이며, 대통령의 탄핵소추권을 가지고 있다.

2) 상원은 6년 임기의 직선의원으로 구성된다. 상원의장은 부통령이 겸직한다. 조약의 비준, 연방대법관·대사 등 중요한 임명행위에 동의권, 탄핵심판권을 가진다.

(3) 대통령과 의회의 관계

대통령과 의회의 다수파가 일치하기는 어렵다. 하원은 2년마다 선거가 실시되고, 상원은 2년마다 3분의 1씩 개선되고 있기 때문이다. 입법권은 의회가 전권을 행사하며, 대통령은 연두교서를 통해서 주요정책의 방향을 제시하고, 의원을 통해서 법률안으로 제시하는 등 원내총무를 통한 공식·비공식의 접촉을 활성화시키는 수밖에 없다.

## Ⅲ. 이원정부제

### 1. 이원정부제의 의의

이원정부제라는 집행부가 대통령과 내각의 두 기구로 구성되고, 대통령과 내각이 집행에 관한 실질적인 권한을 나누어 가지는 정부형태이다. 바이마르공화국과 지금의 프랑스 정부형태[14]를 이원정부제라고 할 수 있다.

이원정부제는 학자에 따라서 반대통령제·준대통령제·이원집정부제·혼합정부형태·권력분산형 대통령제·권력분산형 의원내각제·이원적 의원내각제·절름발이 의원내각제·혼합형 의원내각제·부진정 의원내각제 등으로 부르기도 한다.

### 2. 이원정부제의 본질적 요소

(1) 민주적 정당성의 두 축

대통령과 의회는 국민으로부터 선출된다.

(2) 집행권의 이원적 구조

집행권이 대통령과 수상 중심의 내각으로 이원화된다. 대통령이 국정을 수행함에 있어서 단독으로 수행하는 것이 아니라 수상과 집행권을 공유한다.

### 3. 대통령과 의회의 관계

1) 이원정부제 하에서는 국가원수인 대통령이 국민에 의하여 선출되고 의회로부터 독립하여 국정을 수행한다.

2) 수상과 내각은 대통령이 임명하지만 대통령에 대하여는 책임을 지지 않고 독립하며 의회에 대하여 책임을 진다.

---

14) 프랑스는 제3·4공화국의 의원내각제 정부형태 하에서 정국의 불안정을 해소하기 위하여 제5공화국 헌법에서는 대통령의 강력한 권한을 중심으로 한 집행부 우위의 의원내각제(정화된 의원내각제, 혼합형정부형태)를 채택하였다. 그러나 1962년 헌법개정을 통하여 대통령 직선제를 도입함으로써 진정한 의원내각제라고는 할 수 없는 절충형 정부형태의 전형을 보이고 있다.

3) 대통령은 하원을 해산할 수 있다. 대통령제에서는 대통령과 의회는 독립성의 원리가 지배하므로 대통령은 의회를 해산할 수 없다. 의원내각제에서는 하원을 해산할 수 있는 기관은 내각의 수상이다.[15]

### 4. 프랑스의 이원정부제

1) 대통령의 임기는 5년이며 재선의 제한은 없다. 대통령은 통치자라기보다는 국정의 조정자의 위치에 있다. 대통령은 법률안 거부권, 의회해산권, 국민투표부의권, 수상의 선택권 등이 있다. 대통령이 스스로 입법이나 정부에 관여하는 것은 비상대권발동과 고위공무원임명의 경우에 한정된다.

2) 대통령, 정부(내각), 의회라는 삼각구도로 이루어진다.

3) 의회는 국민의회와 상원으로 구성된다. 국민의회는 임기 5년의 국민직선으로 구성된다. 상원은 임기 9년으로 선거인단에 의하여 간선된다.

4) 대통령과 의회와의 관계

의회의 다수파가 대통령과 동일한 정치세력인 경우 영국식 의원내각제의 형태로 운용될 수 있다. 이 경우 대통령은 수상과 같은 실질적 권한과 국왕과 같은 상징적 권한을 공유한다.

대통령과 의회의 다수파가 동일정파가 아닌 경우 의회다수파의 지지를 받은 수상이 진정한 집행부의 수장으로 부상한다. 1997년부터 2002년까지 시라크 대통령 집권기간 중 대통령과 의회다수파의 불일치에 따른 동거정부의 경험이 그것을 보여주고 있다.

## Ⅳ. 우리나라 정부형태

우리나라가 지금까지 채택했던 정부형태는 제2공화국의 의원내각제를 제외하고는 대통령 중심의 정부형태이다.

---

15) 의원내각제 정부형태를 취하고 있는 독일의 경우를 보면, 독일기본법 제68조 에서 "연방대통령이 연방수상의 제안으로 연방의회를 해산한다."고 규정하고 있다. 이 규정만을 놓고 본다면 대통령의 하원해산권이 이원정부제만의 요소라고 볼 수 있는가에 관하여 의문을 가질 수 있다. 프랑스헌법 제12조 제1항에서 "공화국 대통령은 수상과 양원의 의장의 의견을 들은 뒤 하원을 해산할 수 있다"라고 규정하고 있는 것과 큰 차이점을 발견하기 어렵기 때문이다. 그러나 양국 헌법상의 대통령의 하원해산권을 동일한 의미로 받아들이는 것은 무리가 있다. 프랑스헌법상의 수상이나 양원의장의 의견은 대통령이 하원해산권을 행사하는 데 있어서 구속력이 없다. 하원 해산에 대한 판단권은 대통령의 재량사항으로 보는 것이 일반적이기 때문이다. 반면에 독일기본법상의 하원 해산에 대한 판단권은 연방수상이 가지고 있다. 하원을 해산해야 하는 상황인지에 관한 심사권은 연방대통령에게도 인정되지만 이 경우 연방대통령은 연방수상의 판단재량을 존중해야 한다. 궁극적으로 하원을 해산할 것인지에 관한 결정은 대통령이 하지만 이것을 두고 연방대통령의 하원해산권을 의원내각제적 요소라고 이해해서는 안 된다. 오히려 독일이 순수한 의원내각제를 조금 이탈하고 있다고 보는 것이 타당하다.

## 1. 대통령제적 요소

(1) 민주적 정당성의 두 축이 존재한다. 국민에 의하여 직접 선출되는 대통령과 국회가 존재한다. 대통령은 5년의 임기 동안 국회에 대하여 정치적 책임을 지지 않으며, 대통령도 국회해산권이 없다.

(2) 행정부의 구성이 일원적이다. 대통령은 국가원수인 동시에 행정권의 수반이다.

## 2. 의원내각제적 요소

(1) 국무총리, 국무위원과 국회의원의 겸직이 가능하다.

(2) 정부는 법률안제출권을 가진다.

(3) 대통령의 국법상의 행위에는 국무총리와 관계국무위원의 부서가 있어야 한다.

(4) 부통령을 두지 않고, 국무총리를 두고 있으며, 국무총리를 임명함에 있어 국회의 동의를 얻게 하고 있다.

(5) 국무총리, 국무위원, 정부위원 등도 국회나 그 위원회에 출석하여 발언할 수 있고, 국회는 국무총리, 국무위원, 정부위원에게 출석 및 답변을 요구할 수 있다. 대통령은 국회의 요구가 없어도 국회에 출석하여 발언할 수 있다.

(6) 국회는 국무총리와 국무위원에 대한 해임을 대통령에게 건의할 수 있는 해임건의권은 의원내각제의 불신임권과 동일한 것으로 이해되지 않는다.

## 제6절 지방자치제도

## Ⅰ. 지방자치제도의 의의

지방자치제도는 일정한 지역을 단위로 일정한 지역의 주민이 그 지방의 사무를 자신들이 선출한 기관을 통하여 직접 처리하게 함으로써 지방자치행정의 민주성과 능률성을 제고하고 지방의 균형 있는 발전과 아울러 국가의 민주적 발전을 도모하는 제도이다.

> **지방자치제도의 의의**(헌재 2019.8.29. 2018헌마129)
> 지방자치는 민주주의의 요체이고, 현대의 복합사회가 요구하는 정치적 다원주의를 실현시키기 위한 제도적 장치로서, 지방의 공동 관심사를 자율적으로 처결함과 동시에 주민의 자치역량을 배양하여, 국민주권주의와 자유민주주의의 이념구현에 이바지함을 목적으로 하는 제도이다. 이러한 지방자치의 헌법적 보장은 국민주권의 기본원리에서 출발하여 주권의 지역적 주체인 주민에 의한 자기통치를 실현하기 위한 것이다(헌재 2009.3.26. 2007헌마843).

> **지방자치제도의 헌법적 보장**(헌재 1998.4.30. 96헌바62)
> 지방자치제도의 … 헌법적 보장은 한마디로 국민주권의 기본원리에서 출발하여 주권의 지역적 주체로서의 주민에 의한 자기통치의 실현으로 요약할 수 있고, 이러한 지방자치의 본질적 내용인 핵심영역은 어떠한 경우라도 입법 기타 중앙정부의 침해로부터 보호되어야 한다는 것을 의미한다. 다시 말하면 중앙정부의 권력과 지방자치단체 간의 권력의 수직적 분배는 서로 조화가 요청되고 그 조화과정에서 지방자치의 핵심영역은 침해되어서는 안 되는 것이므로, 이와 같은 권력분립적·지방분권적인 기능을 통하여 지역주민의 기본권 보장에도 이바지하는 것이다.

> **제도적 보장으로서 지방자치제도**(헌재 2006.2.23. 2005헌마403)
> 지방자치제도는 제도적 보장의 하나로서 … 주관적 권리가 아닌 객관적 법규범이라는 점에서 기본권과 구별되기는 하지만 헌법에 의하여 일정한 제도가 보장되면 입법자는 그 제도를 설정하고 유지할 입법의무를 지게 될 뿐만 아니라 헌법에 규정되어 있기 때문에 법률로써 이를 폐지할 수 없고, 비록 내용을 제한한다고 하더라도 그 본질적 내용을 침해할 수는 없다. … 제도적 보장은 기본권 보장의 경우와는 달리 그 본질적 내용을 침해하지 아니하는 범위 안에서 입법자에게 제도의 구체적인 내용과 형태의 형성권을 폭넓게 인정한다는 의미에서 '최소한 보장의 원칙'이 적용된다.

## Ⅱ. 우리 헌법상 지방자치제도의 연혁

제1공화국헌법에서 지방자치에 관한 규정을 두었으나 실시되지 못하였고, 제2공화국에 이르러 시·읍·면의 의회가 구성되었다. 제3공화국헌법에서는 부칙에서 지방의회의 구성시기를 법률로 정하도록 하였으나 실시되지 못하였고, 제4공화국에 이르러서는 지방의회의 구성을 조국의 평화적 통일이 있을 때까지로 미루어 지방자치를 사실상 폐지하였다. 제5공화국헌법은 지방의회의 구성시기를 법률로 정하도록 하여 사실상 의회를 구성하지 않았다. 제6공화국에 들어와서 1991년 지방의회가 구성되어 본격적으로 지방자치시대가 열리게 되었고, 1995년 통합선거법의 제정으로 지방자치단체장과 지방의회의원의 동시선거가 시행되었다.

## Ⅲ. 지방자치의 유형

지방자치는 자치사무의 처리를 위하여 국가로부터 독립한 단체의 자치기구를 따로 두느냐, 아니면 국가의 지방행정관청이 지방주민의 참여 하에 자치사무를 처리하느냐에 따라 지방자치를 두 가지 유형으로 구분해왔다.

### 1. 단체자치

단체자치는 프랑스, 독일에서 형성된 지방자치사상에서 유래하는 것으로 지역의 고유사무의 자율적인 처리가 지역단체의 고유권한이라는 측면에서 주장되었다. 그렇기 때문에 ⑴ 단체자치는 국가로부터 독립한 자치기구를 따로 두어, 자치기구가 의결기관과 집행기관으로 이원적으로 분리된다. ⑵ 국가로부터 독립한 자치단체가 처리하게 되는 고유사무와 국가가 위임하는 위임사무가 구별된다. ⑶ 독립한 지방자치단체는 중앙행정기관의 감독하에 놓이게 된다(행정통제형).[16]

### 2. 주민자치

주민자치는 영국에서 지방자치사상에서 유래한 것으로 지역의 고유사무의 자율적인 처리는 그 지역주민의 고유권한이라는 측면에서 주장된 것이다. 그렇기 때문에 ⑴ 주민자치는 국가의 지방행정관청이 지방주민의 참여 하에 자치사무를 처리하게 되므로 지방자치단체의 기관은 국가의 지방행정청이며 지방행정청은 의결기관인 동시에 집행기관이기 때문에 의결기관과 집행기관의 구별이 없다. ⑵ 독립한 지방자치단체가 처리하는 고유사무와 국가가 위임하는 위임사무의 구별이 없다. ⑶ 지방자치단체에 대한 감독은 입법적·사법적 감독을 원칙으로 한다.(사법통제형)[17]

> **지방자치의 범주 및 성질**(헌재 2009.3.26. 2007헌마843)
> 지방자치는 주민의 의사에 따라 지방행정을 처리하는 '주민자치'와 지방분권주의를 기초로 하여 국가내의 일정한 지역을 토대로 독립된 단체가 존재하는 것을 전제로 하여 그 단

---

16) 행정적 통제라 함은 지방자치단체의 일반적 권한만을 법률로써 정하되 지방자치단체의 권한 행사를 중앙행정기관이 명령·인가·허가·검사·취소·임명·파면 등의 방법으로 통제하는 것을 말한다.

17) 입법적 통제라 함은 국회가 제정하는 법률로써 지방자치단체의 조직·권한 및 운영을 통제하는 방법이다. 사법적 통제라 함은 입법적 통제를 전제로 하여 지방자치단체가 법률에 위배하는 권한 행사를 할 때에 재판을 통하여 그 위법행위를 억제하는 방법이다.

체의 의회와 기관이 그 사무를 처리하는 '단체자치'를 포함하고, 이러한 지방자치는 국민의 기본권이 아닌 헌법상의 제도적 보장으로 이해되고 있다.

**지방자치의 범주에 속하는 조례제정개폐청구권**(헌재 2009.7.30. 2007헌바75 반대의견)
우리 헌법상 자치단체의 보장은 주민의 의사에 따라 지방행정을 처리하는 '주민자치'와 지방분권주의에 기초하여 국가 내의 일정한 지역을 토대로 하는 독립단체가 그 단체의 의결기관과 집행기관을 통하여 그 단체의 사무를 처리하는 '단체자치'를 포괄한다. 이 사건에서 문제되는 주민의 조례제정개폐청구제도는 주민이 지방행정작용 중의 하나인 자치입법에 직접 참여하는 것이라는 점에서 주민자치를 구체적으로 실현하려는 장치라고 할 수 있다. 따라서 주민의 조례제정개폐청구권을 제한하고 있는 이 사건 법률규정들이 헌법상 보장된 지방자치제도의 본질적 내용을 침해하는 것인지 여부를 판명하려면 우선 주민자치제도의 본질적 내용이 무엇인지를 해명할 필요가 있다.

**지방자치의 본질적 내용**(헌재 2006.2.23. 2005헌마403)
지방자치의 본질적 내용은 자치단체의 보장, 자치기능의 보장 및 자치사무의 보장이고, 우리 헌법상 자치단체의 보장은 단체자치와 주민자치를 포괄하는 것이다.

## Ⅳ. 지방자치의 내용

지방자치의 제도적 보장의 본질적 내용은 자치기능보장·자치단체보장·자치사무보장이다.

**헌법 제117조 및 제118조가 보장하는 본질적 내용**(헌재 2001.6.28. 2000헌마735)
헌법 제117조 및 제118조가 보장하고 있는 본질적인 내용은 자치단체의 존재의 보장, 자치기능의 보장 및 자치사무의 보장으로 어디까지나 지방자치단체의 자치권인 것이다.

### 1. 자치기능보장

(1) 지방자치권의 보장

지방자치제도의 본질적 내용에 속하는 자치기능에는 지방자치단체가 국가의 지시나 감독을 받지 않고 법이 정하는 바에 따라 독자적인 책임 하에 처리할 수 있는 지방자치권의 보장을 내용으로 한다.

**지방자치권의 보장과 내용**(헌재 2014.3.27. 2012헌라4)
지방자치단체에게는 법령의 범위 내에서 자신의 지역에 관련된 여러 사무를 자신의 책임 하에 수행할 수 있는 지방자치권이 보장되는데, 이러한 권한에는 자치입법권, 자치조직권, 자치인사권, 자치재정권 등이 포함된다.

**자방지차단체의 자치권의 종류 및 헌법에 위반되는 정도**(헌재 2021.3.25. 2018헌바348)
지방자치단체의 자치권은 자치입법권, 자치행정권, 자치재정권으로 나눌 수 있다. 자치재정권은 지방자치단체가 법령의 범위 내에서 국가의 지시를 받지 않고 자기 책임 하에 수

입과 지출을 운영할 수 있는 권한이다. 자치재정권 중 자치수입권은 지방자치단체가 법령의 범위 내에서 자기 책임 하에 그에 허용된 수입원으로부터 수입정책을 결정할 수 있는 권한인데, 여기에는 지방세, 분담금 등을 부과·징수할 수 있는 권한이 포함된다. 헌법 제117조 제1항은 자치입법권의 수권규정으로서 지방자치단체의 조례제정권을 보장하고, 지방자치법 제22조는 개별 법률의 위임이 있는 경우에는 조례로 주민의 권리를 제한하거나 주민에게 의무를 부과하는 것이 가능함을 밝히고 있다. … 헌법상 지방자치단체의 자치권의 범위는 법령에 의하여 형성되고 제한되나, 지방자치단체의 자치권은 헌법상 보장되고 있으므로 비록 법령에 의하여 이를 제한하는 것이 가능하다고 하더라도 그 제한이 불합리하여 자치권의 본질을 훼손하는 정도에 이른다면 이는 헌법에 위반된다.

### (2) 자치입법권(조례제정권)

#### 1) 조례의 의의

조례는 지방자치단체가 그 자치입법권에 근거하여 자주적으로 지방의회의 의결을 거쳐 제정한 자치법규이다.

#### 2) 조례제정권의 법적 근거

헌법 제117조 제1항에서 "지방자치단체는 주민의 복리에 관한 사무를 처리하고 재산을 관리하며, 법령의 범위 안에서 자치에 관한 규정을 제정할 수 있다"라고 규정하고 있고, 지방자치법 제28조에서는 "지방자치단체는 법령의 범위 안에서 그 사무에 관하여 조례를 제정할 수 있다. 다만, 주민의 권리 제한 또는 의무 부과에 관한 사항이나 벌칙을 정할 때에는 법률의 위임이 있어야 한다."라고 규정하여 자치입법권을 인정하고 있다.

#### 3) 조례의 효력

지방자치단체는 법령의 범위 안에서 자치에 관한 규정을 제정할 수 있으므로 조례는 법률과 명령에 위반하는 것이어서는 안 된다.

주민의 권리를 제한하거나 의무부과에 관한 사항이나 벌칙을 정할 경우에는 법률의 위임이 있어야 한다. 헌법재판소는 조례에 대한 법률의 위임은 포괄적인 것으로도 족하다고 결정하였다.

**조례 제정에 있어 법률위임 필요성과 포괄위임 가능성**(헌재 1995.4.20. 92헌마264 등 병합)
헌법 제117조 제1항은 "지방자치단체는 주민의 복리에 관한 사무를 처리하고 재산을 관리하며, 법령의 범위 안에서 자치에 관한 규정을 제정할 수 있다."고 규정하고 있고, 지방자치법 제15조는 이를 구체화하여 "지방자치단체는 법령의 범위 안에서 그 사무에 관하여 조례를 제정할 수 있다. 다만, 주민의 권리 제한 또는 의무부과에 관한 사항이나 벌칙을 정할 때에는 법률의 위임이 있어야 한다."고 규정하고 있다. 이 사건 조례들은 담배소매업을 영위하는 주민들에게 자판기 설치를 제한하는 것을 내용으로 하고 있으므로 주민의 직업선택의 자유 특히 직업수행의 자유를 제한하는 것이 되어 지방자치법 제15조 단서 소정의 주민의 권리의무에 관한 사항을 규율하는 조례라고 할 수 있으므로 지방자치단체가 이러한 조례를 제정함에 있어서는 법률의 위임을 필요로 한다. 그런데 조례의 제정권자인 지방의회는 선거를 통해서 그 지역적인 민주적 정당성을 지니고 있는 주민의 대표기관이고, 헌법이 지방자치단체에 대해 포괄적인 자치권을 보장하고 있는 취지로 볼 때 조례제정권에 대한 지나친 제약은 바람직하지 않으므로 조례에 대한 법률의 위임은 법규명령에 대한 법률의 위임과 같이 반드시 구체적으로 범위를 정하여 할 필요가 없으며 포괄적인 것으로 족하다고 할 것이다.

4) 조례에 대한 헌법소원

조례는 지방자치단체가 그 자치입법권에 근거하여 자주적으로 지방의회의 의결을 거쳐 제정한 법규이기 때문에 조례 자체로 인하여 기본권을 침해받은 자는 그 권리구제의 수단으로 조례에 대한 헌법소원을 제기할 수 있다. 헌법재판소법 제68조 제2항에 의한 헌법소원심판의 대상은 법률이므로 지방자치단체의 조례는 그 대상이 될 수 없다.

5) 조례에 대한 법원의 통제

조례는 헌법 제107조 제2항에 의하여 법원의 명령·규칙에 대한 위헌·위법 심사권의 대상이 된다. 조례가 처분성을 갖는 경우에는 항고소송의 대상이 된다. 대법원은 조례가 집행행위의 개입 없이 그 자체로서 직접 국민의 구체적인 권리의무나 법적 이익에 영향을 미치는 등의 법률상 효과를 발생하는 경우에는 항고소송의 대상이 되는 행정처분에 해당한다고 하면서, 이 때 피고 행정청은 지방의회가 아니라 지방자치단체의 장이라고 판시하였다(대판 1996.9.20. 95누8003).[18]

**조례에 대한 헌법소원심판청구에 있어 보충성 원칙 충족 여부**(헌재 1995.4.20. 92헌마264 등)
조례는 지방자치단체가 그 자치입법권에 근거하여 자주적으로 지방의회의 의결을 거쳐 제정한 법규이기 때문에 조례 자체로 인하여 기본권을 침해받은 자는 그 권리구제의 수단으로서 조례에 대한 헌법소원을 제기할 수 있다고 할 것이다. 다만 이 경우에 그 적법요건으로서 조례가 별도의 구체적인 집행행위를 기다리지 아니하고 직접 그리고 현재 자기의 기본권을 침해하는 것이어야 함을 요한다. … 이 사건의 경우와 같이 조례 자체에 의한 직접적인 기본권 침해가 문제될 때에는 그 조례 자체의 효력을 직접 다투는 것을 소송물로 하여 일반법원에 구제를 구할 수 있는 절차가 있는 경우가 아니어서 다른 구제절차를 거칠 것 없이 바로 헌법소원심판을 청구할 수 있는 것이므로 이 사건 헌법소원심판청구는 보충성의 원칙에 반하지 아니하는 적법한 소원심판청구라 할 것이다.

**처분적 조례에 대한 헌법소원에 있어 보충성의 예외 인정 여부**(헌재 2009.10.29. 2008헌마454)
이 사건 조항은 학교교과 교습학원 및 교습소의 교습시간을 제한하고 있을 뿐이므로, 비록 그로 인하여 학원운영자 등이 교습시간을 제한받는다고 하여도 위 조항을 그 상대방

---

18) 대법원은 교육에 관한 조례의 무효확인소송에 있어서는 교육감이 피고적격을 갖는데, 원고가 피고를 경기도의회라고 잘못 지정했다는 이유로 원고의 청구를 각하하였다(대판 1996.9.20. 95누8003 참조).

과 적용사건이 특정되는 처분적 조례로서 항고소송의 대상이 된다고 볼 수 있을지는 의문이다. 그렇다면 이 사건 조항에 대한 소송을 일반법원에 제기하더라도 이 사건 조항이 항고소송의 대상이 되는 행정처분에 해당하는지 여부가 객관적으로 불확실하고 이 사건 조항에 대하여 법원에서 항고소송의 대상으로 인정받은 적도 없는 바, 청구인들에게 항고고송에 의한 권리구제절차를 거치도록 요구하거나 기대할 수 없으므로 보충성의 예외를 인정하여 헌법소원을 허용함이 상당하다.

### 6) 조례제정권의 한계

지방자치단체는 법령의 범위 안에서 그 사무에 관하여 조례를 제정할 수 있다. 이 때 사무란 지방자치법 제13조 제1항에서 말하는 지방자치단체의 자치사무와 법령에 의하여 지방자치단체에 속하게 된 단체위임사무를 가리키므로, 국가사무가 지방자치단체의 장에게 위임된 기관위임사무는 원칙적으로 조례의 제정범위에 속하지 않는다. 다만 기관위임사무도 개별 법령에서 일정한 사항을 조례로 정하도록 위임하고 있는 경우에는 위임조례를 정할 수 있다.

## 2. 자치단체보장

지방자치제도의 보장은 지방자치단체의 의한 자치행정을 보장한다는 것이며, 자치단체의 존속을 보장한다는 의미는 아니다.

> 자치제도의 보장이 특정 자치단체의 존속을 보장한다는 의미인지 여부(헌재 1995.3.23. 94헌마175)
> 자치제도의 보장은 지방자치단체에 의한 자치행정을 일반적으로 보장한다는 것뿐이고 특정자치단체의 존속을 보장한다는 것은 아니며 지방자치단체의 폐치·분합에 있어 지방자치권의 존중은 위에서 본 법정절차의 준수로 족한 것이다. 그러므로 군 및 도의회의 결의에 반하여 법률로 군을 폐지하고 타시에 병합하여 시를 설치한다 하여 주민들의 자치권을 침해하는 결과가 된다거나 헌법 제8장에서 보장하는 지방자치제도의 본질을 침해하는 것이라고 할 수 없다.

## 3. 자치사무보장

지방자치제도는 자치사무보장을 그 내용으로 하고 있다. 지방자치단체는 국가나 다른 자치단체에 속하는 사무를 제외하고는 주민의 복리에 관한 사무를 포괄적으로 처리할 수 있다.

# Ⅴ. 우리나라 지방자치제도

## 1. 지방자치단체의 종류

### (1) 지방자치단체와 특별지방자치단체

> 지방자치법 제2조(지방자치단체의 종류) ① 지방자치단체는 다음의 두 가지 종류로 구분한다.
> 1. 특별시, 광역시, 특별자치시, 도, 특별자치도
> 2. 시, 군, 구

② 지방자치단체인 구("자치구")는 특별시와 광역시의 관할 구역 안의 구만을 말하며, 자치구의 자치권의 범위는 법령으로 정하는 바에 따라 시·군과 다르게 할 수 있다.
③ 제1항의 지방자치단체 외에 특정한 목적을 수행하기 위하여 필요하면 따로 특별지방자치단체를 설치할 수 있다.

(2) 특별자치시와 특별자치도

수도권의 과도한 집중에 따른 부작용을 시정하고 국가의 균형발전과 국가경쟁력을 강화할 목적으로 세종특별자치시 설치 등에 관한 특별법에 의하여 행정중심복합도시인 세종특별자치시를 설치하였다. 제주특별자치도 설치 및 국제자유도시 조성을 위한 특별법에 의해 제주특별자치도를 설치함으로써 실질적 지방분권을 보장하고 국제자유도시 조성을 그 목적으로 하고 있다.

**현행 자방지치의 기본적 모습**(헌재 2019.8.29. 2018헌마129)
지방자치법은 지방자치단체를 '특별시, 광역시, 특별자치시, 도, 특별자치도(광역자치단체)'와 '시, 군, 구(기초자치단체)'로 구분하고, 지방자치단체인 자치구는 특별시와 광역시의 관할 구역 안의 구만을 말한다고 규정하고 있다. 이처럼 우리나라의 현행 지방자치의 기본적인 모습은 광역자치단체, 기초자치단체의 2단계 구조로 되어 있다. 다만 광역자치단체 중 세종특별자치시와 제주특별자치도의 경우에는 기초자치단체를 두지 않고 있어 지방자치단체가 1단계로 이루어져 있다.

**특별시·광역시가 아닌 시에 지방자치단체가 아닌 행정구를 두고 그 구청장은 임명하는 조항 위헌확인 사건**(헌재 2019.8.29. 2018헌마129)
인구 50만 이상의 일반 시에는 자치구가 아닌 구('행정구')를 두고 그 구청장은 시장이 임명하도록 한 '임명조항'으로 인해, 행정구의 구청장이나 구의원을 주민의 선거로 선출할 수 없는 행정구 주민의 평등권이 침해되는지 여부(소극)

행정구의 경우 기초자치단체인 시 관할 구역 안에 있는 것을 감안하여 지방자치단체의 지위를 부여하지 않고, 현행 지방자치의 일반적인 모습인 2단계 지방자치단체의 구조를 형성한 입법자의 선택이 현저히 자의적이라고 보기 어렵다. 행정구 주민이 지방자치단체로서의 행정구 대표자를 선출할 수 없다고 하더라도, 여전히 기초자치단체인 시와 광역자치단체인 도의 대표자 선출에 참여할 수 있어, 행정구에서도 지방자치행정에 대한 주민참여가 제도적으로 동일하게 유지되고 있다. 따라서 임명조항이 주민들의 민주적 요구를 수용하는 지방자치제와 민주주의의 본질과 정당성을 훼손할 위험이 있다고 단정할 수 없다. 인구가 적거나 비슷한 다른 기초자치단체 주민에 비하여, 행정구에 거주하는 청구인이 행정구의 구청장이나 구의원을 선출하지 못하는 차이가 있지만, 이러한 차별취급이 자의적이거나 불합리하다고 보기 어려우므로, 임명조항은 행정구 주민의 평등권을 침해하지 아니한다.

> 일정 지역 내의 지방자치단체인 시·군을 모두 폐지하여 지방자치단체의 중층구조를 단층화하는 것이 헌법상 지방자치제도의 보장에 위반되는지 여부(헌재 2006.4.27. 2005헌마1190)
>
> 헌법 제117조 제2항은 지방자치단체의 종류를 법률로 정하도록 규정하고 있을 뿐 지방자치단체의 종류 및 구조를 명시하고 있지 않으므로 이에 관한 사항은 기본적으로 입법자에게 위임된 것으로 볼 수 있다. 헌법상 지방자치제도 보장의 핵심영역 내지 본질적 부분이 특정 지방자치단체의 존속을 보장하는 것이 아니며 지방자치단체에 의한 자치행정을 일반적으로 보장하는 것이므로, 현행법에 따른 지방자치단체의 중층구조 또는 지방자치단체로서 특별시·광역시 및 도와 함께 시·군 및 구를 계속하여 존속하도록 할지 여부는 결국 입법자의 입법형성권의 범위에 들어가는 것으로 보아야 한다. 같은 이유로 일정구역에 한하여 당해 지역 내의 지방자치단체인 시·군을 모두 폐지하여 중층구조를 단층화하는 것 역시 입법자의 선택범위에 들어가는 것이다.

## 2. 지방자치단체의 사무

지방자치단체의 사무로는 자치사무, 단체위임사무, 기관위임사무 등이 있다.

### (1) 자치사무(고유사무)

고유사무는 지방자치단체의 존립목적이 되는 사무로서 지방적 복리사무를 말한다. 예컨대 주민의 복리증진에 관한 사무, 지역개발 및 주민의 생활환경의 시설의 설치·관리에 관한 사무, 교육·체육·문화·예술의 진흥에 관한 사무 등을 말한다.

### (2) 단체위임사무

단체위임사무는 법령에 의하여 국가 또는 상급 지방자치단체로부터 위임된 사무를 말한다.

### (3) 기관위임사무

기관위임사무는 전국적으로 이해관계가 있는 사무로서 국가 또는 상급 지방자치단체로부터 지방자치단체의 장에게 위임된 사무를 말한다. 이 경우 당해 지방자치단체의 장은 지방자치단체의 대표기관으로서의 지위가 아니라 사무를 위임한 국가 또는 상급 지방자치단체의 하부 행정기관으로서의 지위에서 위임사무를 처리한다.

## 3. 지방자치단체의 기관

### (1) 지방의회

지방의회는 지역주민에 의하여 선출되는 임기 4년의 지방의회의원으로 구성된다. 지방의회의원은 국회의원이나 다른 지방의회의원 등과의 겸직이 금지된다. 지방의회는 조례의 제정 및 개폐, 예산의 심의·확정, 결산의 승인 등에 관한 사항에 대하여 의결권과 행정사무감사·조사권을 가진다.

> **지방자치법 제43조(겸직 등 금지)** ① 지방의회의원은 다음 각 호의 어느 하나에 해당하는 직(職)을 겸할 수 없다.
> 1. 국회의원, 다른 지방의회의원

2. 헌법재판소 재판관, 각급 선거관리위원회 위원
  3. 「국가공무원법」 제2조에 따른 국가공무원과 「지방공무원법」 제2조에 따른 지방공무원(「정당법」 제22조에 따라 정당의 당원이 될 수 있는 교원은 제외한다)
  4. 「공공기관의 운영에 관한 법률」 제4조에 따른 공공기관(한국방송공사, 한국교육방송공사 및 한국은행을 포함한다)의 임직원
  5. 「지방공기업법」 제2조에 따른 지방공사와 지방공단의 임직원
  6. 농업협동조합, 수산업협동조합, 산림조합, 엽연초생산협동조합, 신용협동조합, 새마을금고(이들 조합·금고의 중앙회와 연합회를 포함한다)의 임직원과 이들 조합·금고의 중앙회장이나 연합회장
  7. 「정당법」 제22조에 따라 정당의 당원이 될 수 없는 교원
  8. 다른 법령에 따라 공무원의 신분을 가지는 직
  9. 그 밖에 다른 법률에서 겸임할 수 없도록 정하는 직

### (2) 지방자치단체장

#### 1) 지방자치단체장의 지위

지방자치단체의 장은 임기 4년으로 주민이 직접 선거한다. 계속 재임은 3기에 한한다. 지방자치단체의 장은 일정한 직의 겸직이 금지된다.

**지방자치법 제109조(겸임 등의 제한)** ① 지방자치단체의 장은 다음 각 호의 어느 하나에 해당하는 직을 겸임할 수 없다.
  1. 대통령, 국회의원, 헌법재판소 재판관, 각급 선거관리위원회 위원, 지방의회의원
  2. 「국가공무원법」 제2조에 따른 국가공무원과 「지방공무원법」 제2조에 따른 지방공무원
  3. 다른 법령에 따라 공무원의 신분을 가지는 직
  4. 「공공기관의 운영에 관한 법률」 제4조에 따른 공공기관(한국방송공사, 한국교육방송공사 및 한국은행을 포함한다)의 임직원
  5. 농업협동조합, 수산업협동조합, 산림조합, 엽연초생산협동조합, 신용협동조합 및 새마을금고(이들 조합·금고의 중앙회와 연합회를 포함한다)의 임직원
  6. 교원
  7. 「지방공기업법」 제2조에 따른 지방공사와 지방공단의 임직원
  8. 그 밖에 다른 법률에서 겸임할 수 없도록 정하는 직

#### 2) 지방자치단체장의 권한

지방자치단체의 장은 지방자치단체를 대표하고, 그 사무를 총괄한다.

#### 3) 지방자치단체장의 권한대행

① 지방자치단체장이 궐위, 공소 제기된 후 구금상태에 있는 경우, 의료기관에 60일 이상 계속하여 입원하는 경우에는 부단체장이 권한을 대행한다.

**지방자치법 제124조(지방자치단체의 장의 권한대행 등)** ① 지방자치단체의 장이 다음 각 호의 어느 하나에 해당되면 부지사·부시장·부군수·부구청장("부단체장")이 그 권한을 대행한다.
  1. 궐위된 경우

> 2. 공소 제기된 후 구금상태에 있는 경우
> 3. 「의료법」에 따른 의료기관에 60일 이상 계속하여 입원한 경우

**지방자치법 제111조 제1항 제3호 위헌확인 사건**(헌재 2010.9.2. 2010헌마418)[19]

지방자치단체의 장이 금고 이상의 형을 선고받고 그 형이 확정되지 아니한 경우 부단체장이 그 권한을 대행하도록 규정한 지방자치법 제111조 제1항 제3호가 자치단체장인 청구인의 공무담임권 등 기본권을 침해하는지 여부(적극)

금고 이상의 형을 선고받았더라도 불구속상태에 있는 이상 자치단체장이 직무를 수행하는 데는 아무런 지장이 없으므로 부단체장으로 하여금 그 권한을 대행시킬 직접적 필요가 없다는 점, 혹시 그러한 직무정지의 필요성이 인정된다 하더라도, 형이 확정될 때까지 기다리게 되면 자치단체행정의 원활한 운영에 상당한 위험이 초래될 것으로 명백히 예상된다거나 회복할 수 없는 공익이 침해될 우려가 있는 제한적인 경우로 한정되어야 한다는 점, 금고 이상의 형을 선고받은 범죄가 해당 자치단체장에 선출되는 과정에서 또는 선출된 이후 자치단체장의 직무에 관련하여 발생하였는지 여부, 고의범인지 과실범인지 여부 등 해당 범죄의 유형과 죄질에 비추어 형이 확정되기 전이라도 미리 직무를 정지시켜야 할 이유가 명백한 범죄를 저질렀을 경우로만 한정할 필요도 있는 점 등에 비추어 볼 때, 이 사건 법률조항은 필요최소한의 범위를 넘어선 기본권 제한에 해당할 뿐 아니라, 이 사건 법률조항으로 인하여 해당 자치단체장은 불확정한 기간 동안 직무를 정지당함은 물론 주민들에게 유죄가 확정된 범죄자라는 선입견까지 주게 되고, 더욱이 장차 무죄판결을 선고받게 되면 이미 침해된 공무담임권은 회복될 수도 없는 등의 심대한 불이익을 입게 되므로, 법익균형성 요건 또한 갖추지 못하였다. 따라서 이 사건 법률조항은 자치단체장인 청구인의 공무담임권을 침해한다.

**공소제기 후 구금된 지방자치단체장에 대한 직무정지 사건**(헌재 2011.4.28. 2010헌마474)

지방자치단체의 장이 '공소 제기된 후 구금상태에 있는 경우' 부단체장이 그 권한을 대행하도록 규정한 지방자치법 제111조 제1항 제2호가 자치단체장인 청구인의 공무담임권을 제한함에 있어 가. 과잉금지원칙에 위반되는지 및 나. 무죄추정의 원칙에 위반되는지 여부(소극)

가. 이 사건 법률조항의 입법목적은 주민의 복리와 자치단체행정의 원활하고 효율적인 운영에 초래될 것으로 예상되는 위험을 미연에 방지하려는 것으로, 자치단체장이 '공소 제기된 후 구금상태'에 있는 경우 자치단체행정의 계속성과 융통성을 보장하고 주민의 복리를 위한 최선의 정책집행을 도모하기 위해서는 해당 자치단체장을 직무에서 배제

---

[19] 종전에 헌법재판소가 이 결정과 견해를 달리해, 이 사건 법률조항에 해당하는 구 지방자치법(2002. 3. 25. 법률 제6669호로 개정되고 2007. 5. 11. 법률 제8423호로 개정되기 전의 것) 제101조의2 제1항 제3호가 과잉금지원칙을 위반하여 자치단체장의 공무담임권을 제한하는 것이 아니고 무죄추정의 원칙에도 저촉되지 않는다고 판시하였던 2005.5.26. 2002헌마699, 2005헌마192(병합) 결정은 이 결정과 저촉되는 범위 내에서 변경하기로 한다.

시키는 방법 외에는 달리 의미있는 대안을 찾을 수 없고, 범죄의 죄질이나 사안의 경중에 따라 직무정지의 필요성을 달리 판단할 여지가 없으며, 소명의 기회를 부여하는 등 직무정지라는 제재를 가함에 있어 추가적인 요건을 설정할 필요도 없다. 나아가 정식 형사재판절차를 앞두고 있는 '공소 제기된 후'부터 시작하여 '구금상태에 있는' 동안만 직무를 정지시키고 있어 그 침해가 최소한에 그치도록 하고 있고, 이 사건 법률조항이 달성하려는 공익은 매우 중대한 반면, 일시적·잠정적으로 직무를 정지당할 뿐 신분을 박탈당하지도 않는 자치단체장의 사익에 대한 침해는 가혹하다고 볼 수 없으므로 과잉금지원칙에 위반되지 않는다.

나. 이 사건 법률조항은 공소 제기된 자로서 구금되었다는 사실 자체에 사회적 비난의 의미를 부여한다거나 그 유죄의 개연성에 근거하여 직무를 정지시키는 것이 아니라, 구금의 효과, 즉 구속되어 있는 자치단체장의 물리적 부재상태로 말미암아 자치단체행정의 원활하고 계속적인 운영에 위험이 발생할 것이 명백하여 이를 미연에 방지하기 위하여 직무를 정지시키는 것이므로, '범죄사실의 인정 또는 유죄의 인정에서 비롯되는 불이익'이라거나 '유죄를 근거로 하는 사회윤리적 비난'이라고 볼 수 없다. 따라서 무죄추정의 원칙에 위반되지 않는다.

② 지방자치단체의 장이 그 직을 가지고 그 지방자치단체의 장 선거에 입후보하면 예비후보자 또는 후보자로 등록한 날부터 선거일까지 부단체장이 그 지방자치단체의 장의 권한을 대행한다(지방자치법 제124조 제2항).

③ 지방자치단체의 장이 출장·휴가 등 일시적 사유로 직무를 수행할 수 없으면 부단체장이 그 직무를 대리한다(지방자치법 제124조 제3항).

(3) 지방교육자치단체

시·도의 교육·학예에 관한 사무의 집행기관으로 시·도에 교육감을 둔다.

## 4. 주민

(1) 주민투표권

지방자치단체의 장은 주민에게 과도한 부담을 주거나 중대한 영향을 미치는 지방자치단체의 주요 결정사항 등에 대하여 주민투표에 부칠 수 있다(지방자치법 제18조).

**주민투표권이 기본권 인지 여부**(헌재 2001.6.28. 2000헌마735)
우리 헌법은 법률이 정하는 바에 따른 '선거권'과 '공무담임권' 및 국가안위에 관한 중요정책과 헌법개정에 대한 '국민투표권'만을 헌법상의 참정권으로 보장하고 있으므로, 지방자치법 제13조의2에서 규정한 주민투표권은 그 성질상 선거권, 공무담임권, 국민투표권과 전혀 다른 것이어서 이를 법률이 보장하는 참정권이라고 할 수 있을지언정 헌법이 보장하는 참정권이라고 할 수는 없다.

**주민투표권에 대한 평등권 심사까지 배제되는지 여부**(헌재 2007.6.28. 2004헌마643)

주민투표권은 헌법상의 열거되지 아니한 권리 등 그 명칭의 여하를 불문하고 헌법상의 기본권성이 부정된다는 것이 우리 재판소의 일관된 입장이라 할 것인데, 이 사건에서 그와 달리 보아야 할 아무런 근거를 발견할 수 없다. 그렇다면 이 사건 심판청구는 헌법재판소법 제68조 제1항의 헌법소원을 통해 그 침해 여부를 다툴 수 있는 기본권을 대상으로 하고 있는 것이 아니므로 그러한 한에서 이유 없다. 하지만 주민투표권이 헌법상 기본권이 아닌 법률상의 권리에 해당한다 하더라도 비교집단 상호간에 차별이 존재할 경우에 헌법상의 평등권 심사까지 배제되는 것은 아니다.

**주민투표에 관한 절차와 사항을 입법해야 할 헌법상 의무가 존재하는지 여부**(헌재 2001.6.28. 2000헌마735)

헌법은 지역 주민들이 자신들이 선출한 자치단체의 장과 지방의회를 통하여 자치사무를 처리할 수 있는 대의제 또는 대표제 지방자치를 보장하고 있을 뿐이지 주민투표에 대하여는 어떠한 규정도 두고 있지 않다. 물론 이러한 대표제 지방자치제도를 보완하기 위하여 주민발안, 주민투표, 주민소환 등의 제도가 도입될 수도 있고, 실제로 우리의 지방자치법은 주민에게 주민투표권과 조례의 제정 및 개폐청구권 및 감사청구권을 부여함으로써 주민이 지방자치사무에 직접 참여할 수 있는 길을 열어 놓고 있다. 그렇지만 이러한 제도는 어디까지나 입법에 의하여 채택된 것일 뿐, 헌법이 이러한 제도의 도입을 보장하고 있는 것은 아니다. 이 점에서 우리 헌법이 제72조에서 대표제 민주주의를 보완하기 위하여 '국민투표제'를 직접 도입한 것과 다르다고 하겠다. 따라서 지방자치법 제13조의2가 주민투표의 법률적 근거를 마련하면서, 주민투표에 관련된 구체적 절차와 사항에 관하여는 따로 법률로 정하도록 하였다고 하더라도, 주민투표에 관련된 구체적인 절차와 사항에 대하여 입법하여야 할 헌법상 의무가 국회에 발생하였다고 할 수는 없다.

### (2) 조례제정, 개폐청구권

18세 이상의 주민은 조례의 제정이나 개폐를 청구할 수 있다.

**지방자치법 제19조(조례의 제정과 개정·폐지 청구)** ① 주민은 지방자치단체의 조례를 제정하거나 개정하거나 폐지할 것을 청구할 수 있다.
② 조례의 제정·개정 또는 폐지 청구의 청구권자·청구대상·청구요건 및 절차 등에 관한 사항은 따로 법률로 정한다.

**주민투표권이나 조례제정·개폐청구권의 기본권 해당 여부**(헌재 2014.4.24. 2012헌마287)

주민투표권이나 조례제정·개폐청구권은 법률에 의하여 보장되는 권리에 해당하고, 헌법상 보장되는 기본권이라거나 헌법 제37조 제1항의 '헌법에 열거되지 아니한 권리'로 보기 어려우므로, 19세 미만인 사람들에 대하여 법률에 의하여 보장되는 권리에 불과한 주민투표권이나 조례제정·개폐청구권을 인정하지 않는다고 하여 포괄적인 의미의 자유권으로서의 행복추구권이 제한된다고 볼 수 없다.

(3) 주민감사청구제도

지방자치단체의 18세 이상의 주민은 그 지방자치단체의 조례로 정하는 18세 이상의 주민 수 이상의 연서로, 시·도에서는 주무부장관에게, 시·군 및 자치구에서는 시·도지사에게 그 지방자치단체와 그 장의 권한에 속하는 사무의 처리가 법령에 위반되거나 공익을 현저히 해친다고 인정되면 감사를 청구할 수 있다(지방자치법 제21조).

(4) 주민소환권

주민은 그 지방자치단체의 장 및 지방의회의원을 소환할 권리를 가진다. 비례대표 지방의회의원은 주민소환의 대상이 되지 아니한다(지방자치법 제25조 제1항).

지방자치와 주민소환제의 관계(헌재 2009.3.26. 2007헌마843)
주민소환은 주민의 의사에 의하여 공직자를 공직에서 해임시키는 것으로서 직접민주제 원리에 충실한 제도이다. … 이러한 주민소환은 주민이 지방의원·지방자치단체장 기타 지방자치단체의 공무원을 임기 중에 주민의 청원과 투표로써 해임하는 제도이고, 이는 주민에 의한 지방행정 통제의 가장 강력한 수단으로서 주민의 참정기회를 확대하고 주민대표의 정책이나 행정처리가 주민의사에 반하지 않도록 주민대표자기관이나 행정기관을 통제하여 주민에 대한 책임성을 확보하는 데 그 목적이 있다. … 주민소환제를 규범적인 차원에서 정치적인 절차로 설계할 것인지, 아니면 사법적인 절차로 할 것인지는 현실적인 차원에서 입법자가 여러 가지 사정을 고려하여 정책적으로 결정할 사항이라 할 것이다. 그런데 주민소환법에 주민소환의 청구사유를 두지 않은 것은 입법자가 주민소환을 기본적으로 정치적인 절차로 설정한 것으로 볼 수 있고, 외국의 입법례도 청구사유에 제한을 두지 않는 경우가 많다는 점을 고려할 때 우리의 주민소환제는 기본적으로 정치적인 절차로서의 성격이 강한 것으로 평가될 수 있다 할 것이다. … 주민소환제 자체는 지방자치의 본질적인 내용이라고 할 수 없으므로 이를 보장하지 않는 것이 위헌이라거나 어떤 특정한 내용의 주민소환제를 반드시 보장해야 한다는 헌법적인 요구가 있다고 볼 수는 없으나, 다만 이러한 주민소환제가 지방자치에도 적용되는 원리인 대의제의 본질적인 내용을 침해하는지 여부는 문제가 된다 할 것이다. 주민이 대표자를 수시에 임의로 소환한다면 이는 곧 명령적 위임을 인정하는 결과가 될 것이나, 대표자에게 원칙적으로 자유위임에 기초한 독자성을 보장하되 극히 예외적이고 엄격한 요건을 갖춘 경우에 한하여 주민소환을 인정한다면 이는 대의제의 원리를 보장하는 범위 내에서 적절한 수단이 될 수 있을 것이다.

주민소환권이 기본권에 해당하는지 여부(헌재 2011.12.29. 2010헌바368)
지방자치법에서 규정한 주민투표권이나 주민소환청구권은 그 성질상 위에서 본 선거권, 공무담임권, 국민투표권과는 다른 것이어서 이를 법률이 보장하는 참정권이라고 할 수 있을지언정 헌법이 보장하는 참정권이라 할 수는 없다. 또한 주민소환제 자체는 지방자치의 본질적 내용이라고 할 수 없으므로 이를 보장하지 않는 것이 위헌이라거나 어떤 특정한 내용의 주민소환제를 반드시 보장해야 한다는 헌법적인 요구가 있다고 볼 수 없으므로,

주민소환제 및 그에 부수하여 법률상 창설되는 주민소환권이 지방자치의 본질적 내용에 해당하여 반드시 헌법적인 보장이 요구되는 제도라고 할 수도 없다. … 주민소환권의 권리내용 또는 보호영역이 비교적 명확하여 권리내용을 규범 상대방에게 요구하거나 재판에 의하여 그 실현을 보장받을 수 있는 구체적 권리로서의 실질을 가지고 있다고 할 수도 없으므로, 헌법 제37조 제1항에서 말하는 '헌법에서 열거되지 아니한 기본권'으로 볼 수도 없다. 결국, 주민소환청구권 자체는 헌법상 기본권으로서 보장되는 것은 아니고, 입법에 의하여 형성된 주민소환청구제도에 따라 행사할 수 있는 법률상의 권리에 불과하다 할 것이므로, 이 사건 법률조항이 주민소환권이라는 기본권을 침해한다는 취지의 청구인 주장에 대해서는 더 이상의 판단을 필요로 하지 아니한다.

# 03 | 국회

## 제1절 국회의 구성

우리 헌법은 국회를 하나의 합의제 기관으로 구성하는 단원제를 채택하고 있다. 제1차 개정헌법에서는 양원제를 채택하였으나 실제로 구성되지 못하였으며, 제2공화국 때 양원제가 실시된 바 있다.

> 우리나라 국회의 구성(단원제)(헌재 2014.7.24. 2009헌마256 등)
> 양원제를 채택하여 양원 중 어느 하나를 지역대표성을 가진 의원으로 구성하고 있는 나라들과는 달리, 우리나라는 단원제를 채택하고 있어, 국회의원이 법리상 국민의 대표이기는 하나 현실적으로는 어느 정도의 지역대표성도 겸하고 있다.

## 제2절 국회의 조직

### Ⅰ. 의장과 부의장

국회는 의장 1인과 부의장 2인을 선출(헌법 제48조)하고 임기는 2년으로 한다. 의장과 부의장은 국회에서 무기명투표로 선거하고 재적의원 과반수의 득표로 당선된다(국회법 제15조). 의장과 부의장은 국회의 동의를 받아 그 직을 사임할 수 있다(국회법 제19조).

의장은 당선된 다음 날부터 의장으로 재직하는 동안은 당적을 가질 수 없다(국회법 제20조의2).

### Ⅱ. 위원회

국회의 위원회는 상임위원회와 특별위원회가 있다(국회법 제35조).

#### 1. 상임위원회

상임위원회는 그 소관에 속하는 의안과 청원 등의 심사 그 밖에 법률에서 정하는 직무를 수행하며(국회법 제36조), 상임위원의 임기는 2년으로 한다(국회법 제40조 제1항). 상임위원의 정수는 국회규칙으로 정하며, 정보위원회의 위원정수는 12명으로 한다(국회법 제38조). 국회의장은 상임위원이 될 수 없으며, 의원은 둘 이상의 상임위원이 될 수 있다. 각 교섭단체 대표의원은 국회운영위원회 위원이 된다(국회법 제39조). 상임위원회에는 위원장 1명을 둔다. 상임위원장은 해당 상임위원 중에서 임시의장 선거의 예에 준하여 본회의에서 선거한다. 상임위원회 위원장은 본회의의 동의를 받아 그 직을 사임할 수 있으며, 폐회 중에는 국회의장의 허가를 받아 사임할 수 있다(국회법 제41조). 상임위원은 교섭단체 소속 의원 수의 비율에 따라 각 교섭단체 대표의원의 요청으로 의장이 선임하거나 개선한다(국회법 제48조).

### 2. 특별위원회

국회는 둘 이상의 상임위원회와 관련된 안건이거나 특히 필요하다고 인정한 안건을 효율적으로 심사하기 위하여 본회의의 의결로 특별위원회를 둘 수 있다. 특별위원회를 구성할 때에는 그 활동기간을 정하여야 하며, 본회의 의결로 그 기간을 연장할 수 있다(국회법 제44조). 그 밖에 국회는 예산결산특별위원회, 윤리특별위원회, 인사청문특별위원회를 둔다(국회법 제45조, 제46조, 제46조의3).

특별위원회는 위원장 1명을 두며, 위원회에서 호선하고 본회의에 보고한다. 특별위원회 위원장이 선임될 때까지는 위원 중 연장자가 위원장의 직무를 대행한다. 특별위원회 위원장은 그 특별위원회의 동의를 받아 그 직을 사임할 수 있으며, 폐회 중에는 국회의장의 허가를 받아 사임할 수 있다(국회법 제47조).

### 3. 소위원회

위원회는 소관 사항을 분담·심사하기 위하여 상설소위원회를 둘 수 있고, 필요한 경우 특정한 안건의 심사를 위하여 소위원회를 둘 수 있다. 이 경우 소위원회에 대하여 국회규칙으로 정하는 바에 따라 필요한 인원 및 예산 등을 지원할 수 있다. 상임위원회는 소관 법률안의 심사를 분담하는 둘 이상의 소위원회를 둘 수 있다. 소위원회의 활동은 위원회가 의결로 정하는 범위에 한정한다. 소위원회의 회의는 공개한다. 다만, 소위원회의 의결로 공개하지 아니할 수 있다. 소위원회는 폐회 중에도 활동할 수 있으며, 법률안을 심사하는 소위원회는 매월 3회 이상 개회한다. 다만, 국회운영위원회, 정보위원회 및 여성가족위원회의 법률안을 심사하는 소위원회의 경우에는 소위원장이 개회 횟수를 달리 정할 수 있다(국회법 제57조).

## Ⅲ. 교섭단체

국회에 20인 이상의 소속의원을 가진 정당은 하나의 교섭단체가 된다. 다른 교섭단체에 속하지 아니하는 20인 이상의 의원으로 따로 교섭단체를 구성할 수 있다(국회법 제33조).

## Ⅳ. 국회의원

### 1. 국회의원의 지위와 권한

(1) 국회의원의 지위

국회는 국민의 보통·평등·직접·비밀선거에 의하여 선출된 국회의원으로 구성한다(헌법

제41조 제1항). 국회의원의 수는 법률로 정하되, 200인 이상으로 한다(헌법 제41조 제2항). 국회의원의 임기는 4년으로 한다(헌법 제42조).

(2) 국회의원의 권한

국회의원은 국회의 구성원으로서 의안처리과정에서 행사할 수 있는 발언권, 토론권, 질의권, 심의권, 표결권 등의 권한을 가진다.

> **국회의원의 권한**(헌재 2022.6.3. 2022헌사448)
> 국회의원은 국민에 의하여 직접 선출되는 국민의 대표로서 여러 가지 헌법상·법률상의 권한을 부여받고 있지만 그 중에서도 가장 중요하고 본질적인 것은 입법에 대한 권한이고, 이 권한에는 법률안 심의·표결권이 포함되어 있다. 한편, 국회의원의 법률안 심의·표결권은 본회의에서 뿐만 아니라 소관 상임위원회에서도 보장되어야 한다.

> **법률안 심의·표결권의 의의**(헌재 1997.7.16. 96헌라2)
> 국회의원의 법률안 심의·표결권은 비록 헌법에는 이에 관한 명문의 규정이 없지만 의회민주주의의 원리, 입법권을 국회에 귀속시키고 있는 헌법 제40조, 국민에 의하여 선출되는 국회의원으로 국회를 구성한다고 규정하고 있는 헌법 제41조 제1항으로부터 당연히 도출되는 헌법상의 권한이다. 그리고 이러한 국회의원의 법률안 심의·표결권은 국회의 다수파의원에게만 보장되는 것이 아니라 소수파의원과 특별한 사정이 없는 한 국회의원 개개인에게 모두 보장되는 것임도 당연하다.

## 2. 국회의원의 의무

국회의원은 법률이 정하는 직을 겸할 수 없다(헌법 제43조).

국회의원은 청렴의 의무가 있으며(헌법 제46조 제1항), 국회의원은 국가이익을 우선하여 양심에 따라 직무를 행한다(헌법 제46조 제2항).

국회의원은 그 지위를 남용하여 국가·공공단체 또는 기업체와의 계약이나 그 처분에 의하여 재산상의 권리·이익 또는 직위를 취득하거나 타인을 위하여 그 취득을 알선할 수 없다(헌법 제46조 제3항).

## 3. 면책특권

국회의원은 국회에서 직무상 행한 발언과 표결에 관하여 국회 외에서는 책임을 지지 아니한다(헌법 제45조). 국회의원의 국정수행의 독립성과 자주성을 보장하기 위한 것이다.

(1) 면책특권의 요건

1) 국회

국회 내라는 의미는 장소적 의미보다 직무와 관련하여 국회의 본회의 또는 위원회의 기능이 행해지는 곳을 말한다. 국회의사당에서의 행위에 한정하지 않는다.

2) 직무행위

직무행위는 직무집행 그 자체뿐만 아니라 직무행위와 관련이 있는 부수적 행위도 포함된다.

3) 발언과 표결

국회에서 행한 발언과 표결이다.

(2) 면책특권의 효과

국회의원은 국회에서 행한 직무상 행한 행위에 대해서는 국회 외에서 책임을 지지 않는다. 책임은 민형사상 책임의 면제를 의미한다. 따라서 국회 내에서의 징계나 정치적 책임은 진다.

(3) 면책특권의 한계

1) 국회의원의 직무와 무관한 사항, 폭력행위, 모욕적 언사 등은 면책되지 않는다.

2) 사생활 발언의 면책가능성

국회법 제146조에서 "의원은 본회의 또는 위원회에서 다른 사람을 모욕하거나 다른 사람의 사생활에 대한 발언을 할 수 없다."고 규정한다. 국회법 제146조는 국회 내에서의 징계책임을 규정한 것이라는 국회징계 사유설과 면책특권의 헌법 내재적 한계를 구체화 한 것이라는 면책배제사유로 대립한다.

(4) 대외적 발표행위의 면책가능성

국회에서의 발언 내용을 국회 밖에서 발표하거나 출판하는 경우에는 면책특권이 인정되지 않는다. 그러나 공개회의 회의록을 그대로 공표한 경우에는 보도의 자유의 일환으로 면책될 수 있다.

### 4. 불체포특권

불체포특권은 현행범인이 아닌 한 일정한 경우에 국회의원에 대한 체포 또는 구금을 금지하거나 체포 또는 구금된 국회의원을 석방하는 것을 그 내용으로 한다. 불체포특권은 국회의원의 신체의 자유를 보장함으로써 의원의 자유로운 의정활동을 보장하기 위한 것이다

(1) 불체포특권의 내용

1) 체포 또는 구금의 금지

국회의원은 회기 중에 체포 또는 구금되지 아니한다(헌법 제44조 제1항). 회기 중이라 함은 집회일부터 폐회일까지의 기간을 말하며 휴회 중인 기간도 포함한다. 계엄선포 중에는 국회의원은 현행범인인 경우를 제외하고는 어떠한 경우에도 체포 또는 구금되지 아니한다(계엄법 제13조). 이는 계엄해제요구권을 보장하기 위한 것이므로 회기나 국회

의 동의 유무를 불문한다.
  2) 체포 또는 구금된 자의 석방
    국회의원은 회기 전에 체포 또는 구금된 때에도 회기 중에는 국회의 요구가 있으면 석방된다.
  3) 불체포특권의 예외
    현행범인에게는 불체포특권이 인정되지 않는다.
    국회의 동의가 있는 경우에는 불체포특권은 인정되지 않는다.
(2) 불체포특권의 효과
  불체포특권은 국회의원에 대한 처벌을 면제하는 특권이 아니며, 회기 중 체포 또는 구금을 금지하는 특권을 의미한다. 따라서 국회의원에 대해서 수사도 할 수 있고, 기소할 수 있다. 불체포특권이 불수사특권이나 불기소특권을 의미하는 것은 아니다.

## 제3절 국회의 운영

### Ⅰ. 국회의 회기

국회의 회기는 국회가 의안을 처리하기 위하여 집회한 날로부터 폐회하는 날까지의 활동할 수 있는 기간을 말한다.

#### 1. 회기와 의회기

국회의 회기는 총선거로 국회가 구성된 때부터 의원의 임기가 만료될 때까지 존속하는 의회기와 구분된다.

#### 2. 정기회와 임시회

(1) 정기회

국회의 정기회는 국회가 매년 1회 정기적으로 행하는 집회를 의미한다. 국회법은 매년 9월 1일에 정기회를 집회한다. 정기회의 회기는 100일을 초과할 수 없다(헌법 제47조 제2항).

(2) 임시회

임시회는 필요에 따라 수시로 행하는 집회이다. 임시회는 대통령 또는 국회재적의원 4분의 1 이상의 요구에 의하여 집회된다(헌법 제47조 제1항). 임시회의 회기는 30일을 초과할 수 없다.

#### 3. 국회의 의사절차

> 의회민주주의원리의 민주적 정당성 획득(헌재 2010.12.28. 2008헌라7 등)
> 의회민주주의원리는 국가의 정책결정에 참여할 권한을 국민의 대표기관인 의회에 유보하는 것에 그치지 않고 나아가 의사결정과정의 민주적 정당성까지 요구한다. 절차의 민주성과 공개성이 보장되어야만 민주적 정당성도 획득될 수 있다. 의회민주주의국가에서 의사절차는 공개와 이성적 토론의 원리, 합리적 결정, 다원적 개방성, 즉 토론과 다양한 고려를 통하여 의안의 내용이 변경될 가능성, 잠재적인 통제를 가능케 하는 절차의 개방성, 다수결의 원리에 따른 의결 등 여러 가지 요소에 의하여 이루어져야 하지만, 무엇보다도 중요한 요소는 헌법 제49조의 다수결의 원리와 제50조의 의사공개의 원칙이라 할 것이다.

(1) 다수결의 원칙

국회는 헌법 또는 법률에 특별한 규정이 없는 한 재적의원 과반수의 출석과 출석의원 과반수의 찬성으로 의결한다. 가부동수인 때에는 부결된 것으로 본다(헌법 제49조).

> 헌법 제49조의 의의와 해석(헌재 2010.12.28. 2008헌라7 등)
> 의회민주주의원리는 국가의 정책결정에 참여할 권한을 국민의 대표기관인 의회에 유보하는 것에 그치지 않고 나아가 의사결정과정의 민주적 정당성까지 요구한다. … 의회민주

주의의 기본원리의 하나인 다수결의 원리는 의사형성과정에서 소수파에게 토론에 참가하여 다수파의 견해를 비판하고 반대의견을 밝힐 수 있는 기회를 보장하여 다수파와 소수파가 공개적이고 합리적인 토론을 거쳐 다수의 의사로 결정한다는 데 그 정당성의 근거가 있는 것이다. 따라서 입법과정에서 소수파에게 출석할 기회조차 주지 않고 토론과정을 거치지 아니한 채 다수파만으로 단독 처리하는 것은 다수결의 원리에 의한 의사결정이라고 볼 수 없다. 헌법 제49조는 의회민주주의의 기본원리인 다수결의 원리를 선언한 것으로서 이는 단순히 재적의원 과반수의 출석과 출석의원 과반수에 의한 찬성을 형식적으로 요구하는 것에 그치지 않는다. 헌법 제49조는 국회의 의결은 통지가 가능한 국회의원 모두에게 회의에 출석할 기회가 부여된 바탕 위에 재적의원 과반수의 출석과 출석의원 과반수의 찬성으로 이루어져야 한다는 것으로 해석하여야 한다.

(2) 의사공개의 원칙

국회의 회의는 공개한다. 다만, 다만, 출석의원 과반수의 찬성이 있거나 의장이 국가의 안전보장을 위하여 필요하다고 인정할 때에는 공개하지 아니할 수 있다(헌법 제50조 제1항). 공개하지 아니한 회의내용의 공표에 관하여는 법률이 정하는 바에 의한다(헌법 제50조 제2항).

**의사공개원칙의 의의**(헌재 2022.1.27. 2018헌마1162 등)
의사공개원칙은 의사진행의 내용과 의원의 활동을 국민에게 공개함으로써 민의에 따른 국회운영을 실천한다는 민주주의적 요청에서 유래한 것이다. 국회에서 하는 토론 및 정책결정의 과정이 공개되어야 주권자인 국민의 정치적 의사형성과 참여, 의정활동에 대한 감시와 비판이 가능할 뿐만 아니라 의사를 공개함으로써 의사결정의 공정성을 담보하고 정치적 야합이나 부패를 방지할 수 있다는 점에서, 의사공개원칙은 대의민주주의의 구체적 실현을 위한 불가결한 요소이다(헌재 2000. 6. 29. 98헌마443 등 참조).

**의사공개원칙의 적용범위**(헌재 2022.1.27. 2018헌마1162 등)
의사공개원칙은 방청 및 보도의 자유와 회의록의 공표를 그 내용으로 한다. 의사공개원칙의 헌법적 의미를 고려할 때, 헌법 제50조 제1항 본문은 단순한 행정적 회의를 제외하고 국회의 헌법적 기능과 관련된 모든 회의는 원칙적으로 국민에게 공개되어야 함을 천명한 것으로, 국회 본회의뿐만 아니라 위원회의 회의에도 적용된다. 따라서 본회의든 위원회의 회의든 국회의 회의는 원칙적으로 공개하여야 하며, 원하는 모든 국민은 원칙적으로 그 회의를 방청할 수 있다.

**위원회 회의에도 의사공개원칙이 적용되는지 여부**(헌재 2000.6.29. 98헌마443 등)
의사공개원칙의 헌법적 의미를 고려할 때, 위 헌법조항은 단순한 행정적 회의를 제외하고 국회의 헌법적 기능과 관련된 모든 회의는 원칙적으로 국민에게 공개되어야 함을 천명한 것이다. 오늘날 국회기능의 중점이 본회의에서 위원회로 옮겨져 위원회중심주의로 운영되고 있고, 법안 등의 의안에 대한 실질적인 심의가 위원회에서 이루어지고 있음은 주지의 사실인바, 헌법 제50조 제1항이 천명하고 있는 의사공개의 원칙은 위원회의 회의에도 당연히 적용되는 것으로 보아야 한다.

> **정보위원회 회의를 비공개하도록 규정한 국회법 조항에 관한 사건**(헌재 2022.1.27. 2018헌마1162 등)
> 1. 헌법 제50조 제1항은 본문에서 국회의 회의를 공개한다는 원칙을 규정하면서, 단서에서 '출석의원 과반수의 찬성이 있거나 의장이 국가의 안전보장을 위하여 필요하다고 인정할 때'에는 이를 공개하지 아니할 수 있다는 예외를 두고 있다. 이러한 헌법 제50조 제1항의 구조에 비추어 볼 때, 헌법상 의사공개원칙은 모든 국회의 회의를 항상 공개하여야 하는 것은 아니나 이를 공개하지 아니할 경우에는 헌법에서 정하고 있는 일정한 요건을 갖추어야 함을 의미한다. 또한 헌법 제50조 제1항 단서가 정하고 있는 회의의 비공개를 위한 절차나 사유는 그 문언이 매우 구체적이어서, 이에 대한 예외는 엄격하게 인정되어야 한다. 이러한 점에 비추어 보면 헌법 제50조 제1항으로부터 일체의 공개를 불허하는 절대적인 비공개가 허용된다고 볼 수는 없는바, 특정한 내용의 국회의 회의나 특정 위원회의 회의를 일률적으로 비공개한다고 정하면서 공개의 여지를 차단하는 것은 헌법 제50조 제1항에 부합하지 아니한다.
> 2. 심판대상조항은 정보위원회의 회의 일체를 비공개하도록 정함으로써 정보위원회 활동에 대한 국민의 감시와 견제를 사실상 불가능하게 하고 있다. 또한 헌법 제50조 제1항 단서에서 정하고 있는 비공개사유는 각 회의마다 충족되어야 하는 요건으로 입법과정에서 재적의원 과반수의 출석과 출석의원 과반수의 찬성으로 의결되었다는 사실만으로 헌법 제50조 제1항 단서의 '출석위원 과반수의 찬성'이라는 요건이 충족되었다고 볼 수도 없다. 따라서 심판대상조항은 헌법 제50조 제1항에 위배되는 것으로 과잉금지원칙 위배 여부에 대해서는 더 나아가 판단할 필요 없이 청구인들의 알 권리를 침해한다.

**(3) 회기계속의 원칙**

국회에 제출된 법률안 기타의 의안은 회기 중에 의결되지 못한 이유로 폐기되지 아니한다. 다만 국회의원의 임기가 만료된 때에는 그러하지 아니하다(헌법 제51조).

**(4) 일사부재의원칙**

부결된 안건은 같은 회기 중에 다시 발의 또는 제출하지 못한다(국회법 제92조). 일사부재의는 소수파에 의한 의사진행방해를 배제하려는데 그 목적이 있다.

> **일사부재의원칙의 의의**(헌재 2009.10.29. 2009헌라8 등)
> 국회법 제92조는 "부결된 안건은 같은 회기 중에 다시 발의 또는 제출하지 못한다."고 규정하여 일사부재의원칙을 선언하고 있다. 만일 같은 회기 중에 동일 안건을 몇 번이고 회의에 부의하게 된다면 특정 사안에 대한 국회의 의사가 확정되지 못한 채 표류하게 되므로, 일사부재의원칙은 국회의 의사의 단일화, 회의의 능률적인 운영 및 소수파에 의한 의사방해 방지 등을 위하여 중요한 의의를 가진다.

## 제4절 국회의 권한

### I. 법률제정권한

#### 1. 법률안제출권

국회의원과 정부는 법률안을 제출할 수 있다(헌법 제52조). 의원은 10명 이상의 찬성으로 의안을 발의할 수 있다(국회법 제79조(의안의 발의 또는 제출) 제1항).

#### 2. 법률제정절차

(1) 법률안 제출

국회의원은 10인 이상의 찬성으로 법률안을 발의할 수 있으며, 위원회도 그 소관에 속하는 사항에 관하여 법률안을 발의할 수 있다. 정부가 법률안을 제출하는 경우에는 국무회의의 심의를 거쳐 대통령의 명의로 제출한다.

(2) 본회의 보고 및 위원회 회부

> 국회법 제81조(상임위원회 회부) ① 의장은 의안이 발의되거나 제출되었을 때에는 이를 인쇄하거나 전산망에 입력하는 방법으로 의원에게 배부하고 본회의에 보고하며, 소관 상임위원회에 회부하여 그 심사가 끝난 후 본회의에 부의한다. 다만, 폐회 또는 휴회 등으로 본회의에 보고할 수 없을 때에는 보고를 생략하고 회부할 수 있다.
>
> 국회법 제88조(위원회의 제출 의안) 위원회에서 제출한 의안은 그 위원회에 회부하지 아니한다. 다만, 의장은 국회운영위원회의 의결에 따라 그 의안을 다른 위원회에 회부할 수 있다.
>
> 국회법 제84조(예산안·결산의 회부 및 심사) ① 예산안과 결산은 소관 상임위원회에 회부하고, 소관 상임위원회는 예비심사를 하여 그 결과를 의장에게 보고한다. 이 경우 예산안에 대해서는 본회의에서 정부의 시정연설을 듣는다.

(3) 의안의 철회

> 국회법 제90조(의안·동의의 철회) ① 의원은 그가 발의한 의안 또는 동의를 철회할 수 있다. 다만, 2명 이상의 의원이 공동으로 발의한 의안 또는 동의에 대해서는 발의의원 2분의 1 이상이 철회의사를 표시하는 경우에 철회할 수 있다.
> ② 제1항에도 불구하고 의원이 본회의 또는 위원회에서 의제가 된 의안 또는 동의를 철회할 때에는 본회의 또는 위원회의 동의를 받아야 한다.
> ③ 정부가 본회의 또는 위원회에서 의제가 된 정부제출 의안을 수정하거나 철회할 때에는 본회의 또는 위원회의 동의를 받아야 한다.

(4) 위원회심사

> 국회법 제86조(체계·자구의 심사) ① 위원회에서 법률안의 심사를 마치거나 입안을 하였을 때에는 법제사법위원회에 회부하여 체계와 자구에 대한 심사를 거쳐야 한다.

(5) 본회의 회부

> **국회법 제87조(위원회에서 폐기된 의안)** ① 위원회에서 본회의에 부의할 필요가 없다고 결정된 의안은 본회의에 부의하지 아니한다. 다만, 위원회의 결정이 본회의에 보고된 날부터 폐회 또는 휴회 중의 기간을 제외한 7일 이내에 의원 30명 이상의 요구가 있을 때에는 그 의안을 본회의에 부의하여야 한다.

(6) 의사와 수정

1) 안건심의

> **국회법 제93조(안건 심의)** 본회의는 안건을 심의할 때 그 안건을 심사한 위원장의 심사보고를 듣고 질의·토론을 거쳐 표결한다. 다만, 위원회의 심사를 거치지 아니한 안건에 대해서는 제안자가 그 취지를 설명하여야 하고, 위원회의 심사를 거친 안건에 대해서는 의결로 질의와 토론을 모두 생략하거나 그 중 하나를 생략할 수 있다.

2) 의안의 수정동의

> **국회법 제95조(수정동의)** ① 의안에 대한 수정동의는 그 안을 갖추고 이유를 붙여 30명 이상의 찬성 의원과 연서하여 미리 의장에게 제출하여야 한다. 다만, 예산안에 대한 수정동의는 의원 50명 이상의 찬성이 있어야 한다.
> ② 위원회에서 심사보고 한 수정안은 찬성 없이 의제가 된다.
> ③ 위원회는 소관 사항 외의 안건에 대해서는 수정안을 제출할 수 없다.
> ④ 의안에 대한 대안은 위원회에서 그 원안을 심사하는 동안에 제출하여야 하며, 의장은 그 대안을 그 위원회에 회부한다.
> ⑤ 제1항에 따른 수정동의는 원안 또는 위원회에서 심사보고(제51조에 따라 위원회에서 제안하는 경우를 포함한다)한 안의 취지 및 내용과 직접 관련이 있어야 한다. 다만, 의장이 각 교섭단체 대표의원과 합의를 하는 경우에는 그러하지 아니하다.
>
> **국회법 제96조(수정안의 표결 순서)** ① 같은 의제에 대하여 여러 건의 수정안이 제출되었을 때에는 의장은 다음 각 호의 기준에 따라 표결의 순서를 정한다.
> 1. 가장 늦게 제출된 수정안부터 먼저 표결한다.
> 2. 의원의 수정안은 위원회의 수정안보다 먼저 표결한다.
> 3. 의원의 수정안이 여러 건 있을 때에는 원안과 차이가 많은 것부터 먼저 표결한다.
> ② 수정안이 전부 부결되었을 때에는 원안을 표결한다.

> **수정동의의 요건과 한계**(헌재 2020.5.27. 2019헌라6등)
> 1. 국회법 제95조 제1항, 제5항 본문에 의한 수정동의는 본회의 심의과정에서 의안을 수정하고자 하는 경우에 안을 갖추고 이유를 붙여 의원 30명 이상(예산안의 경우 50명 이상)의 찬성자가 연서하여 미리 의장에게 제출하는 것으로서, '원안 또는 위원회에서 심사보고 한 안('원안')의 취지 및 내용과 직접 관련이 있을 것'을 그 요건으로 한다. 만일 제출하고자 하는 안이 '원안의 취지 및 내용과 직접 관련'이 없다면, 국회법 제95조 제4항에 따라 위원회에서 원안을 심사하는 동안에 대안으로 제출하거나, 국회법 제79조 등에 따라 새로운 의안으로 발의하여야 한다.

2. 국회법 제95조가 본회의에서 수정동의를 제출할 수 있도록 한 취지는 일정한 범위 내에서 국회의원이 본회의에 상정된 의안에 대한 수정의 의사를 위원회의 심사절차를 거치지 아니하고 곧바로 본회의의 심의과정에서 표시할 수 있도록 허용함으로써 의안심의의 효율성을 제고하기 위한 것이다. 그런데 수정동의를 지나치게 넓은 범위에서 인정할 경우 국회가 의안심의에 관한 국회운영의 원리로 채택하고 있는 위원회 중심주의를 저해할 우려가 있다. 국회법 제95조 제5항의 입법취지는 원안에 대한 위원회의 심사절차에서 심사가 이루어질 여지가 없는 경우에는 수정동의의 제출을 제한함으로써 위원회 중심주의를 공고히 하는 것이다. 국회법 제95조 제5항 본문의 문언, 입법취지, 입법경과를 종합적으로 고려하면, 위원회의 심사를 거쳐 본회의에 부의된 법률안의 취지 및 내용과 직접 관련이 있는지 여부는 '원안에서 개정하고자 하는 조문에 관한 추가, 삭제 또는 변경으로서, 원안에 대한 위원회의 심사절차에서 수정안의 내용까지 심사할 수 있었는지 여부'를 기준으로 판단하는 것이 타당하다.

## (7) 표결

**헌법 제49조** 국회는 헌법 또는 법률에 특별한 규정이 없는 한 재적의원 과반수의 출석과 출석의원 과반수의 찬성으로 의결한다. 가부동수인 때에는 부결된 것으로 본다.

**국회법 제109조(의결정족수)** 의사는 헌법이나 이 법에 특별한 규정이 없으면 재적의원 과반수의 출석과 출석의원 과반수의 찬성으로 의결한다.

**국회법 제110조(표결의 선포)** ② 의장이 표결을 선포한 후에는 누구든지 그 안건에 관하여 발언할 수 없다.

**국회법 제111조(표결의 참가와 의사변경의 금지)** ① 표결을 할 때 회의장에 있지 아니한 의원은 표결에 참가할 수 없다. 다만, 기명투표 또는 무기명투표로 표결할 때에는 투표함이 폐쇄될 때까지 표결에 참가할 수 있다.
② 의원은 표결에 대하여 표시한 의사를 변경할 수 없다.

**국회법 제112조(표결방법)** ① 표결할 때에는 전자투표에 의한 기록표결로 가부(可否)를 결정한다. 다만, 투표기기의 고장 등 특별한 사정이 있을 때에는 기립표결로, 기립표결이 어려운 의원이 있는 경우에는 의장의 허가를 받아 본인의 의사표시를 할 수 있는 방법에 의한 표결로 가부를 결정할 수 있다.
② 중요한 안건으로서 의장의 제의 또는 의원의 동의로 본회의 의결이 있거나 재적의원 5분의 1 이상의 요구가 있을 때에는 기명투표·호명투표 또는 무기명투표로 표결한다.
③ 의장은 안건에 대하여 이의가 있는지 물어서 이의가 없다고 인정할 때에는 가결되었음을 선포할 수 있다. 다만, 이의가 있을 때에는 제1항이나 제2항의 방법으로 표결하여야 한다.
④ 헌법개정안은 기명투표로 표결한다.
⑤ 대통령으로부터 환부된 법률안과 그 밖에 인사에 관한 안건은 무기명투표로 표결한다. 다만, 겸직으로 인한 의원 사직과 위원장 사임에 대하여 의장이 각 교섭단체 대표의원과 협의한 경우에는 그러하지 아니하다.
⑥ 국회에서 실시하는 각종 선거는 법률에 특별한 규정이 없으면 무기명투표로 한다. 투표 결과 당선자가 없을 때에는 최고득표자와 차점자에 대하여 결선투표를 하여 다수표를 얻은 사람을 당선자로 한다. 다만, 득표수가 같을 때에는 연장자를 당선자로 한다.
⑦ 국무총리 또는 국무위원의 해임건의안이 발의되었을 때에는 의장은 그 해임건의안이 발의된 후 처음 개의하는 본회의에 그 사실을 보고하고, 본회의에 보고된 때부터 24시간 이후 72시간 이내에 무기명투표로 표결한다. 이 기간 내에 표결하지 아니한 해임건의안은 폐기된 것으로 본다.

(8) 법률안 정부이송

1) 국회법 제98조(의안의 이송) ① 국회에서 의결된 의안은 의장이 정부에 이송한다.

2) 국회에서 의결된 법률안은 정부에 이송되어 15일 이내에 대통령이 공포한다(헌법 제53조).

(9) 공포

1) 법률안의 공포

대통령은 국회에서 의결된 법률안이 정부에 이송되면 15일 이내에 공포한다(헌법 제53조 제1항). 이 기간 내에 대통령이 공포나 재의요구를 하지 아니한 때에도 그 법률안은 법률로 확정된다.

2) 법률공포

대통령이 공포나 재의요구를 하지 아니하여 확정된 법률과 국회의 재의결에 의해 확정된 법률은 대통령이 지체 없이 공포하여야 한다(헌법 제53조 제6항).

3) 국회의장의 법률공포

대통령이 공포나 재의요구를 하지 아니하여 법률이 확정된 후 또는 국회의 재의결에 의하여 확정된 법률이 정부에 이송된 후 5일 이내에 대통령이 공포하지 아니할 때에는 국회의장이 이를 공포한다(헌법 제53조 제6항).

(10) 효력

법률은 특별한 규정이 없는 한 공포한 날로부터 20일을 경과함으로써 효력을 발생한다(헌법 제53조 제7항).

## Ⅱ. 예산에 관한 권한

### 1. 예산안의 심의·확정

국회는 국가의 예산안을 심의·확정한다(헌법 제54조 제1항). 정부는 회계연도마다 예산안을 편성하여 회계연도 개시 90일 전까지 국회에 제출하고, 국회는 회계연도 개시 30일 전까지 이를 의결하여야 한다(헌법 제54조 제2항). 새로운 회계연도가 개시될 때까지 예산안이 의결되지 못한 때에는 정부는 국회에서 예산안이 의결될 때까지 1) 헌법이나 법률에 의하여 설치된 기관 또는 시설의 유지·운영, 2) 법률상 지출의무의 이행, 3) 이미 예산으로 승인된 사업의 계속 목적을 위한 경비는 전년도 예산에 준하여 집행할 수 있다(헌법 제54조 제3항).

### 2. 계속비와 예비비

(1) 계속비

한 회계연도를 넘어 계속하여 지출할 필요가 있을 때에는 정부는 연한을 정하여 계속비로서 국회의 의결을 얻어야 한다(헌법 제55조 제1항).

(2) 예비비

예비비는 총액으로 국회의 의결을 얻어야 한다. 예비비의 지출은 차기국회의 승인을 얻어야 한다(헌법 제55조 제2항).

(3) 추가경정예산

정부는 예산에 변경을 가할 필요가 있을 때에는 추가경정예산안을 편성하여 국회에 제출할 수 있다(헌법 제56조).

### 3. 예산증액 및 새 비목설치 금지

국회는 정부의 동의 없이 정부가 제출한 지출예산 각항의 금액을 증가하거나 새 비목을 설치할 수 없다(헌법 제57조).

### 4. 국채 모집 등

국채를 모집하거나 예산 외의 국가의 부담이 될 계약을 체결하려 할 때에는 정부는 미리 국회의 의결을 얻어야 한다(헌법 제58조).

## Ⅲ. 해임건의권

### 1. 해임건의권의 의의

국회는 국무총리 또는 국무위원의 해임을 대통령에게 건의할 수 있다(헌법 제63조 제1항).

### 2. 해임건의권의 헌법적 근거와 법적 성격

(1) 헌법적 근거 : 헌법 제63조

(2) 해임건의의 법적 성격

1) 해임건의는 국정감사 및 조사권, 탄핵소추권과 더불어 국회의 행정부통제에 관한 권한이며, 대통령에 대한 간접적 견제수단으로 기능한다.
2) 해임건의는 순수한 대통령제적 요소는 아니다. 순수한 대통령제에서는 각료에 대한 불신임권이 없다.
3) 해임건의는 의원내각제에서 대통령의 의회해산권에 대응하여 의회에 주어지는 불신임권과는 다르다.

### 3. 해임건의의 대상

헌법에서 해임건의의 대상은 '국무총리와 국무위원'으로 정하고 있다. 정부위원이 해임건의의 대상이 되는가에 관하여는 견해가 대립한다.

### 4. 해임건의 사유

해임건의 사유에 대하여 헌법에는 아무런 규정이 없다. 직무집행의 헌법위반 또는 법률

위반에 국한되지 않는다. 정책수립과 집행에 있어서 중대한 과오, 직무집행 능력의 부족, 부도덕한 행위도 해임건의 사유에 해당한다.

> **수사처장을 해임건의 대상으로 보는 것이 타당한지 여부**(헌재 2021.1.28. 2020헌마264 등)
> 수사처장은 검찰총장과 마찬가지로 그 임명에 국회의 동의를 얻어야 하는 것은 아니지만 국회의 인사청문회를 거쳐 임명된다(공수처법 제5조 제1항). 또한 국회는 수사처장에 대하여 탄핵소추를 의결할 수 있다(헌법 제65조 제1항, 공수처법 제14조). 수사처장은 국회의 해임건의 대상이 아니나, 국회의 해임건의권은 국무총리와 국무위원에 대하여 정치적 책임을 묻기 위한 것으로서, 해임건의의 사유에는 법규범에 대한 위반뿐만 아니라 정치적 무능, 정책결정상의 과오, 부하직원의 과오 등 정치적 책임을 추궁할 수 있는 모든 경우가 포함된다. 따라서 수사처의 정치적 중립성 내지 직무의 독립성을 보장하는 차원에서 볼 때 검찰총장과 마찬가지로 수사처장을 해임건의 대상에서 제외하는 것이 더 바람직하다고 할 것이다.

### 5. 해임건의 절차와 효과

**(1) 해임건의 절차**

국회재적의원 3분의 1 이상의 발의에 의하여 국회 재적의원 과반수의 찬성이 있어야 한다.

**(2) 해임건의의 효과**

국회의 해임건의 의결이 대통령을 구속하는가와 관련해서는 견해가 대립한다. 헌법재판소는 해임건의의 구속력이 없다고 결정하였다.

> **해임건의권의 의미**(헌재 2004.5.14. 2004헌나1)
> 국회는 국무총리나 국무위원의 해임을 건의할 수 있으나, 국회의 해임건의는 대통령을 기속하는 해임결의권이 아니라, 아무런 법적 구속력이 없는 단순한 해임건의에 불과하다. 우리 헌법 내에서 '해임건의권'의 의미는, 임기 중 아무런 정치적 책임을 물을 수 없는 대통령 대신에 그를 보좌하는 국무총리·국무위원에 대하여 정치적 책임을 추궁함으로써 대통령을 간접적이나마 견제하고자 하는 것에 지나지 않는다. 헌법 제63조의 해임건의권을 법적 구속력 있는 해임결의권으로 해석하는 것은 법문과 부합할 수 없을 뿐만 아니라, 대통령에게 국회해산권을 부여하고 있지 않는 현행 헌법상의 권력분립질서와도 조화될 수 없다.

## Ⅳ. 국정감사 · 조사권

### 1. 국정감사·조사권의 의의

국회는 국정을 감사하거나 특정한 국정사안에 대하여 조사할 수 있다(헌법 제61조). 국정감사는 국회가 매년 정기적으로 국정 전반에 대하여 감사할 수 있는 권한을 말한다. 국정조사권은 의회가 입법 등에 관한 권한을 유효적절하게 행사하기 위하여 특정한 국정사안에 대하여 조사할 수 있는 권한이다.

## 2. 국정감사·조사권의 연혁

1948년 제헌헌법에서 국회의 국정감사권을 규정한 이후 1972년 제4공화국 헌법에서 폐지될 때까지 국정감사가 실시되었다. 제4공화국 헌법에서 국정감사권은 폐지되었으나, 국정조사권을 국회법에서 규정하였다. 1980년 헌법에서 국정조사권을 헌법에서 규정하였다가 1987년 현행헌법에서 국정감사 및 조사권을 헌법에서 함께 규정하였다.

## 3. 국정감사·조사권의 법적 성격

### (1) 독립적 권한설

국정통제라는 의회의 본래적 기능을 수행하는 독립적 권한이다.

### (2) 보조적 권한설

의회가 보유하는 헌법상 권한을 행사하는데 필요한 보조적 권한이다.

## 4. 국정감사·조사권의 주체

국정감사·조사권은 국회의 권한이지 국회의원의 권한이 아니다.

> **국정감사권과 국정조사권의 주체**(헌재 2010.7.29. 2010헌라1)
> 헌법 제61조는 제1항에서 "국회는 국정을 감사하거나 특정한 국정사안에 대하여 조사할 수 있으며, 이에 필요한 서류의 제출 또는 증인의 출석과 증언이나 의견의 진술을 요구할 수 있다."고 규정하고, 제2항에서 "국정감사 및 조사에 관한 절차 기타 필요한 사항은 법률로 정한다."고 규정하고 있는바, "국정감사권"과 "국정조사권"은 국회의 권한이고, 국회의원의 권한이라 할 수 없으므로 국회의원인 청구인으로서는 국정감사권 또는 국정조사권 자체에 관한 침해를 들어 권한쟁의심판을 청구할 수 없다.

## 5. 국정감사·조사권의 대상

국정감사의 대상기관은 국정감사 및 조사에 관한 법률에서 정하고 있으며, 국정조사의 대상기관은 국회본회의가 의결로써 승인한 조사계획서에 기재된 기관이다.

## 6. 국정감사·조사권 한계

국정감사 또는 조사는 개인의 사생활을 침해하거나 계속 중인 재판 또는 수사 중인 사건의 소추에 관여할 목적으로 행사되어서는 아니 된다(국정감사및조사에관한법률 제8조).

## 7. 국정감사와 국정조사의 비교

|  | 국정감사 | 국정조사 |
|---|---|---|
| 대상 | 국정전반(포괄적 조사) | 특정사안(제한적 조사) |
| 성질 | 독립적 권한/보조적 권한 | 독립적 권한/보조적 권한 |
| 주체 | 소관 상임위원회 | 특별위원회, 상임위원회 |
| 시기 | 정기적 | 부정기적, 재적의원 1/4 이상 의결 |
| 기간 | 30일* | 의결로 정함 |
| 공개 여부 | 공개원칙 | 공개원칙 |

\* 국정감사 및 조사에 관한 법률

제2조 ① 국회는 국정전반에 관하여 소관 상임위원회별로 매년 정기회 집회일 이전에 국정감사 시작일부터 30일 이내의 기간을 정하여 감사를 실시한다. 다만, 본회의 의결로 정기회 기간 중에 감사를 실시할 수 있다.

제3조 ① 국회는 재적의원 4분의 1 이상의 요구가 있는 때에는 특별위원회 또는 상임위원회로 하여금 국정의 특정사안에 관하여 국정조사를 하게 한다.

제12조 감사 및 조사는 공개한다. 다만 위원회의 의결로 달리 정할 수 있다.

# CHAPTER 04 | 행정부

### 제1절  대통령

## Ⅰ. 대통령의 헌법상 지위

대통령은 국가원수로서의 지위, 행정부수반으로서의 지위, 국민대표기관으로서의 지위를 가진다.

## Ⅱ. 대통령의 권한

### 1. 행정에 관한 권한

대통령은 행정부 수반으로서 집행에 관하여 최고결정권을 가진다.

대통령은 정부를 구성하고, 국군을 통수할 권한을 가진다.

대통령은 조약을 체결비준하고, 외교사절을 파견 접수한다.

대통령은 선전포고 강화권을 가지며, 국군을 해외 파견하고 외국군대의 국내 주류 허용권을 가진다.

### 2. 입법에 관한 권한

(1) 법률안제출권

대통령은 국무회의 심의를 거쳐 국회에 법률안을 제출할 수 있다(헌법 제52조).

> 헌법 제52조  국회의원과 정부는 법률안을 제출할 수 있다.

(2) 법률안거부권

대통령은 국회가 의결하여 정부에 이송되어 온 법률안에 대하여 이의가 있을 때 국회의 재의를 요구할 수 있다(헌법 제53조 제2항).

1) 법률안거부권의 의의

대통령의 법률안거부권은 국회가 의결하여 정부에 이송되어 온 법률안에 대하여 대통령이 이의를 가질 경우 국회에 재의를 붙일 수 있는 권한이다.

정부에 이송된 법률안에 이의가 있을 때 대통령은 15일 이내에 이의서를 붙여 국회로 환부하고 재의를 요구한다(헌법 제53조 제2항). 이 때 대통령은 법률안의 일부에 대하여 또는 법률안을 수정하여 재의를 요구할 수 없다(헌법 제53조 제3항).

2) 법률안거부권의 법적 성격

대통령의 법률안거부권은 국회의 법률제정권을 견제하는 기능을 한다.

3) 법률안거부권의 유형

헌법은 환부거부만을 정하고 있다(헌법 제53조 제2항). 대통령은 국회에서 이송되어 온 법률안에 이의가 있을 때에는 15일 이내에 이의서를 붙여 국회로 환부하고 재의를 요구할 수 있으며, 국회의 폐회 중에도 마찬가지이다. 환부거부란 국회가 폐회 중이라도 의원의 임기만료로 인한 경우가 아닌 한 환부거부할 수 있다.

미국 헌법은 보류거부를 인정한다(미국헌법 제1조 제7절 제2항). 보류거부란 국회의 개회 중에는 대통령이 국회에서 이송되어 온 법률안에 대하여 국회에 환부하여 재의를 요구할 수 있지만, 국회의 폐회 중에는 이런 재의를 요구할 수 없게 하는 동시에 대통령이 법률안에 대하여 공포하지 않고 보류하고 있으면 자동적으로 폐기되도록 하는 것이다.[20]

4) 법률안거부권의 행사요건

대통령은 "법률안에 이의가 있을 때"로 재의요구할 수 있다. 법률안에 대한 이의란 정당하고 합리적 이유가 있는 경우를 말한다. 1) 법률안이 헌법에 위반되는 경우, 2) 법률안이 국가의 이익에 반하는 경우, 3) 법률안이 집행이 불가능하거나 예산의 뒷받침이 없는 경우 등을 말한다.

5) 법률안거부권에 대한 통제

대통령의 재의요구한 법률안은 국회가 다시 재의결함으로써 법률로 확정된다. 법률안에 대한 재의의 요구가 있을 때에는 국회는 재의에 붙이고, 재적의원과반수의 출석과 출석의원 3분의 2 이상의 찬성으로 전과 같은 의결을 하면 그 법률안은 법률로서 확정된다(헌법 제53조 제4항).

(3) 법률(안)공포권

대통령은 국회에서 의결된 법률안이 정부에 이송되면 대통령은 이송된 날로부터 15일 이내에 서명·공포한다. 대통령이 이 기간 동안 재의 또는 공포를 하지 아니하면 그 법률안이 법률로서 확정되는데, 대통령은 확정된 법률을 지체 없이 공포하여야 한다. 대통령의 재의요구가 있어 국회에서 재의결한 경우에도 지체 없이 공포하여야 한다(헌법 제53조 제1항, 제6항).

---

20) 우리나라의 경우 보류거부가 인정되는지 여부가 문제된다. 법률안이 국회에서 의결되어 정부에 이송되었으나, 국회의원의 임기가 만료되거나 국회가 해산되고 새로 국회가 시작되지 않은 공백 기간에는 대통령이 법률안에 대하여 재의결을 요구할 대상이 존재하지 않으므로 재의결을 요구할 수 없다. 이 경우 국회의원의 임기만료로 법률안이 폐기되는데, 국회의원 임기만료의 경우 보류거부가 예외적으로 인정된다는 견해와 국회의원 임기만료로 인한 법률안의 폐기를 보류거부로 볼 수 없다는 견해로 대립한다.

## 3. 사법에 관한 권한

### (1) 사면권

대통령은 법률이 정하는 바에 의하여 사면·감형 또는 복권을 명할 수 있다. 대통령이 일반사면을 명하려면 국회의 동의를 받아야 한다(헌법 제79조 제1항, 제2항).

> **사면권의 의의**(헌재 2000.6.1. 97헌바74)
> 사면은 형의 선고의 효력 또는 공소권을 상실시키거나, 형의 집행을 면제시키는 국가원수의 고유한 권한을 의미하며, 사법부의 판단을 변경하는 제도로서 권력분립의 원리에 대한 예외가 된다. 사면제도는 역사적으로 절대군주인 국왕의 은사권(恩赦權)에서 유래하였으며, 대부분의 근대국가에서도 유지되어 왔고, 대통령제국가에서는 미국을 효시로 대통령에게 사면권이 부여되어 있다. 사면권은 전통적으로 국가원수에게 부여된 고유한 은사권이며, 국가원수가 이를 시혜적으로 행사한다. 현대에 이르러서는 법 이념과 다른 이념과의 갈등을 조정하고, 법의 이념인 정의와 합목적성을 조화시키기 위한 제도로도 파악되고 있다.

### (2) 위헌정당해산제소권

정당의 목적이나 활동이 민주적 기본질서에 위배될 때 정부는 헌법재판소에 제소할 수 있다(헌법 제8조 제4항). 위헌정당해산제소권은 정부의 권한이지만 정부는 대통령을 수반으로 하기 때문에 대통령의 권한이라 할 수 있다.

## 4. 대통령의 특권

대통령은 내란 또는 외환의 죄를 범한 경우를 제외하고는 재직 중 형사상의 소추를 받지 아니한다(헌법 제84조).[21]

> **대통령의 불소추특권에 관한 헌법적 정당성**(헌재 1995.1.20. 94헌마246)
> 대통령의 불소추특권에 관한 헌법의 규정이, 대통령이라는 특수한 신분에 따라 일반국민과는 달리 대통령 개인에게 특권을 부여한 것으로 볼 것이 아니라, 단지 국가의 원수로서 외국에 대하여 국가를 대표하는 지위에 있는 대통령이라는 특수한 직책의 원활한 수행을

---

[21] 국가의 원수에 대하여 형사상 특권을 인정할 것인지의 여부에 관하여는 미국과 같이 헌법에 전혀 규정하고 있지 아니한 국가를 제외하고는, 각국의 헌법이 대통령의 형사상 특권의 범위 등 내용에 관하여 대체로 다음과 같은 세 가지의 형태로 규정하고 있다. 첫째, 프랑스·이태리 등의 헌법과 같이 특정한 범죄(예컨대 대역죄 등)를 제외하고는 직무집행 중에 행한 행위에 대하여 일체의 형사상의 책임을 지지 아니하도록 규정하고 있으나, 직무와 관련이 없는 범죄에 대하여는 전혀 규정하고 있지 않은 경우, 둘째, 우리나라·자유중국·필리핀·케냐·1991년 개정 전의 싱가폴 등의 헌법과 같이 특정한 범죄를 제외한 나머지 범죄에 대하여 재직 중의 소추만을 금지할 뿐, 형사상의 면책이나 재직 후의 소추금지를 규정하고 있지는 않은 경우(케냐 헌법은 재직기간 동안의 공소시효의 정지를 명문으로 규정하고 있다), 셋째, 그리스·싱가폴·1987. 2. 11.개정 전의 필리핀 등의 헌법과 같이 재직중의 직무행위에 대한 형사상의 면책과 그 이외의 행위에 대한 재직 중의 소추의 금지만을 규정하고 있는 경우(싱가폴 헌법은 불소추기간에 관하여는 공소시효의 정지를 명문으로 규정하고 있다).

보장하고, 그 권위를 확보하여 국가의 체면과 권위를 유지하여야 할 실제상의 필요 때문에 대통령으로 재직중인 동안만 형사상 특권을 부여하고 있음에 지나지 않는 것으로 보아야 할 것이다. 헌법 제84조의 근본취지를 이와 같이 해석하는 한, 그 규정에 의하여 부여되는 대통령의 형사상 특권은 문언 그대로 "재직 중 형사상의 소추를 받지 아니하는" 것에 그칠 뿐, 대통령에게 일반국민과는 다른 그 이상의 형사상 특권을 부여하고 있는 것으로 보아서는 안 될 것이다. 그런데 만일 헌법 제84조 때문에 대통령의 재직 중 국가의 소추권 행사가 금지되어 있음에도 불구하고, 대통령의 범죄행위에 대한 공소시효의 진행이 대통령의 재직 중에도 정지되지 않는다고 본다면, 대통령은 재직 전이나 재직중에 범한 대부분의 죄에 관하여 공소시효가 완성되는 특별한 혜택을 받게 되는 결과 일반국민이 누릴 수 없는 특권을 부여받는 셈이 되는 것이다. 이와 같은 결과가 앞에서 본 헌법 제84조의 근본취지의 그 어느 것에 비추어 보더라도 정당성이 뒷받침될 수 없음은 분명하다고 할 것이다. 또 만일 대통령의 재직중에도 공소시효가 진행된다고 해석한다면 임기 중에 공소시효가 완성되는 범죄가 상당히 있게 되어 정의와 형평에 반하는 결과가 될 것이다. … 위에서 살펴 본 바와 같은 공소시효제도나 공소시효정지제도의 본질에 비추어 보면, 비록 헌법 제84조에는 "대통령은 내란 또는 외환의 죄를 범한 경우를 제외하고는 재직 중 형사상의 소추를 받지 아니한다"고만 규정되어 있을 뿐 헌법이나 형사소송법 등의 법률에 대통령의 재직 중 공소시효의 진행이 정지된다고 명백히 규정되어 있지는 않다고 하더라도, 위 헌법규정의 근본취지를 대통령의 재직 중 형사상의 소추를 할 수 없는 범죄에 대한 공소시효의 진행은 정지되는 것으로 해석하는 것이 원칙일 것이다. 즉 위 헌법규정은 바로 공소시효진행의 소극적 사유가 되는 국가의 소추권 행사의 법률상 장애사유에 해당하므로, 대통령의 재직 중에는 공소시효의 진행이 당연히 정지되는 것으로 보아야 한다. … 따라서 헌법 제84조에 따라 소추가 불가능한 경우에는 공소시효의 진행이 정지되어야 한다는 것은 위와 같은 당연하고도 정당한 법리가 적용된 결과일 뿐이라고 할 것이므로 헌법상의 적법절차주의나 죄형법정주의에 반한다고 할 수 없다.

## Ⅲ. 대통령의 권한대행

### 1. 궐위 등

대통령이 궐위된 때 또는 대통령당선자가 사망하거나 판결 기타의 사유로 그 자격을 상실한 때에는 60일 이내에 후임자를 선거한다(헌법 제68조 제2항).

### 2. 권한대행

(1) 권한대행의 의의

대통령이 궐위되거나 사고로 인하여 직무를 수행할 없을 때에는 국무총리, 법률이 정한 공무원의 순서로 그 권한을 대행한다(헌법 제71조).

(2) 권한대행의 사유

대통령의 권한대행의 사유는 대통령의 '궐위' 또는 '사고'이다. 궐위는 대통령이 사망한 경우, 탄핵결정으로 파면된 경우, 대통령이 판결 기타의 사유로 자격을 상실한 경우 등 대통령이 재직하지 않고 있는 경우를 말한다.

사고는 대통령이 재직하면서 해외순방 등으로 직무를 수행할 수 없는 경우 또는 국회의 탄핵소추 의결로 권한행사가 정지된 경우 등을 말한다.

> **대통령의 해외 순방이 '사고'에 해당하는지 여부**(헌재 2014.12.19. 2013헌다1)
> 정부는 정당의 목적이나 활동이 민주적 기본질서에 위배될 때 국무회의의 심의를 거쳐 헌법재판소에 그 해산을 청구할 수 있다. 이 사건 기록에 의하면, 대통령이 직무상 해외 순방 중이던 2013. 11. 5. 국무총리가 주재한 국무회의에서 피청구인에 대한 정당해산심판청구서 제출안이 의결되었고, 위 의안에 대하여는 차관회의의 사전심의를 거치지 않은 사실이 인정된다. 정부조직법 제12조에 의하면, 대통령은 국무회의의 의장으로서 회의를 소집하고 이를 주재하지만 대통령이 사고로 직무를 수행할 수 없는 경우에는 국무총리가 그 직무를 대행한다. 대통령이 해외 순방 중인 경우는 일시적으로 직무를 수행할 수 없는 경우로서 '사고'에 해당된다고 할 것이므로, 위 국무회의의 의결이 위법하다고 볼 수 없다.

(3) 권행대행자의 직무범위

대통령이 궐위된 경우 권한대행자의 직무범위와 관련하여 현상유지설과 현상변경설 등이 대립한다. 사고의 경우에는 사고 사유가 소멸된 때에 대통령의 직무가 가능하므로 권한대행자의 직무범위는 잠정적 현상유지에 국한되다는 견해가 있다.

## 제2절 국무총리

### I. 국무총리의 헌법적 지위

국무총리는 국회의 동의를 얻어 대통령이 임명한다(헌법 제86조 제1항). 군인은 현역을 면한 후가 아니면 국무총리로 임명될 수 없다(헌법 제86조 제3항).

국무총리는 대통령의 권한대행자, 보좌기관으로서의 지위를 가진다.

> **국무총리의 권한과 지위**(헌재 2018.6.28. 2015헌가28 등)
> 국무총리는 대통령이 궐위되거나 사고로 인하여 직무를 수행할 수 없을 때에 그 권한을 대행하고 대통령을 보좌하며, 행정에 관하여 대통령의 명을 받아 행정각부를 통할한다. 또한 국무회의의 부의장이 되고, 행정각부의 장 임명을 대통령에게 제청하며, 소관사무에 관하여 법률이나 대통령령의 위임 또는 직권으로 총리령을 발할 수 있다. 이와 같이 국무총리는 대통령의 권한대행자, 대통령의 보좌기관 및 행정부 제2인자로서의 지위를 가진다.

> **국무총리의 역할 및 행정권의 귀속**(헌재 1994.4.28. 89헌마221)
> 헌법은 대통령중심제를 취하면서도 전형적인 부통령제를 두지 아니하고, 국무총리제를 두고 있는 점이 특징이다. … 위의 제 규정을 종합하면 국무총리의 지위가 대통령의 권한행사에 다소의 견제적 기능을 할 수 있다고 보여지는 것이 있기는 하나, 우리 헌법이 대통령중심제의 정부형태를 취하면서도 국무총리제도를 두게 된 주된 이유가 부통령제를 두지 않았기 때문에 대통령 유고시에 그 권한대행자가 필요하고 또 대통령제의 기능과 능률을 높이기 위하여 대통령을 보좌하고 그 의견을 받들어 정부를 통할·조정하는 보좌기관이 필요하다는 데 있었던 점과 대통령에게 법적 제한 없이 국무총리해임권이 있는 점 등을 고려하여 총체적으로 보면 내각책임제 밑에서의 행정권이 수상에게 귀속되는 것과는 달리 우리 나라의 행정권은 헌법상 대통령에게 귀속되고, 국무총리는 단지 대통령의 첫째가는 보좌기관으로서 행정에 관하여 독자적인 권한을 가지지 못하고 대통령의 명을 받아 행정각부를 통할하는 기관으로서의 지위만을 가지며, 행정권 행사에 대한 최후의 결정권자는 대통령이라고 해석하는 것이 타당하다고 할 것이다.

### II. 국무총리의 권한

#### 1. 행정통할권

국무총리는 대통령의 명을 받아 행정각부를 통할한다(헌법 제86조 제2항).

#### 2. 총리령 발포권

국무총리는 그 소관사무에 관하여 법률이나 대통령의 위임 또는 직권으로 총리령을 발할 수 있다(헌법 제95조).

## 3. 부서

국무총리는 대통령의 국법상 행위에 대하여 부서한다(헌법 제82조). 부서는 기관 내 통제권으로서의 의미를 가진다.

> **헌법 제82조** 대통령의 국법상 행위는 문서로써 하며, 이 문서에는 국무총리와 관계 국무위원이 부서한다. 군사에 관한 것도 또한 같다.

국무총리와 관계 국무위원의 부서가 없는 대통령의 국법상 행위의 효력이 문제될 수 있다. 부서제도가 대통령 국법상 행위에 대하여 유효요건(효력요건)인가 아니면 적법요건인가에 따라 달라진다. 부서를 적법요건으로 이해할 경우 부서가 없다고 하더라도 대통령의 국법상의 행위는 유효하다. 다만 대통령이 헌법상의 의무를 위배하여 직무를 수행한 경우에 해당하므로 탄핵소추 등의 책임을 받을 수 있다.

## 제3절 국무위원과 행정각부의 장

### I. 국무위원

국무위원은 국무총리의 제청으로 대통령이 임명한다(헌법 제87조 제1항). 국무총리는 국무위원의 해임을 대통령에게 건의할 수 있다(헌법 제87조 제3항).

국무위원은 국정에 관하여 대통령을 보좌하며, 국무회의의 구성원으로서 국정을 심의한다(헌법 제87조 제2항).

### II. 행정각부의 장

행정각부의 장은 국무위원 중에서 국무총리의 제청으로 대통령이 임명한다.

행정각부의 장은 소관사무에 관하여 법률이나 대통령의 위임 또는 직권으로 부령을 발할 수 있다(헌법 제95조).

### III. 국무회의

#### 1. 국무회의의 의의

국무회의는 정부의 권한에 속하는 중요한 정책을 심의한다(헌법 제88조 제1항). 헌법 제89조가 정하는 정부의 권한에 속하는 중요한 정책에 대해서는 반드시 국무회의의 심의를 거쳐야 한다.

#### 2. 법적 성격

국무회의는 정부의 권한에 속하는 중요한 정책 심의기관이다. 자문기관이나 의결기관이 아닌 심의기관으로서의 성격을 가진다.

국무회의는 대통령 정책수립기관 보좌기능뿐만 아니라 권한행사에 대한 견제적 기능도 가진다.

국무회의는 합의제 기관이 아닌 회의제 기관이다.

#### 3. 국무회의 심의의 효과

(1) 국무회의 심의결과의 구속력

국무회의는 심의기관이므로 심의결과에 대통령이 구속되지 않는다.

(2) 의결의 형식으로 행해진 경우

국무회의는 중요정책 결정기관이 아니라 심의기관이므로, 의결의 형식으로 결정되었다고 하더라도 대통령을 구속하지 않는다.

4. 심의를 거치지 않은 대통령 국법상 행위의 효력

국무회의 심의를 거치지 않은 경우 위헌적 행위로서 무효인지 아니면 유효한 행위인지 견해가 대립한다.

(1) 유효설

국무회의는 의결기관이 아니고 대통령을 보좌하는 심의기관이므로 대통령의 국법상의 행위의 효력발생요건은 아니다.

국무회의의 심의절차는 대통령의 국법상 행위의 효력발생요건이 아니라 적법요건에 불과하므로 심의를 거치지 않고 한 대통령의 행위는 유효하다. 단지 적법요건이므로 위법행위로서 탄핵사유가 된다.

(2) 무효설

국무회의 심의는 반드시 거치도록 되어 있으므로 국무회의의 심의를 거치지 않고 한 대통령의 국법상 행위는 무효이다.

## Ⅳ. 감사원

### 1. 감사원의 의의

국가의 세입·세출의 결산, 국가 및 법률이 정한 단체의 회계검사와 행정기관 및 공무원의 직무에 관한 감찰을 하기 위하여 대통령 소속 하에 감사원을 둔다(헌법 제97조).

### 2. 법적 성격

감사원은 헌법에 의해 필수적으로 설치된다.

감사원은 조직상으로 대통령 소속 기관이지만, 업무의 성격상 독립기관으로서의 성격을 갖는다.

> **감사원의 의의 및 감사원법의 역할**(헌재 1998.7.14. 98헌라2)
> 감사원은 비록 직제상 대통령에 소속된 기관이긴 하나, 그 직무의 성격상 고도의 독립성과 정치적 중립성이 보장되어야 하는 기관이다. 감사원법이 "감사원은 대통령에 소속하되 직무에 관하여는 독립의 지위를 가진다"고 천명하면서, 감사원의 인사·조직 및 예산편성상의 독립성 존중, 감사위원의 임기보장, 신분보장, 겸직 및 정치운동의 금지 등을 규정하고 있는 것은 바로 감사원의 직무상, 기능상의 독립성과 중립성을 보장하기 위한 제도적 장치인 것이다.

## 3. 감사원의 조직

**(1) 감사원장과 감사위원**

감사원은 원장을 포함한 5인 이상 11인 이하의 감사위원으로 구성한다(헌법 제98조 제1항).

감사원장은 국회의 동의를 얻어 대통령이 임명한다.

감사위원은 감사원장의 제청으로 대통령이 임명한다.

**(2) 임기**

감사원장과 감사위원의 임기는 4년으로 하며, 1차에 한하여 중임할 수 있다.

**(3) 신분보장**

감사위원은 탄핵결정이나 금고 이상의 형의 선고를 받았을 때에는 당연히 퇴직된다(감사원법 제8조).

## 4. 감사원의 권한

**(1) 결산 및 회계검사**

감사원은 세입·세출의 결산을 매년 검사하여 대통령과 차년도 국회에 그 결과를 보고하여야 한다(헌법 제99조).

**(2) 직무감찰권**

감사원은 행정기관 및 공무원의 직무에 관한 감찰을 행할 권한을 가진다.

> **직무감찰의 범위에 행정감찰권까지 포함되는지 여부**(헌재 2008.5.29. 2005헌라3)
> 
> 헌법은 국가의 세입·세출의 결산, 국가 및 법률이 정한 단체의 회계검사와 행정기관 및 공무원의 직무에 대한 감찰을 하기 위하여 대통령 소속 하에 감사원을 두고, 감사원의 조직·직무범위·감사위원의 자격·감사대상 공무원의 범위 기타 필요한 사항은 법률로 정한다고 규정하고 있다. 이에 따라 직무감찰의 범위를 정한 감사원법 제24조 제1항 제2호에 의하면, 지방자치단체의 사무와 그에 소속한 지방공무원의 직무는 감사원의 감찰사항에 포함되며, 여기에는 공무원의 비위사실을 밝히기 위한 비위감찰권뿐만 아니라 공무원의 근무평정·행정관리의 적부심사분석과 그 개선 등에 관한 행정감찰권까지 포함된다고 해석된다.

# 05 | 법원

## I. 사법권의 조직과 구성

사법권은 법관으로 구성된 법원에 속한다(헌법 제101조 제1항). 법원은 최고법원인 대법원과 각급법원으로 조직된다(헌법 제101조 제2항). 대법원과 각급법원의 조직은 법률로 정한다(헌법 제102조 제3항).

### 1. 대법원

(1) 대법원장과 대법관

대법원에 대법관을 둔다. 다만, 법률이 정하는 바에 의하여 대법관이 아닌 법관을 둘 수 있다(헌법 제102조 제2항).

대법원장은 국회의 동의를 얻어 대통령이 임명한다(헌법 제104조 제1항). 대법관은 대법원장의 제청으로 국회의 동의를 얻어 대통령이 임명한다(헌법 제104조 제2항).

대법원장의 임기는 6년으로 하며, 중임할 수 없다(헌법 제105조 제1항). 대법관의 임기는 6년으로 하며, 법률이 정하는 바에 의하여 연임할 수 있다(헌법 제105조 제2항).

(2) 부(部)

대법원에 부를 둘 수 있다(헌법 제102조 제1항).

### 2. 각급법원

법원조직법상 각급법원으로는 고등법원, 특허법원, 지방법원, 가정법원, 행정법원, 회생법원 등으로 정하고 있다(법원조직법 제3조).

### 3. 특별법원

(1) 특별법원으로서 군사법원

헌법에서는 군사재판을 관할하기 위하여 특별법원으로서 군사법원을 둘 수 있다고 규정하여 특별법원의 설치근거를 두고 있다.[22]

(2) 군사법원의 종류

군사법원은 ① 군사법원은 국방부장관 소속으로 하며, 중앙지역군사법원·제1지역군사법원·제2지역군사법원·제3지역군사법원 및 제4지역군사법원으로 구분하여 설치한다(군사법원법 제6조(군사법원의 설치 및 관할구역)). 전시·사변 또는 이에 준하는 국가비상사태 시

---

[22] 특별법원은 법관의 자격을 가지고 있지 아니한 자가 재판을 담당하거나 대법원에 대한 상고가 허용되지 않는 예외법원을 의미한다. 군사법원의 상고심은 대법원이 관할하므로 우리 헌법은 대법원을 최종심으로 하지 않는 특별법원은 인정되지 않는다.

의 군사법원("전시 군사법원")은 고등군사법원과 보통군사법원의 두 종류로 한다(군사법원법 제534조의2(전시 군사법원의 종류)).

(3) 군사법원의 구성

군사법원에는 군사법원장을 두고, 군사법원장은 군판사로 한다(군사법원법 제7조). 군사법원에는 군판사 3명을 재판관으로 한다(군사법원법 제22조).

전시 군사법원의 행정사무를 관장하는 관할관을 둔다. 고등군사법원의 관할관은 국방부장관으로 하며, 보통군사법원의 관할관은 그 설치되는 부대와 지역의 사령관, 장 또는 책임지휘관으로 한다(군사법원법 제534조의4(전시 군사법원의 관할관)). 전시 보통군사법원은 재판관 1명 또는 3명으로 구성하며, 고등군사법원은 재판관 3명 또는 5명으로 구성한다. 재판관은 군판사와 심판관으로 하고, 재판장은 선임 군판사가 된다(군사법원법 제534조의8(전시 군사법원의 구성)). 심판관은 영관급 이상의 장교 중에서 관할관이 임명한다(군사법원법 제534조의10(심판관의 임명과 자격)).

**일반법원과 따로 군사법원을 군부대 등에 설치하도록 한 것이 헌법에 반하는지 여부**(헌재 1996.10.31. 93헌바25)

헌법이 군사법원을 특별법원으로 설치하도록 허용하되 대법원을 군사재판의 최종심으로 하고 있고, 구 군사법원법 제21조 제1항은 재판관의 재판상의 독립을, 같은 조 제2항은 재판관의 신분을 보장하고 있으며, 또한 같은 법 제22조 제3항, 제23조 제1항에 의하면 군사법원의 재판관은 반드시 일반법원의 법관과 동등한 자격을 가진 군판사를 포함시켜 구성하도록 하고 있는바, 이러한 사정을 감안하면 구 군사법원법 제6조가 일반법원과 따로 군사법원을 군부대 등에 설치하도록 하였다는 사유만으로 헌법이 허용한 특별법원으로서 군사법원의 한계를 일탈하여 사법권의 독립을 침해하고 위임입법의 한계를 일탈하거나 헌법 제27조 제1항의 재판청구권, 헌법 제11조의 평등권을 본질적으로 침해한 것이라고 할 수 없고, 또한 같은 법 제7조, 제23조, 제24조, 제25조가 일반법원의 조직이나 재판부구성 및 법관의 자격과 달리 군사법원에 관할관을 두고 군검찰관에 대한 임명, 지휘, 감독권을 가지고 있는 관할관이 심판관의 임명권 및 재판관의 지정권을 가지며 심판관은 일반장교 중에서 임명할 수 있도록 규정하였다고 하여 바로 위 조항들 자체가 군사법원의 헌법적 한계를 일탈하여 사법권의 독립과 재판의 독립을 침해하고 죄형법정주의에 반하거나 인간의 존엄과 가치, 행복추구권, 평등권, 신체의 자유, 정당한 재판을 받을 권리 및 정신적 자유를 본질적으로 침해하는 것이라고 할 수 없다.

**군사법원 설치의 헌법상 허용과 한계**(헌재 2009.7.30. 2008헌바162)

헌법 제110조는 군사재판을 관할하기 위하여 특별법원으로서 군사법원을 둘 수 있고 군사법원의 상고심은 대법원에서 관할하며 군사법원의 조직·권한 및 재판관의 자격은 법률로 정한다고 규정하여 헌법에 직접 특별법원으로서 군사법원을 설치할 수 있는 근거를 두고 있다. 그런데 헌법 제110조 제1항에서 "특별법원으로서 군사법원을 둘 수 있다."는 의미는 군사법원을 일반법원과 조직·권한 및 재판관의 자격을 달리하여 특별법원으로 설치할 수 있다는 뜻으로 해석되므로, 법률로 군사법원을 설치함에 있어서 군사재판의 특수성을 고려하여 그 조직·권한 및 재판관의 자격을 일반법원과 달리 정하는 것이 헌법상 허용된다. 그러나 아무리 군사법원의 조직·권한 및 재판관의 자격을 일반법원과 달리 정할 수 있다고 하여도 그것이 아무런 한계 없이 입법자의 자의에 맡겨 질 수는 없는 것이고 사법권의 독립 등 헌법의 근본원리에 위반되거나 헌법 제27조 제1항의 재판청구권, 헌법 제11조 제1항의 평등권, 헌법 제12조의 신체의 자유 등 기본권의 본질적 내용을 침해하여서는 안 될 헌법적 한계가 있다고 할 것이다.

## Ⅱ. 사법권의 독립

### 1. 사법원의 독립의 의의

사법권의 독립은 재판상의 독립을 보장하기 위한 것이며, 이를 위하여 법관의 신분보장도 지켜질 것이 요구된다.

> **사법권의 독립의 의의**(헌재 2016.9.29. 2015헌바331)
> 사법권의 독립은 권력분립을 그 중추적 내용의 하나로 하는 자유민주주의 체제의 특징적 지표이고 법치주의의 요소를 이룬다. 사법권의 독립은 재판상의 독립, 즉 법관이 재판을 함에 있어서 오직 헌법과 법률에 의하여 그 양심에 따라 할 뿐, 어떠한 외부적인 압력이나 간섭도 받지 않는다는 것뿐만 아니라, 재판의 독립을 위해 법관의 신분보장도 차질 없이 이루어져야 함을 의미한다. 이에 헌법은 법관의 독립을 보장하기 위하여 법관의 신분보장에 관한 사항을 규정하고 있는바, 사법의 독립을 실질적으로 보장하는 것은 헌법 제27조에 의하여 보장되고 있는 국민의 재판청구권이 올바로 행사될 수 있도록 하기 위한 측면에서도 그 의의가 있다. 그런데 헌법이 사법의 독립을 보장하는 것은 그것이 법치주의와 민주주의의 실현을 위한 전제가 되기 때문이지, 그 자체가 궁극적인 목적이 되는 것은 아니다. 국민의 재판청구권을 실질적으로 보장하기 위해서는 사법의 독립성 외에 책임성도 함께 요구되는데, 판사의 연임제도는 사법의 책임성을 실현하는 제도의 하나로 이해할 수 있다. 다만, 사법의 책임성을 지나치게 강조할 경우 오히려 법관의 독립이 침해될 가능성이 있으므로 근무평정제도는 어디까지나 판사에 대한 연임제를 객관적으로 운용하고, 판사의 성실한 직무수행 및 인사의 공정성과 객관성을 확보하기 위하여 필요한 부분에서 합리적으로 이루어져야 할 것이다.

> **보장되는 재판을 받을 권리의 내용**(헌재 2009.2.26. 2007헌바8 등)
> 헌법 제101조 제1항은 "사법권은 법관으로 구성된 법원에 속한다."고 규정하고 있고, 헌법 제27조 제1항은 "모든 국민은 헌법과 법률이 정한 법관에 의하여 법률에 의한 재판을 받을 권리를 가진다."고 규정하고 있다. 위 규정들을 비롯한 헌법 규정들에 의하면 모든 국민은 헌법과 법률이 정한 자격과 절차에 의하여 임명되고, 물적독립과 인적독립이 보장된 법관에 의하여 합헌적인 법률이 정한 내용과 절차에 따라 재판을 받을 권리를 보장하고 있다.

## 2. 재판상 독립

법관은 헌법과 법률에 의하여 그 양심에 따라 독립하여 심판한다(헌법 제103조). 양심에 따라 독립하여 심판을 한다는 의미는 국가기관이나 소송당사자뿐만 아니라 사회 제 세력 및 법원 내부로부터 영향을 받지 않아야 한다는 것을 의미한다.

## 3. 법관의 신분상 독립

(1) 법관의 임명

대법원장과 대법관이 아닌 법관은 대법관회의의 동의를 얻어 대법원장이 임명한다(헌법 제104조 제3항).

(2) 법관자격 법정주의

법관의 정년은 법률로 정한다(헌법 제105조 제4항).

(3) 법관의 임기와 정년

대법원장과 대법관이 아닌 법관의 임기는 10년으로 하며, 법률이 정하는 바에 의하여 연임할 수 있다(헌법 제105조 제3항).

(4) 법관의 신분보장

법관은 탄핵 또는 금고 이상의 형의 선고에 의하지 아니하고는 파면되지 아니하며, 징계처분에 의하지 아니하고는 정직·감봉 기타 불리한 처분을 받지 아니한다(헌법 제106조 제1항). 법관이 중대한 심신상의 장해로 직무를 수행할 수 없을 때에는 법률이 정하는 바에 의하여 퇴직하게 할 수 있다(헌법 제106조 제2항).

헌 법 교 과 서

# PART 04

# 헌법재판과 헌법재판소

# CHAPTER 01 | 헌법재판

## 제1절  헌법재판의 의의

### Ⅰ. 헌법재판의 의미

헌법재판이란 헌법적 분쟁에 관하여 독립적 지위와 관할권을 가지는 헌법기관이 이를 유권적으로 해결하는 헌법의 인식 및 실현작용을 말한다. 우리 헌법은 제111조 제1항에서 위헌법률심판, 탄핵심판, 정당해산심판, 권한쟁의심판, 헌법소원심판 등을 헌법재판작용으로 열거하고 있다.

### Ⅱ. 헌법재판의 목적

헌법재판의 목적은 헌법 규범력의 확보와 국민의 기본권 보장이다. 헌법재판은 헌법이 갖는 최고규범으로서의 효력과 법질서의 통일성을 보장하고, 헌법에서 보장하는 국민의 기본권적 가치를 실현한다.

국민의 기본권 보장과 직접적으로 관련되는 헌법재판작용은 위헌법률심판과 헌법소원심판이다. 위헌법률심판과 헌법소원심판은 위헌적인 법률의 효력을 상실시킴으로써 국민의 기본권을 보호한다. 특히 헌법소원심판은 모든 공권력의 행사나 불행사로 인하여 기본권이 침해된 경우에 이를 구제하는 강력한 수단이다.

탄핵심판, 정당해산심판, 권한쟁의심판은 간접적으로 기본권을 보호하는데 기여한다. 탄핵심판제도는 직무상 권한을 남용하여 위헌·위법적 행위를 한 자를 공직에서 배제함으로써 국민의 기본권 침해를 방지한다. 정당해산심판제도는 헌법을 부정하거나 헌법질서를 전복하려는 위헌적인 정당을 해산시킴으로써 국민의 기본권적 가치를 실현한다. 권한쟁의심판제도는 국가기관이나 지방자치단체에 의한 권한의 남용을 차단함으로써 국민의 기본권의 침해가 발생하지 않도록 한다.

### Ⅲ. 헌법재판의 법적 성격

헌법재판은 헌법규정을 해석하고 실현시키는 작용이라는 점에서 사법작용으로서의 성질을 가진다. 헌법재판은 법 영역 외에 정치적 영역에서의 형성적 판단을 한다는 점에서 정치작용으로서의 성질도 가지며, 위헌법률심판 등과 같은 규범통제의 경우에는 입법작용으로서의 성질도 가진다. 헌법재판이 가지고 있는 이러한 특성으로 인하여 헌법재판을 입법·행정·사법작용과 구별하여 제4의 국가작용이라고도 한다.

## 제2절 한국의 헌법재판

### I. 헌법재판기관

헌법재판은 헌법재판기능이 법원에 부여되는지 아니면 별도의 헌법기관을 설치하여 부여되는지에 따라 국가마다 차이를 보인다. 미국이나 일본 등은 위헌법률심사권을 연방대법원이나 최고재판소에 부여한다. 우리나라는 헌법재판소가 헌법재판에 관하여 독점적이고 배타적인 관할권을 가진다. 헌법재판소가 헌법재판을 독점하는 시스템은 오스트리아 헌법재판소 제도에 그 기원을 두고 있다. 프랑스는 헌법평의회가 헌법재판을 담당하고 있으며, 영국은 의회우위원칙에 입각하여 위헌법률심사제도를 채택하지 않고 있다.

### II. 한국 헌법재판의 역사

#### 1. 1948년 헌법

(1) 구체적 규범통제와 탄핵심판의 이원화

1948년 헌법에서는 헌법재판을 구체적 규범통제와 탄핵재판으로 이원화하고 있다. 법률의 위헌여부심판을 위하여 헌법위원회제도가 채택되었고, 탄핵사건을 심판하기 위해 탄핵재판소를 설치하였다.

(2) 헌법위원회

헌법위원회는 법률의 위헌여부심판에 대해서만 관할권을 가졌다. 헌법위원회는 부통령을 위원장으로 하고 대법관 5인과 국회의원 5인의 위원으로 구성되었다. 국회의원과 대법관 가운데서 각각 예비위원을 두었다.

(3) 탄핵재판소

탄핵재판은 대통령, 부통령, 국무총리, 국무위원, 심계원장, 법관 기타 법률이 정하는 공무원이 직무수행과 관련하여 헌법 또는 법률에 위배한 때에는 국회가 탄핵을 소추할 수 있도록 하였고, 이러한 탄핵사건을 심판하기 위하여 탄핵재판소가 설치되었다. 탄핵재판소는 부통령을 재판장으로 하고 대법관 5인과 국회의원 5인의 심판관으로 구성되었다.

(4) 헌정의 실제

1952년 헌법과 1954년 헌법에서도 헌법재판제도의 기본적인 내용은 그대로 유지되었다. 헌법위원회는 1950년부터 업무를 시작하였으나 그 활동은 미미하였으며, 10년간 6건의 사건을 처리하는데 그쳤다.

## 2. 1960년 헌법

### (1) 헌법재판소제도의 도입

1960년 헌법은 종전의 헌법위원회제도를 폐지하고 헌법재판소제도를 도입하였다. 헌법재판소의 관장사항은 법률의 위헌여부심사, 헌법에 관한 최종적인 해석, 국가기관 간의 권한쟁의심판, 정당해산심판, 탄핵재판, 대통령·대법원장·대법관의 선거에 관한 소송으로 하고 있었다.

### (2) 헌법재판소의 구성

헌법재판소는 대통령, 대법원, 참의원이 각 3인씩 선임하는 9인의 심판관으로 구성하도록 하고 있었으며, 심판관의 임기는 6년으로 하고 2년마다 3인씩 개임하도록 하였다. 헌법재판소장은 심판관 중에서 재적 심판관 과반수의 찬성으로 호선하여 대통령이 확인하는 방식을 취하였다.

### (3) 헌법재판의 특징

헌법재판소가 법률의 위헌 여부를 관장하도록 하고 있었는데, 규범통제의 절차에서 특징적인 점은 법률의 위헌 여부나 헌법에 관한 최종적인 해석을 헌법재판소에 제청하는 권한을 법원 이외의 당사자도 가지도록 하였다는 점이다. 그리고 법원에 사건이 계속됨이 없는 경우에도 법률의 위헌여부심사를 헌법재판소에 제청할 수 있었다. 이 경우 제청인을 국회와 같은 국가기관에 한정하면 추상적 규범통제가 이루어지고, 제청인을 일반국민에까지 확대하면 일종의 민중소송이 이루어지게 된다. 입법자는 모든 종류의 규범통제, 즉 구체적 규범통제뿐만 아니라 추상적 규범통제제도를 제도화할 수 있었다.

> **1961년 헌법재판소법 제9조(위헌제청과 법원의 재판)** ① 법원에 계속 중인 사건에 관하여 **법원 또는 당사자**가 법률의 위헌여부의 심사나 헌법에 관한 최종적 해석을 헌법재판소에 제청하였을 때에는 헌법재판소의 결정에 의하여 당해 사건에 대한 법원의 재판은 헌법재판소의 판결이 있을 때까지 정지할 수 있다.
>
> **1961년 헌법재판소법 제10조(제청서기재사항)** ① 법원에 계속 중인 사건에 관하여 법률의 위헌여부의 제청을 할 때에는 다음 각 호의 사항을 기재하고 필요한 서류를 첨부하여야 한다. 1. 제청법원 또는 제청인의 표시, 2. 사건의 표시, 3. 위헌이라고 해석되는 법률 또는 법률의 조항, 4. 위헌이라고 해석되는 이유, 5. 기타 필요한 사항.
> ② 법원에 사건이 계속됨이 없이 법률의 위헌여부 또는 헌법에 관한 최종적 해석을 제청할 때에는 제청서에 다음 사항을 기재하여야 한다. 1. 제청인의 표시, 2. 위헌이라고 해석되는 법률조항 또는 해석을 요구하는 헌법의 조항, 3. 위헌이라고 해석되는 이유 또는 당해헌법조항에 대한 제청인의 해석, 4. 기타 필요한 사항.

### (4) 헌정의 실제

1960년 헌법은 우리 헌법사에서 가장 현대적인 헌법재판제도의 모습을 띠는 것이었으나, 헌법재판소가 구성되기도 전에 5·16군사쿠데타로 출범을 하지 못하였다.

## 3. 1962년 헌법

### (1) 대법원과 탄핵심판위원회

1962년 헌법에서는 헌법재판소제도를 폐지하고, 대법원에서 위헌법률심사와 정당해산심판을, 탄핵심판위원회에서 탄핵심판을 담당하도록 하였다.

### (2) 대법원

대법원은 대법원장과 대법원 판사로 구성되었으며, 법률 또는 명령 등의 위헌여부심사와 정당해산심판을 담당하였다. 법률이나 명령 등의 위헌 여부가 재판의 전제가 된 경우 대법원이 이를 최종적으로 심사하는 권한을 가졌다. 정당의 목적이나 활동이 민주적 기본질서에 위배될 때에는 정부는 대법원에 그 해산을 제소할 수 있고, 정당은 대법원의 판결에 의하여 해산되도록 하였다.

### (3) 탄핵심판위원회

탄핵심판위원회는 대법원장을 위원장으로 하고 대법원 판사 3인과 국회의원 5인의 위원으로 구성되었다. 다만 대법원장을 심판할 경우에는 국회의장이 위원장이 되었다. 그리고 심판위원회에는 8인의 예비심판위원을 두었다.

### (4) 헌정의 실제

1962년 헌법재판제도는 1969년 헌법에서도 동일하게 유지되었다. 이 시기 동안 대법원의 위헌법률심사는 활발하지 못하였으며, 사형제도·강간죄 등이 합헌으로 선언되었다. 다만 1971년 국가배상법 제2조 제1항 단서와 법원조직법 제59조 제1항 단서에 대하여 위헌판결을 선고하였다.

## 4. 1972년 헌법

### (1) 헌법위원회제도의 부활

1972년 헌법은 헌법위원회제도를 부활시켰다. 헌법위원회는 법률의 위헌여부심판, 탄핵심판, 정당해산심판을 관장하였다.

법률이 헌법에 위반되는지의 여부가 재판의 전제가 된 때에 법원의 제청으로 헌법위원회가 위헌 여부를 심판한다. 대통령·국무총리·국무위원·행정각부의 장·헌법위원회 위원·법관·중앙선거관리위원회 위원·감사위원 기타 법률에 정한 공무원이 그 직무집행에 있어서 헌법이나 법률을 위배한 때에는 국회는 탄핵의 소추를 할 수 있으며, 헌법위원회가 탄핵을 결정한다. 정당의 목적이나 활동이 민주적 기본질서에 위배되거나 국가의 존립에 위해가 될 때에는 정부는 헌법위원회에 그 해산을 제소할 수 있고, 정당은 헌법위원회의 결정에 의하여 해산된다.

(2) 헌법위원회

헌법위원회는 9인의 위원으로 구성되었다. 국회가 3인을 선출하였고, 대법원장이 3인을 지명하였으며 9인 모두 대통령이 임명하였다. 헌법위원회 위원의 자격요건에는 법관의 자격을 요구하지 않았다.

(3) 헌정의 실제

1972년 유신헌법 체제 하에서는 헌법위원회에 위헌여부심판의 제청이 한 건도 없었기 때문에 헌법재판이 행해지지 않았다.

## 5. 1980년 헌법

1980년 헌법은 1972년 헌법의 헌법위원회제도를 그대로 답습하여 법률의 위헌여부심판, 탄핵심판, 정당해산심판을 관장하도록 하였다. 다만, 구체적 규범통제제도에서 "대법원은 하급법원의 위헌 여부 제청에 대하여 대법원 판사 전원의 3분의 2이상으로 구성되는 합의체에서 당해 법률의 헌법 위반 여부를 결정하고 헌법에 위반되는 것으로 인정된 때에는 그 제청서를 헌법위원회에 송부하여야 한다. 대법원에서 위헌 여부를 제청하는 경우에도 또한 같다."라고 개정하여 대법원판사 전원의 2/3 이상으로 이루어진 합의체에서 당해 법률의 헌법 위반 여부를 결정하고 여기에서 헌법에 위반되는 것으로 인정할 때에 헌법위원회에 송부한다고 하여 대법원의 불송부결정권을 규정하였다(시행 1982. 4. 2. 법률 제3551호, 1982. 4. 2., 일부개정)(헌법위원회법 제15조 제3항).

# CHAPTER 02 헌법재판소

## 제1절 헌법재판소의 구성

### Ⅰ. 헌법재판소 재판관과 헌법재판소장

#### 1. 헌법재판소 재판관의 임명

헌법재판소는 대통령이 임명하는 9인의 재판관으로 구성된다. 3인은 국회에서 선출하고, 3인은 대법원장이 지명하며, 3인은 대통령이 직접 임명한다(헌법재판소법 제6조 제1항).

재판관의 임기가 만료되거나 정년이 도래하는 경우에는 임기만료일 또는 정년도래일까지 후임자를 임명하여야 한다(헌법재판소법 제6조 제3항). 임기 중 재판관이 결원이 된 때에는 결원된 날부터 30일 이내에 후임자를 임명하여야 한다(헌법재판소법 제6조 제4항). 다만 국회에서 선출한 재판관이 국회의 폐회 또는 휴회 중에 그 임기가 만료되거나 정년이 도래한 경우 또는 결원된 경우에는 국회는 다음 집회가 개시된 후 30일 이내에 후임자를 선출하여야 한다(헌법재판소법 제6조 제5항).

헌법재판소 재판관을 임명·선출·지명함에 있어서는 국회의 인사청문을 거쳐야 한다. 대통령은 재판관을 임명하기 전에, 대법원장은 재판관을 지명하기 전에 인사청문을 요청한다(헌법재판소법 제6조 제2항). 국회에서 선출하는 재판관의 경우에도 인사청문을 거치도록 하고 있다(국회법 제46조의3).

#### 2. 헌법재판소장의 임명

헌법 제111조 제4항 및 헌법재판소법 제12조 제2항은 "헌법재판소의 장은 국회의 동의를 얻어 재판관 중에서 대통령이 임명한다."고 정하고 있다. 이 조항은 종래 헌법재판소장인 재판관을 임명하는 관행으로 인해 논란이 있었으나, 지금은 대통령이 재판관 중에서 국회의 동의를 얻어 헌법재판소장을 임명한다. 헌법재판소장의 임기도 재판관의 잔여임기 동안만 재임하는 것으로 해석된다.

헌법재판소장은 헌법재판소를 대표하고, 헌법재판소의 사무를 총괄하며, 소속 공무원을 지휘·감독한다(헌법재판소법 제12조 제3항). 그 밖에 헌법재판소장은 헌법재판소의 조직, 인사, 운영, 심판절차 등 헌법재판소의 업무와 관련된 법률의 제정 또는 개정이 필요하다고 인정하는 경우에는 국회에 서면으로 의견을 제출할 수 있다(헌법재판소법 제10조의2).

헌법재판소장이 궐위되거나 부득이한 사유로 직무를 수행할 수 없을 때에는 다른 재판관이 헌법재판소규칙으로 정하는 순서에 따라 그 권한을 대행한다(헌법재판소법 제12조 제4항).

## Ⅱ. 헌법재판소 재판관의 법적 지위

### 1. 재판관의 자격법정주의

헌법재판소 재판관으로 임명되는 자는 법관의 자격을 가지고 있어야 한다(헌법 제111조 제2항). 다만, 다른 법령에 따라 공무원으로 임용하지 못하는 사람, 금고 이상의 형을 선고받은 사람, 탄핵에 의하여 파면된 후 5년이 지나지 아니한 사람은 재판관으로 임명할 수 없다(헌법재판소법 제5조 제2항).

### 2. 재판관의 독립

헌법재판의 독립성을 확보하기 위해서는 재판관이 다른 재판관이나 국가기관 등 외부의 간섭으로부터 독립되어야 한다. 헌법은 재판관의 독립을 보장하기 위해서 임기·정년·신분·정치적 중립 등을 보장하고 있다.

(1) 재판관의 임기와 정년

헌법재판소 재판관의 임기는 6년이며, 법률이 정하는 바에 의하여 연임할 수 있다(헌법 제112조 제1항). 헌법재판소장의 임기와 정년에 관하여는 특별히 정하고 있지 않다. 헌법재판소장의 연임은 이를 금지하는 규정이 없으므로 연임할 수 있다고 보아야 한다. 헌법재판소 재판관의 정년은 헌법재판소법에서 70세로 정하고 있다(헌법재판소법 제7조 제2항).

(2) 재판관의 신분보장

헌법재판소 재판관은 탄핵 또는 금고 이상의 형의 선고에 의하지 아니하고는 파면되지 아니한다(헌법 제112조 제3항). 헌법재판소법 제8조에서는 재판관은 탄핵결정이 된 경우나 금고 이상의 형의 선고를 받은 경우가 아니면 그의 의사에 반하여 해임되지 아니한다고 규정하고 있다.

법관과는 달리 헌법재판소 재판관에 대해서는 중대한 심신상의 장해를 이유로 하는 강제퇴직규정을 두고 있지 않다. 헌법재판소 재판관이 중대한 심신상의 장해로 직무를 수행할 수 없음에도 불구하고 사임을 거부하는 경우에는 헌법 제106조 제2항을 유추하여 임명권자인 대통령이 재판관을 퇴직하게 할 수 있다고 보아야 한다.

> 헌법 제106조 ② 법관이 중대한 심신상의 장해로 직무를 수행할 수 없을 때에는 법률이 정하는 바에 의하여 퇴직하게 할 수 있다.

(3) 정치적 중립성의 보장

헌법은 헌법재판소 재판관이 정당에 가입하거나 정치에 관여할 수 없도록 하여(헌법 제112조 제2항, 헌법재판소법 제9조) 정치적 중립성을 보장하고 있다. 헌법재판의 공정성을 보장하기 위하여 재판관의 겸직을 제한한다. 재판관은 국회 또는 지방의회 의원의 직, 국회·정부 또는 법원의 공무원의 직, 법인·단체 등의 고문·임원 또는 직원의 직을 겸하는 것을 금지하고 있다(헌법재판소법 제14조, 지방자치법 제43조 제1항 제2호). 지방자치단체의 장도 겸할 수 없다(지방자치법 제109조 제1항 제1호). 재판관이 공직선거의 후보자가 되고자 하는 경우에는 선거일 전 90일까지 그 직을 그만 두어야 하고, 비례대표국회의원선거나 비례대표 시·도의원 선거 및 보궐선거 등에서 후보자가 되고자 하는 경우에는 선거일 전 30일까지 그 직을 그만 두어야 한다(공직선거법 제53조 제1항 제1호, 제2항). 그 밖에 헌법재판소 재판관은 영리를 목적으로 하는 사업을 할 수 없다(헌법재판소법 제14조).

## 제2절 그 밖의 헌법재판소 조직

### Ⅰ. 재판관회의

헌법재판소법은 재판관 전원으로 구성되는 재판관회의를 둔다. 헌법재판소의 장이 재판관회의 의장이 된다. 재판관회의는 재판관 전원의 3분의 2를 초과하는 인원의 출석과 출석인원 과반수의 찬성으로 의결하며, 의장도 의결에서 표결권을 가진다(헌법재판소법 제16조 제2항, 제3항).

재판관회의는 헌법재판소규칙의 제정과 개정 등에 관한 사항, 입법 의견의 제출에 관한 사항, 예산요구·예비금지출과 결산에 관한 사항, 사무처장, 사무차장, 헌법재판연구원장, 헌법연구관 및 3급 이상 공무원의 임면에 관한 사항, 특히 중요하다고 인정되는 사항으로서 헌법재판소장이 재판관회의에 부치는 사항 등을 의결한다(헌법재판소법 제16조 제4항).

재판관회의는 재판관 전원으로 구성된다는 점에서 재판부와 동일하지만, 재판권을 행사하지 않는다는 점에서는 구별된다.

### Ⅱ. 헌법재판연구원

헌법재판소에 헌법 및 헌법재판 연구와 헌법연구관, 사무처 공무원 등의 교육을 위하여 헌법재판연구원을 둔다. 헌법재판연구원은 원장 1인을 포함하여 40인 이내의 정원으로 구성한다. 헌법재판연구원장은 헌법재판소장이 재판관회의의 의결을 거쳐 헌법연구관으로 보하거나 1급인 일반직 국가공무원으로 임명한다(헌법재판소법 제19조의4).

CHAPTER

# 03 일반심판절차

## 제1절 일반심판절차와 특별심판절차

헌법재판소법은 일반심판절차와 특별심판절차를 나누어 규정한다. 일반심판절차는 모든 심판절차에 일반적으로 적용되는 심판절차를 말한다. 특별심판절차는 위헌법률심판, 탄핵심판, 정당해산심판, 권한쟁의심판, 헌법소원심판으로 구분된다.

헌법재판소의 심판절차에 관하여는 헌법재판소법에 특별한 규정이 있는 경우를 제외하고는 헌법재판의 성질에 반하지 아니하는 한도에서 민사소송에 관한 법령을 준용한다. 이 경우 탄핵심판의 경우에는 형사소송에 관한 법령을 준용하고, 권한쟁의심판 및 헌법소원심판의 경우에는 행정소송법을 함께 준용한다(헌법재판소법 제40조 제1항). 이 때 형사소송에 관한 법령 또는 행정소송법이 민사소송에 관한 법령에 저촉될 때에는 민사소송에 관한 법령은 준용하지 않는다(헌법재판소법 제40조 제2항).

## 제2절 재판부와 심판정족수

### Ⅰ. 전원재판부와 지정재판부

헌법재판은 헌법재판소법에 특별한 규정이 있는 경우를 제외하고는 재판관 전원으로 구성되는 재판부에서 행한다. 재판부의 재판장은 헌법재판소장이 된다(헌법재판소법 제22조 제1항, 제2항).

헌법소원심판절차에서 헌법재판소장은 재판관 3인으로 구성되는 지정재판부를 두어 헌법소원심판의 사전심사를 담당하게 할 수 있다(헌법재판소법 제72조 제1항). 헌법재판소에는 3개의 지정재판부가 있다.

### Ⅱ. 심판정족수

#### 1. 심리정족수

헌법재판소는 재판관 9인으로 구성되는 전원재판부에서 재판관 7인 이상의 출석으로 사건을 심리한다(헌법재판소법 제23조 제1항).

#### 2. 결정정족수

(1) 일반정족수와 가중정족수

재판부는 종국심리에 관여한 재판관 과반수의 찬성으로 사건에 관한 결정을 한다(일반정족수)(헌법재판소법 제23조 제2항). 다만 법률의 위헌결정, 탄핵의 결정, 정당해산의 결정, 헌법소원에 관한 인용결정, 헌법재판소가 종전에 판시한 헌법 또는 법률의 해석·적용에 관한 의견을 변경하는 경우[1])에는 재판관 6인 이상의 찬성이 있어야 한다(가중정족수).

재판관 6인 이상의 찬성을 필요로 하는 경우 이외에는 일반정족수가 적용된다. 위헌법률심판, 탄핵심판, 정당해산심판, 헌법소원심판의 적법요건에 관한 결정은 심리에 관여한 재판관의 과반수 찬성으로 결정한다. 권한쟁의심판은 적법요건뿐만 아니라 본안판단에 관한 결정도 인용 여부에 관계없이 심리에 관여한 재판관 과반수의 찬성으로 결정한다.

### (2) 헌법재판소의 의견변경

헌법재판소가 종전에 판시한 헌법 또는 법률의 해석·적용에 관한 의견을 변경하는 경우에는 재판관 6인 이상의 찬성이 필요하다. 의견변경에 필요한 재판관 6인 이상의 찬성요건은 결정주문뿐만 아니라 결정이유나 적법요건에 대한 의견을 변경하는 경우에도 동일하게 적용된다.

#### 1) 적법요건에 대한 의견변경

헌법재판소가 종전에 적법요건의 심사에서 각하결정을 한 바 있다면, 그 의견을 변경하기 위해서는 재판관 6인 이상의 찬성이 있어야 한다. 부적법 각하결정을 한 선례가 있는 경우, 당해 심판에서 재판관 5인이 적법하다는 의견을 제시하여도 법률의 해석·적용에 관한 의견을 변경하는데 필요한 심판정족수 6인에는 미치지 못하므로 심판청구는 각하한다.

헌법재판소는 법령소원의 경우 청구기간과 관련하여 시행일이나 해당사유 발생일을 그 기준으로 삼는다. 93헌마198 결정에서 헌법재판소는 법령의 시행에 유예기간을 두는 경우에는 유예기간과 관계없이 법 시행일에 기본권의 침해를 받은 것으로 보아 부적법 각하하였으나, 2017헌마479 결정에서 재판관 7인의 의견으로 유예기간을 두고 있는 법령의 경우, 헌법소원심판의 청구기간 기산점을 그 법령의 시행일이 아니라 유예기간 경과일이라고 변경하였다.

**법령의 시행에 유예기간을 두는 것이 기본권을 침해하는지 여부**(헌재 1996.3.28. 93헌마198)
부칙규정에 의하여 법 시행일로부터 1년 간의 유예기간을 두어 1년이 되는 시점까지만 의약품도매상을 할 수 있도록 한 경우에는, 법 시행일에 이미 일정한 시점 이후부터는 영업을 할 수 없도록 기간을 제한받은 것이므로 청구인은 법 시행일에 유예기간과 관계없이 기본권의 침해를 받은 것으로 보아야 한다.

---

1) 동일한 심판대상에 대한 결정에 있어서 그 전 사건의 결정에서 표시한 주문의 표현을 나중 사건의 결정에서 변경하는 경우에는 주문 내용의 기본적인 견해의 변경이 아닌 한 판례의 변경에는 해당하지 않는다(헌재 1997.1.16. 92헌바6 등).

**유예기간을 둔 경우 헌법소원심판의 청구기간 기산점**(헌재 2020.4.23. 2017헌마479)

유예기간을 경과하기 전까지 청구인들은 이 사건 보호자동승조항에 의한 보호자동승의무를 부담하지 않는다. 이 사건 보호자동승조항이 구체적이고 현실적으로 청구인들에게 적용된 것은 유예기간을 경과한 때부터라 할 것이므로, 이때부터 청구기간을 기산함이 상당하다. 종래 이와 견해를 달리하여, 법령의 시행일 이후 일정한 유예기간을 둔 경우 이에 대한 헌법소원심판 청구기간의 기산점을 법령의 시행일이라고 판시한 우리 재판소 결정들은, 이 결정의 취지와 저촉되는 범위 안에서 변경한다.

2) 결정주문에 대한 의견변경

헌법재판소는 종래 지방자치단체 장이 금고 이상의 형을 선고받고 그 형이 확정되지 아니한 경우 부단체장이 권한을 대행하도록 규정한 지방자치법 제111조 제1항 제3호가 합헌이라고 결정하였으나(헌재 2005.5.26. 2002헌마699 등), 2010헌마418 결정에서는 헌법불합치 결정을 하였다.[2]

3) 결정이유에 대한 의견변경

헌법재판소는 2005헌마268 결정에서 평화적 생존권을 기본권으로 인정하였으나, 2007헌마369 결정에서 평화적 생존권은 헌법상 보장되는 기본권이라고 할 수는 없다고 판시하였다.

**평화적 생존권에 대한 기본권성 부정**(헌재 2009.5.28. 2007헌마369)

종전에 헌법재판소가 이 결정과 견해를 달리하여 '평화적 생존권을 헌법 제10조와 제37조 제1항에 의하여 인정된 기본권으로서 침략전쟁에 강제되지 않고 평화적 생존을 할 수 있도록 국가에 요청할 수 있는 권리'라고 판시한 2003. 2. 23. 2005헌마268 결정은 이 결정과 저촉되는 범위 내에서 이를 변경한다.

---

2) 종전에 헌법재판소가 … 과잉금지원칙을 위반하여 자치단체장의 공무담임권을 제한하는 것이 아니고 무죄추정의 원칙에도 저촉되지 않는다고 판시하였던 2005.5.26. 2002헌마699, 2005헌마192(병합)결정은 이 결정과 저촉되는 범위 내에서 변경하기로 한다(헌재 2010.9.2. 2010헌마418).

### 제3절　헌법재판 당사자와 대리인

## I. 헌법재판 당사자

(1) 청구인과 피청구인

헌법재판에서 자기 이름으로 심판을 청구하는 자가 청구인이며, 그 상대방이 피청구인이다. 탄핵심판, 정당해산심판, 권한쟁의심판은 당사자의 구두변론에 의해 심리가 진행되므로(헌법재판소법 제30조 제1항) 청구인과 피청구인의 대립적 소송구조가 된다. 위헌법률심판은 제청법원이,[3] 헌법재판소법 제68조 제1항에 의한 헌법소원심판에서는 기본권 주체가 청구인이 된다. 헌법재판소법 제68조 제2항에 의한 헌법소원심판의 경우에 청구인은 위헌법률심판제청신청을 한 당해 사건의 당사자가 된다. 위헌법률심판의 경우 피청구인은 특정이 쉽지 않다. 헌법소원심판은 공권력을 행사하는 자가 피청구인이 되지만, 공권력의 행사가 입법작용인 경우에는 피청구인을 특정하기 어렵다.

(2) 당사자변경

헌법소원심판에서 당사자의 변경신청이 허용되는지가 문제된다. 헌법재판소법에 명문규정이 없으므로 헌법재판소법 제40조의 준용규정에 의할 수밖에 없다. 헌법재판소는 임의적 당사자변경은 허용되지 않는다는 입장이다.

> **임의적 당사자변경의 허용 여부 및 한계**(헌재 1998.11.26. 94헌마207)
> 청구인들은 이 사건 심판계속 중 자신들이 소속되어 있는 주식회사 ○○프로덕션으로 청구인을 변경하여 달라는 신청을 하였으나, 당사자변경을 자유로이 허용한다면 심판절차의 진행에 혼란을 초래하고 또 상대방의 방어권 행사에도 지장을 줄 우려가 있기 때문에 당사자의 동일성을 해치는 임의적 당사자변경은 원칙적으로 허용되지 않는다고 할 것인바, 주식회사와 그 소속 직원 사이에는 법적인 동일성이 존재하지 아니하므로 이 사건 청구인변경신청은 받아들이지 아니한다.

> **당사자의 추가적 변경의 가능 여부**(헌재 2003.12.18. 2001헌마163)
> 당사자의 추가적 변경 신청을 인정할 것인지 여부에 관하여 헌법재판소법에 명문의 규정이 없으므로 준용규정인 같은 법 제40조에 의거하여 행정소송법과 민사소송법의 규정을 준용하여 판단할 수밖에 없는데 이 사건에서 문제되는 것과 같은 피고의 추가적 변경을 인정하는 규정은 존재하지 아니하므로 원칙적으로 임의적 당사자변경은 인정되지 않으

---

[3] 법원의 제청에 의한 위헌법률심판의 경우 제청의 주체인 "법원"을 청구인으로 볼 여지가 있다. 비록 위헌법률심판절차가 법원의 제청에 의하여 개시되기는 하지만, 법원은 위헌제청결정서를 헌법재판소에 제출하는 것 외에 당사자로서 적극적으로 법률의 위헌성을 주장하는 등 심판절차에 참여하지는 않는다. 또한 법이 부여하는 당사자의 권리 내지 지위를 제청법원에게 그대로 적용하기도 어렵다. 실무상 법원은 당사자로서 절차에 관여하지 않으며, 헌법재판소의 결정이 있은 후 결정서 정본을 송달받을 뿐이다. 우리와 유사한 독일의 경우에는 구체적 규범통제절차에서 제청법원을 당사자로 보지 않는다.

며 또한 당사자변경을 자유로이 허용한다면 심판절차의 진행에 혼란을 초래하고 또 상대방의 방어권 행사에도 지장을 줄 우려가 있으므로 당사자의 동일성을 해치는 임의적 당사자변경은 헌법소원심판에서도 원칙적으로 허용되지 않는다.

## Ⅱ. 헌법재판의 대표자·대리인

### 1. 정부가 당사자인 경우

헌법재판에서 정부가 당사자인 경우에는 법무부장관이 대표한다. 여기서 '대표한다.'의 의미는 정부의 이름으로 소송을 하되, 행위의 효과는 정부에 귀속된다는 것을 의미한다.

### 2. 국가기관 또는 지방자치단체가 당사자인 경우

헌법재판에서 국가기관 또는 지방자치단체가 당사자인 경우에는 변호사 또는 변호사자격이 있는 소속 직원을 대리인으로 선임하여 심판을 수행하게 할 수 있다. 심판의 '수행'은 심판의 청구를 포함한다.

### 3. 사인이 당사자인 경우

(1) 변호사 강제주의의 의의

헌법재판에서 당사자가 사인(私人)인 경우 변호사 강제주의가 적용된다. 당사자인 사인은 변호사를 대리인으로 선임하지 아니하면 심판청구를 하거나 심판수행을 하지 못한다. 다만, 당사자인 사인이 변호사의 자격이 있는 때에는 그러하지 아니하다(헌법재판소법 제25조 제3항). 변호사 강제주의는 법률지식이 부족한 당사자를 조력함으로써 기본권 침해의 구제에 기여하고, 헌법재판의 질적 향상과 국가사법의 민주적 운영을 위한 것이다(헌재 2012.11.29. 2011헌마693).

변호사 강제주의는 주로 헌법소원심판에서 문제되며, 탄핵심판이나 정당해산심판에는 적용되지 않는다는 견해가 있다.[4] 만약 탄핵심판이나 정당해산심판에서 변호사 강제주의가 적용되지 않는다고 본다면, 변호사 강제주의의 적용범위는 헌법소원심판에 한정된다. 변호사 강제주의가 헌법소원심판에서 차지하는 비중이 크다고 하더라도, 각종 심판절차에서 변호사 강제주의가 적용된다는 헌법재판소법 규정, 헌법재판소 결정내용(헌재 1990.9.3. 89헌마120)[5] 등에 고려할 때 변호사 강제주의의 적용범위를 헌법소원심판에 한정할 필요는 없다.

---

[4] 탄핵심판에서 피청구인은 단순한 사인의 지위에 있는 것이 아니라 공적 직무를 수행하는 지위에 있고, 정당해산심판에서 피청구인인 정당은 국가기관에 준하는 지위에 있다고 보아 탄핵심판과 정당해산심판에는 변호사 강제주의가 적용되지 않는다는 입장이다.

[5] 헌법재판의 고도의 기술성·전문성에 비추어 보거나 특히 우리나라의 경우에 헌법재판의 역사가 일천하고 생소한 점을 고려할 때 법률에 지식이 없는 당사자 본인이 스스로 심판청구나 심판수행을 한다는 것은 심히 무리이며 따라서 응당 보호받아야 할 기본권인데도 불구하고 보호를 받을 수 없는 결과가 생길 수가 있다. 특히 헌법소원의 경우에 다른 구제절차가 있으면 먼저 그 절차를 거쳐야 하는 보충성의 원칙의 준수 등 전문적인 법률지식을 요하며 그렇지 않으면 이 절차에 의한 권리보호를 제대로 받기 어렵다. … 헌법재판소법

(2) 변호사 강제주의의 효과

　헌법재판에서는 변호사의 자격이 있는 자로 하여금 소송수행을 강제하고 있기 때문에 변호사가 대리인으로 선임되지 않은 심판청구나 소송수행은 부적법하다. 그러나 변호사의 자격이 없는 사인이 한 헌법소원심판청구나 심판수행도 변호사인 대리인이 추인한 경우에는 적법한 헌법소원심판청구와 심판수행으로서의 효력이 있다(헌재 1992.6.26. 89헌마132).

> **변호사 자격 없는 사인의 심판수행의 효력**(헌재 1995.2.23. 94헌마105)
> 변호사의 자격이 없는 사인인 청구인이 한 헌법소원심판청구나 주장 등 심판수행은 변호사인 대리인이 추인한 경우만이 적법한 헌법소원심판청구와 심판수행으로서 효력이 있고 헌법소원심판대상이 되며, 이는 대리인이 국선변호인인 경우에도 마찬가지로 적용된다.

(3) 변호사 강제주의의 합헌성

　헌법재판소는 변호사 강제주의는 재판업무에 분업화원리의 도입이라는 긍정적 측면과 재판을 통한 기본권의 실질적 보장, 사법의 원활한 운영과 헌법재판의 질적 개선, 재판심의 부담경감 및 효율화, 사법운영의 민주화 등 공공복리에 기여도가 큰 점, 무자력자에 대한 국선대리인제도라는 대상조치가 별도로 마련되어 있는 점을 들어 합헌이라고 결정하였다(헌재 2004.4.29. 2003헌마783). 이러한 헌법재판소의 판시에 대하여 헌법소송에서만 변호사 강제주의가 적용되어야 하는지에 관하여 합리적인 설명이 어렵고, 비교법적으로도 그 예를 쉽게 찾기 어렵다는 점을 들어 입법개선이 요구된다는 주장이 있다.

(4) 변호사 강제주의와 소송비용 산입문제

　독일, 오스트리아 등 변호사 강제주의를 채택한 국가는 변호사 선임이 소제기의 요건이므로 변호사 보수를 소송비용에 산입하고 있다. 우리 헌법재판소는 변호사 강제주의에 따른 변호사보수 등의 당사자비용은 국가가 부담하는 헌법재판의 심판비용에 포함되지 않는다고 결정하였다.

> **헌법재판의 심판비용 부담 및 민사소송법·행정소송법 규정 준용 여부**(헌재 2015.5.28. 2012헌사496)
> 1. 헌법재판의 심판비용을 국가가 부담하는 것은 헌법재판이 헌법을 보호하고, 권력을 통제하며, 기본권을 보호하는 등의 기능을 하는 객관적 소송이기 때문인데, 국가가 부담하는 심판비용에 변호사 보수와 같이 청구인 등이 소송수행을 위하여 스스로 지출하는 비용인 당사자비용도 포함된다고 볼 경우에는 헌법재판청구권의 남용을 초래하여 헌법재판소의 운영에 따른 비용을 증가시키고 다른 국민이 헌법재판소를 이용할 기회를 침해할 수 있으며 헌법재판소법에 국선대리인제도를 함께 규정할 필요도 없었을 것이

---

제25조 제3항에 의한 변호사 강제주의의 규정은 여러 가지 헌법재판의 종류 가운데 사인이 당사자로 되는 심판청구인 탄핵심판청구와 헌법소원심판청구에 있어서 적용된다고 보아야 할 것인데, 이 규정에 의해 무자력자의 헌법재판을 받을 권리의 침해가능성은 탄핵심판청구에서라기 보다는 당사자 적격에 아무런 제한을 두고 있지 않은 헌법소원심판청구의 경우라고 할 것이다(헌재 1990.9.3. 89헌마120).

므로, 국가가 부담하는 심판비용에는 재판수수료와 헌법재판소가 심판 등을 위하여 지출하는 비용인 재판비용만 포함되고, 변호사 강제주의에 따른 변호사 보수 등의 당사자비용은 포함되지 아니한다.

2. 헌법재판의 정의나 헌법소원심판이 수행하는 객관적인 헌법질서에 관한 수호·유지기능, 그리고 헌법소원심판의 직권주의적 성격과 심판비용의 국가부담 원칙, 변호사 강제주의, 국선대리인제도 등에 관한 헌법재판소법의 규정 내용 등을 종합하여 보면, 당사자비용을 제외한 심판비용을 국가가 모두 부담하는 헌법소원심판절차에서 청구인이 승소하였는지 아니면 패소하였는지를 구분하지 않고 승소자의 당사자비용을 그 상대방인 패소자에게 반드시 부담시켜야만 하는 민사소송법과 행정소송법의 소송비용에 관한 규정들을 준용하는 것은 헌법재판의 성질에 반한다.

### 4. 국선대리인제도

헌법재판소법 제70조는 헌법소원심판청구에서 국선대리인제도를 인정한다. 헌법소원심판을 청구하려는 자가 변호사를 대리인으로 선임할 자력이 없는 경우에는 헌법재판소에 국선대리인을 선임하여 줄 것을 신청할 수 있다(헌법재판소법 제70조 제1항). 국선대리인 선임신청이 있었는지의 여부와 관계없이 헌법재판소가 공익상 필요하다고 인정할 때에는 국선대리인을 선임할 수 있다.

> **헌법재판소법 제70조(국선대리인)** ① 헌법소원심판을 청구하려는 자가 변호사를 대리인으로 선임할 자력(資力)이 없는 경우에는 헌법재판소에 국선대리인을 선임하여 줄 것을 신청할 수 있다. 이 경우 제69조에 따른 청구기간은 국선대리인의 선임신청이 있는 날을 기준으로 정한다.
> ② 제1항에도 불구하고 헌법재판소가 공익상 필요하다고 인정할 때에는 국선대리인을 선임할 수 있다.

국선대리인은 청구인마다 1인을 선정하지만 사건의 특수성에 비추어 필요하다고 인정할 때에는 1인의 청구인에게 수인의 국선대리인을 선정할 수 있다(헌법재판소 국선대리인의 선임 및 보수에 관한 규칙 제3조 제1항). 청구인 수인 간에 이해가 상반되지 아니할 때에는 수인의 청구인을 위하여 동일한 국선대리인을 선정할 수 있다(헌법재판소 국선대리인의 선임 및 보수에 관한 규칙 제3조 제2항).

## Ⅲ. 이해관계인 및 심판참가인

### 1. 이해관계인

헌법재판에서는 재판과 관계가 있는 자에게 의견서를 제출할 수 있는 기회를 보장하고 있다. 위헌법률심판에서 당해 소송사건의 당사자 및 법무부장관은 헌법재판소에 법률의 위헌여부에 대한 의견서를 제출할 수 있으며(헌법재판소법 제44조), 헌법소원심판에서 이해관계가 있는 국가기관 또는 공공단체와 법무부장관은 헌법재판소에 그 심판에 관한 의견서를 제출할 수 있다(헌법재판소법 제74조 제1항). 국가인권위원회는 인권의 보호와 향상에 중대한 영향을 미치는 재판이 계속 중인 경우에 헌법재판소의 요청이 있거나 필요하다고 인정하는 때에는 헌법재판소에 법률상의 사항에 관하여 의견을 제출할 수 있다(국가인권위원회법 제28조 제1항).

## 2. 심판참가인

### (1) 제3자의 소송참가

헌법재판소의 심판절차에 관하여 법에 특별한 규정이 있는 경우를 제외하고는 민사소송에 관한 법령이 준용되므로 이해관계를 가진 제3자는 보조참가 등 소송참가를 할 수 있다. 참가인은 소송물의 처분이나 변경을 제외하고, 소송에 관하여 공격, 방어 등의 모든 소송행위를 할 수 있다. 행정소송법이 우선적으로 준용되는 권한쟁의심판이나 헌법소원심판의 경우에는 행정소송법 제16조와 제17조에 따라 제3자나 다른 행정청의 소송참가도 가능하다. 다만 현재 계속 중인 헌법소원심판에 청구인과 법적 지위를 같이 하는 제3자가 자기의 이익을 옹호하기 위하여 관여하는 경우 행정소송법이 아니라 민사소송법만이 준용된다.

> **민사소송법 제71조(보조참가)** 소송결과에 이해관계가 있는 제3자는 한 쪽 당사자를 돕기 위하여 법원에 계속 중인 소송에 참가할 수 있다. 다만, 소송절차를 현저하게 지연시키는 경우에는 그러하지 아니하다.
>
> **민사소송법 제76조(참가인의 소송행위)** ① 참가인은 소송에 관하여 공격·방어·이의·상소, 그 밖의 모든 소송행위를 할 수 있다. 다만, 참가할 때의 소송의 진행정도에 따라 할 수 없는 소송행위는 그러하지 아니하다.
> ② 참가인의 소송행위가 피참가인의 소송행위에 어긋나는 경우에는 그 참가인의 소송행위는 효력을 가지지 아니한다.
>
> **행정소송법 제16조(제3자의 소송참가)** ① 법원은 소송의 결과에 따라 권리 또는 이익의 침해를 받을 제3자가 있는 경우에는 당사자 또는 제3자의 신청 또는 직권에 의하여 결정으로써 그 제3자를 소송에 참가시킬 수 있다.
>
> **행정소송법 제17조(행정청의 소송참가)** ① 법원은 다른 행정청을 소송에 참가시킬 필요가 있다고 인정할 때에는 당사자 또는 당해 행정청의 신청 또는 직권에 의하여 결정으로써 그 행정청을 소송에 참가시킬 수 있다.

> **제3자 소송참가에 있어 민사소송법의 준용**(헌재 2008.2.28. 2005헌마872 등)
> 타인이 제기한 헌법소원심판에 제3자가 자기의 이익을 옹호하기 위하여 관여하는 경우, 헌법재판소법에는 공동심판참가나 보조참가 등에 관한 규정이 없으므로 민사소송법과 행정소송법 중 관련규정의 준용을 검토해야 한다. 그런데 행정소송법상 제3자의 소송참가는 소송의 결과에 따라 권리 또는 이익의 침해를 받을 제3자가 관련 행정소송에 참가하는 것이다. 법령에 의하여 헌법상 보장된 기본권이 침해되었음을 이유로 헌법소원이 청구된 경우, 기존의 청구인과 법적 지위를 같이 하는 제3자의 입장에서는 헌법소원이 인용되면 기본권의 구제를 받게 되고, 설령 헌법소원이 각하·기각되더라도 그로 인하여 권리 또는 이익의 침해를 받는 것은 아니다. 그러므로 현재 계속 중인 헌법소원심판에 청구인과

법적 지위를 같이 하는 제3자가 자기의 이익을 옹호하기 위하여 관여하는 경우 행정소송법은 준용될 여지가 없고 민사소송법만이 준용된다.

(2) 공동소송참가

현재 계속 중인 헌법소원심판에 공동청구인으로 소송참가를 하려고 하는 경우에는 청구기간 내에 참가신청을 하여야 한다. 헌법재판소는 공동청구인으로 참가가 청구기간 내에 이루어지지 않은 경우에는 보조참가로 인정하고 있다.

> **민사소송법 제83조(공동소송참가)** ① 소송목적이 한 쪽 당사자와 제3자에게 합일적으로 확정되어야 할 경우 그 제3자는 공동소송인으로 소송에 참가할 수 있다.

> **공동청구인참가의 요건**(헌재 2008.2.28. 2005헌마872 등)
> 헌법재판소법 제40조 제1항에 의해서 준용될 수 있는 민사소송법 제83조 제1항에 의해서 현재 계속 중인 헌법소원심판에 공동 청구인으로서 참가를 하려면 그 청구기간 내에 참가 신청을 하여야 하고, 헌법소원심판의 당사자적격을 갖춘 자들이 그 청구기간 내에 자신들을 청구인으로 추가하여 줄 것을 요청하는 내용의 '청구인추가신청서'를 제출한 경우, 이들에게도 사실상 위헌결정의 효력이 미친다면 합일확정의 필요가 인정되므로 적법한 공동 심판 참가 신청으로 보아 허용할 수 있다. 한편 청구기간이 경과한 후에 이루어진 공동 심판 참가 신청은 부적법하나, 국민의 기본권 보호를 목적으로 하는 헌법소원제도의 취지에 비추어 위헌결정의 효력이 미치는 범위에 있는 자들은 이 사건 헌법소원심판의 결과에 법률상 이해관계를 가지므로 보조 참가인으로 보기로 한다.

## 제4절 심판청구

## I. 심판청구 방식

헌법재판은 심판의 청구로 심판절차가 개시된다. 심판청구는 심판절차별로 정하여진 청구서를 헌법재판소에 제출함으로써 한다. 위헌법률심판에서는 법원의 제청서, 탄핵심판에서는 국회의 소추의결서의 정본으로 이에 갈음한다(헌법재판소법 제26조 제1항). 전자문서에 의한 심판청구의 제출도 가능하며 서면과 같은 효력을 가진다(헌법재판소법 제76조 제1항, 제2항).

### 1. 심판청구서 기재사항

위헌법률심판제청서에는 1. 제청법원의 표시, 2. 사건 및 당사자의 표시, 3. 위헌이라고 해석되는 법률 또는 법률의 조항, 4. 위헌이라고 해석되는 이유, 5. 그 밖에 필요한 사항 등을 기재해야 한다(헌법재판소법 제43조).

탄핵심판청구서는 피소추자의 성명·직위 및 탄핵소추사유를 표시한 문서인 소추의결서 정본으로 갈음한다(헌법재판소법 제49조 제2항, 국회법 제133조).

정당해산심판청구서에는 1. 해산을 요구하는 정당의 표시, 2. 청구 이유 등을 기재해야 한다(헌법재판소법 제56조).

권한쟁의심판청구서에는 1. 청구인 또는 청구인이 속한 기관 및 심판수행자 또는 대리인의 표시, 2. 피청구인의 표시, 3. 심판 대상이 되는 피청구인의 처분 또는 부작위, 4. 청구 이유, 5. 그 밖에 필요한 사항 등을 기재해야 한다(헌법재판소법 제64조).

헌법소원심판청구서에는 1. 청구인 및 대리인의 표시, 2. 침해된 권리, 3. 침해의 원인이 되는 공권력의 행사 또는 불행사, 4. 청구 이유, 5. 그 밖에 필요한 사항 등을 기재해야 한다(헌법재판소법 제71조 제1항). 헌법재판소법 제68조 제2항에 따른 헌법소원심판청구서의 기재사항은 헌법재판소법 제43조를 준용한다(헌법재판소법 제71조 제2항).

> 헌법재판소법 제71조 ② 제68조 제2항에 따른 헌법소원의 심판청구서의 기재사항에 관하여는 제43조를 준용한다. 이 경우 제43조 제1호 중 "제청법원의 표시"는 "청구인 및 대리인의 표시"로 본다.

### 2. 신청주의

헌법재판도 다른 소송과 마찬가지로 청구인이 기본적인 주장을 하여야 한다. 위헌법률심판에서는 제청서에 위헌이라고 해석되는 이유를 기재하여야 하며(헌법재판소법 제43조), 헌법소원심판에서 청구인은 침해의 원인이 되는 공권력의 행사 또는 불행사와 함께 청구이유를 청구서에 기재하여야 한다.

헌법재판소는 구체적인 위헌성 주장을 포함하지 않은 헌법소원심판청구를 각하결정을 하거나(헌재 1998.9.30. 98헌바3), 기본권이 침해되었다는 막연한 주장에 대해서는 구체적인 위헌성의 주장이 없다는 이유로 판단하지 아니한 한 결정이 있다(헌재 2003.12.18. 2002헌바91 등).

> 구체적 위헌이유 적시 없는 막연한 기본권 침해 주장에 대한 헌법재판소의 결정(헌재 2003.12.18. 2002헌바91 등)
> 헌법재판소법 제68조 제2항 소정의 헌법소원청구의 경우 헌법재판소법 제71조 제2항, 제43조 제4호의 규정에 따라서 심판대상 법률이 위헌이라고 해석되는 이유를 구체적으로 적시하여야 하는데, 청구인들은 이 사건 법률조항 등으로 인하여 청구인들의 행복추구권, 재산권 등이 침해되는 결과가 발생하였다고 막연하게 주장하고 있을 뿐 이에 관한 구체적인 위헌이유를 적시하지 않고 있으므로, 위와 같이 구체성을 결여한 주장부분에 대하여 헌법재판소가 본안판단을 해야 할 필요는 없다.

## Ⅱ. 직권주의

헌법재판에서는 직권주의를 광범위하게 적용하고 있다. 위헌법률심판의 경우에는 직권주의로 인하여 심판의 대상을 청구와 관련되는 범위 내에서 변경할 수 있다. 헌법재판소는 제청법원이나 소송당사자에 구속되지 않고 제출되지 아니한 쟁점에 대해서도 판단할 수 있다. 헌법소원심판의 경우에도 청구인의 심판청구서에 기재된 피청구인이나 청구취지에 구애됨이 없이 청구인의 주장요지를 종합적으로 판단할 수 있으며, 청구인이 주장하는 침해된 기본권과 침해의 원인이 된 공권력을 직권으로 조사하여 피청구인과 심판대상을 확정할 수 있다는 것이 헌법재판소의 태도이다(헌재 1993.5.13. 91헌마190).

> 헌법재판소가 직원으로 심판대상을 변경할 수 있는지 여부(헌재 2010.9.30. 2009헌바2)
> 헌법재판소는 심판청구서에 기재된 청구취지에 구애됨이 없이 청구인의 주장요지를 종합적으로 판단하여야 하므로, 청구인의 심판청구이유, 위헌법률심판 제청신청 사건의 경과, 당해사건 재판과의 관련성의 정도, 이해관계기관의 의견 등 여러 가지 사정을 종합하여 직권으로 심판의 대상을 변경할 수 있다.

> 헌법재판소의 심판대상 확정과 판단(헌재 1993.5.13. 91헌마190)
> 헌법재판소법 제25조, 제26조, 제30조, 제31조, 제32조, 제37조, 제68조, 제71조 등에 의하면 헌법소원심판제도는 변호사 강제주의, 서면심리주의, 직권심리주의, 국가비용부담 등의 소송구조로 되어 있어서 민사재판과 같이 대립적 당사자 간의 변론주의 구조에 의하여 당사자의 청구취지 및 주장과 답변만을 판단하면 되는 것이 아니고, 헌법상 보장된 기본권을 침해받은 자가 변호사의 필요적 조력을 받아 그 침해된 권리의 구제를 청구하는 것이므로 소송비용과 청구양식에 구애되지 않고 청구인의 침해된 권리와 침해의 원인이 되는 공권력의 행사 또는 불행사에 대하여 직권으로 조사 판단하는 것을 원칙으로 하고 있다. 따라서 헌법소원심판은 그 청구서와 결정문에 반드시 피청구인을 특정하거나 청구취지를 기재하여야 할 필요가 없다. 그러므로 헌법소원심판청구서에 피청구인을 특정하고 있더라도 피청구인의 잘못된 표시는 헌법소원심판청구를 부적법하다고 각하할 사

유가 되는 것이 아니며 소원심판대상은 어디까지나 공권력의 행사 또는 불행사인 처분 자체이기 때문에 심판청구서에서 청구인이 피청구인(처분청)이나 청구취지를 잘못 지정한 경우에도 권리구제절차의 적법요건에 흠결이 있는 것이 아니어서 직권으로 불복한 처분 (공권력)에 대하여 정당하게 책임져야 할 처분청(피청구인)을 지정하여 정정할 수도 있고 처분청을 기재하지 아니할 수도 있다. 따라서 헌법재판소는 청구인의 심판청구서에 기재된 피청구인이나 청구취지에 구애됨이 없이 청구인의 주장요지를 종합적으로 판단하여야 하며 청구인이 주장하는 침해된 기본권과 침해의 원인이 되는 공권력을 직권으로 조사하여 피청구인과 심판대상을 확정하여 판단하여야 하는 것이다.

헌법소원심판절차에서 당사자비용에 관한 민사소송법·행정소송법상 소송비용 규정을 준용할 수 있는지 여부(헌재 2015.5.28. 2012헌사496)
헌법재판소는 헌법소원심판청구의 적법요건이 일부 흠결되었더라도 해당 청구와 관련하여 헌법적 해명이 필요하거나 기본권의 침해가 반복될 위험성이 있는 경우 등에는 심판의 필요성을 예외적으로 인정하여 본안에 관하여 판단하기도 하고, 심판대상도 청구인의 청구취지에 엄격하게 제한되는 것이 아니라 사건에 따라 확대·축소 내지 변경하기도 하며, 본안 판단에서는 청구인의 주장에만 얽매이지 않고 가능한 모든 범위에서 헌법상의 기본권 침해의 유무 등을 직권으로 심사하고, 법률조항의 위헌결정으로 인하여 해당 법률 전부를 시행할 수 없다고 인정될 때에는 그 전부에 대하여 위헌결정을 하는 등 헌법소원심판절차에서 직권주의를 광범위하게 적용하고 있다. 이러한 헌법재판의 정의나 헌법소원심판이 수행하는 객관적인 헌법질서에 관한 수호·유지기능, 그리고 헌법소원심판의 직권주의적 성격과 심판비용의 국가부담 원칙, 변호사강제주의, 국선대리인제도 등에 관한 헌법재판소법의 규정 내용 등을 종합하여 보면, 당사자비용을 제외한 심판비용을 국가가 모두 부담하는 헌법소원심판절차에서 청구인이 승소하였는지 아니면 패소하였는지를 구분하지 않고 승소자의 당사자비용을 그 상대방인 패소자에게 반드시 부담시켜야만 하는 민사소송법과 행정소송법의 소송비용에 관한 규정들을 준용하는 것은 헌법재판의 성질에 반한다고 보아야 한다.

## Ⅲ. 도달주의

헌법재판에서 심판청구는 서면주의에 의한 방식을 취하고 있으며, 심판청구서가 헌법재판소에 현실로 도달한 때에 심판의 청구가 있게 된다. 헌법재판소는 헌법재판소법 제26조 제1항의 "심판청구는 … 청구서를 헌법재판소에 제출함으로써 한다."는 규정은 도달주의를 정하고 있는 것으로 본다(헌재 1990.5.21. 90헌마78; 헌재 2000.10.11. 2000헌마614).[6] 전자정보처리조직을 이용하여 제출된 전자문서는 전자적으로 기록된 때에 접수된 것으로 본다(헌법재판소법 제76조 제3항).

---

[6] 청구인이 2000. 9. 27. 헌법소원심판청구서를 등기우편으로 발송한 사실은 인정되나, 헌법소원의 제기기간은 헌법이나 법에 특별한 규정이 없는 이상 일반원칙인 도달주의에 따라 헌법재판소에 심판청구서가 접수된 날로부터 기산하여야 하는 것이다(헌재 1990.5.21. 90헌마78; 헌재 2000.10.11. 2000헌마614).

## 제5절 심판청구의 취하

### I. 청구의 취하

청구의 취하는 심판청구의 전부 또는 일부를 철회하는 의사표시를 말한다. 청구의 취하에 관하여는 헌법재판소법에 특별한 규정이 없다.

#### 1. 권한쟁의심판과 헌법소원심판

헌법재판소는 권한쟁의심판과 헌법소원심판에서 민사소송법 소 취하의 규정을 준용하여 청구의 취하를 허용하고 있다.

> **권한쟁의심판절차에 민사소송법상 소의 취하 규정 준용 여부**(헌재 2001.6.28. 2000헌라1)
> 헌법재판소법이나 행정소송법에 권한쟁의심판청구의 취하와 이에 대한 피청구인의 동의나 그 효력에 관하여 특별한 규정이 없으므로 소의 취하에 관한 민사소송법 제239조는 이 사건과 같은 권한쟁의심판절차에 준용된다고 보아야 한다. 그렇다면 이 사건 권한쟁의심판절차는 청구인들의 심판청구의 취하로 종료되었음이 명백하므로, 헌법재판소로서는 이 사건 권한쟁의심판청구가 적법한 것인지 여부와 이유가 있는 것인지 여부에 대하여 더 이상 판단할 수 없게 되었다.

> **헌법소원심판절차에 민사소송법상 소의 취하 규정 준용 여부**(헌재 2005.2.15. 2004헌마911)
> 헌법재판소법이나 행정소송법에 헌법소원심판 청구의 취하와 이에 대한 피청구인의 동의나 그 효력에 관하여 특별한 규정이 없으므로, 소의 취하에 관한 민사소송법 제266조는 이 사건과 같은 헌법소원심판절차에 준용된다고 보아야 한다.

#### 2. 그 밖에 심판절차에서 청구취하

위헌법률심판절차에서 법원의 제청은 원칙적으로 철회할 수 없고 예외적인 경우에 한하여 철회할 수 있다. 당해 사건의 전제가 된 법률의 개정 또는 폐지로 인하여 제청요건이 존재하지 않는 경우에는 철회할 수 있다.

탄핵심판에서 소추위원은 탄핵소추권자가 아니므로 청구를 취하할 수는 없으며(헌법재판소법 제49조(소추위원)), 국회가 청구를 취하할 수 있는가에 관하여는 명문규정이 없으므로 논란이 있다. 정당해산심판도 청구의 취하와 관련된 규정이 없다.

> **헌법재판소법 제49조(소추위원)** ① 탄핵심판에서는 국회 법제사법위원회의 위원장이 소추위원이 된다.
> ② 소추위원은 헌법재판소에 소추의결서의 정본을 제출하여 탄핵심판을 청구하며, 심판의 변론에서 피청구인을 신문할 수 있다.

### II. 청구취하의 효과

헌법재판소는 헌법소원심판과 권한쟁의심판에서 청구가 취하되었음을 이유로 심판절차 종료선언결정을 하였다.

청구취하의 동의로 헌법소원심판절차가 종료되는지 여부(헌재 2003.4.24. 2001헌마386)

헌법재판소법이나 행정소송법에 헌법소원심판청구의 취하와 이에 대한 피청구인의 동의나 그 효력에 관하여 특별한 규정이 없으므로, 소의 취하에 관한 민사소송법 제266조는 이 사건과 같은 헌법소원절차에 준용된다고 보아야 한다. 기록에 의하면 청구인과 승계참가인이 2003. 1. 8. 서면으로 이 사건 헌법소원심판청구를 공동으로 취하하였고, 이미 본안에 관한 답변서를 제출한 피청구인에게 취하의 서면이 2003. 1. 27. 송달되었는바, 피청구인이 그 날로부터 2주일 내에 이의를 하지 아니하였음이 분명하므로, 민사소송법 제266조에 따라 피청구인이 청구인과 승계참가인의 심판청구의 취하에 동의한 것으로 본다. 그렇다면 이 사건 헌법소원심판절차는 청구인과 승계참가인의 심판청구의 취하로 2003. 2. 11. 종료되었으므로, 이 사건 헌법소원심판절차가 이미 종료되었음을 명확하게 선언하기로 하여 주문과 같이 결정한다.

청구취하의 동의로 권한쟁의심판절차가 종료되는지 여부(헌재 2001.6.28. 2000헌라1)

권한쟁의심판이 개인의 주관적 권리구제를 목적으로 삼는 것이 아니라 헌법적 가치질서를 보호하는 객관적 기능을 수행하는 것이고, 특히 국회의원의 법률안에 대한 심의·표결권의 침해 여부가 다투어진 이 사건 권한쟁의심판의 경우에는 국회의원의 객관적 권한을 보호함으로써 헌법적 가치질서를 수호·유지하기 위한 쟁송으로서 공익적 성격이 강하다고는 할 것이다. 그렇지만 법률안에 대한 심의·표결권 자체의 행사 여부가 국회의원 스스로의 판단에 맡겨져 있는 사항일 뿐만 아니라, 그러한 심의·표결권이 침해당한 경우에 권한쟁의심판을 청구할 것인지 여부 또한 국회의원의 판단에 맡겨져 있어서 심판청구의 자유가 인정되고 있는 만큼, 위에서 본 권한쟁의심판의 공익적 성격만을 이유로 이미 제기한 심판청구를 스스로의 의사에 기하여 자유롭게 철회할 수 있는 심판청구의 취하를 배제하는 것은 타당하지 않다. … 이 사건 권한쟁의심판절차는 청구인들의 심판청구의 취하로 2001. 5. 8. 종료되었음이 명백하므로, 헌법재판소로서는 이 사건 권한쟁의심판청구가 적법한 것인지 여부와 이유가 있는 것인지 여부에 대하여 더 이상 판단할 수 없게 되었다.

## Ⅲ. 청구취하의 취소 또는 철회

청구취하는 소송행위이므로 사기, 강박, 착오 등을 이유로 청구취하를 철회하거나 취소할 수 없다. 헌법재판소는 청구취하의 의사표시가 있은 후에는 피청구인의 기망에 의하여 취하하였다고 하더라도 그 취하가 무효라고 할 수 없고 이를 임의로 취소할 수도 없다고 결정하였다(헌재 2005.2.15. 2004헌마911).

헌법소원심판청구취하의 취소 또는 철회 가능 여부(헌재 2005.2.15. 2004헌마911)

헌법소원심판청구의 취하는 청구인이 제기한 심판청구를 철회하여 심판절차의 계속을 소멸시키는 청구인의 헌법재판소에 대한 소송행위이고 소송행위는 일반 사법상의 행위와는 달리 내심의 의사보다 그 표시를 기준으로 하여 그 효력 유무를 판정할 수밖에 없는 것인바, 청구인의 주장대로 청구인이 피청구인의 기망에 의하여 이 사건 헌법소원심판청구를 취하하였다고 가정하더라도 이를 무효라 할 수도 없고, 청구인이 이를 임의로 취소할 수도 없다.

## 제6절  심리

### Ⅰ. 구두변론과 서면심리

재판부는 재판관 7인 이상의 출석으로 사건을 심리한다(헌법재판소법 제23조 제1항). 탄핵심판·정당해산심판·권한쟁의심판은 구두변론에 의한다(헌법재판소법 제30조 제1항). 탄핵심판·정당해산심판·권한쟁의심판은 대립당사자의 구조를 이루고 있어서 필요적 구두변론에 의한다. 위헌법률심판과 헌법소원심판은 서면심리에 의한다. 다만, 재판부가 필요하다고 인정하는 경우에는 변론을 열어 당사자, 이해관계인, 참고인의 진술을 들을 수 있다(헌법재판소법 제30조 제2항).

### Ⅱ. 증거조사

재판부는 심리를 위하여 필요하다고 인정하는 경우에는 직권 또는 당사자의 신청에 의하여 1. 당사자 또는 증인을 신문하는 일, 2. 당사자 또는 관계인이 소지하는 문서·장부·물건 또는 그 밖의 증거자료의 제출을 요구하고 영치하는 일, 3. 특별한 학식과 경험을 가진 자에게 감정을 명하는 일, 4. 필요한 물건·사람·장소 또는 그 밖의 사물의 성상이나 상황을 검증하는 일 등의 증거조사를 할 수 있다. 그리고 재판장은 필요하다고 인정하는 경우 재판관 중 1인을 지정하여 증거조사를 하게 할 수 있다(헌법재판소법 제31조).

### Ⅲ. 자료제출 요구

재판부는 결정으로 다른 국가기관 또는 공공단체의 기관에 심판에 필요한 사실을 조회하거나, 기록의 송부나 자료의 제출을 요구할 수 있다. 다만 재판·소추 또는 범죄수사가 진행 중인 사건의 기록에 대하여는 송부를 요구할 수 없다(헌법재판소법 제32조).

## 제7절 평의

평의는 재판관들이 사건의 쟁점에 관하여 의견을 나누고 표결하는 과정을 말한다. 평의에서는 주심재판관이 사건에 대한 검토내용을 요약·발표하고, 재판관들 간에 의견을 교환한 다음 최종적으로 표결하는 평결을 한다.

## I. 평의에서 표결방식

평의에서의 표결방식은 쟁점별 평결방식(순차표결방식)과 주문별 평결방식(동시표결방식)이 있다.

### 1. 쟁점별 평결방식(순차표결방식)

쟁점별 평결방식은 적법요건에 대한 판단과 본안판단을 구별하여, 먼저 적법요건에 대한 표결을 하여 적법 여부를 결정한다. 표결결과 적법한 것으로 판단되면 부적법하다는 의견을 낸 재판관도 청구가 적법하다는 전제 하에 본안에 대한 의견을 낸다. 심판청구의 적법요건에 대하여 의견이 나뉘는 경우에는 각 쟁점별로 표결하여야 하며, 다양한 의견을 단순 합산하여 적법 여부를 판단할 수 없다. 쟁점별 평결방식은 본안에 대해서 모든 재판관이 참여하므로 권리구제에 유리하다는 장점이 있다.

### 2. 주문별 평결방식(동시표결방식)

주문별 평결방식은 적법요건 판단과 본안판단을 구별하지 않고 전체적으로 표결하여 주문을 결정하는 방식이다. 심판청구가 부적법하다는 의견을 낸 재판관은 본안의 이유 유무에 대한 평결에는 참여하지 않고, 적법하다고 보는 재판관만 본안에 대한 의견을 낼 수 있다.

### 3. 헌법재판소의 태도

헌법재판소는 기본적으로는 주문별 평결방식(동시표결방식)을 취한다. 그렇지만 주문별 평결방식에 대하여 재판관들 사이에 의견 대립을 보인 경우도 있고(헌재 1994.6.30. 92헌바23),[7] 각하의견을 낸 재판관이 본안에 대하여 소수의견을 낸 경우도 있다(헌재 2006.5.25. 2003헌바115).[8]

---

[7] 이 결정에서 다수의견은 "헌법재판소법 제41조 제1항의 '재판의 전제성'이라든가 헌법소원의 적법성의 유무에 관한 재판은 재판관 과반수의 찬성으로 족한 것이다. 따라서 이 사건에 있어서 재판관 5인이 '재판의 전제성'을 인정하였다면 이 사건 헌법소원은 일응 적법하다고 할 것이고 이 사건 헌법소원이 적법한 이상, 재판의 전제성을 부인하는 재판관 4인도 본안결정에 참여하는 것이 마땅하며 만일 본안에 대해 다수와 견해를 같이하는 경우 그 참여는 큰 의미를 갖는 것이라 할 것이다."고 판시하였다. 이에 반해 4인의 소수의견은 "위헌의견은 헌법재판의 합의방법에 관하여 쟁점별 합의를 하여야 한다는 이론을 펴고 있다. 그러나 우리 재판소는 발족 이래 오늘에 이르기까지 예외 없이 주문합의제를 취해 왔다. 우리는 위헌의견이 유독 이 사건에서 주문합의제에서 쟁점별 합의로 변경하여야 한다는 이유를 이해할 수 없고, 새삼 판례를 변경하여야 할 다른 사정이 생겼다고 판단되지 아니한다."고 하였다(헌재 1994.6.30. 92헌바23 참조).

[8] 이 사건에서 재판관 김경일, 송인준은 적법요건에서는 일사부재리원칙에 위배된다는 이유로 부적법 각하

## Ⅱ. 의견이 대립되는 경우 주문결정

### 1. 법원조직법 합의방식 준용

재판부의 평의 결과 여러 의견으로 대립되는 경우 법원조직법 제66조 제2항이 준용될 수 있다. 법원조직법 합의방식에 의하면 '수액'이나 '형량'에 관하여 3설 이상 분립하여 어느 견해도 과반수에 이르지 못하는 경우 신청인(민사의 경우에는 원고, 형사의 경우에는 검사)에게 가장 유리한 견해를 가진 수에 순차로, 그 다음으로 유리한 견해를 가진 수를 더하여 과반수에 이르게 된 때의 견해를 그 합의체의 견해로 하고 있다. 헌법재판에서도 신청인에게 가장 유리한 견해를 가진 수에 순차로 유리한 견해의 수를 더하여 6인에 이르게 된 때의 견해에 따라 주문이 결정된다. 헌법에 위반된다는 의견이 5인이고, 헌법에 합치되지 아니한다는 의견이 2인, 합헌의견이 2인인 경우, 단순위헌 의견에 헌법불합치 의견을 합산하면 법률의 위헌결정에 필요한 심판정족수에 이르게 되므로, 헌법불합치 의견에 따라 주문이 결정된다(헌재 2009.9.24. 2008헌가25).[9]

> **법원조직법 제66조(합의의 방법)** ② 합의에 관한 의견이 3설 이상 분립하여 각각 과반수에 달하지 못하는 때에는 다음의 의견에 의한다.
> 1. 수액에 있어서는 과반수에 달하기까지 최다액의 의견의 수에 순차 소액의 의견의 수를 더하여 그중 최소액의 의견
> 2. 형사에 있어서는 과반수에 달하기까지 피고인에게 가장 불리한 의견의 수에 순차 유리한 의견의 수를 더하여 그중 가장 유리한 의견

### 2. 주문별 평결방식의 결과

헌법재판소는 평의결과 위헌의견에는 이르지 못하지만 본안에 대한 의견과 각하의견이 과반수인 경우는 그 의견을 주문으로 선고한다. 예컨대 재판관 2인이 위헌의견, 재판관 5인이 합헌의견인 경우에는 합헌결정을 한다. 재판관 1인이 위헌의견, 재판관 3인이 헌법불합치의견, 재판관 5인이 각하의견인 경우에는 각하결정을 한다.

그런데 주문별 평결방식을 취하는 결과, 평의에서 재판관들이 표시하지 않은 의견으로 주문이 선고되기도 하고, 다수의견이 아님에도 불구하고 헌법재판소의 의견으로 되기도 한다. 헌법소원심판에서 인용의견이 5인이고 각하의견이 4인인 경우, 인용의견이 과반수임에도 불구하고 인용결정 정족수에 이르지 못하여 평의에서 제시되지 않은 기각결정을 한다. 권한쟁의심판에서 각하의견이 3인, 인용의견과 기각의견이 각각 3인인 경우에는 인용결정에 이르지 못하였다는 이유로 기각결정을 한다. 각하의견 4인, 기각의견 1인,

---

의견을 내었고, 본안에서는 반대의견으로 위헌의견을 개진하였다(헌재 2006.5.25. 2003헌바115 참조).
9) 이 사건 법률조항들이 헌법에 위반된다는 의견이 5인이고, 헌법에 합치되지 아니한다는 의견이 2인이므로, 단순위헌 의견에 헌법불합치 의견을 합산하면 헌법재판소법 제23조 제2항 제1호에 규정된 법률의 위헌결정을 함에 필요한 심판정족수에 이르게 된다. 따라서 이 사건 법률조항들에 대하여 주문과 같이 헌법에 합치되지 아니한다고 선언하고, …(헌재 2009.9.24. 2008헌가25).

인용의견이 4인인 경우 어느 의견도 독자적으로 심판정족수를 충족하지 못하여 기각결정 하였다(헌재 2010.11.25. 2009헌라12).[10]

## Ⅲ. 평의의 비공개

평의는 공개하지 아니한다. 헌법재판소법에서 심판의 변론과 결정의 선고는 공개하도록 하면서, 서면심리와 평의는 공개하지 아니한다고 규정한다(헌법재판소법 제34조 제1항).

---

10) 헌법재판소는 각하의견은 청구를 받아들일 수 없다는 기각의견과 결론 부분에 한하여 견해를 같이 하는 것으로 볼 수 있다고 하여 기각주문을 내었다(헌재 2010.11.25. 2009헌라12 참조).

## 제8절 결정

### I. 종국결정

#### 1. 결정서의 작성

재판부가 심리를 마쳤을 때에는 종국결정을 한다(헌법재판소법 제36조 제1항). 종국결정을 할 때에는 사건번호와 사건명, 당사자와 심판수행자 또는 대리인의 표시, 주문, 이유, 결정일 등을 기재한 결정서를 작성하고 심판에 관여한 재판관 전원이 서명·날인하여야 한다(헌법재판소법 제36조 제2항).

#### 2. 개별의견의 표시

심판에 관여한 재판관은 결정서에 의견을 표시하여야 한다(헌법재판소법 제36조 제3항). 헌법재판소의 의견(법정의견, court opinion) 외에 반대의견, 별개의견, 보충의견 등 소수의견[11]을 낸 재판관도 의견을 표시할 의무를 진다.[12]

### II. 종국결정의 선고

#### 1. 심판의 장소

종국결정의 선고는 심판정에서 한다. 다만 헌법재판소장이 필요하다고 인정하는 경우에는 심판정 외의 장소에서 종국결정의 선고를 할 수 있다(헌법재판소법 제33조).

> **헌법재판소법 제33조(심판의 장소)** 심판의 변론과 종국결정의 선고는 심판정에서 한다. 다만, 헌법재판소장이 필요하다고 인정하는 경우에는 심판정 외의 장소에서 변론 또는 종국결정의 선고를 할 수 있다.

#### 2. 심판기간

헌법재판소는 심판사건을 접수한 날로부터 180일 이내에 종국결정을 선고하여야 한다. 다만 재판관의 궐위로 7인의 출석이 불가능한 때에는 그 궐위된 기간은 심판기간에 산입하지 아니한다(헌법재판소법 제38조). 헌법재판소는 심판기간을 정하고 있는 헌법재판소법 제38조를 훈시규정으로 보고 있다(헌재 2009.7.30. 2007헌마732).

---

[11] 소수의견 중 반대의견은 헌법재판소의 법정의견에 반대되는 의견이다. 보충의견은 다수의견, 반대의견 등과 결론에서는 동일하지만 이유나 논증에서 차이를 가지는 의견이다. 보충의견이라는 표현 외에도 별개의견이라는 표현을 사용하기도 한다.

[12] 종래 헌법재판소법 제36조 제3항은 법률의 위헌심판, 권한쟁의심판 및 헌법소원심판에 관하여 재판관은 결정서에 의견을 표시하여야 한다고 규정하여, 탄핵심판이나 정당해산심판의 경우 개별의견의 표시의무가 있는지와 관련하여 논란이 있었다. 헌법재판소는 탄핵심판에서는 개별적 의견을 표시할 수 없다고 하였다(헌재 2004.5.14. 2004헌나1). 이 결정 이후 2005. 7. 29. 헌법재판소법이 개정되어, 모든 심판절차에서 재판관은 결정서에 의견을 표시하도록 되었다.

헌법재판사건의 심판기간을 정한 규정의 성질과 위헌 여부(헌재 2009.7.30. 2007헌마732)
헌법재판이 국가작용 및 사회 전반에 미치는 파급효과 등의 중대성에 비추어 볼 때, 180일의 심판기간은 개별 사건의 특수성 및 현실적인 제반 여건을 불문하고 모든 사건에 있어서 공정하고 적정한 헌법재판을 하는데 충분한 기간이라고는 볼 수 없고, 심판기간 경과 시의 제재 등 특별한 법률효과의 부여를 통하여 심판기간의 준수를 강제하는 규정을 두지 아니하므로, 심판대상조항(헌법재판소법 제38조 본문)은 헌법재판의 심판기간에 관하여 지침을 제시하는 훈시적 규정이라 할 것이다.

### 3. 심판의 공개

심판의 변론과 결정의 선고는 공개한다. 다만 서면심리와 평의는 공개하지 아니한다. 법원조직법의 준용으로 국가의 안전보장, 안녕질서 또는 선량한 풍속을 해할 우려가 있는 때에는 결정으로 변론을 공개하지 아니할 수 있다(헌법재판소법 제34조 제2항, 법원조직법 제57조 제1항 단서, 제2항, 제3항).

### 4. 심판의 송달과 공시

종국결정이 선고되면 결정서 정본을 작성하여 당사자에게 송달하여야 하며(헌법재판소법 제36조 제4항), 관보에 게재하거나 그 밖의 방법으로 공시한다(헌법재판소법 제36조 제5항).

## Ⅲ. 종국결정의 효력

### 1. 일사부재리

(1) 일사부재리의 의의

헌법재판소는 이미 심판을 거친 동일한 사건에 대하여는 다시 심판할 수 없다(헌법재판소법 제39조). 일사부재리 규정은 법적 분쟁을 조기에 종결시켜 법적 안정 상태를 조속히 회복하고, 동일 분쟁에 대해 반복적으로 소송이 제기되는 것을 미연에 방지하여 소송경제를 이루기 위함이다(헌재 2007.6.28. 2006헌마1482). 헌법재판소는 소송경제를 위해 일사부재리 제도를 두는 것은 재판청구권의 제약이 아니라고 결정하였다.

일사부재리가 재판청구권을 제약하는지 여부(헌재 2016.7.28. 2016헌마218)
법적 안정성의 조기 확보나 소송경제를 위해 일사부재리 제도를 두는 것은 지나친 재판청구권의 제약이라고 할 수 없다. 또한 권리구제형 헌법소원의 경우 절차상 중대하고 명백한 흠이 있는 등 재심사유가 인정되는 때에는 재심이 허용될 수도 있으므로, 헌법재판소법 제39조가 일사부재리에 관하여 정하고 있다고 하더라도 이것이 지나친 기본권 제한 규정이라고 볼 수 없다.

(2) 일사부재리와 기판력

기판력은 재판에 형식적 확정력이 발생하면 소송당사자는 확정된 당해 소송은 물론 후소에서 동일한 사항에 대하여 다시 소를 제기하지 못하고, 헌법재판소도 확정재판의 판단

내용에 구속되는 것을 의미한다. 기판력은 실질적 확정력이라고도 한다.

기판력과 일사부재리의 효력을 동일한 것으로 볼 것인가에 관해서는 견해가 대립한다.[13] 헌법재판소는 원칙적으로 일사부재리 규정에 기해 판단하고 있을 뿐, 기판력에 근거하여 판단하지 않는다. 다만 소수의견에서는 기판력에 기한 판단을 하거나(헌재 2001.6.28. 2000헌바48),[14] 기판력이론이 헌법재판에서는 그대로 원용되지 않는다는 등의 의견이 있다(헌재 2001.6.28. 2000헌바48).[15]

(3) 일사부재리의 적용

1) 심판청구 유형이 다른 경우에는 '동일한 사건'이 아니므로 일사부재리원칙에 저촉되지 않는다. 헌법소원심판과 위헌법률심판은 동일한 사건이 아니므로 일사부재리 규정에 저촉되지 않는다(헌재 1997.6.26. 96헌가8).

**동일한 사건이 아닐 경우 일사부재리에 반하는지 여부**(헌재 1997.6.26. 96헌가8)

90헌마82 사건은 헌법재판소법 제68조 제1항에 의한 헌법소원심판청구사건이고 이 사건은 같은 법 제41조 제1항에 의한 위헌법률심판제청사건으로서 심판청구의 유형이 상

---

13) 정종섭 교수는 헌법재판의 심판절차가 가지는 특성에 따라 기판력을 일사부재리와 동일하게 볼 수 있는 경우도 있고, 동일하게 볼 수 없는 경우도 있다고 한다. 중복위험금지의 효력이 발생하는 범위에 있어서는 기판력에 의하든 일사부재리에 의하든 마찬가지일 수 있지만, 객관소송으로서의 성격을 갖는 헌법재판에서는 주관소송과는 달리 당사자가 명확하지 않는 경우가 많기 때문에 일사부재리 규정이 반복심판금지의 효력을 확실하게 해 준다고 한다.

14) 재판관 김영일, 재판관 김경일, 재판관 송인준의 각하의견 : 헌법재판소법 제39조(일사부재리)는 "헌법재판소는 이미 심판을 거친 동일한 사건에 대하여는 다시 심판할 수 없다"고 하여 헌법재판소가 결정을 선고한 후 그와 동일한 사건에 대한 심판청구는 부적법한 것으로서 각하되어야 할 것으로 규정하고 있다고 볼 것인바, 이는 헌법재판소의 결정에 반복하여 다툴 수 없다는 기판력의 일단이 인정됨을 명문화한 것이라 볼 것이다. 따라서 여기에서 일사부재리의 원칙이 적용되는 '동일한 사건'의 범위를 어떻게 볼 것인가를 일반적인 기판력이론에 따라 살피기로 한다. … 따라서 이 사건은, 동일한 청구인 ○○건영주식회사가, 동일한 유형의 심판청구를 가지고, 헌법재판소가 이미 심판한 법률조항과 동일한 법률조항의 위헌 여부의 심판을 청구하여 온 것이고, 이른바 사정변경 또한 있다고 인정되지도 아니하여, 이 사건 헌법소원은 헌법재판소가 2000. 4. 27. 결정을 선고한 2000헌바21 사건과 동일한 사건이라 볼 것이므로 헌법재판소법 제39조의 일사부재리의 원칙 내지는 헌법재판소결정의 기판력에 따라 부적법 각하하여야 할 것이다(헌재 2001.6.28. 2000헌바48).

15) 재판관 권성의 각하의견 : 규범통제를 목적으로 하는 헌법재판과 일반의 소송은 성질이 다른 측면이 있고 그 다른 범위내에서 일반소송의 기판력 이론은 적용될 수 없을 것이다. … 사실인정과 밀접, 불가분의 관련을 가진 기판력의 이론은 규범통제를 목적으로 하는 헌법재판에서는 그대로 원용하기 어렵다. 그러나 일반소송의 기판력이론이 갖는 효능, 즉 동일사건에 대하여 심리의 반복을 금지하고 모순된 판단을 금지함으로써 법적 안정과 소송경제를 추구하는 작용은 헌법재판에서도 필요하다. 이것은 무엇으로 달성할 것인가. 일사부재리의 규정으로 가능하고 그것으로 또 충분하다. 헌법재판소법 제39조가 바로 이러한 이유에서 등장한 것이라고 이해할 것이다. 그렇다면 헌법재판소법 제39조의 일사부재리규정은 일반소송의 기판력이론과 연계시킬 필요 없이 독자적으로 해석할 수 있는 것이고 오히려 독자적으로 해석하여야만 하는 것이다(헌재 2001.6.28. 2000헌바48).

이하므로 위 두 사건이 동일한 사건이라고 할 수 없다. 따라서 이 사건 심판청구를 동일한 사건의 중복청구로 보아 헌법재판소법 제39조의 일사부재리에 위반된다는 위 주장은 받아들일 수 없다.

2) 심판대상과 청구인이 다른 경우에는 일사부재리원칙에 저촉되지 않는다.

**심판대상과 청구인이 다를 경우 일사부재리에 반하는지 여부**(헌재 1997.8.21. 96헌마48)
이 사건 심판대상 법률조항은 국가보안법 제19조 중 같은 법 제8조의 죄에 관한 부분이고 위 90헌마82 사건의 심판대상 법률조항은 국가보안법 제19조 중 제3조 내지 제10조의 각 죄에 관한 부분이므로 서로 중복되기는 하나, 90헌마82 사건에서 위헌으로 결정한 법률조항은 국가보안법 제7조 및 제10조의 각 죄에 관한 것이고 같은 법 제8조의 죄에 대하여는 위헌판단을 한 바 없으며 또한 두 사건들의 청구인들이 동일하지 아니하므로 두 사건이 동일한 사건이라고 할 수 없다. 따라서 이 사건 심판청구를 동일한 사건의 중복청구로 보아 헌법재판소법 제39조의 일사부재리에 위반된다는 위 주장은 받아들일 수 없다.

3) 헌법재판소법 제68조 제2항에 의한 헌법소원심판에서 당사자와 심판대상이 동일하더라도 당해 사건이 다른 경우에는 일사부재리원칙에 저촉되지 않는다.

**당해 사건이 다른 경우 일사부재리에 반하는지 여부**(헌재 2006.5.25. 2003헌바115 등)
헌법재판소는 종전 사건(99헌바81 등, 2002헌바17 등)에서 이 사건 보상규정이 헌법에 위반되지 아니한다고 결정하였으나, 청구인 정○택(2002헌바17 등 사건의 청구인 정○택과 동일인이다)을 제외하고는, 종전 사건의 당사자들과 이 사건의 당사자들이 다르므로 동일사건이라고 할 수 없다. 그리고 청구인 정○택의 경우 종전 사건(2002헌바17 등 사건)의 당해 사건은 충북 ○○읍 소재 ○○저수지에 대한 양식어업면허기간 연장 불허가에 관한 손실보상청구사건이고 이 사건의 당해 사건은 충주호에 대한 양식어업면허기간 연장 불허가에 관한 손실보상청구사건이어서 당해 사건의 내용이 다르므로 헌법재판소법 제39조의 동일사건이라고 볼 수 없다. 따라서 이 사건 보상규정에 대한 심판청구는 헌법재판소법 제39조의 일사부재리의 원칙에 위배되지 아니한다고 할 것이다.

4) 헌법소원심판청구가 부적법하여 각하된 경우, 각하결정에서 판시한 요건의 흠결을 보완하지 않고 다시 동일한 내용의 심판청구를 하는 것은 일사부재리에 저촉된다.

**헌법소원심판청구가 부적법 각하된 후 흠결보완 없이 동일한 청구를 하는 것이 일사부재리에 반하는지 여부**(헌재 2011.10.25. 2011헌마175)
헌법소원심판청구가 부적법하다고 하여 헌법재판소가 각하결정을 하였을 경우에는, 그 각하결정에서 판시한 요건의 흠결을 보정할 수 있는 때에 한하여 그 요건의 흠결을 보정하여 다시 심판청구를 하는 것은 모르되, 그러한 요건의 흠결을 보완하지 아니한 채로 동일한 내용의 심판청구를 되풀이하는 것은 허용될 수 없고, 헌법재판소는 이미 심판을 거친 동일한 사건에 대하여는 다시 심판할 수 없으므로, 헌법재판소의 결정에 대하여는 원칙적으로 불복신청이 허용되지 아니한다. 그런데 이 사건과 동일한 청구인들이 동일한 내용으로 1996. 4. 22. 우리 헌법재판소에 바로 이 사건 시행령 조항인 구 상속세법 시행령 부칙 제2항의 위헌확인을 구하는 헌법소원심판을 청구하였고, 헌법재판소는 이에 대하여 1998. 5. 28. 직접성 요건 결여를 이유로 부적법 각하하는 결정을 하였으며 그 결정에서 판시한 요건의 흠결은 보정할 수 있는 것이 아니었다. 그렇다면 이 사건 심판청구는 결국 이미 심판을 거친 동일한 사건에 대하여 다시 심판청구한 것으로 부적법하다고 아니할 수 없다.

(4) 일사부재리의 효과

헌법재판소는 이미 심판을 거친 동일한 사건에 대하여 심판청구가 있는 때에는 일사부재리 규정에 위배된다는 이유로 부적법 각하결정을 한다.

(5) 일사부재리와 중복제소

이미 심판을 거친 동일한 사건에 대하여 심판청구가 있는 경우 일사부재리의 적용 여부가 문제되지만, 현재 심리 중인 사건과 동일한 심판청구가 있는 경우에는 중복제소의 해당여부가 문제된다. 청구인이 앞서 제기한 심리 중의 사건과 동일한 내용으로 심판청구를 하는 경우에는 헌법재판소법 제40조 제1항에 의해 준용되는 민사소송법 제259조에서 금지하는 중복제소에 해당하여 부적법하다.

**헌법소원심판에 민사소송법상 중복제소금지 규정이 준용되는지 여부**(헌재 2017.5.25. 2017헌바149)

헌법재판소법 제40조 제1항에 따라 민사소송에 관한 법령은 헌법소원심판에 준용되므로, 중복 제소를 금지하고 있는 민사소송법 제259조는 헌법소원심판에 준용된다. 따라서 헌법소원심판이 이미 계속 중인 사건에 대하여 당사자는 다시 동일한 헌법소원심판을 청구할 수 없다. 그런데 청구인은 이미 2016. 2. 24. 등록조항에 대하여 헌법재판소법 제68조 제1항에 따른 위헌확인을 구하는 헌법소원심판을 청구하였고(2016헌마141), 다시 2017. 3. 2. 위 조항에 대하여 동법 제68조 제1항에 따른 위헌확인을 구하는 이 사건 헌법소원심판을 청구하였다. 그렇다면 후자의 심판청구는 헌법재판소법 제40조 제1항, 민사소송법 제259조에 따라 허용되지 아니하는 중복제소에 해당하므로, 등록조항에 대한 심판청구는 부적법하다.

**헌법재판소법 제68조 제2항 헌법소원과 제1항 헌법소원이 동일한 청구인지 여부**(헌재 1994.4.28. 89헌마221)

이 사건 심판대상의 "위헌이라고 해석되는 이유"의 내용과 당재판소에 이미 계속 중인 89헌마86 사건의 청구원인이 기본적으로는 동일하더라도, 전자는 법 제68조 제2항에 의한 헌법소원이나 후자는 법 제68조 제1항에 따른 헌법소원으로서 그 제소의 요건이 상이하고, 양자의 청구인도 다를 뿐만 아니라 그 심판대상도 반드시 동일하다고 단정할 수 없으므로, 결국 이 사건 청구는 중복제소로서 부적법하다 할 수 없다.

**선행하는 동일 사건에 이미 결정을 받은 경우 재차심판이 일사부재리에 반하는지 여부**(헌재 2006.7.27. 2005헌바58)

이 부분 청구는 위 두 사건의 해당 심판청구 부분과 비교하여 청구인 및 심판대상 조항 및 청구이유가 동일하고, 소송유형도 실질에 있어서는 헌마 사건으로서 동일할 뿐만 아니라 그 의도하는 목적 또한 기존에 청구인이 수차례 반복하였던 헌법재판소법 제68조 제1항 또는 제68조의 위헌소원에 대한 재판청구기간의 제한을 다투기 위한 것이라는 점 등에 비추어 이 부분 청구는 헌법재판소법 제40조 제1항에 의하여 준용되는 민사소송법 제234조에서 금지하는 중복제소에 해당하였는바, 청구인이 선행하는 동일 사건들에 대하여 이미 결정을 선고받은 이상 이 부분 청구에 대하여 재차 심판하는 것은 헌법재판소법 제39조 일사부재리의 원칙에 위배되므로 이 부분 청구는 부적법하다.

(6) 일사부재리와 재심

이미 심판을 거친 동일한 사건에 대하여 재심을 청구하기 위해서는 적법한 재심사유에 대한 주장이 있어야 한다. 재심사유의 주장이 없는 경우 적법한 재심청구로 인정되지 않으며, 일사부재리원칙에도 위배된다.

**적법한 재심사유 없는 재심청구가 일사부재리에 반하는지 여부**(헌재 2016.11.15. 2016헌아211)

청구인은 이미 이 사건과 동일한 취지의 헌법소원심판을 청구하였다가 각하결정을 선고받았고(2016헌마895), 위 결정에서 판시한 요건의 흠결은 성질상 보정할 수 있는 것이 아니다. 따라서 위 사건들에서의 주장을 반복하는 것에 불과한 이 사건 헌법소원심판청구는 헌법재판소법 제39조의 일사부재리 원칙에 위배되어 부적법하다. 청구인의 주장을 위 2016헌마895 결정에 대한 재심을 구하는 취지로 본다 하더라도, 청구인의 주장은 헌법재판소법 제40조에 의하여 준용되는 민사소송법 제451조 제1항에서 정한 재심사유 중 어디에도 해당하지 않으므로, 이 사건 심판청구는 적법한 재심사유에 대한 주장이 없는 경우에 해당하여 부적법하다.

**적법한 재심사유 없는 재심청구가 일사부재리에 반하는지 여부**(헌재 2016.12.13. 2016헌아229)

청구인은 헌법재판소의 2016. 7. 5. 2016헌마486 결정과 2016. 9. 20. 2016헌아151 결정의 재심을 구하면서 이 사건 헌법소원심판을 청구하였다. 청구인은 2016헌아151 사건에서 헌재 2016. 7. 5. 2016헌마486 결정에 대하여 재심을 구하였다가 각하된 후, 이 사건에서 다시 같은 주장만을 반복하면서 위 2016헌마486 사건의 결정에 대하여 재심을 구하고 있다. 이 부분 심판청구는 일사부재리 원칙에 위배되어 부적법하다. 한편 헌법재판소 결정에 대하여 재심청구를 하기 위해서는 헌법재판소법 제40조에 따라 준용되는 민사소송법 제451조 제1항 각 호의 사유 중 헌법소원심판에 대한 재심의 성질상 허용되는 사유를 주장하여야 한다. 청구인은 헌법재판소의 2016. 9. 20. 2016헌아151 결정에 관하여 재심사유에 해당한다고 볼 만한 주장을 하고 있지 아니하므로 이 부분 심판청구도 부적법하다.

## 2. 기속력

헌법재판소법은 위헌법률심판, 권한쟁의심판, 헌법소원심판에서 기속력에 관하여 규정하고 있다. 법률의 위헌결정은 법원과 그 밖의 국가기관 및 지방자치단체를 기속한다(헌법재판소법 제47조 제1항). 헌법소원의 인용결정은 모든 국가기관과 지방자치단체를 기속한다(헌법재판소법 제75조 제1항). 헌법재판소법 제68조 제2항에 의한 헌법소원을 인용하는 경우에는 법률의 위헌결정에 관한 규정을 준용한다(헌법재판소법 제75조 제6항). 헌법재판소법 제67조 제1항에서 "헌법재판소의 권한쟁의심판의 결정은 모든 국가기관과 지방자치단체를 기속한다."고 규정하여 권한쟁의심판의 경우 "모든 결정"에 기속력을 인정하고 있다. 기속력으로 인해 모든 국가기관은 헌법재판소의 결정을 존중해야 하며, 헌법재판소의 결정과 모순되는 행위를 해서는 안된다.

## 3. 형식적 확정력과 자기구속력

### (1) 형식적 확정력

헌법재판소의 결정이 선고되면 이에 대하여 불복하여 다툴 수 없는 효력을 형식적 확정력이라 한다(헌재 2017.5.10. 2017헌마457). 위헌법률심판에서 법률에 대한 합헌결정이나 헌법소원심판의 기각결정도 형식적 확정력을 가진다(헌재 1990.5.21. 90헌마78). 그렇지만 형식적 확정력이 합헌으로 결정된 법률 또는 법률조항에 대한 다툼을 방해하는 것은 아니다.

> **헌법재판소 결정에 대한 불복신청 허용 여부**(헌재 2017.5.10. 2017헌마457)
> 헌법재판소의 결정은 더 이상 상급심이 존재하지 아니하여 선고함으로써 형식적 확정력이 발생하므로, 헌법재판소의 결정에 대하여는 불복신청이 허용될 수 없다.

> **헌법소원심판 결정에 대한 취소나 변경 가능 여부**(헌재 1990.5.21. 90헌마78)
> 헌법소원의 심판에 대한 결정은 형식적 확정력을 갖는 것이므로 취소될 수 없고, 이에 대해서는 헌법소원의 형식에 의하여서도 그 취소나 변경을 구하는 심판청구를 제기할 수 없다.

### (2) 자기기속력

헌법재판소가 당해 사건에서 스스로 선고한 결정의 법적 효과에 구속되는 효력을 자기기속력이라 한다. 헌법재판소가 결정을 선고하면 재판은 확정되고, 헌법재판소는 당해 절차에서 그 결정을 취소, 철회, 변경할 수 없다(헌재 1989.7.24. 89헌마141). 그렇지만 자기기속력으로 인하여 재심의 청구가 배제되는 것은 아니다(헌재 1995.7.28. 95헌마220).

> **헌법재판소 결정의 효력**(헌재 1989.7.24. 89헌마141)
> 헌법재판소가 이미 행한 결정에 대해서는 자기기속력 때문에 이를 취소, 변경할 수 없다 할 것이며, 이는 법적 안정성을 위하여 불가피한 일이라 할 것이다.

> **헌법재판소 결정의 재심 허용 여부**(헌재 1995.7.28. 95헌마220)
> 헌법재판소가 이미 행한 결정은 그 결정에 재심의 사유가 있고 그 심판의 성질상 재심을 허용할 경우라는 등 특별한 사정이 없는 한 자기기속력 때문에 원칙적으로 이를 취소·변경 할 수 없는 것인 바, 위 95헌마179 결정에 그러한 특별한 사정이 있다고는 볼 수 없다.

> **헌법재판소 결정에 대한 불복신청 허용 여부**(헌재 2003.11.25. 2003헌아54)
> 헌법재판소의 결정에 대하여는 그 결정의 형식적 확정력이 재심청구에 의하여 배제되지 않는 한 불복신청이 허용되지 않는다.

## Ⅳ. 결정의 경정

결정의 경정이란 결정서에 표현상의 오류가 발견된 때에 헌법재판소가 스스로 그 오류를 정정하는 것을 말한다(헌법재판소법 제40조, 민사소송법 제211조). 경정은 당사자의 신청 또는 직권에 의하여 어느 때라도 할 수 있다. 경정결정은 원결정과 일체가 되어 결정선고시에 소급하여 그 효력이 발생한다.

# CHAPTER 04 | 가처분과 재심

## 제1절 가처분

### Ⅰ. 가처분의 의의

헌법재판은 종국결정에 이르기까지 상당한 시간이 필요한 경우가 많으므로 잠정적인 권리보호수단을 두지 않으면 종국결정의 실효성을 기대하기 어렵다. 가처분은 본안결정의 실효성을 확보하고 당사자나 헌법질서에 회복하기 어려운 불이익을 예방하기 위하여 헌법재판소가 결정하는 잠정적이고 임시적인 조치이다(헌재 2014.2.27. 2014헌마7).

### Ⅱ. 가처분의 인정 여부

#### 1. 정당해산심판과 권한쟁의심판

헌법재판소법은 정당해산심판과 권한쟁의심판에서 가처분을 인정한다. 헌법재판소는 정당해산심판의 청구를 받은 때에는 청구인의 신청 또는 직권으로 종국결정의 선고시까지 피청구인의 활동을 정지하는 결정을 할 수 있다(헌법재판소법 제57조). 권한쟁의심판이 청구된 경우 헌법재판소는 직권 또는 청구인의 신청에 의하여 종국결정의 선고시까지 심판대상이 된 피청구인의 처분의 효력을 정지하는 결정을 할 수 있다(헌법재판소법 제65조).

#### 2. 헌법소원심판

헌법재판소는 헌법재판소법 제68조 제1항의 헌법소원심판에서 행정소송법과 민사소송법 등을 준용하여 가처분을 인정해 오고 있다(헌재 2000.12.8. 2000헌사471; 헌재 2014.2.27. 2014헌마7).[16]

#### 3. 위헌법률심판과 탄핵심판

위헌법률심판에서 법원이 법률의 위헌여부심판을 헌법재판소에 제청한 때에는 당해 소송사건의 재판은 헌법재판소의 위헌결정이 있을 때까지 정지된다(헌법재판소법 제42조 제1항). 탄핵심판에서 탄핵소추의 의결이 있으면 탄핵소추의 의결을 받은 자는 헌법재판소의 심판이 있을 때까지 권한행사가 정지된다(헌법 제65조 제3항, 헌법재판소법 제50조). 법원의 재판 정지나 피소추자의 권한행사 정지는 헌법과 법률의 규정에 의한 것으로 헌법재판소가 결정으로 하는 가처분과는 구분된다.

---

16) 헌법재판소법에서는 권한쟁의심판과 함께 정당해산심판에서 별도의 가처분 규정을 두고 있으며, 헌법재판소법 제40조 제1항에 따라 행정소송법과 민사소송법 등을 준용하여 헌법소원심판에서도 가처분을 인정해 오고 있다(헌재 2000.12.8. 2000헌사471; 헌재 2014.2.27. 2014헌마7 참조).

## Ⅲ. 가처분의 결정

헌법재판소는 직권이나 청구인의 신청에 의하여 가처분을 결정한다.

### 1. 가처분의 신청

본안심판의 청구인적격이 있는 자는 가처분신청을 할 수 있다. 가처분의 신청은 본안심판 청구가 허용되는 기간 내이거나 본안청구가 계속 중인 때에는 가능하다. 본안심판이 종결되었거나 본안심판절차가 충분하게 진행되어 본안결정을 내릴 수 있는 시점에서는 가처분신청의 실익이 없으므로 신청할 수 없다. 본안심판 청구 전에도 가처분을 신청할 수 있는가에 관하여는 의견이 대립한다.

### 2. 가처분의 심판

재판부는 직권이나 당사자의 신청에 의해 증거조사를 할 수 있으며, 국가기관 등에 심판에 필요한 사실을 조회하거나 자료제출 등을 요구할 수 있다.

헌법재판소법 제30조의 구두변론 규정은 가처분에는 적용되지 않는다. 가처분은 잠정성, 신속성 등이 요구되므로 구두변론 없이 할 수 있다.

### 3. 가처분의 결정

(1) 심판정족수

가처분결정을 하는 경우에는 7인 이상이 출석으로 사건을 심리하고, 종국심리에 관여한 재판관 과반수의 찬성으로 결정한다(헌법재판소법 제23조 제1항, 제2항). 헌법소원심판에서 지정재판부는 3인 재판관의 일치된 의견으로 각하결정만을 할 수 있으므로(헌법재판소법 제72조 제3항) 가처분결정을 할 수 있는지가 문제된다. 헌법재판의 실제에서 지정재판부는 헌법소원심판청구에 대하여 각하결정을 하면서 가처분신청을 각하하는 결정을 하고 있으며, 가처분신청을 기각한 사례도 있다(헌재 1997.12.16. 97헌사89; 헌재 2014.11.18. 2014헌사1281).

(2) 각하결정과 기각결정

가처분신청이 부적법하거나 이유가 없을 때에는 각하 또는 기각결정을 한다. 헌법재판소는 가처분신청이 있는 경우 각하와 기각결정을 엄격하게 구분하지 않고, 대체로 기각결정을 하고 있다.

(3) 가처분결정

가처분신청이 적법하고 이유가 있으면 헌법재판소는 가처분신청의 목적을 달성함에 필요한 결정을 할 수 있다.

1) 본안승소 가능성

가처분결정에서 본안심판의 인용가능성 여부를 판단해야 하는 것은 아니다. 그러나 본안사건이 명백히 부적법하거나 이유 없음이 명백한 경우에는 가처분을 명할 수 없다 (헌재 1999.3.25. 98헌사98).

> **헌법재판에서의 가처분 결정 허용 여부**(헌재 1999.3.25. 98헌사98)
> 헌법재판소가 직권 또는 청구인의 신청에 따라 심판대상이 된 피청구기관의 처분의 효력을 정지하는 가처분신청은 본안사건이 부적법하거나 이유 없음이 명백하지 않는 한, 가처분을 인용한 뒤 종국결정에서 청구가 기각되었을 때 발생하게 될 불이익과 가처분을 기각한 뒤 청구가 인용되었을 때 발생하게 될 불이익에 대한 비교형량을 하는 것이 가장 중요한 요건이 될 수밖에 없고 이 비교형량의 결과 후자의 불이익이 전자의 불이익보다 큰 때에 한하여 가처분 결정을 허용할 수 있을 것이다.

2) 인용요건

가처분신청이 1. 당사자의 이익이나 법질서에 회복하기 어려운 손해를 피하거나 급박한 위험을 방지하기 위하여(가처분결정의 사유), 2. 신청대상의 효력을 긴급하게 정지시켜야 할 필요가 있어야 하고(긴급한 필요), 3. 가처분을 인용한 뒤 종국결정에서 청구가 기각되었을 때 발생하게 될 불이익과 가처분을 기각한 뒤 청구가 인용되었을 때 발생하게 될 불이익에 대한 비교형량을 하여 후자의 불이익이 전자의 불이익보다 크다면 가처분을 인용할 수 있다(비교형량)(헌재 2000.12.8. 2000 헌사 471).

> **헌법소원심판에서의 가처분 인용요건**(헌재 2000.12.8. 2000헌사471)
> 가처분결정은 헌법소원심판에서 다투어지는 공권력의 행사 또는 불행사의 현상을 그대로 유지시킴으로 인하여 생길 회복하기 어려운 손해를 예방할 필요가 있어야 하고 그 효력을 정지시켜야 할 긴급한 필요가 있어야 한다는 것 등이 그 요건이 된다 할 것이므로, 본안심판이 부적법하거나 이유 없음이 명백하지 않는 한 위와 같은 가처분의 요건은 갖춘 것으로 인정되고, 이에 덧붙여 가처분을 인용한 뒤 종국결정에서 청구가 기각되었을 때 발생하게 될 불이익과 가처분을 기각한 뒤 청구가 인용되었을 때 발생하게 될 불이익에 대한 비교형량을 하여 후자의 불이익이 전자의 불이익보다 크다면 가처분을 인용할 수 있는 것이다.

## 4. 가처분결정에 대한 이의신청

헌법재판소의 가처분결정에 대하여는 이의신청을 할 수 있다(헌법재판소법 제40조 제1항, 민사집행법 제301조). 이의신청을 할 수 있는 자는 가처분의 대상이 되는 행위를 한 자이며, 헌법소원심판 청구인은 이의신청을 할 수 없다.

## 제2절 재심

### Ⅰ. 헌법재판소 결정에 대한 재심

재심은 확정력이 발생한 헌법재판소 결정의 취소와 재심판을 구하는 것으로, 헌법재판의 당사자가 이를 청구할 수 있다(헌재 2004.9.23. 2003헌아61).

> 당사자 아닌 사람의 재심청구 지위 인정 여부(헌재 2004.9.23. 2003헌아61)
> 위헌법률심판의 제청은 법원이 헌법재판소에 대하여 하는 것이기 때문에 당해 사건에서 법원으로 하여금 위헌법률심판을 제청하도록 신청을 한 사람은 위헌법률심판사건의 당사자라고 할 수 없다. 원래 재심은 재판을 받은 당사자에게 이를 인정하는 특별한 불복절차이므로 청구인처럼 위헌법률심판이라는 재판의 당사자가 아닌 사람은 그 재판에 대하여 재심을 청구할 수 있는 지위 내지 적격을 갖지 못한다.

### Ⅱ. 재심의 허용 여부에 관한 헌법재판소의 태도

헌법재판소법은 헌법재판소의 결정에 대한 재심의 허용 여부에 관하여 별도의 명문규정을 두고 있지 않다. 헌법재판은 심판의 종류에 따라 절차의 내용과 결정의 효과가 한결같지 않기 때문에 재심의 허용 여부 내지 허용정도 등은 심판의 종류에 따라서 개별적으로 판단될 수밖에 없다(헌재 1995.1.20. 93헌아1).

#### 1. 재심을 허용하지 않은 결정

헌법재판소는 헌법재판소법 제68조 제2항의 헌법소원심판, 법령에 대한 헌법재판소법 제68조 제1항에 의한 헌법소원심판에서는 원칙적으로 재심이 허용되지 않는다고 결정하였다.

> 헌법재판소법 제68조 제1항 헌법소원 인용결정의 재심 가능 여부(헌재 2006.9.26. 2006헌아37)
> 법령에 관한 헌법재판소법 제68조 제1항의 헌법소원에 있어서도 그 인용결정은 일반적 기속력과 대세적·법규적 효력을 가지며, 위헌법률심판을 구하는 헌법소원에 대한 헌법재판소의 결정에 대하여는 재심을 허용하지 아니함으로써 얻을 수 있는 법적 안정성의 이익이 재심을 허용함으로써 얻을 수 있는 구체적 타당성의 이익보다 훨씬 높을 것으로 예상할 수 있으므로 헌법재판소의 이러한 결정에는 재심에 의한 불복방법이 그 성질상 허용될 수 없다.

> 헌법재판소법 제68조 제2항 헌법소원 인용결정의 재심 가능 여부(헌재 1992.6.26. 90헌아1)
> 헌법재판소법 제68조 제2항에 의한 헌법소원에 있어서 인용결정은 위헌법률심판의 경우와 마찬가지로 이른바 일반적 기속력과 대세적·법규적 효력을 가진다. … 만약 헌법재판소법 제68조 제2항에 의한 헌법소원심판청구사건에 있어서 선고된 헌법재판소의 결정에 대하여 재심에 의한 불복방법이 허용된다면, 종전에 헌법재판소의 위헌결정으로 효력이 상실된 법률 또는 법률조항이 재심절차에 의하여 그 결정이 취소되고 새로이 합헌결정이

선고되어 그 효력이 되살아날 수 있다거나 종래의 합헌결정이 후일 재심절차에 의하여 취소되고 새로이 위헌결정이 선고될 수 있다할 것이다. 그러나 이러한 결과는 그 문제된 법률 또는 법률조항과 관련되는 모든 국민의 법률관계에 이루 말할 수 없는 커다란 혼란을 초래하거나 그 법적 생활에 대한 불안을 가져오게 할 수도 있다. 위헌법률심판을 구하는 헌법소원에 대한 헌법재판소의 결정에 대하여는 재심을 허용하지 아니함으로써 얻을 수 있는 법적 안정성의 이익이 재심을 허용함으로써 얻을 수 있는 구체적 타당성의 이익보다 훨씬 높을 것으로 쉽사리 예상할 수 있고, 따라서 헌법재판소의 이러한 결정에는 재심에 의한 불복방법이 그 성질상 허용될 수 없다고 보는 것이 상당하다고 할 것이다.

## 2. 재심을 허용한 결정

### (1) 재심의 허용

헌법재판소는 공권력의 작용을 대상으로 하는 헌법재판소법 제68조 제1항에 의한 헌법소원심판, 정당해산심판은 재심을 허용한다.

**권리구제형 헌법소원의 민사소송법 재심 규정 준용 여부**(헌재 2001.9.27. 2001헌아3)

헌법재판소법 제68조 제1항에 의한 헌법소원 중 공권력의 작용을 대상으로 하는 권리구제형 헌법소원절차에 있어서는, 그 결정의 효력이 원칙적으로 당사자에게만 미치기 때문에 법령에 대한 헌법소원과는 달리 일반법원의 재판과 같이 민사소송법의 재심에 관한 규정을 준용하여 재심을 허용함이 상당하다고 할 것이다.

**정당해산심판절차의 재심 허용 여부**(헌재 2016.5.26. 2015헌아20)

정당해산심판절차에서는 재심을 허용하지 아니함으로써 얻을 수 있는 법적 안정성의 이익보다 재심을 허용함으로써 얻을 수 있는 구체적 타당성의 이익이 더 크므로 재심을 허용하여야 한다. 한편 이 재심절차에서는 원칙적으로 민사소송법의 재심에 관한 규정이 준용된다.[17]

### (2) 재심사유

헌법재판소는 재판부 구성의 위법과 판단유탈을 재심사유로 인정한다. 헌법재판소법 제68조 제1항의 헌법소원심판에서 재판부 구성이 위법한 경우 등 절차상 중대·명백한 위법이 있어서 재심을 허용하지 아니하면 현저히 정의에 반하는 경우에는 재심이 제한적으로 허용된다(헌재 1995.1.20. 93헌아1). 민사소송법상의 재심사유인 판단유탈은 재심사유가 되지 않는다고 하는 입장을 취하다가 판례를 변경하여 판단유탈도 재심사유로 보고 있다(헌재 2001.9.27. 2001헌아3).

---

17) 헌법재판소는 이 사건에서 재심청구인의 주장이 모두 적법한 재심사유에 해당하지 아니하고, 재심대상결정에 재심사유가 있다고 볼 수 없어 부적법 각하결정을 하였다.

판단유탈이 재심사유로 허용되는지 여부(헌재 2001.9.27. 2001헌아3)
공권력의 작용에 대한 권리구제형 헌법소원심판절차에 있어서 '헌법재판소의 결정에 영향을 미칠 중대한 사항에 관하여 판단을 유탈한 때'를 재심사유로 허용하는 것이 헌법재판의 성질에 반한다고 볼 수는 없으므로, 민사소송법 제422조 제1항 제9호를 준용하여 "판단유탈"도 재심사유로 허용되어야 한다. 따라서 종전에 이와 견해를 달리하여 행정작용에 속하는 공권력 작용을 대상으로 한 권리구제형 헌법소원에 있어서 판단유탈은 재심사유가 되지 아니한다는 취지의 의견(헌재 1995.1.20. 93헌아1; 헌재 1998.3.26. 98헌아2)은 이를 변경하기로 한다.

## 제3절 재판관의 제척·기피·회피

헌법재판의 공정성을 보장하기 위하여 헌법재판에서도 재판관의 제척·기피·회피 제도가 인정된다. 재판관의 제척이라 함은 재판관이 특정 사건에 관하여 재판관에게 재판의 공정성을 확보하기 어려운 헌법재판소법상의 사유가 있을 때[18] 이 법에 의해 당연히 그 사건에 관한 직무집행에서 재판관을 배제하는 것을 말한다. 재판부는 특정 재판관이 제척사유가 있는 경우 당사자의 신청이나 직권으로 제척의 결정을 한다(헌법재판소법 제24조 제2항).

재판관의 기피라 함은 재판관에게 특정 사건에 관하여 제척사유 이외에 재판의 공정을 기대하기 어려운 사정이 있는 경우에 당사자의 신청에 의하여 그 사건에 관한 직무집행에서 해당 재판관을 배제하는 것을 말한다(헌법재판소법 제24조 제3항). 당사자는 기피사유가 있는 때에는 기피신청을 할 수 있으나, 동일한 사건에 대하여 2인 이상의 재판관을 기피할 수 없다(헌법재판소법 제24조 제4항). 헌법재판소는 1인의 재판관만 기피가 가능하도록 하는 헌법재판소법의 규정은 심리정족수 부족으로 인하여 헌법재판소의 심판 기능이 중단되는 사태를 방지하기 위한 것으로 공정한 재판을 받을 권리를 침해하는 것은 아니라고 결정하였다(헌재 2016.11.24. 2015헌마902).

재판관의 회피라 함은 재판관이 제척 또는 기피사유가 있는 때에 스스로 해당 사건의 직무집행에서 이를 피하는 것을 말한다. 재판관이 회피를 하고자 하는 경우에는 재판장의 허가를 얻어야 한다(헌법재판소법 제24조 제5항).

제척·기피·회피는 기본적으로 재판관에 관하여 규율하는 것이지만, 헌법재판소는 재판관의 명을 받아 사건의 심리 및 심판에 관한 조사·연구에 종사하는 헌법연구관에게도 법리가 준용되며(헌재 2003.12.2. 2003헌사535), 헌법재판소의 사무관 등은 기피신청의 대상이 된다고 결정하였다(헌재 2003.12.2. 2003헌사536).

---

[18] 헌법재판소법상의 제척사유로는 재판관이 당사자이거나 당자자의 배우자 또는 배우자이었던 경우, 재판관과 당사자 간에 친족관계에 있거나 친족관계였던 경우, 재판관이 이 사건에 관하여 증언이나 감정을 할 경우, 재판관이 사건에 관하여 당사자의 대리인이 되거나 되었던 경우, 기타 재판관이 헌법재판소 외에서 직무상 또는 직업상의 이유로 사건에 관여하였던 경우이다(헌법재판소법 제24조 제1항).

## 제4절 심판비용 및 공탁금

### I. 심판비용

헌법재판소의 심판비용은 국가가 부담한다(헌법재판소법 제37조 제1항). 심판비용을 국가부담으로 하는 경우에도 당사자의 신청에 의한 증거조사의 비용은 헌법재판소규칙이 정하는 바에 따라 그 신청인에게 부담시킬 수 있다. 심판비용 이외의 비용은 당사자가 부담한다.

### II. 공탁금

헌법소원심판의 청구는 국민 개개인이 누구나 할 수 있으므로 남소가 예상된다. 남소의 방지를 위해서 헌법재판소는 헌법소원심판의 청구인에 대하여 헌법재판소규칙이 정하는 공탁금의 사전 납부를 명할 수 있다(헌법재판소법 제37조 제2항). 헌법재판소는 헌법소원심판청구를 각하하는 경우 또는 헌법소원심판청구를 기각하는 경우 그 청구가 권리의 남용이라고 인정되는 경우에는 헌법재판소규칙이 정하는 바에 따라 공탁금의 전부 또는 일부의 국고 귀속을 명할 수 있다(헌법재판소법 제37조 제3항).

# 05 | 위헌법률심판

## 제1절　규범통제제도

### I. 규범통제제도의 유형

규범통제제도는 법률의 시행 여부에 따라 사전적 규범통제제도와 사후적 규범통제제도로 구분된다. 법률의 위헌여부가 일반 법원에 계속된 소송사건의 재판의 전제가 되었는가의 여부에 따라 추상적 규범통제제도와 구체적 규범통제로 구분된다.

#### 1. 사전적 규범통제

사전적 규범통제는 법령의 서명·공포 전에 아직 효력을 발생하지 아니한 법령을 대상으로 미리 위헌 여부를 심사하여 법령이 효력을 발생하지 못하도록 예방하는 제도이다. 프랑스는 헌법위원회가 사전예방적 규범통제를 행한다. 2008년 개헌 이전에는 헌법위원회가 법률의 위헌심사권을 갖고 법률의 공포 전[19]에 그에 대한 사전적 위헌심사권을 행하였다. 2008년 개헌으로 사후적인 구체적 규범통제의 권한이 새로이 추가되었다.

#### 2. 사후적 규범통제

법령이 서명·공포되어 효력발생을 앞두고 있거나, 이미 시행 중인 법령의 위헌 여부를 심사해서 위헌적인 법령의 효력의 발생을 상실하게 하는 제도이다.

(1) 추상적 규범통제

추상적 규범통제제도는 법률의 위헌 여부가 재판의 전제가 되지 않았어도 법률의 위헌 여부에 대한 의문이나 다툼이 생긴 경우 그 법률의 위헌 여부를 심사하는 제도이다. 독일은 연방정부와 주정부 또는 연방의회 재적의원 1/3의 신청으로 연방법과 주법의 기본법 위배 여부, 주법의 연방법 위배 여부를 심판하는 추상적 규범통제제도를 두고 있다.

(2) 구체적 규범통제

구체적 규범통제제도는 구체적인 소송사건이 제기되었을 때 법원의 제청에 의하여 그 사건에 적용될 법령의 위헌 여부에 대한 합헌성을 통제하는 제도이다.

### II. 위헌법률심판: 구체적 규범통제제도

현행 헌법상 위헌법률심판은 구체적 사건의 재판을 담당하는 법원이 헌법재판소에 위헌

---

[19] 프랑스 사전예방적 규범통제에는 제안 후 의결 전단계에서의 위헌심사와 의결 후 공포 전단계에서의 위헌심사 두 가지 유형이 있다.

심판을 제청하고 헌법재판소가 위헌 여부를 심사·판단하는 사후적·구체적 규범통제제도이다. 법률이 헌법에 위반되는지 여부가 재판의 전제가 된 때에는 당해 사건을 담당하는 법원은 직권 또는 당사자의 신청에 의한 결정으로 헌법재판소에 위헌 여부의 심판을 제청한다(헌법재판소법 제41조). 법원의 제청이 있으면 헌법재판소는 심판절차를 개시하고 법률의 위헌 여부에 대한 결정을 한다.

헌법재판소법 제68조 제2항에 의한 헌법소원심판도 그 본질은 위헌법률심판이며 규범통제기능을 한다.

## 제2절 위헌법률심판절차

### I. 위헌법률심판 제청권자

법원은 직권 또는 당사자의 신청에 의한 결정으로 헌법재판소에 위헌여부심판을 제청할 수 있다. 제청권자로서 법원은 구체적 사건을 담당하는 재판기관을 말하므로, 합의부 관할사건은 합의부가, 단독판사 관할사건은 담당 법관이 법원으로서 제청권을 가진다. 수소법원은 물론 집행법원, 비송사건 담당법관도 제청권이 있으며, 군사법원(헌법재판소법 제41조 제1항)도 제청권이 있다.

민사조정위원회, 가사조정위원회는 법관이 아닌 조정위원이 참여하지만 법관이 주도하므로 제청권이 있다는 견해도 있지만 제청권을 인정할 실익이 없다는 견해도 있다. 행정심판을 담당하는 행정심판기관은 제청권을 가지는 법원으로 볼 수 없다.

대법원 외의 법원이 위헌제청을 할 때에는 대법원을 거쳐야 한다(헌법재판소법 제41조 제5항). 이 경우 대법원은 각급법원이 한 위헌법률심판제청에 대한 심사권이 있는 것은 아니며, 법원행정처장은 위헌제청결정서 정본을 헌법재판소에 송부한다.

### II. 위헌법률심판 제청요건

#### 1. 직권 또는 제청신청

법원의 위헌제청은 직권 또는 당사자의 신청에 의한 결정으로 한다.

법원에 계속된 소송사건의 당사자는 당해 법원에 재판의 전제가 된 법률이나 법률조항의 위헌여부심판을 헌법재판소에 제청해 줄 것을 신청할 수 있다. 제청신청은 당사자이면 누구나 할 수 있으므로 소송사건의 원고든 피고든 제청신청인이 될 수 있다. 보조참가인도 피참가인의 소송행위와 저촉되지 않는 한 일체의 소송행위를 할 수 있으므로 위헌심판제청신청의 당사자에 해당한다. 헌법재판소는 소송사건의 원고뿐만 아니라 피고, 보조참가인 등도 제청신청을 할 수 있다고 결정하였다.

> **민사소송의 보조참가인의 헌법재판소법 제68조 제2항 헌법소원심판의 당사자 적격 인정 여부**(헌재 2003.5.15. 2001헌바98)
> 헌법재판소법 제40조에 의하여 준용되는 민사소송법에 의하면 보조참가인은 피참가인의 소송행위와 저촉되지 아니하는 한 소송에 관하여 공격·방어·이의·상소, 기타 일체의 소송행위를 할 수 있는 자이므로 헌법재판소법 소정의 위헌심판제청신청의 '당사자'에 해당한다고 할 것이고, 이와 같이 해석하는 것이 구체적 규범통제형 위헌심사제의 입법취지 및 기능에도 부합한다고 할 것이다. 민사소송의 보조참가인은 헌법재판소법 제68조 제2항의 헌법소원의 당사자 적격이 있다.

> 행정소송의 피고 또는 그 보조참가인인 행정청의 헌법재판소 제68조 제2항 헌법소원심판의 당사자적격 인정 여부(헌재 2008.4.24. 2004헌바44)
>
> 행정소송의 피고 또는 그 보조참가인인 행정청이 헌법재판소법 제68조 제2항의 헌법소원심판을 청구할 수 있는지 여부에 관하여 본다. … … 헌법재판소법 제68조 제2항은 기본권의 침해가 있을 것을 그 요건으로 하고 있지 않을 뿐만 아니라 청구인적격에 관하여도 '법률의 위헌여부심판의 제청신청이 법원에 의하여 기각된 때에는 그 신청을 한 당사자'라고만 규정하고 있는바, 위 '당사자'는 행정소송을 포함한 모든 재판의 당사자를 의미하는 것으로 새겨야 할 것이고, … 행정처분에 불복하는 당사자뿐만 아니라 행정처분의 주체인 행정청도 헌법의 최고규범력에 따른 구체적 규범통제를 위하여 근거 법률의 위헌 여부에 대한 심판의 제청을 신청할 수 있고 헌법재판소법 제68조 제2항의 헌법소원을 제기할 수 있다고 봄이 상당하다. 청구인은 당해 사건의 당사자가 아니라 보조참가인이지만, 헌법재판소법 제40조에 의하여 준용되는 행정소송법 제17조 및 민사소송법 제76조에 따라 피참가인의 소송행위와 저촉되지 아니하는 한 일체의 소송행위를 할 수 있으므로 헌법재판소법 소정의 위헌법률심판제청신청 및 헌법소원의 '당사자'에 해당된다. 따라서 청구인은 헌법재판소법 제68조 제2항에 의한 이 사건 헌법소원심판을 청구할 수 있다고 할 것이다.

### 2. 재판의 전제성

법률이 헌법에 위반되는지의 여부가 재판의 전제가 된 경우에 법원은 헌법재판소에 위헌 여부 심판을 제청한다. 재판의 전제성이란 구체적 사건이 소송계속 법원에 계속 중이어야 하고, 위헌 여부가 문제되는 법률이 당해 소송사건의 재판과 관련하여 적용되는 것이어야 하며, 법률이 헌법에 위반되는지의 여부에 따라 당해 사건을 담당한 법원이 다른 내용의 재판을 하게 되는 경우를 말한다(헌재 1993.12.23. 93헌가2).

### 3. 합리적 위헌의 의심

당사자의 위헌제청신청이 있으면 법원은 제청신청 대상인 법률의 위헌 여부가 당해 소송에서 재판의 전제가 되고 또한 합리적 위헌의 의심이 있는 때에는 결정의 형식으로 위헌 여부심판을 제청한다. 합리적 위헌의 의심이란 담당 법관 스스로의 법적 견해에 의하여 단순한 의심을 넘어선 합리적인 위헌의 의심을 말한다.[20] 합리적 위헌의 의심이란 '단순

---

[20] 법원이 위헌법률심판제청을 하지 않기로 한 경우 위헌제청신청기각결정을 하게 되는데 이것이 법원의 합헌판단권을 부여한 것이 아닌가와 관련하여 논란이 있다. 헌법재판소는 "위헌제청신청이 기각된 때라는 것"은 합헌판단에 의한 기각결정만을 의미하는 것이 아니라 재판의 전제성을 인정할 수 없어 내리는 기각결정도 포함하는 것으로 해석되므로, 위헌제청신청기각결정에 관한 규정은 법원의 합헌판단권의 인정 여부와는 직접 관련이 없는 조항으로 합헌판단권의 근거조항이 아니라고 결정하였다(헌재 1993.7.29. 90헌바35). 이것과 달리 법원의 합헌판단권의 의미를 1980년 헌법의 불송부결정권과 같은 최종적 의미에서의 합헌결정권으로 이해하지 않고, 일차적인 판단권으로 이해하여 법원의 합헌판단권을 긍정하는 견해 160면 참조.)도 있다. 법원의 합헌판단권을 긍정적으로 이해하는 입장은 '위헌제청신청이 기각된 때'라고 한 것은 법원이 형식적 심사뿐만 아니라 실질적 심사까지 한다는 점 등을 근거로 하고 있다.

한 의심'과 위헌에 대한 '확신' 사이의 중간적인 것을 의미하므로 제청법원은 제청결정에서 단지 위헌의 의심을 진술하는 것으로는 부족하고, 법률이 위헌이라는 합리적인 의심을 헌법재판소에 설득력 있게 논증하여야 한다.

> **제청법원의 위헌여부심판 제청**(헌재 1993.12.23. 93헌가2)
> 헌법 제107조 제1항과 헌법재판소법 제41조(위헌여부심판의 제청), 제43조(제청서의 기재사항) 등의 각 규정의 취지는, 법원은 문제되는 법률조항이 담당법관 스스로의 법적 견해에 의하여 단순한 의심을 넘어선 합리적인 위헌의 의심이 있으면 위헌여부심판을 제청하라는 취지이다. 그리고 헌법재판소로서는 제청법원의 이 고유판단을 될 수 있는 대로 존중하여 제청신청을 받아들여 헌법판단을 하는 것이므로 이 사건 제청을 부적법한 것이라고 할 수는 없다.

## Ⅲ. 제청의 효과

### 1. 당해 소송사건의 재판 정지

법원이 법률의 위헌법률심판을 헌법재판소에 제청한 때에는 당해 소송사건의 재판은 헌법재판소의 결정이 있을 때까지 정지된다. 다만 법원이 긴급하다고 인정하는 경우에는 종국재판 외의 소송절차를 진행할 수 있다(헌법재판소법 제42조).

### 2. 항고의 금지 등

법원의 위헌여부심판의 제청에 관한 결정에 대해서는 항고할 수 없다(헌법재판소법 제41조 제4항). 위헌법률심판의 제청이 있으면 법무부장관 및 당해 소송사건의 당사자에게 그 제청서의 등본을 송달한다(헌법재판소법 제27조 제2항). 당해 소송사건의 당사자 및 법무부장관은 헌법재판소에 법률의 위헌 여부에 대한 의견서를 제출할 수 있다(헌법재판소법 제44조).

## Ⅳ. 제청의 철회

법원의 제청은 원칙적으로 철회할 수 없다. 법원의 제청이 있은 후 당사자가 제청신청을 취소한 경우에도 법원은 제청을 철회할 수 없다. 다만 당해 사건의 전제가 된 법률의 개정 또는 폐지로 인하여 제청요건이 존재하지 않는 경우, 형사재판에서 공소취소된 경우, 민사·행정재판에서 소취하로 당해 사건이 종료된 경우에는 제청을 철회하는 것이 가능하다.

법원이 제청을 철회한 경우에는 원칙적으로 심판절차가 종료된 것으로 처리된다. 공소취소나 소취하와 같은 제청철회의 사유가 있음에도 법원이 제청을 철회하지 않으면 헌법재판소는 당해 소송사건의 재판이 존재하지 않는다는 이유로 각하결정을 한다.[21]

---

[21] 헌법재판소의 위헌결정 등으로 당해사건의 전제가 된 법률이 폐지되어 제청요건이 존재하지 않는 경우, 법원이 제청을 철회하지 않으면 헌법재판소는 각하결정을 하지만(헌재 1989.9.29. 89헌가86), 헌법재판소법 제68조 제2항에 의한 헌법소원심판에서는 청구인이 이를 취하하지 않으면 헌법재판소는 위헌임을 확인하는 결정(헌재 1999.6.24. 96헌바67)을 한다. 헌법재판소법 제68조 제2항의 헌법소원심판에서는 헌법재

## Ⅴ. 헌법재판소법 제68조 제2항에 의한 헌법소원심판

### 1. 의의

법원이 법률의 위헌여부에 대한 제청신청을 기각한 때에는 위헌제청을 신청한 당사자는 헌법재판소에 헌법소원심판을 청구할 수 있으며, 이를 규범통제형 또는 위헌심사형 헌법소원심판이라고 한다.

### 2. 적법요건

(1) 위헌제청신청기각결정

1) 헌법재판소법 제68조 제2항에 의하면 헌법소원심판은 법원이 당사자의 위헌제청신청을 '기각'한 때에 청구할 수 있다. 실제로 법원은 위헌제청신청이 이유 없다고 하여 배척하는 경우 '각하 또는 기각'결정을 한다.[22] 이 경우 위헌제청신청을 한 당사자는 헌법재판소법 제68조 제2항에 의한 헌법소원심판을 청구할 수 있다.

> 제청신청인이 아닌 자의 헌법재판소 제68조 제2항 헌법소원심판청구 가능 여부(헌재 1997.8.21. 93헌바51)
>
> 헌법재판소법 제68조 제2항에 의한 헌법소원심판의 청구는 당해 사건의 당사자에 의한 적법한 위헌여부심판의 제청신청을 법원이 각하 또는 기각하였을 경우에 그 제청신청인이 직접 헌법재판소에 헌법소원의 형태로 심판을 청구할 수 있는 것이고, 위헌여부심판의 제청을 신청하지 아니한 당사자는 헌법재판소법 제68조 제2항에 의한 헌법소원 심판을 청구할 수 없다고 할 것이다.

2) 법원은 위헌법률심판제청신청에 대하여 재판의 전제성이 없다는 이유로 각하(헌재 2014.8.28. 2012헌바465)[23] 또는 기각(헌재 2015.5.28. 2012헌바330; 헌재 2015.2.24. 2015헌마122) 결정을 하며, 이 경우 제청신청의 당사자는 헌법재판소법 제68조 제2항에 의한 헌법소원심판을 청구할 수 있다. 그런데 당해 사건이 부적법한 것이어서 법률의 위헌 여부를 따져볼 필요조차 없이 각하를 면할 수 없는 것일 때에는 위헌제청신청은 재판의 전제성을 흠결한 것으로 각하될 수밖에 없고, 헌법재판소법 제68조 제2항에 의한 헌법소원심판을 청구할 수 없다.

---

판소법 제75조 제7항에 의한 재심청구의 가능성을 보장해 주어야하기 때문에 인용결정을 한다.
22) 법원이 제청신청을 배척하는 경우 제청신청이 형식적 요건을 갖추지 못한 경우에는 각하결정을 하고, 형식적 요건을 갖추었으나 신청이 이유가 없는 경우에는 기각결정을 한다. 그런데 당해 법원이 실질적으로 헌법문제에 관한 판단을 하여 기각결정을 해야 함에도 불구하고 각하결정으로 당사자의 신청을 배척한 경우에도 헌법재판소법 제68조 제2항에 의한 헌법소원심판을 청구할 수 있다. 따라서 주문표시가 각하이든 기각이든 관계없이 신청이 이유 없다고 하여 배척된 때에는 헌법소원심판을 청구할 수 있다.
23) 법원은 위헌제청신청에 대하여 재판의 전제성이 없다는 이유로 각하결정을 하였으며, 헌법재판소는 위헌제청신청 당시에는 재판의 전제성을 인정할 수 있었으나, 헌법소원심판 당시에는 더 이상 재판의 전제성을 인정할 수 없다는 이유로 부적법하다고 하였다(헌재 2014.8.28. 2012헌바465 참조).

**각하를 면할 수 없는 당해 사건의 재판의 전제성 인정 여부**(헌재 2007.12.27. 2006헌바34)
헌법재판소법 제68조 제2항에 의한 헌법소원심판의 청구는 같은 법 제41조 제1항의 규정에 의한 적법한 위헌여부심판의 제청신청을 법원이 각하 또는 기각하였을 경우에만 제기할 수 있는 것이고 위헌여부심판의 제청신청이 적법한 것이 되려면 제청신청된 법률의 위헌 여부가 법원에 제기된 당해 사건의 재판의 전제가 된 때라야 하므로 만약 당해 사건이 부적법한 것이어서 법률의 위헌 여부를 따져 볼 필요조차 없이 각하를 면할 수 없는 것일 때에는 위헌여부심판의 제청신청은 적법요건인 "재판의 전제성"을 흠결한 것으로서 각하될 수밖에 없고 이러한 경우에는 헌법재판소법 제68조 제2항에 의한 헌법소원심판을 청구할 수 없는 것이다.

**각하를 면할 수 없는 당해 사건의 재판의 전제성 인정 여부**(헌재 2005.3.31. 2003헌바113)
법원에서 당해 소송사건에 적용되는 재판규범 중 위헌제청신청대상이 아닌 관련 법률에서 규정한 소송요건을 구비하지 못하였기 때문에 부적법하다는 이유로 소각하 판결을 선고하고 그 판결이 확정되거나, 소각하 판결이 확정되지 않았더라도 당해 소송사건이 부적법하여 각하될 수밖에 없는 경우에는 당해 소송사건에 관한 재판의 전제성 요건이 흠결되어 부적법하다. 그런데 위에서 살펴본 바와 같이 이 사건 처분에 대한 취소청구(예비적 청구) 부분은 제소기간이 경과하였거나 적법한 전심절차를 거치지 않았기 때문에 부적법하여 각하를 면할 수 없으므로, 이 부분에 대한 헌법소원은 재판의 전제성 요건을 흠결하여 부적법하다고 할 것이다.

3) 헌법재판소법 제68조 제2항에 의한 헌법소원심판은 위헌제청신청에 대한 법원의 기각결정이 있어야하기 때문에 당해 법원에서 해당 법률조항의 위헌여부심판의 제청신청에 대하여 기각결정을 한 바가 없다면 헌법재판소법 제68조 제2항에 의한 헌법소원심판청구는 부적법 각하된다(헌재 2009.6.9. 2009헌마264).

**기각결정을 한 바 없는 법률조항에 대한 헌법소원심판청구**(헌재 2009.6.9. 2009헌마264)
당해 법원은 재판의 취소를 구하는 청구인의 위헌법률심판제청신청에 대하여 법률이 아닌 법원의 재판은 위헌법률심판제청의 대상이 되지 아니한다는 이유로 각하결정을 하였을 뿐 이 사건 법률조항의 위헌 여부를 다투는 위헌법률심판제청신청에 대한 기각결정을 한 바가 없으므로 위 법률조항에 관한 위헌법률심판제청신청이 기각되었음을 전제로 한 이 사건 심판청구는 부적법하다고 할 것이다.

4) 위헌제청신청기각결정의 대상에 포함되지 아니한 법률조항에 대한 헌법소원심판청구는 원칙적으로 부적법하다(헌재 2006.7.27. 2005헌바190; 헌재 2008.10.30. 2005헌마723). 다만 헌법재판소는 기각결정의 대상이 되지 아니한 규정들을 포함시킨 헌법소원심판청구를 전부 부적법하다고 보지 않고 해당 부분만 부적법하다고 결정하였다(헌재 1997.11.27. 96헌바12).

**위헌법률심판제청신청 대상에 포함되지 않은 법률조항의 헌법소원심판청구 가능 여부**(헌재 2015.12.23. 2015헌바244)

헌법재판소법 제68조 제2항의 헌법소원은 위헌법률심판의 제청신청을 하여 그 신청이 기각된 때에 청구할 수 있다. 청구인이 당해 사건 법원에 위헌법률심판의 제청신청을 하지 않았고, 따라서 법원의 기각결정도 없었던 부분에 대한 심판청구는 그 심판 청구요건을 갖추지 못하여 부적법하다. 그런데 청구인들은 특가법 제8조의2 제1항 중 '영리를 목적으로' 부분에 대하여는 위헌법률심판제청신청을 하지 않았고, 이에 대하여 법원의 기각결정도 없었으므로, 이 부분에 대한 심판청구는 부적법하다.

**위헌법률심판제청신청 각하결정의 대상이 아닌 규정을 헌법소원심판청구시 추가할 수 있는지 여부**(헌재 2015.5.28. 2013헌바424)

헌법재판소법 제68조 제2항에 의한 헌법소원은 법원이 위헌여부심판의 제청신청을 각하 또는 기각한 경우에만 당사자가 직접 헌법재판소에 헌법소원의 형태로 심판청구를 할 수 있는 것이므로, 법원의 위헌법률심판제청신청 각하결정의 대상이 되지 아니한 규정에 대하여 헌법소원심판청구를 추가한 경우 그 부분에 대한 심판청구는 헌법재판소법 제68조 제2항에 의한 헌법소원심판의 대상이 되지 아니하여 부적법하다.

5) 법원의 기각결정의 대상에 포함되지 않은 규정이라고 하더라도 예외적으로 헌법소원심판청구가 허용되는 경우가 있다. 헌법재판소는 위헌제청신청을 기각 또는 각하한 법원이 당해 조항을 실질적으로 판단하였거나 당해 조항이 명시적으로 위헌제청신청을 한 조항과 필연적 연관관계를 맺고 있어서 법원이 묵시적으로 위헌제청신청으로 판단한 것으로 볼 수 있는 경우에는 이러한 법률조항에 대한 심판청구도 적법하다고 결정하였다(헌재 2005.2.24. 2004헌바24).

**기각결정의 대상에 포함되지 않은 규정의 예외적 헌법소원심판청구의 허용**(헌재 2005.2.24. 2004헌바24)

청구인이 특정 법률조항에 대한 위헌여부심판의 제청신청을 하지 않았고 따라서 법원의 기각결정도 없었다면 그 부분 심판청구는 심판청구요건을 갖추지 못하여 부적법한 것이다. 다만, 우리 재판소는 당사자가 위헌법률심판 제청신청의 대상으로 삼지 않았고 또한 법원이 기각 또는 각하결정의 대상으로도 삼지 않았음이 명백한 법률조항이라 하더라도 예외적으로 위헌제청신청을 기각 또는 각하한 법원이 위 조항을 실질적으로 판단하였거나 위 조항이 명시적으로 위헌제청신청을 한 조항과 필연적 연관관계를 맺고 있어서 법원이 위 조항을 묵시적으로나마 위헌제청신청으로 판단을 하였을 경우에는 헌법재판소법 제68조 제2항의 헌법소원으로서 적법한 것이라고 판시한 바 있으므로, 과연 이 사건이 위와 같은 경우에 해당하는지 살펴본다.

6) 위헌법률심판제청신청이 기각되면 당사자는 헌법재판소법 제68조 제2항에 의한 헌법소원심판청구만 가능하며, 당해 사건의 소송절차에서 동일한 사유를 이유로 다시 위헌여부심판의 제청을 신청할 수 없다. 이 경우 위헌제청신청기각결정의 당사자가

동일한 심급이 아닌 상급심에서 다시 위헌법률심판제청신청을 할 수 있는지가 문제된다. 헌법재판소는 헌법재판소법 제68조 제2항에서 정하고 있는 '당해 사건의 소송절차'는 동일한 심급의 소송절차뿐 아니라 상소심의 소송절차를 포함하는 것이라고 한다(헌재 2009.9.24. 2007헌바118). 대법원 판례도 헌법재판소와 같다(대판 1996.5.14. 95부13).

**헌법재판소법 제68조** ② 제41조 제1항의 규정에 의한 법률의 위헌여부심판의 제청신청이 기각된 때에는 그 신청을 한 당사자는 헌법재판소에 헌법소원심판을 청구할 수 있다. 이 경우 그 당사자는 당해 사건의 소송절차에서 동일한 사유를 이유로 다시 위헌여부심판의 제청을 신청할 수 없다.

**헌법소원심판에서 당해 사건의 소송절차의 범위**(헌재 2009.9.24. 2007헌바118)
헌법재판소법 제68조 제2항은 법률의 위헌여부 심판의 제청신청이 기각된 때에는 그 신청을 한 당사자는 헌법재판소에 헌법소원심판을 청구할 수 있으나, 다만 이 경우 그 당사자는 당해 사건의 소송절차에서 동일한 사유를 이유로 다시 위헌여부심판의 제청을 신청할 수 없다고 규정하고 있는데, 이 때 당해 사건의 소송절차란 당해 사건의 상소심 소송절차를 포함한다 할 것이다. 그런데, 청구인은 당해 사건의 항소심에서 이미 민법 제999조 제2항에 대하여 제척기간이 지나치게 단기간일 뿐만 아니라 참칭상속인 및 제3자의 선악을 불문한 채 범죄행위와 같은 불법적인 방법에 의하여 참칭상속인의 지위를 취득한 경우까지 위 제척기간을 적용하는 것은 진정상속인의 재산권 등을 침해한다는 이유로 위헌법률심판제청신청을 하였다가 기각되었는데도, 헌법소원심판청구를 하지 아니한 채 상고를 제기한 후, 소송 계속 중 다시 같은 조항에 대하여 동일한 사유를 이유로 위헌법률심판 제청신청을 하였다가 각하되자, 이 사건 헌법소원 심판청구를 하기에 이르렀으므로, 청구인의 민법 제999조 제2항에 대한 심판청구는 헌법재판소법 제68조 제2항에 위배되어 부적법하다.

## (2) 심판대상

헌법재판소법 제68조 제2항에 의한 위헌심사형 헌법소원심판은 그 실질이 위헌법률심판이며 심판대상도 위헌법률심판과 같다.

## (3) 재판의 전제성

헌법재판소법 제68조 제2항에 의한 헌법소원심판은 법원에 계속 중인 구체적 사건에 적용할 법률이 헌법에 위반되는지 여부가 당해 사건의 재판의 전제로 되어야 한다.

## (4) 청구기간

헌법재판소법 제68조 제2항에 따른 헌법소원심판은 위헌여부심판의 제청신청을 기각하는 결정을 통지받은 날부터 30일 이내에 청구하여야 한다(헌법재판소법 제69조 제2항). 헌법소원심판을 청구하려는 자가 변호사를 대리인으로 선임할 자력이 없는 경우에는 헌법재판소에 국선대리인을 선임하여 줄 것을 신청할 수 있는데, 이 경우 청구기간은 국선대리인의 선임신청이 있는 날을 기준으로 한다(헌법재판소법 제70조 제1항).

기간의 말일이 토요일 또는 공휴일에 해당하는 때에는 기간은 그 익일로 만료한다(헌법재판소법 제40조, 민법 제161조).

### 3. 당해 사건 재판의 부정지

헌법재판소법 제68조 제2항에 의한 헌법소원심판에서는 당해 사건에 대한 법원의 재판은 정지되지 않는다. 그 때문에 헌법재판소의 위헌결정이 선고된 때에 당해 법원의 소송사건이 이미 확정된 상태에 있을 수 있다. 이 경우 당사자는 재심을 청구할 수 있다(헌법재판소법 제75조 제7항).

> **헌법재판소법 제75조** ⑦ 제68조 제2항에 따른 헌법소원이 인용된 경우에 해당 헌법소원과 관련된 소송사건이 이미 확정된 때에는 당사자는 재심을 청구할 수 있다.

### 4. 사전심사

헌법재판소법 제68조 제2항의 헌법소원심판에서 지정재판부가 사전심사를 할 수 있는지가 문제된다.[24] 헌법재판소 지정재판부는 헌법재판소법 제68조 제2항의 헌법소원심판에서 재판의 전제성이 없다는 이유 등으로 각하결정을 하고 있다.[25]

---

[24] 헌법재판소법 제68조 제2항의 헌법소원심판에서 지정재판부의 사전심사가 적용된다는 견해와 헌법재판소법 제68조 제2항의 심판절차는 위헌법률심판절차이므로 사전심사가 행해지지 않는다는 견해로 대립한다.

[25] 헌법재판소 지정재판부는 헌법재판소법 제68조 제2항의 헌법소원심판에서 재판의 전제성이 없거나(헌재 1998.3.31. 98헌바22; 헌재 2015.9.1. 2015헌바275; 헌재 2017.11.7. 2017헌바429), 심판대상인 법률에 대한 헌법소원심판이 아니라는 이유(헌재 2017.11.7. 2017헌바429; 헌재 2017.11.7. 2017헌바457) 등으로 부적법 각하결정을 한다.

## 제3절 재판의 전제성

위헌법률심판과 헌법재판소법 제68조 제2항에 의한 위헌심사형 헌법소원심판이 적법하기 위해서는 법률의 위헌 여부가 당해 법원에 계속된 소송사건의 재판의 전제가 되어야 한다. 따라서 재판의 전제성은 위헌법률심판과 헌법재판소법 제68조 제2항에 의한 헌법소원심판의 적법요건이다.

## Ⅰ. 재판의 전제성의 의의

재판의 전제성은 구체적 사건이 법원에 계속 중이어야 하고, 위헌 여부가 문제되는 법률이 당해 소송사건의 재판과 관련하여 적용되는 것이어야 하며, 법률이 헌법에 위반되는지의 여부에 따라 당해 사건을 담당한 법원이 다른 내용의 재판을 하게 되는 경우를 말한다(헌재 1993.12.23. 93헌가2).

## Ⅱ. 재판의 의미

'재판'에 해당하는지의 여부는 형식이나 절차와 관계없이 실질적으로 법원의 사법권 행사에 해당하는가에 따라 결정된다. 본안에 관한 재판, 소송절차에 관한 재판, 종국재판, 중간재판, 판결·결정·명령, 체포·구속·압수·수색영장, 구속적부심사청구, 보석허가에 관한 재판을 포함한다.

## Ⅲ. 재판의 전제성의 의미

### 1. 구체적 사건이 법원에 계속 중

(1) 재판의 전제성이 인정되려면 법원에 구체적 사건이 계속 중이어야 한다. 위헌제청결정 당시는 물론이고 헌법재판소의 결정시까지 구체적 사건이 법원에 계속 중이어야 한다.

(2) '구체적 사건이 법원에 계속 중'이라는 의미는 '적법'하게 계속 중이어야 한다는 것을 의미한다. 헌법재판소의 심리 중 당해사건의 소취하 등이 있는 경우에는 재판의 전제성이 인정되지 않는다.

> **피고의 항소 취하로 원고 승소시 재판의 전제성 인정 여부**(헌재 2012.7.26. 2011헌가40)
> 당해 사건 원고가 제1심에서 승소판결을 받은 후 피고가 항소하였으나, 그 항소를 취하함으로써 당해 사건이 더 이상 법원에 계속 중이지 아니하며, 원고의 승소로 종결된 이상, 심판대상 조항에 대한 위헌결정은 당해 사건 재판의 결론이나 주문에 영향을 미치지 아니하므로 구 고용보험법 제50조 제5항은 재판의 전제성이 인정되지 않는다.

**원고 패소시 재판의 전제성 인정 여부**(헌재 2015.10.21. 2014헌바170)
제1심인 당해 사건에서 헌법재판소법 제68조 제2항의 헌법소원을 제기한 청구인들이 당해 사건의 항소심에서 항소를 취하하여 원고 패소의 원심판결이 확정된 경우, 당해 사건에 적용되는 법률이 위헌으로 결정되면 확정된 원심판결에 대하여 재심청구를 함으로써 원심판결의 주문이 달라질 수 있으므로 재판의 전제성이 인정된다.

**소를 취하한 경우 재판의 전제성 인정 여부**(헌재 2010.5.27. 2008헌바110)
헌법소원심판을 청구한 후 당해 사건의 항소심에서 소를 취하하여 당해 사건이 종결된 이상 이 사건 법률조항 등은 당해 사건에 적용될 여지가 없어 그 위헌 여부가 재판의 전제가 되지 않으므로 재판의 전제성을 갖추지 못하여 부적법하다.

(3) 당해 사건이 부적법한 것이어서 법률의 위헌 여부를 따져볼 필요조차 없이 각하를 면할 수 없는 것일 때에는 재판의 전제성을 흠결한 것으로서 재판의 전제성이 인정되지 않는다.

**당해 사건이 각하될 수밖에 없는 경우 재판의 전제성 인정 여부**(헌재 2007.12.27. 2006헌바34)
위헌여부심판의 제청신청이 적법한 것이 되려면 제청신청 된 법률의 위헌 여부가 법원에 제기된 당해 사건의 재판의 전제가 된 때라야 하므로 만약 당해 사건이 부적법한 것이어서 법률의 위헌 여부를 따져 볼 필요조차 없이 각하를 면할 수 없는 것일 때에는 위헌여부심판의 제청신청은 적법요건인 재판의 전제성을 흠결한 것으로서 각하될 수밖에 없고 이러한 경우에는 헌법재판소법 제68조 제2항에 의한 헌법소원심판을 청구할 수 없다. … … 부산지방보훈청장이 청구인의 신청에 대하여 한 위 반려통보 행위는 청구인의 법률관계나 법적 지위에 아무런 영향을 미치지 않는 단순한 행정안내에 불과하므로 항고소송의 대상이 되는 행정처분이라 할 수 없다. 그리고 위 통보가 행정처분이 될 수 없어 항고소송의 대상이 되지 않는다는 것은 위 법률조항의 적용 이전의 문제이므로 이 사건 법률조항의 위헌 여부에 따라서 그 법적 성질이 달라질 수 있는 것이 아니다. 그렇다면, 항고소송의 대상이 되지 아니하는 반려통보에 대하여 취소를 구하는 당해 사건은 부적법하여 각하되어야 할 것이므로, 이 사건 법률조항은 당해 사건에 적용될 여지가 없어 재판의 전제성이 인정되지 아니한다.

**당해 사건이 각하될 수밖에 없는 경우 재판의 전제성 인정 여부**(헌재 2005.3.31. 2003헌바113)
법원에서 당해 소송사건에 적용되는 재판규범 중 위헌제청신청대상이 아닌 관련 법률에서 규정한 소송요건을 구비하지 못하였기 때문에 부적법하다는 이유로 소각하 판결을 선고하고 그 판결이 확정되거나, 소각하 판결이 확정되지 않았더라도 당해 소송사건이 부적법하여 각하될 수밖에 없는 경우에는 당해 소송사건에 관한 재판의 전제성 요건이 흠결되어 부적법하다. 이 사건 처분에 대한 취소청구(예비적 청구) 부분은 제소기간이 경과하였거나 적법한 전심절차를 거치지 않았기 때문에 부적법하여 각하를 면할 수 없으므로, 이 부분에 대한 헌법소원은 재판의 전제성 요건을 흠결하여 부적법하다고 할 것이다.

**소각하될 것이 명백한 경우 재판의 전제성 인정 여부**(헌재 2010.2.25. 2008헌바53)

심판대상 법률이 아닌 다른 법률에서 규정한 소송요건을 구비하지 못하여 부적법하다는 이유로 법원이 소각하 판결을 선고하고, 그 판결이 확정되거나 아직 확정되지 않았더라도 부적법하여 소각하될 것이 명백한 경우에는, 심판대상 법률의 위헌 여부에 따라 재판의 주문이 달라지거나 재판의 내용과 효력에 관한 법률적 의미가 달라지지 아니하므로 재판의 전제성이 인정되지 아니한다.

(4) 헌법재판소는 당해 소송사건이 각하될 것이 불분명한 경우에는 재판의 전제성을 갖춘 것으로 보고 본안에 대한 판단을 하고 있다(헌재 2004.10.28. 99헌바91). 또한 당해 법원의 소송사건이 현재로서는 부적법한 것이지만 향후 청구취지의 변경을 통하여 당해 사건이 적법하게 되어 본안판단으로 나아갈 여지가 있는 경우에는 재판의 전제성이 인정된다(헌재 2009.5.28. 2005헌바20).

**당해 사건의 각하 여부가 불분명한 경우 재판의 전제성 인정 여부**(헌재 2004.10.28. 99헌바91)

당해 소송에서 제1심과 항소심 법원은 '주주' 또는 '이사' 등이 가지는 이해관계를 행정소송법 제12조 소정의 '법률상 이익'으로 볼 수 없다고 하면서 소를 각하하는 판결을 선고하였다. 그러나 당해 사건에 직접 원용할 만한 확립된 대법원 판례는 아직까지 존재하지 않아 해석에 따라서는 당해 소송에서 청구인들의 원고적격이 인정될 여지도 충분히 있고, 헌법재판소가 이에 관하여 법원의 최종적인 법률해석에 앞서 불가피하게 판단할 수밖에 없는 경우에는 헌법재판소로서는 일단 청구인들이 당해 소송에서 원고적격을 가질 수 있다는 전제 하에 재판의 전제성 요건을 갖춘 것으로 보고 본안에 대한 판단을 할 수 있다.

**향후 당해 사건이 적법하게 될 여지가 있는인 경우 재판의 전제성 인정 여부**(헌재 2009.5.28. 2005헌바20 등)

2005헌바20·22 사건의 당해 사건은 현재 항소심에 계속 중이므로, 청구인들은 항소심에서 공법상 당사자소송의 형태로 그 청구취지를 변경할 수 있을 것으로 보이며, 그렇게 되는 경우 심판대상조항의 위헌 여부에 따라 법 제38조 제6항의 적용 여부가 좌우되어 당해 사건 청구의 인용 여부가 달라질 것이므로, 심판대상조항은 위 당해 사건의 재판의 전제가 된다.

(5) 헌법재판소법 제68조 제2항의 헌법소원심판에서는 당해 사건의 재판이 정지되지 않으므로 헌법재판소 결정 이전에 소송사건이 확정되어 종료될 수 있다. 당해 사건의 재판이 확정되더라도 헌법소원이 인용되면 당사자는 재심을 청구(헌법재판소법 제75조 제7항)할 수 있으므로 재판의 전제성이 소멸되지 않는다. 따라서 법원에 소송 계속 중 위헌제청신청을 하였으나 상소를 하지 않아 당해 사건의 재판이 확정된 후 헌법재판소법 제68조 제2항에 의한 헌법소원심판을 청구한 경우에는 재판의 전제성은 인정된다.

헌법재판소법 제68조 제2항 헌법소원심판에서 관련 소송사건이 이미 확정된 경우 재판의 전제성 소멸 여부(헌재 1998.7.1. 96헌바33 등)

헌법재판소법 제68조 제2항에 의한 헌법소원이 인용된 경우에 당해 헌법소원과 관련된 소송사건이 이미 확정된 때에는 당사자는 재심을 청구할 수 있으므로, 대법원이 1997. 4. 25. 청구인 ○○○의 당해 사건에 관하여 상고기각판결을 선고함으로써 원심판결이 확정되었더라도 재판의 전제성이 소멸된다고 볼 수는 없다.

헌법재판소법 제68조 제2항 헌법소원심판에서 관련 소송사건이 이미 확정된 경우 재판의 전제성 소멸 여부(헌재 2010.7.29. 2006헌바75)

청구인은 건강기능식품법 제18조 제1항 제5호, 제32조 제1항 3호에 근거하여 3월의 영업정지처분을 받았고, 그 처분의 취소를 구하는 소송을 제기하였다가 패소하여 동 판결이 이미 확정된 바 있으나, 청구인은 동 소송 계속 중에 동법 제16조 제1항, 제18조 제1항 제5호, 제32조 제1항 3호 등에 대하여 위헌법률심판제청신청을 하여 이 사건 헌법소원심판에 이르렀는바, 헌법재판소에 의하여 위 조항들에 대한 위헌결정이 있게 되면 당해 소송사건이 이미 확정된 때라도 당사자는 재심을 청구할 수 있으므로, 위 조항들에 대한 재판의 전제성은 인정된다.

### 2. 위헌 여부가 문제되는 법률이 당해 소송사건의 재판에 적용될 것

(1) 직접 적용되는 법률

1) 위헌 여부가 문제되는 법률이 당해 사건에 적용될 것이 아니면 재판의 전제성이 인정되지 않는다.

당해 사건에 적용되지 않은 법률의 재판의 전제성 부정(헌재 2013.12.26. 2011헌바108)

목적조항은 위 법의 해석과 적용상의 일반적 주의사항을 추상적으로 규정하고 있을 뿐 당해 사건에 직접 적용되는 법률이 아니다. 또 위 법률조항이 헌법에 위반되는지 여부에 따라 당해 사건의 재판의 주문이 달라지거나 재판의 내용과 효력에 관한 법률적 의미가 달라진다고도 볼 수 없다. 따라서 위 조항에 관하여는 재판의 전제성을 인정할 수 없으므로 이 부분 심판청구는 부적법하다.

2) 공소가 제기되지 아니한 법률조항의 위헌 여부는 당해 형사사건의 재판의 전제가 될 수 없다. 공소장에 적시된 법률조항이라고 하더라도 구체적 소송사건에서 법원이 적용하지 아니한 법률조항은 재판의 전제성이 인정되지 않는다.

공소 제기되지 않은 법률의 재판의 전제성 부정(헌재 2002.4.25. 2001헌가27)

형사사건에 있어서는 원칙적으로 공소가 제기되지 아니한 법률조항의 위헌 여부는 당해 형사사건의 재판의 전제가 될 수 없으나, 공소장에 적용법조로 기재되었다는 이유만으로 재판의 전제성을 인정할 수도 없다. 즉, 공소장의 변경 없이 법원이 직권으로 공소장 기재와는 다른 법조를 적용할 수 있는 경우가 있으므로 공소장에 적시되지 않은 법률조항이라 하더라도 법원이 공소장변경 없이 실제 적용한 법률조항은 재판의 전제성이 인정되는 반면, 비록 공소장에 적시된 법률조항이라 하더라도 법원이 적용하지 않은 법률조항은 재판의 전제성이 부인되는 것이다.

3) 형벌의 근거조항으로서 직접 적용되는 조항이 아니라 당해 사건의 유죄판결이 확정되고 난 후, 유죄판결에 기초하여 부과되는 새로운 제재의 근거조항은 당해 사건에 직접 적용되는 법률조항이라고 할 수 없어 재판의 전제성이 인정되지 않는다.

> **형벌의 근거조항으로서 직접 적용되지 않는 조항의 재판의 전제성 부정**(헌재 2016.3.31. 2015헌가8)
> 심판대상조항은 형사소송인 당해 사건에서 형벌의 근거조항으로서 직접 적용되는 조항이 아니라, 당해 사건의 유죄판결이 확정되고 난 후 그 유죄판결에 기초하여 부과되는 새로운 제재의 근거조항일 뿐이므로, 심판대상조항은 그 위헌 여부로 재판의 주문이 달라지거나 재판의 내용과 효력에 관한 법률적 의미가 달라지는 경우라고 보기 어려워 재판의 전제성이 없다.

> **당해 사건 적용되지 않는 법률의 재판의 전제성 부정**(헌재 2015.12.23. 2015헌가27)
> 심판대상조항은 일정한 성폭력 범죄로 유죄판결이 확정된 자를 신상정보 등록대상자로 정하고 있고, 당해 사건은 신상정보등록의 요건인 성폭력범죄에 대한 형사재판절차이다. 따라서 심판대상조항은 당해사건에 적용되는 법률이라고 할 수 없다. 법원은 피고인에게 신상정보 등록대상인 사실 및 신상정보 제출의무가 있음을 고지하여야 하고 실무상 이를 판결이유에 기재하는 방식으로 고지하기도 하나, 그 기재는 판결문의 필수적 기재사항이 아니고 판결의 내용이나 효력에 영향을 미치는 법률적 의미가 있는 것이 아니므로, 심판대상조항의 위헌 여부에 따라 재판의 내용이나 효력에 관한 법률적 의미가 달라지지 아니한다. 따라서 심판대상조항은 재판의 전제성이 없다.[26]

### (2) 간접 적용되는 법률

당해 소송사건의 재판에 직접 적용되지 않더라도 재판의 전제성이 인정되는 경우가 있다. 당해 소송사건의 재판에 직접 적용되는 규범과 내적 관련이 있는 경우에는 간접 적용되는 법률규정에 대해서도 재판의 전제성을 인정할 수 있다.

> **간접 적용되는 법률의 재판의 전제성 인정**(헌재 2001.10.25. 2000헌바5)
> 제청 또는 청구된 법률조항이 법원의 당해 사건의 재판에 직접 적용되지는 않더라도 그 위헌 여부에 따라 당해 사건의 재판에 직접 적용되는 법률조항의 위헌 여부가 결정되거나, 당해 재판의 결과가 좌우되는 경우 등과 같이 양 규범 사이에 내적 관련이 있는 경우에는 간접 적용되는 법률규정에 대하여도 재판의 전제성을 인정할 수 있다.

---

[26] 재판관 김창종의 보충의견 : 형법상 강제추행죄로 기소된 사건에서 강제추행죄의 유죄판결이 확정된 사람은 '신상정보등록대상자'가 된다고 규정한 성폭력처벌법 제42조 제1항은 재판의 전제성이 인정되지 않고(헌재 2015.12.23. 2015헌가27; 헌재 2013.9.26. 2012헌바109), 사전선거운동금지위반죄로 당선인이 기소된 사건에서 징역 또는 100만 원 이상의 벌금형을 선고받으면 그 당선을 무효로 한다고 규정한 공직선거법 제264조는 재판의 전제성이 인정되지 않는 것(헌재 1997.11.27. 96헌바60; 헌재 2003.5.15. 2002헌바93)과 같다.

간접 적용되는 법률의 재판의 전제성 인정(헌재 2002.10.31. 2002헌바29)

심판청구 된 법률조항이 법원의 당해사건의 재판에 직접 적용되지 않더라도 그 위헌 여부에 따라 당해 사건의 재판에 직접 적용되는 법률조항의 위헌 여부가 결정되거나, 당해 재판의 결과가 좌우되는 경우 또는 당해 사건의 재판에 직접 적용되는 규범(예컨대, 시행령 등 하위규범)의 의미가 달라짐으로써 재판에 영향을 미치는 경우 등에는 간접 적용되는 법률규정에 대하여도 재판의 전제성을 인정할 수 있다.

### (3) 재심사건과 재판의 전제성

헌법재판소는 당해 사건이 재심사건인 경우 심판대상조항이 '재심청구 자체의 적법 여부에 대한 재판'에 적용되는 법률조항이 아니라 '본안사건에 대한 재판'에 적용되는 법률조항이라면 재심청구가 적법하고, 재심의 사유가 인정되는 경우에 한하여 재판의 전제성이 인정될 수 있다고 결정하였다. 당해 사건이 유죄의 확정판결에 대한 재심청구사건인 경우 재심절차를 '재심청구에 대한 심판'과 '본안사건에 대한 심판'으로 구별하여, 법률조항의 위헌 여부가 '본안사건에 대한 심판'에 앞서 '재심의 청구에 대한 심판'의 전제가 되어야 한다고 결정하였다.

#### 1) 당해 사건이 재심사건인 경우

당해 사건이 재심사건인 경우 심판대상조항이 '재심청구 자체의 적법 여부에 대한 재판'에 적용되는 법률조항이 아니라 '본안사건에 대한 재판'에 적용될 법률조항이라면, '재심청구가 적법하고' '재심사유가 인정되는 경우에' 한하여 재판의 전제성이 인정될 수 있다. 심판대상조항이 '본안사건에 대한 재판'에 적용될 법률조항인 경우 당해 사건의 재심청구가 부적법하거나 재심사유가 인정되지 않으면 본안판단에 나아갈 수가 없고, 심판대상조항은 본안재판에 적용될 수 없으므로 그 위헌 여부가 당해 사건 재판의 주문을 달라지게 하거나 재판의 내용이나 효력에 관한 법률적 의미가 달라지게 하는 데 아무런 영향을 미치지 못하기 때문이다(헌재 2007.12.27. 2006헌바73).[27]

---

27) 사건의 개요 : 청구인은 ○○전자 주주총회가 2003. 4. 28. ○○전자의 사업 부문 일부를 ○○일렉트로닉스에 양도하는 내용의 영업양도 승인결의에 관하여, 서울서부지방법원에 주주총회 결의의 부존재 또는 무효 및 취소를 구하는 소를 제기하였다. 위 법원은 2004. 7. 30. ○○전자의 위 주주총회 결의시 소액주주의 위임장을 부당하게 접수 거부하여 상법 제368조 제3항을 위반한 사실은 인정하면서도 그러한 하자는 의결정족수 등에 비추어 주주총회 결의의 결과에 영향을 미치지 않는다는 사정을 참작하여 상법 제379조에 의하여 재량기각의 판결을 선고하였다. 청구인의 항소로 계속된 서울고등법원 2004나62896 사건의 항소심에서, 서울고등법원은 2005. 6. 29. 청구인의 주장을 배척하여 항소기각 판결을 선고하였다. 서울고등법원 2004나62896 사건의 판결문은 2005. 7. 8. 청구인에게 송달되었다. 청구인은 2005. 7. 21. 상고장을 제출하였으나 인지를 첨부하지 않았고, 그 후 법원의 인지보정명령에 응하지 않아 2005. 8. 8. 상고장이 각하되었으며, 상고장각하명령은 2005. 8. 11. 청구인에게 송달되었다. 청구인은 2005. 9. 16. 서울고등법원에 위 2004나62896 판결에는 민사소송법 제451조 제1항 제9호에 해당하는 판단유탈이 있다고 주장하며 재심의 소를 제기하였고, 재심 계속 중 상법 제379조에 대하여 위헌법률제청신청을 하였으나 법원이 위헌제청신청을 기각하자, 2006. 8. 9. 헌법소원심판을 청구하였다.

2) 당해 사건이 유죄의 확정판결에 대한 재심청구 사건인 경우

당해 사건이 유죄의 확정판결에 대한 재심청구 사건인 경우 법원은 재심심판에 들어가기 전에 먼저 재심청구가 이유 있는지 여부를 가려 이를 기각하거나, 재심개시의 결정을 하여야 한다. 재심개시의 결정이 확정된 뒤에 비로소 법원은 재심대상 사건에 대하여 심급에 따라 다시 심판을 하게 된다. 형사소송법은 재심절차를 '재심의 청구에 대한 심판'과 '본안사건에 대한 심판'이라는 두 단계로 구별하고 있다. 당해 재심사건에서 재심개시결정이 확정된 바 없는 경우, 심판청구가 적법하기 위해서는 법률조항의 위헌 여부가 '본안사건에 대한 심판'에 앞서 '재심청구에 대한 심판'의 전제가 되어야 한다. 법원의 '재심청구에 대한 심판'은 원판결에 재심사유가 있는지 여부만을 우선 결정하는 재판이므로 형사소송법 제420조 각 호에서 규정한 재심사유가 있는지, 헌법재판소법 제47조 제3항의 재심사유 있는지 여부만을 심리하여 재판한다. 따라서 원판결에 적용된 법률조항은 '재심청구에 대한 심판'에 적용되는 법률조항이 아니므로 재판의 전제성이 인정되지 아니한다(헌재 2011.2.24. 2010헌바98).[28]

3) 결국 당해 사건이 재심사건인 경우 재판의 전제성이 인정되기 위해서는, "재심의 청구에 대한 심판"에 적용되는 법률조항이거나, 재심의 사유가 있는 경우에 "본안사건에 대한 재심심판"에 적용되는 법률조항이어야 한다.

---

헌법재판소는 "이 사건에 있어 심판대상조항인 상법 제379조는 당해사건에서 '본안사건에 대한 재판'에 적용될 조항이므로, 재판의 전제성이 인정되기 위해서는 먼저 당해사건의 '재심청구가 적법하고', '재심의 사유가 있어' 본안판단에 나아갈 수 있는 경우라야 한다. … 그런데 청구인은 그 때로부터 30일이 도과하였음을 계산상 명백한 2005. 9. 16.에 재심청구를 제기하였으므로, 위 재심청구는 재심기간을 도과한 후에 제기된 부적법한 청구라고 할 것이다."라고 결정하였다(헌재 2007.12.27. 2006헌바73 참조).

28) 청구인은 의정부지방변호사회 소속 변호사로서, 2005. 3. 10. 의정부지방법원에서 아래와 같은 내용의 변호사법위반죄로 벌금 3천만 원을 선고받고 그 무렵 위 판결이 확정되었다. 청구인은 2009. 2. 4. 확정된 판결에 형사소송법 제420조 제2호, 제5호의 재심사유가 있음을 이유로 재심을 청구하였다. 청구인은 재심 계속 중 유죄확정판결의 근거법률조항인 구 변호사법 제109조 제2호 및 구 변호사법 제34조 제2항에 대하여 위헌제청신청을 하였으나 기각되자 2010. 2. 26. 헌법소원심판을 청구하였다. 헌법재판소는 "재심의 청구를 받은 법원은 재심의 심판에 들어가기 전에 먼저 재심의 청구가 이유 있는지 여부를 가려 이를 기각하거나 재심개시의 결정을 하여야 하고, 재심개시의 결정이 확정된 뒤에 비로소 재심대상인 사건에 대하여 다시 심판을 하게 되는 등 형사소송법은 재심의 절차를 '재심의 청구에 대한 심판'과 '본안사건에 대한 심판'이라는 두 단계 절차로 구별하고 있다. 그러므로 당해 재심사건에서 아직 재심개시결정이 확정된 바 없는 이 사건의 경우 심판청구가 적법하기 위해서는 이 사건 법률조항의 위헌 여부가 '본안사건에 대한 심판'에 앞서 '재심의 청구에 대한 심판'의 전제가 되어야 하는데, '재심의 청구에 대한 심판'은 원판결에 형사소송법 제420조 각 호, 헌법재판소법 제47조 제3항 소정의 재심사유가 있는지 여부만을 우선 심리하여 재판할 뿐이어서, 원판결에 적용된 법률조항일 뿐 '재심의 청구에 대한 심판'에 적용되는 법률조항이라고 할 수 없는 이 사건 법률조항에 대해서는 재판의 전제성이 인정되지 않는다."고 결정하였다(헌재 2011.2.24. 2010헌바98 참조).

당해 사건이 재심사건인 경우 재판의 전제성이 인정되기 위한 조건(헌재 2012.1.31. 2012헌바26)
청구인은 무고죄로 기소되어 징역 1년에 집행유예 2년을 선고받고, 항소하였으나 기각되었으며, 상고하였으나 기각되어 재심대상판결이 확정되었다. 청구인은 재심대상판결에 민사소송법 제451조 제1항 각 호 소정의 재심사유가 있다고 주장하며 재심을 청구하였으나 기각되고, 항고하였으나 기각되자, 재항고하고, 소송 계속 중 형법 제34조가 헌법에 위반된다고 주장하며 위헌법률심판제청을 신청하였으나, 2012. 1. 5. 재항고와 위헌법률심판제청신청이 모두 기각되었다. 이에 청구인은 2012. 1. 15. 형법 제34조가 위헌이라고 주장하며 헌법소원심판을 청구하였다.

당해 사건이 재심사건인 경우, 심판대상조항이 '재심청구 자체의 적법 여부에 대한 재판'에 적용되는 법률조항이 아니라 '본안사건에 대한 재판'에 적용될 법률조항이라면 '재심청구가 적법하고, 재심의 사유가 인정되는 경우'에 한하여 재판의 전제성이 인정될 수 있다. … 당해 사건은 재심사건으로서 민사소송법 제451조 제1항의 재심사유가 인정되지 않는다는 이유로 각하되었는바, 이 사건 법률조항은 재심청구 자체의 적법 여부에 대한 재판에 적용되는 조항으로 볼 수 없으므로 이 사건 심판청구는 재판의 전제성을 갖추었다고 볼 수 없다. 뿐만 아니라 이 사건의 당해 사건은 무고의 단독범행 사건에 관한 재심청구사건으로서, 가사 재심청구가 적법하다고 인정되어 본안판단에 나아가게 되는 경우에도 간접정범 등에 관한 규정인 이 사건 법률조항은 당해 사건에 적용될 수 있는 조항이 아니므로, 재판의 전제성이 인정되지 아니한다. 따라서 이 사건 심판청구는 부적법하다.

4) 헌법재판소는 긴급조치 위반에 대한 재심사건에서 형사재판 재심의 개시 여부에 관한 재판과 본안에 관한 재판 전체를 당해 사건으로 보아 재판의 전제성을 인정한 바 있다.

긴급조치 위반에 대한 재심사건에서의 재판의 전제성 인정 여부(헌재 2013.3.21. 2010헌바132 등)
원칙적으로는 확정된 유죄판결에서 처벌의 근거가 된 법률조항은 '재심의 청구에 대한 심판', 즉 재심의 개시 여부를 결정하는 재판에서는 재판의 전제성이 인정되지 않는다. 확정된 유죄판결에서 처벌의 근거가 된 법률조항을 재심의 개시 여부를 결정하는 재판에서 재판의 전제성을 인정하지 않는 주된 이유는, 재심대상사건의 재판절차에서 처벌조항의 위헌성을 다툴 수 있었던 피고인이 이를 다투지 않고 유죄판결이 확정된 뒤에야 비로소 형사소송법에 정한 재심사유가 없는데도 처벌조항의 위헌성을 들어 재심을 통하여 확정된 유죄판결을 다투는 것을 재판의 전제성이 없다고 차단함으로써 형사재판절차의 법적 안정성을 추구하자는 데 있다. 그러나 만약 피고인이 재심대상사건의 재판절차에서 그 처벌조항의 위헌성을 다툴 수 없는 규범적 장애가 있는 특수한 상황이었다면, 그에게 그 재판절차에서 처벌의 근거조항에 대한 위헌 여부를 다투라고 요구하는 것은 규범상 불가능한 것을 요구하는 노릇이므로 이러한 경우에는 예외적으로 유죄판결이 확정된 후에도 재판의 전제성을 인정하여 위헌성을 다툴 수 있는 길을 열어줄 필요가 있다. 유신헌법 제53조 제4항은 긴급조치의 위헌 여부에 대한 판단을 원천적으로 봉쇄하였고, 이에 따라 유신체제 하에서 대법원도 긴급조치는 사법적 심사의 대상이 되지 않는다고 반복적으로 판시하면서 긴급조치에 대한 위헌법률심판제청신청을 기각하여 왔다. 이와 같이 유신헌법 당시 긴급조치 위반으로 처벌을 받게 된 사람은 재심대상사건 재판절차에서 긴급조치의 위헌성을 다툴 수조차 없는 규범적 장애가 있었고, 그 재심청구에 대한 재판절차에서 긴급조치의 위헌성을 비로소 다툴 수밖에 없으므로 긴급조치 위반에 대한 재심사건에서는 예외적으로 형사재판 재심 개시 여부에 관한 재판과 본안에 관한 재판 전체를 당해사건으로 보아 재판의 전제성을 인정함이 타당하다.

### (4) 법률개정과 재판의 전제성

#### 1) 법률개정으로 신법이 적용되는 경우

위헌법률심판절차 중 법률이 개정되어 신법이 당해 사건에 적용되는 경우에는 구법조항은 재판의 전제성이 인정되지 않는다.

> **위헌법률심판절차 중 법률 개정되어 신법이 당해 사건에 적용되는 경우 구법조항의 재판의 전제성 부정**(헌재 2000.8.31. 97헌가12)
> 법원이 이 사건 위헌여부심판을 제청할 당시, 제청대상 법률조항(구법조항)이 위헌이라면 대한민국 국민을 모로 하여 출생한 제청신청인은 대한민국 국적을 취득할 수 있기 때문에 제청신청인이 외국인임을 전제로 한 강제퇴거명령은 이를 집행할 수 없게 되므로, 구법조항의 위헌 여부는 당해 사건의 재판에 전제성이 있었다. 그러나 신법에서는 부모양계혈통주의로 개정되었고, 당해 사건에서도 1998. 6. 14.부터는 신법을 적용하여야 하므로, 구법조항은 이 심판 계속 중 재판의 전제성을 상실하여 부적법하다.

#### 2) 양벌규정의 개정과 재판의 전제성

양벌규정을 개정하면서 면책조항을 추가하는 경우 개정법 시행 전의 범죄행위에 대하여 종전 규정에 따른다는 취지의 경과규정이 없는 경우에는 신법이 적용되기 때문에 구법은 재판의 전제성을 상실한다. 그러나 개정법 시행 전의 범죄행위에 대해서는 종전의 규정에 따른다는 경과규정을 두는 경우에는 구법의 재판의 전제성이 인정된다(헌재 2010.12.28. 2010헌가73).

> **경과규정을 두지 않은 경우 구법의 재판의 전제성 부정**(헌재 2010.12.28. 2010헌가73)
> 양벌규정에 면책조항이 추가되는 형식으로 법률이 개정되었으나 개정법 시행 전의 범죄행위에 대하여 종전 규정에 따른다는 취지의 경과규정이 없는 경우, 당해사건에 신법이 적용되는지, 신법이 적용된다면 구법은 재판의 전제성을 상실하게 되는지 여부가 문제 된다. 형법 제1조 제2항은 "범죄 후 법률의 변경에 의하여 그 행위가 범죄를 구성하지 아니하거나 형이 구법보다 경한 때에는 신법에 의한다."라고 규정하고 있는데, 이는 전체적으로 보아 신법이 구법보다 피고인에게 유리하게 변경된 것이라면 신법을 적용하여야 한다는 취지라고 봄이 상당하고, … 그렇다면 양벌규정에 면책조항이 추가되는 형식으로 법률이 개정된 경우, 행위자에 대한 선임감독상의 과실이 없는 영업주인 법인은 처벌의 대상에서 제외되게 되었으므로 이 점에 있어서 신법이 구법상의 구성요건 일부를 폐지한 것으로 볼 수 있고, 과실책임 규정인 신법은 무과실책임 규정인 구법에 비하여 전체적으로 보아 피고인에게 유리한 법 개정이라 할 것이므로, 구체적으로 당해 사건의 피고인에게

과실이 있는지 여부를 불문하고 당해 사건에는 형법 제1조 제2항에 의하여 신법이 적용된다고 보아야 한다. 더욱이, 양벌규정에 대하여 헌법재판소가 헌법에 위반된다는 결정을 한 취지는 아무런 면책사유도 규정하지 아니한 점이 책임주의원칙에 위배된다는 것이었는바, 그 후 입법자가 구 의료법 조항을 개정한 것은 위 헌법재판소 결정의 취지에 따른 것으로 보이고, 나아가 구 의료법을 개정하면서 경과규정을 두지 아니한 것은 영업주의 귀책사유를 불문하고 처벌하였던 종전의 조치가 부당하다는 반성적 고려에서 위와 같이 면책조항이 신설된 신법을 적용하도록 하기 위한 것으로 보아야 한다. 이와 같이 당해 사건에 신법이 적용되는 이상, 당해 사건에 적용되지 않는 구법은 재판의 전제성을 상실하게 되었다. … 결국 이 사건 의료법 조항에 대한 위헌법률심판제청은, 그 조항이 당해 사건에 적용될 여지가 없게 됨으로써 재판의 전제성을 상실하였다.

**경과규정을 둔 경우 구법의 재판의 전제성 인정**(헌재 2010.9.30. 2010헌가3)

개정된 '신용정보의 이용 및 보호에 관한 법률'에서는 제51조에 단서조항을 신설하여 법인이 그 위반행위를 방지하기 위하여 해당 업무에 관하여 상당한 주의와 감독을 게을리하지 아니한 경우에는 법인을 벌하지 않는 것으로 개정하였고, 그 부칙에서 위 개정조항은 공포 후 6개월이 경과한 날부터 시행하는 것으로 규정하면서 개정법 시행 전의 행위에 대하여 벌칙을 적용하는 경우에는 종전의 규정에 따른다고 규정하였다. 이처럼 면책사유에 관한 조항이 추가되었으나 그 부칙에서 개정법 시행 전의 행위에 대하여 벌칙을 적용하는 경우에는 종전의 규정에 따른다는 경과규정을 둔 경우, 개정 전의 조항인 이 사건 신용정보법조항이 당해 사건에 직접 적용되며, 위 조항이 위헌이라면 피고인에 대한 처벌의 근거규정이 없어지게 되어 당해 공소사실에 대하여 무죄판결이 선고될 것이다. 그렇다면 이 사건 신용정보법 조항의 위헌 여부에 따라 당해사건의 재판의 주문이 달라질 것이므로 위 조항은 당해사건과 관련하여 재판의 전제성이 있다.

### 3. 다른 내용의 재판을 하게 되는 경우

(1) 법원이 다른 내용의 재판을 하게 되는 경우

재판의 전제성이 인정되기 위해서는 법률이 헌법에 위반되는지의 여부에 따라 당해 사건을 담당하는 법원이 다른 내용의 재판을 하게 되는 경우이어야 한다. '다른 내용의 재판을 하게 되는 경우'라 함은 원칙적으로 법원이 심리 중인 당해 사건의 재판의 결론이나 주문에 어떠한 영향을 주는 것뿐만 아니라 문제된 법률의 위헌 여부가 비록 재판의 주문 자체에는 아무런 영향을 주지 않는다고 하더라도 재판의 결론을 이끌어내는 이유를 달리하는데 관련되어 있거나 또는 재판의 내용과 효력에 관한 법률적 의미가 달라지는 경우를 포함한다(헌재 1992.12.24. 92헌가8; 헌재 2007.4.26. 2006헌바10).

**'다른 내용의 재판을 하게 되는 경우'의 의미**(헌재 1992.12.24. 92헌가8)

법률의 위헌 여부에 따라 법원이 다른 내용의 재판을 하게 되는 경우라 함은 원칙적으로 제청법원이 심리 중인 당해 사건의 재판의 결론이나 주문에 어떠한 영향을 주는 것뿐만이 아니라, 문제된 법률의 위헌 여부가 비록 재판의 주문 자체에는 아무런 영향을 주지 않는다고 하더라도 재판의 결론을 이끌어내는 이유를 달리 하는데 관련되어 있거나 또는 재판의 내용과 효력에 관한 법률적 의미가 전혀 달라지는 경우에는 재판의 전제성이 있는 것으로 보아야 한다.

**재판의 전제성을 인정하기 위한 요건**(헌재 2015.2.26. 2013헌바107)
재판의 전제가 된다고 하려면 그 법률이 당해 사건 재판에서 적용되는 법률이어야 하고, 그 법률의 위헌 여부에 따라 재판의 주문이 달라지거나 재판의 내용과 효력에 관한 법률적 의미가 달라져야 한다.

(2) 판결확정과 재판의 전제성

1) 헌법재판소법 제68조 제2항에 의한 헌법소원심판에서는 헌법재판소 결정 이전에 당해 소송사건이 확정되어 종료되더라도 당사자는 재심을 청구할 수 있으므로 재판의 전제성이 소멸되지 않는다. 그런데 당해 소송에서 승소판결이나 무죄판결이 확정된 경우에는 헌법재판소가 위헌결정을 한다고 하더라도 당해 사건 재판의 결론이나 주문에 영향을 미치는 것이 아니므로 재판의 전제성은 인정되지 않는다.

**승소한 당사자의 청구의 재판의 전제성 부정**(헌재 2000.7.20. 99헌바61)
당해소송에서 승소한 당사자인 청구인은 재심을 청구할 수 없고, 당해 사건에서 청구인에게 유리한 판결이 확정된 마당에 이 법률조항에 대하여 위헌결정을 한다 하더라도 당해 사건 재판의 결론이나 주문에 영향을 미치는 것도 아니므로 결국 이 사건은 재판의 전제성이 부정되는 부적법한 심판청구이다.

**승소한 당사자의 청구의 재판의 전제성 부정**(헌재 2010.9.30. 2009헌바86)
청구인은 당해 사건인 국세환급소송에서 승소하였고 그 판결이 대법원에서 최종 확정되었으므로 청구인은 재심을 청구할 수 없다 할 것이고, 당해 사건에서 청구인에게 유리한 판결이 확정된 마당에 부부합산과세대상 자산소득에 대하여 주된 소득자와 그 배우자에게 연대납세의무를 규정하고 있는 구 소득세법 제2조 제3항에 대하여 헌법재판소가 위헌결정을 한다 하더라도 당해 사건 재판의 결론이나 주문에 영향을 미치는 것도 아니므로 결국 재판의 전제성이 인정되지 아니한다.

**무죄 확정판결을 받은 자의 청구의 재판의 전제성 부정**(헌재 2009.5.28. 2006헌바109)
당해 사건이 형사사건이고, 청구인의 유·무죄가 확정되지 아니한 상태에서는 처벌의 근거가 되는 형벌조항의 위헌확인을 구하는 청구에 대하여 위와 같은 의미에서의 재판의 전제성을 인정할 수 있을 것이나, 청구인에 대한 무죄판결이 확정된 경우에도 재판의 전제성을 계속하여 인정할 것인지를 살펴본다. 헌법재판소법 제75조 제7항은 '제68조 제2항의 규정에 의한 헌법소원이 인용된 경우에 당해 헌법소원과 관련된 소송사건이 이미 확정된 때에는 당사자는 재심을 청구할 수 있다'고 규정하면서 같은 조 제8항에서 위 조항에 의한 재심에 있어 형사사건에 대하여는 형사소송법의 규정을 준용하도록 하고 있다. 그런데 형사소송법 제420조, 제421조는 '유죄의 확정판결에 대하여 그 선고를 받은 자의 이익을 위하여', '항소 또는 상고기각판결에 대하여는 그 선고를 받은 자의 이익을 위하여' 재심을 청구할 수 있다고 각 규정하고 있다. 따라서 헌법재판소법 제68조 제2항에 의한 헌법소원심판 청구인이 당해 사건인 형사사건에서 무죄의 확정판결을 받은 때에는 처벌조항의 위헌확인을 구하는 헌법소원이 인용되더라도 재심을 청구할 수 없고, 청구인에 대한 무죄판결은 종국적으로 다툴 수 없게 되므로 법률의 위헌 여부에 따라 당해 사건 재판의 주문이 달라지거나 재판의 내용과 효력에 관한 법률적 의미가 달라지는 경우에 해당한다고 볼 수 없으므로 더 이상 재판의 전제성이 인정되지 아니하는 것으로 보아야 할 것이다.

2) 헌법재판소는 2010헌바132에서 무죄판결의 경우에도 객관적인 헌법질서의 수호·유지 및 관련 당사자의 권리구제를 위하여 심판의 필요성을 인정한 바 있다(헌재 2013.3.21. 2010헌바132).

**무죄판결이 확정되었더라도 재판의 전제성이 인정되는 경우**(헌재 2013.3.21. 2010헌바132)
2010헌바70 사건의 당해 사건에서 대법원이 긴급조치 제1호 위반의 점에 대하여 무죄판결을 선고하였다. 원칙적으로는 헌법재판소법 제68조 제2항에 의한 헌법소원심판 청구인이 당해 사건인 형사사건에서 무죄판결을 받고 이것이 확정되면, 더 이상 재판의 전제성이 인정되지 아니한다. 그러나 법률과 같은 효력이 있는 긴급조치의 위헌 여부를 심사할 권한은 본래 헌법재판소의 전속적 관할 사항인 점, 법률과 같은 효력이 있는 규범인 긴급조치의 위헌 여부에 대한 헌법적 해명의 필요성이 있는 점, 당해 사건의 대법원판결은 대세적 효력이 없는데 비하여 형벌조항에 대한 헌법재판소의 위헌결정은 대세적 기속력을 가지고 유죄 확정판결에 대한 재심사유가 되는 점 등에 비추어 볼 때, 이 사건에서는 긴급조치 제1호, 제2호에 대하여 예외적으로 객관적인 헌법질서의 수호·유지 및 관련 당사자의 권리구제를 위하여 심판의 필요성을 인정하여 적극적으로 그 위헌 여부를 판단하는 것이 헌법재판소의 존재이유에도 부합하고 그 임무를 다하는 것이 된다.

(3) 행정처분의 근거법률에 대한 무효확인소송과 재판의 전제성

행정처분에 대한 쟁송기간이 경과한 후, 행정처분의 근거법률이 위헌임을 이유로 하는 무효확인소송과 근거법률에 대한 위헌법률심판이 제기되었다면, 근거법률의 위헌 여부가 당해 무효확인소송에서 재판의 전제성이 인정되는지가 문제된다. 헌법재판소는 행정처분의 근거법률이 위헌으로 결정된 경우 소급하여 효력을 상실한다는 전제에서 그 처분의 효력을 판단하여 당해 사건 재판의 주문 등이 달라지는지 여부에 따라 재판의 전제성 인정 여부를 결정한다. 근거법률의 위헌결정으로 행정처분을 당연무효로 볼 여지가 있는 경우라면 재판의 전제성이 인정될 수 있지만, 단순한 취소사유에 지나지 않는다면 행정처분에 대한 무효확인소송에서 근거법률은 재판의 전제성을 가지지 않는다.

대법원은 행정청이 어떠한 법률에 근거하여 행정처분을 한 후 헌법재판소가 그 법률을 위헌으로 결정한 경우, 행정처분은 결과적으로 법률의 근거 없이 행하여진 것과 마찬가지여서 하자 있는 것으로 되지만, 일반적으로 법률이 헌법에 위반된다는 사정은 헌법재

판소의 위헌결정이 있기 전에는 객관적으로 명백한 것이라고 할 수는 없으므로, 특별한 사정이 없는 한 그러한 하자는 행정처분의 취소사유일 뿐 당연무효사유는 아니라고 판시해 오고 있다(대판 1994.10.28. 92누9463; 대판 2001.3.23. 98두5583; 대판 2009.5.14. 2007두16202). 헌법재판소도 근거법률이 헌법에 위반된다는 사정은 행정처분의 취소사유라는 전제에서, 행정처분의 근거법률이 위헌임을 이유로 무효확인소송을 제기하더라도 근거법률의 위헌 여부에 따라 당해 사건 재판의 주문이 달라지거나 재판의 내용과 효력에 관한 법률적 의미가 달라진다고 볼 수 없어 재판의 전제성을 인정할 수 없다고 결정하였다(헌재 2001.9.27. 2001헌바38; 헌재 2005.3.31. 2003헌바13; 헌재 2006.11.30. 2005헌바55; 헌재 2007.10.4. 2005헌바71; 헌재 2010.9.30. 2009헌바101 등).

행정처분의 근거가 된 법률의 위헌 판단시 재판의 전제성 부정(헌재 2014.1.28. 2010헌바251)
행정처분의 근거법률이 헌법에 위반된다는 사정은 헌법재판소의 위헌결정이 있기 전에는 객관적으로 명백한 것이라고 할 수는 없으므로 특별한 사정이 없는 한 그러한 하자는 행정처분의 취소사유에 해당할 뿐 당연무효사유는 아니어서, 제소기간이 경과한 뒤에는 행정처분의 근거법률이 위헌임을 이유로 무효확인소송 등을 제기하더라도 행정처분의 효력에는 영향이 없음이 원칙이다. 따라서 행정처분의 근거가 된 법률조항의 위헌 여부에 따라 당해 행정처분의 무효확인을 구하는 당해 사건 재판의 주문이 달라지거나 재판의 내용과 효력에 관한 법률적 의미가 달라지는 것은 아니므로 재판의 전제성이 인정되지 아니한다.

행정처분의 근거가 되는 법률의 위헌 판단시 재판의 전제성 부정 및 행정처분 무효의 판단 주체(헌재 2007.10.4. 2005헌바71)
대법원은 1995. 7. 11. 선고한 94누4615 건설업영업정지처분무효확인 사건에 대한 전원합의체 판결에서 대법관 10 : 2의 의견으로 '중대명백설'을 채택하였다. 즉, "하자 있는 행정처분이 당연무효가 되기 위하여는 그 하자가 법규의 중요한 부분을 위반한 중대한 것으로서 객관적으로 명백한 것이어야 하며 하자가 중대하고 명백한 것인지 여부를 판별함에 있어서는 그 법규의 목적, 의미, 기능 등을 목적론적으로 고찰함과 동시에 구체적 사안 자체의 특수성에 관하여도 합리적으로 고찰함을 요한다."고 하였다. 이어서 대법원은 1996. 11. 12. 선고 96누1221 판결, 1998. 4. 10. 선고 96다52359 판결, 2000. 9. 5. 선고 99두9889 판결, 2004. 10. 15. 선고 2002다68485 판결 등에서 중대명백설을 취하고 있으므로, 이에 관하여 이제는 대법원의 판례가 확립되어 있다고 볼 수 있을 것이다. 한편, 위 대법원 94누4615 전원합의체 판결 이후 헌법재판소는 1999. 9. 16. 선고한 92헌바9 사건에서 "원칙적으로 행정처분의 근거가 된 법률이 헌법재판소에서 위헌으로 선고된다고 하더라도 그 전에 이미 집행이 종료된 행정처분이 당연무효가 되지는 않으므로, 행정처분에 대한 쟁송기간 내에 그 취소를 구하는 소를 제기한 경우는 별론으로 하고 쟁송기간이 경과한 후에는 행정처분의 근거법률이 위헌임을 이유로 무효확인소송 등을 제기하더라도 행정처분의 효력에는 영향이 없다. 그러므로 행정처분에 대한 쟁송기간이 경과된 후에 그 행정처분의 근거가 된 법률에 대한 위헌 여부에 대한 심판청구를 한 경우에는 당해 사건을 담당하는 법원이 그 법률에 대한 위헌결정이 있는 경우 다른 내용의 재판을 할 예외적인 사정이 있는지 여부에 따라 재판의 전제성 유무가 달라지게 된다고 할 것인데, 그 법률에 대한 위헌결정이 행정처분의 효력에 영향을 미칠 여지가 없는 경우에는 그 법률의 위헌 여부에 따라 당해 사건에 대한 재판의 주문이 달라지거나 재판의 내용과 효력에 관한 법률적 의미가 달라질 수 없는 것이므로 재판의 전제성을 인정할 수 없게 된다. 한편, 위와 같은 경우 행정처분이 무효인지 여부는 당해 사건을 재판하는 법원이 판단할 사항이다."라고 판시하였다.

## Ⅳ. 재판의 전제성 결정

### 1. 재판의 전제성 판단기준

(1) 제청법원이 당해 소송사건에서 재판의 전제가 된다고 하여 법률의 위헌여부심판을 제청한 경우, 헌법재판소는 법률이 재판의 전제가 되는 요건을 갖추고 있는지의 여부를 심판함에 있어서 제청법원의 견해를 존중하는 것이 원칙이며, 재판의 전제와 관련된 제청법원의 법률적 견해가 유지될 수 없는 것으로 보이면 헌법재판소가 직권으로 조사할 수 있다. 이 경우 헌법재판소는 제청법원에서 제청한 법률조항이 당해사건에 적용될 수 없는 것이라고 인정되는 경우에는 직권으로 재판의 전제성이 인정되지 않는다고 판단하고 각하결정을 하게 된다.

> **재판의 전제성 판단기준**(헌재 1996.10.4. 96헌가6)
> 법원의 위헌여부심판제청에 있어서 위헌 여부가 문제되는 법률 또는 법률조항이 재판의 전제성 요건을 갖추고 있는지 여부는, 되도록 제청법원의 이에 관한 법률적 견해를 존중해야 할 것이며, 다만 그 전제성에 관한 법률적 견해가 명백히 유지될 수 없을 때에만 헌법재판소가 그 제청을 부적법하다 하여 각하할 수 있다.

(2) 헌법재판소법 제68조 제2항에 의한 헌법소원심판에서도 재판의 전제성 요건을 갖추고 있는지의 여부는 법원의 견해를 존중하는 것이 원칙이며, 재판의 전제와 관련된 법원의 법률적 견해가 유지될 수 없는 것으로 보이면 헌법재판소가 직권으로 조사한다.

> **재판의 전제성 요건 판단**(헌재 1999.12.23. 98헌바33)
> 법률이 재판의 전제가 되는 요건을 갖추고 있는지의 여부는 법원의 견해를 존중하는 것이 원칙이나, 재판의 전제와 관련된 법률적 견해가 유지될 수 없는 것으로 보이면 헌법재판소가 직권으로 조사할 수도 있는 것이다.

### 2. 재판의 전제성에 대한 결정

(1) 심판대상 법률이 재판의 전제성이 없는 경우에는 헌법재판소는 부적법 각하결정을 한다.

(2) 심판절차가 개시될 때에는 재판의 전제성이 인정되었으나 심리 중에 재판의 전제성이 소멸한 경우, 제청을 철회하거나 헌법재판소법 제68조 제2항의 헌법소원심판청구

를 취하하지 않으면 헌법재판소는 재판의 전제성 소멸을 이유로 각하결정을 한다(헌재 1989.4.17. 88헌가4).

(3) 헌법재판소는 재판의 전제성이 없는 경우에도 헌법적 해명이 긴요히 필요하거나 당해 조항으로 인한 기본권 침해가 반복될 우려가 있는 경우에는 헌법질서의 수호자로서의 사명을 다하기 위하여 예외적으로 본안판단을 한다.

> 재판의 전제성이 결여된 경우 예외적 본안판단(헌재 2013.7.25. 2012헌바63)
> 헌법재판소는 재판의 전제성이 없는 경우에도 헌법적 해명이 긴요히 필요하거나 당해 조항으로 인한 기본권 침해가 반복될 우려가 있는 경우에는 헌법질서의 수호자로서의 사명을 다하기 위하여 예외적으로 본안판단에 나아갈 수 있는바 … 이 사건 법률조항의 위헌 여부는 더 이상 재판의 전제가 되지 아니하나, 이에 대한 헌법적 해명의 필요성을 인정하여 본안 판단에 나아가기로 한다.

> 재판의 전제성이 결여된 경우 예외적 본안판단의 확대적용(헌재 2003.6.26. 2002헌바3)
> 이 사건 법률조항에 대한 헌법소원은 재판의 전제성이 결여되어 부적법하다. 그러나 일찍이 헌법재판소는 법률에 대한 헌법소원심판에서 헌법소원의 본질은 주관적 권리구제뿐 아니라 객관적인 헌법질서의 보장도 겸하고 있으므로 침해행위가 이미 종료하여서 이를 취소할 여지가 없기 때문에 헌법소원이 주관적 권리구제에는 별 도움이 안 되는 경우라도 그러한 침해행위가 앞으로도 반복될 위험이 있거나 당해 분쟁의 해결이 헌법질서의 수호·유지를 위하여 긴요한 사항이어서 그 해명이 헌법적으로 중대한 의미를 지니고 있는 경우에는 헌법소원의 이익을 인정하여야 할 것이다(헌재 1992.1.28. 91헌마11)라고 판시한 이래 이와 같은 법리는 구체적 규범통제로서의 법원의 제청에 의한 법률의 위헌여부심판절차에서도 존중되어야 한다고 하여 재판의 전제성이 요구되는 위헌법률심판 및 위헌법률소원심판 절차에까지 확대적용하고 있다.

> 당해 소송이 종료되었더라도 헌법재판소가 위헌 여부를 판단하기 위한 요건(헌재 1993.12.23. 93헌가2)
> 위헌여부심판이 제청된 법률조항에 의하여 침해된다는 기본권이 중요하여 동 법률조항의 위헌 여부의 해명이 헌법적으로 중요성이 있는데도 그 해명이 없거나, 동 법률조항으로 인한 기본권의 침해가 반복될 위험성이 있는데도 좀처럼 그 법률조항에 대한 위헌여부심판의 기회를 갖기 어려운 경우에는 설사 그 심리기간 중 그 후의 사태진행으로 당해 소송이 종료되었더라도 헌법재판소로서는 제청 당시 전제성이 인정되는 한 예외적으로 객관적인 헌법질서의 수호·유지를 위하여 심판의 필요성을 인정하여 적극적으로 그 위헌 여부에 대한 판단을 하는 것이 헌법재판소의 존재이유에도 부합하고 그 임무를 다하는 것이 될 것이다.

## 제4절 위헌법률심판의 대상

## I. 법률

### 1. 형식적 의미의 법률

위헌법률심판의 대상은 형식적 의미의 법률이다. 현재 공포·시행되고 있는 유효한 법률이 심판의 대상이 된다. 공포되었으나 시행되지 않고 있는 법률은 심판의 대상이 되지 못한다. 헌법재판소가 위헌이라고 선고하여 효력을 상실한 법률도 심판의 대상이 되지 못한다(헌재 1994.8.31. 91헌가1).

> **효력을 상실한 법률의 심판대상성 부정**(헌재 1994.8.31. 91헌가1)
> 이 사건 법률조항의 본문 중 "으로부터 1년"이라는 부분에 관하여는 당재판소가 1991. 11. 25. 선고한 91헌가6 사건의 결정에서 그 부분은 헌법에 위반된다고 선고한 바 있으므로 헌법재판소법 제47조 제2항에 의하여 그 부분 법률규정은 그 날로부터 효력을 상실하였다 할 것이고 따라서 그 부분의 위헌 여부는 더 이상 위헌여부심판의 대상이 될 수 없다고 할 것이므로 이 부분에 대한 위헌여부심판의 제청은 부적법하다.

(1) 관습법

위헌법률심판의 대상은 형식적 의미의 법률에 한정되기 때문에 관습법은 심판의 대상이 되지 못한다. 그러나 헌법재판소는 관습법도 위헌법률심판의 대상이 된다고 판시한 바 있다(헌재 2013.2.28. 2009헌바129).

> **관습법의 위헌법률심판 대상성 인정 여부**(헌재 2013.2.28. 2009헌바129)
> 관습법은 민법 시행 이전에 상속을 규율하는 법률이 없는 상황에서 재산상속에 관하여 적용된 규범으로서 비록 형식적 의미의 법률은 아니지만 실질적으로는 법률과 같은 효력을 갖는다. 헌법 제111조 제1항 제1호, 제5호 및 헌법재판소법 제41조 제1항, 제68조 제2항에 의하면 위헌심판의 대상을 '법률'이라고 규정하고 있는데, 여기서 '법률'이라고 함은 국회의 의결을 거친 이른바 형식적 의미의 법률뿐만 아니라 법률과 동일한 효력을 갖는 조약 등도 포함된다. 이처럼 법률과 동일한 효력을 갖는 조약 등을 위헌심판의 대상으로 삼음으로써 헌법을 최고규범으로 하는 법질서의 통일성과 법적 안정성을 확보할 수 있을 뿐만 아니라, 합헌적인 법률에 의한 재판을 가능하게 하여 궁극적으로는 국민의 기본권 보장에 기여할 수 있게 된다. 그렇다면 법률과 같은 효력을 가지는 이 사건 관습법도 당연히 헌법소원심판의 대상이 되고, 단지 형식적인 의미의 법률이 아니라는 이유로 그 예외가 될 수는 없다.

(2) 법률의 해석·적용

종래 헌법재판소는 헌법재판소법 제68조 제2항에 의한 헌법소원의 심판대상은 '법률'에 한정되므로, 심판청구는 '법률' 자체의 위헌성을 다투는 것이어야 하면서, 법률의 해석·

적용이 부당하다고 다투는 것은 위헌법률심판의 대상이 되지 못한다고 결정하였다(헌재 2002.10.31. 2000헌바76). 다만 이 경우에도 ① 법률조항 자체의 불명확성을 다투는 것으로 볼 수 있는 경우(헌재 2000.6.1. 97헌바74), ② 심판대상규정에 대한 일정한 해석이 상당기간에 걸쳐 형성·집적되어 법원의 해석에 의하여 구체화 된 심판대상규정이 위헌성을 지닌 경우(헌재 1995.5.25. 91헌바20), ③ 위 두 가지 경우에 해당되지는 않지만 법률조항 자체에 대한 위헌의 다툼으로 볼 수 있는 경우(헌재 2000.6.29. 99헌바66 등) 등의 경우에는 예외적으로 적법한 청구로 보았다.

그 후 헌법재판소는 판례를 변경하여 한정위헌결정을 구하는 한정위헌청구가 원칙적으로 적법하다고 결정하였다(헌재 2012.12.27. 2011헌바117).

> **한정위헌청구가 원칙적으로 적법한지 여부**(헌재 2012.12.27. 2011헌바117)
> 법률의 의미는 결국 개별·구체화된 법률해석에 의해 확인되는 것이므로 법률과 법률의 해석을 구분할 수는 없고, 재판의 전제가 된 법률에 대한 규범통제는 해석에 의해 구체화 된 법률의 의미와 내용에 대한 헌법적 통제로서 헌법재판소의 고유권한이며, 헌법합치적 법률해석의 원칙상 법률조항 중 위헌성이 있는 부분에 한정하여 위헌결정을 하는 것은 입법권에 대한 자제와 존중으로서 당연하고 불가피한 결론이므로, 이러한 한정위헌결정을 구하는 한정위헌청구는 원칙적으로 적법하다고 보아야 한다. 다만, 재판소원을 금지하는 헌법재판소법 제68조 제1항의 취지에 비추어, 개별·구체적 사건에서 단순히 법률조항의 포섭이나 적용의 문제를 다투거나, 의미 있는 헌법문제에 대한 주장 없이 단지 재판결과를 다투는 헌법소원 심판청구는 여전히 허용되지 않는다.[29]

(3) 사안의 적용 : 甲의 청구의 적법 여부

1) 헌법재판소법 제68조 제2항의 헌법소원 심판의 적법요건 충족한다.

2) 한정위헌청구 관련 견해가 대립할 수 있으나, 헌법재판소는 선례를 변경하여 한정위헌청구를 적법하다고 인정하고 있다.

3) 명령·규칙·조례

① 명령·규칙 또는 처분이 헌법이나 법률에 위반되는 여부가 재판의 전제가 된 경우에는 대법원이 이를 최종적으로 심사할 권한을 가진다(헌법 제107조 제2항). 명령·규칙 등은 법원이 스스로 판단할 수 있으므로 위헌제청의 대상이 되지 않으며, 명령·규칙 등에 대한 위헌심판제청이나 헌법재판소법 제68조 제2항에 의한 헌법소원심판의 청

---

[29] 구체적 규범통제절차에서 법률조항에 대한 특정적 해석이나 적용부분의 위헌성을 다투는 한정위헌청구가 원칙적으로 적법하다고 하더라도, 재판소원을 금지하고 있는 '법' 제68조 제1항의 취지에 비추어 한정위헌청구의 형식을 취하고 있으면서도 실제로는 당해 사건 재판의 기초가 되는 사실관계의 인정이나 평가 또는 개별적·구체적 사건에서의 법률조항의 단순한 포섭·적용에 관한 문제를 다투거나 의미 있는 헌법문제를 주장하지 않으면서 법원의 법률해석이나 재판결과를 다투는 경우 등은 모두 현행의 규범통제제도에 어긋나는 것으로서 허용될 수 없는 것이다.

구는 부적법하다(헌재 1996.10.4. 96헌가6; 헌재 2008.5.29. 2007헌바143).

② 법률과 시행령이 위헌제청 되거나 헌법재판소법 제68조 제2항에 의한 헌법소원심판이 청구된 경우(헌재 2010.2.25. 2009헌바92)[30] 헌법재판소는 시행령 조항에 대해서는 부적법 각하결정을 한다.

**시행령의 헌법소원심판 대상성 부정**(헌재 2010.2.25. 2009헌바92)
이 사건 시행령조항은 대통령령으로서 헌법재판소법 제68조 제2항의 규정에 의한 헌법소원심판청구의 심판대상이 될 수 없으므로, 이에 대한 심판청구는 더 나아가 살펴볼 필요없이 부적법하다.

**시행령의 헌법소원심판 대상성 부정**(헌재 2008.5.29. 2006헌바85 등)
헌법재판소법 제68조 제2항의 규정에 의한 헌법소원심판의 대상은 재판의 전제가 되는 법률이다. 그런데 2007헌바143 사건 심판청구 중 시행령 제29조, 제31조 제1항 [별표 2] 제25호에 대한 부분은 헌법재판소법 제68조 제2항에 의한 헌법소원심판의 대상이 될 수 없는 대통령령을 대상으로 한 것이므로 부적법하다.

③ 법률조항의 위임에 따라 시행령에서 규정한 내용이 헌법에 위반되는 경우라도 정당하고 적법하게 입법권을 위임한 수권법률까지 위헌으로 되는 것은 아니다. 이는 기본적으로 시행령의 위헌문제에 해당하는 것으로 당해 시행령을 대상으로 직접 위헌성을 다투어야 한다. 시행령은 위헌법률심판의 대상이 될 수 없으며, 시행령에 위헌적인 내용이 포함되어 있다고 하더라도 법률이 포괄위임입법금지원칙 등 위임입법의 한계를 벗어난 것이 아닌 한 정당하고 적법한 입법권을 위임한 수권법률까지 위헌으로 되는 것은 아니다.

**시행령(대통령령)이 위헌인 경우 위임한 수권법률까지도 위헌인지 여부**(헌재 2011.4.28. 2009헌바37)
심판대상조항의 위임에 따라 대통령령으로 규정한 내용이 헌법에 위반될 경우라도 그 대통령령의 규정이 위헌으로 되는 것은 별론으로 하고 그로 인하여 정당하고 적법하게 입법권을 위임한 수권법률까지도 위헌으로 되는 것은 아니고 이는 기본적으로 시행령이나 시행규칙의 위헌문제에 해당하는 것으로서 당해 시행령 또는 시행규칙을 대상으로 직접 그 위헌성을 다투어야 한다. … 이 사건 제3항이 위임입법의 한계를 벗어난 것이 아닌 한, 가사 위 위임에 따른 시행령이 표준건축비라고 정하고 있을 뿐 그 표준건축비가 적용되는 대상면적에 대하여 명확히 규정하지 않고 있다 하더라도, 이는 위 시행령 조항 자체의 명확성이 문제될 수는 있을지언정 그로 인해 수권법률인 이 사건 제3항까지도 명확성원칙에 위반된다고 볼 수는 없다. 그러므로 이하에서는 이 사건 제3항이 충당금의 요율에 관하여 필요한 사항을 대통령령으로 정하도록 위임한 것이 포괄위임입법금지원칙에 반하는지 여부에 관하여 살펴보기로 한다.

---

30) 청구인은 법률조항과 시행령 조항에 대하여 위헌법률심판제청신청을 하였으나 기각되자, 헌법재판소법 제68조 제2항에 의한 헌법소원심판을 청구하였다.

④ 법률과 시행령이 결합하여 전체로서 하나의 완결된 법적 효력을 나타낼 경우에는 법률과 시행령을 분리하여 따로 심사하는 것은 기본권 보장의 관점에서 바람직하지 못한 결과를 가져올 수 있다. 법률에 대해서는 위임의 형식과 내용을, 시행령에 대해서는 위임범위의 준수 여부가 따로 심사대상이 되어 전체의 규율내용에 대한 의미 있는 판단을 하는 것이 어렵기 때문이다.

⑤ 헌법재판소는 법률의 위임에 따른 시행령을 직접 심판의 대상으로 하지는 않지만 법률의 내용을 판단하는 부수적인 자료로 고려한다(헌재 1995.11.30. 94헌바40 등; 헌재 2012.2.23. 2011헌가13).

**법률 내용 판단시 부수적인 자료로 고려되는 시행령**(헌재 1995.11.30. 94헌바40 등)
이 사건 위임조항은 납세의무자가 기준시가에 의한 양도차익의 산정으로 말미암아 실지거래가액에 의한 경우보다 불이익을 받지 않도록 하기 위하여 실지거래가액에 의한 세액이 기준시가에 의한 세액을 초과하지 않는 범위내에서 실지거래가액에 의하여 양도차익을 산정할 경우를 대통령령으로 정하도록 위임한 취지로 해석되므로, 위 위임의 범위를 벗어나 실지거래가액에 의하여 양도소득세의 과세표준을 산정할 경우를 그 실지거래가액에 의한 세액이 그 본문의 기준시가에 의한 세액을 초과하는 경우까지를 포함하여 대통령령에 위임한 것으로 해석한다면 그 한도 내에서는 헌법 제38조, 제59조가 규정한 조세법률주의와 헌법 제75조가 규정한 포괄위임금지의 원칙에 위반된다.

**법률 내용 판단시 부수적인 자료로 고려되는 시행령**(헌재 2012.2.23. 2011헌가13)
이 사건 법률조항에 따른 시정요구는 시행령에서 구체화되어 단계적으로 '해당정보의 접속차단', '해당정보의 삭제', '이용자에 대한 이용정지', '이용자에 대한 이용해지'로 구분되어 있는바(방송통신위원회법 시행령 제8조 제2항), 이는 심의대상 정보의 불법성 내지 시정필요성의 경중에 따라 시정요구의 상대방에게 단계적으로 적절한 시정요구를 함으로써 해당 정보게시자의 표현의 자유에 대한 제한을 최소화하고자 한 것이다. 또한 시정요구에 대하여 정보통신서비스제공자 등과 이용자는 그 시정요구를 받은 날부터 15일 이내에 심의위원회에 이의신청을 할 수 있고(방송통신위원회법 시행령 제8조 제5항), 심의위원회는 이의신청이 있은 날부터 15일 이내에 이를 심의하도록 함으로써(같은 조 제6항), 이용자의 신속한 권리구제를 가능하게 하고 있다. 한편 시정요구의 상대방인 정보통신서비스제공자 등에게 조치결과의 통지의무를 부과하고 있지만(방송통신위원회법 시행령 제8조 제3항), 그 불이행에 대한 제재수단은 설정하지 아니하였다. … 결국 이 사건 법률조항에 따른 시정요구는 정보게시자의 표현의 자유에 대한 제한을 최소화하고자 불법성 내지 불건전성의 경중에 따라 단계적 조치를 마련하고 있고, 시정요구의 불이행 자체에 대한 제재조치를 규정하고 있지 아니하며, 달리 불건전정보의 규제수단으로 표현의 자유를 덜 침해할 방법을 발견하기 어려우므로, 피해의 최소성 원칙에 반하지 않는다.

법률 내용 판단시 부수적인 자료로 고려되는 시행령(헌재 2004.9.23. 2003헌바3)

이 사건 심판의 대상인 이 사건 법률조항 및 관련규정의 내용은 다음과 같다(청구인은 심판청구서에서 이 사건 법률조항 외에 주택임대차보호법 시행령 제3조 제1항의 위헌확인도 구하는 것으로 기재하고 있으나, 헌법재판소법 제68조 제2항에 의한 헌법소원심판청구의 대상인 '법률'은 형식적 의미의 법률 및 그와 동일한 효력을 가진 명령임에 비추어 볼 때 이는 위 시행령조항에 대한 별도의 심판을 구한다기보다는 이 사건 법률조항과 결합하여 이 사건 법률조항의 위헌확인을 구하는 취지라고 보아야 할 것이다).

(4) 조례

지방자치단체의 조례도 '법률'이 아니므로 위헌법률심판이나 헌법재판소법 제68조 제2항에 의한 헌법소원심판의 대상이 될 수 없다(헌재 2007.7.26. 2005헌바100).

## 2. 긴급명령·조약

(1) 긴급명령·긴급재정경제명령

긴급재정경제명령(헌법 제76조 제1항)·긴급명령(헌법 제76조 제2항)은 법률의 효력을 가지는 명령이므로 위헌법률심판의 대상이 된다.

(2) 유신헌법 하의 긴급조치

헌법재판소는 긴급조치의 위헌 여부에 대한 심사권한은 헌법재판소에 전속하고, 위헌법률심판의 대상이라고 결정하였다. 대법원은 유신헌법에 근거한 긴급조치는 국회의 입법권 행사라는 실질을 전혀 가지지 못하는 것으로서 헌법재판소의 위헌심판대상이 되는 법률에 해당할 수 없어 긴급조치의 위헌 여부에 대한 심사권한은 대법원에 속한다고 판시하였다(대판 2010.12.16. 2010도5986).

유신헌법 하 긴급조치의 위헌법률심판 대상성 인정 여부(헌재 2013.3.21. 2010헌바132)

유신헌법 제53조 제4항은 '긴급조치는 사법적 심사의 대상이 되지 아니한다.'라고 규정하고 있었다. 그러나 비록 고도의 정치적 결단에 의하여 행해지는 국가긴급권의 행사라고 할지라도 그것이 국민의 기본권 침해와 직접 관련되는 경우에는 헌법재판소의 심판대상이 될 수 있고, 이러한 사법심사 배제조항은 근대입헌주의에 대한 중대한 예외로 기본권 보장 규정이나 위헌법률심판제도에 관한 규정 등 다른 헌법 조항들과 정면으로 모순·충돌되며, 현행헌법이 반성적 견지에서 긴급재정경제명령·긴급명령에 관한 규정에서 사법심사 배제 규정을 삭제하여 제소금지조항을 승계하지 아니하였으므로, 이 사건에서 유신헌법 제53조 제4항의 적용은 배제되고, 현행헌법에 따라 이 사건 긴급조치들의 위헌성을 다툴 수 있다.

(3) 조약

헌법에 의하여 체결·공포된 조약과 일반적으로 승인된 국제법규는 국내법과 같은 효력을 가진다(헌법 제6조 제1항). 헌법재판소는 법률과 동일한 효력을 가지는 조약은 위헌법률심판이나 헌법재판소법 제68조 제2항의 헌법소원심판의 대상이 된다고 결정하였다(헌재 1995.12.28. 95헌바3).

## 3. 폐지된 법률

(1) 법률이 폐지되어 더 이상 재판의 전제가 되지 않는 경우 위헌법률심판제청은 부적법하다. 다만 폐지된 법률이라 하더라도 당해 사건에 적용될 수 있어 재판의 전제가 되는 경우에는 위헌법률심판의 대상이 된다.

> **폐지된 법률이 위헌법률심판 대상이 되기 위한 조건**(헌재 1994.6.30. 92헌가18)
> 폐지된 법률도 그 위헌 여부가 관련 소송사건의 재판의 전제가 되어 있다면 당연히 헌법재판소의 위헌심판의 대상이 된다.

> **폐지된 법률이 위헌법률심판 대상이 되기 위한 조건**(헌재 1996.4.25. 92헌바47)
> 심판의 대상이 되는 법규는 심판 당시 유효한 것이어야 함이 원칙이겠지만 위헌제청신청 기각결정에 대한 헌법소원심판은 실질상 헌법소원심판이라기보다는 위헌법률심판이라 할 것이므로 폐지된 법률이라고 할지라도 그 위헌 여부가 재판의 전제가 된다면 심판청구의 이익이 인정된다고 할 것이다.

(2) 구법에 의한 법익침해상태가 계속되는 경우에는 폐지된 법률도 헌법재판소법 제68조 제2항에 의한 헌법소원심의 대상이 된다.

> **폐지된 법률에 의한 법익침해상태가 계속되는 경우 위헌법률심판 대상성 인정 여부**(헌재 1989.12.18. 89헌마32)
> 폐지된 법률에 의한 권리침해가 있고 그것이 비록 과거의 것이라 할지라도 그 결과로 인하여 발생한 국민의 법익침해와 그로 인한 법률상태는 재판시까지 계속되고 있는 경우가 있을 수 있는 것이며, 그 경우에는 헌법소원의 권리보호이익은 존속한다고 하여야 할 것이다. 법률은 원칙적으로 발효시부터 실효시까지 효력이 있고, 그 시행 중에 발생한 사건에 적용되기 마련이므로 법률이 폐지된 경우라 할지라도 그 법률의 시행 당시에 발생한 구체적 사건에 대하여서는 법률의 성질상 더 이상 적용될 수 없거나 특별한 규정이 없는 한, 폐지된 법률이 적용되어 재판이 행하여질 수밖에 없는 것이고, 이때 폐지된 법률의 위헌여부가 문제로 제기되는 경우에는 그 위헌여부심판은 헌법재판소가 할 수밖에 없는 것이다. … 따라서 이미 폐지된 법률이라 할지라도 헌법소원심판청구인들의 침해된 법익을 보호하기 위하여 그 위헌 여부가 가려져야 할 필요가 있는 경우 즉 법률상 이익이 현존하는 경우에는 심판을 하여야 한다고 할 것이다.

(3) 법률이 개정되어 신법이 적용되는 경우에는 구법은 재판의 전제성을 상실한다(헌재 2000.8.31. 97헌가12). 형벌규정이 피고인에게 유리하게 개정되면 신법이 적용되므로 구법은 재판의 전제성을 상실한다(헌재 2010.9.2. 2009헌가9). 다만 폐지법률 부칙에서 구법을 적용하도록 정하고 있는 경우에는 헌법재판소법 제68조 제2항에 의한 헌법소원심판의 대상이 된다.

**신법이 적용되는 경우 구법의 재판의 전제성 상실**(헌재 2000.8.31. 97헌가12)

법원이 이 사건 위헌여부심판을 제청할 당시, 제청대상 법률조항(구법조항)이 위헌이라면 대한민국 국민을 모로 하여 출생한 제청신청인은 대한민국 국적을 취득할 수 있기 때문에 제청신청인이 외국인임을 전제로 한 강제퇴거명령은 이를 집행할 수 없게 되므로, 구법조항의 위헌 여부는 당해 사건의 재판에 전제성이 있었다. 그러나 신법에서는 부모 양계혈통주의로 개정되었고, 당해 사건에서도 1998. 6. 14.부터는 신법을 적용하여야 하므로, 구법조항은 이 심판 계속 중 재판의 전제성을 상실하여 부적법하다.

**피고인에게 유리하게 개정된 형벌규정(신법)이 적용될 경우 구법의 재판의 전제성 상실**(헌재 2010.9.2. 2009헌가9)

형법 제1조 제2항은 '전체적으로 보아 신법이 구법보다 피고인에게 유리하게 변경된 것이라면 신법을 적용하여야 한다.'는 취지인바, 이 사건과 같이 양벌규정에 면책조항이 추가되어 무과실책임규정이 과실책임규정으로 유리하게 변경된 경우에는 형법 제1조 제2항에 의하여 신법이 적용된다고 보아야 할 것이므로, 당해 사건에 적용되지 않는 구법은 재판의 전제성을 상실하게 된다. 폐지된 법률도 그 위헌 여부가 관련 소송사건의 재판의 전제가 되어 있다면 당연히 헌법재판소의 위헌심판의 대상이 된다.

**폐지법률 부칙에서 구법을 적용하도록 정하고 있는 경우 구법의 위헌법률심판의 대상성 인정 여부** (헌재 1996.8.29. 94헌바15)

구 영화법은 1995. 12. 30. 법률 제5130호로 제정되어 1996. 7. 1.부터 시행된 영화진흥법에 의하여 폐지되었으나,[31] 영화진흥법 부칙 제6조에 의하면 위 법 시행 전에 종전의 영화법에 위반한 행위에 대한 벌칙의 적용에 있어서는 종전의 영화법의 규정에 의하도록 규정하고 있다. 한편 청구인은 영화진흥법의 시행으로 영화법이 폐지되기 전에 영화법위반죄로 형사재판을 받았으므로 비록 지금은 영화법이 폐지되었다 하더라도 이 사건 심판대상인 구 영화법 제4조 제1항의 위헌 여부가 청구인에 대한 형사재판의 전제가 되므로 위 법률조항은 당연히 헌법소원심판의 대상이 될 수 있다.

(4) 헌법재판소는 사회보호법 제5조 위헌심판에서는 법률이 개정되어 신법을 소급적용하도록 하고 있는 경우에는 구법이 위헌법률심판의 대상이 된다고 결정한 바 있다.

**신법을 소급적용할 경우 구법의 위헌법률심판 대상성을 인정하기 위한 조건**(헌재 1989.7.14. 88헌가5)

신법이 그 부칙 제4조에서 신법시행 당시 이미 재판이 계속 중인 감호사건에 대하여는 신법을 적용하여 처리하도록 규정하고 있지만, 이와 같이 신법이 구법당시 재판이 계속 중이었던 사건에까지 소급하여 적용될 수 있는 것은 실체적인 규정에 관한 한 오로지 구법이 합헌적이어서 유효하였다는 것을 전제로 하고 다시 그 위에 신법이 보다 더 피감호청구인에게 유리하게 변경되었을 경우에 한하는 것이다.[32]

---

31) 구 영화법은 이 사건 심판 계속 중에 영화진흥법에 의해 폐지되었다.
32) 보호감호처분에 대하여는 소급입법이 금지되므로 비록 구법이 개정되어 신법이 소급 적용되도록 규정되었다고 하더라도 실체적인 규정에 관한 한 오로지 구법이 합헌적이어서 유효하였고 다시 신법이 보다 더 유

## Ⅱ. 개별 헌법규정

위헌심사의 대상이 되는 법률은 형식적 의미의 법률을 의미하므로, 헌법의 개별 규정 자체는 위헌심사의 대상이 아니다.

> **개별 헌법규정 자체의 위헌심사 대상성 인정 여부**(헌재 2001.2.22. 2000헌바38)
> 헌법 및 헌법재판소의 규정상 위헌심사의 대상이 되는 법률은 국회의 의결을 거친 이른바 형식적 의미의 법률을 의미하는 것이므로 헌법의 개별 규정 자체는 헌법소원에 의한 위헌심사의 대상이 아니다. 한편, 이념적·논리적으로는 헌법규범 상호간의 우열을 인정할 수 있다 하더라도 그러한 규범 상호간의 우열이 헌법의 어느 특정규정이 다른 규정의 효력을 전면적으로 부인할 수 있을 정도의 개별적 헌법규정 상호간에 효력상의 차등을 의미하는 것이라고 볼 수 없으므로, 헌법의 개별 규정에 대한 위헌심사는 허용될 수 없다.

## Ⅲ. 입법부작위

### 1. 진정입법부작위와 부진정입법부작위

입법부작위는 진정입법부작위와 부진정입법부작위로 구분된다. 진정입법부작위는 입법을 해야 할 의무가 있음에도 불구하고 아무런 입법을 하지 않음으로서 입법행위에 흠결이 있는 경우를 말한다. 부진정입법부작위는 입법의무를 이행하였지만 입법의무를 불완전·불충분하게 이행하여 일정한 부분에 입법의무를 다하지 못하여 입법행위에 결함이 있는 경우를 말한다.

> **입법부작위의 분류**(헌재 2012.2.23. 2010헌마300)
> 넓은 의미의 입법부작위에는 입법자가 헌법상 입법의무가 있는 어떤 사항에 관하여 전혀 입법을 하지 아니함으로써 입법행위의 흠결이 있는 경우와 입법자가 어떤 사항에 관하여 입법은 하였으나 그 입법의 내용·범위·절차 등이 당해 사항을 불완전, 불충분 또는 불공정하게 규율함으로써 입법행위에 결함이 있는 경우가 있는데, 일반적으로 전자를 진정입법부작위, 후자를 부진정입법부작위라고 부르고 있다.

### 2. 진정입법부작위

위헌법률심판과 헌법재판소법 제68조 제2항에 의한 헌법소원심판은 법률의 위헌성을 적극적으로 다투는 제도이므로, 법률의 부존재는 위헌심판의 대상이 되지 않는다.

> **법률의 부존재의 위헌심판 대상성 인정 여부**(헌재 2010.2.25. 2009헌바95)
> 이 사건 심판청구는 외형상 특정 법률조항을 심판대상으로 삼아 헌법재판소법 제68조 제2항에 따라 제기하였으나 실질적으로 특정 법률조항의 위헌성을 다투는 것이 아니라 법률의 부존재를 다투는 것이므로 그 자체로 부적법하다.

---

리하게 변경되었을 때에만 신법이 소급적용될 것이므로 폐지된 구법에 대한 위헌 여부의 문제는 신법이 소급적용될 수 있기 위한 전제문제로서 판단의 이익이 있어 위헌제청은 적법하다.

### 3. 부진정입법부작위

(1) 법률이 불완전·불충분하게 규정되었음을 이유로 법률 자체의 위헌성을 다투는 경우에는 그 법률이 당해 사건의 재판의 전제가 되므로 위헌법률심판의 대상이 된다.

> **불완전·불충분하게 규정된 법률의 위헌법률심판 대상성 인정 여부**(헌재 2014.9.25. 2013헌바208)
> 청구인은 새마을금고법 제21조 제1항 제8호, 제2항에 대하여 위헌확인을 구하고 있으나, 청구인이 주장하는 것은 위 조항들의 내용이 위헌이라는 것이 아니라 새마을금고법상 선거범죄와 다른 죄의 경합범에 대하여 분리선고규정을 두지 않은 입법부작위가 위헌이라는 것이므로, 이러한 주장과 가장 밀접하게 관련되는 조항인 새마을금고법 제21조 전체를 심판대상으로 삼기로 한다.

> **불완전·불충분하게 규정된 법률의 재판의 전제성 인정 여부**(헌재 1996.3.28. 93헌바27)
> 우리 재판소에서 청구인 주장을 받아들여 이 사건 법률조항이 재심사유를 정하면서 "화해의 합의가 없는 경우"와 같이 중대한 하자를 재심사유에서 제외하여 불완전, 불충분하게 규정함으로써 청구인의 헌법상 보장된 기본권을 침해한 것으로 판단하는 경우에는 당해사건의 재판의 주문이나 이유가 달라질 것이므로 이 사건 법률조항의 위헌 여부는 당해사건에 있어서 그 재판의 전제가 된다고 보아야 할 것이다.

(2) 법률조항의 적용에서 배제된 자가 부진정입법부작위를 다투는 경우, 심판대상 법률조항에 대한 위헌 결정만으로는 당해 사건 재판의 결과에 영향이 없다고 하더라도 위헌 또는 헌법불합치 결정의 취지에 따라 당해 법률조항이 개정되는 때에는 당해 사건의 결과에 영향을 미칠 가능성이 있으므로 재판의 전제성이 인정될 수 있다(헌재 2012.12.27. 2012헌바60).

(3) 입법의 결함이 헌법재판소의 위헌결정에 의하여 발생한 경우, 그러한 부진정부작위의 위헌확인을 구하는 헌법재판소법 제68조 제2항에 의한 헌법소원심판청구는 부적법하다.

> **위헌결정에 의하여 발생한 부진정부작위에 대한 위헌법률심판이 적법한지 여부**(헌재 2012.12.27. 2012헌바60)
> 헌법재판소에 의하여 이미 위헌 선언되어 효력이 상실된 법률조항 부분이 입법의 결함에 해당한다고 주장하는 이 사건 헌법소원 심판청구는 종전의 위헌결정에 대한 불복이거나, 위헌으로 선언된 규범의 유효를 주장하는 것이어서 법률조항에 대한 위헌결정의 법규적 효력에 반하여 허용될 수 없으므로 부적법하다.

## Ⅳ. 심판대상의 확정

### 1. 심판대상의 확정 원칙

헌법재판소는 위헌법률심판에서 위헌제청 된 법률 또는 법률조항을 심판대상으로 한다. 헌법재판소법 제68조 제2항에 의한 헌법소원심판의 경우에도 헌법소원심판이 청구된 부분이 심판대상이 된다. 그런데 실무상으로 제청법원이나 헌법소원심판의 청구인은 해당 법률조항 전체나 심지어 해당 법률 전부에 대하여 위헌법률심판제청이나 헌법소원심판을 청구하는 경우가 있다. 이 경우 헌법재판소는 결정이유에서 재판의 전제성이 있는 부분으로 심판대상을 확정하고 그에 대하여 주문에서 판단하는 경우가 일반적이다.

형벌조항은 구성요건에 해당하는 금지규정과 처벌규정이 분리되는 경우가 있는데, 헌법재판소는 제청법원이나 청구인이 처벌규정만을 다투는 경우가 명백하면 '처벌규정 중 금지규정' 부분으로 심판대상을 확정하고, 그렇지 않고 금지규정만을 다투거나 금지규정과 아울러 처벌규정의 위헌성도 함께 다투는 경우에는 금지규정 또는 금지규정 및 '처벌규정 중 금지규정' 부분으로 심판대상을 확정한다.[33]

### 2. 심판대상의 확장

헌법재판소는 법원이 제청하거나 헌법재판소법 제68조 제2항에 의한 심판청구에서 주장한 심판대상의 범위를 넘어 이를 확장할 수 있다. 심판대상이 확장되는 경우로는 동일한 심사척도가 적용되는 경우, 체계적으로 밀접 불가분한 경우, 법질서의 정합성과 소송경제를 도모하기 위한 경우 등에는 심판대상을 확장하고 있다.

> **헌법재판소의 심판대상 확장**(헌재 2005.2.03. 2001헌가9)
> 헌법재판은 단순히 제청신청인이나 헌법소원 청구인의 주관적 권리구제만을 위한 제도가 아니고, 객관적 헌법질서를 수호·유지하기 위한 제도이기도 하다. 그렇기 때문에 헌법재판소는 심판대상을 직권으로 확정하기도 하고, 위헌제청 되지 않은 법률조항이라 하더라도 체계적으로 밀접불가분의 관계에 있거나 동일한 심사척도가 적용되는 등의 경우에는 그 법률조항도 심판대상에 포함시켜 위헌제청 된 법률조항과 함께 그 위헌 여부를 판단하기도 하였다.

(1) 동일한 심사척도가 적용되는 경우

제청법원이 법률조항 전부를 위헌제청하고, 법률조항 중 관련사건에 적용되지 않는 내용이 들어 있는 경우에도 그 조문 전체가 같은 심사척도가 적용될 경우 그 조문 전체가 심판대상이 된다.

> **조문 전체가 같은 심사척도가 적용되는 경우의 심판대상**(헌재 1999.1.28. 98헌가17)
> 전단 중 "고급주택" 부분과 후단에 포함되어 있는 고급주택 부분의 위헌 여부를 판단함에 있어서는 완전히 동일한 심사척도와 법리가 적용된다. 그렇다면 후단 중 고급주택에 관한 부분도 함께 심판대상으로 삼아 한꺼번에 그 위헌 여부를 판단하는 것이 법질서의 통일성과 소송경제의 측면에서 바람직하므로 이를 이 사건 심판의 대상에 포함시키기로 한다.

---

[33] 이전에 헌법재판소의 결정유형을 보면 금지규정만을 심판대상으로 한 경우도 있고, 금지규정뿐만 아니라 처벌규정 중 금지규정까지 심판대상으로 삼은 경우도 있다. 다수의 사건에서는 심판대상을 '처벌규정 중 금지규정 부분'으로 한정하였다.

(2) 체계적으로 밀접불가분인 경우

헌법재판소는 재판의 전제성이 있는 부분과 체계적으로 밀접불가분한 관계에 있는 경우 심판대상을 확장하고 있다.

> **체계적으로 밀접불가분한 관계에 있는 부분의 심판대상성 인정 여부**(헌재 1994.4.28. 92헌가3)
> 법률의 위헌여부심판에 있어서는 그 대상범위가 전제되는 당해 사건에서의 소송물 자체에 직접 관련되는 부분에 국한할 것이 아니라 위헌법률심판이 제청된 당해 법률조항에 내포되어 있고 그 소송물 자체와 체계적으로 밀접불가분의 일체를 이루고 있는 부분까지 판단할 수 있으며, 보훈기금법 부칙 제5조는 이 사건 분조합의 자산과 부채를 일괄하여 대한민국에 귀속시키고 있으므로 법적 문제해결을 위하여는 이를 일괄판단함이 옳다고 본다.

(3) 소송경제적 필요성 등

헌법재판소는 법질서의 정합성과 소송경제 측면에서 심판대상을 확장하기도 한다. 그 밖에 심판대상조항의 적용의 전제가 되는 경우나 개정 법률 등 유사법률조항에 심판대상을 확장하기도 한다(헌재 2010.7.29. 2008헌가28).[34]

> **법질서의 정합성과 소송경제를 고려한 심판대상 포함 여부**(헌재 2000.8.31. 97헌가12)
> 제청신청인은 개정된 신법에 의해서도 10년 동안이라는 기간 제한이 있는 부칙조항으로 인하여 대한민국 국적을 취득할 수 없으나, 만일 헌법재판소의 부칙조항에 대한 위헌 내지 헌법불합치결정과 개선입법을 한다면 국적취득을 할 수 있기 때문에, 부칙조항도 같이 위헌여부심판을 해 주는 것이 법질서의 정합성과 소송경제 측면에서도 바람직하므로 이를 심판대상에 포함시키기로 한다.

## 3. 심판대상의 축소

제청법원이나 헌법소원심판청구인이 당해 법률조항이나 법률 전부에 대하여 위헌제청을 한 경우 헌법재판소는 불필요한 제청부분에 대해서는 심판대상에서 제외하고 심판대상을 축소하여 판단하는 경우가 있다.

> **불필요한 제청부분에 대한 심판대상 제외**(헌재 1998.12.24. 98헌가1)
> 제청법원은 법 제28조 제1항 전부에 대하여 위헌제청을 하였으나, 이 조항은 먹는샘물제조업자와 먹는샘물수입판매업자에 관한 부분으로 나뉘는데, 제청신청인들은 모두 먹는샘물제조업자들이다. 따라서 이 사건 심판의 대상은 법 제28조 제1항 중 먹는샘물제조업자에 관한 부분의 위헌여부이고, 이 사건 법률조항 및 관련 법 규정의 내용은 다음과 같다.

---

34) 헌법재판소는 종래 개정법률 등으로 심판대상을 확장하는 것에 부정적이었으나, 점차 심판대상을 확장하는 사례가 나타나고 있다.

## 4. 심판대상의 변경

헌법재판소는 헌법소원심판청구의 이유, 위헌여부심판제청신청 및 기각결정의 이유, 당해 사건 재판과의 관련성 정도 등 여러 사정을 종합하여 심판대상을 직권으로 변경하기도 한다(헌재 1998.3.26. 93헌바12; 헌재 1999.10.21. 97헌바26). 헌법재판소법 제68조 제2항의 헌법소원심판에서는 위헌제청신청과 그에 대한 법원의 기각결정에서 다루어지지 않는 법률조항을 심판대상조문에 포함시켜 판단하기도 한다.

> **헌법재판소의 심판대상 변경**(헌재 1999.10.21. 97헌바26)
> 청구인들은 법 제6조에 대하여 심판청구를 하였으나, … 청구인들의 헌법소원심판청구의 이유, 위헌여부심판제청신청 및 그 기각결정의 이유, 당해 사건 재판과의 관련성 정도 등 여러 사정을 종합하여 볼 때, 직권으로 이 사건 심판의 대상을 법 제4조로 변경하는 것이 타당하다고 판단된다.

## 제5절　위헌법률심판의 결정

## I. 심판의 기준

### 1. 현행 헌법

위헌법률심판은 법률이 헌법에 위반되는지의 여부가 문제되는 소송이므로 심판의 기준은 모든 헌법규정이다. 현행 헌법 이전의 법률조항에 대한 위헌심사의 기준도 헌법재판을 할 당시에 규범적 효력을 가지는 헌법이다. 대법원은 유신헌법 제53조에 기초한 대통령의 긴급조치 제1호의 위헌성을 심사하면서 긴급조치 제1호가 유신헌법뿐만 아니라 현행 헌법에도 위반된다고 판시하고 있다(대판 2010.12.16. 2010도5986).

> 긴급조치의 위헌성 심사의 준거규범(현행헌법)(헌재 2013.3.21. 2010헌바132)
> 헌법재판소의 헌법 해석은 헌법이 내포하고 있는 특정한 가치를 탐색·확인하고 이를 규범적으로 관철하는 작업이므로, 헌법재판소가 행하는 구체적 규범통제의 심사기준은 원칙적으로 헌법재판을 할 당시에 규범적 효력을 가지는 헌법이라 할 것이다. 그러므로 이 사건 긴급조치들의 위헌성을 심사하는 준거규범은 유신헌법이 아니라 현행 헌법이라고 봄이 타당하다.

### 2. 헌법원리·원칙

헌법위반 여부를 판단함에 있어서 개별 헌법규정뿐만 아니라 법치국가원리 등 헌법의 기본원리도 그 심사기준이 된다(헌재 1999.5.27. 98헌바70).

> 합헌성 심사 해석기준의 하나인 헌법의 기본원리(헌재 1996.4.25. 92헌바47)
> 헌법의 기본원리는 헌법의 이념적 기초인 동시에 헌법을 지배하는 지도원리로서 입법이나 정책결정의 방향을 제시하며 공무원을 비롯한 모든 국민·국가기관이 헌법을 존중하고 수호하도록 하는 지침이 되며, 구체적 기본권을 도출하는 근거로 될 수는 없으나 기본권의 해석 및 기본권제한입법의 합헌성 심사에 있어 해석기준의 하나로서 작용한다. 그러므로 이 사건 심판대상조항의 위헌 여부를 심사함에 있어서도 우리 헌법의 기본원리를 그 기준으로 삼아야 할 것이다.

> 헌법원칙이 위헌법률심판 심사기준이 될 수 있는지 여부(헌재 2003.12.18. 2002헌마593)
> 일반적으로 헌법상 명문규정뿐만 아니라 각 명문규정들에 대한 종합적 검토 및 구체적인 논증 등을 통하여 도출될 수 있는 헌법원칙의 경우도 위헌법률심판의 심사기준이 될 수 있다.

### 3. 관습헌법

헌법재판소의 결정에 의하면 관습헌법도 성문헌법과 동등한 효력을 가진다고 보고 있으므로 이러한 헌법재판소의 판단에 따른다면 관습헌법도 심판의 기준이 될 수 있다.

> **관습헌법의 효력**(헌재 2004.10.21. 2004헌마554)
> 헌법 제1조 제2항은 '대한민국의 주권은 국민에게 있고, 모든 권력은 국민으로부터 나온다.'고 규정한다. 이와 같이 국민이 대한민국의 주권자이며, 국민은 최고의 헌법제정권력이기 때문에 성문헌법의 제·개정에 참여할 뿐만 아니라 헌법전에 포함되지 아니한 헌법사항을 필요에 따라 관습의 형태로 직접 형성할 수 있는 것이다. 그렇다면 관습헌법도 성문헌법과 마찬가지로 주권자인 국민의 헌법적 결단의 의사의 표현이며 성문헌법과 동등한 효력을 가진다고 보아야 한다. 이와 같이 관습에 의한 헌법적 규범의 생성은 국민주권이 행사되는 한 측면인 것이다. 국민주권주의 또는 민주주의는 성문이든 관습이든 실정법 전체의 정립에의 국민의 참여를 요구한다고 할 것이며, 국민에 의하여 정립된 관습헌법은 입법권자를 구속하며 헌법으로서의 효력을 가진다.

## Ⅱ. 각하결정

각하결정은 법원의 제청이 부적법하거나 헌법재판소법 제68조 제2항의 헌법소원심판청구가 부적법한 경우 내리는 결정이다. 재판의 전제성이 없는 법률이나 법률조항에 대하여 심판을 구하는 경우, 심판의 대상성이 결여된 경우, 헌법재판소가 위헌으로 선고한 법률이나 법률조항에 대하여 심판을 구하는 경우 각하결정을 한다.[35]

## Ⅲ. 합헌결정

### 1. 합헌결정의 의의

본안심리 결과 심판의 대상이 되는 법률 또는 법률조항이 헌법에 위반되는지의 여부가 발견되지 않은 경우에는 합헌결정을 한다. 주문은 『… … 은 헌법에 위반되지 아니한다』로 표시한다.

종래 헌법재판소는 위헌불선언결정의 유형을 채택한 바 있다. 위헌불선언결정은 종국심리에 관여한 재판관 중 위헌의견인 재판관의 수가 과반수이지만 위헌결정의 정족수인 6인에 미달하는 경우에 주문에서 『… 은 헌법에 위반된다고 선언할 수 없다』고 표시하였다. 그러나 헌법재판소는 1996. 2. 16. 96헌가2 결정부터 합헌결정의 주문을 채택하고 있다.

### 2. 합헌결정의 효력

합헌결정에 기속력이 인정되는가가 문제된다. 헌법재판소법은 법률의 위헌결정에 기속력을 인정하고 있으므로 합헌으로 결정된 법률조항에 대해서는 언제나 위헌 여부를 다툴 수 있다고 보아 기속력이 인정되지 않는다는 견해와 합헌결정은 합헌성 추정이 유권적으로 확인되어 위헌의 의심이 해소되는 효력을 갖기 때문에 제청법원은 합헌결정에 따라 당해 소송사건에 적용하여 재판하게 되고, 합헌결정의 기속력은 상급심법원이나 다른 법

---

[35] 헌법재판소법 제68조 제2항에 의한 헌법소원심판의 경우 청구인의 재심청구가능성을 보장해 주기 위해 인용결정인 위헌확인결정을 한다.

원에도 미친다고 보는 견해로 대립하고 있다. 기속력을 인정하는 입장도 헌법재판소의 합헌결정이 입법기관을 구속하는 효력은 없다고 보고 있다.

헌법재판소는 이미 합헌으로 선언된 법률에 대한 위헌제청을 적법한 것으로 봄으로써 합헌결정에 대한 기속력을 인정하지 않는 입장이다. 합헌결정에 기속력이 인정되지 않는다면 법률에 대한 헌법재판소의 합헌결정이 있어도 법원은 다시 위헌 여부를 제청할 수 있고, 국회는 합헌으로 결정된 법률을 폐지하거나 개정할 수 있다. 국가기관이나 지방자치단체도 해당 법률의 위헌여부심판제청을 신청할 수 있다. 그러나 제청법원은 합헌으로 결정된 법률에 대해 동일 심급에서 다시 위헌제청할 수 없다. 헌법재판소의 합헌결정이 있었음에도 불구하고 당해 소송사건의 재판절차에서 제청법원에게 다시 제청을 허용하게 되면 이미 심판을 거친 동일한 사건에 대하여 다시 심판하게 하는 것이 되어 헌법재판소법 제39조의 일사부재리에 저촉된다.[36]

## Ⅳ. 위헌결정

### 1. 위헌결정의 의의

헌법재판소가 법률의 위헌 여부를 심리한 결과 6인 이상의 재판관이 위헌이라고 판단하는 경우에 『 … 은 헌법에 위반된다』로 표시한다. 헌법재판소가 위헌결정을 하게 되면 위헌결정된 법률은 효력을 상실한다.

### 2. 위헌결정의 범위

(1) 위헌선언의 범위

위헌결정의 범위는 심판대상과 일치하는 것이 원칙이다. 헌법재판소는 "제청된 법률 또는 법률조항"으로서 "재판의 전제성이 있는 법률 또는 법률조항"에 한하여 위헌선언을 할 수 있다. 심판대상 법률조항 중 특정 법률조항만이 위헌선언 된 경우 나머지 법률조항은 효력을 유지하는 것이 원칙이다(헌법재판소법 제45조). 헌법재판소가 심판대상을 직권으로 확장한 경우에는 위헌선언의 범위도 그 법률 또는 법률조항까지 미치게 된다.

> **헌법재판소법 제45조(위헌결정)** 헌법재판소는 제청된 법률 또는 법률 조항의 위헌 여부만을 결정한다. 다만, 법률 조항의 위헌결정으로 인하여 해당 법률 전부를 시행할 수 없다고 인정될 때에는 그 전부에 대하여 위헌결정을 할 수 있다.

(2) 부분위헌결정

헌법재판소는 위헌심판의 대상이 된 법률조항은 그대로 둔 채, 법률조항 중 일부 문구나

---

[36] 정종섭 교수는 헌법재판소법 제39조에서 정하는 동일한 사건은 동일한 심급의 사건에 한정되기 때문에 심급을 달리하는 경우에는 일사부재리가 적용되지 않는다고 한다. 따라서 상소심법원은 동일한 법률이나 법률조항에 대하여 위헌여부심판제청을 할 수 있다고 본다.

표현만을 위헌이라고 결정할 수 있다. 부분위헌결정은 양적 일부위헌결정이라는 점에서 질적 일부위헌결정인 한정위헌결정과 구별된다. 부분위헌결정은 단순 위헌결정이며, 변형결정은 아니다.

> **부분위헌결정의 예**(헌재 1999.3.25. 98헌가11 등)
> 지방세법 제188조 제1항 제2호 ⑵목 중 "고급오락장용 건축물"부분 및 제3항과 같은 법 제234조의15 제2항 단서 제5호 중 "기타 사치성 재산으로 사용되는 토지로서 대통령령으로 정하는 토지"부분, 같은 법 제234조의16 제3항 제2호 중 "기타 사치성 재산으로 사용되는 토지"부분은 헌법에 위반된다.

(3) 전부위헌결정

헌법재판소는 법률조항의 위헌결정으로 인하여 당해 법률 전부를 시행할 수 없다고 인정할 때에는 그 전부에 대하여 위헌결정을 할 수 있다(헌법재판소법 제45조 단서).

> **법률 일부에 대한 위헌법률심판 제청시 법률 전부위헌결정이 가능한지 여부**(헌재 1996.1.25. 95헌가5)
> 헌법재판소법은 위헌법률심판의 대상에 관하여 원칙적으로 제청법원으로부터 제청된 법률조항에 대하여서만 결정하도록 하되, 예외적으로 제청된 법률조항의 위헌결정으로 인하여 당해 법률 전부를 시행할 수 없다고 인정될 때에는 그 법률 전부에 대하여도 위헌결정을 할 수 있도록 동법 제45조 단서에 규정하고 있다. … 특조법 제8조가 위헌으로 선언되면 특조법 특유의 처벌규정이 없어지게 되고, 이 경우 반국가행위범죄를 특별히 규정한 취지, 즉 제2조 제1항에 규정된 범죄행위에 부과하여 새로운 구성요건을 부과한 취지도 형해화 되는 것이 되므로, 특조법 특유의 과형은 그 시행이 불가능해진다. … 헌법재판소법 제45조 단서규정에 의하여 특조법 전체에 대하여 위헌의 결정을 함이 타당하다.

(4) 부수적 위헌결정

헌법심판의 대상이 된 법률조항 중 일정한 법률조항이 위헌선언 된 경우 같은 법률의 그렇지 아니한 다른 법률조항들은 효력을 그대로 유지하는 것이 원칙이다. 그러나 예외적으로 위헌으로 선언된 법률조항을 넘어서 다른 법률조항 내지 법률 전체를 위헌선언 하여야 할 경우가 있다. 합헌으로 남아 있는 나머지 법률조항만으로는 법적으로 독립된 의미를 가지지 못하거나, 위헌인 법률조항이 나머지 법률조항과 극히 밀접한 관계에 있어서 전체적·종합적으로 양자가 분리될 수 없는 일체를 형성하고 있는 경우, 위헌인 법률조항만을 위헌선언하게 되면 전체규정의 의미와 정당성이 상실되는 때 헌법재판소는 심판대상 법률조항과 함께 다른 조항에 대해서도 위헌선언을 하고 있다(헌재 1996.12.26. 94헌바1).

헌법재판소 헌법재판소법 제45조 단서에 의하여 부수적으로 위헌선언을 하고 있으며(헌재 2003.9.25. 2001헌가22), 이러한 법리를 헌법재판소법 제68조 제2항에 의한 헌법소원심판뿐만 아니라 법률에 대한 헌법소원심판에서도 적용하고 있다.[37]

---

37) 헌법재판소는 헌법소원심판에서 헌법재판소법 제75조 제5항의 근거법률의 위헌결정을 부수적 규범통제라고 하고 있다(헌재 2003.2.27. 2002헌마106 참조).

행정청 행위의 근거 법률의 위헌성을 확임함으로써 행위 자체의 위헌성을 확인할 수 있는지 여부
(헌재 2003.2.27. 2002헌마106)

헌법재판소법 제75조 제5항은 '위 법 제68조 제1항에 의한 헌법소원을 인용하는 경우 헌법재판소는 공권력의 행사가 위헌인 법률조항에 기인한 것이라고 인정될 때에는 인용결정에서 당해 법률조항이 위헌임을 선고할 수 있다'고 하여, 소위 '부수적 규범통제'를 규정하고 있다. 따라서 행정청 행위의 위헌성이 위헌적인 법률에 기인한다고 판단된다면, 헌법재판소는 행정청 행위의 근거가 되는 법률조항의 위헌성을 확인함으로써 그를 적용한 행정청 행위의 위헌성을 확인할 수 있는 것이다.

부수적 위헌선언이 가능한지 여부(헌재 2002.8.29. 2001헌바82)

헌법심판의 대상이 된 법률조항 중 일정한 법률조항이 위헌선언 된 경우 같은 법률의 그렇지 아니한 다른 법률조항들은 효력을 그대로 유지하는 것이 원칙이나, 다음과 같은 예외적인 경우에는 위헌인 법률조항 이외의 나머지 법률조항들도 함께 위헌선언 할 수가 있다. 즉, 합헌으로 남아 있는 나머지 법률조항만으로는 법적으로 독립된 의미를 가지지 못하거나, 위헌인 법률조항이 나머지 법률조항과 극히 밀접한 관계에 있어서 전체적·종합적으로 양자가 분리될 수 없는 일체를 형성하고 있는 경우, 위헌인 법률조항만을 위헌선언하게 되면 전체규정의 의미와 정당성이 상실되는 때가 이에 해당된다고 할 것이다.

부수적 위헌선언이 가능한지 여부(헌재 2003.9.25. 2001헌가22)

법 제21조 제5항 제2호가 포괄위임금지의 원칙에 위반된다는 이유로 위헌으로 인정되는 이상 법 제21조 제5항 제3호, 제4호 및 제5호도 같은 이유로 위헌이라고 보아야 할 것이고 그럼에도 불구하고 이들을 따로 분리하여 존속시켜야 할 이유가 없으므로 헌법재판소법 제45조 단서 및 제75조 제6항에 의하여 이들 조항에 대하여도 아울러 위헌을 선고하기로 한다.

부수적 위헌선언이 가능한지 여부(헌재 2001.7.19. 2000헌마91)

헌법심판의 대상이 된 법률조항 중 일정한 법률조항이 위헌선언 되는 경우 같은 법률의 그렇지 아니한 다른 법률조항들은 효력을 그대로 유지하는 것이 원칙이나, 합헌으로 남아 있는 어떤 법률조항이 위헌선언 되는 법률조항과 밀접한 관계에 있어 그 조항만으로는 법적으로 독립된 의미를 가지지 못하는 경우에는 예외적으로 그 법률조항에 대하여 위헌선언을 할 수 있다(헌재 1989.11.20. 89헌가102; 헌재 1991.11.25. 91헌가6; 헌재 1996.12.26. 94헌바1).

### 3. 위헌결정의 효력

헌법재판소법은 위헌결정의 효력으로 기속력과 장래효 및 형벌규정의 소급효를 정하고 있다. 법률의 위헌결정은 법원 기타 국가기관 및 지방자치단체를 기속한다(헌법재판소법 제47조 제1항). 위헌으로 결정된 법률 또는 법률조항은 그 결정이 있는 날로부터 효력을 상실하지만, 형벌에 관한 법률 또는 법률조항은 소급하여 그 효력을 상실한다(헌법재판소법 제47조 제2항, 제3항).

## 4. 기속력

### (1) 기속력의 의의

기속력이란 법원 기타 국가기관 및 지방자치단체 등이 헌법재판소 결정의 취지를 존중하고 이에 위배되는 행위를 해서는 안된다는 것을 말한다.

### (2) 기속력의 주관적 범위

1) 위헌결정의 기속력은 법원을 기속한다. 법원은 헌법재판소가 위헌으로 결정한 법률을 적용해서는 안되며, 그 법률을 적용한 법원의 재판은 헌법재판소의 기속력에 반한다. 법원이 위헌결정으로 효력을 상실한 법률을 적용함으로써 국민의 기본권을 침해한 경우에는 재판에 대한 헌법소원심판을 청구할 수 있다(헌재 1997.12.24. 96헌마172).

2) 국가기관과 지방자치단체는 헌법재판소의 위헌결정에 기속된다. 헌법재판소는 여기서 말하는 국가기관에 포함되지 않는다. 헌법재판소는 판례를 변경하는 권한을 가지므로 기속력이 미치지 않는다.

3) 헌법재판소의 위헌결정이 국회를 기속하는가에 관해서는 견해가 대립한다. 기속설은 법률의 위헌결정이 모든 국가기관을 구속하므로 기속력은 국회에도 미친다고 본다. 따라서 국회는 헌법재판소가 위헌으로 결정한 것과 동일한 내용의 법률을 다시 제정할 수 없다고 한다. 비기속설은 헌법재판소가 위헌결정을 하더라도 국회의 입법권을 기속하지 못한다고 한다. 국회도 헌법재판소의 최종적인 헌법해석권을 배제할 수 있는 헌법해석권한을 가질 수 있으므로 법률이 위헌으로 결정되더라도 국회는 동일하거나 유사한 내용의 법률을 다시 제정할 수 있다고 본다.

### (3) 기속력의 객관적 범위

1) 위헌결정의 기속력은 헌법재판소의 결정주문에 미친다.

2) 기속력이 결정이유에도 미치는지에 관해서는 논란이 있다. 헌법재판소는 결정이유에 기속력을 인정할 수 있으려면, 결정주문을 뒷받침하는 결정이유에 대하여 적어도 재판관 6인 이상의 찬성이 있어야 한다고 결정하였다.

3) 헌법재판소는 안마사에 관한 규칙 제3조 제1항 제1호 등 위헌확인사건(헌재 2006.5.25. 2003헌마715 등)에서 시각장애인에 한해 안마사 자격을 인정하는 것은 법률유보원칙 및 과잉금지원칙에 위배하여 비시각장애인의 직업선택의 자유를 침해한다고 재판관 7:1의 의견으로 위헌결정을 하였다(헌재 2006.5.25. 2003헌마715 등).[38] 헌법재판소의 위헌결

---

[38] 위헌결정의 이유에 대하여는 재판관들이 의견을 달리하였다. 기본권 제한에 관한 사항을 법률에 규정하지 않고 하위법규인 '안마사에 관한 규칙'으로 정한 것이 법률유보원칙에 위배되는지 여부에 대하여 재판관 2인이, 시각장애인에 대하여만 안마사자격을 인정하는 것이 과잉금지원칙에 위반하여 비시각장애인의 직업선택의 자유를 침해하는 것인지 여부에 대하여 재판관 2인이, 법률유보원칙과 과잉금지원칙위반 모두에 대하여 재판관 3인이 각각 위헌의견을 제시하였다(헌재 2006.5.25. 2003헌마715 등 참조).

정 이후 국회는 의료법을 개정하였고, 시각장애인에게 안마사 자격을 인정하는 것을 내용으로 하는 비맹제외기준이 법률에 규정되었다.

헌법재판소의 위헌결정과는 반대되는 내용의 개정 의료법에 대하여 다시 헌법소원심판이 제기되었으나, 헌법재판소는 시각장애인에 한하여 안마사자격을 부여하도록 하는 의료법에 대하여 합헌으로 결정하였다. 청구인은 헌법재판소가 비맹제외기준이 과잉금지원칙에 위반하여 비시각장애인의 직업선택의 자유를 침해한다는 이유로 위헌결정을 하였음에도 불구하고 국회가 다시 비맹제외기준과 본질적으로 동일한 내용의 법률조항을 개정한 것은 위헌결정의 기속력에 반한다고 주장하였다. 헌법재판소는 위헌결정의 기속력에 저촉된다는 취지의 주장에 대하여, 과잉금지원칙 위반이라는 결정이유에 기속력을 인정하려면 "결정주문을 뒷받침하는 결정이유에 대하여 적어도 위헌결정의 정족수인 재판관 6인 이상의 찬성이 있어야 할 것"이라고 하여 위헌결정의 기속력에 위반되지 않는다고 결정하였다.

**위헌결정의 기속력 저촉 여부**(헌재 2008.10.30. 2006헌마1098)
헌법재판소가 내린 법률의 위헌결정 및 헌법소원의 인용결정의 효력을 담보하기 위해서 기속력을 부여하고 있는바, 이와 관련하여 입법자인 국회에게 기속력이 미치는지 여부, 나아가 결정주문뿐 아니라 결정이유에까지 기속력을 인정할지 여부 등이 문제될 수 있는데, 이에 대하여는 헌법재판소의 헌법재판권 내지 사법권의 범위와 한계, 국회의 입법권의 범위와 한계 등을 고려하여 신중하게 접근할 필요가 있을 것이다. 이 사건에서 청구인들은, 헌법재판소가 2003헌마715등 사건에서 시각장애인에게만 안마사 자격을 인정하는 이른바 비맹제외기준이 과잉금지원칙에 위반하여 비시각장애인의 직업선택의 자유를 침해한다는 이유로 위헌결정을 하였음에도 불구하고 국회가 다시 비맹제외기준과 본질적으로 동일한 내용의 이 사건 법률조항을 개정한 것은 비맹제외기준이 과잉금지원칙에 위반한다고 한 위헌결정의 기속력에 저촉된다는 취지로 주장하는바, 이는 기본적으로 위 위헌결정의 이유 중 비맹제외기준이 과잉금지원칙에 위반한다는 점에 대하여 기속력을 인정하는 전제에 선 것이라고 할 것이다. 앞서 본 바와 같이 결정이유에까지 기속력을 인정할지 여부 등에 대하여는 신중하게 접근할 필요가 있을 것이나 설령 결정이유에까지 기속력을 인정한다고 하더라도, 이 사건의 경우 위헌결정 이유 중 비맹제외기준이 과잉금지원칙에 위반한다는 점에 대하여 기속력을 인정할 수 있으려면, 결정주문을 뒷받침하는 결정이유에 대하여 적어도 위헌결정의 정족수인 재판관 6인 이상의 찬성이 있어야 할 것이고, 이에 미달할 경우에는 결정이유에 대하여 기속력을 인정할 여지가 없다고 할 것인바, 앞서 본 바와 같이 2003헌마715등 사건의 경우 재판관 7인의 의견으로 주문에서 비맹제외기준이 헌법에 위반된다는 결정을 선고하였으나, 그 이유를 보면 비맹제외기준이 법률유보원칙에 위반한다는 의견과 과잉금지원칙에 위반한다는 의견으로 나뉘면서 비맹제외기준이 과잉금지원칙에 위반한다는 점과 관련하여서는 재판관 5인만이 찬성하였을 뿐이므로 위 과잉금지원칙 위반의 점에 대하여 기속력이 인정될 여지가 없다고 할 것이다. 그렇다면, 국회에서 2003헌마715등 사건의 위헌결정 이후 비맹제외기준을 거의 그대로 유지하는 이 사건 법률조항을 개정하였다고 하더라도, 위와 같이 비맹제외기준이 과잉금지원칙에 위반한다는 점과 관련하여 기속력을 인정할 여지가 없는 이상 입법자인 국회에게 기속력이 미치는지 여부 및 결정주문뿐 아니라 결정이유에까지 기속력을 인정할지 여부 등에 대하여 나아가 살펴볼 필요 없이 이 사건 법률조항이 위 위헌결정의 기속력에 저촉된다고 볼 수는 없을 것이다.[39]

## 5. 장래효·소급효

(1) 장래효와 형벌규정의 소급효[40]

위헌으로 결정된 법률 또는 법률조항은 그 결정이 있는 날로부터 효력을 상실한다(헌법재판소법 제47조 제2항). 형벌에 관한 법률 또는 법률조항은 소급하여 효력을 상실한다. 다만 해당 법률 또는 법률조항에 대하여 종전에 합헌으로 결정한 사건이 있는 경우에는 그 결정이 있는 날의 다음 날로 소급하여 효력을 상실한다(헌법재판소법 제47조 제3항).

---

[39] 헌법재판소는 이 결정에서 비맹제외기준이 과잉금지원칙에 위배되지 않는다고 결정하였다. "이 사건 법률조항은 시각장애인에게 삶의 보람을 얻게 하고 인간다운 생활을 할 권리를 실현시키려는 데에 그 목적이 있으므로 입법목적이 정당하고, 다른 직종에 비해 공간이동과 기동성을 거의 요구하지 않을 뿐더러 촉각이 발달한 시각장애인이 영위하기에 용이한 안마업의 특성 등에 비추어 시각장애인에게 안마업을 독점시킴으로써 그들의 생계를 지원하고 직업활동에 참여할 수 있는 기회를 제공하는 이 사건 법률조항의 경우 이러한 입법목적을 달성하는 데 적절한 수단임을 인정할 수 있다. 나아가 시각장애인에 대한 복지정책이 미흡한 현실에서 안마사가 시각장애인이 선택할 수 있는 거의 유일한 직업이라는 점, 안마사 직역을 비시각장애인에게 허용할 경우 시각장애인의 생계를 보장하기 위한 다른 대안이 충분하지 않다는 점, 시각장애인은 역사적으로 교육, 고용 등 일상생활에서 차별을 받아온 소수자로서 실질적인 평등을 구현하기 위해서 이들을 우대하는 조치를 취할 필요가 있는 점 등에 비추어 최소침해성원칙에 반하지 아니하고, 이 사건 법률조항으로 인해 얻게 되는 시각장애인의 생존권 등 공익과 그로 인해 잃게 되는 일반국민의 직업선택의 자유 등 사익을 비교해 보더라도, 공익과 사익 사이에 법익 불균형이 발생한다고 단정할 수도 없다. 따라서 이 사건 법률조항이 헌법 제37조 제2항에서 정한 기본권제한입법의 한계를 벗어나서 비시각장애인의 직업선택의 자유를 침해하거나 평등권을 침해한다고 볼 수는 없다."

[40] 법률의 효력상실의 의미와 관련하여 당연무효설과 폐지무효설로 대립한다. 당연무효설은 헌법에 위반되는 법률조항은 처음부터 효력을 발생하지 않는 것으로 원천적으로 무효라고 한다. 당연무효설을 취하게 되면 국민의 법생활은 매우 불안정한 상태에 놓이게 되므로 법적 안정성을 위하여 소급효를 제한하는 장치를 두게 된다. 폐지무효설은 위헌으로 결정된 법률의 효력이 처음부터 무효가 되는 것은 아니고, 헌법재판소의 결정에 의하여 비로소 법률의 효력이 폐지된다고 한다. 다만 법률의 효력이 상실하는 시점을 정함에 있어서 법적 안정성을 해치지 않는 시점까지 소급하여 효력을 상실시키는 소급효, 헌법재판소가 결정한 이후부터 효력을 상실시키는 장래효, 헌법재판소의 결정시부터 일정한 기간이 경과한 뒤의 시점부터 효력을 상실시키는 미래효 등으로 정할 수 있다. 헌법재판소법은 장래효를 원칙으로 하면서 형벌조항에 대해서는 소급효를 인정하고 있다.

**입법정책의 문제로서의 위헌 결정된 법률의 소급효·장래효**(헌재 2008.9.25. 2006헌바108)
헌법재판소에 의하여 위헌으로 선고된 법률 또는 법률의 조항이 제정 당시로 소급하여 효력을 상실하는가 아니면 장래에 향하여 효력을 상실하는가의 문제는 특단의 사정이 없는 한 헌법적합성의 문제라기보다는 입법자가 법적 안정성과 개인의 권리구제 등 제반이익을 비교형량하여 가면서 결정할 입법정책의 문제로 보인다. 우리의 입법자는 헌법재판소법 제47조 제2항 본문의 규정을 통하여 형벌법규를 제외하고는 법적 안정성을 더 높이 평가하는 방안을 선택하였는바, 이에 의하여 구체적 타당성이나 평등의 원칙이 완벽하게 실현되지 않는다고 하더라도 헌법상 법치주의의 파생인 법적 안정성 내지 신뢰보호의 원칙에 의하여 이러한 선택은 정당화된다 할 것이고, 특단의 사정이 없는 한 이로써 헌법이 침해되는 것은 아니라 할 것이다.

### (2) 형벌규정의 소급효

1) 형벌에 관한 법률조항은 위헌으로 결정되면 소급하여 효력을 상실한다. 따라서 위헌으로 결정된 법률 또는 법률조항에 근거한 유죄의 확정판결에 대해서는 재심을 청구할 수 있다(헌법재판소법 제47조 제4항).

2) 헌법재판소가 종전에 합헌결정이 있었던 형벌규정에 대하여 위헌결정을 하는 경우에는 그 형벌조항에 대한 합헌결정이 있는 날의 다음 날로 소급하여 효력을 상실하도록 하여 소급효를 제한하고 있다.

3) 법원에 계속 중인 사건에서 형벌규정에 대한 헌법재판소의 위헌결정이 있게 되면 '피고사건이 범죄로 되지 아니한 때'(형사소송법 제325조)에 해당하여 무죄를 선고한다(대판 1992.5.8. 91도2825; 대판 2010.12.16. 2010도5958).[41]

4) 소급효는 법률의 적용을 받는 자에게 유리한 경우에 한정되며, 불이익한 결과를 가져오는 경우에는 소급효가 인정되지 않는다.

**불이익한 결과를 가져오는 경우 소급효 인정 여부**(헌재 1997.1.16. 90헌마110 등)
법 제47조 제2항 단서의 규정취지는 형벌에 관한 법률조항에 있어서는 이를 소급적으로 실효시킴으로써 당해 법률조항이 적용되는 유죄판결을 제거 내지 방지함으로써 실질적 정의를 실현하는 것이 법치국가의 원리의 또 다른 이념인 법적 안정성의 요청보다 중요하며, 형사판결에 있어서의 실질적 정의는 위헌적인 법률을 적용한 확정된 유죄판결에까지도 그 법률에 대한 위헌결정의 효력을 미치게 할 때에 실현될 수 있다는 데 있다. 그런데 이 사건 법률조항인 특례법 제4조 제1항은 비록 형벌에 관한 것이기는 하지만 불처벌의 특례를 규정한 것이어서 위 법률조항에 대한 위헌결정의 소급효를 인정할 경우 오히

---

[41] 형벌규정에 대한 위헌결정의 효력으로 인해 수사단계에서는 수사를 종결하며, 기소단계에서 검사는 다른 공소사실로 공소장을 변경하거나 공소를 취소한다. 법원에 계속 중인 사건에서는 무죄판결을 한다. 법원판결 후 확정되기 이전에 위헌결정이 있는 경우에는 항소 또는 상고이유가 되며, 법원의 판결이 확정된 경우에는 재심에 의해 구제받게 된다(대판 1992.5.8. 91도2825 ; 대판 2010.12.16. 2010도5958 참조).

려 그 조항에 의거하여 형사처벌을 받지 않았던 자들에게 형사상의 불이익이 미치게 되므로 이와 같은 경우까지 헌법재판소법 제47조 제2항 단서의 적용범위에 포함시키는 것은 그 규정취지에 반한다.

### (3) 비형벌조항의 소급효

#### 1) 장래효 원칙과 소급효의 인정

헌법재판소법은 형벌규정 이외의 일반 법규에 대해서는 장래효를 원칙으로 하고 있다. 장래효는 법적 안정성과 신뢰보호에는 기여하지만, 당사자의 권리구제는 충실하지 않을 수 있다. 헌법재판소와 대법원은 당사자의 권리구제를 위한 구체적 타당성의 요청을 이유로 비형벌조항의 경우에도 위헌결정의 소급효를 인정하고 있다.

#### 2) 헌법재판소의 입장

① 헌법재판소는 구체적 규범통제의 실효성을 보장하기 위하여 다음과 같은 경우에는 소급효를 인정할 수 있다고 결정하였다.

ⅰ) 법원의 제청·헌법소원의 청구 등을 통하여 헌법재판소에 법률의 위헌결정을 위한 계기를 부여한 당해 사건

ⅱ) 위헌결정이 있기 전에 이와 같은 조항의 위헌 여부에 관하여 헌법재판소에 위헌제청을 하였거나 법원에 위헌제청신청을 한 경우의 당해 사건

ⅲ) 위헌제청신청을 하지 아니하였지만 당해 법률 또는 법률의 조항이 재판의 전제가 되어 법원에 계속 중인 사건

② 당사자의 권리구제를 위한 구체적 타당성의 요청이 현저한 반면에, 소급효를 인정하여도 법적 안정성을 침해할 우려가 없고 나아가 구법에 의하여 형성된 기득권자의 이득이 침해될 사안이 아닌 경우로서 소급효의 부인이 오히려 정의와 형평 등 헌법적 이념에 심히 배치되는 때에도 소급효를 인정할 수 있다.

**소급효가 인정되는 경우**(헌재 1993.5.13. 92헌가10)
형벌법규 이외의 일반 법규에 관하여 위헌결정에 불소급의 원칙을 채택한 법 제47조 제2항 본문의 규정 자체에 대해 기본적으로 그 합헌성에 의문을 갖지 않지만 위에서 본바 효력이 다양할 수밖에 없는 위헌결정의 특수성 때문에 예외적으로 그 적용을 배제시켜 부분적인 소급효의 인정을 부인해서는 안 될 것이다. 우선 생각할 수 있는 것은, 구체적 규범통제의 실효성의 보장의 견지에서 법원의 제청·헌법소원의 청구 등을 통하여 헌법재판소에 법률의 위헌결정을 위한 계기를 부여한 당해 사건, 위헌결정이 있기 전에 이와 동종의 위헌 여부에 관하여 헌법재판소에 위헌제청을 하였거나 법원에 위헌제청신청을 한 경우의 당해 사건, 그리고 따로 위헌제청신청을 아니하였지만 당해 법률 또는 법률의 조항이 재판의 전제가 되어 법원에 계속 중인 사건에 대하여는 소급효를 인정하여야 할 것이다. 또 다른 한 가지의 불소급의 원칙의 예외로 볼 것은, 당사자의 권리구제를 위한 구체

적 타당성의 요청이 현저한 반면에 소급효를 인정하여도 법적 안정성을 침해할 우려가 없고 나아가 구법에 의하여 형성된 기득권자의 이익이 해쳐질 사안이 아닌 경우로서 소급효의 부인이 오히려 정의와 형평 등 헌법적 이념에 심히 배치되는 때라고 할 것으로, 이 때에 소급효의 인정은 법 제47조 제2항 본문의 근본취지에 반하지 않을 것으로 생각한다.

3) 대법원의 입장

① 대법원은 헌법재판소에 법률의 위헌결정의 계기를 부여한 당해 사건에 대하여 소급효를 인정한다고 판시한 이후, 단계적으로 소급효가 인정되는 범위를 확대하여 당해 사건, 동종사건, 병행사건뿐만 아니라 위헌결정 이후에 제소된 일반사건까지 위헌결정의 소급효를 인정한다. 다만 예외적으로 법적 안정성 등을 이유로 소급효를 제한하고 있다.

**소급효가 인정되는 경우**(대판 2010.10.14. 2010두11016)
헌법재판소의 위헌결정의 효력은 위헌제청을 한 '당해 사건', 위헌결정이 있기 전에 이와 동종의 위헌 여부에 관하여 헌법재판소에 위헌여부심판제청을 하였거나 법원에 위헌여부심판제청신청을 한 '동종사건'과 따로 위헌제청신청은 아니하였지만 당해 법률 또는 법률 조항이 재판의 전제가 되어 법원에 계속 중인 '병행사건'뿐만 아니라, 위헌결정 이후에 위와 같은 이유로 제소된 '일반사건'에도 미친다고 할 것이나, 위헌결정의 효력은 그 미치는 범위가 무한정일 수는 없고, 다른 법리에 의하여 그 소급효를 제한하는 것까지 부정되는 것은 아니라 할 것이며, 법적 안정성의 유지나 당사자의 신뢰보호를 위하여 불가피한 경우에 위헌결정의 소급효를 제한하는 것은 오히려 법치주의의 원칙상 요청되는 바이다.

**소급효가 인정되는 경우**(대판 1994.10.25. 93다42740)
헌법재판소의 위헌결정의 효력은 위헌제청을 한 당해 사건, 위헌결정이 있기 전에 이와 동종의 위헌 여부에 관하여 헌법재판소에 위헌여부심판제청을 하였거나 법원에 위헌여부심판제청신청을 한 경우의 당해 사건과 따로 위헌제청신청은 아니하였지만 당해 법률 또는 법률의 조항이 재판의 전제가 되어 법원에 계속 중인 사건뿐만 아니라 위헌결정 이후에 위와 같은 이유로 제소된 일반사건에도 미친다고 할 것이나, 그 미치는 범위가 무한정일수는 없고 법원이 위헌으로 결정된 법률 또는 법률의 조항을 적용하지는 않더라도 다른 법리에 의하여 그 소급효를 제한하는 것까지 부정되는 것은 아니라 할 것이며, 법적 안정성의 유지나 당사자의 신뢰보호를 위하여 불가피한 경우에 위헌결정의 소급효를 제한하는 것은 오히려 법치주의의 원칙상 요청되는 바라 할 것이다.

② 대법원은 원칙적으로 모든 사건에 대하여 위헌결정의 소급효를 인정하면서도 법적 안정성이나 당사자의 신뢰보호를 위해서는 소급효를 제한하고 있다. 확정판결이 선고되어 기판력이 발생한 경우, 행정처분의 확정력이 발생한 경우에는 소급효가 미치지 않는다.

> **소급효가 미치지 않는 경우**(대판 1994.10.28. 92누9463)
> 위헌인 법률에 근거한 행정처분이 당연무효인지의 여부는 위헌결정의 소급효와는 별개의 문제로서, 위헌결정의 소급효가 인정된다고 하여 위헌인 법률에 근거한 행정처분이 당연무효가 된다고는 할 수 없고, 오히려 이미 취소소송의 제기기간을 경과하여 확정력이 발생한 행정처분에는 위헌결정의 소급효가 미치지 않는다고 보아야 한다.[42]

> **소급효가 미치지 않는 경우**(대판 2009.5.14. 2007두16202)
> 헌법재판소가 한 위헌결정의 효력은 위헌결정 이후에 제소된 사건으로서 위헌으로 결정된 당해 법률조항이 재판의 전제가 되는 일반사건에도 미친다고 할 것이나, 다른 법리에 의하여 그 소급효를 제한하는 것까지 부정되는 것은 아니고, 법적 안정성 유지나 당사자의 신뢰보호를 위하여 불가피한 경우에 그 소급효를 제한하는 것은 오히려 법치주의의 원칙상 요청되는 바이다. 그런데 공무원연금법 제47조 제2호 내지 제5호 에 대한 헌법재판소의 위헌결정에 관하여는, 그 이후 제소된 일반사건에 대하여도 위헌결정의 소급효를 인정할 경우 그로 인하여 보호되는 수급자들의 권리구제라는 구체적 타당성 등의 요청에 비하여 종래의 법령에 의하여 형성된 공무원연금제도에 관한 법적 안정성과 신뢰보호의 요청이 현저하게 우월하므로, 위 위헌결정의 소급효는 제한되어 위헌결정 이후 제소된 일반사건에 미치지 아니한다고 할 것이다.

## 6. 위헌법률에 근거한 행정처분의 효력

위헌법률에 기한 행정처분이라고 하더라도 쟁송기간이 경과하여 불가쟁력이 발생하여 더 이상 다툴 수 없게 되었다면 위헌결정의 효력은 이에 미치지 않는다. 헌법재판소와 대법원은 행정청이 어떠한 법률에 근거하여 행정처분을 한 후 헌법재판소가 그 법률을 위헌으로 결정하였다면, 행정처분은 결과적으로 법률의 근거 없이 행하여진 것과 마찬가지여서 하자 있는 것으로 되지만, 특별한 사정이 없는 한 그러한 하자는 행정처분의 취소사유일 뿐 당연무효사유는 아니라고 한다.

---

[42] 원심판결 이유에 의하면, 원심은 원고가 이 사건 1995. 10. 31.자 초과소유부담금 부과처분(제1처분)에 대한 취소소송을 제기하고 그 사건과 관련하여 헌법소원심판을 청구하여 1999. 4. 29. 헌법재판소로부터 위 처분의 근거가 된 택지소유상한에관한법률이 위헌이라는 결정이 내려지자, 이 사건 1996. 8. 29.자 초과소유부담금 부과처분(제2처분)도 당연무효이므로 제2처분에 따라 납부한 초과소유부담금은 법률상 원인 없는 것으로 반환되어야 한다고 주장하면서 이 사건으로 반환을 청구함에 대하여 제2처분의 근거가 된 위 법률을 헌법재판소가 위헌으로 결정함으로써 제2처분은 법률의 근거가 없이 행하여진 것과 마찬가지가 되어 하자가 있는 것이 된다고 할 것이나, 특별한 사정이 없는 한 그 처분에 대한 취소소송의 전제가 될 수 있을 뿐 처분을 당연무효로 하는 사유는 아니라고 봄이 상당하고, 제2처분은 제1처분과는 별개의 처분으로 그에 대한 취소소송 제기기간이 이미 경과하였으므로 확정력이 발생하여 위헌결정의 소급효가 미치지도 않는다고 판단하면서 원고의 청구를 배척하였는바, 원심의 판단은 앞서 든 법리에 비추어 정당하고, 원고가 제2처분에 대하여는 그 근거가 된 위 법률의 위헌성을 지적하여 행정심판을 청구하였다가 기각재결을 받았다거나 그 밖에 원고에게 투기 목적이 없었다는 등의 사정이 있다고 하여 제2처분에 대하여는 예외적으로 위헌결정의 소급효가 미쳐 당연무효라고 볼 수 없으므로, 원심의 판단에 논하는 바와 같이 위헌결정의 소급효에 관한 법리를 오해한 위법이 있다고 할 수 없다(대판 2000.6.9. 2000다16329).

> **위헌법률에 근거한 행정처분의 효력**(헌재 2014.1.28. 2010헌바251)
>
> 비록 위헌인 법률에 기한 행정처분이라고 하더라도 그 행정처분에 대하여 법령에 정한 제소기간이 모두 경과하는 등 더 이상 취소소송을 제기하여 다툴 수 없게 된 때에는 그 뒤에 한 위헌결정의 효력이 이에 미치지 않는다고 보아야 한다. 제소기간이 경과함으로써 그 행정처분을 더 이상 다툴 수 없게 된 뒤에도 당사자 또는 이해관계인이 그 처분의 무효확인소송이나 처분의 효력 유무를 선결문제로서 다투는 민사소송 등에서 언제든지 그 처분의 근거 법률이 위헌이라는 이유를 들어 그 처분의 효력을 부인할 수 있도록 한다면, 그 처분으로 불이익을 받은 개인의 권리구제에는 더없는 장점이 되기는 하겠지만, 이로 말미암아 제소기간의 규정을 두고 있는 현행의 행정쟁송제도가 뿌리째 흔들리게 됨은 물론, 기존의 법질서에 의하여 형성된 법률관계와 이에 기초한 다른 개인의 법적 지위에 심각한 불안정을 초래할 수 있다. 이러한 결과는 헌법재판소법 제47조 제2항이 법률의 위헌결정의 효력을 장래에 미치도록 규정함으로써 법적 안정성을 도모하는 취지에 반하는 것일 뿐만 아니라, 비록 위헌인 법률이라 하더라도 헌법재판소의 위헌결정에 의하여 비로소 형성적으로 그 효력을 잃게 되는 것이므로 헌법재판소의 위헌결정이 있기 전에는 어느 누구도 그 법률의 효력을 부인할 수는 없다는 이치에도 어긋나는 것이다. 이렇게 본다고 하여 위헌법률심판에 의한 구체적 규범통제의 실효성 확보나 개인의 권리구제에 심각한 지장이 생긴다고 단정할 수 없다. 행정처분의 당사자 또는 법적 이해관계인은 그 처분에 대한 법령상의 제소기간이 경과하기 전에 적법한 소송을 제기하고 그 사건에서 그 처분의 근거가 된 법률이 위헌이라고 주장하여 법원이 이에 대하여 위헌 여부 심판을 제청하는 길과 제청신청이 기각되는 경우 헌법재판소법 제68조 제2항에 따라 헌법소원심판을 청구하여 위헌법률 및 이에 근거한 행정처분의 효력을 당해 사건에서 소급적으로 제거할 수 있는 길이 열려 있기 때문이다. 결국 위헌인 법률에 근거한 행정처분의 당사자 또는 법적 이해관계인에게는 법령상 인정된 제소기간 내에 적법한 소송을 제기하여 그 절차 내에서 그 행정처분의 근거가 된 법률 또는 법률조항의 위헌 여부를 다툴 수 있도록 보장하고, 제소기간의 경과 등 그 처분에 대하여 더 이상 다툴 수 없게 된 때에는 비록 위헌인 법률에 근거한 행정처분이라 하더라도 되도록 그 효력을 유지하도록 함으로써 다 같이 헌법상 지켜져야 할 가치인 법적 안정성과 개인의 권리구제를 조화시킴이 바람직한 길이다. 바로 이러한 이유 때문에 대법원은, 행정청이 어떠한 법률에 근거하여 행정처분을 한 후 헌법재판소가 그 법률을 위헌으로 결정한 경우 그 행정처분은 결과적으로 법률의 근거 없이 행하여진 것과 마찬가지여서 하자 있는 것으로 되지만, 일반적으로 법률이 헌법에 위반된다는 사정은 헌법재판소의 위헌결정이 있기 전에는 객관적으로 명백한 것이라고 할 수는 없으므로, 특별한 사정이 없는 한 그러한 하자는 행정처분의 취소사유일 뿐 당연무효사유는 아니라고 판시해 오고 있는 것이다.

## V. 변형결정

헌법재판소법 제45조에서는 "헌법재판소는 제청된 법률 또는 법률조항의 위헌 여부만을 결정한다."고 하여, 심판대상 법률에 대하여 합헌과 위헌으로 결정하도록 정하고 있다.

그런데 헌법재판소는 합헌결정과 위헌결정뿐만 아니라 중간영역의 주문형식으로도 결정하고 있다. 한정합헌결정, 한정위헌결정, 헌법불합치결정 등의 주문형식을 채택하고 있으며, 이를 변형결정이라 한다.

> **변형결정의 필요 여부 및 의의**(헌재 1991.3.11. 91헌마21)
> 위헌이냐 합헌이냐의 결정 외에 한정합헌 또는 헌법불합치 등 중간영역의 주문형식은 헌법을 최고법규로 하는 통일적인 법질서의 형성을 위하여서 필요할 뿐 아니라 입법부가 제정한 법률을 위헌이라고 하여 전면폐기하기보다는 그 효력을 가급적 유지하는 것이 권력분립의 정신에 합치하고 민주주의적 입법기능을 최대한 존중하는 것이라 할 것이며, 그것은 국민의 대표기관으로서 입법형성권을 가지는 국회의 정직성·성실성·전문성에 대한 예우이고 배려라고 할 것이다.

## VI. 한정합헌결정과 한정위헌결정

### 1. 한정합헌결정과 한정위헌결정의 의의

헌법재판소는 법률의 의미가 다의적으로 해석이 가능한 경우 헌법에 합치하는 법률해석을 선택함으로써 법률의 효력을 유지하기 위한 결정형식을 채택한다(헌재 2002.11.28. 98헌바101 등).

> **원칙적으로 합헌적 해석을 하는 이유**(헌재 2002.11.28. 98헌바101 등)
> 어떤 법률에 대한 여러 갈래의 해석이 가능할 때에는 원칙적으로 헌법에 합치되는 해석을 하여야 한다. 왜냐하면 국가의 법질서는 헌법을 최고법규로 하여 그 가치질서에 의하여 지배되는 통일체를 형성하는 것이며 그러한 통일체 내에서 상위규범은 하위규범의 효력근거가 되는 동시에 해석근거가 되기 때문이다.

(1) 한정합헌결정

한정합헌결정은 심판대상인 법률조항이 다의적으로 해석 가능한 경우, 법률조항 자체에 대하여 위헌결정을 하는 것이 아니라 위헌적인 해석 가능성을 배제하고 헌법과 조화될 수 있는 방향으로 축소 한정하여 해석·적용하는 결정유형이다.

(2) 한정위헌결정

한정위헌결정은 심판대상인 법률조항의 다의적 해석 가능성 중에서 헌법과 조화될 수 없는 내용을 분명히 밝힘으로써 위헌적인 법해석이나 적용을 배제하는 결정유형이다.

> **한정위헌결정 가능 여부**(헌재 2012.12.27. 2011헌바117)
> 헌법재판소가 구체적 규범통제권을 행사하기 위하여 법률조항을 해석함에 있어 당해 법률 조항의 의미가 다의적이거나 넓은 적용영역을 가지는 경우에는 가능한 한 헌법에 합치하는 해석을 선택함으로써 법률조항의 효력을 유지하도록 하는 것(헌법합치적 법률해석의 원칙)은 규범통제절차에 있어서의 규범유지의 원칙이나 헌법 재판의 본질에서 당연한 것이다. 나아가 구체적 규범통제절차에서 당해 사건에 적용되는 법률조항이 다의적 해석가

능성이나 다의적 적용가능성을 가지고 있고 그 가운데 특정한 해석이나 적용부분만이 위헌이라고 판단되는 경우, 즉 부분적·한정적으로 위헌인 경우에는 그 부분에 한정하여 위헌을 선언하여야 하는 것 역시 당연한 것이다. 즉 심판대상 법률조항의 해석가능성이나 적용가능성 중 부분적·한정적으로 위헌부분이 있는 경우에는 당해 법률조항 전체의 합헌을 선언할 수 없음은 앞서 본 법리에 비추어 자명한 것이고, 반면에 부분적·한정적인 위헌 부분을 넘어 법률조항 전체의 위헌을 선언하게 된다면, 그것은 위헌으로 판단되지 않은 수많은 해석·적용부분까지 위헌으로 선언하는 결과가 되어 규범통제에 있어서 규범유지의 원칙과 헌법합치적 법률해석의 원칙에도 부합하지 않게 될 것이다.

## 2. 한정합헌결정과 한정위헌결정의 관계

(1) 질적 일부위헌결정

한정합헌결정은 한정적 축소해석을 통하여 일정한 합헌적 의미를 밝힌 것이며, 그러한 의미를 넘어선 확대해석은 헌법에 합치되지 않는다는 결정유형으로 위헌결정의 유형이다(헌재 1992.2.25. 89헌가104). 따라서 한정위헌결정뿐만 아니라 한정합헌결정은 모두 질적인 일부위헌결정이다.

> 한정합헌결정의 의미(헌재 1992.2.25. 89헌가104)
> 주문 " … 그러한 해석하에 헌법에 위반되지 아니한다."라는 문귀의 취지는 군사기밀보호법 제6조, 제7조, 제10조, 제2조 제1항 소정의 군사상의 기밀의 개념 및 그 범위에 대한 한정축소해석을 통하여 얻어진 일정한 합헌적 의미를 천명한 것이며 그 의미를 넘어선 확대해석은 바로 헌법에 합치하지 아니하는 것으로서 채택될 수 없다는 뜻이다.

(2) 동일한 결정유형

헌법재판소는 한정합헌결정과 한정위헌결정은 모두 질적인 일부위헌결정으로서 서로 표리관계에 있다고 한다. 어떤 법률조항이 다의적으로 해석될 가능성이 있는 경우, 일정한 해석·적용영역을 한정하여 그 범위 내에서는 합헌 또는 위헌이라는 의미이며, 그 범위 밖의 영역은 위헌 또는 합헌을 의미하게 된다. 그러므로 한정합헌결정과 한정위헌결정은 표현만 다를 뿐 사실상 같은 성질의 것으로 이해되고 있다.[43]

---

43) 한정합헌결정과 한정위헌결정은 별개의 결정유형으로 이해되기도 한다. 한정위헌결정은 위헌으로 해석되는 부분의 나머지 부분은 위헌이 아니라는 것일 뿐, 합헌으로 해석된다고 확정되지 않는다. 따라서 이후에 헌법재판소가 나머지 부분에 대하여 위헌으로 해석되는 의미를 발견한 경우에는 위헌으로 해석되는 부분을 다시 제거할 수 있다고 한다. 반면에 한정합헌결정은 법률조항의 일정한 부분이 합헌으로 유지되기 위해서는 위헌으로 효력을 가질 수 없는 의미가 모두 확정되어 제거되어야 하므로, 합헌으로 해석되는 의미 이외의 나머지 부분은 모두 위헌으로 된다는 논리를 가지고 있다. 이처럼 한정합헌결정은 논리적으로 볼 때 법률의 해석·적용상 중대한 결함을 지니고 있기 때문에 논리적 모순이 없는 극히 한정된 경우에만 성립할 수 있다고 한다.

> 한정합헌결정과 한정위헌결정의 차이 유무(헌재 1997.12.24. 96헌마172)
> 두 가지 방법은 서로 표리관계에 있는 것이어서 실제적으로는 차이가 있는 것이 아니다. 합헌적인 한정축소해석은 위헌적인 해석 가능성과 그에 따른 법적용을 소극적으로 배제한 것이고, 적용범위의 축소에 의한 한정적 위헌선언은 법적용 영역과 그에 상응하는 해석가능성을 적극적으로 배제한다는 뜻에서 차이가 있을 뿐 본질적으로 다 같은 부분위헌결정이다.

### 3. 한정합헌결정·한정위헌결정의 기속력

헌법재판소는 한정합헌결정과 한정위헌결정은 위헌결정이므로 기속력을 가진다고 결정하였다. 한정합헌결정과 한정위헌결정의 기속력에 따라 모든 국가기관은 헌법재판소의 구체적인 결정에 따라야 하며, 헌법재판소의 결정을 존중해야 한다. 한정합헌결정의 경우 헌법재판소가 합헌적이라고 해석한 의미 이외의 내용으로 해석·적용하는 것은 헌법에 위반된다. 한정위헌결정도 위헌이라고 해석하여 적용을 배제한 범위 내에서 국가기관 및 지방자치단체를 기속한다. 반면에 대법원은 한정합헌결정이나 한정위헌결정은 법원을 기속하지 않는다고 하여 법원에 대한 기속력을 부정하고 있다(대판 2009.2.12. 2004두10289).

> 한정합헌결정·한정위헌결정의 기속력 유무(헌재 1997.12.24. 96헌마172 등)
> 헌법재판소의 법률에 대한 위헌결정에는 단순위헌결정은 물론, 한정합헌, 한정위헌결정과 헌법불합치결정도 포함되고 이들은 모두 당연히 기속력을 가진다.

> 한정합헌결정·한정위헌결정의 법원에 대한 기속력 유무(대판 2009.2.12. 2004두10289)
> 구체적 분쟁사건의 재판에 즈음하여 법률 또는 법률조항의 의미·내용과 적용 범위가 어떠한 것인지를 정하는 권한, 곧 법령의 해석·적용 권한은 사법권의 본질적 내용을 이루는 것이고, 법률이 헌법규범과 조화되도록 해석하는 것은 법령의 해석·적용상 대원칙이다. 따라서 합헌적 법률해석을 포함하는 법령의 해석·적용 권한은 대법원을 최고법원으로 하는 법원에 전속하는 것이며, 헌법재판소가 법률의 위헌 여부를 판단하기 위하여 불가피하게 법원의 최종적인 법률해석에 앞서 법령을 해석하거나 그 적용 범위를 판단하더라도 헌법재판소의 법률해석에 대법원이나 각급 법원이 구속되는 것은 아니다.

## Ⅶ. 헌법불합치결정

### 1. 헌법불합치결정의 의의

헌법불합치결정은 위헌결정의 일종으로 심판대상 법률조항이 위헌이라고 하더라도 입법자의 입법형성권을 존중하여 단순위헌결정을 하지 않고 헌법에 합치되지 아니한다고 선언하는 결정유형이다(헌재 2002.5.30. 2000헌마81).

> 헌법불합치결정의 의의(헌재 2002.5.30. 2000헌마81)
> 헌법불합치결정은 헌법재판소법 제47조 제1항에 정한 위헌결정의 일종으로서, 심판대상이 된 법률조항이 실질적으로는 위헌이라 할지라도 그 법률조항에 대하여 단순위헌결정을 선고하지 아니하고 헌법에 합치하지 아니한다는 선언에 그침으로써 헌법재판소법 제47조 제2항 본문의 효력상실을 제한적으로 적용하는 변형위헌결정의 주문형식이다.

## 2. 헌법불합치결정의 채택이유

심판대상 법률조항에 대하여 단순위헌결정을 하게 되면 근거규정의 부재로 인한 법적 혼란을 초래할 수 있다. 특히 심판대상 법률조항이 평등원칙에 위배되거나 위헌부분과 합헌부분의 경계가 불분명한 경우 헌법재판소는 입법자의 입법형성권을 존중하고 법적 공백 등을 방지하기 위하여 헌법불합치결정을 한다.

(1) 법적 공백상태의 방지

단순위헌결정을 하여 법률의 효력을 상실시킬 경우 발생할 수 있는 법적 공백상태의 방지와 근거규정의 부재로 인한 법적 혼란(헌재 1998.8.27. 96헌가22 등)을 방지하기 위하여 헌법불합치결정을 한다.

> 법적 혼란 방지를 위한 헌법불합치결정(헌재 1998.8.27. 96헌가22 등)
> 이 사건 법률조항은 헌법에 위반되므로 원칙으로 위헌결정을 하여야 할 것이나, 이에 대하여 단순위헌결정을 하여 당장 그 효력을 상실시킬 경우에는 고려기간 내에 승인이나 포기를 하지 아니한 경우 상속으로 인한 법률관계를 확정할 수 있는 법률근거가 없어지는 법적 공백상태가 되고, 이로 말미암아 특히 상속채무가 적극재산을 초과하지 아니하는 경우나 상속인이 그 귀책사유로 인하여 고려기간을 도과한 경우에도 상속으로 인한 법률관계를 확정할 수 없게 되는 법적 혼란을 초래할 우려가 있다.

> 법적 공백상태 방지를 위한 헌법불합치결정(헌재 2012.8.23. 2010헌바28)
> 오염원인자조항에 대하여 단순위헌결정을 하여 당장 그 효력을 상실시킬 경우에는 토양오염관리대상시설의 양수자를 오염원인자로 간주할 근거규정이 사라져 법적 공백상태가 발생하게 될 것이고, 입법자에게는 위헌적인 상태를 제거할 수 있는 여러 가지의 가능성이 인정되므로, 이 사건 오염원인자조항에 대하여 단순위헌결정을 하는 대신 적용중지를 명하는 헌법불합치결정을 한다.

(2) 평등원칙 위반

헌법재판소가 불합치결정을 하는 대표적 사유가 법률이 평등원칙에 위반되는 경우이다. 평등원칙에 위배되는 법률을 위헌선언하는 경우 국가로부터 받는 정당한 급부의 혜택이 중단되는 결과가 발생할 수 있다. 헌법재판소는 법률의 위헌성을 제거하고 평등원칙에 합치되는 상태를 실현할 수 있는 선택가능성을 입법자에게 촉구하는 헌법불합치결정을 하게 된다. 반면에 자유권을 침해하는 법률이 위헌인 경우에는 평등원칙과는 달리 헌법재판소가 결정을 내리는 과정에서 고려해야 하는 입법자의 형성권이 원칙적으로 존재하지 않으므로 위헌결정을 함으로써 합헌성이 회복된다.

> **법률의 평등원칙 위반인 경우와 자유권을 침해한 경우의 헌법재판소의 결정**(헌재 2002.5.30. 2000헌마81)
> 법률이 평등원칙에 위반된 경우가 헌법재판소의 불합치결정을 정당화하는 대표적인 사유라고 할 수 있다. 반면에, 자유권을 침해하는 법률이 위헌이라고 생각되면 무효선언을 통하여 자유권에 대한 침해를 제거함으로써 합헌성이 회복될 수 있고, 이 경우에는 평등원칙 위반의 경우와는 달리 헌법재판소가 결정을 내리는 과정에서 고려해야 할 입법자의 형성권은 존재하지 않음이 원칙이다.

(3) 위헌부분과 합헌부분의 경계가 불분명한 경우[44]

법률조항의 내용이 일부는 위헌이고 일부는 합헌인 경우, 위헌부분과 합헌부분의 경계가 불분명한 경우 헌법재판소는 헌법불합치결정을 할 수 있다. 평등원칙 위반이 아닌 자유권 등 다른 기본권의 침해의 경우에도 법률의 합헌부분과 위헌부분의 경계가 불분명하여 입법자에게 위헌적인 상태를 제거할 수 있는 여러 가지 가능성이 있다면 헌법불합치결정을 한다. 이 경우 입법자의 형성권이 헌법불합치결정을 정당화하는 근거가 될 수 있다.

> **위헌부분과 합헌부분의 경계가 불분명한 경우 헌법재판소의 결정**(헌재 2002.5.30. 2000헌마81)
> 자유권을 침해하는 법률이 위헌이라고 생각되면 무효선언을 통하여 자유권에 대한 침해를 제거함으로써 합헌성이 회복될 수 있고, 이 경우에는 평등원칙 위반의 경우와는 달리 헌법재판소가 결정을 내리는 과정에서 고려해야 할 입법자의 형성권은 존재하지 않음이 원칙이다. 그러나 그 경우에도 법률의 합헌부분과 위헌부분의 경계가 불분명하여 헌법재

---

[44] 헌재 2009.9.24. 2008헌가25. 재판관 조대현의 적용중지의견 : 법률조항의 내용 중 일부는 위헌이고 일부는 합헌인 경우에는 위헌부분만 실효시키고 합헌부분은 존속시켜야 한다. 그런데, 법률조항의 내용 중 일부는 위헌이고 일부는 합헌인 경우에 위헌부분을 특정하여 가려낼 수 없거나 권력분립의 원칙상 위헌부분과 합헌부분을 구분하는 일을 입법형성권에 맡기는 것이 타당한 경우에는, 헌법재판소가 위헌부분을 특정할 수 없기 때문에 위헌부분에 대해서만 위헌선언할 수가 없다. 그리고 법률조항의 위헌부분과 합헌부분을 특정할 수 없는 경우에 그 법률조항을 전부 실효시키면 합헌부분까지 부당하게 실효되어 입법권의 침해와 입법의 공백이 초래되고, 그 법률조항을 전부 존속시키면 위헌부분의 규범력까지 존속시키게 되어 위헌법률심판제도의 사명을 포기하게 된다. 그래서 이러한 경우에는 그 법률조항 전부에 대하여 헌법에 합치되지 아니한다는 결정을 선고하고 위헌부분과 합헌부분을 국회의 개선입법에 의하여 구분시키는 방법을 취하지 않을 수 없다. 이러한 헌법불합치결정은 헌법재판소가 법률 내용의 일부가 위헌임을 선언하면서 그 위헌부분의 특정을 국회의 입법형성권에 맡기는 것이므로, 법률의 위헌부분과 합헌부분을 구분하는 일이 입법형성권의 소관에 속하기 때문에 헌법재판소가 스스로 위헌부분을 특정할 수 없는 경우에만 허용된다고 할 것이다. 헌법재판소가 스스로 위헌부분을 특정할 수 있는 경우에는 그 위헌부분에 대하여 위헌결정을 하여 효력을 상실시켜야 하므로 헌법불합치결정을 할 수 없다. 선례는 헌법불합치결정이 정당화되는 경우로서 법률조항의 합헌부분과 위헌부분의 경계가 모호한 경우 외에, 평등원칙 위반의 위헌결정이 기존 수혜자의 권익을 부당하게 박탈하는 경우와 위헌결정이 법적 공백을 초래할 우려가 있는 경우를 들고 있지만, 그러한 경우도 구체적으로 따져 보면 모두 법률조항의 내용에 합헌부분과 위헌부분이 공존하고 그 구분업무가 국회의 입법형성권에 속하는 경우라고 할 수 있다.

판소의 단순위헌결정으로는 적절하게 구분하여 대처하기가 어렵고, 다른 한편으로는 권력분립의 원칙과 민주주의원칙의 관점에서 입법자에게 위헌적인 상태를 제거할 수 있는 여러 가지의 가능성을 인정할 수 있는 경우에는, 자유권의 침해에도 불구하고 예외적으로 입법자의 형성권이 헌법불합치결정을 정당화하는 근거가 될 수 있다.

### (4) 입법형성권 존중

위헌적 상태를 제거하는데 있어서 여러 가지 가능성이 있을 때 헌법재판소는 단순위헌결정 대신 헌법불합치결정을 한다. 위헌적인 규정을 합헌적으로 조정하는 것은 입법자의 형성권에 속하고, 위헌성을 어떤 방법으로 제거할 것인가는 입법 정책적 사항이므로 입법자의 형성권을 고려하여 헌법불합치결정을 한다(헌재 1998.8.27. 96헌가22).[45]

> 입법형성권 존중의 의미로서의 헌법불합치결정(헌재 1998.8.27. 96헌가22 등)
> 위헌적인 규정을 합헌적으로 조정하는 임무는 원칙적으로 입법자의 형성재량에 속하는 사항이라고 할 것인데, 이 사건 법률조항의 위헌성을 어떤 방법으로 제거하여 새로운 입법을 할 것인가에 관하여는 여러 가지 방안이 있을 수 있고, 그 중에서 어떤 방안을 채택할 것인가는 입법자가 우리의 상속제도, 상속인과 상속채권자 등 이해관계인들의 이익, 법적 안정성 등 여러 가지 사정을 고려하여 입법 정책적으로 결정할 사항이라고 할 것이므로, 이 사건 법률조항에 대하여 단순위헌결정을 할 것이 아니라 헌법불합치결정을 선고하여야 할 것이다.

## 3. 헌법불합치결정의 효력

### (1) 위헌확인과 효력유지

헌법불합치결정이 있게 되면 심판대상인 법률조항은 헌법에 위반됨에도 불구하고 그 효력은 바로 상실되지 않고 형식적으로나마 존재한다. 위헌적인 상태를 제거하고, 합헌적인 상태를 실현하는 것은 입법자가 해야 할 일이기 때문이다.

### (2) 적용중지

#### 1) 적용중지와 개정 법률의 소급적용

헌법불합치결정은 위헌결정의 일종이므로 불합치 선언된 법률의 적용은 부인되는 것이 원칙이다(헌재 2010.7.29. 2008헌가15). 헌법불합치결정이 있는 경우 법적용기관은 개선입법이 있을 때까지 계속된 절차를 중지하여야 하고 입법자의 입법개선을 기다려 개정된 법률을 적용하여야 한다(헌재 2004.1.29. 2002헌바40 등). 위헌법률심판절차에서 당해 소송사건의 재판은 정지되는데, 헌법재판소가 헌법불합치결정을 하면 헌법불합치결정 된 법률조항은 당해 사건에 적용할 수 없으며, 정지된 재판은 여전히 정지된다. 법원은 입법자의 개선입법을 기다려 그에 따라 재판을 해야 한다.[46] 헌법불합치결정은

---

45) 국회의 입법형성의 자유를 존중한다는 이유로 헌법불합치결정을 하는 것은 헌법재판소가 위헌법률심판의 권한을 사실상 포기한 것이나 다름이 없다는 이유로 적절하지 않다는 견해가 있다.

46) 법원은 입법자의 최종 결정을 기다려 그에 따라 판단을 해야 하는 것이다. 다만 헌법재판소가 입법개선의

위헌법률이 합헌적인 상태로 개정될 때가지 법원의 판단은 보류되어야 하며, 당사자가 개정 법률의 결과에 따른 혜택을 받을 수 있는 길을 열어놓아야 한다는 것을 의미한다.

**헌법불합치결정으로 인한 법률의 원칙적 적용 중지**(헌재 2010.7.29. 2008헌가15)
이 사건 법률조항에 대하여는 그 위헌성을 확인하되 형식적인 존속은 유지하도록 하고, 입법자는 되도록 빠른 시일 내에 이 사건 법률조항의 위헌적 상태를 제거하여야 할 것이며, 법원 기타 국가기관 및 지방자치단체는 개선입법이 시행될 때까지 이 사건 법률조항의 적용을 중지하여야 한다.

**헌법불합치결정으로 인한 법률의 원칙적 적용 중지 및 재판절차의 정지**(헌재 1999.10.21. 96헌마61)
헌법재판소가 헌법불합치결정을 하는 경우 위헌적 법률은 효력을 상실하여 법질서에서 소멸하는 것이 아니라 형식적으로 존속하게 되나, 원칙적으로 위헌적 법률의 적용이 금지되고, 헌법심판의 계기를 부여한 당해 사건은 물론 심판대상 법률이 적용되어 법원에 계속 중인 모든 사건의 재판절차가 정지된다. … 헌법불합치결정은 위헌적 상태를 조속한 시일 내에 제거하여야 할 입법자의 입법개선의무를 수반하게 된다. 위헌법률의 적용금지는 법치국가적 요청의 당연한 귀결로서, 헌법재판소가 어떠한 결정유형으로 규범의 위헌성을 확인하였든 간에 그와 관계없이 모든 국가기관은 위헌적 법률의 적용과 집행을 통하여 스스로 위헌적인 국가행위를 하여서는 아니 된다는 것을 의미한다. 따라서 위헌결정의 한 형태인 헌법불합치결정의 경우에도 위헌법률은 적용되어서는 아니 되므로, 위헌법률의 적용금지는 법원에 계속 중인 사건에 있어서는 당연히 재판절차의 정지라는 형태로 나타난다. 이는 입법자가 위헌법률을 합헌적인 상태로 개정할 때까지 법원의 판단이 보류되어야 하며, 법원이 개정된 법률에 의하여 판단을 함으로써 사건의 당사자가 개정 법률의 결과에 따른 혜택을 받을 수 있는 기회를 그 때까지 열어 놓아야 한다는 것을 뜻한다.

2) 개정 법률의 소급효가 미치는 범위

개정 법률이 소급적용되는 범위는 원칙적으로 입법재량에 맡겨져 있지만, 헌법불합치결정의 취지나 구체적 규범통제의 실효성 보장이라는 측면을 고려할 때, 헌법불합치결정을 하게 된 당해 사건, 법률조항의 위헌 여부가 쟁점이 되어 법원에 계속 중인 사건에 대하여는 헌법불합치결정의 소급효가 미친다(헌재 2007.1.17. 2005헌바41 등).

**헌법불합치결정의 소급효가 미치는 범위**(헌재 2007.1.17. 2005헌바41 등)
어떠한 법률조항에 대하여 헌법재판소가 헌법불합치결정을 하여 입법자에게 그 법률조항을 합헌적으로 개정 또는 폐지하는 임무를 입법자의 형성 재량에 맡긴 이상 그 개선입법의 소급적용 여부와 소급적용의 범위는 원칙적으로 입법자의 재량에 달린 것이기는 하지만 이 사건 법률조항에 대한 위 헌법불합치결정의 취지나 위헌심판에서의 구체적 규범통제의 실효성 보장이라는 측면을 고려할 때 적어도 위 헌법불합치결정을 하게 된 당해

---

시한을 명시한 경우에, 입법개선 시한까지 개정이 이루어지지 않은 경우에는 당해 조항은 효력을 상실하므로, 그 때까지 소송이 계속 중이라면 그 재판에서 적용이 배제될 것이다.

사건 및 위 헌법불합치결정 당시에 이 사건 법률조항의 위헌 여부가 쟁점이 되어 법원에 계속 중인 사건에 대하여는 위 헌법불합치결정의 소급효가 미치는바, 청구인들이 제기한 당해 사건은 위 법률조항에 대한 헌법불합치결정 당시 그 위헌 여부가 쟁점이 되어 법원에 계속 중인 사건에 해당하며 헌법불합치결정 후 그 취지에 맞추어 위 법률조항이 개정된 이상 위 법률조항은 청구인들이 제기한 당해 사건의 적용법률로 볼 수 없으므로 재판의 전제성을 인정할 수 없다.

**헌법불합치결정의 소급효가 미치는 범위**(헌재 2000.1.27. 96헌바95 등)

헌법재판소가 헌법불합치라는 변형결정주문을 선택하여 위헌적 요소가 있는 조항들을 합헌적으로 개정 혹은 폐지하는 임무를 입법자의 형성재량에 맡긴 경우에는, 이 결정의 효력이 소급적으로 미치게 되는 모든 사건이나 앞으로 이 사건 법률조항을 적용하여 행할 부과처분에 대하여는 법리상 이 결정 이후 입법자에 의하여 위헌성이 제거된 새로운 법률조항을 적용하여야 할 것임을 밝혀두는 것이다.

**헌법불합치결정의 소급효가 미치는 범위**(헌재 2006.6.29. 2004헌가3)

헌법재판소가 어떠한 법률조항에 대하여 헌법불합치결정을 하여 입법자에게 그 법률조항을 합헌적으로 개정 또는 폐지하는 임무를 입법자의 형성 재량에 맡긴 이상, 그 개선입법의 소급적용 여부와 소급적용의 범위는 원칙적으로 입법자의 재량에 달린 것이기는 하지만, 그 헌법불합치결정의 취지나 위헌심판에서의 구체적 규범통제의 실효성 보장이라는 측면을 고려할 때, 적어도 헌법불합치결정을 하게 된 당해 사건 및 그 결정 당시에 법률조항의 위헌 여부가 쟁점이 되어 법원에 계속 중인 사건에 대하여는 헌법불합치결정의 소급효가 미친다.

(3) 잠정적용

1) 잠정적용을 명하는 경우

헌법재판소는 헌법불합치결정을 하면서 법률조항을 잠정적으로 적용하도록 하는 경우가 있다(헌재 2005.2.3. 2001헌가9 등; 헌재 2013.7.25. 2011헌가32). 법률조항의 효력을 당장 상실하게 하거나 적용을 중지하도록 하는 것이 더 위헌적인 상황을 초래하거나(헌재 2009.12.29. 2008헌가13; 헌재 2000.7.20. 99헌가7), 위헌적 요소와 합헌적 요소가 공존해 있는 경우에는 잠정적용을 명하고 있다.

**용인하기 어려운 법적 공백을 방지하기 위한 잠정적용**(헌재 2009.12.29. 2008헌가13; 헌재 2000.7.20. 99헌가7)

위헌결정으로 이 사건 법률조항의 효력을 상실시키거나 그 적용을 중지할 경우에는 이 사건 법률조항에서 규정하고 있는 사유가 있는 형사사건에 적용할 법정통산의 근거조항이 없어지게 되어 법치국가적으로 용인하기 어려운 법적 공백이 생기게 된다. 그러므로 헌법불합치를 선언하고, 입법자가 합헌적인 방향으로 법률을 개선할 때까지 이 사건 법률조항을 존속하게 하여 이를 적용하게 할 필요가 있다.

### 용인하기 어려운 법적 공백을 방지하기 위한 잠정적용(헌재 1999.10.21. 96헌마61)

위헌결정을 통하여 위헌법률을 법질서에서 제거하는 것이 법적 공백이나 혼란을 초래할 우려가 있는 경우, 즉 위헌법률을 잠정적으로 적용하는 위헌적인 상태가 오히려 위헌결정으로 인하여 초래되는 법적 공백 또는 혼란이라는 합헌적인 상태보다 예외적으로 헌법적으로 더욱 바람직하다고 판단되는 경우에는, 헌법재판소는 법적 안정성의 관점에서 법치국가적으로 용인하기 어려운 법적 공백과 그로 인한 혼란을 방지하기 위하여 입법자가 합헌적인 방향으로 법률을 개선할 때까지 일정 기간 동안 위헌법률을 잠정적으로 적용할 것을 명할 수 있다. 법원은 이러한 예외적인 경우에 한하여 위헌법률을 계속 적용하여 재판을 할 수 있다고 할 것이다.

### 잠정적용의 예시(헌재 2009.9.24. 2008헌가25)

따라서 이 사건 법률조항들에 대하여 헌법불합치의 결정을 선고하되, 위 법률조항에는 위헌적인 부분과 합헌적인 부분이 공존하고 있으므로 입법자가 2010. 6. 30. 이전에 개선입법을 할 때까지 계속 적용되어 그 효력을 유지하도록 하고, 만일 위 일자까지 개선입법이 이루어지지 않는 경우 위 법률조항들은 2010. 7. 1.부터 그 효력을 상실하도록 한다.

### 용인하기 어려운 법적 공백을 방지하기 위한 잠정적용(헌재 2008.11.13. 2006헌바112 등)

만약 이 사건 주택분 종합부동산세 부과규정을 단순위헌으로 선언하여 즉시 효력을 상실하게 할 경우에는, 단순위헌의 선언에도 불구하고 인별 합산규정에 따라 종합부동산세를 부과할 수 있는 이 사건 세대별 합산규정의 경우와는 달리, 주택분에 대한 종합부동산세를 전혀 부과할 수 없게 되는 등 법적인 공백 상태를 초래하게 되고, … 일부 위헌적인 요소가 있는 이 사건 주택분 종합부동산세 부과규정을 존속시킬 때보다 단순위헌의 결정으로 인하여 더욱 헌법적 질서와 멀어지는 법적 상태가 초래될 우려가 있다. … 따라서 이 사건 주택분 종합부동산세 부과규정에 대하여는 헌법불합치 결정을 선고하되, 다만 입법자의 개선입법이 있을 때까지 계속 적용을 명하기로 한다.

### 잠정적용의 필요성 및 도시계획시설결정에 있어 토지소유자를 위한 입법적 배려의 필요성(헌재 1999.10.21. 97헌바26)

헌법재판소는 법적 안정성의 관점에서 법치국가적으로 용인하기 어려운 법적 공백과 그로 인한 혼란을 방지하기 위하여 입법자가 합헌적인 방향으로 법률을 개선할 때까지 일정 기간 동안 위헌적인 법규정을 존속케 하고 또한 잠정적으로 적용하게 할 필요가 있다. … 잠정적용을 명하는 헌법불합치결정의 경우, 입법자는 원칙적으로 법률조항의 위헌성을 장래효로써 제거하면 되지만, 이 사건의 경우 입법자가 과거에 발생한 모든 재산적 손실을 소급하여 보상할 필요는 없다고 하더라도, 입법개선 이후의 도시계획시설결정으로 인한 재산권 침해에 대하여 보상규정을 두는 것만으로는 불충분하고, 과거의 도시계획시설결정으로 말미암아 재산권의 침해를 입은 토지소유자도 (장래를 향한) 금전보상, 도시계획시설결정의 해제, 토지매수청구권 또는 수용신청권 등 개정 법률의 혜택을 받을 수 있도록 입법적 배려를 하여야 할 것이다.

2) 잠정적용과 불합치 결정된 법률의 적용

헌법재판소가 잠정적용을 명하는 헌법불합치결정을 하게 되면, 대법원은 개정 법률이 시행되기까지 불합치 결정된 법률을 적용한다.

**잠정적용을 명하는 헌법불합치결정이 있을 시 대법원의 법률 적용**(대판 1998.9.4. 97누19687)
이 사건 헌법불합치 결정은 당해 조항의 위헌성이 제거된 개정법률이 시행되기 이전까지는 종전 구 소득세법 제60조를 그대로 잠정 적용하는 것을 허용하는 취지의 결정이라고 이해할 수밖에 없고, 그것이 당해 사건이라고 하여 달리 취급하여야 할 이유가 없다.

**잠정적용을 명하는 헌법불합치결정이 있을 시 대법원의 법률 적용**(대판 2009.1.15. 2008두15596)
헌법재판소가 이 사건 개정 전 규정이 위헌임에도 불구하고 굳이 위와 같은 내용의 이 사건 헌법불합치결정을 한 것은, … 이미 합격처분을 받은 가산점 수혜대상자들과의 관계에서 법적 혼란 내지 불합리를 초래하게 되는 등 많은 부작용이 발생될 우려가 있고, 이러한 부작용을 회피하기 위하여 이 사건 개정 규정의 시행일 이전에 이 사건 개정 전 규정을 적용하여 한 합격자결정 처분의 효력을 그대로 유지함이 옳다는 판단에서 나온 것임이 분명하다 할 것이므로, 결국 이 사건 헌법불합치결정은 이 사건 개정 전 규정의 위헌성이 제거된 이 사건 개정 규정이 시행되기 이전까지는 이 사건 개정 전 규정을 그대로 잠정 적용하는 것을 허용하는 취지의 결정이라고 이해할 수밖에 없고, 그것이 당해 사건이나 이른바 병행 사건이라고 하여 달리 취급하여야 할 이유는 없다.

3) 잠정적용과 입법개선시한의 도과

헌법재판소가 잠정적용을 명하는 헌법불합치결정을 하면서 입법개선시한을 정하는 경우, 개선입법이 이루어지지 아니한 채 개정시한이 도과하면 법률은 효력을 상실한다. 대법원은 이 경우 법률의 효력상실은 장래에 향하여 미친다고 보아 당해 사건이나 병행사건에서 헌법불합치 된 법률을 그대로 적용한다.

**잠정적용 결정에 있어 헌법불합치 된 법률의 적용 범위**(대판 2009.1.15. 2008두15596)
헌법재판소는 이 사건 소송이 계속 중이던 2006. 2. 23.에 2004헌마675, 981, 1022(병합) 사건에서 "국·공립학교의 채용시험에 국가유공자와 그 가족이 응시하는 경우 만점의 10%를 가산하도록 규정하고 있는 이 사건 개정 전 규정이 기타 응시자들의 평등권과 공무담임권을 침해한다"는 이유로 헌법불합치결정을 하면서, 이 사건 개정 전 규정은 2007. 6. 30.을 시한으로 입법자에 의하여 개정될 때까지 계속 적용된다고 결정하였다. … 입법자는 되도록 빠른 시일 내에, 늦어도 2007. 6. 30.까지 대체입법을 마련함으로써 이 사건 개정 전 규정의 위헌적인 상태를 제거하여야 할 것이며, 그 때까지 대체입법이 마련되지 않는다면 2007. 7. 1.부터 이 사건 개정 전 규정은 효력을 잃는다"는 취지의 판시를 하였다. 이 사건 헌법불합치결정에 따라 2007. 3. 29. 법률 제8326, 8327, 8328호로 개정된 국가유공자 등 예우 및 지원에 관한 법률 제31조 제1항, 독립유공자 예우에 관한 법률 제16조 제3항, 5·18민주유공자 예우에 관한 법률 제22조 제1항 등에 의하면, 이 사건 개정 규정에 따른 취업보호대상자 중 전상군경 자신 등에 대하여는 만점의 10%를 가점하고 그 외의 자에게는 만점의 5%를 가산하도록 되어 있고, 그 부칙에 의하면 이 사건 개정 규정은 2007. 7. 1. 이후에 실시하는 시험부터 적용하도록 되어 있다. … 결국 이 사건 헌법불합치결정은 이 사건 개정 전 규정의 위헌성이 제거된 이 사건 개정 규정이 시행되기 이전까지는 이 사건 개정 전 규정을 그대로 잠정 적용하는 것을 허용하는 취지의 결정이라고 이해할 수밖에 없고, 그것이 당해 사건이나 이른바 병행 사건이라고 하여 달리 취급하여야 할 이유는 없다. 위와 같은 법리를 기초로 앞서 본 바와 같은 사실관계에 비추어 살펴보면, 이 사건 헌법불합치결정 및 그에 따른 관련 법령의 개정에 의하여, 이 사건 개정 규정은 2007. 7. 1. 이후에 실시하는 공무원 임용시험부터 적용되는 것이고, 그 이전에 실시한 공무원 임용시험의 경우에는 이 사건 개정 규정이 소급 적용될 것이 아니라 이 사건 개정 전 규정이 그대로 적용되어야 할 것이다.

### 4. 형벌법규의 헌법불합치결정

헌법재판소는 형벌법규에도 헌법불합치결정을 하고 있다. 적용중지 헌법불합치결정(헌재 2004.5.27. 2003헌가1)뿐만 아니라 잠정적용 헌법불합치결정(헌재 2009.9.24. 2008헌가25)도 선고한 바 있다.

#### (1) 적용중지 헌법불합치결정

형벌규정에 대하여 헌법불합치결정을 하면서 적용중지를 명하는 경우 법원은 적용중지한 법률조항을 적용하여 피고인을 처벌할 수 없다. 개정 법률을 적용하여 처벌하는 것은 형벌불소급의 원칙에 위배된다. 형벌규정에 대한 적용중지 헌법불합치결정은 헌법재판소 결정시부터 개정 신법의 적용시까지 발생한 범죄행위는 적용할 법이 없어 처벌을 해야 할 가치가 있는 부분도 처벌할 수 없는 결과를 가져올 수 있다.

> **형벌법규의 적용중지 헌법불합치결정**(헌재 2004.5.27. 2003헌가1)
> 이 사건 법률조항은 학교보건법 제19조와 결합하여 형사처벌조항을 이루고 있으므로 잠정적으로 적용하게 할 경우 위헌성을 담고 있는 이 사건 법률조항에 기하여 형사처벌절차가 진행될 가능성을 부인하기 어려우며 이와 같은 사태가 바람직하지 아니함은 물론이다. 따라서 입법자가 새로운 입법에 의하여 위헌성을 제거할 때까지 법원 기타 국가기관 및 지방자치단체는 헌법불합치결정이 내려진 이 부분 법률조항의 적용을 중지하여야 한다.

#### (2) 잠정적용 헌법불합치결정

헌법재판소는 합헌적 요소와 위헌적 요소가 공존하는 경우 형벌법규에 대하여 헌법불합치결정을 하면서 계속 적용하여 효력을 유지해야 한다고 결정하였다(헌재 2009.9.24. 2008헌가25). 형벌규정은 위헌으로 결정되면 소급하여 효력을 상실하게 되는데, 위헌결정의 일종인 헌법불합치결정을 하면서 잠정적용을 명하는 것은 위헌법률에 기한 형사처벌의 가능성이 있으므로 문제의 소지가 있다(헌재 2009.9.24. 2008헌가25).[47)48)]

---

47) 형벌에 관한 법률조항이 위헌결정을 받으면 소급하여 효력을 상실하게 되는데, 형벌조항에 대하여 헌법불

형벌법규의 잠정적용 헌법불합치결정(헌재 2009.9.24. 2008헌가25)
이 사건 법률조항들에 대하여 헌법불합치의 결정을 선고하되, 위 법률조항에는 위헌적인 부분과 합헌적인 부분이 공존하고 있으므로 입법자가 2010. 6. 30. 이전에 개선입법을 할 때까지 계속 적용되어 그 효력을 유지하도록 하고, 만일 위 일자까지 개선입법이 이루어지지 않는 경우 위 법률조항들은 2010. 7. 1.부터 그 효력을 상실하도록 한다.

(3) 잠정적용과 입법개선시한의 도과

대법원은 형벌규정에 대하여 잠정적용 헌법불합치결정을 하면서 입법개선시한을 정하였으나 법률개정이 이루어지지 않은 경우 불합치 된 법률조항은 소급하여 효력을 상실한다고 판시하였다. 헌법재판소가 야간옥외집회를 금지하는 집회 및 시위에 관한 법률조항에 대하여 잠정적용을 명하는 헌법불합치결정을 하였음에도, 개선입법 없이 개정시한을 도과한 경우 형벌에 관한 위헌결정이 있었던 것과 동일하게 소급하여 효력을 상실한다고 보아 무죄를 선고하였다.

개선입법 없이 개정시한을 도과한 형벌규정이 소급하여 효력을 상실하는지 여부(대판 2011.6.23. 2008도7562)

헌법재판소의 헌법불합치결정은 헌법과 헌법재판소법이 규정하고 있지 않은 변형된 형태이지만 법률조항에 대한 위헌결정에 해당하고 … 집시법의 위 조항들에 대하여 선고된 이 사건 헌법불합치결정은 형벌에 관한 법률조항에 대한 위헌결정이라 할 것이다. 그리고 헌법재판소법 제47조 제2항 단서는 형벌에 관한 법률조항에 대하여 위헌결정이 선고된 경우 그 조항이 소급하여 효력을 상실한다고 규정하고 있으므로, 형벌에 관한 법률조항이 소급하여 효력을 상실한 경우에 당해 조항을 적용하여 공소가 제기된 피고사건은 범죄로 되지 아니한 때에 해당한다 할 것이고, 법원은 그 피고사건에 대하여 형사소송법 제325조 전단에 따라 무죄를 선고하여야 한다. … 따라서 이 사건 헌법불합치결정에 의하여 헌법에 합치되지 아니한다고 선언되고 그 결정에서 정한 개정시한까지 법률 개정이 이루어지지 않은 이 사건 법률조항은 소급하여 그 효력을 상실한다 할 것이므로 이 사건 법률조항

---

합치결정을 선고한 후 계속 적용하게 허용하는 것은 위헌법률에 기한 형사처벌을 허용하는 것이므로 이는 법치국가원리에 비추어 문제가 있다는 견해가 있다. 따라서 형벌법규에 대하여 적용중지형 헌법불합치결정은 허용되나 잠정적용형 헌법불합치결정은 허용되지 않는다고 한다.

48) 재판관 조대현의 적용중지의견 : 헌법불합치결정을 하면서 계속 적용하도록 하는 것은, 헌법재판소가 이 사건 법률조항들에 위헌부분이 포함되어 있음을 선언하였고 그 위헌부분이 국회의 개선입법에 의하여 구분되면 소급적으로 효력을 상실하게 됨에도 불구하고, 그 위헌부분이 포함된 이 사건 법률조항들에 의하여 처벌받은 뒤 나중에 위헌부분에 의하여 처벌받았음이 밝혀지면 재심을 청구하여 구제받으라고 하는 것이다. 이는 위헌법률에 기한 형사처벌을 허용하는 것이고 구체적 규범통제의 필요에 따라 위헌법률의 규범력을 제거하도록 하는 위헌법률심판제도의 사명을 저버리는 것이어서 우리 헌법상 허용될 수 없는 것이다. 그리고 헌법불합치결정은 일부위헌결정의 일종이고 위헌법률에 대해서는 규범력을 부정하려는 것이 위헌법률심판제도의 본지이므로, 헌법재판소가 어느 법률조항이 헌법에 합치되지 아니한다고 결정하는 경우에는 그 법률조항에 위헌부분이 포함되어 있기 때문에 헌법불합치결정이 있는 날로부터 적용되어서는 아니 된다는 내용이 포함되어 있다고 보아야 한다.

을 적용하여 공소가 제기된 야간옥외집회 주최의 피고사건에 대하여 형사소송법 제325조 전단에 따라 무죄가 선고되어야 할 것이다.

## 5. 헌법불합치결정의 기속력

헌법불합치결정은 기속력을 가진다. 법원은 헌법에 위반된다고 판단한 법률조항을 적용해서는 안되며, 법률 개정을 기다려 신법을 적용하여 재판하는 것이 원칙이다.

## 제6절 위헌심사형 헌법소원심판의 결정

### I. 결정유형

위헌심사형 헌법소원심판의 경우 심판청구가 부적법한 경우에는 각하결정, 심판청구가 이유 없는 경우에는 합헌결정, 심판청구가 이유가 있는 경우에는 인용결정(위헌결정, 변형결정)을 한다. 심판절차 계속 중에 청구인이 사망하여 심판절차종료선언을 한 결정도 있다(헌재 1994.12.29. 90헌바13).

### II. 인용결정에 따른 재심

#### 1. 헌법재판소법 제75조 제7항의 재심청구권

헌법재판소법 제68조 제2항에 의한 헌법소원이 인용된 경우 당해 헌법소원과 관련된 소송사건이 이미 확정된 때에는 당사자는 재심을 청구할 수 있다. 대법원은 재심을 청구할 수 있는 당사자의 범위를 헌법소원의 전제가 된 당해 소송사건만을 가리키는 것으로 본다(대판 2003.4.25. 2003재다248). 헌법재판소도 헌법재판소법 제68조 제2항에 의한 헌법소원을 청구하여 인용결정을 받지 않은 사람에게 재심의 기회를 부여하지 않는다고 하여 재판청구권 등을 침해하였다고 볼 수 없다고 결정하였다.

> 헌법재판소법 제68조 제2항 헌법소원에서 인용결정을 받지 못한 자에게 재심의 기회를 주지 않은 것이 재판청구권 등을 침해하는지 여부(헌재 2000.6.29. 99헌바66)
> 재심은 확정판결에 대한 특별한 불복방법이고, 확정판결에 대한 법적 안정성의 요청은 미확정판결에 대한 그것보다 훨씬 크다고 할 것이므로 재심을 청구할 권리가 헌법 제27조에서 규정한 재판을 받을 권리에 당연히 포함된다고 할 수 없고, 심판대상법조항에 의한 재심청구의 혜택은 일정한 적법요건 하에 헌법재판소법 제68조 제2항에 의한 헌법소원을 청구하여 인용된 자에게는 누구에게나 일반적으로 인정되는 것이고, 헌법소원청구의 기회가 규범적으로 균등하게 보장되어 있기 때문에, 심판대상법조항이 헌법재판소법 제68조 제2항에 의한 헌법소원을 청구하여 인용결정을 받지 않은 사람에게는 재심의 기회를 부여하지 않는다고 하여 청구인의 재판청구권이나 평등권, 재산권과 행복추구권을 침해하였다고는 볼 수 없다.

#### 2. 형벌조항의 경우

헌법재판소법 제68조 제2항에 의한 헌법소원이 인용되면 헌법재판소법 제47조를 준용한다(헌법재판소법 제75조 제6항). 형벌규정이 위헌으로 결정되면 소급하여 효력을 상실하게 되고, 위헌법률에 근거한 유죄의 확정판결에 대해서는 재심을 청구할 수 있다. 이 경우에는 헌법재판소법 제75조 제7항의 경우와는 달리 재심청구권자가 당해 소송사건의 당사자에 국한되지 않는다.

# CHAPTER 06 | 탄핵심판

## 제1절 탄핵심판의 의의

### I. 탄핵심판의 의의

탄핵심판은 대통령 등 고위공직자의 헌법 침해로부터 헌법을 보호하는 제도이다. 대통령·국무총리·국무위원·행정각부의 장·헌법재판소 재판관·법관·중앙선거관리위원회 위원·감사원장·감사위원 기타 법률이 정한 공무원이 직무집행에 있어서 헌법이나 법률을 위배한 때에는 국회는 탄핵소추를 의결할 수 있으며(헌법 제65조 제1항), 헌법재판소가 탄핵을 심판한다(헌법 제111조 제1항).

### II. 탄핵심판의 법적 성질

탄핵심판은 직무집행이 헌법이나 법률을 위배한 때에 책임을 묻는 것이므로 직무수행상의 무능이나 정책의 실패 또는 정치적인 이유로 책임을 지우는 것은 아니다. 또한 헌법이나 법률위반 행위에 대한 파면책임을 묻는 것이므로 형사처벌과는 구별된다.

## 제2절 탄핵의 소추

### I. 탄핵소추의 대상

#### 1. 탄핵대상 공직자

탄핵소추의 대상은 대통령·국무총리·국무위원·행정각부의 장·헌법재판소 재판관·법관·중앙선거관리위원회 위원·감사원장·감사위원 기타 법률이 정한 공무원이다.

헌법재판소 재판관이 탄핵의 대상이 되는 경우 국회는 재판관 3인 이상을 소추할 수 없다. 국회의 탄핵소추의결이 있으면 헌법재판소의 심판이 있을 때까지 권한행사가 정지되므로 재판관 3인 이상을 소추하게 될 경우 헌법재판소의 심리가 불가능하다(헌법재판소법 제23조 제1항).

#### 2. 현직에 있지 않은 경우

탄핵소추 대상의 직에서 종사하다가 물러난 자도 공무원의 신분을 유지하면서 다른 공직에서 근무하는 경우에는 탄핵소추의 대상이 될 수 있다.

탄핵심판에 있어 해당 공직의 범위(헌재 2021.10.28. 2021헌나1)

헌법 제65조 제4항 전문과 헌법재판소법 제53조 제1항은 헌법재판소가 탄핵결정을 선고할 때 피청구인이 '해당 공직'에 있음을 전제로 하고 있다. 헌법 제65조 제1항과 헌법재판소법 제48조는 해당 공직의 범위를 한정적으로 나열하고 있는데, 이는 전직이 아닌 '현직'을 의미한다. 국회법 제134조 제2항은 '탄핵소추의결서 송달 이후 사직이나 해임을 통한 탄핵심판 면탈을 방지'하고 있는데, 이 역시 해당 공직 보유가 탄핵심판에 따른 파면결정의 선결조건임을 방증한다. "탄핵결정은 공직으로부터 파면함에 그친다."라고 규정한 헌법 제65조 제4항 전문은 1948년 제정헌법 제47조로부터 현재까지 같은 내용으로 유지되어 왔다. 1948년 제헌 당시의 국회속기록에 따르면, 헌법제정권자는 '대통령 등 일정한 고위공직자는 그 직을 유지한 채 민·형사재판을 받기 어렵고, 그 직을 유지한 채 징계하는 것도 부적절하기 때문'에 해당 공직에서 물러나게 하느냐 또는 마느냐를 결정하는 것이 탄핵제도의 본질이라고 인식하고 있었다.

### 3. 권한대행자

탄핵대상자의 권한대행자 또는 직무대리자는 원래의 대상자와 동일한 지위에서 동일한 직무를 수행한다는 점에서 이들을 다르게 볼 이유가 없으므로 탄핵의 대상이 된다고 보는 것이 탄핵제도의 취지에 부합한다.

## Ⅱ. 탄핵소추의 발의

### 1. 탄핵소추 발의정족수

탄핵소추는 국회재적의원 3분의 1 이상의 발의로 한다. 대통령에 대한 탄핵소추는 국회재적의원 과반수의 발의가 있어야 한다(헌법 제65조 제2항). 탄핵소추 발의는 국회의 재량사항이다(헌재 1996.2.29. 93헌마186).

### 2. 탄핵소추 발의방식

탄핵소추 사유가 여러 가지일 경우 탄핵소추안을 나누어 발의할 것인지 아니면 여러 소추사유를 일괄하여 하나로 발의할 것인지의 여부는 발의하는 의원들의 재량이다.

탄핵소추의 발의방식(헌재 2017.3.10. 2016헌나1)

탄핵소추안을 각 소추사유별로 나누어 발의할 것인지 아니면 여러 소추사유를 포함하여 하나의 안으로 발의할 것인지는 소추안을 발의하는 의원들의 자유로운 의사에 달린 것이다. 대통령이 헌법이나 법률을 위배한 사실이 여러 가지일 때 그 중 한 가지 사실만으로도 충분히 파면결정을 받을 수 있다고 판단되면 그 한 가지 사유만으로 탄핵소추안을 발의할 수도 있고, 여러 가지 소추사유를 종합할 때 파면할 만하다고 판단되면 여러 가지 소추사유를 함께 묶어 하나의 탄핵소추안으로 발의할 수도 있다.

### 3. 탄핵소추 시적 범위

현행법은 탄핵소추를 발의할 수 있는 기간이나 시효를 규정하고 있지 않으므로 탄핵대상자가 공직에 있는 한 국회는 언제든지 탄핵소추를 발의할 수 있다. 그러나 헌법재판소가 탄핵심판 여부를 결정한 후에는 일사부재리의 원칙(헌법재판소법 제39조)상 국회는 동일한 사람에 대해 동일한 사유를 이유로 탄핵소추를 발의할 수 없다.

## Ⅲ. 탄핵소추의 의결

### 1. 탄핵소추 의결정족수

탄핵소추의 의결은 국회재적의원 과반수의 찬성이 있어야 한다. 대통령에 대한 탄핵소추 의결은 국회재적의원 3분의 2 이상의 찬성이 있어야 가능하다(헌법 제65조 제2항).

### 2. 탄핵소추의 의결

탄핵소추의 발의가 있으면 법제사법위원회에 회부하기로 의결하지 아니한 때에는 본회의에 보고된 때로부터 24시간 이후 72시간 이내에 탄핵소추 여부를 무기명투표로 표결한다. 이 기간 내에 표결하지 않으면 탄핵소추안은 폐기된 것으로 본다. 탄핵소추의 의결은 피소추자의 성명·직위 및 탄핵소추의 사유를 표시한 문서(소추의결서)로 하여야 한다(국회법 제133조).

> **국회법 제130조(탄핵소추의 발의)** ① 탄핵소추의 발의가 있은 때에는 의장은 발의된 후 처음 개의하는 본회의에 보고하고, 본회의는 의결로 법제사법위원회에 회부하여 조사하게 할 수 있다.
> ② 본회의가 제1항에 의하여 법제사법위원회에 회부하기로 의결하지 아니한 때에는 본회의에 보고된 때로부터 24시간 이후 72시간 이내에 탄핵소추의 여부를 무기명투표로 표결한다. 이 기간 내에 표결하지 아니한 때에는 그 탄핵소추안은 폐기된 것으로 본다.
>
> **제133조(탄핵소추의 의결)** 본회의의 탄핵소추 의결은 소추대상자의 성명·직위 및 탄핵소추의 사유를 표시한 문서(이하 "소추의결서"라 한다)로 하여야 한다.

### 3. 탄핵소추 사유의 의결

탄핵소추 사유가 여러 가지일 경우 탄핵소추 사유별로 분리하여 의결해야 하는 것은 아니다. 여러 가지의 탄핵사유가 포함된 하나의 탄핵소추안을 발의한 경우 탄핵소추안에 대한 찬반 표결을 하는 것이며, 탄핵소추안에 포함된 개개 소추사유를 분리하여 여러 개의 탄핵소추안으로 만들어 이를 각각 표결에 부칠 수는 없다(헌재 2017.3.10. 2016헌나1).

## Ⅳ. 탄핵소추의 사유

### 1. 직무집행에 있어서 헌법이나 법률위배

탄핵소추 사유는 직무집행에 있어서 헌법이나 법률에 위배한 사실이다. 탄핵소추사유는 공소사실과 같이 특정하도록 요구되지 않으며, 대상 사실을 다른 사실과 명백하게 구분할 수 있을 정도의 구체적 사실이 기재되면 충분하다.

> 탄핵소추 사유를 특정하도록 요구되는지 여부(헌재 2017.3.10. 2016헌나1)
> 제65조 제1항이 정하고 있는 탄핵 소추사유는 '공무원이 그 직무집행에 있어서 헌법이나 법률을 위배한' 사실이고, 여기에서 법률은 형사법에 한정되지 아니한다. 그런데 헌법은 물론 형사법이 아닌 법률의 규정이 형사법과 같은 구체성과 명확성을 가지지 않은 경우가 많으므로 탄핵소추 사유를 형사소송법상 공소사실과 같이 특정하도록 요구할 수는 없고, 소추의결서에는 피청구인이 방어권을 행사할 수 있고 헌법재판소가 심판대상을 확정할 수 있을 정도로 사실관계를 구체적으로 기재하면 된다고 보아야 한다. 공무원 징계의 경우 징계사유의 특정은 그 대상이 되는 비위사실을 다른 사실과 구별될 정도로 기재하면 충분하므로, 탄핵소추 사유도 그 대상 사실을 다른 사실과 명백하게 구분할 수 있을 정도의 구체적 사정이 기재되면 충분하다.

### 2. 탄핵소추 사유의 추가

국회가 탄핵심판을 청구한 후 별도의 의결절차 없이 소추사유를 추가하거나 기존의 소추사유와 동일성이 인정되지 않는 정도로 소추사유를 변경하는 것은 허용되지 아니한다. 소추의결서에 기재되지 아니한 소추사유를 추가하거나 변경으로 볼 여지가 있는 부분은 헌법재판소가 판단하지 않는다(헌재 2017.3.10. 2016헌나1).

### 3. 탄핵소추 사유의 조사

국회는 탄핵을 소추하기 전 소추사유에 대한 조사를 할 수 있다. 탄핵소추 사유에 대한 조사 여부는 국회의 재량이다. 따라서 국회가 탄핵소추 사유에 대하여 별도를 조사를 하지 않았다고 하다라도 국회의 의사절차가 헌법이나 법률을 명백히 위반하지 않았다면 국회의 자율권은 존중되어야 한다(헌재 2017.3.10. 2016헌나1).

> 국회가 탄핵소추 사유에 대하여 별도의 조사 등을 하지 않고 탄핵소추안을 의결한 것이 헌법이나 법률에 위반되는지 여부(헌재 2017.3.10. 2016헌나1)
> 국회가 탄핵소추를 하기 전에 소추사유에 관하여 충분한 조사를 하는 것이 바람직하다는 것은 의문의 여지가 없다. 그러나 국회의 의사절차에 헌법이나 법률을 명백히 위반한 흠이 있는 경우가 아니면 국회 의사절차의 자율권은 권력분립의 원칙상 존중되어야 하고, 국회법 제130조 제1항은 탄핵소추의 발의가 있을 때 그 사유 등에 대한 조사 여부를 국회의 재량으로 규정하고 있으므로, 국회가 탄핵소추 사유에 대하여 별도의 조사를 하지 않았다거나 국정조사결과나 특별검사의 수사결과를 기다리지 않고 탄핵소추안을 의결하였다고 하여 그 의결이 헌법이나 법률을 위반한 것이라고 볼 수 없다. 따라서 이 부분 피청구인의 주장은 받아들이지 아니한다.

## V. 탄핵소추의 효과

### 1. 권한행사의 정지

국회에 의하여 탄핵소추의 의결을 받은 자는 헌법재판소의 심판이 있을 때까지 직무에 관하여 권한을 행사할 수 없다(헌법 제65조 제3항, 헌법재판소법 제50조, 국회법 제134조 제2항).

## 2. 사임과 해임의 금지

소추의결서가 송달된 때에는 임명권자는 피소추자의 사직원을 접수하거나 해임할 수 없다(국회법 제134조 제2항). 소추의결서가 송달된 후 있은 사직원의 접수나 해임은 무효이다.

## 3. 탄핵소추 의결의 구속력

### (1) 소추사유의 구속력

헌법재판소는 국회의 탄핵소추의결서에 기재된 소추사유에 의하여 구속을 받는다. 따라서 헌법재판소는 탄핵소추의결서에 기재되지 아니한 소추사유를 판단의 대상으로 삼을 수 없다.

### (2) 소추사유 판단에 있어서의 구속력

헌법재판소는 탄핵소추의결서에서 위반을 주장하는 '법 규정의 판단'에 관하여는 구속을 받지 않는다. 헌법재판소는 탄핵심판에서 독립된 심판권한을 보유하고 있으므로 청구인의 청구에 기속되지 않는다.

> **헌법재판소의 소추사유 및 법규정의 판단의 구속 여부**(헌재 2004.5.14. 2004헌나1)
> 헌법재판소는 사법기관으로서 원칙적으로 탄핵소추기관인 국회의 탄핵소추의결서에 기재된 소추사유에 의하여 구속을 받는다. 따라서 헌법재판소는 탄핵소추의결서에 기재되지 아니한 소추사유를 판단의 대상으로 삼을 수 없다. 그러나 탄핵소추의결서에서 그 위반을 주장하는 '법규정의 판단'에 관하여 헌법재판소는 원칙적으로 구속을 받지 않으므로, 청구인이 그 위반을 주장한 법규정 외에 다른 관련 법규정에 근거하여 탄핵의 원인이 된 사실관계를 판단할 수 있다. 또한, 헌법재판소는 소추사유의 판단에 있어서 국회의 탄핵소추의결서에서 분류된 소추사유의 체계에 의하여 구속을 받지 않으므로, 소추사유를 어떠한 연관관계에서 법적으로 고려할 것인가의 문제는 전적으로 헌법재판소의 판단에 달려 있다.

## 제3절   탄핵의 심판

## I. 심판요건

### 1. 직무관련성

(1) 탄핵심판은 직무관련성이 인정되어야 한다. 직무는 법제상 소관 직무에 속하는 고유 업무뿐만 아니라 사회통념상 이와 관련된 업무를 포함한다. 공직자의 직무집행과 전혀 연관성이 없는 위법행위는 탄핵사유가 되지 못한다. 직무집행과 관련이 없는 사생활에 관한 사항도 파면결정의 사유로 될 수 없다.

> '직무'의 의의(헌재 2017.3.10. 2016헌나1)
> '직무'란 법제상 소관 직무에 속하는 고유 업무와 사회통념상 이와 관련된 업무를 말하고, 법령에 근거한 행위뿐만 아니라 대통령의 지위에서 국정수행과 관련하여 행하는 모든 행위를 포괄하는 개념이다.

(2) 탄핵사유의 요건을 직무집행으로 한정하고 있으므로 직무취임 전이나 퇴직 후의 행위는 탄핵의 사유가 되지 않는다. 헌법재판소도 당선 후 취임 시까지의 기간에 이루어진 대통령의 행위는 소추사유가 될 수 없다는 입장이다.

> 당선 후 취임 시까지 이루어진 대통령의 행위가 소추사유가 될 수 있는지 여부(헌재 2004.5.14. 2004헌나1)
> 헌법 제65조 제1항은 '대통령 … 이 그 직무집행에 있어서'라고 하여, 탄핵사유의 요건을 '직무' 집행으로 한정하고 있으므로, 위 규정의 해석상 대통령의 직위를 보유하고 있는 상태에서 범한 법위반행위만이 소추사유가 될 수 있다고 보아야 한다. 따라서 당선 후 취임 시까지의 기간에 이루어진 대통령의 행위도 소추사유가 될 수 없다. 비록 이 시기 동안 대통령직인수에관한법률에 따라 법적 신분이 '대통령당선자'로 인정되어 대통령직의 인수에 필요한 준비 작업을 할 수 있는 권한을 가지게 되나, 이러한 대통령당선자의 지위와 권한은 대통령의 직무와는 근본적인 차이가 있고, 이 시기 동안의 불법정치자금 수수 등의 위법행위는 형사소추의 대상이 되므로, 헌법상 탄핵사유에 대한 해석을 달리할 근거가 없다.

### 2. 헌법이나 법률의 위반

헌법재판소가 탄핵을 결정하기 위해서는 직무집행이 헌법이나 법률에 위반되어야 한다. 헌법이라 함은 형식적 의미의 헌법뿐만 아니라 헌법적 관행도 포함된다. 법률도 형식적 의미의 법률뿐만 아니라 법률과 동등한 효력을 가지는 국제조약, 일반적으로 승인된 국제법규 그리고 긴급명령, 긴급재정경제명령 등도 포함된다.

위법행위가 고의에 의한 것이든, 과실에 의한 것이든, 법의 무지에 의한 것이든 묻지 않는다. 소추대상자가 헌법이나 법률에 위배되는 행위를 한 경우 위법행위가 존재하는 것만으로 충분하고, 위법행위가 중대성을 가져야 하는 것은 아니다. 우리 헌법재판소에 의하면 위법행위의 중대성 여부는 파면 여부를 결정할 때 고려할 수 있는 사항에 해당할 뿐 위법행위인지의 여부를 결정하는 위법행위의 성립요건은 아니다(헌재 2004.5.14. 2004헌나1).

> '헌법'과 '법률'의 범위(헌재 2017.3.10. 2016헌나1)
> '헌법'에는 명문의 헌법규정뿐만 아니라 헌법재판소의 결정에 따라 형성되어 확립된 불문헌법도 포함되고, '법률'에는 형식적 의미의 법률과 이와 동등한 효력을 가지는 국제조약 및 일반적으로 승인된 국제법규 등이 포함된다.

## Ⅱ. 심판청구

탄핵심판은 국회법제사법위원장이 소추위원이 되며(국회법 제134조, 헌법재판소법 제49조), 청구인 자격으로 소추의결서 정본을 헌법재판소에 제출함으로써 개시된다.

## Ⅲ. 심판방식

### 1. 구두변론원칙

탄핵심판은 구두변론에 의한다. 당사자는 국회법제사법위원장이 청구인이 되고, 피소추자가 피청구인이 된다. 심판의 변론은 공개한다.

### 2. 당사자의 불출석

당사자가 변론기일에 출석하지 아니한 때에는 다시 기일을 정하여야 한다. 다시 정한 기일에도 당사자가 출석하지 아니한 때에는 출석 없이 심리할 수 있다(헌법재판소법 제52조).

### 3. 심판절차의 정지

피청구인에 대한 탄핵심판청구와 동일한 사유로 법원에서 형사소송이 진행되고 있는 때에는 헌법재판소는 탄핵심판의 절차를 정지할 수 있다(헌법재판소법 제51조).

## 제4절 탄핵의 결정

### 1. 결정유형

헌법재판소는 심리를 마친 때에는 결정으로 심판한다. 탄핵심판의 결정에는 각하결정, 기각결정, 파면결정 등이 있다. 탄핵심판의 청구가 형식적 요건을 갖추지 못하여 부적법한 경우에는 각하결정을 한다. 본안심판의 결과 청구가 이유 있는 경우에는 파면결정을 하고, 청구가 이유가 없는 경우에는 기각결정을 한다. 탄핵결정은 재판관 9인 중 6인 이상의 찬성이 있어야 한다.

### 2. 탄핵결정

탄핵심판청구가 이유 있는 때에는 헌법재판소는 피청구인을 당해 공직에서 파면하는 결정을 선고한다(헌법재판소법 제53조 제1항). '탄핵심판청구가 이유 있는 때'란 모든 법위반의 경우가 아니라, 공직자의 파면을 정당화할 정도로 중대한 법위반의 경우를 말한다(헌재 2004.5.14. 2004헌나1).

> **'탄핵심판청구가 이유 있는 때'의 의미**(헌재 2004.5.14. 2004헌나1)
> 헌법재판소법은 제53조 제1항에서 "탄핵심판청구가 이유 있는 때에는 헌법재판소는 피청구인을 당해 공직에서 파면하는 결정을 선고한다."고 규정하고 있는데, 위 규정은 헌법 제65조 제1항의 탄핵사유가 인정되는 모든 경우에 자동적으로 파면결정을 하도록 규정하고 있는 것으로 문리적으로 해석할 수 있으나, 직무행위로 인한 모든 사소한 법위반을 이유로 파면을 해야 한다면, 이는 피청구인의 책임에 상응하는 헌법적 징벌의 요청 즉, 법익형량의 원칙에 위반된다. 따라서 헌법재판소법 제53조 제1항의 '탄핵심판청구가 이유 있는 때'란, 모든 법위반의 경우가 아니라, 단지 공직자의 파면을 정당화할 정도로 '중대한' 법위반의 경우를 말한다.

> **'탄핵심판청구가 이유 있는 때'의 의미**(헌재 2017.3.10. 2016헌나1)
> 헌법재판소법 제53조 제1항은 '탄핵심판청구가 이유 있는 경우' 피청구인을 파면하는 결정을 선고하도록 규정하고 있다. 그런데 대통령에 대한 파면결정은 국민이 선거를 통하여 대통령에게 부여한 민주적 정당성을 임기 중 박탈하는 것으로서 국정 공백과 정치적 혼란 등 국가적으로 큰 손실을 가져올 수 있으므로 신중하게 이루어져야 한다. 따라서 대통령을 탄핵하기 위해서는 대통령의 법 위배 행위가 헌법질서에 미치는 부정적 영향과 해악이 중대하여 대통령을 파면함으로써 얻는 헌법 수호의 이익이 대통령 파면에 따르는 국가적 손실을 압도할 정도로 커야 한다. 즉, '탄핵심판청구가 이유 있는 경우'란 대통령의 파면을 정당화할 수 있을 정도로 중대한 헌법이나 법률위배가 있는 때를 말한다. … 피청구인의 이 사건 헌법과 법률 위배행위는 국민의 신임을 배반한 행위로서 헌법수호의 관점에서 용납될 수 없는 중대한 법 위배행위라고 보아야 한다. 그렇다면 피청구인의 법 위배행위가 헌법질서에 미치게 된 부정적 영향과 파급 효과가 중대하므로, 국민으로부터

> 직접 민주적 정당성을 부여받은 피청구인을 파면함으로써 얻는 헌법수호의 이익이 대통령 파면에 따르는 국가적 손실을 압도할 정도로 크다고 인정된다.

### 3. 탄핵결정의 효력

**(1) 공직에서의 파면**

헌법재판소의 탄핵결정으로 피소추인은 선고시부터 당해 공직에서 파면된다. 그러나 이에 의하여 민사상이나 형사상의 책임이 면제되는 것은 아니다(헌법 제65조 제4항, 헌법재판소법 제54조 제1항).

**(2) 공직취임의 제한**

헌법재판소의 탄핵결정으로 파면된 자는 결정선고가 있는 날로부터 5년을 경과하지 아니하면 공무원이 될 수 없다(헌법재판소법 제54조 제2항).

# 07 위헌정당해산제도

## 제1절 정당해산심판의 의의

### I. 정당해산심판의 의의

정당의 목적이나 활동이 민주적 기본질서에 위배될 때에는 정부는 헌법재판소에 그 해산을 제소할 수 있고, 정당은 헌법재판소의 심판에 의하여 해산된다(헌법 제8조 제4항). 정당해산심판은 헌법질서를 파괴하려는 조직화 된 헌법의 적으로부터 헌법을 보호하려는 것으로 방어적 민주주의 이념에 기초하고 있다.

정당해산심판은 헌법의 보호와 정당의 존속을 보호하기 위한 제도이다. 그 때문에 정당의 해산은 반드시 헌법재판소의 재판을 통해서만 해산되어야 하고, 행정처분에 의해서 손쉽게 해산될 수 없도록 함으로써 정당을 일반단체에 비하여 두텁게 보호하고 있다.

> **정당해산심판제도의 의의(헌재 2014.12.19. 2013헌다1)**
> 헌법 제8조의 정당에 관한 규정, 특히 그 제4항의 정당해산심판제도는 이러한 우리 현대사에 대한 반성의 산물로서 1960. 6. 15. 제3차 헌법 개정을 통해 헌법에 도입된 것이다. 따라서 우리의 경우 이 제도는 발생사적 측면에서 정당을 보호하기 위한 수단으로서의 성격이 부각된다. 정당해산심판의 제소권자가 정부인 점을 고려하면 피소되는 정당은 사실상 야당이 될 것이므로, 이 제도는 정당 중에서도 특히 정부를 비판하는 역할을 하는 야당을 보호하는 데에 실질적인 의미가 있다.

### II. 정당해산제도의 관할

정당해산제도는 1960년 헌법에서 처음으로 도입한 이후 현재까지 유지되고 있다. 1960년 헌법에서는 헌법재판소가 정당해산심판을 관장하였고, 1962년 헌법과 1969년 헌법에서는 대법원이, 1972년 헌법과 1980년 헌법에서는 헌법위원회가 이를 관장하였다. 1987년 현행 헌법에서는 정당해산심판을 다시 헌법재판소의 관할사항으로 정하고 있다.

## 제2절 정당해산심판의 청구

### I. 청구인

정당해산심판의 청구는 정부가 국무회의의 심의를 거쳐 헌법재판소에 제소한다. 정당해산제소는 국무회의의 필요적 심의사항이므로(헌법 제89조 제14호) 국무회의의 심의를 거치지 않은 정당해산심판의 청구는 부적법하다. 대통령이 사고로 직무를 수행할 수 없는 경우에는 국무총리가 직무를 대행하므로 대통령이 해외 순방 중 국무총리가 주재한 국무회의에서 의결한 정당해산심판청구서 제출안을 적법하다.

> **대통령이 사고로 직무를 수행할 수 없는 경우 국무총리가 주재한 국무회의에서 의결한 정당해산심판청구서 제출의 적법 여부**(헌재 2014.12.19. 2013헌다1)
> 대통령은 국무회의의 의장으로서 회의를 소집하고 이를 주재하지만 대통령이 사고로 직무를 수행할 수 없는 경우에는 국무총리가 그 직무를 대행할 수 있고, 대통령이 해외 순방 중인 경우는 '사고'에 해당되므로, 대통령의 직무상 해외 순방 중 국무총리가 주재한 국무회의에서 이루어진 정당해산심판청구서 제출안에 대한 의결은 위법하지 아니하다.

### II. 피청구인

정당해산심판에서 피청구인은 정당이다. 해산의 대상이 되는 정당은 원칙적으로 정당법에서 정하는 요건을 갖추고 등록을 마친 정당을 말한다. 시·도당 등과 같은 정당의 부분조직도 피청구인이 될 수 있다. 정당법에 따른 등록절차만 남겨 둔 등록 중의 정당도 정당해산심판의 대상이 된다.

### 제3절  정당해산심판의 절차

## I. 심판청구

정부가 정당해산심판을 헌법재판소에 청구하는 때에는 국무회의의 심의를 거쳐 문서로 한다. 국무회의에서 정당해산심판의 청구를 의결하면 법무부장관이 정부를 대표해서 정당해산심판청구서를 헌법재판소에 제출한다(헌법재판소법 제25조 제1항).

## II. 심판요건

정당의 목적이나 활동이 민주적 기본질서에 위배될 때에는 정부는 헌법재판소에 해산을 제소할 수 있다.

### 1. 정당의 목적이나 활동

(1) 정당의 목적은 정당이 추구하는 정치적 방향이나 지향점 속에서 구현하고자 하는 정치적 계획을 말한다. 정당의 활동은 정당기관의 행위나 정당관계자 또는 당원 등의 행위로서 정당에 귀속시킬 수 있는 활동을 의미한다. 정당의 목적이나 활동 중 어느 하나라도 민주적 기본질서에 위배되면 정당해산사유가 될 수 있다.

(2) 당대표나 주요 당직자, 의원총회, 원내대표 등의 활동은 정당의 활동으로 볼 수 있어 정당에 귀속시킬 수 있는 활동이다. 그러나 정당소속 국회의원의 활동은 곧바로 정당의 활동으로 귀속되지는 않으며, 정당의 유력한 정치인의 지위에서 정당과 밀접하게 관련되어 있는 행위들은 정당의 활동이 될 수 있다.

> **정당의 목적과 정당의 활동**(헌재 2014.12.19. 2013헌다1)
> 정당의 목적이란 어떤 정당이 추구하는 정치적 방향이나 지향점 혹은 현실 속에서 구현하고자 하는 정치적 계획 등을 통칭한다. 이는 주로 정당의 공식적인 강령이나 당헌의 내용을 통해 드러나겠지만, 그 밖에 정당대표나 주요 당직자 및 정당 관계자(국회의원 등)의 공식적 발언, 정당의 기관지나 선전자료와 같은 간행물, 정당의 의사결정과정에서 일정한 영향력을 가지거나 정당의 이념으로부터 영향을 받은 당원들의 행위 등도 정당의 목적을 파악하는 데에 도움이 될 수 있다. 만약 정당의 진정한 목적이 숨겨진 상태라면 공식 강령은 이른바 허울이나 장식에 불과할 것이고, 이 경우에는 강령 이외의 자료를 통해 진정한 목적을 파악해야 한다. 정당의 활동이란 정당 기관의 행위나 주요 정당 관계자, 당원 등의 행위로서 그 정당에게 귀속시킬 수 있는 활동 일반을 의미한다. … 구체적으로 살펴보면, 당대표의 활동, 대의기구인 당대회와 중앙위원회의 활동, 집행기구인 최고위원회의 활동, 원내기구인 원내의원총회와 원내대표의 활동 등 정당 기관의 활동은 정당 자신의 활동이므로 원칙적으로 정당의 활동으로 볼 수 있고, 정당의 최고위원 등 주요 당직자의 공개된 정치 활동은 일반적으로 그 지위에 기하여 한 것으로 볼 수 있으므로 원칙적으로 정당에 귀속시킬 수 있을 것으로 보인다. 정당 소속의 국회의원 등은 비록 정당과 밀접한 관련성

을 가지지만 헌법상으로는 정당의 대표자가 아닌 국민 전체의 대표자이므로 그들의 행위를 곧바로 정당의 활동으로 귀속시킬 수는 없겠으나, 가령 그들의 활동 중에서도 국민의 대표자의 지위가 아니라 그 정당에 속한 유력한 정치인의 지위에서 행한 활동으로서 정당과 밀접하게 관련되어 있는 행위들은 정당의 활동이 될 수도 있을 것이다. … 반면 정당 대표나 주요 관계자의 행위라 하더라도 개인적 차원의 행위에 불과한 것이라면 이러한 행위에 대해서까지 정당해산심판의 심판대상이 되는 활동으로 보기는 어렵다.

## 2. 민주적 기본질서의 위배

### (1) 민주적 기본질서의 의미

민주적 기본질서는 오늘날의 입헌적 민주주의 체제를 구성하고 운영하는 데에 필요한 가장 핵심적인 내용이나 요소를 의미하는 것으로, 정당해산심판의 남용가능성 등을 고려하여 헌법 제8조 제4항의 민주적 기본질서는 최대한 엄격하고 협소한 의미로 이해한다. 민주적 기본질서는 이것이 보장되지 않으면 우리의 입헌적 민주주의 체제가 유지될 수 없다고 평가되는 최소한의 내용이라 할 수 있으며, 현행 헌법이 채택한 민주주의의 구체적 모습과 동일하게 보아서는 안 된다.

> **민주적 기본질서와 정당해산심판제도의 관계**(헌재 2014.12.19. 2013헌다1)
> 정당해산심판제도가 수호하고자 하는 민주적 기본질서는 우리가 오늘날의 입헌적 민주주의 체제를 구성하고 운영하는 데에 필요한 가장 핵심적인 내용이나 요소를 의미하는 것으로서, 민주적이고 자율적인 정치적 절차를 통해 국민적 의사를 형성·실현하기 위한 요소, 즉 민주주의원리에 입각한 요소들과, 이러한 정치적 절차를 운영하고 보호하는 데에 필요한 기본적인 요소, 즉 법치주의원리에 입각한 요소들 중에서 필요불가결한 부분이 중심이 되어야 한다. 이는 이것이 보장되지 않으면 우리의 입헌적 민주주의체제가 유지될 수 없다고 평가되는 최소한의 내용이라 하겠다. 결국 위에서 본 바와 같은 입헌적 민주주의의 원리, 민주사회에 있어서의 정당의 기능, 정당해산심판제도의 의의 등을 종합해 볼 때, 우리 헌법 제8조 제4항이 의미하는 민주적 기본질서는, 개인의 자율적 이성을 신뢰하고 모든 정치적 견해들이 각각 상대적 진리성과 합리성을 지닌다고 전제하는 다원적 세계관에 입각한 것으로서, 모든 폭력적·자의적 지배를 배제하고, 다수를 존중하면서도 소수를 배려하는 민주적 의사결정과 자유·평등을 기본원리로 하여 구성되고 운영되는 정치적 질서를 말하며, 구체적으로는 국민주권의 원리, 기본적 인권의 존중, 권력분립제도, 복수정당제도 등이 현행 헌법상 주요한 요소라고 볼 수 있다. 헌법 제8조 제4항의 민주적 기본질서 개념은 정당해산결정의 가능성과 긴밀히 결부되어 있다. 이 민주적 기본질서의 외연이 확장될수록 정당해산결정의 가능성은 확대되고, 이와 동시에 정당 활동의 자유는 축소될 것이다. 민주사회에서 정당의 자유가 지니는 중대한 함의나 정당해산심판제도의 남용가능성 등을 감안한다면, 헌법 제8조 제4항의 민주적 기본질서는 최대한 엄격하고 협소한 의미로 이해해야 한다. 따라서 민주적 기본질서를 현행 헌법이 채택한 민주주의의 구체적 모습과 동일하게 보아서는 안 된다. 정당 이 위에서 본 바와 같은 민주적 기본질

서, 즉 민주적 의사결정을 위해서 필요한 불가결한 요소들과 이를 운영하고 보호하는 데 필요한 최소한의 요소들을 수용한다면, 현행 헌법이 규정한 민주주의제도의 세부적 내용에 관해서는 얼마든지 그와 상이한 주장을 개진할 수 있는 것이다. 마찬가지로 민주적 기본질서를 부정하지 않는 한 정당은 각자가 옳다고 믿는 다양한 스펙트럼의 이념적인 지향을 자유롭게 추구할 수 있다. 오늘날 정당은 자유민주주의 이념을 추구하는 정당에서부터 공산주의 이념을 추구하는 정당에 이르기까지 그 이념적 지향점이 매우 다양하므로, 어떤 정당이 특정 이념을 표방한다 하더라도 그 정당의 목적이나 활동이 앞서 본 민주적 기본질서의 내용들을 침해하는 것이 아닌 한 그 특정 이념의 표방 그 자체만으로 곧바로 위헌적인 정당으로 볼 수는 없다. 정당해산 여부를 결정하는 문제는 결국 그 정당이 표방하는 정치적 이념이 무엇인지가 아니라 그 정당의 목적이나 활동이 민주적 기본질서에 위배되는지 여부에 달려 있기 때문이다.

(2) '위배'의 의미

민주적 기본질서의 위배란 민주적 기본질서에 대한 단순한 위반이나 저촉을 의미하는 것이 아니라, 민주사회의 불가결한 요소인 정당의 존립을 제약해야 할 만큼 그 정당의 목적이나 활동이 우리 사회의 민주적 기본질서에 대하여 실질적인 해악을 끼칠 수 있는 구체적 위험성을 초래하는 경우를 가리킨다(헌재 2014.12.19. 2013헌다1).

### 3. 비례원칙의 준수

헌법재판소는 정당해산심판에서도 비례원칙을 고려한다. 강제적 정당해산은 정치적 기본권인 정당활동의 자유에 대한 제한이므로 헌법재판소는 이에 관한 결정을 할 때 비례원칙을 준수해야 한다는 것이다.

> 강제적 정당해산에 있어 비례원칙 준수(헌재 2014.12.19. 2013헌다1)
> 정당해산심판제도에서는 헌법재판소의 정당해산결정이 정당의 자유를 침해할 수 있는 국가권력에 해당하므로 헌법재판소가 정당해산결정을 내리기 위해서는 그 해산결정이 비례원칙에 부합하는지를 숙고해야 하는바, 이 경우의 비례원칙 준수 여부는 그것이 통상적으로 기능하는 위헌심사의 척도가 아니라 헌법재판소의 정당해산결정이 충족해야 할 일종의 헌법적 요건 혹은 헌법적 정당화 사유에 해당한다. 이와 같이 강제적 정당해산은 우리 헌법상 핵심적인 정치적 기본권인 정당 활동의 자유에 대한 근본적 제한이므로 헌법재판소는 이에 관한 결정을 할 때 헌법 제37조 제2항이 규정하고 있는 비례원칙을 준수해야만 하는 것이다. 따라서 헌법 제37조 제2항의 내용 침익적 국가권력의 행사에 수반되는 법치국가적 한계, 나아가 정당해산심판제도의 최후수단적 성격이나 보충적 성격을 감안한다면, 헌법 제8조 제4항의 명문규정상 요건이 구비된 경우에도 해당 정당의 위헌적 문제성을 해결할 수 있는 다른 대안적 수단이 없고, 정당해산결정을 통하여 얻을 수 있는 사회적 이익이 정당해산결정으로 인해 초래되는 정당의 정당활동 자유 제한으로 인한 불이익과 민주주의 사회에 대한 중대한 제약이라는 사회적 불이익을 초과할 수 있을 정도로 큰 경우에 한하여 정당해산결정이 헌법적으로 정당화될 수 있다.

## Ⅲ. 심리

정당해산심판의 심리는 구두변론에 의한다(헌법재판소법 제30조 제1항). 정부가 청구인이며 제소된 정당이 피청구인이 된다. 정당해산의 심리과정에 있어서는 법에 특별한 규정이 있는 경우를 제외하고는 민사소송에 관한 법령이 준용된다(헌법재판소법 제40조).

## 제4절 정당해산심판의 결정

### Ⅰ. 결정의 유형

정당해산심판의 결정유형은 각하결정, 기각결정, 해산결정이 있다. 심판청구가 부적법한 경우에는 각하결정을 한다. 본안판단의 결과 청구이유가 없는 경우에는 기각결정, 청구가 이유 있는 경우에는 인용결정인 정당해산결정을 한다.

### Ⅱ. 정당해산결정

#### 1. 정당해산결정

헌법재판소는 정당해산심판의 청구가 이유 있다고 인정하는 때에는 정당의 해산을 명하는 결정을 한다. 정당해산결정은 재판관 6인 이상의 찬성으로 한다.

#### 2. 정당해산결정의 효과

(1) 정당의 해산

헌법재판소가 정당의 해산을 명하는 결정을 한 때 그 정당은 해산된다(헌법재판소법 제59조). 헌법재판소의 결정은 형성적 효력을 가진다. 정당은 헌법재판소의 결정의 선고와 동시에 해산되는 것이지 선거관리위원회의 집행으로 해산되는 것은 아니다.

(2) 재산의 국고귀속

헌법재판소의 결정으로 해산된 정당의 잔여재산은 국고에 귀속된다(정당법 제48조 제2항).

(3) 대체정당의 설립금지

정당이 헌법재판소의 결정으로 해산된 때에는 그 정당의 대표자 또는 간부는 해산된 정당의 정강과 동일하거나 유사한 것으로 정당을 창당하지 못한다(정당법 제40조). 해산된 정당과 동일하거나 유사한 정당뿐만 아니라 조직의 창설도 금지된다.

(4) 동일명칭 사용금지

헌법재판소의 결정에 의하여 해산된 정당의 명칭은 정당의 명칭으로 사용하지 못한다(정당법 제41조 제2항).

(5) 국회의원의 자격상실 여부

우리나라 제3공화국 헌법 제38조에서는 "국회의원은 소속정당이 해산된 때에는 그 자격이 상실된다."고 규정하고 있었다. 현행 헌법과 법률에는 정당의 해산으로 인한 국회의원의 자격상실 유무에 관한 규정이 없다. 헌법재판소는 정당이 해산되는 경우 국회의원은 자격을 상실한다고 결정하였다. 국회의원의 의원직 상실은 정당해산심판제도의 본질로부터 인정되는 기본적 효력으로 지역구에서 당선되었는지, 비례대표로 당선되었는지에 관계없이 의원직을 상실한다고 결정하였다.

**정당해산 결정으로 인한 지역구·비례대표 국회의원의 자격 상실 여부**(헌재 2014.12.19. 2013헌다1)
정당해산심판제도의 본질은 그 목적이나 활동이 민주적 기본질서에 위배되는 정당을 국민의 정치적 의사형성과정에서 미리 배제함으로써 국민을 보호하고 헌법을 수호하기 위한 것이다. 어떠한 정당을 엄격한 요건 아래 위헌 정당으로 판단하여 해산을 명하는 것은 헌법을 수호한다는 방어적 민주주의 관점에서 비롯되는 것이고, 이러한 비상상황에서는 국회의원의 국민대표성은 부득이 희생될 수밖에 없다. 국회의원이 국민 전체의 대표자로서의 지위를 가진다는 것과 방어적 민주주의의 정신이 논리 필연적으로 충돌하는 것이 아닐 뿐 아니라, 국회의원이 헌법기관으로서 정당기속과 무관하게 국민의 자유위임에 따라 정치활동을 할 수 있는 것은 헌법의 테두리 안에서 우리 헌법이 추구하는 민주적 기본질서를 존중하고 실현하는 경우에만 가능한 것이지, 헌법재판소의 해산결정에도 불구하고 그 정당 소속 국회의원이 위헌적인 정치이념을 실현하기 위한 정치활동을 계속하는 것까지 보호받을 수는 없다. … 해산정당 소속 국회의원의 의원직을 상실시키지 않는 것은 결국 위헌정당해산제도가 가지는 헌법수호의 기능이나 방어적 민주주의 이념과 원리에 어긋나는 것이고, 나아가 정당해산결정의 실효성을 제대로 확보할 수 없게 된다. 이와 같이 헌법재판소의 해산결정으로 해산되는 정당 소속 국회의원의 의원직 상실은 정당해산심판제도의 본질로부터 인정되는 기본적 효력으로 봄이 상당하므로, 이에 관하여 명문의 규정이 있는지 여부는 고려의 대상이 되지 아니하고, 그 국회의원이 지역구에서 당선되었는지, 비례대표로 당선되었는지에 따라 아무런 차이가 없이, 정당해산결정으로 인하여 신분유지의 헌법적인 정당성을 잃으므로 그 의원직은 상실되어야 한다.

# CHAPTER 08 | 권한쟁의심판

## 제1절 권한쟁의심판의 의의

권한쟁의심판은 국가기관 상호간, 국가기관과 지방자치단체 및 지방자치단체 상호간에 그 권한의 존부나 범위에 대하여 다툼이 있을 때 헌법재판소가 이를 유권적으로 심판함으로써 그 권한의 존부나 범위를 확정하는 것을 말한다. 권한쟁의심판은 각 기관에게 주어진 권한을 보호함과 동시에 객관적 권한질서의 유지를 통해서 국가기능의 수행을 원활히 하고, 수평적·수직적 권력 상호간의 견제와 균형을 유지하려는 데 제도적 의의가 있다(헌재 2011.8.30. 2011헌라1).

## 제2절 권한쟁의심판의 당사자

### Ⅰ. 당사자능력과 당사자적격

당사자능력은 권한쟁의심판의 당사자가 될 수 있는 능력을 말한다. 청구인, 피청구인이 될 수 있는 능력을 말하는 것으로 특정 소송사건의 내용에 관계없는 일반적인 자격이다. 당사자적격은 권한의 존부나 범위에 대한 특정한 소송사건에 있어서 정당한 당사자로서 소송을 수행하고, 그 결과로서 헌법재판소의 본안판단을 받기에 적합한 자격을 말한다. 권한쟁의심판에서 당사자능력을 가지고 헌법과 법률에서 부여받은 권한의 침해나 침해의 위험이 있다고 주장하여 헌법재판소의 심판을 받게 된 청구인과 피청구인은 당사자적격이 인정된다.

### Ⅱ. 국가기관의 당사자능력

헌법재판소법 제62조 제1항은 권한쟁의심판의 당사자가 될 수 있는 국가기관으로 제1호에서 '국회, 정부, 법원 및 중앙선거관리위원회'를, 제2호에서 '정부'를 규정하고 있다.

> **헌법재판소법 제62조(권한쟁의심판의 종류)** ① 권한쟁의심판의 종류는 다음 각 호와 같다.
> 1. 국가기관 상호간의 권한쟁의심판 국회, 정부, 법원 및 중앙선거관리위원회 상호간의 권한쟁의심판
> 2. 국가기관과 지방자치단체 간의 권한쟁의심판
>    가. 정부와 특별시·광역시·도 또는 특별자치도 간의 권한쟁의심판
>    나. 정부와 시·군 또는 지방자치단체인 구 간의 권한쟁의심판

1. 제1호 국가기관의 의미
    (1) 헌법재판소법 제62조 제1항 제1호는 국가기관 상호간의 권한쟁의심판의 당사자로 국회, 정부, 법원, 중앙선거관리위원회로 규정하고 있다. 헌법재판소는 이 규정을 예시적 규정으로 본다. 따라서 권한쟁의심판의 당사자는 여기에 한정되지 않고, 헌법해석에 의해 확정된다. 국가기관 상호간의 권한쟁의심판의 당사자가 되기 위해서는 1) 국가기관이 '헌법'에 의하여 설치되고, 2) '헌법 또는 법률'에 의하여 독자적인 권한을 부여받고, 3) 국가기관 상호간의 권한쟁의를 해결할 수 있는 적당한 기관이나 방법이 없어야 한다고 결정하였다.

    > **헌법 제111조 제1항 제4호의 '국가기관'의 의미**(헌재 1997.7.16. 96헌라2)
    > 헌법 제111조 제1항 제4호에서 헌법재판소의 관장사항의 하나로 "국가기관 상호간, 국가기관과 지방자치단체 간 및 지방자치단체 상호간의 권한쟁의에 관한 심판"이라고 규정하고 있을 뿐 권한쟁의심판의 당사자가 될 수 있는 국가기관의 종류나 범위에 관하여는 아무런 규정을 두고 있지 않고, 이에 관하여 특별히 법률로 정하도록 위임하고 있지도 않다. 따라서 입법자인 국회는 권한쟁의심판의 종류나 당사자를 제한할 입법형성의 자유가 있다고 할 수 없고, 헌법 제111조 제1항 제4호에서 말하는 국가기관의 의미와 권한쟁의심판의 당사자가 될 수 있는 국가기관의 범위는 결국 헌법해석을 통하여 확정하여야 할 문제이다. … 헌법 제111조 제1항 제4호 소정의 '국가기관'에 해당하는지 아닌지를 판별함에 있어서는 그 국가기관이 헌법에 의하여 설치되고 헌법과 법률에 의하여 독자적인 권한을 부여받고 있는지 여부, 헌법에 의하여 설치된 국가기관 상호간의 권한쟁의를 해결할 수 있는 적당한 기관이나 방법이 있는지 여부 등을 종합적으로 고려하여야 할 것이다. … 국회의원과 국회의장을 헌법 제111조 제1항 제4호의 '국가기관'에 해당하는 것으로 해석하는 이상 국회의원과 국회의장을 권한쟁의심판을 할 수 있는 국가기관으로 열거하지 아니한 헌법재판소법 제62조 제1항 제1호의 규정도 한정적, 열거적인 조항이 아니라 예시적인 조항으로 해석하는 것이 헌법에 합치된다고 할 것이다.

    (2) 권한쟁의심판의 당사자로서 국가기관은 헌법에 의하여 설치되어야 하기 때문에 법률에 의하여 설치된 국가기관인 국가인권위원회는 권한쟁의심판의 당사자능력이 인정되지 않는다.

    > **법률에 의하여 설치된 국가인권위원회의 권한쟁의심판 당사자능력 인정 여부**(헌재 2010.10.28. 2009헌라6)
    > 청구인이 수행하는 업무의 헌법적 중요성, 기관의 독립성 등을 고려한다고 하더라도, 국회가 제정한 국가인권위원회법에 의하여 비로소 설립된 청구인은 국회의 위 법률 개정행위에 의하여 존폐 및 권한범위 등이 좌우되므로 헌법 제111조 제1항 제4호 소정의 헌법에 의하여 설치된 국가기관에 해당한다고 할 수 없다. 결국 권한쟁의심판의 당사자능력은 헌법에 의하여 설치된 국가기관에 한정하여 인정하는 것이 타당하므로, 법률에 의하여 설치된 청구인에게는 권한쟁의심판의 당사자능력이 인정되지 아니한다.

(3) 헌법재판소가 권한쟁의심판의 당사자가 될 수 있는지와 관련하여, 헌법재판소는 권한쟁의심판을 담당하는 국가기관으로서 스스로 당사자가 될 수 없다고 결정한 바 있다(헌재 1995.2.23. 90헌라1).[49]

> 헌법재판소의 권한쟁의심판의 당사자가 될 수 있는지 여부(헌재 1995.2.23. 90헌라1)
> 헌법재판소법 제62조 제1항 제1호가 "국가기관 상호간의 권한쟁의심판"을 "국회, 정부, 법원 및 중앙선거관리위원회 상호간의 권한쟁의심판"이라고 규정한 것은 그 심판을 담당하는 국가기관으로서 스스로 당사자가 될 수 없는 헌법재판소를 제외하고 국가의 입법권, 행정권 및 사법권을 행사하는 국회, 정부 및 법원과 선거관리사무를 담당하는 중앙의 국가기관인 중앙선거관리위원회를 열거하여 헌법의 위 규정을 명확하게 구체화한 것이라고 할 것이다.

## 2. 제2호 정부의 의미

헌법재판소법 제62조 제1항 제2호 국가기관과 지방자치단체 간의 권한쟁의심판에서는 국가기관으로 '정부'만을 규정하고 있다. 헌법재판소는 제2호를 예시적 규정으로 본다. 따라서 정부의 부분기관뿐만 아니라 국회, 법원 등 여타의 국가기관도 당사자가 될 수 있다.

> 헌법재판소법 제62조 제1항 제2호 '정부'의 의미(헌재 2008.6.26. 2005헌라7)
> 헌법재판소법 제62조 제1항 제2호는 국가기관과 지방자치단체 간의 권한쟁의심판에 대한 국가기관 측 당사자로 '정부'만을 규정하고 있지만, 이 규정의 '정부'는 예시적인 것이므로 대통령이나 행정각부의 장 등과 같은 정부의 부분기관뿐 아니라 국회도 국가기관과 지방자치단체 간 권한쟁의심판의 당사자가 될 수 있다.

## 3. 부분기관의 당사자능력

헌법재판소는 권한쟁의심판의 당사자를 정하고 있는 헌법재판소법 규정을 예시적 규정으로 본다. 따라서 헌법재판소법에서 정하고 있는 국가기관의 부분기관도 당사자능력을 가진다(헌재 1997.7.16. 96헌라2).

> 국가기관의 부분기관인 국회의원과 국회의장의 권한쟁의심판 당사자능력 인정 여부(헌재 1997.7.16. 96헌라2)
> 국회의원과 국회의장을 헌법 제111조 제1항 제4호의 '국가기관'에 해당하는 것으로 해석하는 이상 국회의원과 국회의장을 권한쟁의심판을 할 수 있는 국가기관으로 열거하지 아니한 헌법재판소법 제62조 제1항 제1호의 규정도 한정적, 열거적인 조항이 아니라 예시적인 조항으로 해석하는 것이 헌법에 합치된다고 할 것이다.

(1) 국회

국회의 경우 국회의장, 국회의원(헌재 1997.7.16. 96헌라2), 위원회, 상임위원회 위원장 등은 독립한 기관으로서 당사자능력을 가진다.

---

[49] 이 결정(헌재 1995.2.23. 90헌라1)은 권한쟁의심판 당사자에 관한 헌법재판소법 규정을 한정적·열거적 조항으로 이해하고 있었던 당시의 결정이다.

**국회의장의 권한쟁의심판 피청구인적격 인정 여부**(헌재 2010.12.28. 2008헌라7 등)
권한쟁의심판에 있어서는 처분 또는 부작위를 야기한 기관으로서 법적 책임을 지는 기관만이 피청구인적격을 가지므로, 권한쟁의심판청구는 이들 기관을 상대로 제기하여야 한다. 피청구인 외통위 위원장은 외통위 의사절차의 주재자로서 질서유지권, 의사정리권의 귀속주체이므로 이 사건 심판청구의 피청구인적격이 인정될 것이나, 피청구인 국회의장에게 피청구인적격이 있다고 인정할 것인지는 따로 검토할 필요가 있다. … 상임위원회는 그 소관에 속하는 의안, 청원 등을 심사하므로, 국회의장이 안건을 위원회에 회부함으로써 상임위원회에 심사권이 부여되는 것이 아니고, 심사권 자체는 법률상 부여된 위원회의 고유한 권한으로 볼 수 있다. 따라서 국회 상임위원회 위원장이 위원회를 대표해서 의안을 심사하는 권한이 국회의장으로부터 위임된 것임을 전제로 한 국회의장에 대한 이 사건 심판청구는 피청구인적격이 없는 자를 상대로 한 청구로서 부적법하다.

**정당의 권한쟁의심판 당사자능력 인정 여부**(헌재 2020.5.27. 2019헌라6 등)
정당은 국민의 자발적 조직으로, 그 법적 성격은 일반적으로 사적·정치적 결사 내지는 법인격 없는 사단으로서 공권력의 행사 주체로서 국가기관의 지위를 갖는다고 볼 수 없다. 정당이 국회 내에서 교섭단체를 구성하고 있다고 하더라도, 헌법은 권한쟁의심판청구의 당사자로서 국회의원들의 모임인 교섭단체에 대해서 규정하고 있지 않고, 교섭단체의 권한 침해는 교섭단체에 속한 국회의원 개개인의 심의·표결권 등 권한 침해로 이어질 가능성이 높아 그 분쟁을 해결할 적당한 기관이나 방법이 없다고 할 수 없다. 따라서 정당은 헌법 제111조 제1항 제4호 및 헌법재판소법 제62조 제1항 제1호의 '국가기관'에 해당한다고 볼 수 없으므로, 권한쟁의심판의 당사자능력이 인정되지 아니한다.

(2) 정부

정부의 경우 대통령, 국무총리, 국무위원, 행정각부의 장, 감사원 등은 헌법과 정부조직법에 의하여 독자적인 권한을 부여받은 독립 헌법기관이므로 당사자능력을 가진다. 전체로서 정부가 권한쟁의심판의 당사자가 되는 경우 법부무장관이 정부를 대표한다.

정부의 부분기관들은 대통령, 국무총리, 국무회의 등에 의해 분쟁을 해결할 수 있으므로 정부의 부분기관은 지방자치단체 등과의 대외적 관계에서 다툼이 생기는 경우가 일반적이다. 헌법재판소는 대통령(헌재 2002.10.31. 2001헌라1), 행정자치부장관(헌재 2002.10.31. 2002헌라2), 건설교통부장관(헌재 2006.3.30. 2003헌라2), 해양수산부장관(헌재 2008.3.27. 2006헌라1), 교육과학기술부장관(헌재 2013.9.26. 2012헌라1) 등을 정부의 부분기관으로서 권한쟁의심판의 당사자로 인정하고 있다.

(3) 법원

대법원과 각급 법원뿐만 아니라 개별 법관도 권한쟁의심판의 당사자가 될 수 있다. 국회의원이 교원단체 가입현황을 인터넷 홈페이지에 게시하여 공개하려 하였으나, 법원이 공개로 인한 기본권 침해를 주장하는 교원들의 신청을 받아들여 공개금지를 명하는 가처분과 간접강제결정을 한 것에 대하여 국회의원이 법원을 상대로 제기한 권한쟁의심판을 청구한 바 있다.[50] 헌법재판소는 청구인인 국회의원의 권한침해 가능성이 없다는 이유로 부적법 각하결정을 하였다.

> **국회의원의 권한침해가능성을 부정한 사건**(헌재 2010.7.29. 2010헌라1)
> 특정 정보를 인터넷 홈페이지에 게시하거나 언론에 알리는 것과 같은 행위는 헌법과 법률이 특별히 국회의원에게 부여한 국회의원의 독자적인 권능이라고 할 수 없고 국회의원 이외의 다른 국가기관은 물론 일반 개인들도 누구든지 할 수 있는 행위로서, 그러한 행위가 제한된다고 해서 국회의원의 권한이 침해될 가능성은 없다. 청구인은 이 사건 가처분재판과 이 사건 간접강제재판으로 인해 입법에 관한 국회의원의 권한과 국정감사 또는 조사에 관한 국회의원의 권한이 침해되었다는 취지로 주장하나, 이 사건 가처분재판이나 이 사건 간접강제재판에도 불구하고 청구인으로서는 얼마든지 법률안을 만들어 국회에 제출할 수 있고 국회에 제출된 법률안을 심의하고 표결할 수 있어 입법에 관한 국회의원의 권한인 법률안 제출권이나 심의·표결권이 침해될 가능성이 없으며, 이 사건 가처분재판과 이 사건 간접강제재판은 국정감사 또는 조사와 관련된 국회의원의 권한에 대해서도 아무런 제한을 가하지 않고 있어, 국정감사 또는 조사와 관련된 국회의원으로서의 권한이 침해될 가능성 또한 없다. 따라서 이 사건 권한쟁의심판청구는 청구인의 권한을 침해할 가능성이 없어 부적법하다.

(4) 중앙선거관리위원회

중앙선거관리위원회뿐만 아니라 각급선거관리위원회도 헌법에 의하여 설치되고 헌법(헌법 제114조 제7항)과 법률에 의해 독자적인 권한을 부여받은 기관이다. 따라서 각급 선거관리위원회도 권한쟁의심판의 당사자가 된다.

> **각급 선거관리위원회가 지방자치단체인지 여부 및 권한쟁의심판의 당사자능력 인정 여부**(헌재 2008.6.26. 2005헌라7)
> 각급 선거관리위원회는 권한쟁의심판청구의 당사자가 될 수 있는 지방자치단체에는 포함되지 않는다. … 우리 헌법은 제114조 제1항에서 선거와 국민투표의 공정한 관리 및 정당에 관한 사무를 처리하기 위하여 선거관리위원회를 둔다고 하면서, 제2항에서 제5항까지 중앙선거관리위원회에 대해 규정하고 있는 외에 제6항에서 각급 선거관리위원회의 조직·직무범위 기타 필요한 사항은 법률로 정한다고 규정하여 각급 선거관리위원회의 헌법적 근거 규정을 마련하고 있다. … 그렇다면 중앙선거관리위원회 외에 각급 구·시·군 선거관리위원회도 헌법에 의하여 설치된 기관으로서 헌법과 법률에 의하여 독자적인 권한을 부여받은 기관에 해당하고, 따라서 피청구인 강남구선거관리위원회도 당사자능력이 인정된다.

---

50) 국회의원이 법원의 재판부(서울남부지방법원 제51민사부)를 상대로 권한쟁의심판을 청구하였다.

(5) 제3자 소송담당

제3자 소송담당은 권리주체가 아닌 제3자가 자신의 이름으로 권리주체를 위하여 소송을 수행할 수 있는 권능이다. 권한쟁의심판에서도 국가기관의 부분기관이 자신의 이름으로 소속기관의 권한을 주장할 수 있는 제3자 소송담당이 허용될 수 있는가가 문제된다. 예컨대 국회의 동의를 필요로 하는 조약에 대하여 국회의 동의절차를 거치지 아니한 채 체결·비준하는 경우, 국회가 아닌 국회의 부분기관인 국회의원이 이를 다투는 것이 허용되는가 이다. 헌법재판소는 권리는 원칙적으로 권리주체가 주장하여야 하므로 제3자 소송담당은 예외적으로 법률의 규정이 있는 경우에만 허용된다고 본다. 헌법재판소법은 국가기관의 부분기관이 자신의 이름으로 소속기관의 권한을 주장할 수 있는 '제3자 소송담당'의 가능성을 명시적으로 규정하고 있지 않으므로 제3자 소송담당을 허용하지 않고 있다.

> **권한쟁의심판에 있어 '제3자 소송담당'의 허용 여부**(헌재 2007.7.26. 2005헌라8)
> 헌법 제60조 제1항은 "국회는 … 국가나 국민에게 중대한 재정적 부담을 지우는 조약 또는 입법사항에 관한 조약의 체결·비준에 대한 동의권을 가진다."라고 규정하고 있으므로, 조약의 체결·비준에 대한 동의권은 국회에 속한다. 따라서 조약의 체결·비준의 주체인 피청구인이 국회의 동의를 필요로 하는 조약에 대하여 국회의 동의절차를 거치지 아니한 채 체결·비준하는 경우 국회의 조약에 대한 체결·비준 동의권이 침해되는 것이므로, 이를 다투는 권한쟁의심판의 당사자는 국회가 되어야 할 것이다. 이와 달리 국회의 구성원인 국회의원이 국회의 권한 침해를 주장하여 권한쟁의심판을 청구할 수 있기 위하여는 이른바 '제3자 소송담당'이 허용되어야 한다. 소위 '제3자 소송담당'이라고 하는 것은 권리주체가 아닌 제3자가 자신의 이름으로 권리주체를 위하여 소송을 수행할 수 있는 권능이다. 권리는 원칙적으로 권리주체가 주장하여 소송수행을 하도록 하는 것이 자기책임의 원칙에 부합하므로, '제3자 소송담당'은 예외적으로 법률의 규정이 있는 경우에만 인정된다. 그런데 권한쟁의심판에 있어 헌법재판소법 제61조 제1항은 "국가기관 상호간에 권한의 존부 또는 범위에 관하여 다툼이 있을 때에는 당해 국가기관은 헌법재판소에 권한쟁의심판을 청구할 수 있다.", 제2항은 "제1항의 심판청구는 피청구인의 처분 또는 부작위가 헌법 또는 법률에 의하여 부여받은 청구인의 권한을 침해하였거나 침해할 현저한 위험이 있는 때에 한하여 이를 할 수 있다."고 규정함으로써 권한쟁의심판의 청구인은 청구인의 권한 침해만을 주장할 수 있도록 하고 있다. 즉 국가기관의 부분기관이 자신의 이름으로 소속기관의 권한을 주장할 수 있는 '제3자 소송담당'의 가능성을 명시적으로 규정하고 있지 않다. … 따라서 권한쟁의심판에 있어 '제3자 소송담당'을 허용하는 법률의 규정이 없는 현행법 체계하에서 국회의 구성원인 청구인들은 국회의 조약에 대한 체결·비준 동의권의 침해를 주장하는 권한쟁의심판을 청구할 수 없다 할 것이므로, 청구인들의 이 부분 심판청구는 청구인적격이 없어 부적법하다.[51]

---

51) 청구인은 헌법상 조약의 체결·비준 주체인 피청구인이 이 사건 합의문에 대한 비준동의안의 제출거부행위로 청구인의 조약안 심의·표결권이 침해되었다고 권한쟁의심판을 청구하였다가, 그 후 국회의 동의 없이

'국정감사권'과 '국정조사권'이 국회의원의 권한인지 여부(헌재 2010.7.29. 2010헌라1)
국회의원은 국회의원의 권한이 아닌 국회의 권한 침해를 주장하며 권한쟁의심판을 청구할 수 없으므로, 청구인은 국회의 권한인 입법권 자체의 침해를 주장하며 권한쟁의심판을 청구할 수는 없다. … "국정감사권"과 "국정조사권"은 국회의 권한이고, 국회의원의 권한이라 할 수 없으므로 국회의원인 청구인으로서는 국정감사권 또는 국정조사권 자체에 관한 침해를 들어 권한쟁의심판을 청구할 수 없다.

## Ⅲ. 지방자치단체의 당사자능력

### 1. 국가기관과 지방자치단체 간의 권한쟁의심판

지방자치단체는 국가기관과의 권한쟁의심판의 당사자가 된다. 헌법재판소법은 정부와 특별시·광역시·도 또는 특별자치도 간의 권한쟁의심판, 정부와 시·군 또는 지방자치단체인 구(자치구) 간의 권한쟁의심판을 규정하고 있다. 따라서 권한쟁의심판의 당사자는 특별시, 광역시, 도(또는 특별자치도)와 시, 군, 지방자치단체인 구(자치구) 등이다.

> 헌법재판소법 제62조(권한쟁의심판의 종류) ① 권한쟁의심판의 종류는 다음 각 호와 같다.
> 2. 국가기관과 지방자치단체 간의 권한쟁의심판
>   가. 정부와 특별시·광역시·도 또는 특별자치도 간의 권한쟁의심판
>   나. 정부와 시·군 또는 지방자치단체인 구(이하 "자치구"라 한다) 간의 권한쟁의심판

### 2. 지방자치단체 상호간의 권한쟁의심판

> 헌법재판소법 제62조(권한쟁의심판의 종류) ① 권한쟁의심판의 종류는 다음 각 호와 같다.
> 3. 지방자치단체 상호간의 권한쟁의심판
>   가. 특별시·광역시·도 또는 특별자치도 상호간의 권한쟁의심판
>   나. 시·군 또는 자치구 상호간의 권한쟁의심판
>   다. 특별시·광역시·도 또는 특별자치도와 시·군 또는 자치구 간의 권한쟁의심판

---

체결·비준한 행위로 인하여 국회의 조약 체결·비준 동의권 및 청구인들의 조약안 심의·표결권이 침해되었다고 청구취지를 변경하였다. 헌법재판소는 청구인의 조약안에 대한 심의·표결권의 침해 여부에 관하여 "국회의 동의권과 국회의원의 심의·표결권은 비록 국회의 동의권이 개별 국회의원의 심의·표결절차를 거쳐 행사되기는 하지만 그 권한의 귀속주체가 다르고, 또 심의·표결권의 행사는 국회의 의사를 형성하기 위한 국회 내부의 행위로서 구체적인 의안 처리와 관련하여 각 국회의원에게 부여되는데 비하여, 동의권의 행사는 국회가 그 의결을 통하여 다른 국가기관에 대한 의사표시로서 행해지며 대외적인 법적 효과가 발생한다는 점에서 구분된다. 따라서 국회의 동의권이 침해되었다고 하여 동시에 국회의원의 심의·표결권이 침해된다고 할 수 없고, 또 국회의원의 심의·표결권은 국회의 대내적인 관계에서 행사되고 침해될 수 있을 뿐 다른 국가기관과의 대외적인 관계에서는 침해될 수 없는 것이므로, 국회의원들 상호간 또는 국회의원과 국회의 장 사이와 같이 국회 내부적으로만 직접적인 법적 연관성을 발생시킬 수 있을 뿐이고 대통령 등 국회 이외의 국가기관과 사이에서는 권한 침해의 직접적인 법적 효과를 발생시키지 아니한다. 따라서 피청구인 대통령이 국회의 동의 없이 조약을 체결·비준하였다 하더라도 국회의 체결·비준 동의권이 침해될 수는 있어도 국회의원인 청구인들의 심의·표결권이 침해될 가능성은 없다고 할 것이므로, 청구인들의 이 부분 심판청구 역시 부적법하다."고 결정하였다(헌재 2007.7.26. 2005헌라8 참조).

(1) 지방자치단체의 범위

1) 헌법재판소법 제62조 제1항 제3호는 지방자치단체 상호간의 권한쟁의심판을 특별시·광역시 또는 도 상호간의 권한쟁의심판, 시·군 또는 자치구 상호간의 권한쟁의심판, 특별시·광역시 또는 도와 시·군 또는 자치구 간의 권한쟁의심판 등으로 규정하고 있다.

2) 헌법재판소는 지방자치단체 상호간의 권한쟁의심판에 관한 헌법재판소법의 규정을 예시적 규정으로 보지 않는다. 지방자치법은 헌법의 위임을 받아 지방자치단체의 종류를 규정하고 있으므로 헌법재판소가 헌법해석을 통하여 권한쟁의심판의 당사자 범위를 새로이 확정 할 필요가 없으며, 헌법재판소법 규정을 예시적으로 해석할 필요가 없다는 것이다.

> **헌법재판소법 제62조 제1항 제3호의 해석**(헌재 2010.4.29. 2009헌라11)
> 헌법은 '국가기관'과는 달리 '지방자치단체'의 경우에는 그 종류를 법률로 정하도록 규정하고 있고, 지방자치법은 위와 같은 헌법의 위임에 따라 지방자치단체의 종류를 특별시, 광역시, 도, 특별자치도와 시, 군, 구로 정하고 있으며, 헌법재판소법은 지방자치법이 규정하고 있는 지방자치단체의 종류를 감안하여 권한쟁의심판의 종류를 정하고 있다. 즉, 지방자치법은 헌법의 위임을 받아 지방자치단체의 종류를 규정하고 있으므로 헌법재판소가 헌법해석을 통하여 권한쟁의심판의 당사자가 될 지방자치단체의 범위를 새로이 확정하여야 할 필요가 없다. … 지방자치단체 상호간의 권한쟁의심판을 규정하고 있는 헌법재판소법 제62조 제1항 제3호의 경우에는 이를 예시적으로 해석할 필요성 및 법적 근거가 없는 것이다.

3) 지방자치단체 상호간의 권한쟁의심판은 '서로 상이한 권리주체 간'을 의미한다.

4) 지방자치단체의 의결기관인 지방의회를 구성하는 지방의회 의원과 그 지방의회의 대표자인 지방의회 의장 간의 권한쟁의심판은 지방자치단체 상호간의 권한쟁의심판의 범위에 해당하지 않는다. 지방자치단체 상호간의 권한쟁의심판에 관한 헌법재판소법의 규정은 예시적 규정으로 해석되지 않으며, 서로 상이한 권리주체 간의 권한쟁의심판을 의미하기 때문이다.

> **지방의회 의원과 지방의회 의장 간의 권한쟁의심판이 지방자치단체 상호간의 권한쟁의심판의 범위에 해당하는지 여부**(헌재 2010.4.29. 2009헌라11)
> 이 사건은 지방자치단체를 구성하는 의결기관 내부에서 그 구성원들이 대표자를 상대로 권한쟁의심판을 청구한 것이다. … 헌법 및 헌법재판소법은 명시적으로 지방자치단체 '상호간'의 권한쟁의에 관한 심판을 헌법재판소가 관장하는 것으로 규정하고 있는바, 위 규정의 '상호간'은 '서로 상이한 권리주체간'을 의미한다고 할 것이다. … 이 사건과 같이 지방자치단체의 의결기관인 지방의회를 구성하는 지방의회 의원과 그 지방의회의 대표자인 지방의회 의장 간의 권한쟁의심판은 헌법 및 헌법재판소법에 의하여 헌법재판소가 관

장하는 지방자치단체 상호간의 권한쟁의심판의 범위에 속한다고 볼 수 없다. … 이 사건 심판청구와 같이 지방자치단체의 의결기관 구성원과 그 기관 대표자 간의 권한쟁의는 헌법 및 법률에 의하여 헌법재판소가 관장하는 지방자치단체 상호간의 권한쟁의심판의 범위에 해당하지 아니함이 법문상으로 명백할 뿐 아니라, 헌법재판소법 제62조 제1항 제3호가 규정하고 있는 지방자치단체 상호간 권한쟁의심판의 종류가 예시적인 것이라고 해석할 여지도 없다. 결국 지방자치단체의 의결기관을 구성하는 지방의회 의원과 그 기관의 대표자인 지방의회 의장 사이의 내부적 분쟁에 관련된 이 사건 심판청구는, 헌법재판소가 관장하는 지방자치단체 상호간의 권한쟁의심판에 속하지 아니하고, 달리 헌법재판소법 제62조 제1항 제1호의 국가기관 상호간의 권한쟁의심판이나 제62조 제1항 제2호의 국가기관과 지방자치단체 상호간의 권한쟁의심판에 해당한다고 볼 수도 없으므로, 위 심판청구는 헌법재판소법 제62조 제1항의 권한쟁의심판에 해당하지 않는다고 할 것이다.

(2) 지방자치단체의 장

지방자치단체의 장은 지방자치사무를 집행하는 기관에 불과하므로 원칙적으로 권한쟁의심판의 당사자가 될 수 없다. 다만 지방자치단체의 장이 국가위임사무에 대하여 국가기관의 지위에서 처분을 행하는 경우에는 권한쟁의심판의 당사자가 될 수 있다. 헌법재판소는 지방자치단체의 장이 행정심판의 재결청의 지위에서 행한 처분이 관할구역 내에 있는 하급 지방자치단체의 권한을 침해한 것인지에 관한 권한쟁의심판에서, 재결청인 지방자치단체의 장은 국가기관의 지위에 있다고 보아 국가기관과 지방자치단체 간의 권한쟁의심판으로 보고 있다(헌재 1999.7.22. 98헌라4).[52]

> **지방자치단체의 장이 권한쟁의심판의 당사자가 될 수 있는지 여부**(헌재 2006.8.31. 2003헌라1)
> 권한쟁의심판청구는 헌법과 법률에 의하여 권한을 부여받은 자가 그 권한의 침해를 다투는 헌법소송으로서 이러한 권한쟁의심판을 청구할 수 있는 자에 대하여는 헌법 제111조 제1항 제4호와 헌법재판소법 제62조 제1항 제3호가 정하고 있는바, 이에 의하면 지방자치단체의 장은 원칙적으로 권한쟁의 심판청구의 당사자가 될 수 없다. 다만 지방자치단체의 장이 국가위임 사무에 대해 국가기관의 지위에서 처분을 행한 경우에는 권한쟁의심판청구의 당사자가 될 수 있다. 그런데 이 사건 ○○주식회사에 대한 피청구인 순천시장의 과세처분은 지방자치단체의 권한에 속하는 사항에 대하여 지방자치단체사무의 집행기관으로서 한 과세처분에 불과하므로 피청구인 순천시장은 이 사건 지방세 과세 권한을 둘러싼 다툼에 있어 권한쟁의 심판청구의 당사자가 될 수 없고, 청구인 광양시장 또한 마찬가지이다. 따라서 청구인 광양시장의 피청구인들에 대한 심판청구와 청구인 광양시의 피청구인 순천시장에 대한 심판청구는 모두 당사자능력을 결한 청구로서 부적법하다.

---

[52] 이 사건은 지방자치단체인 청구인(성남시)과 국가기관인 재결청으로서의 피청구인(경기도지사) 사이의 권한쟁의 사건이라고 할 것이다.

(3) 교육감

헌법재판소법은 권한쟁의가 교육·학예에 관한 지방자치단체의 사무에 관한 것인 경우에는 교육감이 당사자가 된다고 규정하고 있다. 그런데 교육감은 교육·학예에 관한 집행기관이므로 지방자치단체 그 자체라거나 지방자치단체와는 독립한 권리주체로 볼 수 없다(헌재 2016.6.30. 2014헌라1). 따라서 교육감이 권한쟁의심판의 당사자가 된다는 의미는 교육감이 지방자치단체를 대표한다는 취지라고 해석된다.

> **헌법재판소법 제62조(권한쟁의심판의 종류)** ② 권한쟁의가 「지방교육자치에 관한 법률」 제2조에 따른 교육·학예에 관한 지방자치단체의 사무에 관한 것인 경우에는 교육감이 제1항 제2호 및 제3호의 당사자가 된다.

> **교육감을 지방자치단체 그 자체라거나 지방자치단체와는 독립한 권리주체로 볼 수 있는지 여부**(헌재 2016.6.30. 2014헌라1)
> 지방자치단체 '상호간'의 권한쟁의심판에서 말하는 '상호간'이란 '서로 상이한 권리주체 간'을 의미한다. 그런데 '지방교육자치에 관한 법률'은 교육감을 시·도의 교육·학예에 관한 사무의 '집행기관'으로 규정하고 있으므로, 교육감과 해당 지방자치단체 상호간의 권한쟁의심판은 '서로 상이한 권리주체 간'의 권한쟁의심판청구로 볼 수 없다. 나아가 … 지방자치단체 상호간의 권한쟁의심판을 규정하는 헌법재판소법 제62조 제1항 제3호를 예시적으로 해석할 필요성 및 법적 근거가 없다. 따라서 시·도의 교육·학예에 관한 집행기관인 교육감과 해당 지방자치단체 사이의 내부적 분쟁과 관련된 심판청구는 헌법재판소가 관장하는 권한쟁의심판에 속하지 아니한다.

## 제3절 권한쟁의심판의 청구

권한쟁의심판청구서는 직접 헌법재판소에 제출하거나 우송의 방법으로 제출한다. 우편의 경우에는 청구기간은 실제로 헌법재판소에 도달된 날짜를 기준으로 한다(헌재 1990.5.21. 90헌마78). 그 밖에도 전자문서에 의한 접수도 가능하다(헌법재판소법 제76조).

## 제4절 권한쟁의심판의 적법요건

권한쟁의심판을 청구하려면 청구인과 피청구인 상호간에 헌법 또는 법률에 의하여 부여받은 권한의 존부 또는 범위에 관하여 다툼이 있어야 하고, 피청구인의 처분 또는 부작위가 헌법 또는 법률에 의하여 부여받은 청구인의 권한을 침해하였거나 침해할 현저한 위험이 있는 경우이어야 한다(헌재 2004.9.23. 2000헌라2).

### Ⅰ. 당사자적격

헌법과 법률에 의하여 부여받은 권한을 가진 자만이 권한의 침해를 다투며 권한쟁의심판을 청구할 있다. 그리고 처분 또는 부작위를 야기한 기관으로서 법적 책임을 지는 기관만이 피청구인 적격을 가지므로 권한쟁의심판청구는 이들 기관을 상대로 제기하여야 한다.

> **국회부의장의 권한쟁의심판청구의 피청구인적격 인정 여부**(헌재 2009.10.29. 2009헌라8)
> 권한쟁의심판에 있어서는 처분 또는 부작위를 야기한 기관으로서 법적 책임을 지는 기관만이 피청구인 적격을 가지므로, 권한쟁의심판청구는 이들 기관을 상대로 제기하여야 한다. 그런데 피청구인 국회의장은 헌법 제48조에 따라 국회에서 선출되는 헌법상의 국가기관으로서 헌법과 법률에 의하여 국회를 대표하고 의사를 정리하며, 질서를 유지하고 사무를 감독할 지위에 있고, 이러한 지위에서 의안의 상정, 의안의 가결선포 등의 권한을 갖는 주체이므로 피청구인 적격이 인정된다. 이와 달리, 피청구인 국회부의장은 국회의장의 위임에 따라 그 직무를 대리하여 법률안 가결선포행위를 할 수 있을 뿐, 법률안 가결선포행위에 따른 법적 책임을 지는 주체가 될 수 없으므로 권한쟁의심판청구의 피청구인 적격이 인정되지 않는다.

#### 1. 당사자적격의 판단

당자자적격의 유무는 적법성 심사단계에서의 판단이므로 추상적 권한질서의 틀에 비추어 보아 개연성이 있다고 인정되면 족하다고 할 것이고, 본안에서의 판단과는 달리 권한의 존부나 범위에 관하여 구체적, 종국적으로 판단할 필요는 없다.

지방자치단체 상호간의 권한쟁의심판에 있어 청구인적격 판단(헌재 2006.8.31. 2004헌라2)
지방자치단체 상호간의 권한쟁의심판에 있어서 청구인적격은 침해당하였다고 주장하는 헌법상 내지 법률상 권한과 적절한 관련성이 있는 자에게 인정된다. 청구인은 이 사건 법률조항에 의하여 이 사건 도로들, 제방, 섬들이 자신의 관할구역으로 변경되었는데 피청구인의 이 사건 부작위 및 점용료부과처분으로 위 토지들에 대한 청구인의 자치권한이 침해되었다고 주장하고 있는바, 주장 자체에서 일응 청구인이 주장하는 피침해 권한과 청구인이 무관하다고 볼 수 없으므로 청구인에게 이 사건 심판의 청구인적격이 인정된다.

## Ⅱ. 처분 또는 부작위

### 1. 처분

(1) '처분'의 의미

처분은 넓은 의미의 공권력처분을 의미하므로 행정처분, 행정입법, 법원재판뿐만 아니라 국회의 법률제정행위나 이와 관련된 행위도 권한쟁의심판의 대상이 되는 처분에 포함된다. 법률에 대한 권한쟁의심판은 위헌법률심판과 구분되어야 한다는 점에서 법률의 제정행위를 심판의 대상으로 해야 한다(헌재 2006.5.25. 2005헌라4). 사실행위나 내부적인 행위도 권한쟁의심판의 대상이 되는 처분에 해당한다. 건설교통부장관의 경부고속철도의 역명을 결정한 것은 권한쟁의심판의 대상이 되는 처분에 해당한다(헌재 2006.3.30. 2003헌라2).

'처분'의 의미(헌재 2006.8.31. 2004헌라2)
적법요건으로서의 "처분"에는 개별적 행위뿐만 아니라 규범을 제정하는 행위도 포함되며, 입법영역에서는 법률의 제정행위 및 법률 자체를, 행정영역에서는 법규명령 및 모든 개별적인 행정적 행위를 포함한다. 이 사건 점용료부과처분은 행정소송법상의 처분에 해당하므로 처분요건을 충족한다.

법률에 대한 권한쟁의심판에서 심판대상(헌재 2006.5.25. 2005헌라4)
처분은 입법행위와 같은 법률의 제정과 관련된 권한의 존부 및 행사상의 다툼, 행정처분은 물론 행정입법과 같은 모든 행정작용 그리고 법원의 재판 및 사법행정작용 등을 포함하는 넓은 의미의 공권력 처분을 의미하는 것으로 보아야 할 것이므로, 법률에 대한 권한쟁의심판도 허용된다고 봄이 일반적이나 다만, '법률 그 자체'가 아니라 '법률제정행위'를 그 심판대상으로 하여야 할 것이다.

(2) 장래처분

처분은 원칙적으로 이미 행사된 처분을 의미한다. 다만 처분이 장래 행해질 것이 확실하고 장래처분에 의해서 청구인의 권한이 침해될 위험성이 있어서 청구인의 권한을 사전에 보호해주어야 할 필요성이 인정되는 경우에는 예외적으로 장래처분에 대해서도 권한쟁의심판을 청구할 수 있다.

**'장래처분'에 대하여 권한쟁의심판을 청구할 수 있는지 여부**(헌재 2009.7.30. 2005헌라2)

피청구인의 장래처분에 의해서 청구인의 권한침해가 예상되는 경우에 청구인은 원칙적으로 이러한 장래처분이 행사되기를 기다린 이후에 이에 대한 권한쟁의심판청구를 통해서 침해된 권한의 구제를 받을 수 있으므로, 피청구인의 장래처분을 대상으로 하는 심판청구는 원칙적으로 허용되지 아니한다. 그러나 피청구인의 장래처분이 확실하게 예정되어 있고, 피청구인의 장래처분에 의해서 청구인의 권한이 침해될 위험이 있어서 청구인의 권한을 사전에 보호해 주어야 할 필요성이 매우 큰 예외적인 경우에는 피청구인의 장래처분에 대해서도 권한쟁의심판을 청구할 수 있다고 할 것이다.

## 2. '부작위'의 의미

권한쟁의심판에서 다툴 수 있는 부작위는 단순한 사실상의 부작위가 아니고, 헌법상 또는 법률상 유래하는 작위의무가 있음에도 불구하고 이를 이행하지 않는 경우를 말한다(헌재 2006.8.31. 2004헌라2).

## 3. 법적 중요성

처분이나 부작위는 법적으로 중요성을 가진 것이어야 하며, 법적으로 아무런 효과를 발생하지 않는 처분이나 부작위 예컨대, 준비행위, 법률안의 제출행위 등은 권한쟁의심판으로 다툴 여지가 없다(헌재 2006.3.30. 2005헌라1).

**법적으로 아무런 효과가 발생하지 않는 처분 등을 권한쟁의심판으로 다툴 수 있는지 여부**(헌재 2006.3.30. 2005헌라1)

피청구인이 '행정부시장·부지사 회의'를 개최하여 행정자치부에서 작성한 표준안대로 복무조례를 개정할 것을 요청한 것은 각 지방자치단체가 참고할 수 있도록 표준안을 제시한 것에 불과하여 단순한 업무협조 요청에 불과하다. 「전공노 총파업관련징계업무처리지침」 및 「전공노 대책 관련 긴급 지시」를 통보한 것도 상호 협력의 차원에서 조언·권고한 것이거나 단순히 '업무연락'을 한 것이지, 청구인들을 법적으로 규제하는 강제적·명령적 조치를 취한 것이라 보기 어렵다. 기자회견을 통해 '총파업가담자에 대한 처벌'과 '정부의 방침에 소극적으로 대처하는 지방자치단체에 대하여 특별교부세 지원중단 등의 행정적·재정적 불이익 조치를 취할 것'이라는 것을 주된 내용으로 하는 담화문을 발표한 것 또한 단지 파업의 대응방침을 천명한 것으로 단순한 견해의 표명에 지나지 않는다. … 피청구인의 위 행위들은 헌법재판소법 제61조 제2항에 규정된 '처분'이라 할 수 없어 권한쟁의심판의 독자적 심판대상이 될 수 없다 할 것이므로, 이를 대상으로 한 청구인들의 권한쟁의심판은 모두 부적법하다.

**정부의 법률안 제출행위를 권한쟁의심판의 심판대상으로 할 수 있는지 여부**(헌재 2005.12.22. 2004헌라3)

'처분'이란 법적 중요성을 지닌 것에 한하므로, 청구인의 법적 지위에 구체적으로 영향을 미칠 가능성이 없는 행위는 '처분'이라 할 수 없어 이를 대상으로 하는 권한쟁의심판청구는 허용되지 않는다. 정부가 법률안을 제출하였다 하더라도 그것이 법률로 성립되기 위해서는 국회의 많은 절차를 거쳐야 하고, 법률안을 받아들일지 여부는 전적으로 헌법상 입법권을 독점하고 있는 의회의 권한이다. 따라서 정부가 법률안을 제출하는 행위는 입법을 위한 하나의 사전준비행위에 불과하고, 권한쟁의심판의 독자적 대상이 되기 위한 법적 중요성을 지닌 행위로 볼 수 없다.

## Ⅲ. 권한 침해나 현저한 침해위험

### 1. 권한 침해 요건

(1) 권한쟁의심판을 청구하려면 피청구인의 처분 또는 부작위가 권한을 침해하거나 침해할 현저한 위험성이 존재하여야 한다. 권한의 침해는 피청구인의 처분 또는 부작위로 인한 청구인의 권한 침해가 과거에 발생하였거나 현재까지 지속되는 경우를 의미하며, '현저한 침해의 위험성'은 아직 침해라고는 할 수 없으나 침해될 개연성이 상당히 높은 상황을 의미한다(헌재 2009.11.26. 2008헌라4).

**헌법재판소법 제61조(청구 사유)** ② 제1항의 심판청구는 피청구인의 처분 또는 부작위가 헌법 또는 법률에 의하여 부여받은 청구인의 권한을 침해하였거나 침해할 현저한 위험이 있는 경우에만 할 수 있다.

(2) 적법요건 단계에서 요구되는 권한 침해의 요건은 청구인의 권한이 구체적으로 관련되어 이에 대한 침해가능성이 존재할 경우 충족된다. 권한 침해가 실제로 존재하고 위헌·위법한지의 여부는 본안결정에서 판단된다(헌재 2006.5.25. 2005 헌라4).

**권한쟁의심판청구의 적법요건 단계에서 '권한의 침해' 판단**(헌재 2008.5.29. 2005헌라3)
권한쟁의심판청구의 적법요건 단계에서 요구되는 권한 침해의 요건은 청구인의 권한이 구체적으로 관련되어 이에 대한 침해가능성이 존재할 경우 충족되는 것으로 볼 수 있는 바, 이 사건 감사로 인하여 청구인들의 인사권이 제한되고 자치적 정책판단의 범위가 축소되는 등 청구인들의 지방자치권이 침해 될 가능성이 전혀 없다고 보기는 어려우므로, 피청구인의 위 주장은 이유 없다.[53]

**국회 입법작용이나 국정감사 또는 국정조사와 관련 국회의원에게 부여된 권한의 침해가능성 판단**(헌재 2010.7.29. 2010헌라1)
청구인의 주장은 국회의 입법작용이나 국정감사 또는 국정조사와 관련하여 국회의원에게 부여된 권한의 침해를 주장하는 것으로 이해할 수 있는바, 그와 같은 국회의원의 권한이 침해될 가능성이 있는지에 대해 살펴본다. … 이 사건 가처분재판과 이 사건 간접강제 재판에도 불구하고 청구인으로서는 얼마든지 법률안을 만들어 국회에 제출할 수 있고 국회에 제출된 법률안을 심의하고 표결할 수 있으므로, 이 사건 가처분재판과 이 사건 간접강제재판으로 인해 청구인의 법률안제출권이나 심의·표결권이 침해될 가능성은 없다. …

---

[53] 헌법재판소는 "이 사건 관련규정이 지방자치단체의 고유한 권한을 유명무실하게 할 정도로 지나친 제한을 함으로써 지방자치권의 본질적 내용을 침해 하였다고는 볼 수 없다."하여 기각결정을 하였다.

이 사건 가처분재판과 이 사건 간접강제재판으로 인해 국회의 국정감사 또는 조사와 관련된 청구인의 국회의원으로서의 권한이 침해될 가능성 또한 없다.

## 2. 지방자치단체사무와 권한 침해가능성

(1) 지방자치단체가 권한쟁의심판을 청구하기 위해서는 지방자치단체의 사무에 관한 권한이 침해되거나 현저한 침해위험이 있어야 한다. 국가사무로서의 성격을 가지고 있는 기관위임사무에 관하여 지방자치단체가 청구한 권한쟁의심판은 지방자치단체의 권한에 속하지 않는 사무에 관한 심판청구로서 부적법하다(헌재 2009.7.30. 2005헌라2). 교육과학기술부장관의 수도권 사립대학 정원규제에 대하여 청구인인 경기도가 권한쟁의심판을 청구한 사례에서 수도권 사립대학 정원규제는 국가사무이므로 지방자치단체인 청구인의 권한을 침해하거나 현저한 침해의 위험이 없어 부적법하다고 결정하였다. 교육부장관이 교육감 소속 교육장 등에 대하여 징계의결을 요구한 행위에 대하여 지방자치단체가 권한쟁의심판을 청구한 사례에서도 헌법재판소는 같은 취지로 결정하였다.

> **대학설립 및 대학생정원 증원 등의 사무가 지방자치단체 사무인지 여부**(헌재 2012.7.26. 2010헌라3)
> 대학의 설립 및 대학생정원 증원 등 운영에 관한 사무는 국가적 이익에 관한 것으로서 전국적인 통일을 기할 필요성이 있는 국가사무로 보아야 할 것이다. 사립대학의 신설이나 학생정원 증원은 국가사무이고 지방자치단체의 사무가 아니므로, 이 사건 수도권 사립대학 정원규제는 청구인의 권한을 침해하거나 침해할 현저한 위험이 있다고 할 수 없다.

> **교육감 소속 교육장 등에 대한 징계의결요구 등의 사무가 지방자치단체 사무인지 여부**(헌재 2013.12.26. 2012헌라3 등)
> 교육감 소속 교육장 등에 대한 징계의결요구 내지 그 신청사무 또한 징계사무의 일부로서 대통령, 교육부장관으로부터 교육감에게 위임된 국가위임사무이다. 그렇다면 국가사무인 교육장 등에 대한 징계사무에 관하여 지방자치단체가 청구한 이 사건 권한쟁의심판청구는, 지방자치단체의 권한에 속하지 아니하는 사무에 관한 심판청구로서 청구인들의 권한이 침해되거나 침해될 현저한 위험이 있다고 볼 수 없으므로 부적법하다.

> **국가하천의 유지·보수가 지방자치단체 사무인지 여부**(헌재 2011.8.30. 2011헌라1)
> 낙동강의 유지·보수 범위에 해당하는 부분을 따로 떼어내서 그에 대한 권한의 존부를 독자적으로 따질 수 있다 하더라도, '국가하천의 유지·보수' 역시 하천법 제27조 제5항 단서에 의거하면 국토해양부장관이 시행관리책임을 맡고 있는 '국가사무'로서 각 시·도지사에게 기관위임되어 있는 사무에 불과하므로 '청구인의 권한'이라고 할 수 없어, 이 사건 처분으로 인하여 '청구인의 낙동강 유지·보수에 관한 권한이 침해될 가능성'은 없다.

(2) 지방자치단체가 기관위임사무와 관련하여 다른 지방자치단체를 피청구인으로 하여 권한쟁의심판을 청구하는 경우 청구인의 권한에 속하지 아니하는 사무 또는 피청구인적격을 갖추지 못한 자를 상대로 한 권한쟁의심판청구로서 부적법하다(헌재 2011.9.29. 2009헌라3).

**국가사무로서의 성격을 가지고 있는 기관위임사무의 집행권한의 존부 및 범위에 관하여 지방자치단체가 청구한 권한쟁의심판청구의 적법 여부 및 기관위임사무와 관련하여 다른 지방자치단체를 피청구인으로 하여 권한의심판청구의 적법 여부**(헌재 2011.9.29. 2009헌라3)[54]

지방자치단체가 권한쟁의심판을 청구하기 위해서는 헌법 또는 법률에 의하여 부여받은 권한, 즉 지방자치단체의 사무에 관한 권한이 침해되거나 침해될 우려가 있어야 한다. 그런데 지방자치단체의 사무 중 국가가 지방자치단체의 장 등에게 위임한 기관위임사무는 그 처리의 효과가 국가에 귀속되는 국가의 사무로서 지방자치단체의 사무라 할 수 없고, 지방자치단체의 장은 기관위임사무의 집행권한과 관련된 범위에서는 그 사무를 위임한 국가기관의 지위에 서게 될 뿐 지방자치단체의 기관이 아니므로, 지방자치단체는 기관위임사무의 집행에 관한 권한의 존부 및 범위에 관한 권한분쟁을 이유로 기관위임사무를 집행하는 국가기관 또는 다른 지방자치단체의 장을 상대로 권한쟁의심판을 청구할 수 없다 할 것이다. 결국 국가사무로서의 성격을 가지고 있는 기관위임사무의 집행권한의 존부 및 범위에 관하여 지방자치단체가 청구한 권한쟁의심판 청구는 지방자치단체의 권한에 속하지 아니하는 사무에 관한 심판청구로서 그 청구가 부적법하다고 할 것이다. … 계쟁지역에서의 토지등록 및 지번 부여에 관한 사무 역시 국가사무로서 인천광역시장에게 위임된 기관위임사무로 볼 것이다. … 이 사건에서 지방자치단체인 청구인이 국가사무인 지적공부의 등록사무에 관한 권한의 존부 및 범위에 관하여 다투고 있다고 봄이 상당하다. 그리고 이 사건 계쟁지역의 지번 부여 및 토지등록에 관한 사무는 인천광역시장이 피청구인 인천광역시의 집행기관으로서가 아니라 국가기관으로서 담당하는 사무이므로 피청구인 인천광역시는 인천광역시장의 토지등록 처분에 대하여 법적 책임을 지는 자에 해당하지 아니하므로 이 사건 심판청구의 피청구인적격 또한 갖추지 못하였다고 할 것이다. 그렇다면 청구인의 피청구인 인천광역시에 대한 심판청구는 지방자치단체인 청구인의 권한에 속하지 아니하는 사무 또는 피청구인적격을 갖추지 못한 자를 상대로 한 권한쟁의심판청구라고 할 것이므로, 청구인이 지방자치단체로서 헌법 또는 법률에 의하여 부여받은 권한을 침해받은 경우에 해당한다고 할 수 없어서 부적법하다.

---

[54] 피청구인 인천광역시가 시행하는 송도 신도시 매립사업은 1994년부터 2020년까지 진행될 예정이다. 정부는 2003. 8. 11. 매립이 진행되는 송도지구를 경제자유구역으로 지정하였고, 인천경제자유구역 내의 토지등록 사무를 담당하는 인천광역시 경제자유구역청장은 2009. 1. 22. 매립이 완료된 제9공구 매립지에 대하여 '인천광역시 연수구 송도동 297 내지 307'의 지번을 부여하여 신규로 토지등록을 하였다. 청구인(인천광역시 중구 등)은 2009. 3. 12. 계쟁 지역에 대하여 피청구인 인천광역시가 한 토지등록 처분 및 피청구인 인천광역시 연수구가 행사할 장래처분이 이 사건 계쟁지역에 대한 청구인의 자치권한을 침해하였거나 침해할 현저한 위험이 있음을 이유로 이 사건 계쟁지역에 대한 관할권한이 청구인에게 있음의 확인을 구하는 이 사건 심판청구를 제기하였다.

## 3. 소극적 권한쟁의 인정 여부

권한쟁의심판은 권한의 존부나 범위에 관한 적극적인 다툼이다. 소극적 권한쟁의는 국가기관이나 지방자치단체가 적극적인 권한 침해나 침해의 현저한 위험을 주장하는 것이 아니라 청구인 자신에게 그러한 처분권한이 없음을 이유로 다투는 것이다. 소극적 권한쟁의의 허용 여부에 관하여 논란이 있으나, 헌법재판소는 소극적 권한쟁의를 인정한 바 없다(헌재 1998.8.27. 96헌라1).[55]

## Ⅳ. 권리보호이익

헌법재판소는 권한쟁의심판에서도 청구인에 대한 권한 침해 상태가 이미 종료된 경우에는 권리보호이익이 없다고 하여 부적법 각하결정을 한다. 다만 침해행위가 반복될 위험이 있고, 헌법적 해명의 필요가 긴요한 경우에는 심판의 이익을 인정한다.

> **권한쟁의심판에서의 권리보호이익 판단**(헌재 2011.8.30. 2010헌라4)
> 이 사건 심판청구는 청구인에 대한 권한 침해의 상태가 이미 종료된 경우에 해당하여 권리보호의 이익을 인정할 수 없다. 다만, 청구인에 대한 권한 침해의 상태가 이미 종료하여 권리보호의 이익을 인정할 수 없다 하더라도, 같은 유형의 침해행위가 앞으로도 계속 반복될 위험이 있고, 헌법질서의 수호·유지를 위해 그에 대한 헌법적 해명이 긴요한 사항에 대해서는 심판청구의 이익을 인정할 수는 있다. … 이는 기관 상호간의 분쟁해결을 목적으로 하는 권한쟁의심판에서 헌법적으로 해명할 필요가 긴요한 사항이라 할 수도 없다. 따라서 청구인의 이 사건 심판청구는 권리보호의 이익을 인정할 수 없을 뿐만 아니라, 같은 유형의 침해행위가 반복될 위험이 있는 사안으로서 헌법적 해명의 필요가 긴요한 경우라 할 수도 없으므로, 심판청구의 이익을 인정할 수 없다.

---

[55] 시화공업단지 내의 공공시설의 관리권자가 피청구인(정부)임에도 불구하고 피청구인이 공공시설을 관리하지 아니하는 부작위로 인하여 청구인(시흥시)이 공공시설을 관리하여야 할 의무를 부담하거나 그러한 의무를 부담할 현저한 위험에 놓이게 됨으로써 청구인의 지방자치권 등을 침해받았거나 침해받을 현저한 위험이 있다고 하여 권한쟁의심판을 청구한 사례에서, 헌법재판소는 "청구인이 이 사건 공공시설의 관리권자이므로 피청구인이 이 사건 공공시설을 관리하지 아니하고 있다고 하여 청구인의 권한이 침해되거나 침해될 위험이 있다고 할 수 없을 것이다. … 관련법규의 해석에 의하여 피청구인이 이 사건 공공시설의 관리권자라고 판단된다면 청구인은 이 사건 공공시설을 관리하지 않으면 되는 것이지, 피청구인이 그 권한을 행사하지 아니하고 있다고 하여 청구인이 이 사건 공공시설을 관리하여야 하는 것은 아닌 것이다. 따라서 청구인의 주장에 따른다고 하더라도 피청구인의 부작위로 인하여 청구인의 어떠한 권한도 침해될 우려가 없다고 할 것이다. 결국 이 사건은 이 사건 공공시설의 관리권한이 누구에게 있는가에 관계없이 피청구인의 부작위에 의하여 청구인의 권한이 침해되었거나 침해될 현저한 위험이 있다고 할 수 없는 사건"이라고 결정하였다(헌재 1998.8.27. 96헌라1 참조). 이 결정을 성질상 소극적 권한쟁의로 보는 견해가 있다.

침해행위의 반복위험이 있고 헌법적 해명의 필요가 긴요하여 심판이익을 인정한 경우(헌재 2003.10.30. 2002헌라1)

상임위원회 위원의 임기는 2년이다(국회법 제40조). 그리고 현재의 제16대 국회는 2000. 4. 13. 실시된 총선거에 의하여 선출된 국회의원으로 구성되어 4년 임기 중 전반기를 이미 마쳤고, 후반기 들어 2002. 7.경 새로이 각 상임위원회의 위원배정이 이루어졌다. 국회사무처에서 보내온 2002. 9. 30.자 '상임위원회 위원명단'을 보면, 청구인은 다시 보건복지위원회에 배정되어 현재까지 동 위원회에서 활동하고 있다. 그러므로 청구인이 이 사건 권한쟁의심판청구에 의하여 달성하고자 하는 목적은 이미 이루어져 청구인이 주장하는 권리보호이익이 소멸하였다. 그러나 헌법소원심판과 마찬가지로 권한쟁의심판도 주관적 권리구제뿐만 아니라 객관적인 헌법질서 보장의 기능도 겸하고 있으므로, 청구인에 대한 권한침해 상태가 이미 종료하여 이를 취소할 여지가 없어졌다 하더라도 같은 유형의 침해행위가 앞으로도 반복될 위험이 있고, 헌법질서의 수호·유지를 위하여 그에 대한 헌법적 해명이 긴요한 사항에 대하여는 심판청구의 이익을 인정할 수 있다고 할 것이다. 이 사건과 같이 상임위원회 위원의 개선, 즉 사·보임행위는 국회법 규정의 근거 하에 국회관행상 빈번하게 행해지고 있고 그 과정에서 당해 위원의 의사에 반하는 사·보임이 이루어지는 경우도 얼마든지 예상할 수 있으므로 청구인에게 뿐만 아니라 일반적으로도 다시 반복될 수 있는 사안이어서 헌법적 해명의 필요성이 있으므로 이 사건은 심판의 이익이 있다고 할 것이다.

## V. 청구기간

권한쟁의심판은 권한을 침해하는 사유가 있음을 안 날로부터 60일 이내, 그 사유가 있은 날로부터 180일 이내에 하여야 한다(헌법재판소법 제63조).

부작위에 의한 권한 침해의 경우에는 청구기간의 제약이 없으며, 장래처분에 의한 권한 침해의 위험성이 발생하는 경우에도 장래 처분이 내려지지 않은 상태로서 청구기간의 제한이 없다는 것이 판례의 태도이다(헌재 2008.12.26. 2005헌라11).

## 제5절　권한쟁의심판의 결정

### I. 결정정족수

권한쟁의심판은 재판관 7인 이상의 출석으로 심리하며, 종국심리에 관여한 재판관의 과반수의 찬성으로 권한쟁의심판사건에 관한 결정을 한다(헌법재판소법 제23조).

### II. 결정유형

권한쟁의심판의 적법요건을 갖추지 못하여 부적법한 경우 각하결정을 한다. 심판청구가 적법하지만 이유 없는 경우에는 기각결정을, 이유 없는 경우는 인용결정을 한다. 권한쟁의심판 중 청구취하가 있거나 청구인이 사망한 경우에는 심판절차종료선언결정을 한다 (헌재 2010.11.25. 2009헌라12).

> **심판절차 중 청구인이 사망한 경우 심판절차 종료**(헌재 2010.11.25. 2009헌라12)
> 청구인이 법률안 심의·표결권의 주체인 국가기관으로서의 국회의원 자격으로 권한쟁의 심판을 청구하였다가 심판절차 계속 중 사망한 경우, 국회의원의 법률안 심의·표결권은 성질상 일신전속적인 것으로 당사자가 사망한 경우 승계되거나 상속될 수 없어 그에 관련된 권한쟁의심판절차 또한 수계될 수 없으므로, 권한쟁의심판청구는 청구인의 사망과 동시에 당연히 그 심판절차가 종료된다.

## 제6절　권한쟁의심판 결정의 내용

### I. 결정내용

헌법재판소는 심판의 대상이 된 국가기관 또는 지방자치단체의 권한의 유무 또는 범위에 관하여 판단한다(헌법재판소법 제66조 제1항). 권한의 유무나 범위에 관한 판단은 필수적이다. 권한의 유무나 범위를 판단하는 경우 권한 침해의 원인이 된 피청구인의 처분을 취소하거나 무효를 확인할 수 있고, 부작위에 대한 심판청구를 인용하는 결정을 한 때에는 피청구인은 결정취지에 따른 처분을 하여야 한다(헌법재판소법 제66조 제2항).

### II. 결정내용과 결정주문

#### 1. 권한의 유무 또는 범위 확인

(1) 헌법재판소는 권한쟁의심판에서 권한의 유무 또는 범위에 관해서는 필수적으로 판단하며, 주문에서 직접 심판에서 문제가 된 관할권한이 청구인에게 있음을 확인하는 결정을 한다(헌재 2004.9.23. 2000헌라2).[56]

---

[56] 【주문】 1. 청구인의 피청구인 평택시장에 대한 심판청구를 각하한다. 2. 별지도면 표시 "가, 나, 다, 라, 마,

(2) 권한쟁의심판에서는 권한의 유무에 관한 판단보다는 주로 피청구인의 처분으로 청구인의 권한이 침해되었는지의 여부가 심판대상이 된다.[57] 이 경우 심판청구가 이유 있다고 인정되면 결정주문은 '피청구인의 처분이 헌법과 법률에 의하여 부여된 청구인의 권한을 침해한 것이다'로 표시된다.[58]

(3) 권한쟁의심판청구가 이유 없다고 판단되면 기각결정을 한다.

## 2. 취소 또는 무효 확인

(1) 헌법재판소는 권한침해의 원인이 된 피청구인의 처분을 취소(헌재 2006.8.31. 2004헌라2)[59]하거나 무효를 확인(헌재 1999.7.22. 98헌라4)[60]하는 결정을 할 수 있다.

(2) 헌법재판소는 피청구인의 처분 등에 대한 권한 침해를 확인하면서, 처분 등의 무효확인청구에 대해서는 기각결정을 한다. 2009헌라8 결정에서 헌법재판소는 국회의장의 법률안가결선포행위는 국회의원의 심의·표결권을 침해한다고 하면서, 가결선포행위의 무효확인청구에 대해서는 기각결정을 하였다(헌재 2009.10.29. 2009헌라8 등; 헌재 2011.8.30. 2009헌라7).

## 3. 부작위에 대한 인용결정

피청구인의 부작위가 청구인의 권한을 침해한 때에는 헌법재판소는 심판청구를 인용하는 결정을 한다. 이 경우 피청구인은 헌법재판소의 결정취지에 따른 처분을 하여야 한다.

---

바, 사, 아, 자, 차, 카, 타, 가" 각 점을 순차적으로 연결한 선내 부분에 해당하는 면적 32,834.8㎡의 제방에 대한 관할권한은 청구인에게 있음을 확인한다.

57) ① 이 사건 심판대상은 피청구인이 2014. 10. 29. 학교 무상급식 감사계획을 통보한 행위가 청구인의 권한을 침해하였거나 침해할 현저한 위험이 있는지 여부이다(헌재 2016.6.30. 2014헌라1).;

② 이 사건 심판대상은 피청구인이 이 사건 본회의에서 이 사건 예산안, 파견 동의안, 법률안들의 가결을 선포한 행위가 청구인들이 국회의원으로서 갖는 예산안, 국군의 외국에의 파견 동의안, 법률안에 대한 심의·표결권을 침해한 것인지 여부 및 나아가 이 사건 예산안, 파견 동의안, 법률안들에 대한 피청구인의 가결선포행위가 무효인지 여부이다. … 결국 이 사건은 피청구인의 이 사건 가결선포행위가 청구인들의 심의·표결권을 침해하는지 여부에 관한 문제로 귀결된다 할 것이다(헌재 2012.2.23. 2010헌라6 등).

58) 결정주문은 '청구인에게는 헌법(또는 법률)에 의하여 부여받은 ○○권한이 있다'는 내용과 '청구인의 이러한 권한이 피청구인의 행위로 인하여 침해되었다'는 내용을 결합하여 "피청구인의 처분(또는 부작위)이 헌법(또는 법률)에 의하여 부여된 청구인의 ○○권한을 침해한 것이다"라는 형태로 표시된다.

59) 【주문】 피청구인이 2004. 3. 10. 진해시 용원동 1307 도로에 대한 점용을 이유로 … 행한 각 점용료부과처분은 이를 취소한다.

60) 【주문】 1. 피청구인이 … 도시계획사업시행자지정처분은 도시계획법 제23조 제5항에 의한 청구인의 권한을 침해한 것이다. 2. 피청구인의 위 처분은 무효임을 확인한다.

## 제7절 권한쟁의심판 결정의 효력

### I. 기속력

권한쟁의심판의 결정은 모든 국가기관과 지방자치단체를 기속한다(헌법재판소법 제67조 제1항).

#### 1. 결정준수의무

권한쟁의심판의 모든 결정은 기속력을 갖는다. 권한쟁의심판 결정이 내려지면 기각결정이든 인용결정이든 관계없이 모든 국가기관은 헌법재판소의 결정을 존중해야 하고(결정준수의무), 헌법재판소의 판단에 저촉되는 행위를 할 수 없다(동일행위반복금지의무).

#### 2. 위헌·위법상태 제거의무

(1) 모든 국가기관은 권한쟁의심판의 결정에서 위헌·위법성이 확인된 행위를 반복하여서는 안 되며, 자신이 야기한 위헌·위법상태를 제거하여 합헌·합법적 상태를 회복할 의무를 부담한다.

(2) 입법과정에서 권한침해확인결정의 기속력이 피청구인인 국회의 위헌·위법상태 제거의무를 포함하는지에 관하여 재판관들의 의견이 대립한다. 국회의장의 법률안 가결선포행위가 국회의원들의 법률안 심의·표결권을 침해한 것이라는 권한침해확인결정이 있은 후 국회의장이 어떠한 조치도 취하지 않은 부작위가 국회의원들의 심의·표결권을 침해한 것이라고 주장하면서 다시 권한쟁의심판을 청구한 사건[61]에서 헌법재판소는 이를 기각하였다. 권한침해확인결정이 기속력을 갖는다는 점에서는 재판관들의 견해가 일치하였으나, 그 기속력의 내용이 피청구인인 국회의장에게 위헌·위법상태를 제거하고 합헌·합법 상태를 회복해야 할 의무를 부여한다는 인용결정이 과반수에 이르지 못하였기 때문이다(헌재 2010.11.25. 2009헌라12).[62]

---

61) 청구인들은 제18대 국회의원들로서 2009. 7. 23. 헌법재판소에 국회의장을 피청구인으로 하여 자신들의 법률안 심의·표결권 등이 침해되었다는 이유로 권한쟁의심판청구를 하였다. 헌법재판소는 피청구인인 국회의장이 신문법안 및 방송법안의 가결을 선포한 행위는 청구인들의 법률안 심의·표결권을 침해한 것임을 확인하고, 법률안 가결선포행위의 무효확인청구는 기각하는 결정을 선고하였다(2009헌라8 등). 청구인들은 헌법재판소가 2009헌라8 등 사건에서 피청구인의 신문법안 및 방송법안 가결선포행위가 청구인들의 법률안 심의·표결권을 침해한 것이라고 인정한 이상, 주문의 기속력에 따라 피청구인은 청구인들에게 법률안에 대한 심의·표결권을 행사할 수 있는 조치를 취하여야 함에도 불구하고 피청구인이 아무런 조치를 취하지 않고 있고, 피청구인의 위와 같은 부작위는 청구인들의 법률안 심의·표결권을 침해하는 것이라고 주장하며 2009. 12. 18. 권한쟁의심판을 청구하였다.

62) 헌재 2010.11.25. 2009헌라12.

1. 재판관 4인의 각하의견: 헌법재판소의 권한쟁의심판의 결정은 모든 국가기관과 지방자치단체를 기속하는바, 권한 침해의 확인결정에도 기속력이 인정된다. 그러나 그 내용은 장래에 어떤 처분을 행할 때 그 결정의 내용을 존중하고 동일한 사정 하에서 동일한 내용의 행위를 하여서는 아니 되는 의무를 부과하

## Ⅱ. 취소결정의 효력

헌법재판소가 국가기관 또는 지방자치단체의 처분을 취소하는 결정을 하더라도 그 처분의 상대방에 대하여 이미 생긴 효력에는 영향을 미치지 아니한다(헌법재판소법 제67조 제2항). 헌법재판소법에서는 처분의 유효성을 신뢰한 제3자를 보호하기 위하여 처분의 상대방에 대한 관계에서는 취소결정의 소급효를 제한하고 있다. 청구인과 피청구인 간의 권한분쟁으로부터 선의의 제3자를 보호하기 위한 것이므로 처분의 상대방이 청구인인 경우에는 이 규정은 적용되지 않는다.

> **헌법재판소법 제67조** ② 국가기관 또는 지방자치단체의 처분을 취소하는 결정은 그 처분의 상대방에 대하여 이미 생긴 효력에 영향을 미치지 아니한다.

---

는 것에 그치고, 적극적인 재처분 의무나 결과제거 의무를 포함하는 것은 아니다. 재처분 의무나 결과제거 의무는 처분 자체가 위헌·위법하여 그 효력을 상실하는 것을 전제하는데, 이는 처분의 취소결정이나 무효확인 결정에 달린 것이기 때문이다. … 종전 권한침해확인결정의 기속력으로 피청구인에게 종전 권한침해행위에 내재하는 위헌·위법성을 제거할 적극적 조치를 취할 법적 의무가 발생한다고 볼 수 없으므로, 이 사건 심판청구는 부적법하다.

2. 재판관 1인의 기각의견: 권한침해확인결정의 기속력을 직접 받는 피청구인은 그 결정을 존중하고 헌법재판소가 그 결정에서 명시한 위헌·위법성을 제거할 헌법상의 의무를 부담한다. 그러나 권한쟁의심판은 본래 청구인의 「권한의 존부 또는 범위」에 관하여 판단하는 것이므로, 입법절차상의 하자에 대한 종전 권한침해확인결정이 갖는 기속력의 본래적 효력은 피청구인의 이 사건 각 법률안 가결선포행위가 청구인들의 법률안 심의·표결권을 위헌·위법하게 침해하였음을 확인하는 데 그친다. 그 결정의 기속력에 의하여 법률안 가결선포행위에 내재하는 위헌·위법성을 어떤 방법으로 제거할 것인지는 전적으로 국회의 자율에 맡겨져 있다.

3. 재판관 3인의 인용의견: 2009헌라8등 권한침해확인결정의 기속력에 의하여 국회는 이 사건 각 법률안에 대한 심의·표결절차 중 위법한 사항을 시정하여 청구인들의 침해된 심의·표결권한을 회복시켜줄 의무를 부담한다. … 국회가 이 사건 각 법률안에 대한 심의·표결절차의 위법성을 바로잡고 침해된 청구인들의 심의·표결권을 회복시켜줄 의무를 이행하지 않는 것은 헌법재판소의 종전 결정의 기속력을 무시하고 청구인들의 심의·표결권 침해상태를 계속 존속시키는 것이므로, 이 사건 심판청구를 받아들여야 한다.

4. 재판관 1인의 인용의견: 헌법재판소법 66조 제1항에 의한 권한침해확인 결정의 기속력은 모든 국가기관으로 하여금 헌법재판소의 판단에 저촉되는 다른 판단이나 행위를 할 수 없게 하고, 헌법재판소의 결정 내용을 자신의 판단 및 조치의 기초로 삼도록 하는 것이며, 특히 피청구인에게는 위헌·위법성이 확인된 행위를 반복하여서는 안 될 뿐만 아니라 나아가 헌법재판소가 별도로 취소 또는 무효확인 결정을 하지 않더라도 법적·사실적으로 가능한 범위 내에서 자신이 야기한 위헌·위법 상태를 제거하여 합헌·합법 상태를 회복하여야 할 의무를 부여하는 것으로 보아야 한다.

## 제8절 권한쟁의심판과 기관소송

### Ⅰ. 행정소송법상의 기관소송

국가 또는 공공단체의 기관 상호간에 있어서 권한의 존부나 그 행사에 관하여 다툼이 있을 때에는 기관소송을 제기할 수 있다. 기관소송은 법률이 정하는 자에 한하여 제기할 수 있으며, 헌법재판소의 관장사항은 소송에서 제외한다(행정소송법 제3조 제4호 단서). 국가기관 상호간의 권한쟁의는 헌법재판소의 관장사항이므로 기관소송의 대상에서 제외되고, 공공단체의 기관 상호간의 권한분쟁의 경우 행정소송법상의 기관소송이 인정된다.

> **행정소송법 제3조(행정소송의 종류)** 4. 기관소송 : 국가 또는 공공단체의 기관 상호간에 있어서의 권한의 존부 또는 그 행사에 관한 다툼이 있을 때에 이에 대하여 제기하는 소송. 다만, 헌법재판소법 제2조의 규정에 의하여 헌법재판소의 관장사항으로 되는 소송은 제외한다.
>
> **행정소송법 제45조(소의 제기)** 민중소송 및 기관소송은 법률이 정한 경우에 법률에 정한 자에 한하여 제기할 수 있다.

#### 1. 지방자치단체의 장과 지방의회 사이의 기관소송

(1) 지방자치단체의 장은 지방의회의 의결이 월권이거나 법령에 위반되거나 공익을 현저히 해친다고 인정되면 의결사항을 이송받은 날로부터 20일 이내에 재의를 요구할 수 있다. 이러한 재의요구에 대하여 지방의회가 재적의원 과반수의 출석과 출석의원 3분의 2 이상의 찬성으로 재의결하면 의결사항은 확정된다. 지방자치단체의 장은 재의결된 사항이 법령에 위반된다고 인정되면 대법원에 소를 제기할 수 있다(지방자치법 제120조).

(2) 지방의회 의결이 법령에 위반되거나 공익을 현저히 해친다고 판단되면 시도에 대하여는 주무부장관이, 시군 및 자치구에 대하여는 시·도지사가 재의를 요구하게 할 수 있고, 재의요구를 받은 지방자치단체의 장은 지방의회에 재의요구를 하여야 한다. 지방의회가 재의결하면 의결사항은 확정되는데, 지방자치단체의 장은 재의결된 사항이 법령에 위반된다고 판단되면 대법원에 소를 제기할 수 있다. 주무부장관이나 시·도지사는 재의결된 사항이 법령에 위반된다고 판단됨에도 불구하고 해당 지방자치단체의 장이 소를 제기하지 아니하면 지방자치단체의 장에게 제소를 지시하거나 직접 제소할 수 있다(지방자치법 제192조).

(3) 재의요구 지시를 받은 지방자치단체의 장이 지방의회 의결이 법령에 위반된다고 판단됨에도 불구하고 재의요구를 하지 않는 경우에는 주무부장관이나 시·도지사가 대법원에 직접 제소할 수 있다(지방자치법 제192조 제8항).

## 2. 교육감과 시·도의회 간의 기관소송

(1) 교육감은 교육·학예에 관한 시·도의회의 의결이 법령에 위반되거나 공익을 현저히 저해한다고 판단될 때에는 의결사항을 이송받은 날로부터 20일 이내에 재의를 요구할 수 있다. 교육감이 교육부장관으로부터 재의요구를 하도록 요청받은 경우에는 시·도의회에 재의를 요구하여야 한다. 재의요구를 받은 시·도의회는 재적의원 과반수의 출석과 출석의원 3분의 2 이상의 찬성으로 전과 같은 의결을 하면 의결사항은 확정된다. 재의결된 사항이 법령에 위반된다고 판단될 때에는 교육감은 대법원에 제소할 수 있다. 재의결된 사항이 법령에 위반된다고 판단됨에도 불구하고 해당 교육감이 소를 제기하지 않은 때에는 교육부장관은 해당 교육감에게 제소를 지시하거나 직접 제소할 수 있다(지방교육자치에 관한 법률 제28조).

(2) 서울특별시 교육감이 조례안에 대한 재의요구를 철회한 것이 교육부장관의 재의요구 요청권한을 침해한다는 이유로 권한쟁의심판을 청구한 사건에서 헌법재판소는 교육·학예에 관한 시·도의회의 의결사항에 대한 교육감의 재의요구권한과, 교육부장관의 재의요구요청권한은 중복하여 행사될 수 있는 별개의 독립된 권한이며, 지방의회의 조례안 의결에 대하여 재의요구를 한 교육감은 지방의회가 재의결을 하기 전까지 재의요구를 철회할 수 있으므로 교육감의 재의요구 철회가 교육부장관의 재의요구요청권한을 침해하지 않는다고 결정하였다(헌재 2013.9.26. 2012헌라1).[63]

## II. 권한쟁의심판과 지방자치법상의 소송

### 1. 명령이나 처분의 취소

(1) 대법원의 관할

지방자치단체의 사무에 관한 그 장의 명령이나 처분이 법령에 위반되거나 현저히 부당하여 공익을 해친다고 인정되면 시·도에 대하여는 주무부장관이, 시·군 및 자치구에 대하여는 시·도지사가 기간을 정하여 서면으로 시정할 것을 명하고, 그 기간에 이행하지 아니하면 이를 취소하거나 정지할 수 있다. 지방자치단체의 장은 자치사무에 관한 시정명

---

[63] 서울특별시의회는 2011. 12. 19. 서울특별시 학생인권 조례안을 의결하고 서울특별시교육감 권한대행에게 이송하였다. 서울특별시교육감 권한대행은 2012. 1. 9. 조례안에 대하여 서울특별시의회에 재의를 요구하였다. 그런데 서울특별시교육감이 업무에 복귀한 뒤 2012. 1. 20. 조례안에 대한 재의요구를 철회하였고, 청구인(교육부장관)은 2012. 1. 20. 서울특별시교육감에게 조례안에 대한 재의요구를 하도록 요청하였다. 서울특별시교육감은 청구인의 재의요구 요청을 따르지 아니하고, '서울특별시 학생인권 조례'를 공포하였다. 이에 청구인은 피청구인이 조례안에 대한 재의 요구를 철회하고 '서울특별시 학생인권 조례'를 공포한 행위와 피청구인이 청구인의 재의요구 요청을 받고도 서울특별시의회에 조례안에 대한 재의요구를 하지 아니한 부작위가 청구인의 조례안에 대한 재의요구 요청 권한을 침해하였다고 주장하며, 권한쟁의심판을 청구하였다.

령이나 처분의 취소 또는 정지에 대하여 이의가 있으면 그 취소처분 또는 정지처분을 통보받은 날부터 15일 이내에 대법원에 소를 제기할 수 있다. 이 소송의 성격에 관하여 논란이 있으나, 국가의 하위 내부기관이 아닌 독자적인 공법인의 지위에서 국가를 상대로 소송을 제기하는 것이므로 기관소송이라기보다는 항고고송의 성질을 가진다고 본다.

> **지방자치법 제188조(위법·부당한 명령이나 처분의 시정)** ① 지방자치단체의 사무에 관한 지방자치단체의 장(제103조제2항에 따른 사무의 경우에는 지방의회의 의장을 말한다. 이하 이 조에서 같다)의 명령이나 처분이 법령에 위반되거나 현저히 부당하여 공익을 해친다고 인정되면 시·도에 대해서는 주무부장관이, 시·군 및 자치구에 대해서는 시·도지사가 기간을 정하여 서면으로 시정할 것을 명하고, 그 기간에 이행하지 아니하면 이를 취소하거나 정지할 수 있다.
> ② 주무부장관은 지방자치단체의 사무에 관한 시장·군수 및 자치구의 구청장의 명령이나 처분이 법령에 위반되거나 현저히 부당하여 공익을 해침에도 불구하고 시·도지사가 제1항에 따른 시정명령을 하지 아니하면 시·도지사에게 기간을 정하여 시정명령을 하도록 명할 수 있다.
> ③ 주무부장관은 시·도지사가 제2항에 따른 기간에 시정명령을 하지 아니하면 제2항에 따른 기간이 지난 날부터 7일 이내에 직접 시장·군수 및 자치구의 구청장에게 기간을 정하여 서면으로 시정할 것을 명하고, 그 기간에 이행하지 아니하면 주무부장관이 시장·군수 및 자치구의 구청장의 명령이나 처분을 취소하거나 정지할 수 있다.
> ④ 주무부장관은 시·도지사가 시장·군수 및 자치구의 구청장에게 제1항에 따라 시정명령을 하였으나 이를 이행하지 아니한 데 따른 취소·정지를 하지 아니하는 경우에는 시·도지사에게 기간을 정하여 시장·군수 및 자치구의 구청장의 명령이나 처분을 취소하거나 정지할 것을 명하고, 그 기간에 이행하지 아니하면 주무부장관이 이를 직접 취소하거나 정지할 수 있다.
> ⑤ 제1항부터 제4항까지의 규정에 따른 자치사무에 관한 명령이나 처분에 대한 주무부장관 또는 시·도지사의 시정명령, 취소 또는 정지는 법령을 위반한 것에 한정한다.
> ⑥ 지방자치단체의 장은 제1항, 제3항 또는 제4항에 따른 자치사무에 관한 명령이나 처분의 취소 또는 정지에 대하여 이의가 있으면 그 취소처분 또는 정지처분을 통보받은 날부터 15일 이내에 대법원에 소를 제기할 수 있다.

### (2) 권한쟁의심판의 경합가능성

자치사무에 관한 지방자치단체장의 명령이나 처분 등에 대하여 주무부장관이나 시·도지사가 한 시정명령이나 처분의 취소 또는 정지처분이 지방자치단체의 자치권한을 침해하고 있다고 판단하는 경우에는 지방자치단체는 헌법재판소에 권한쟁의심판을 청구할 수 있다. 자율형 사립고등학교의 지정·고시처분을 취소한 전라북도교육감에 대하여, 취소처분은 재량권을 현저히 일탈·남용한 것이므로 교육부장관이 이를 취소하라는 취지의 시정명령을 한 사안에서, 교육감은 권한쟁의심판을 청구함과 동시에 지방자치법 제169조 제2항에 따라 대법원에 소를 제기하였다. 헌법재판소는 "피청구인의 시정명령으로 취소처분이 취소·정지될 위험을 부담하게 되어, 권한행사에 진지한 장애가 초래되거나 법적 지위가 불리하게 되는 등 부정적인 영향을 받게 되었으므로, 시정명령은 권한쟁의심판의 대상이 되는 처분에 해당한다."고 결정하였다(헌재 2011.8.30. 2010헌라4).[64] 대법원은

---

64) 헌법재판소는 학교법인이 제기한 '자율형 사립고 지정·고시 취소처분'의 취소 등을 구하는 소에서 전라북

시정명령에 대한 소제기 규정이 없다는 이유로 각하하였다.[65]

## 2. 직무이행명령

### (1) 대법원의 관할

지방자치단체의 장이 국가위임사무나 시도위임사무의 관리와 집행을 명백히 게을리하고 있다고 인정되면 시도에 대하여는 주무부장관이, 시군 및 자치구에 대하여는 시도지사가 이행명령을 할 수 있다. 해당 지방자치단체의 장이 이행명령을 이행하지 아니하면 주무부장관이나 시도지사가 대집행하거나 필요한 조치를 할 수 있다. 지방자치단체의 장은 이행명령에 이의가 있으면 대법원에 소를 제기할 수 있다(지방자치법 제189조).

### (2) 권한쟁의심판의 경합가능성

지방자치단체장에 대한 직무이행명령을 다투는 경우 지방자치단체의 고유권한을 다투는 것이 아니라 지방자치단체의 장이 하위기관의 지위에서 상급 감독기관을 상대로 대법원에 제소하는 것이다. 이 경우 지방자치단체는 자신의 권한 침해를 이유로 권한쟁의심판을 청구할 수 없다.[66]

교육부장관이 경기도교육감에 대하여 교육공무원 징계사건 대상자인 교육장 등에 대하여 징계의결 요구를 신청하도록 하는 내용의 직무이행명령을 하였으나, 교육감이 명령을 이행하지 아니하자 교육부장관이 직접 교육감 소속 교육장 등에 대하여 특별징계위원회에 징계의결을 요구하였고 이에 교육감[67]은 교육부장관의 징계의결요구에 대하여 권한쟁의심판을 청구한 사건에서, 헌법재판소는 국가사무인 징계사무에 대하여 지방자치단체가 제기한 권한쟁의심판은 부적법할 뿐만 아니라, 청구인의 주장을 지방자치법 제170조 제1항(현행 지방자치법 제189조 제1항)에 따른 피청구인(교육부장관)의 직무이행명령이 부당하다는 취지로 볼 경우에도, 지방자치법 제170조 제3항(현행 지방자치법 제189조 제6항)에 따라 이의소송으로 다투어야 한다고 결정하였다(헌재 2013.12.26. 2012헌라3 등 참조).

---

도교육감이 한 취소처분을 취소하는 판결이 확정되어, 청구인에 대한 권한침해상태가 이미 종료한 경우에 해당하여 권리보호이익을 인정할 수 없고, 일반적으로도 다시 반복될 수 있는 사안으로서 헌법적 해명의 필요성이 있는 경우라고 볼 수 없다는 이유로 부적법 각하결정을 하였다.

65) 시정명령에 대해서는 대법원에 소를 제기할 수 없으므로, 헌법재판소와 대법원의 관할이 충돌하지 않지만, 주무부장관이나 시도지사의 취소나 정치처분이 지방자치단체의 자치권한을 침해한다는 이유로 권한쟁의심판을 청구하거나 대법원에 소를 제기하는 경우 관할의 충돌이 발생할 수 있다.

66) 상하 국가기관 간에는 명령지휘체계가 형성되어 적절한 감독권의 행사로 분쟁해결이 가능하므로, 직무이행명령에 대한 다툼은 국가기관 상호간의 권한쟁의심판의 대상으로 볼 수 없다는 견해가 있다.

67) 권한쟁의심판에서 교육·학예에 관한 지방자치단체의 사무에 관하여 교육감이 당사자인 경우 "청구인 전라북도 대표자 교육감 ○○○ 대리인 변호사 □□□"라고 표시한다. 따라서 교육감은 대표자이며, 당사자는 지방자치단체이다.

피청구인(교육부장관)이 교육감 소속 교육장 등에 대하여 특별징계위원회에 징계의결을 요구한 행위가 소속 교육공무원 징계에 관한 청구인들(전라북도 및 경기도)의 권한을 침해하거나 침해할 현저한 위험이 있는지 여부(헌재 2013.12.26. 2012헌라3 등)

교육감 소속 국가공무원인 교육장 등에 대한 징계사무는 사무수행의 편의와 능률 그리고 해당 교육청이 담당하는 업무와의 연관성을 고려해 국가가 지방자치단체의 장에게 위임한 기관위임사무이다. 징계의결요구 내지 그 신청권한 역시 법령에 의할 때 기본적으로 '국가사무'일 뿐 지방자치단체인 청구인들의 권한이라고 할 수 없다. … 지방자치단체에게 부여된 권한이 아닌 것을 자신의 권한인 자치사무라고 주장하면서 제기한 권한쟁의심판청구는 '청구인들의 권한'이 침해될 개연성이 없어 부적법하다. 나아가 청구인들의 주장을 지방자치법 제170조 제1항에 따른 피청구인의 직무이행명령이 부당하다는 취지로 볼 경우에도, 이는 지방자치법 제170조 제3항에 따라 이의소송으로 다툴 사항이지, 헌법과 법률이 설정한 객관적 권한질서를 유지하기 위한 법적 수단으로서 권한쟁의심판이 대상으로 하는 '권한의 존부 또는 범위'에 관한 다툼으로 볼 수 없다.

# CHAPTER 09 | 헌법소원심판

### 제1절  헌법소원심판의 의의

## I. 헌법소원심판의 유형

헌법재판소법 제68조 제1항에 의한 헌법소원심판은 공권력의 행사 또는 불행사로 인하여 헌법상 보장된 기본권을 침해받은 자가 제기할 수 있다. 헌법재판소법 제68조 제2항에 의한 헌법소원심판은 법률의 위헌 여부에 대하여 제청신청이 기각된 때 제청신청을 한 당사자가 청구할 수 있다. 헌법재판소법 제68조 제2항에 의한 헌법소원심판은 그 법적 성질은 위헌법률심판과 같고, 헌법재판소법 제68조 제1항에 의한 헌법소원심판과 요건이나 대상을 달리한다(헌재 2010.3.25. 2007헌마933).

> 헌법재판소법 제68조 제2항 헌법소원심판과 제1항 헌법소원심판의 병합 제기 가능 여부(헌재 2010.3.25. 2007헌마933)
> 
> 헌법재판소법 제68조 제1항에 의한 헌법소원과 헌법재판소법 제68조 제2항에 의한 헌법소원은 비록 그 요건과 대상은 다르다고 하더라도 헌법재판소라는 동일한 기관에서 재판을 받고, 개인에 의한 심판청구라는 헌법소원의 측면에서는 그 성질이 동일한 점, 헌법재판소 판례 중에는 헌법재판소법 제68조 제2항의 헌법소원 절차에서 청구변경의 방법으로 예비적 청구를 헌법재판소법 제68조 제2항에 의한 청구에서 위 법 제68조 제1항에 의한 청구로 변경하는 것을 허용한 예, 법원에 위헌법률심판제청신청을 한 적이 없는 청구인의 헌법소원심판청구를 헌법재판소법 제68조 제1항에 의한 헌법소원심판청구로 본 예, 헌법재판소법 제68조 제1항에 의한 헌법소원심판청구와 위 법 제68조 제2항에 의한 헌법소원심판청구를 병합하여 심판한 예가 있는 점, 헌법재판소가 헌법재판소 사건의 접수에 관한 규칙에 의하여 헌법재판소법 제68조 제1항의 헌법소원사건의 사건부호를 '헌마'로, 헌법재판소법 제68조 제2항의 헌법소원사건의 사건부호를 '헌바'로 달리 부여하고 있지만 이는 편의적인 것에 불과한 점, 만약 이를 허용하지 않을 경우 당사자는 관련청구소송을 하나는 헌법재판소법 제68조 제1항에 의한 헌법소원으로, 다른 하나는 헌법재판소법 제68조 제2항에 의한 헌법소원으로 제기하여야 하는데 이는 소송경제에 반하는 점 등을 살펴볼 때, 하나의 헌법소원으로 헌법재판소법 제68조 제1항에 의한 청구와 헌법재판소법 제68조 제2항에 의한 청구를 함께 병합하여 제기함이 가능하다고 할 것이다.

## II. 헌법소원심판의 기능

헌법소원심판의 주된 기능은 기본권의 구제에 있다. 공권력의 행사 또는 불행사로 인하여 헌법이 보장하고 있는 기본권을 침해당한 때에 국민으로 하여금 직접 헌법재판소에 그 심판을 청구할 수 있게 하여 침해된 기본권을 구제하는 소송이라는 점에서 주관소송으로서의 성질을 가진다. 그 밖에 헌법소원심판은 주관적 권리구제의 기능 이외에도 객관적 헌법질서의 보장기능도 함께 가지고 있다.

> **헌법소원에 있어 권리보호이익의 해석**(헌재 1992.1.28. 91헌마111)
> 헌법소원의 본질은 개인의 주관적 권리구제뿐 아니라 객관적 헌법질서의 보장도 하고 있으므로 헌법소원에 있어서 권리보호 이익은 일반법원의 소송사건에서처럼 주관적 기준으로 엄격하게 해석하여서는 아니 된다.

## 제2절　헌법소원심판청구

## Ⅰ. 심판청구

헌법소원심판의 청구는 청구서를 헌법재판소에 제출함으로써 한다(헌법재판소법 제26조 제1항). 청구서는 우송의 방법으로도 가능하며, 이 경우 청구기간은 실제로 헌법재판소에 도달된 날짜를 기준으로 한다(헌재 1990.5.21. 90헌마78). 그 밖에도 서면을 전자문서화하여 정보통신망을 이용하여 전자정보처리조직을 통하여 제출할 수 있다(헌법재판소법 제76조).

## Ⅱ. 심판청구서 기재사항

헌법소원심판청구서에는 다음의 사항이 기재되어야 한다(헌법재판소법 제71조 제1항).

### 1. 청구인 및 대리인의 표시

청구인 및 대리인의 성명, 주소 등이 기재되어야 하며, 대리인의 선임을 증명하는 서류 또는 국선대리인 선임통지서를 첨부하여야 한다(헌법재판소법 제71조 제3항).

피청구인은 헌법재판소법에 별도로 규정되어 있지 않고, 헌법재판소가 직권으로 조사하여 피청구인과 심판대상을 확정해 왔다.[68]

### 2. 침해된 권리

침해된 권리는 헌법상 보장된 기본권을 말하므로 침해되었다고 주장하는 기본권을 특정하여야 한다. 침해된 권리를 특정하지 아니한 채 제기한 헌법소원심판은 부적법하다(헌재 1992.12.24. 90헌마158). 심판청구에서 침해된 기본권의 특정 정도는 헌법상 보장된 기본권의 침해가 있다는 주장인 것으로 인식할 수 있을 정도의 표시로 족하다(헌재 1997.1.16. 90헌마110 등).

여러 사람이 공동으로 헌법소원심판을 청구한 경우에는 그들은 각자 독립된 지위를 가지므로 침해된 권리의 특정 여부는 개별적으로 판단한다(헌재 2007.11.29. 2005헌마347).

> 심판청구에서의 침해된 기본권의 특정 정도(헌재 1997.1.16. 90헌마110 등)
>
> 헌법재판소법 제71조 제1항 제2호에 헌법소원의 심판청구서에는 침해된 권리를 기재할 것을 요구하고 있지만, 그 기재는 헌법재판소법 제68조 제1항에 비추어 헌법재판소로 하여금 헌법상 보장된 기본권의 침해가 있다는 주장인 것으로 인식할 수 있는 정도의 표시로 족하고, 헌법재판소의 심판에 있어서는 반드시 그 표시된 권리에 구애되는 것이 아니

---

[68] 헌법재판소 심판규칙에서는 법령에 대한 헌법소원의 경우를 제외하고는 피청구인의 기재를 요구하고 있고(심판규칙 제68조 제1항 제2호), 그 기재가 누락되거나 명확하지 아니함에도 보정명령에 불응한 경우에는 심판청구를 각하할 수 있도록 하고 있다(심판규칙 제70조). 그러나 심판규칙이 제정된 이후에도 청구서에 피청구인의 기재를 엄격하게 요구하지 않는 것이 헌법재판소의 실무이다.

라 청구인이 주장하는 침해된 기본권과 침해의 원인이 되는 공권력의 행사를 직권으로 조사하여 판단할 수 있는 것이다.

**청구인이 복수인 경우 개별적 판단을 하는지 여부**(헌재 2007.11.29. 2005헌마347)
여러 사람이 공동으로 헌법소원심판을 청구한 경우, 그들은 원래 개별적으로 청구할 수도 있었으나 편의상 하나의 절차에 병합하여 공동헌법소원 형태로 심판을 청구한 것으로서 각자 독립된 지위를 가지므로, 헌법소원심판의 대상인 공권력의 행사 또는 불행사와 침해된 권리가 특정되어 있는지 여부는 청구인별로 개별적으로 판단하여야 한다.

### 3. 침해의 원인이 되는 공권력의 행사 또는 불행사

침해의 원인이 되는 공권력 주체의 작위 또는 부작위를 구체적으로 특정하여 기재함으로써 헌법소원심판의 대상이 되는 공권력의 행사 또는 불행사를 명확하게 해야 한다.

### 4. 청구이유

헌법소원심판청구에 이르게 된 경위를 먼저 기재하고, 공권력의 행사 또는 불행사가 청구인의 기본권을 침해하는 이유 또는 헌법에 위반되는 이유를 기재한다. 기재의 정도는 단순한 기본권 침해의 주장만으로는 불충분하고 주장된 사실과 기본권 침해 사이에 어느 정도 관련성이 있어야 한다. 구체적 주장 없이 막연하고 모호한 주장만을 하는 경우 헌법소원심판청구는 부적법하다(헌재 2005.2.3. 2003헌마544 등).

**헌법소원심판 청구이유의 기재의 정도**(헌재 2005.2.3. 2003헌마544 등)
헌법재판소법 제68조 제1항의 '헌법상 보장된 기본권을 침해받은 자'라는 것은 '헌법상 보장된 기본권을 침해받았다고 주장하는 자'로 해석하여야 하며 소원청구인은 자신의 기본권에 대한 공권력주체의 제한행위가 위헌적인 것임을 어느 정도 구체적으로 주장하여야 한다. 그러므로 소원청구인이 기본권 침해의 가능성을 확인할 수 있을 정도의 구체적 주장을 하지 않고 막연한 주장만을 하는 경우에는 그 소원청구는 부적법한 것이 될 것이다.

### 5. 그 밖에 필요한 사항

그 밖에 필요한 사항으로 다른 법률에 따른 구제절차의 경유에 관한 사항, 청구기간의 준수에 관한 사항 등을 기재한다. 실무상으로는 청구인이 헌법소원에 의해 달성하려는 목적이 무엇인가를 분명히 하기 위하여 청구취지를 기재한다.[69]

---

69) 예컨대, "의료법(2012. 2. 1. 법률 제11252호로 개정된 것) 제33조 제8항은 헌법 제15조에 의해 보장되는 청구인의 직업선택의 자유를 침해하므로 헌법에 위반된다."라는 결정을 구합니다.

## Ⅲ. 헌법소원심판청구의 적법요건

헌법재판소법 제68조 제1항의 헌법소원심판은 공권력의 행사 또는 불행사로 인하여 헌법상 보장된 자기의 기본권을 현재 그리고 직접적으로 침해받은 자가 청구할 수 있다(헌재 2006.12.28. 2006헌마312). 따라서 헌법소원심판청구가 적법하기 위해서는 헌법소원의 대상이 되는 공권력의 행사 또는 불행사에 대한 심판청구이어야 하며, 공권력의 행사 또는 불행사와 기본권 침해와의 법적 관련성(헌재 2004.12.16. 2002헌마333 등)이 인정되어야 한다. 그 밖에 헌법소원심판의 보충성, 권리보호이익, 청구기간, 변호사강제주의 등의 요건이 충족되어야 한다.

> **헌법소원심판청구의 적법요건**(헌재 2006.12.28. 2006헌마312)
> 헌법재판소법 제68조 제1항의 헌법소원은 공권력의 행사 또는 불행사로 인하여 자기의 기본권을 현재 그리고 직접적으로 침해받고 있는 자가 청구할 수 있다. 이는 공권력의 행사 또는 불행사에 있어 청구인 자신이 스스로 법적으로 관련되어 있어야 한다는 것을 뜻한다. 여기서 법적 관련성이란 기본권 침해의 가능성을 의미하고, 공권력의 행사 또는 불행사로 인하여 청구인의 기본권이 침해될 가능성이 없다면 자기관련성이 부인된다.

## 제3절 공권력의 행사 또는 불행사

### I. 공권력의 행사

#### 1. 공권력의 의의

헌법소원심판의 대상이 되는 것은 헌법에 위반되는 공권력의 행사 또는 불행사이다. 공권력은 입법권·행정권·사법권을 행사하는 모든 국가기관·공공단체 등의 고권적 작용이라 할 수 있다(헌재 2001.3.21. 99헌마139 등).

#### 2. 간접적 국가행정

헌법소원의 대상이 되는 공권력에는 간접적인 국가행정인 공법상의 사단, 재단 등의 공법인, 국립대학교와 같은 영조물 등의 작용도 포함한다.

> **대통령선거방송위원회의 결정 및 공표행위가 공권력의 행사에 해당하는지 여부**(헌재 1998.8.27. 97헌마372)
>
> 헌법소원의 대상이 되는 공권력은 입법·행정·사법 등의 모든 기관뿐만 아니라, 간접적인 국가행정, 예를 들어 공법상의 사단, 재단 등의 공법인, 국립대학교와 같은 영조물 등의 작용도 포함된다. 대통령선거방송위원회는 공직선거법 규정에 의해 설립되고 동법에 따른 법적 업무를 수행하는 공권력의 주체이므로, 이 사건 결정 및 공표행위는 헌법소원의 대상이 되는 공권력의 행사이다.

> **적성시험의 주관 및 시행이 공권력의 행사에 해당하는지 여부**(헌재 2010.4.29. 2009헌마399)
>
> 헌법재판소법 제68조 제1항에 의한 헌법소원의 대상이 되는 행위는 국가기관의 공권력작용에 속하여야 한다. 여기서 국가기관은 입법·행정·사법 등의 모든 기관을 포함하며, 간접적인 국가행정, 예를 들어 공법상의 사단, 재단 등의 공법인, 국립대학교와 같은 영조물 등의 작용도 헌법소원의 대상이 된다. 법학전문대학원협의회는 … 최소한 적성시험의 주관 및 시행에 관해서는 교육과학기술부장관의 지정 및 권한의 위탁에 의해 관련 업무를 수행하는 공권력 행사의 주체라고 할 것이다.

#### 3. 사법상의 행위

사법상의 행위는 헌법소원심판의 대상이 되지 않는다. 헌법재판소는 한국방송공사의 '2006년도 예비사원 채용공고' 중 "병역필 또는 면제받은 분. 단, 2005. 12. 31. 이전 전역 예정자는 응시 가능합니다." 부분이 헌법소원의 대상이 되는 공권력의 행사에 해당하는지 여부에 관하여 공권력 행사성을 인정하지 않았다.

> **사법적 행위의 헌법소원심판의 대상성 인정 여부**(헌재 2006.11.30. 2005헌마855)
>
> 공법인의 행위는 일반적으로 헌법소원의 대상이 될 수 있으나, 그 중 대외적 구속력을 갖지 않는 단순한 내부적 행위나 사법적인 성질을 지니는 것은 헌법소원의 대상이 되는 공권력의 행사에 해당하지 않는다. 방송법은 "한국방송공사 직원은 정관이 정하는 바에 따

라 사장이 임면한다."고 규정하는 외에는(제52조) 직원의 채용관계에 관하여 달리 특별한 규정을 두고 있지 않으므로, … 직원 채용관계가 사법적인 것이라면, 그러한 채용에 필수적으로 따르는 사전절차로서 채용시험의 응시자격을 정한 이 사건 공고 또한 사법적인 성격을 지닌다고 할 것이다. 이 사건 공고는 헌법소원으로 다툴 수 있는 공권력의 행사에 해당하지 않는다.

## Ⅱ. 입법작용

### 1. 법률

국회가 제정한 법률은 헌법소원의 대상이 된다. 법률은 현재 시행 중인 유효한 것이어야 한다. 법률이 공포되었지만 아직 시행되지 않고 있는 경우에도 청구인의 기본권 침해가 충분히 예측되는 경우에는 예외적으로 헌법소원심판의 대상이 될 수 있다(헌재 1994.12.29. 94헌마201). 공포되기 전의 법률에 대해서도 헌법소원이 가능한 경우가 있다(헌재 2001.11.29. 99헌마494).

> **공포되기 전의 법률에 대해서도 헌법소원이 가능한 경우**(헌재 2001.11.29. 99헌마494)
> 법률안은 대통령이 거부권을 행사하지 않는 한 정부에 이송된 후 15일 이내에 공포하여야 하고 만일 공포하지 않는다면 법률로서 확정되는 바, 법률안이 거부권 행사에 의하여 최종적으로 폐기되었다면 모르되, 그렇지 아니하고 공포되었다면 법률안은 그 동일성을 유지하여 법률로 확정되는 것이라고 보아야 한다. 나아가, 우리 재판소가 위헌제청 당시 존재하지 아니하였던 신법의 경과규정까지 심판대상을 확장하였던 선례(헌재 2000.8.31. 97헌가12)에 비추어 보면, 심판청구 후에 유효하게 공포·시행되었고 그 법률로 인하여 평등권 등 기본권을 침해받게 되었다고 주장하는 이상 청구 당시의 공포 여부를 문제삼아 헌법소원의 대상성을 부인할 수는 없다.

### 2. 예산

예산은 법규범의 일종이지만 법률과 달리 국가기관만 구속하고 일반 국민은 구속하지 아니하므로 예산이나 예산안의 의결행위는 헌법소원심판의 대상이 되지 않는다. 따라서 국회가 의결한 예산이나 국회의 예산안 의결은 헌법소원의 대상이 될 수 없다(헌재 2006.4.25. 2006헌마409).

> **예산이나 예산안의 의결행위가 헌법소원심판의 대상이 되는지 여부**(헌재 2006.4.25. 2006헌마409)
> 예산은 일종의 법규범이고 법률과 마찬가지로 국회의 의결을 거쳐 제정되지만 법률과 달리 국가기관만을 구속할 뿐 일반국민을 구속하지 않는다. 국회가 의결한 예산 또는 국회의 예산안 의결은 헌법재판소법 제68조 제1항 소정의 '공권력의 행사'에 해당하지 않고 따라서 헌법소원의 대상이 되지 아니한다.

### 3. 긴급명령·긴급재정경제명령

헌법 제76조의 긴급명령·긴급재정경제명령은 법률의 효력을 가지므로 헌법소원의 대상이 된다.

> 긴급재정경제명령이 헌법재판소의 심판대상이 되는지 여부(헌재 1996.2.29. 93헌마186)
> 대통령의 긴급재정경제명령은 국가긴급권의 일종으로서 고도의 정치적 결단에 의하여 발동되는 행위이고 그 결단을 존중하여야 할 필요성이 있는 행위라는 의미에서 이른바 통치행위에 속한다고 할 수 있으나, 통치행위를 포함하여 모든 국가작용은 국민의 기본권적 가치를 실현하기 위한 수단이라는 한계를 반드시 지켜야 하는 것이고, 헌법재판소는 헌법의 수호와 국민의 기본권 보장을 사명으로 하는 국가기관이므로 비록 고도의 정치적 결단에 의하여 행해지는 국가작용이라고 할지라도 그것이 국민의 기본권 침해와 직접 관련되는 경우에는 당연히 헌법재판소의 심판대상이 된다.

### 4. 조약

헌법에 의하여 체결·공포된 조약은 국내법과 같은 효력을 가진다. 법률과 동일한 효력을 가지는 조약은 헌법소원심판의 대상이 된다.

> 대한민국과일본국간의어업에관한협정이 공권력의 행사에 해당하는지 여부(헌재 2001.3.21. 99헌마139 등)
> 이 사건 협정(대한민국과일본국간의어업에관한협정)은 우리나라 정부가 일본 정부와의 사이에서 어업에 관해 체결·공포한 조약으로서 헌법 제6조 제1항에 의하여 국내법과 같은 효력을 가지므로, 그 체결행위는 고권적 행위로서 '공권력의 행사'에 해당한다.

### 5. 행정입법

(1) 행정입법에 대한 헌법소원심판

명령·규칙 또는 처분이 헌법이나 법률에 위반되는 여부가 재판의 전제가 된 경우에 대법원은 이를 최종적으로 심사할 수 있으므로(헌법 제107조 제2항), 일반적인 재판절차에 의하여 법원에서 판단한다. 다만 명령·규칙 등 행정입법이 별도의 집행행위를 기다리지 않고 직접 기본권을 침해한 경우에는 헌법소원심판을 청구할 수 있다.

> 명령·규칙 그 자체로 헌법소원심판을 청구할 수 있는 경우(헌재 1990.10.15. 89헌마178)
> 헌법 제107조 제2항은 "명령·규칙 또는 처분이 헌법이나 법률에 위반되는 여부가 재판의 전제가 된 경우에는 대법원은 이를 최종적으로 심사할 권한을 가진다."라고 규정하고 있고, … 헌법 제107조 제2항이 규정한 명령·규칙에 대한 대법원의 최종심사권이란 구체적인 소송사건에서 명령·규칙의 위헌 여부가 재판의 전제가 되었을 경우 법률의 경우와는 달리 헌법재판소에 제청할 것 없이 대법원의 최종적으로 심사할 수 있다는 의미이며, 헌법 제111조 제1항 제1호에서 법률의 위헌여부심사권을 헌법재판소에 부여한 이상 통일적인 헌법해석과 규범통제를 위하여 공권력에 의한 기본권 침해를 이유로 하는 헌법소원심판청구사건에 있어서 법률의 하위법규인 명령·규칙의 위헌여부심사권이 헌법재판소

의 관할에 속함은 당연한 것으로서 헌법 제107조 제2항의 규정이 이를 배제한 것이라고는 볼 수 없다. 그러므로 법률의 경우와 마찬가지로 명령·규칙 그 자체에 의하여 직접 기본권이 침해되었음을 이유로 하여 헌법소원심판을 청구하는 것은 위 헌법 규정과는 아무런 상관이 없는 문제이다.

(2) 행정규칙의 헌법소원 대상성

행정규칙은 일반적으로 행정부 내부에서만 효력을 가지는 것으로 대외적 구속력을 갖는 것이 아니어서 원칙적으로 헌법소원심판의 대상이 아니다. 다만 법령에서 행정관청에 법령의 구체적 내용을 보충할 권한을 부여한 경우에는 상위법령과 결합하여 대외적인 구속력을 갖는 법규명령으로 기능하여 헌법소원의 대상이 될 수 있고, 재량권 행사의 준칙인 행정규칙이 되풀이 시행되어 행정관행이 생기면 행정기관은 그 상대방에 대한 관계에서 그 규칙에 따라야 할 자기구속을 당하게 되어 대외적 구속력을 가지게 되므로 헌법소원의 대상이 될 수 있다.

> **행정규칙이 대외적 구속력을 가지게 되는 경우**(헌재 1990.9.3. 90헌마13)
> 행정규칙은 일반적으로 행정조직 내부에서만 효력을 가지는 것이고 대외적인 구속력을 갖는 것이 아니다. 다만, 행정규칙이 법령의 규정에 의하여 행정관청에 법령의 구체적 내용을 보충할 권한을 부여한 경우, 또는 재량권 행사의 준칙인 규칙이 그 정한 바에 따라 되풀이 시행되어 행정관행이 이룩되게 되면 평등의 원칙이나 신뢰보호의 원칙에 따라 행정기관은 그 상대방에 대한 관계에서 그 규칙에 따라야 할 자기구속을 당하게 되는 경우에는 대외적인 구속력을 가지게 된다.

> **행정규칙이 대외적 구속력을 가져 헌법소원심판을 청구할 수 있는 경우**(헌재 1992.6.26. 91헌마25)
> 법령의 직접적인 위임에 따라 위임행정기관이 그 법령을 시행하는데 필요한 구체적 사항을 정한 것이면, 그 제정형식은 비록 법규명령이 아닌 고시, 훈령, 예규 등과 같은 행정규칙이더라도 그것이 상위법령의 위임한계를 벗어나지 아니하는 한, 상위법령과 결합하여 대외적인 구속력을 갖는 법규명령으로서 기능하게 된다고 보아야 할 것인바, 청구인이 법령과 예규의 관계규정으로 말미암아 직접 기본권 침해를 받았다면 이에 대하여 바로 헌법소원심판을 청구할 수 있다.

## 6. 사법입법

사법부가 제정한 대법원규칙 그 자체에 의하여 직접 기본권이 침해되었음을 이유로 하는 때에는 헌법소원심판을 청구할 수 있다(헌재 1995.2.23. 90헌마214).

> **입법부·행정부·사법부에서 제정한 규칙이 헌법소원심판의 대상이 되는 경우**(헌재 2008.12.26. 2006헌마384)
> 입법부·행정부·사법부에서 제정한 규칙이 별도의 집행행위를 기다리지 않고 직접 기본권을 침해하는 것일 때에는 모두 헌법소원심판의 대상이 될 수 있는 것이다.

## 7. 자치입법

조례는 지방자치단체가 지방의회의 의결을 거쳐 제정한 법규이므로 조례 자체로 인하여 기본권을 침해받은 자는 헌법소원심판을 청구할 수 있다. 이 경우 조례가 별도의 구체적인 집행행위를 기다리지 아니하고 직접 그리고 현재 자기의 기본권을 침해하는 것이어야 한다. 대법원은 조례가 집행행위의 개입 없이 그 자체로서 직접 국민의 구체적인 권리의무나 법적 이익에 영향을 미치는 등의 법률상 효과를 발생하는 경우에는 항고소송의 대상이 되는 행정처분에 해당한다고 하면서, 이 때 피고 행정청은 지방의회가 아니라 지방자치단체의 장이라고 판시하였다(대판 1996.9.20. 95누8003).[70]

> **조례에 대한 헌법소원심판을 청구할 수 있는 경우**(헌재 1995.4.20. 92헌마264 등)
> 조례는 지방자치단체가 그 자치입법권에 근거하여 자주적으로 지방의회의 의결을 거쳐 제정한 법규이기 때문에 조례 자체로 인하여 기본권을 침해받은 자는 그 권리구제의 수단으로서 조례에 대한 헌법소원을 제기할 수 있다고 할 것이다. 다만 이 경우에 그 적법요건으로서 조례가 별도의 구체적인 집행행위를 기다리지 아니하고 직접 그리고 현재 자기의 기본권을 침해하는 것이어야 함을 요한다. … 이 사건의 경우와 같이 조례 자체에 의한 직접적인 기본권 침해가 문제될 때에는 그 조례 자체의 효력을 직접 다투는 것을 소송물로 하여 일반법원에 구제를 구할 수 있는 절차가 있는 경우가 아니어서 다른 구제절차를 거칠 것 없이 바로 헌법소원심판을 청구할 수 있는 것이므로 이 사건 헌법소원심판청구는 보충성의 원칙에 반하지 아니하는 적법한 소원심판청구라 할 것이다.

> **처분적 조례에 대한 보충성의 예외가 인정되 헌법소원이 허용되는 경우**(헌재 2009.10.29. 2008헌마454)
> 이 사건 조항은 학교교과 교습학원 및 교습소의 교습시간을 제한하고 있을 뿐이므로, 비록 그로 인하여 학원운영자 등이 교습시간을 제한받는다고 하여도 위 조항을 그 상대방과 적용사건이 특정되는 처분적 조례로서 항고소송의 대상이 된다고 볼 수 있을지는 의문이다. 그렇다면 이 사건 조항에 대한 소송을 일반법원에 제기하더라도 이 사건 조항이 항고소송의 대상이 되는 행정처분에 해당하는지 여부가 객관적으로 불확실하고 이 사건 조항에 대하여 법원에서 항고소송의 대상으로 인정받은 적도 없는 바, 청구인들에게 항고소송에 의한 권리구제절차를 거치도록 요구하거나 기대할 수 없으므로 보충성의 예외를 인정하여 헌법소원을 허용함이 상당하다.

## Ⅲ. 행정작용

행정작용에 대한 헌법소원심판은 보충성 요건과 재판소원 금지규정으로 인하여 행정소송에 의하여 권리구제를 받을 수 없거나 행정소송을 거친다 하더라도 구제받을 가능성이 없는 경우로 제한된다.

---

70) 대법원은 교육에 관한 조례의 무효확인소송에 있어서는 교육감이 피고적격을 갖는데, 원고가 피고를 경기도의회라고 잘못 지정했다는 이유로 원고의 청구를 각하하였다(대판 1996.9.20. 95누8003 참조).

## 1. 행정계획

행정계획이 헌법소원의 대상이 되는 공권력의 행사에 해당할 것인지 여부는 일률적으로 말할 수 없고, 행정계획의 구체적인 성격을 고려하여 개별적으로 판단하여야 한다(헌재 2011.12.29. 2009헌마330 등).

### (1) 구속적 행정계획

구속력 있는 행정계획은 행정행위에 해당하며(헌재 2000.6.1. 99헌마538 등), 헌법소원의 대상이 되는 공권력의 행사로 볼 수 있다(헌재 2003.6.26. 2002헌마402). 다만 구속적 행정계획은 독립 행정처분이므로 항고소송의 방법으로 다툴 수 있으며, 이러한 절차를 거치지 아니한 채 헌법소원심판을 청구하는 것은 보충성 요건에 반할 수 있다(헌재 2010.4.13. 2010헌마154).

> **구속력 있는 행정계획의 행정행위 해당 여부**(헌재 2000.6.1. 99헌마538 등)
> 일반적으로 국민적 구속력을 갖는 행정계획(예컨대 도시계획결정)은 행정행위에 해당되지만, 구속력을 갖지 않고 행정기관 내부의 행동지침에 지나지 않는 행정계획은 행정행위가 될 수 없다.

> **구속력 있는 행정계획의 헌법소원의 대상 해당 여부(기본권제한 판단이 가능한지 여부)**(헌재 2003.6.26. 2002헌마402)
> 도시설계는 도시계획구역의 일부분을 그 대상으로 하여 토지의 이용을 합리화하고, 도시의 기능 및 미관을 증진시키며 양호한 도시환경을 확보하기 위하여 수립하는 도시계획의 한 종류로서 도시설계지구 내의 모든 건축물에 대하여 구속력을 가지는 구속적 행정계획의 법적 성격을 갖는다고 할 것이다. 이 사건 규정의 내용은 법규적 효력을 가지는 행정계획이라 할 것인데, … 이러한 재산권의 사용·수익에 대한 제한이 헌법 제37조 제2항이 정하는 기본권 제한의 한계 내에 있는 것인지의 여부를 보기로 한다.

> **구속적 행정계획에 대한 헌법소원심판에 있어 보충성 요건 요구**(헌재 2010.4.13. 2010헌마154)
> 도시정비법에 기초하여 수립한 사업시행계획은 인가·고시되면 이해관계인에 대한 구속적 행정계획으로서 독립된 행정처분에 해당하므로 그 계획이 확정된 후에는 항고소송의 방법으로 계획의 취소 또는 무효확인을 구할 수 있으므로, 청구인은 이 사건 관리처분계획에 대하여 항고소송의 방법으로 그 취소 또는 무효확인을 구할 수 있다. 따라서 청구인은 이 사건 관리처분계획에 대하여 항고소송의 방법으로 그 취소 또는 무효확인을 구할 수 있었음에도, 이러한 절차를 모두 거치지 아니한 채 이 사건 헌법소원심판을 청구한 것이므로 이 사건 심판청구는 다른 법률에 의한 구제절차를 거치지 아니한 것으로서 헌법재판소법 제68조 제1항 단서의 보충성 요건에 반한다.

### (2) 비구속적 행정계획

1) 비구속적 행정계획이나 행정지침은 원칙적으로 헌법소원의 대상이 되는 공권력의 행사라고 볼 수 없다. 다만, 예외적으로 국민의 기본권에 직접적으로 영향을 미치고, 앞으로 법령의 뒷받침에 의하여 그대로 실시될 것이 틀림없을 것으로 예상될 수 있을 때

에는 공권력의 행사로서 헌법소원의 대상이 될 수 있다(헌재 2000.6.1. 99헌마538).

**사실상 준비행위 내지 사전안내의 공권력의 행사 해당 여부**(헌재 1992.10.1. 92헌마68등)
국립대학인 서울대학교의 "94학년도 대학입학고사주요요강"은 사실상의 준비행위 내지 사전안내로서 행정쟁송의 대상이 될 수 있는 행정처분이나 공권력의 행사는 될 수 없지만 그 내용이 국민의 기본권에 직접 영향을 끼치는 내용이고 앞으로 법령의 뒷받침에 의하여 그대로 실시될 것이 틀림없을 것으로 예상되어 그로 인하여 직접적으로 기본권 침해를 받게 되는 사람에게는 사실상의 규범작용으로 인한 위험성이 이미 현실적으로 발생하였다고 보아야 할 것이므로 이는 헌법소원의 대상이 되는 헌법재판소법 제68조 제1항 소정의 공권력의 행사에 해당된다고 할 것이며, 이 경우 헌법소원 외에 달리 구제방법이 없다.

2) 헌법재판소는 기획재정부장관이 공공기관 선진화 추진계획을 확정·공표한 행위와 건설교통부장관이 개발제한구역제도개선방안을 발표한 것은 공권력의 행사에 해당하지 않는다고 결정하였다.

**선진화 계획의 공권력의 행사 해당 여부**(헌재 2011.12.29. 2009헌마330 등)
선진화 계획은 그 법적 성격이 행정계획이라고 할 것인바, 국민의 기본권에 직접적인 영향을 미친다고 볼 수 없고, 장차 법령의 뒷받침에 의하여 그대로 실시될 것이 틀림없을 것으로 예상된다고 보기도 어려우므로, 헌법소원의 대상이 되는 공권력의 행사에 해당한다고 할 수 없다.

**개발제한구역제도개선방안의 공권력의 행사 해당 여부**(헌재 2000.6.1. 99헌마538 등)
개발제한구역제도개선방안은 건설교통부장관이 개발제한구역의 해제 내지 조정을 위한 일반적인 기준을 제시하고, 개발제한구역의 운용에 대한 국가의 기본방침을 천명하는 정책계획안으로서 비구속적 행정계획안에 불과하므로 공권력행위가 될 수 없으며, 이 사건 개선방안을 발표한 행위도 대내외적 효력이 없는 단순한 사실행위에 불과하므로 공권력의 행사라고 할 수 없다.

## 2. 공고

공고는 특정사실을 불특정 다수에게 알리는 행위로서 공력력의 행사에 해당하는지의 여부는 개별 공고의 내용과 법령의 규정에 따라 구체적으로 판단하야여 한다(헌재 2015.4.30. 2013헌마504). 공고 등이 법령에 근거하여 법령의 내용을 구체적으로 보충하거나 세부적인 사항을 확정하는 것일 때에는 공권력의 행사에 해당한다. 하지만 그것이 법령에 정해지거나 이미 다른 공권력의 행사를 통하여 결정된 사항을 단순히 알리는 것에 불과하거나 대외적 구속력이 없는 행정관청 내부의 해석지침에 불과한 것인 때에는 공권력의 행사에 해당하지 않는다.

### 공고의 공권력의 행사 해당 여부 판단(헌재 2014.3.27. 2013헌마523)

공고, 요강, 지침, 계획 등의 형식으로 이루어지는 공권력의 작용들에 대하여는 그것이 어떠한 법률효과를 가지는지, 즉 헌법소원의 대상이 되는 공권력 행사에 해당하는지는 일률적으로 말할 수 없고, 개별적인 내용과 관련 법령의 규정에 따라 구체적으로 판단하여야 한다. 즉 공고 등이 법령에 근거하여 법령의 내용을 구체적으로 보충하거나 세부적인 사항을 확정하는 것일 때에는 이는 공권력의 행사에 해당하지만, 그것이 법령에 정해지거나 이미 다른 공권력 행사를 통하여 결정된 사항을 단순히 알리는 것 또는 대외적 구속력이 없는 행정관청의 내부의 해석지침에 불과한 것인 때에는 공권력의 행사에 해당하지 아니한다.

### 재판연구원 및 검사의 신규 임용 실시 내지 지원안내를 일반인에게 알리는 공고의 공권력의 행사 해당 여부(헌재 2015.4.30. 2013헌마504)

이 사건 공고는 재판연구원 및 검사의 신규 임용 실시 내지 지원안내를 일반인에게 알리는 것으로서, 이 사건 재판연구원 신규 임용 공고는 재판연구원 지원 자격을 정하고 있는 법원조직법 제53조의2 제3항과 그 구체적인 임용 기준, 심사 방법 등에 대하여 대법원장이 정하도록 정하고 있는 재판연구원규칙 제4조, 제5조에 따른 것이고, 이 사건 검사 신규 임용 공고는 검사의 임명에 관한 검찰청법 제29조에 근거하여 검사의 임용 절차 등을 정한 것이다. 따라서 사법연수원 수료예정자와 법학전문대학원 졸업예정자에게 각기 달리 적용되는 재판연구원 및 검사 신규 임용 절차는 결국 이 사건 공고를 통해 비로소 확정되어 실현되는 것이므로, 이 사건 공고는 헌법소원의 대상이 되는 공권력 행사에 해당한다.

### 사법시험 등의 시험실시계획을 일반에게 알리는 것을 내용으로 하는 통지행위의 공권력의 행사 해당 여부(헌재 2001.9.27. 2000헌마159)

이 사건 공고는 사법시험 등의 시험실시계획을 일반에게 알리는 것을 내용으로 하는 통지행위로서 일반적으로는 행정심판이나 행정쟁송의 대상이 될 수 있는 행정처분이나 공권력의 행사는 될 수 없지만 사전안내의 성격을 갖는 통지행위라도 그 내용이 국민의 기본권에 직접 영향을 끼치는 내용이고 앞으로 법령의 뒷받침에 의하여 그대로 실시될 것이 틀림없을 것으로 예상될 수 있는 것일 때에는 그로 인하여 직접적으로 기본권 침해를 받게 되는 사람에게는 사실상의 규범작용으로 인한 위험성이 이미 발생하였다고 보아야 할 것이므로 이러한 것도 헌법소원의 대상이 될 수 있다. 사법시험 응시자격은 구 사법시험령 제4조에, 시험방법과 과목은 구 사법시험령 제5조와 제7조에 이미 규정되어 있으므로 그에 대한 공고는 이미 확정되어 있는 것을 단순히 알리는 데에 지나지 않는다 할 것이나 구체적인 시험일정과 장소는 위 공고에 따라 비로소 확정되는 것이다. 따라서 이 사건 공고는 헌법소원의 대상이 되는 공권력의 행사에 해당한다고 보아야 할 것이다.

### 국가정보원의 시험실시계획을 일반에게 알리는 것을 내용으로 하는 채용공고의 공권력의 행사 해당 여부(헌재 2007.5.31. 2006헌마627)

피청구인의 이 사건 채용공고는 국가정보원의 시험실시계획을 일반에게 알리는 것을 내용으로 하는 사전안내로서 이러한 사전안내는 원칙적으로 행정심판이나 행정쟁송의 대상이 될 수 있는 행정처분이나 공권력의 행사는 될 수 없다. 그러나 사전안내라도 그 내용이 국민의 기본권에 직접 영향을 미치는 내용이고 앞으로 법령의 뒷받침에 의하여 그대로 실시될 것이 틀림없을 것으로 예상될 수 있는 것일 때에는 그로 인하여 직접적으로 기본권 침해를 받게 되는 사람에게는 사실상의 규범작용으로 인한 위험성이 이미 발생하였다고 보아야 할 것이므로 이러한 것도 헌법소원의 대상이 될 수 있다. … 그렇다면 이 사건 공고는 법령의 내용을 바탕으로 응시자격을 구체적으로 결정하여 알리는 것이므로 헌법소원의 대상이 되는 공권력의 행사에 해당한다고 보아야 할 것이다.

### 3. 행정지도

행정지도는 행정주체가 소관사무에 관하여 행정객체의 임의적 의사에 따른 협력을 기대하고 행정목적 달성을 위해 행하는 비권력적 사실행위를 말한다. 행정지도가 그 자체로서 법적 효과의 발생을 목적으로 하지는 않더라도 그에 따르지 않을 경우 일정한 불이익 조치를 예정하고 있는 등 단순한 행정지도로서의 한계를 넘어 규제적·구속적 성격을 갖는 경우에는 공력력의 행사로 볼 수 있다(헌재 2008.10.30. 2006헌마1401 등).

> **행정지도의 기본권 제한 또는 침해할 가능성을 인정할 수 있는지 여부**(헌재 2008.10.30. 2006헌마1401 등)
>
> 행정지도는 일반적으로 '행정주체가 소관사무에 관하여 행정객체의 임의적 의사에 따른 협력을 기대하고 행정목적달성을 위해 행하는 비권력적인 사실행위'를 말하지만, 실제로는 행정지도의 주체인 국세청장이 세무조사 등 행정권을 행사할 수 있는 지위에 있다 보니, 행정객체인 청구인들로서는 사실상 그러한 행정지도에 따르지 않을 수 없게 된다. 결국 이 사건 법령조항에 따른 소득공제증빙서류 제출의무의 불이행에 대하여 명시적이고 직접적인 형사상 또는 행정상 제재수단은 없지만, 그 불이행에 대하여 앞서 본 바와 같은 간접적이고 사실적인 강제수단이 존재하는 점에 비추어 볼 때, 이 사건 법령조항은 청구인들의 기본권을 제한 또는 침해할 가능성이 있다고 할 것이다.

> **학칙시정요구의 법적 성격 및 공권력의 행사 해당 여부**(헌재 2003.6.26. 2002헌마337 등)
>
> 학칙시정요구의 법적 성격에 대하여는 그 자체로 일정한 법적 효과의 발생을 목적으로 하는 것이 아니고, 다만, 대학총장의 임의적인 협력을 통하여 사실상의 효과를 발생시키는 사실행위로서 일종의 행정지도라고 할 수 있다. 그러나 행정지도라 하더라도 그에 따르지 않을 경우 일정한 불이익조치를 예정하고 있는 경우에는 사실상 상대방에게 그에 따를 의무를 부과하는 것과 다를 바 없는 것인데, 이 사건 학칙시정요구의 경우 대학총장들이 그에 따르지 않을 경우 행·재정상 불이익이 따를 것이라고 경고하고 있어, 학교의 장으로서는 피청구인의 학칙시정요구에 따를 수밖에 없는 사실상의 강제를 받게 되므로, 이러한 시정요구는 임의적 협력을 기대하여 행하는 비권력적·유도적인 권고·조언 등의 단순한 행정지도로서의 한계를 넘어 규제적·구속적 성격을 상당히 강하게 갖는 것으로서 헌법소원의 대상이 되는 공권력의 행사라고 봄이 상당하다 할 것이다.

## 4. 권력적 사실행위[71]

(1) 행정청이 우월적 지위에서 일방적으로 강제하는 권력적 사실행위는 헌법소원의 대상이 되는 공권력의 행사에 해당한다. 헌법소원의 대상이 되는 권력적 사실행위에 해당하는지의 여부는 행위 당시의 구체적 사정을 종합적으로 고려하여 개별적으로 판단해야 한다.

> **행정청의 사실행위의 구분**(헌재 2017.11.30. 2016헌마503)
> 행정청의 사실행위는 경고·권고·시사와 같은 정보제공 행위나 단순한 행정지도와 같이 대외적 구속력이 없는 '비권력적 사실행위'와 행정청이 우월적 지위에서 일방적으로 강제하는 '권력적 사실행위'로 나눌 수 있고, 이 중에서 권력적 사실행위만 헌법소원의 대상이 되는 공권력 행사에 해당하고 비권력적 사실행위는 공권력 행사에 해당하지 아니한다.

> **권력적 사실행위 해당 여부 판단**(헌재 2014.5.29. 2013헌마280)
> 일반적으로 어떤 행정행위가 헌법소원의 대상이 되는 권력적 사실행위에 해당하는지 여부는 당해 행정주체와 상대방과의 관계, 그 사실행위에 대한 상대방의 의사·관여정도·태도, 그 사실행위의 목적·경위, 법령에 의한 명령·강제수단의 발동 가부 등 그 행위가 행하여질 당시의 구체적인 사정을 종합적으로 고려하여 개별적으로 판단하여야 한다.

(2) 헌법재판소는 권력적 사실행위의 경우 보충성 원칙의 예외로서 또는 심판청구의 이익 등을 이유로 헌법소원심판 대상으로 인정한다.

1) 헌법재판소는 권력적 사실행위가 행정심판이나 행정소송의 대상이 된다고 단정하기 어렵다거나 또는 행정심판이나 행정소송의 대상이 될 수 있는 경우라고 보더라도 권력적 사실행위가 이미 종료되어 행정심판이나 행정소송에서 소의 이익이 없다고 볼 가능성이 있다는 점을 들어 헌법소원심판의 대상성을 인정한다.

> **보충성 원칙의 예외로서 권력적 사실행위의 헌법소원심판 대상성 인정**(헌재 2012.3.29. 2010헌마475)
> 이 사건 각 출정제한행위는 권력적 사실행위로서 행정소송의 대상이 된다고 단정하기 어렵고, 가사 행정소송의 대상이 된다고 하더라도 이미 종료된 행위로서 소의 이익이 부정되어 각하될 가능성이 많으므로, 청구인에게 그에 의한 권리구제절차를 밟을 것을 기대하기는 곤란하다. 따라서 이에 대한 헌법소원은 보충성 원칙의 예외로서 적법하다고 할 것이다.

> **보충성의 예외로서 서울특별시 서울광장 통행저지행위에 대한 헌법소원심판 허용 여부**(헌재 2011.6.30. 2009헌마406)
> 통행제지행위는 직접 상대방의 신체 또는 재산에 실력을 가하여 행정상 필요한 상태를 실현하는 행정상의 즉시강제로서 권력적 사실행위에 해당하므로 행정쟁송의 대상이 된

---

71) 헌재 2017.11.30. 2016헌마503

다. 그러나 청구인들의 통행이 제지된 다음 날 피청구인이 서울광장을 둘러싸고 있던 경찰버스들을 철수시키고 통행제지행위를 중지함에 따라 청구인들이 행정쟁송을 제기하더라도 소의 이익이 부정될 가능성이 높아 그 절차에 의한 권리구제의 가능성이 거의 없다고 보여지는 바, 이러한 경우에도 사전구제절차의 이행을 요구하는 것은 불필요한 우회절차를 강요하는 셈이 되는 것이므로, 청구인들이 행정쟁송 절차를 거치지 아니하고 바로 이 사건 심판청구를 제기하였다고 하더라도 이는 보충성의 예외로서 허용된다고 할 것이다.

2) 헌법소원의 대상이 된 권력적 사실행위가 종료되어도 심판청구의 이익을 인정할 수 있는 경우에는 헌법소원심판의 대상이 된다.

**종료된 권력적 사실행위의 헌법소원심판 청구이익 인정 여부**(헌재 2002.7.18. 2000헌마327)
청구인들에 대한 침해행위는 이미 종료되어 이 사건 신체수색에 대하여 위헌확인을 하더라도 청구인들에 대한 권리구제는 불가능한 상태여서 주관적 권리보호의 이익은 이미 소멸되었다 할 것이다. 그러나 헌법소원제도는 개인의 주관적 권리구제뿐만 아니라 객관적 헌법질서를 보장하는 기능도 가지고 있으므로, 헌법소원이 주관적 권리구제에는 별 도움이 되지 않는다 하더라도 그러한 침해행위가 앞으로도 반복될 위험이 있거나 당해 분쟁의 해결이 헌법질서의 수호·유지를 위하여 긴요한 사항이어서 헌법적으로 그 해명이 중대한 의미를 지니고 있는 경우에는 심판청구의 이익을 인정할 수 있다 할 것이다.

(3) 비권력적 사실행위는 헌법소원심판의 대상이 되는 공권력의 행사에 해당하지 않는다 (헌재 2001.10.25. 2001헌마113).

**비권력적 사실행위의 공권력의 행사 해당 여부**(헌재 2001.10.25. 2001헌마113)
학교당국이 미납공과금을 완납하지 아니할 경우에 졸업증의 교부와 증명서를 발급하지 않겠다고 통고한 것은 일종의 비권력적 사실행위로서 헌법재판소법 제68조 제1항에서 헌법소원심판의 청구대상으로서의 공권력에는 해당된다고 볼 수 없다.

**선거법위반행위 중지촉구의 공권력의 행사 해당 여부**(헌재 2003.2.27. 2002헌마106)
피청구인이 2002. 2. 1. 발송한 '선거법위반행위에 대한 중지촉구' 공문은 그 형식에 있어서 '안내' 또는 '협조요청'이라는 표현을 사용하고 있으며, 또한 그 내용에 있어서도 청구인이 계획하는 행위가 공선법에 위반된다는, 현재의 법적 상황에 대한 행정청의 의견을 단지 표명하면서, 청구인이 공선법에 위반되는 행위를 하는 경우 피청구인이 취할 수 있는 조치를 통고하고 있을 뿐이다. 따라서 피청구인의 2002. 2. 1.자 '중지촉구' 공문은 국민에 대하여 직접적인 법률효과를 발생시키지 않는 단순한 권고적, 비권력적 행위로서, 헌법소원의 심판대상이 될 수 있는 '공권력의 행사'에 해당하지 않으므로, '선거법위반행위에 대한 중지촉구'에 대한 이 사건 심판청구는 부적법하다.

## 5. 검사의 처분

### (1) 검사의 공소제기

검사의 공소제기에 대해서는 형사재판절차에 의하여 권리구제가 가능하므로 헌법소원심판의 대상이 될 수 없다. 검사의 약식명령청구도 공소제기의 일종으로 헌법소원심판청구가 허용되지 않는다(헌재 1998.6.25. 97헌마271).

### (2) 검사의 불기소처분

#### 1) 범죄피해자의 헌법소원심판청구

① 범죄피해자인 고소인은 검사의 불기소처분에 대하여 검찰청법에 따른 항고를 거친 후, 재정신청을 할 수 있으므로 재정신청을 거치지 않은 헌법소원심판의 청구는 부적법하다.

> **형사소송법 제223조 (고소권자)** 범죄로 인한 피해자는 고소할 수 있다.
>
> **형사소송법 제225조 (비피해자인 고소권자)** ① 피해자의 법정대리인은 독립하여 고소할 수 있다. ② 피해자가 사망한 때에는 그 배우자, 직계친족 또는 형제자매는 고소할 수 있다. 단, 피해자의 명시한 의사에 반하지 못한다.
>
> **형사소송법 제260조 (재정신청)** ① 고소권자로서 고소를 한 자(「형법」 제123조부터 제125조까지의 죄에 대하여는 고발을 한 자를 포함한다.)는 검사로부터 공소를 제기하지 아니한다는 통지를 받은 때에는 그 검사 소속의 지방검찰청 소재지를 관할하는 고등법원에 그 당부에 관한 재정을 신청할 수 있다.
> ② 제1항에 따른 재정신청을 하려면 「검찰청법」 제10조에 따른 항고를 거쳐야 한다.

> **검찰청법 제10조 (항고 및 재항고)** ① 검사의 불기소처분에 불복하는 고소인이나 고발인은 그 검사가 속한 지방검찰청 또는 지청을 거쳐 서면으로 관할 고등검찰청 검사장에게 항고할 수 있다.
> ③ 제1항에 따라 항고를 한 자[「형사소송법」 제260조에 따라 재정신청을 할 수 있는 자는 제외한다. 이하 이 조에서 같다]는 그 항고를 기각하는 처분에 불복하거나 항고를 한 날부터 항고에 대한 처분이 이루어지지 아니하고 3개월이 지났을 때에는 그 검사가 속한 고등검찰청을 거쳐 서면으로 검찰총장에게 재항고할 수 있다. 이 경우 해당 고등검찰청의 검사는 재항고가 이유 있다고 인정하면 그 처분을 경정하여야 한다.

> **재정신청절차를 거치지 않은 고소권자의 헌법재판소법 제68조 제1항 헌법소원심판 청구 가능 여부(헌재 2008.8.12. 2008헌마508)**
>
> 개정 형사소송법 제260조 제1항에 의하면, 고소권자로서 고소를 한 자는 검사로부터 공소를 제기하지 아니한다는 통지를 받은 때에는 그 검사 소속의 지방검찰청 소재지를 관할하는 고등법원에 그 당부에 관한 재정을 신청할 수 있고, … 청구인으로서는 이 사건 불기소처분에 대하여 관할 고등법원에 재정신청을 하여 그 당부를 다툴 수 있다. 그런데 청구인은 위와 같은 재정신청절차를 거치지 않은 채 곧바로 이 사건 심판을 청구하였으므로, 이 사건 심판청구는 헌법재판소법 제68조 제1항 단서에 위반하여 법률이 정한 구제절차를 모두 거치지 않고 제기된 것이어서 부적법하다.

② 고소하지 않은 범죄피해자는 법원에 재정신청을 할 수 없다. 고소인이 아닌 경우 검찰청법에 의한 항고, 재항고, 형사소송법사의 재정신청에 의한 구제를 받을 수 없으므로 헌법소원심판을 청구할 수 있다(헌재 2008.11.27. 2008헌마399 등).

**고소하지 않은 범죄피해자의 헌법소원심판청구 가능 여부**(헌재 2008.11.27. 2008헌마399 등)
범죄피해자는 그가 고소를 제기한 바 없었어도 검사의 불기소처분에 대하여 헌법소원심판을 청구할 자격이 있는 한편, 그는 고소인이 아니므로 불기소처분에 대하여 검찰청법에 정한 항고, 재항고의 제기에 의한 구제를 받을 방법이 없고, "고소권자로서 고소한 자"에 해당하지 않아 형사소송법 제260조 제1항 소정의 재정신청 절차를 취할 수도 없으므로 곧바로 헌법소원심판을 청구할 수 있다.

**고소하지 않은 범죄피해자의 헌법소원심판청구 가능 여부**(헌재 2010.6.24. 2009헌마482)
수사기관의 인지 등에 의하여 수사가 개시되고 그 이후 형사사건으로 절차가 진행된 것이어서 별도의 고소인이 존재하지 아니하는 경우 그 불기소처분을 다투기 위해 제기된 헌법소원의 적법 여부와 관련하여, … 고소하지 아니한 피해자로 하여금 그 피의사건에 대한 수사결과나 검사의 처분을 다투기 위하여 별도의 고소를 제기하게 하고 그 결과에 따라 다시 일련의 통상적인 권리구제절차를 밟게 하는 것은 헌법소원의 보충성 원칙에서 요구되는 본래 의미의 사전 권리구제절차라고 할 수 없다. … 뿐만 아니라 청구인은 당해 피의사건 수사절차에서 고소인 신분도 아니므로, 피청구인의 불기소처분을 다툴 수 있는 통상의 권리구제수단을 경유할 수 없다. 따라서 이 사건 불기소처분에 대한 심판청구의 경우 이에 대한 사전 권리구제절차라는 것은 형식적인 측면이나 실질적인 측면에서 모두 존재하지 않는다고 보아야 할 것이다. … 만일 보충성 원칙의 예외를 인정하여 청구인으로 하여금 직접 헌법소원심판을 청구할 수 있도록 하고 그 심판청구가 인용되어 불기소처분이 취소될 경우에는 재수사를 통한 기소가 이루어질 수 있고, 청구인도 법원의 재판절차에서 피해자로서 진술할 수 있는 기회를 가질 수 있으므로 청구인의 권리보호에 더욱 충실할 수 있다. 그렇지 않고 … 청구인으로 하여금 처음부터 다시 별도의 고소를 제기하게 하고 그 처리 결과에 따라 검찰항고, 재항고 및 재정신청의 절차를 거친 다음에야 비로소 헌법소원심판을 청구할 것을 요구하는 것은 그에 수반되는 비용과 시간, 권리구제 가능성 등의 측면에서 볼 때 불필요한 우회절차를 강요함으로써 청구인에게 지나치게 가혹할 수 있어 피해자에 대한 효과적인 권리구제의 측면 등에서 보더라도 바람직하지 못한 결과를 초래할 수 있다. … 이 사건 불기소처분의 취소를 구하는 헌법소원심판을 곧바로 청구할 수 있다고 보아야 한다.

2) 형사피의자의 헌법소원심판청구

형사피의자는 기소유예처분이나 기소중지처분에 대하여 헌법소원심판을 청구할 수 있다.

① 범죄혐의가 없음이 명백함에도 불구하고 기소유예처분을 했다면 형사피의자는 자신의 행복추구권, 평등권 및 재판을 받을 권리를 침해하였다는 이유로 헌법소원심

판을 제기할 수 있다.72) 검사의 기소유예처분은 형사피의자가 다툴 수 있는 사전구제절차가 없으므로 보충성의 예외에 해당하여 형사피의자는 직접 헌법소원심판을 청구할 수 있다.

**자의적 기소유예처분의 형사피해자의 재판절차진술권 및 평등권 침해 여부**(헌재 1999.3.25. 98헌마303)
검사의 재량권 행사에는 스스로 합리적인 한계가 있어야 할 것으로 … 기소하여 법원의 심판을 받도록 함이 마땅한 사안을 자의적으로 기소유예로 불기소처분함은 형사피해자의 재판절차진술권과 평등권을 침해한다고 볼 것이다.

**기소유예처분을 받은 형사피의자의 헌법소원심판 당사자 적격 인정 여부**(헌재 1989.10.27. 89헌마56)
범죄혐의가 없음이 명백한 사안을 놓고 자의적이고 타협적으로 기소유예 처분을 했다면 헌법이 금하고 있는 차별적인 공권력의 행사가 되어 그 처분을 받은 자는 헌법 제11조 소정의 평등권의 침해를 이유로 당연히 소원 적격을 갖게 된다고 할 것이다. 나아가 검찰관이 명백한 혐의무 불기소처분을 하여야 할 사안인데도 경솔하게 범죄의 충분한 혐의가 있다고 보아 기소유예처분을 하면 차라리 공소제기 되어 헌법 제27조 소정의 재판을 받을 권리의 행사에 의하여 무죄판결을 받아 완전히 범죄의 혐의를 벗고 그 혐의 사실에 대해서는 수사당국으로 하여금 앞으로 재론 못하게 하는 길만 막아버리는 결과가 되어 공소를 제기한 것보다 더 불리할 수 있으며, … 자의로 기소유예처분에 이른 것은 헌법 제10조 소정의 행복추구권을 침해한 것으로 봄이 상당할 것이다.

② 검사가 기소중지처분을 한 경우 피의자에게는 다시 사건을 재기하여 수사를 한 후 종국처분을 하지 않는 한 범죄의 혐의자라는 법적인 불이익 상태가 그대로 존속되므로, 검사의 기소중지처분에 대하여 피의자는 평등권과 행복추구권 등이 침해되었음을 이유로 헌법소원심판을 청구할 수 있다(헌재 1997.2.20. 95헌마362).

**기소중지처분에 대하여 평등권과 행복추구권 등의 침해를 이유로 헌법소원심판청구 가능 여부**(헌재 1997.2.20. 95헌마362)
검사가 자의적인 사건처리로 "기소중지"라는 중간처분을 하여 수사를 중단하였다면 그 피의사건의 고소인은 헌법상의 기본권인 평등권과 재판절차진술권이 침해되었음을 이유로 헌법소원을 제기할 수 있다는 것이 우리 재판소의 판례인바, 검사가 기소중지처분을 한 경우 그 피의사건의 피의자에게는 검사가 다시 사건을 재기하여 수사를 한 후 종국처분을 하지 않는 한 "범죄의 혐의자"라는 법적인 불이익상태가 그대로 존속된다 할 것이므로, 만약 검사가 자의적으로 기소중지처분을 하였다면 그 사건의 피의자도 헌법상 보장된 자기의 평등권과 행복추구권 등이 침해되었음을 이유로 헌법소원을 제기할 수 있다고 보아야 할 것이다.

3) 검사의 재기불요처분

검사가 기소중지처분을 한 사건에서 고소인이나 피의자가 기소중지 사유가 해소되었

---

72) 자의적 기소유예처분은 형사피해자의 재판절차진술권과 평등권을 침해할 수 있다.

음을 이유로 수사재기 신청을 하였는데도 검사가 재기불요처분을 하였다면 이는 새로운 기소중지처분으로 헌법소원의 대상이 되는 공권력의 행사에 해당한다.[73]

> **검사의 재기불요처분의 공권력의 행사 해당 여부**(헌재 2009.9.24. 2008헌마210)
> 검사가 기소중지처분을 한 사건에 관하여 그 고소인이나 피의자가 그 기소중지의 사유가 해소되었음을 이유로 수사재기신청을 하였는데도 검사가 재기불요결정을 하였다면, 이 재기불요결정은 실질적으로는 그 결정시점에 있어서의 제반사정 내지 사정변경 등을 감안한 새로운 기소중지처분으로 볼 수 있으므로 이 재기불요결정도 헌법소원의 대상이 되는 공권력의 행사에 해당한다.

4) 고발인의 헌법소원심판청구

고발인은 불기소처분에 대하여 검찰청법에 따른 항고, 재항고를 할 수 있으며, 형사소송법상의 재정신청은 할 수 없다. 고발인이 항고, 재항고를 거쳐 헌법소원심판을 청구하였다면 자기관련성이 문제될 수 있다.

> **고발인의 헌법소원심판청구에 있어 보충성 요건 충족 여부**(헌재 2013.8.29. 2011헌마613)
> 이 사건 불기소처분3에 대하여 고발인인 청구인은 검찰청법 제10조에 따른 항고, 재항고를 할 수 있다. 그런데 이 부분 심판청구는 위와 같은 구제절차를 거치지 아니한 채 곧바로 제기되었으므로 보충성 요건을 갖추지 못하여 부적법하다.

> **헌법소원에 있어 고발인의 자기관련성 인정 여부**(헌재 2011.12.29. 2011헌마2)
> 검사의 불기소처분에 대하여 기소처분을 구하는 취지의 헌법소원을 제기할 수 있는 자는 원칙적으로 헌법상의 재판진술권의 주체인 형사피해자에 한하고, 이에 해당하지 않는 고발인은 검사의 불기소처분으로 말미암아 자기의 재판절차상 진술권 기타 기본권을 침해받았다고 볼 수 없으므로 자기관련성이 인정되지 않는다.

## 6. 원행정처분

(1) 원행정처분은 법원의 재판을 거쳐 확정된 행정처분이다. 법원의 재판을 거쳐 확정된 행정처분의 경우 당해 행정처분을 심판대상으로 삼았던 법원의 재판이 헌법재판소가 위헌으로 결정한 법령을 적용하여 국민의 기본권을 침해한 결과 헌법소원심판에 의해 그 재판 자체가 취소되는 경우에 한하여 당해 행정처분에 대한 헌법소원심판청구가 허용된다.

> **원처분이 헌법소원심판의 대상이 되는지 여부**(헌재 1999.10.21. 96헌마61)
> 원처분에 대하여 헌법소원심판청구를 받아들여 이를 취소하는 것은, 원처분을 심판의 대상으로 삼았던 법원의 재판이 예외적으로 헌법소원심판의 대상이 되어 그 재판 자체까지

---

[73] 고소인의 재정신청은 검사로부터 공소를 제기하지 아니한다는 통지를 받은 때에 할 수 있으므로 검찰사건사무규칙상 협의의 불기소처분뿐만 아니라 검사의 공소제기가 없는 기소중지, 공소보류, 공람종결 처분의 경우에도 재정신청이 가능하므로, 헌법소원심판청구는 인정되지 않는다.

취소되는 경우에 한하고, 이와는 달리 법원의 재판이 취소되지 아니하는 경우에는 확정판결의 기판력으로 인하여 원처분은 헌법소원심판의 대상이 되지 아니한다.

(2) 원행정처분에 대하여 예외적으로 헌법소원심판을 허용하는 법리는 법원의 재판이 소를 각하하는 판결인 경우나, 검사의 불기소처분에 대하여 법원의 재정신청절차를 거친 경우에도 동일하게 적용된다.

> 법원의 재판을 거쳐 확정된 행정처분이 헌법소원심판의 대상이 되기 위한 조건(헌재 2010.4.29. 2003헌마283)
> 
> 헌법재판소법 제68조 제1항의 헌법소원이 법원의 재판을 거쳐 확정된 행정처분을 대상으로 하는 경우에는 당해 행정처분을 심판의 대상으로 삼았던 법원의 재판이 헌법재판소가 위헌으로 결정한 법령을 적용하여 국민의 기본권을 침해한 결과 헌법소원심판에 의하여 그 재판 자체가 취소되는 경우가 아니면 허용되지 아니하고, 이와 같은 법리는 법원의 재판이 소를 각하하는 판결인 경우에도 마찬가지이다. 이 사건에서 청구인들은 앞서 본 바와 같이 이 사건 취임승인 취소처분의 취소를 구하는 행정소송을 제기하였다가 소의 이익이 없다는 이유로 각하의 판결을 선고받아 확정되었고, 이 사건 각 판결이 헌법재판소가 위헌으로 결정한 법령을 적용한 것도 아니어서 그 재판 자체가 헌법소원심판에 의하여 취소되어야 할 예외적인 경우에 해당한다고 볼 수도 없으므로, 이 사건 취임승인 취소처분에 대한 헌법소원심판청구는 부적법하다.

> 원행정처분에 대한 헌법소원심판청구가 받아들여지는 경우(헌재 2008.7.29. 2008헌마487)
> 
> 원행정처분에 대한 헌법소원심판청구를 받아들여 이를 취소하는 것은, 원행정처분을 심판대상으로 삼았던 법원의 재판이 예외적으로 헌법소원심판대상이 되어 그 재판 자체까지 취소되는 경우에 한하며, 법원의 재판이 취소되지 아니하는 경우에는 확정판결의 기판력으로 인하여 원행정처분 그 자체는 헌법소원심판의 대상이 되지 아니하며, 이와 같은 법리는 검사의 불기소처분에 대하여 법원의 재정신청절차를 거친 경우에도 마찬가지로 적용되어야 한다.

## 7. 그 밖에 공권력의 행사

헌법재판소는 국가인권위원회의 진정각하결정(헌재 2008.11.27. 2006헌마440), 감사원의 국민감사청구기각결정(헌재 2006.2.23. 2004헌마414), 선거관리위원회의 경고(헌재 2008.1.17. 2007헌마700), 경찰서장 집회신고 반려행위 등은 헌법소원심판의 대상이 되는 공권력의 행사로 보고 있으며, 대통령의 법률안제출행위, 파견결정, 선거관리위원회의 선거법위반행위 중지촉구(헌재 2003.3.27. 2002헌마106) 등은 공권력의 행사에 해당하지 않는다고 결정하였다.

> 선거관리위원회 경고의 공권력의 행사 해당 여부(헌재 2008.1.17. 2007헌마700)
> 
> 선거관리위원회법 제14조의2의 '경고'는 선거법 위반행위에 대한 제재적 조치의 하나로서 법률에 규정된 것이므로 피경고자는 이러한 경고를 준수하여야 할 의무가 있고, 피경

고자가 경고를 불이행하는 경우 선거관리위원회 위원·직원에 의하여 관할 수사기관에 수사의뢰 또는 고발될 수 있으므로, 위 경고가 청구인의 법적 지위에 영향을 주지 않는다고는 할 수 없다. 중앙선거관리위원회 위원장이 중앙선거관리위원회 전체회의의 심의를 거쳐 대통령의 위법사실을 확인한 후 그 재발방지를 촉구하는 내용의 이 사건 조치를 청구인인 대통령에 대하여 직접 발령한 것이 단순한 권고적·비권력적 행위라든가 대통령인 청구인의 법적 지위에 불리한 효과를 주지 않았다고 보기는 어렵다.

(1) 경찰서장 집회신고 반려행위

헌법재판소는 경찰서장의 옥외집회신고서 반려행위는 청구인들의 입장에서는 접수거부나 집회의 금지통고로 보지 않을 수 없고 그 결과 형사적 처벌이나 집회의 해산을 받지 않기 위하여 집회의 개최를 포기할 수밖에 없기 때문에 청구인들의 집회의 자유를 침해하였다고 할 것이므로 옥외집회신고서 반려행위는 기본권 침해가능성이 있는 공권력의 행사에 해당한다고 결정하였다(헌재 2008.5.29. 2007헌마712).

> 경찰서장의 옥외집회신고서 반려행위의 공권력의 행사 해당 여부(헌재 2008.5.29. 2007헌마712)
> 청구인들 중 일부는 이 사건 반려행위의 일부에 대해 서울행정법원에 그 처분무효취소소송을 제기하면서 집행정지신청도 함께 제기하였으나, 위 법원은 집시법상 이미 접수된 옥외집회신고서를 반려할 수 있는 근거가 없을 뿐만 아니라, 반려행위를 집시법 제8조 제2항 소정의 금지통고로도 볼 수 없어 행정처분이 아니라는 이유로 위 집행정지신청을 각하하였다. 이에 처분무효취소소송을 제기하였던 청구인들은 이와 같은 방법으로는 권리구제를 받을 수 없다고 보아 위 취소소송을 취하하고, 이 사건 헌법소원심판청구에 이른 것인바, 이 사건 반려행위에 대하여는 법원에서의 권리구제절차 허용 여부가 객관적으로 불확실하다 할 것이므로 이 사건 심판청구는 보충성의 예외에 해당하는 심판청구로서 적법하다.

(2) 대통령의 법률안제출행위

헌법재판소는 대통령의 법률안제출행위는 국가기관 간의 내부적 행위에 불과하고 국민에 대하여 직접적인 법률효과를 발생시키는 행위가 아니므로 공권력의 행사에 해당되지 않는다고 결정하였다(헌재 1994.8.31. 92헌마174).

(3) 대통령의 국군의 파견결정

1) 대통령이 국회에 파병동의안을 제출하기 전에 대통령을 보좌하기 위하여 파병 정책을 심의, 의결한 국무회의의 의결은 국가기관의 내부적 의사결정행위에 불과하여 그 자체로 국민에 대하여 직접적인 법률효과를 발생시키는 행위가 아니므로 헌법재판소법 제68조 제1항에서 말하는 공권력의 행사에 해당하지 아니한다(헌재 2003.12.18. 2003헌마225).

2) 파견결정은 그 성격상 국방 및 외교에 관련된 고도의 정치적 결단을 요하는 문제로서, 헌법과 법률이 정한 절차를 지켜 이루어진 것임이 명백하므로, 대통령과 국회의 판단은 존중되어야 하고 헌법재판소가 사법적 기준만으로 이를 심판하는 것은 자제되어

야 한다. 이에 대하여는 설혹 사법적 심사의 회피로 자의적 결정이 방치될 수도 있다는 우려가 있을 수 있으나 그러한 대통령과 국회의 판단은 궁극적으로는 선거를 통해 국민에 의한 평가와 심판을 받게 될 것이다(헌재 2004.4.29. 2003헌마814).

## Ⅳ. 사법작용

### 1. 재판에 대한 헌법소원 금지

헌법재판소법 제68조 제1항은 법원의 재판을 헌법소원의 대상에서 제외하고 있다. 따라서 법원의 재판인 판결·결정·명령 자체를 대상으로 하여 헌법소원을 제기한다면 이는 부적법하다.

### 2. 재판에 대한 헌법소원의 예외적 허용

(1) 헌법재판소의 결정내용

헌법재판소는 헌법재판소법 제68조 제1항에 대한 위헌확인사건 "헌법재판소법 제68조 제1항이 원칙적으로 헌법에 위반되지 아니한다고 하더라도, 법원이 헌법재판소가 위헌으로 결정하여 그 효력을 전부 또는 일부 상실하거나 위헌으로 확인된 법률을 적용함으로써 국민의 기본권을 침해한 경우에도 법원의 재판에 대한 헌법소원이 허용되지 않는 것으로 해석한다면, 위 법률조항은 그러한 한도 내에서 헌법에 위반된다."고 결정하여 예외적으로 재판에 대한 헌법소원심판을 허용하고 있다(헌재 1997.12.24. 96헌마172).

(2) 재판의 범위

1) 헌법소원심판의 대상이 되는 재판은 헌법재판소가 위헌으로 결정한 법령을 적용함으로써 국민의 기본권을 침해한 재판이다(헌재 1997.12.24. 96헌마172).

2) 위헌결정에는 단순위헌결정은 물론, 한정합헌, 한정위헌결정과 헌법불합치결정도 포함된다. 따라서 헌법재판소가 법률조항에 대하여 한정위헌결정을 선고함으로써 이미 부분적으로 그 효력이 상실된 법률조항을 적용한 재판은 헌법소원심판의 대상이 된다(헌재 1997.12.24. 96헌마172).

3) 위헌으로 결정된 법률조항은 그 결정이 있은 날로부터 효력을 상실하기 때문에 원칙적으로 위헌결정일 이후 위헌결정 된 법률을 적용한 재판이 헌법소원심판의 대상이 된다(헌재 1998.4.30. 92헌마239). 법률조항에 대한 위헌결정 이전에 법원이 그 법률조항을 적용하여 선고한 판결은 헌법소원심판의 대상이 되지 않는다(헌재 1998.4.30. 92헌마239). 헌법재판소는 한정위헌결정을 하기 이전에 선고한 재판은 '헌법재판소가 위헌으로 결정한 법령을 적용하여 국민의 기본권을 침해한 재판'에 해당한다고 볼 수 없어 헌법소원심판의 대상이 될 수 없다고 결정하였다(헌재 2003.2.11. 2001헌마386).[74]

---

74) 재판관 2인의 반대의견 : 예외적으로 헌법소원의 대상이 되는 법원의 재판이란, 헌법의 최고규범성 및 헌

위헌 선언된 바 없는 법률이 적용된 재판을 위법한 공권력의 행사로 볼 수 있는지 여부(헌재 2001.2.22. 99헌마461)

헌법재판소가 위헌을 선언하기 전까지는 모든 법률은 합헌으로 인정되어 법원에서도 그 적용을 거부할 수 없다. 위헌의 의심이 있어 헌법재판소에 위헌제청신청을 하여 그 적용을 일시 유보하는 수는 있지만 그렇지 아니한 경우에는 그 적용을 거부할 수는 없는 것이다. 그러므로 비록 후일 그 법률이 헌법재판소에 의하여 위헌으로 판명된 경우라고 하더라도 그 이전의 단계에 있어서는 그 법률을 판사가 적용하는 것은 제도적으로 정당성이 보장된 것이다. 따라서 비록 위헌이기는 하지만 아직 헌법재판소에 의하여 위헌으로 선언된 바가 없는 법률이 적용된 재판을 위법한 공권력의 행사라고 하여 헌법소원의 대상으로 삼을 수는 없는 것이다.

4) 헌법불합치결정 선고 이후에 판결한 법원의 재판이라고 하더라도 헌법재판소가 위헌으로 결정한 법률을 적용하지 않은 재판은 헌법소원심판의 대상이 되지 않는다.

위헌결정한 법률을 적용하지 않은 재판이 헌법소원심판 대상이 되는지 여부(헌재 2006.2.23. 2005헌마20)

부산고등법원 판결 및 대법원 판결은 헌법재판소가 2002헌바14등 사건에서 사립학교법 제53조의2 제3항 전문에 대하여 헌법불합치결정을 선고한 이후에 선고가 되었으나, 부산고등법원 판결은 … 헌법불합치결정 된 사립학교법 제53조의2 제3항 전문을 적용하여 그와 같은 결론을 내린 것이 아니고 대법원 판결 또한 마찬가지이므로 이들 판결은 헌법소원심판의 대상이 되는 예외적인 재판에 해당되지 아니한다.

5) '법률에 대한 위헌결정의 기속력에 반하는 재판'도 예외적으로 헌법소원심판의 대상이 된다.

재판 취소 사건(헌재 2022. 6. 30. 2014헌마760, 763(병합))
가. 헌법재판소법 제68조 제1항 본문 중 '법원의 재판' 부분(재판소원금지조항) 가운데 '법률에 대한 위헌결정의 기속력에 반하는 재판' 부분이 헌법에 위반되는지 여부(적극)

헌법은 제107조 및 제111조에서 법률에 대한 위헌심사권을 헌법재판소에 부여하고 있다. 헌법재판소가 헌법에서 부여받은 위헌심사권을 행사한 결과인 법률에 대한 위헌결정은 법원을 포함한 모든 국가기관과 지방자치단체를 기속한다. 헌법재판소가 법률의 위헌성 심사를 하면서 합헌적 법률해석을 하고 그 결과로서 이루어지는 한정위헌결정은 일부위헌결정으로서, 헌법재판소가 헌법에서 부여받은 위헌심사권을 행사한 결과인 법률에 대한 위헌결정에 해당한다. 따라서 법률에 대한 위헌결정의 기속력을 부인하는 법원의 재판은 그 자체로 헌법재판소 결정의 기속력에 반하는 것일 뿐만 아니라

---

법상 부여받은 헌법재판소의 규범통제권을 관철하기 위하여 부득이 취소되어야 하는 재판을 의미하며, 이러한 재판은 '헌법재판소가 위헌으로 결정한 법령을 적용한 재판'에 한정되는 것이 아니라, '헌법재판소 위헌결정의 기속력을 부인하는 모든 재판'을 포함하는 것이다. 법원의 판단이 헌법재판소 위헌결정의 효력에 반하는 한, 헌법재판소의 위헌결정이 법원의 판결 이전에 선고되는가 아니면 이후에 선고되는가 하는 우연적 요소에 의하여 헌법소원의 대상이 되는 재판의 범위가 달라질 수는 없는 것이다.

법률에 대한 위헌심사권을 헌법재판소에 부여한 헌법의 결단에 정면으로 위배된다. 헌법의 최고규범성을 수호하고 헌법이 헌법재판소에 부여한 법률에 대한 위헌심사권을 회복하기 위해서는 헌법재판소법 제68조 제1항 본문의 '법원의 재판'의 범위에서 '법률에 대한 위헌결정의 기속력에 반하는 재판' 부분을 명시적으로 제외하는 위헌결정을 하고, 위와 같은 법원의 재판에 대해서 예외적으로 헌법소원심판을 허용할 필요가 있다.

헌법재판소는 헌재 2016. 4. 28. 2016헌마33 사건에서 헌법재판소법 제68조 제1항 본문 중 '법원의 재판' 가운데 '헌법재판소가 위헌으로 결정한 법령을 적용함으로써 국민의 기본권을 침해한 재판' 부분에 대하여 위헌결정을 한 바 있으나, 이 사건 재판소원금지조항의 적용 영역에서 '법률에 대한 위헌결정의 기속력에 반하는 재판' 부분을 모두 제외하기 위해 이 사건 재판소원금지조항 가운데 '법률에 대한 위헌결정의 기속력에 반하는 재판' 부분은 헌법에 위반된다는 결정을 한다.

나. "형법 제129조 제1항의 '공무원'에 구 '제주특별자치도 설치 및 국제자유도시 조성을 위한 특별법' 제299조 제2항의 제주특별자치도통합영향평가심의위원회 심의위원 중 위촉위원이 포함되는 것으로 해석하는 한 헌법에 위반된다."는 헌재 2012. 12. 27. 2011헌바117 결정(한정위헌결정)의 기속력을 부인하고 청구인들의 재심청구를 받아들이지 아니한 법원의 재판이 '법률에 대한 위헌결정의 기속력에 반하는 재판'으로 예외적으로 헌법소원심판의 대상이 되고 청구인들의 재판청구권을 침해하는지 여부(적극)

이 사건 한정위헌결정은 형벌 조항의 일부가 헌법에 위반되어 무효라는 내용의 일부위헌결정으로, 법원과 그 밖의 국가기관 및 지방자치단체에 대하여 기속력이 있다. 이 사건 한정위헌결정의 기속력을 부인하여 청구인들의 재심청구를 기각한 법원의 재판은 '법률에 대한 위헌결정의 기속력에 반하는 재판'으로 이에 대한 헌법소원은 허용되고 청구인들의 헌법상 보장된 재판청구권을 침해하였으므로 법 제75조 제3항에 따라 취소되어야 한다.

다. 재판에 적용된 법률조항에 대하여 이 사건 한정위헌결정이 이루어지기 전에 확정된 청구인들에 대한 유죄판결이 헌법소원심판의 대상이 되는지 여부(소극)

형벌 조항은 위헌결정으로 소급하여 그 효력을 상실하지만, 위헌결정이 있기 이전의 단계에서 그 법률을 판사가 적용하는 것은 제도적으로 정당성이 보장되므로 아직 헌법재판소에 의하여 위헌으로 선언된 바가 없는 법률이 적용된 재판을 그 뒤에 위헌결정이 선고되었다는 이유로 위법한 공권력의 행사라고 하여 헌법소원심판의 대상으로 삼을 수는 없다. 따라서 이 사건 한정위헌결정 이전에 확정된 청구인들에 대한 유죄판결은 법률에 대한 위헌결정의 기속력에 반하는 재판이라고 볼 수 없으므로 이에 대한 심판청구는 부적법하다.

## 3. 재판장의 소송지휘권

헌법재판소는 재판장의 변론지휘권의 부당한 행사를 대상으로 하는 헌법소원심판청구는 법원의 재판을 대상으로 하여 헌법소원심판을 청구한 경우에 해당한다고 보아 부적법하다고 결정하였다.

재판장의 소송지휘권 부당행사에 대한 헌법소원심판청구의 적법 여부(헌재 1992.6.26. 89헌마271)
재판장의 소송지휘권의 행사에 관한 사항은 그 자체가 재판장의 명령으로서 법원의 재판에 해당하거나, 또는 그것이 비록 재판의 형식이 아닌 사실행위로 행하여졌다고 하더라도 법원의 종국판결이 선고된 이후에는 위 종국판결에 흡수, 포함되어 그 불복방법은 판결에 대한 상소에 의하여만 가능하므로, 재판장의 변론지휘권의 부당한 행사를 그 대상으로 하는 헌법소원심판청구는 결국 법원의 재판을 직접 그 대상으로 한 경우에 해당하여 부적법하다.

### 4. 사법행정

(1) 법관 인사와 관련한 사법행정은 소청심사위원회와 행정소송에 의한 구제절차가 마련되어 있으므로, 이러한 절차를 거치지 않은 헌법소원심판의 청구는 부적법하다.

법관 인사에 관한 헌법소원심판청구의 적법 여부(헌재 1993.12.23. 92헌마247)
법원 소속공무원의 소청에 관한 사항을 심사결정하게 하기 위하여 법원행정처에 소청심사위원회를 두도록 하고 있으며, … 법관인 청구인은 위 각 법률조항이 정한 절차에 따라 인사처분에 대하여 그 구제를 청구할 수 있고, 그 절차에서 구제를 받지 못한 때에는 국가공무원법 제16조, 법원조직법 제70조, 행정소송법 제1조의 규정에 미루어 다시 행정소송을 제기하여 그 구제를 청구할 수 있음에도 불구하고, 청구인이 위와 같은 구제절차를 거치지 아니한 채 제기한 헌법소원심판청구는 부적법한 심판청구가 아니할 수 없다.

(2) 재판장의 녹음불허가는 사법행정행위로서 행정소송으로 다툴 수 있다. 헌법재판소는 재판장의 녹음행위를 제한하고 있는 법원조직법에 대하여 헌법재판소법 제68조 제2항에 의한 헌법소원심판을 청구한 사건에서, 재판장의 녹음불허가는 행정소송 등으로 다투어야 한다는 이유로 부적법 각하결정을 하였다(헌재 2011.6.30. 2008헌바81).

재판장의 녹음불허가에 대한 헌법소원심판청구의 적법 여부(헌재 2011.6.30. 2008헌바81)
재판장의 녹음불허가는 사법행정행위로서 이에 대한 불복은 행정소송이나 헌법재판소법 제68조 제1항의 헌법소원에 의하여야 하므로 위 불허가에 대한 이의신청이 재판절차임을 전제로 제기된 이 사건 심판청구는 헌법재판소법 제68조 제2항의 헌법소원의 적법요건을 갖추지 못하였고, 민사소송법 제159조 제1항의 신청으로 보는 경우 이 사건 법률조항 부분은 재판장의 녹음신청기각결정에 대한 이의재판과 아무런 관련이 없어 재판의 전제성을 갖추지 못하였으므로, 청구인의 녹음허가신청의 법적 성격을 어느 것으로 보든지 이 사건 심판청구는 부적법하다.

## V. 공권력의 불행사

### 1. 입법부작위

**(1) 진정입법부작위와 부진정입법부작위**

진정입법부작위는 입법자가 헌법상 입법의무가 있는 어떤 사항에 관하여 전혀 입법을 하지 아니함으로써 "입법행위의 흠결이 있는 경우" 즉, 입법권의 불행사를 의미한다. 부진정입법부작위는 입법자가 어떤 사항에 관하여 입법은 하였으나 그 입법의 내용·범위·절차 등이 당해 사항을 불충전, 불충분 또는 불공정하게 규율함으로써 "입법행위에 결함이 있는 경우" 즉, 결함이 있는 입법권의 행사를 말한다.

**(2) 진정입법부작위와 헌법소원**

진정입법부작위를 대상으로 하여 헌법소원을 제기하려면 헌법에서 기본권보장을 위하여 법령에 명시적인 입법위임을 하였음에도 불구하고 입법자가 상당한 기간 내에 이를 이행하지 아니하거나 또는 헌법의 해석상 특정인에게 구체적인 기본권이 생겨 이를 보장하기 위한 국가의 행위의무 내지 보호의무가 발생하였음이 명백함에도 불구하고 입법자가 아무런 입법조치를 취하지 않고 있는 경우이어야 한다(헌재 2001.6.28. 2000헌마735).

**(3) 부진정입법부작위와 헌법소원**

1) 부진정입법부작위를 대상으로, 즉 입법의 내용·범위·절차 등의 결함을 이유로 헌법소원을 제기하려면 이 경우에는 결함이 있는 당해 입법규정 그 자체를 대상으로 하여 그것이 평등의 원칙에 위배된다는 등 헌법위반을 내세워 적극적인 헌법소원을 제기하여야 한다(헌재 1996.10.31. 94헌마108).

2) 입법의 불완전, 불충분한 규율을 다투는 경우에는 불완전한 입법에 대하여 적극적인 헌법소원을 제기하여야 하므로 입법부작위를 심판대상으로 헌법소원심판청구는 부적법하다(헌재 2017.11.27. 2017헌마1219).

> **부진정입법부작위가 입법부작위 위헌확인심판의 대상이 되는지 여부**(헌재 2000.6.1. 2000헌마18)
> 기본권 보장을 위한 법 규정이 불완전하여 보충을 요하는 경우에는 그 불완전한 법규자체를 대상으로 하여 그것이 헌법위반이라는 적극적인 헌법소원을 청구함은 별론으로 하고, 입법부작위를 헌법소원의 대상으로 삼을 수는 없는 것이다. 그런데 이 사건 심판청구는 1980년 국보위에 의하여 강제해직된 공무원 중 행정부와 입법부의 공무원은 특조법 및 국가보위입법회의 부칙 제4항의 규정에 의한 해직공무원의보상에관한특별조치법에 의하여 보상 및 명예회복을 하였으나, 1981년 사회정화위원회에 의하여 강제해직된 법원공무원에 대하여 보상 및 명예회복을 위한 법률을 제정하지 아니한 것이 위헌이라는 것으로서 이른바 부진정입법부작위에 해당하는 것이므로 헌법소원의 대상으로 할 수 없는 입법부작위를 그 대상으로 하고 있어 부적법하다.

> **부진정입법부작위가 입법부작위 위헌확인심판의 대상이 되는지 여부**(헌재 1996.11.28. 93헌마258)
> 입법자가 혜택부여규정에서 일정 인적 집단을 배제한 경우, 그 규정의 인적 대상범위의 확대를 구하는 헌법소원은 비록 외형적으로는 진정입법부작위에 대한 소원과 흡사하나, 실질은 그러하지 아니하다. 입법자의 하자 있는 행위는 언제나 올바른 행위의 부작위로 해석될 수 있다는 의미에서 이러한 부작위는 입법자가 혜택부여규정의 제정을 통하여 내린 적극적인 결정의 반사적 효과일 뿐이기 때문이다. … 청구인의 이 사건 청구는 평등원칙의 관점에서 입법자가 정부산하기관의 직원인 청구인을 당연히 공무원과 같이 특별조치법의 수혜범위에 포함시켰어야 한다는 주장에 지나지 아니하므로 입법부작위는 헌법적 입법의무에 근거한 것이 아니라 단지 혜택부여규정의 인적 범위의 제한에 따른 결과에 지나지 아니하여 이른바 "부진정부작위"에 해당할 뿐이므로 입법부작위위헌확인심판의 대상이 되지 아니한다.

3) 헌법재판소는 헌법소원 청구인이 특정 법률조항의 위헌성을 다투고 있지만 그 실질이 진정입법부작위를 다투는 것으로 인정될 경우에는 진정입법부작위의 위헌 여부를 심판대상으로 확정하기도 한다.

> **실질이 진정입법부작위를 다투는 경우의 심판대상 확정**(헌재 2015.12.23. 2013헌마182)
> 청구인은 형사소송법 제201조의2 제3항이 피의자의 사선변호인에 대하여 심문기일과 장소뿐만 아니라 피의사실의 요지도 아울러 고지하도록 규정하지 않은 것을 부진정입법부작위의 형태로 다투고 있지만, 이는 입법자가 법원의 구속 전 피의자심문기일의 통지사항에 관하여 어떠한 입법적 규율을 하였으나 그 내용이 불완전·불충분한 것이라기보다는, 법원이 구속영장이 청구된 피의자의 사선변호인에게 구속 전 피의자심문기일 및 장소의 통지와는 별도로 피의사실의 요지를 미리 고지하도록 하는 내용의 입법적 규율 자체가 애당초 있다고 보기 어렵다는 점에서 그 실질은 진정 입법부작위를 다투는 것으로 볼 것이다.

4) 부진정입법부작위를 대상으로 헌법소원심판을 청구하는 경우에는 헌법재판소법의 청구기간을 준수하여야 한다.

## 2. 행정입법부작위 등

(1) 행정입법부작위

1) 행정입법부작위도 헌법소원심판의 대상이 된다.

2) 행정입법부작위는 행정기관이 행정입법을 할 작위의무가 있음에도 불구하고 행정입법을 하지 아니하여 기본권을 침해한 경우에는 헌법소원심판으로 다툴 수 있다.

> **행정입법 지체가 위법하여 법적 통제가 가능하기 위한 조건**(헌재 2005.12.22. 2004헌마66)
> 행정입법의 지체가 위법으로 되어 그에 대한 법적 통제가 가능하기 위하여는, 우선 행정청에게 시행명령을 제정(개정)할 법적 의무가 있어야 하고, 상당한 기간이 지났음에도 불구하고, 명령제정(개정)권이 행사되지 않아야 한다.

3) 부진정행정입법부작위를 다투는 경우 불완전한 입법에 대하여 적극적인 헌법소원을 제기하여야 한다.

**건축사면허를 취소 당한 사람들의 재면허취득에 관하여는 규정을 두고 있지 않은 건축사법 시행령이 진정입법부작위에 해당하는지 여부**(헌재 1998.11.26. 97헌마310)

청구인은 … 건축사법 시행령에는 건축사면허를 취소당한 사람들에 관하여는 전혀 규정을 두고 있지 않는 셈이어서 진정입법부작위라고 주장하고 있다. 그러나 … 이를 부진정입법부작위라 할지언정 청구인이 심판의 대상으로 삼고 있는 바와 같은 진정입법부작위에 해당한다고 할 수는 없다할 것이다. 따라서 청구인의 예비적 심판청구는 존재하지도 않는 입법부작위를 심판의 대상으로 삼은 것으로서 역시 부적법하다 할 것이다. 가사, 청구인의 예비적 심판청구가 위와 같은 불완전입법에 대하여 적극적인 헌법소원을 제기한 취지의 심판청구라고 보더라도, 이와 같은 헌법소원은 헌법재판소법 제69조 제1항 소정의 청구기간의 적용을 받는다 할 것이다.

4) 행정소송법상의 부작위위법확인소송은 행정입법부작위에 대한 헌법소원심판청구 전에 거쳐야 하는 사전적 권리구제절차라고 할 수 없다.

**국가배상청구의 사전구제절차 해당 여부**(헌재 1998.7.16. 96헌마246)

입법부작위에 대한 행정소송의 적법 여부에 관하여 대법원은 "행정소송은 구체적 사건에 대한 법률상 분쟁을 법에 의하여 해결함으로써 법적 안정을 기하자는 것이므로 부작위위법확인소송의 대상이 될 수 있는 것은 구체적 권리의무에 관한 분쟁이어야 하고, 추상적인 법령에 관하여 제정의 여부 등은 그 자체로서 국민의 구체적인 권리의무에 직접적 변동을 초래하는 것이 아니어서 행정소송의 대상이 될 수 없다"고 판시하고 있다. 그밖에 입법부작위에 대한 국가배상의 청구가 가능한지도 문제되지만, 헌법재판소법 제68조 제1항 단서 소정의 "다른 권리구제절차"라 함은 공권력의 행사 또는 불행사를 직접 대상으로 하여 그 효력을 다툴 수 있는 권리구제절차를 의미하고 사후적·보충적 구제수단을 뜻하는 것은 아니므로, 설사 국가배상청구가 가능하다고 할지라도 이를 사전구제절차로 볼 수는 없다.

5) 진정행정입법부작위에 대한 헌법소원심판은 청구기간의 제한을 받지 않는다.

**진정입법부작위에 대한 심판청구의 청구기간 제한 여부**(헌재 1998.7.16. 96헌마246)

시행규칙이 위 규정에 따른 개정입법 및 새로운 입법을 하지 않고 있는 것은 진정입법부작위에 해당하므로 이 부분에 대한 심판청구는 청구기간의 제한을 받지 않는다.

(2) 사법입법부작위

대법원규칙 등 사법입법의 경우에도 입법의무를 이행하지 아니하는 때에는 헌법소원심판으로 다툴 수 있다.

> **대법원규칙 제정 의무가 없는 경우 그 의무를 전제로 한 헌법소원의 적법 여부**(헌재 1997.5.29. 96헌마4)
> 압류명령이 제3채무자에게 송달되지 아니한 경우 압류명령의 신청인에게 그 사실을 통지하거나 주소보정을 명하도록 하는 내용의 대법원규칙을 제정하도록 위임하고 있는 명시적 헌법이나 법률규정이 없을 뿐만 아니라 헌법이나 법률의 해석상으로도 그와 같은 대법원규칙을 제정하여야 할 의무가 발생한다고도 할 수 없으므로, 이러한 의무의 존재를 전제로 한 이 사건 헌법소원은 헌법소원심판의 대상이 될 수 없는 사안에 대한 헌법소원으로서 부적법하다.

### (3) 자치입법부작위

지방자치단체가 조례를 제정하지 아니하는 부작위도 헌법소원의 대상이 된다(헌재 2009.7.30. 2006헌마358).

> **지방자치단체가 조례를 제정하지 아니한 부작위에 대하여 기본권 침해 여부를 다툴 수 있는지 여부**(헌재 2009.7.30. 2006헌마358)
> '국가공무원 복무규정' 제28조는 국가공무원 중에서 '사실상 노무에 종사하는 국가공무원의 범위'를 정하고 있을 뿐이어서 지방공무원에게 준용될 여지가 없다. 그러므로 피청구인들은 지방공무원 중 '사실상 노무에 종사하는 지방공무원의 범위'를 전혀 정하지 않았다고 봄이 상당하고, 결국 청구인들의 이 사건 심판청구는 그러한 진정 입법부작위의 기본권 침해 여부를 다투는 것이라고 할 것이다.

## 3. 국회의 부작위

헌법상 명문으로 또는 헌법의 해석상 공권력 주체에게 작위의무가 규정되어 있는 경우 부작위에 대한 헌법소원심판의 청구가 허용되므로, 국회의 퇴임재판관선출부작위, 청원심사의무부작위 등은 헌법소원심판의 대상이 된다. 탄핵소추의결의 부작위는 국회의 재량행위이므로 헌법소원심판의 대상이 아니다.

> **국회가 '상당한 기간' 내에 공석이 된 재판관의 후임자를 선출하여야 할 헌법상 작위의무 부담 여부** (헌재 2014.4.24. 2012헌마2)
> 헌법 제27조, 제111조 제2항 및 제3항의 해석상, 피청구인이 선출하여 임명된 재판관 중 공석이 발생한 경우, 국회는 공정한 헌법 재판을 받을 권리의 보장을 위하여 공석인 재판관의 후임자를 선출하여야 할 구체적 작위의무를 부담한다고 할 것이다. 헌법의 명문규정 또는 헌법 해석상 피청구인이 공석인 재판관의 후임자를 선출함에 있어서 준수하여야 할 기간을 구체적으로 도출하기는 어렵다. 헌법재판소법 제6조 제3항 내지 제5항은 공석이 된 재판관의 후임자 선출 기한을 규정하고 있으나, 위 조항들은 훈시규정으로 보는 것이 타당하다. … 공석인 재판관 후임자의 선출절차 진행에 소요되는 기간 등을 고려한 '상당한 기간'이라 할 것이므로, 피청구인은 '상당한 기간' 내에 공석이 된 재판관의 후임자를 선출하여야 할 헌법상 작위의무를 부담한다.

**청원대로 입법이 이루어지지 않고 있다고 하여 청원에 대한 심사의무를 해태하였다거나 청원권이 침해되었다고 볼 수 있는지 여부**(헌재 2000.6.1. 2000헌마18)

공권력의 불행사에 대한 헌법소원은 공권력의 주체에게 헌법에서 유래하는 작위의무가 특별히 구체적으로 규정되어 이에 의거하여 기본권의 주체가 그 공권력의 행사를 청구할 수 있음에도 공권력의 주체가 그 의무를 해태하는 경우에 허용되는 것인데, 앞에서 본 바와 같이 국회는 청원에 대하여 심사할 의무를 지고 청구인에게는 심사를 요구할 수 있는 권리가 있으므로, 나아가 국회가 청구인의 청원에 대한 심사의무를 해태하였는지에 관하여 보기로 한다. 이 사건 기록에 의하면, 청구인이 1996. 12. 5. '1981년법원해직공무원의 보상에관한특별조치법제정입법청원'을 국회에 제출하자, 국회의장은 이를 수리하여 1996. 12. 10.자로 법제사법위원회에서 심사하도록 회부하고 이를 청구인에게 통지하였고, 청구인이 1999. 10. 15. 청원심사를 촉구하는 취지의 진정을 국회에 제출하자 국회의장은 이를 위 위원회에 회부하고 이를 청구인에게 통지하였으며, 위 위원회에서는 현재 이를 심사 중인 사실을 알 수 있는 바, 그렇다면 청원 후 3년이 지난 지금까지 청구인의 청원대로 입법이 이루어지지 않고 있다고 하여 그 점만으로 국회가 청구인의 청원에 대한 심사의무를 해태하였다고는 할 수 없고, 달리 공권력의 불행사로 인하여 청구인의 기본권이 침해되었음을 인정할 자료도 없으므로 청구인의 이 부분에 대한 헌법소원심판청구는 그 이유가 없다.

**국회의 탄핵소추의결 부작위에 대한 위헌확인소원의 적법 여부**(헌재 1996. 2. 29. 93헌마186)

부작위위헌확인소원은 기본권 보장을 위하여 헌법상 명문으로 또는 헌법의 해석상 특별히 공권력 주체에게 작위의무가 규정되어 있어 청구인에게 그와 같은 작위를 청구할 헌법상 기본권이 인정되는 경우에 한하여 인정되는 것인바, 헌법 제65조 제1항은 국회의 탄핵소추의결이 국회의 재량행위임을 명문으로 밝히고 있고 헌법해석상으로도 국정통제를 위하여 헌법상 국회에게 인정된 다양한 권한 중 어떠한 것을 행사하는 것이 적절한 것인가에 대한 판단권은 오로지 국회에 있다고 보아야 할 것이며, 나아가 청구인에게 국회의 탄핵소추의결을 청구할 권리에 관하여도 아무런 규정이 없고 헌법해석상으로도 그와 같은 권리를 인정할 수 없으므로, 국회에게 대통령의 헌법 등 위배행위가 있을 경우에 탄핵소추의결을 하여야 할 헌법상 작위의무가 있다 할 수 없어 국회의 탄핵소추의결 부작위에 대한 위헌확인소원은 부적법하다.

## 4. 행정부작위

(1) 작위의무와 공권력 불행사

행정부작위에 대해서도 헌법소원심판을 제기할 수 있다. 행정권력의 부작위에 대한 헌법소원은 공권력의 주체에게 헌법에서 유래하는 작위의무가 특별히 구체적으로 규정되어 이에 의거하여 기본권의 주체가 행정행위 내지 공권력의 행사를 청구할 수 있음에도 공권력의 주체가 그 의무를 해태하는 경우에만 허용된다. "공권력의 주체에게 헌법에서 유래하는 작위의무가 특별히 구체적으로 규정되어"가 의미하는 바는, 첫째, 헌법상 명문으로 공권력 주체의 작위의무가 규정되어 있는 경우, 둘째, 헌법의 해석상 공권력 주체의 작위의무가 도출되는 경우, 셋째, 공권력 주체의 작위의무가 법령에 구체적으로 규정되어 있는 경우 등을 포괄하고 있는 것으로 볼 수 있다(헌재 2004.10.28. 2003헌마898; 헌재 2011.8.30. 2006헌마788).

(2) 보충성

행정청의 부작위의 경우 행정소송법상 부작위위법확인소송이 가능하기 때문에 부작위위법확인소송을 거치지 않고 헌법소원을 제기하는 경우에는 보충성의 원칙에 위배될 가능성이 있다. 다만, 전심절차로 권리가 구제될 가능성이 거의 없거나 권리구제절차가 허용되는지의 여부가 객관적으로 불확실하여 전심절차 이행 가능성이 없을 때에는 보충성의 예외로서 행정부작위에 대한 헌법소원이 적법할 수 있다.

(3) 행정청의 거부행위

1) 행정청의 거부행위는 행정부작위에 해당하지 않는다.

> **공권력 불행사를 이유로 한 부작위위헌확인 심판청구의 허용 여부**(헌재 1993.5.10. 93헌마92)
> 청구인의 이 사건 예비적 심판청구에 대하여 보건대 피청구인의 거부처분이 있고 그 거부처분은 공권력의 행사임이 명백하므로 청구인으로서는 그 거부처분의 취소를 구하는 헌법소원심판을 청구함으로 족하다고 할 것이고, 이와 병행하여 국가기관의 공권력의 불행사를 이유로 부작위위헌확인 심판청구를 하는 것은 허용되지 않는다고 할 것이므로 이 사건 예비적 심판청구는 결국 헌법소원심판청구의 대상이 아닌 것에 대한 헌법소원으로서 역시 부적법하다고 할 것이다.

2) 행정청의 거부행위가 헌법소원심판의 대상이 되기 위해서는 국민이 행정청에 대하여 신청에 따른 행위를 해 줄 것을 요구할 수 있는 권리가 있어야 한다(헌재 1999.6.24. 97헌마315). 헌법재판소는 주민이라고 하더라도 운동장의 사용을 요구할 수 있는 법규상·조리상의 신청권이 있다고 할 수 없으므로 국립대학교 총장이 운동장사용신청을 거부한 행위는 헌법소원심판의 대상이 되는 공권력의 행사에 해당하지 않는다고 결정하였다(헌재 2001.9.27. 2000헌마260).

> **구체적 신청 관련 규정이 없는 경우 구체적인 신청권을 인정할 수 있는지 여부**(헌재 2004.10.28. 2003헌마898)
> 구 국가유공자등예우및지원에관한법률과 동법 시행령은 국가기관의 취업보호대상자에 대한 우선채용에 대해서 규정하면서 기능직공무원 정원의 20퍼센트를 취업보호대상자로 우선 채용하도록 하고 있을 뿐, 구체적인 신청절차나 채용기준 및 방법 등에 관한 구체적인 내용을 규정하고 있지 아니하다. 따라서 청구인이 취업보호대상자의 기능직공무원 채용의무비율 규정만을 근거로 피청구인 철도청장에 대해 국가공무원법에 따른 채용시험 없이 바로 자신을 임용해 줄 것을 요구할 수 있는 구체적인 신청권을 갖고 있는 것으로 볼 수는 없다.

3) 거부행위가 처분에 해당하는 경우에는 보충성의 요건이 문제될 수 있다.

## 5. 사법부작위

(1) 재판지연

헌법재판소는 재판지연행위에 대하여 재판에 대한 헌법소원의 문제로 보고 부적법 각하결정을 하였다.

> **재판 지연이 헌법소원심판 대상이 될 수 있는지 여부**(헌재 1998.5.28. 96헌마46)
> 헌법재판소법 제68조 제1항 본문에 의하면 공권력의 행사 또는 불행사로 인하여 헌법상 보장된 기본권을 침해받은 자는 법원의 재판을 제외하고는 헌법재판소에 헌법소원심판을 청구할 수 있다고 규정하고 있으므로, 원칙적으로 법원의 재판을 대상으로 하는 헌법소원 심판청구는 허용되지 아니하고, 위 규정의 '법원의 재판'에는 재판 자체뿐만 아니라 재판절차에 관한 법원의 판단도 포함되는 것으로 보아야 할 것이다. 그런데 청구인이 기본권 침해사유로 주장하는 재판의 지연은 결국 법원의 재판절차에 관한 것이므로 헌법소원의 대상이 될 수 없는 것이다.

(2) 판단유탈

헌법재판소는 재판에서의 판단유탈 내지 재판의 탈루가 헌법에 위반되는 공권력의 불행사라는 이유로 헌법소원[75]을 제기할 수 있는지 여부와 관련하여 부적법 각하결정을 하였다.

> **판단유탈을 이유로 한 헌법소원의 적법 여부**(헌재 1996.4.25. 92헌바30)
> 대법원이 판단하여야 할 사항의 일부에 관하여 판결의 주문에서 빠뜨리고 판결한 것이라면 탈루한 부분은 여전히 법원에 계속되어 있는 것이고, 그렇지 아니하고 공격방어방법에 관한 판단을 빠뜨린 것이라면 재심의 소에 의하여 구제받을 수 있으므로 그러한 절차를 생략한 채 바로 헌법재판소에 헌법소원을 청구하여 재판의 취소를 구하거나 추가재판을 구하는 것은 허용되지 않는다.

---

75) 헌법재판소는 헌법재판소법 제68조 제2항에 의한 헌법소원심판사건의 심판대상을 확정하면서 대법원의 판단유탈에 대한 헌법소원심판 청구를 헌법재판소법 제68조 제1항에 의한 헌법소원심판이라고 보았다.

## 제4절  기본권의 침해

## I. 헌법상 보장된 기본권의 침해

### 1. 기본권의 침해

기본권의 침해는 공권력의 주체가 기본권의 내용에 제한을 가하는 것 또는 공권력의 행사 또는 불행사로 인하여 자유의 제한, 의무의 부과, 법적 지위의 박탈이 생긴 경우를 말한다. 공권력의 행사로 인하여 헌법소원을 청구하고자 하는 자의 법적 지위에 아무런 영향이 미치지 않는다면 애당초 기본권 침해의 가능성이나 위험성이 없으므로 그 공권력의 행사를 대상으로 헌법소원을 청구하는 것은 허용되지 않는다(헌재 2008.11.27. 2008헌마517).

### 2. 기본권 침해의 주장

헌법소원심판의 청구인은 자신의 기본권이 침해되었다는 것을 주장하여야 한다. 기본권 침해의 문제가 되지 않는 헌법상의 원리, 원칙 등의 위반이나 침해에 대해서는 헌법소원심판을 통하여 다툴 수 없다. 기본권 침해의 가능성이 없이 단순히 일반 헌법규정이나 헌법원칙에 위반된다는 주장은 기본권 침해에 대한 구제라는 헌법소원의 적법요건을 충족시키지 못한다. 공권력 행사가 헌법의 기본원리에 위반된다는 주장만으로 헌법상 보장된 기본권의 주체가 아닌 자가 헌법소원을 청구할 수도 없다.[76]

> **공권력 행사가 헌법의 기본원리에 위반된다는 주장만으로 헌법상 보장된 기본권의 주체가 아닌 자가 헌법소원을 청구할 수 있는지 여부**(헌재 1998.10.29. 96헌마186)
>
> 공권력의 행사 또는 불행사로 헌법의 기본원리 혹은 헌법상 보장된 제도의 본질이 훼손되었다고 하여 그 점만으로 바로 국민의 기본권이 직접 현실적으로 침해된 것이라고 할 수는 없다. 따라서 청구인들 주장과 같은 피청구인의 행위로 국민주권주의라든지 복수정당제도가 훼손될 수 있는지의 여부는 별론으로 하고 그로 인하여 바로 헌법상 보장된 청구인들의 구체적 기본권이 침해당하는 것은 아닐 뿐만 아니라, 국민주권주의, 복수정당제도의 훼손만 주장할 뿐 이로 인한 구체적 기본권의 침해 또는 침해의 가능성을 전혀 주장조차 하지 않고 있는 청구인들은 주장 자체로 이미 청구인적격이 없다.

> **헌법상 보장된 구체적 기본권을 침해당한 바 없는 국회의원이 헌법소원심판을 청구할 수 있는지 여부**(헌재 1995.2.23. 90헌마125)
>
> 헌법소원심판 과정에서 공권력의 행사 또는 불행사가 위헌인지 여부를 판단함에 있어서

---

[76] 헌법재판소는 헌법소원심판 과정에서 공권력의 행사 또는 불행사가 위헌인지 여부를 판단함에 있어서 국민주권주의, 법치주의, 적법절차의 원리 등 헌법의 기본원리 위배 여부를 그 기준으로 적용할 수는 있다. 그 뿐만 아니라 헌법재판소는 헌법소원이 갖는 주관적 권리구제의 측면뿐만 아니라 객관적 헌법질서의 수호·유지라는 이중적 성격을 지니고 있으므로, 헌법재판소는 본안판단에 있어서 모든 헌법규범을 심사기준으로 삼음으로써 청구인이 주장한 기본권의 침해 여부에 관한 심사에 한정하지 아니하고 모든 헌법적 관점에서 심판대상의 위헌성을 심사한다.

국민주권주의, 법치주의, 적법절차의 원리 등 헌법의 기본원리 위배 여부를 그 기준으로 적용할 수는 있으나, 공권력의 행사 또는 불행사로 헌법의 기본원리가 훼손되었다고 하여 그 점만으로 국민의 기본권이 직접 현실적으로 침해된 것이라고 할 수는 없고 또한 공권력 행사가 헌법의 기본원리에 위반된다는 주장만으로 헌법상 보장된 기본권의 주체가 아닌 자가 헌법소원을 청구할 수도 없는 것이므로, 설사 피청구인의 불법적인 의안처리행위로 헌법의 기본원리가 훼손되었다고 하더라도 그로 인하여 헌법상 보장된 구체적 기본권을 침해당한 바 없는 국회의원인 청구인들에게 헌법소원심판청구가 허용된다고 할 수는 없다.

### 3. 기본권 침해가 없는 경우

(1) 헌법상의 기본권이 침해되어야 하므로 헌법상의 권리가 아닌 권리 침해에 대해서는 헌법소원심판절차를 통해서 다툴 수 없다.

(2) 주민투표권이나 조례제정·개폐청구권은 헌법상 기본권으로 보기 어려우므로, 주민투표권 조항 및 조례제정·개폐청구권 조항에 대한 헌법소원심판청구는 청구인들의 기본권 침해가능성이 인정되지 않아 부적법하다(헌재 2014.4.24. 2012헌마287).

(3) 국회의원의 심의·표결권은 기본권이 아니라 국회의원의 권한이므로, 입법절차의 하자를 이유로 법률에 대하여 헌법소원심판을 청구하는 것은 부적법하다(헌재 1998.8.27. 97헌마8 등).

(4) 헌법상 기본권의 침해가 없는 경우에도 평등권의 침해가 문제되는 경우에는 헌법소원심판을 통하여 다툴 수 있다.

> **주민투표권의 기본권 해당 여부 및 평등권 심사 배제 여부**(헌재 2007.6.28. 2004헌마643)
> 주민투표권은 헌법상의 열거되지 아니한 권리 등 그 명칭의 여하를 불문하고 헌법상의 기본권성이 부정된다는 것이 우리 재판소의 일관된 입장이라 할 것인데, 이 사건에서 그와 달리 보아야 할 아무런 근거를 발견할 수 없다. 그렇다면 이 사건 심판청구는 헌법재판소법 제68조 제1항의 헌법소원을 통해 그 침해 여부를 다툴 수 있는 기본권을 대상으로 하고 있는 것이 아니므로 그러한 한에서 이유 없다. 하지만 주민투표권이 헌법상 기본권이 아닌 법률상의 권리에 해당한다 하더라도 비교집단 상호간에 차별이 존재할 경우에 헌법상의 평등권 심사까지 배제되는 것은 아니다.

## Ⅱ. 기본권을 침해받은 자

헌법소원심판의 청구인이 될 수 있는 능력을 가진 자는 헌법상 보장된 기본권의 주체이다. 그렇지만 헌법소원심판절차에서 청구인능력을 가진 자의 청구가 언제나 적법한 것은 아니다. 헌법상 기본권을 침해당한 자의 청구만이 정당하고 적법하게 되는데, 정당한 청구인이 될 수 있는 자격을 청구인적격이라고 한다.

## 1. 국민

대한민국 국적을 가진 모든 자연인은 기본권의 주체가 되며, 헌법소원심판을 청구할 수 있다.

### (1) 사자(死者)

1) 자연인은 원칙적으로 살아 있는 동안 기본권의 주체가 되고, 사망으로 기본권 능력은 소멸한다. 헌법소원심판 계속 중에 청구인이 사망하면 청구인능력이 상실되어 일신전속적 권리의 구제를 위한 경우라면 심판절차는 종료한다(헌재 1994.12.29. 90헌바13).

> **청구인이 사망한 경우 심판절차의 종료**(헌재 1994.12.29. 90헌바13)
>
> 청구인은 이 사건 헌법소원심판절차가 계속 중인 1990. 12. 4. 사형집행에 의하여 사망한 사실이 인정된다. … 이 사건 헌법소원심판절차에서는 청구인이 사망한지 4년이나 지났는데도 수계신청이 없을 뿐만 아니라 특별히 종국결정을 할 필요성이 있는 경우에 해당한다고 보이지도 아니한다. 그러므로 이 사건 헌법소원은 청구인의 사망으로 말미암아 그 심판절차가 종료되었다고 할 것이다.

2) 사자가 헌법소원심판을 청구할 수 있는지에 관하여 논란이 있다.[77] 헌법재판소는 사자의 명예를 위하여 사자의 유가족이 자신의 기본권 침해를 이유로 헌법소원심판을 청구할 수 있다고 결정하였다(헌재 2009.9.24. 2006헌마1298).[78]

> **사자의 유가족이 자신의 기본권 침해를 이유로 헌법소원심판을 청구할 수 있는지 여부**(헌재 2009.9.24. 2006헌마1298)
>
> 헌법 제10조로부터 도출되는 일반적 인격권에는 개인의 명예에 관한 권리도 포함된다. 심판대상조항인 반민규명법 제2조에 근거하여 반민규명위원회의 친일반민족행위결정이 이루어지고 반민규명법 제25조 내지 제27조에 따라 반민규명위원회가 작성한 조사보고서 및 사료가 일반에 공개되면, 조사 대상자에 대한 사회적 평가가 침해되어 조사 대상자는 헌법 제10조에서 유래하는 일반적 인격권을 제한받는다고 할 수 있다. 다만 이 사건 결정의 조사 대상자인 이○면, 이○용은 이미 모두 사망하였지만, 사자의 경우에도 인격적 가치에 대한 중대한 왜곡으로부터 보호되어야 하고, 이와 같은 사자인 조사 대상자에 대한 사회적 명예와 평가의 훼손은 사자와의 관계를 통하여 스스로의 인격상을 형성하고 명예를 지켜온 그들의 후손의 인격권, 즉 유족의 명예 또는 유족의 사자에 대한 경애추모의 정을 침해한다고 할 것이므로, 반민규명위원회에 의하여 친일반민족행위를 한 것으로 결정된 망 이○면, 이○용의 직계비속인 청구인은 헌법 제10조에서 유래하는 인격권을 제한받는다고 할 것이다.

---

77) 사자도 기본권이 인정되는 범위에서는 헌법소원심판의 청구가 가능하다는 보는 견해에 의하면 공권력이 죽은 사람의 명예를 심하게 훼손한 경우 죽은 사람의 이름으로 헌법소원을 제기할 수는 없지만 유가족이 죽은 사람의 명예회복을 위한 헌법소원을 제기할 수 있다고 한다.

78) 헌법재판소는 위헌법률심판사건과 규범통제형 헌법소원심판사건인 2007헌가23 사건(헌재 2010.10.28. 2007헌가23)과 2008헌바111 사건(헌재 2011.3.31. 2008헌바111)에서는 사자와 유족의 인격권 제한가능성은 인정하였다.

(2) 태아와 배아

출생 중의 생명에 대해서 예외적으로 기본권 주체성이 긍정될 수 있다. 헌법재판소도 형성 중의 생명인 태아에 대하여 헌법상 생명권의 주체가 되며, 국가는 헌법 제10조에 따라 태아의 생명을 보호할 의무가 있다고 보고 있다(헌재 2008.7.31. 2004헌바81). 다만 출생 전 형성 중의 생명에 대해서 헌법적 보호의 필요성이 크고 일정한 경우 기본권 주체성이 긍정된다고 하더라도 어느 시점부터 기본권 주체성이 인정되는지의 여부는 헌법의 해석으로부터 도출되는 규범적 요청을 고려하여 판단해야 한다고 하면서, 초기배아의 기본권 주체성은 인정하기 어렵다고 결정하였다.

> **태아의 생명권 주체 해당 여부 및 국가의 태아의 생명 보호의무 존재 여부**(헌재 2008.7.31. 2004헌바81)
> 생명권은 비록 헌법에 명문의 규정이 없다 하더라도 인간의 생존본능과 존재목적에 바탕을 둔 선험적이고 자연법적인 권리로서 헌법에 규정된 모든 기본권의 전제로서 기능하는 기본권 중의 기본권이다. 모든 인간은 헌법상 생명권의 주체가 되며, 형성 중의 생명인 태아에게도 생명에 대한 권리가 인정되어야 한다. 따라서 태아도 헌법상 생명권의 주체가 되며, 국가는 헌법 제10조에 따라 태아의 생명을 보호할 의무가 있다.

> **초기배아의 기본권 주체성 인정 여부**(헌재 2010.5.27. 2005헌마346)
> 기본권의 주체가 될 수 있는 '자'라 함은 통상 출생 후의 인간을 가리키는 것이다. 그런데 존엄한 인간 존재와 그 근원으로서의 생명 가치를 고려할 때 출생 전 형성 중의 생명에 대해서는 일정한 예외적인 경우 기본권 주체성이 긍정될 수 있다. 헌법재판소도 형성 중의 생명인 태아에 대하여 헌법상 생명권의 주체가 되며, 국가는 헌법 제10조에 따라 태아의 생명을 보호할 의무가 있음을 밝힌 바 있다. 다만, 출생 전 형성 중의 생명에 대해서 헌법적 보호의 필요성이 크고 일정한 경우 그 기본권 주체성이 긍정된다고 하더라도, 어느 시점부터 기본권 주체성이 인정되는지, 또 어떤 기본권에 대해 기본권 주체성이 인정되는지는 생명의 근원에 대한 생물학적 인식을 비롯한 자연과학·기술 발전의 성과와 그에 터 잡은 헌법의 해석으로부터 도출되는 규범적 요청을 고려하여 판단하여야 할 것이다. 초기배아는 수정이 된 배아라는 점에서 형성 중인 생명의 첫걸음을 떼었다고 볼 여지가 있기는 하나 아직 모체에 착상되거나 원시선이 나타나지 않은 이상 현재의 자연과학적 인식 수준에서 독립된 인간과 배아 간의 개체적 연속성을 확정하기 어렵다고 봄이 일반적이라는 점, 배아의 경우 현재의 과학기술 수준에서 모태 속에서 수용될 때 비로소 독립적인 인간으로의 성장가능성을 기대할 수 있다는 점, 수정 후 착상 전의 배아가 인간으로 인식된다거나 그와 같이 취급하여야 할 필요성이 있다는 사회적 승인이 존재한다고 보기 어려운 점 등을 종합적으로 고려할 때, 기본권 주체성을 인정하기 어렵다.

## 2. 외국인

1) 외국인이나 무국적자도 예외적으로 기본권의 주체가 될 수 있다. 헌법재판소도 국민과 유사한 지위에 있는 외국인은 기본권의 주체성을 긍정한다. 외국인의 기본권 주체

성이 인정된다고 하여 모든 기본권이 무한정 인정될 수 있는 것이 아니라 원칙적으로 '국민의 권리'가 아닌 '인간의 권리'의 범위 내에서만 인정된다(헌재 2007.8.30. 2004헌마670).

**외국인의 기본권 주체성 인정 여부**(헌재 2001.11.29. 99헌마494)

우리 재판소는 … '국민' 또는 국민과 유사한 지위에 있는 '외국인'은 기본권의 주체가 될 수 있다 판시하여 원칙적으로 외국인의 기본권 주체성을 인정하였다. 청구인들이 침해되었다고 주장하는 인간의 존엄과 가치, 행복추구권은 대체로 '인간의 권리'로서 외국인도 주체가 될 수 있다고 보아야 하고, 평등권도 인간의 권리로서 참정권 등에 대한 성질상의 제한 및 상호주의에 따른 제한이 있을 수 있을 뿐이다. 이 사건에서 … 청구인들에게 기본권주체성을 인정함에 아무런 문제가 없다.

2) 헌법재판소는 '일할 환경에 관한 권리', '직장선택의 자유' 등은 '인간의 권리'로 보아 외국인의 기본권 주체성을 긍정한다.

**외국인 근로자의 일할 환경에 관한 권리 인정 여부**(헌재 2007.8.30. 2004헌마670)

근로의 권리란 … 근로의 기회를 얻지 못한 경우에는 국가에 대하여 근로의 기회를 제공하여 줄 것을 요구할 수 있는 권리를 말하며, … 사회권적 기본권의 성격이 강하므로 이에 대한 외국인의 기본권 주체성을 전면적으로 인정하기는 어렵다. 그러나 근로의 권리가 "일할 자리에 관한 권리"만이 아니라 "일할 환경에 관한 권리"도 함께 내포하고 있는바, 후자는 인간의 존엄성에 대한 침해를 방어하기 위한 자유권적 기본권의 성격도 갖고 있어 건강한 작업환경, 일에 대한 정당한 보수, 합리적인 근로조건의 보장 등을 요구할 수 있는 권리 등을 포함한다고 할 것이므로 외국인 근로자라고 하여 이 부분에까지 기본권 주체성을 부인할 수는 없다.

**외국인의 직장 선택의 자유 인정 여부 및 제한 정도**(헌재 2011.09.29. 2009헌마230)

직장 선택의 자유는 인간의 존엄과 가치 및 행복추구권과도 밀접한 관련을 가지는 만큼 단순히 국민의 권리가 아닌 인간의 권리로 보아야 할 것이므로 권리의 성질상 참정권, 사회권적 기본권, 입국의 자유 등과 같이 외국인의 기본권 주체성을 전면적으로 부정할 수는 없고, 외국인도 제한적으로라도 직장 선택의 자유를 향유할 수 있다고 보아야 한다. 한편 기본권 주체성의 인정문제와 기본권 제한의 정도는 별개의 문제이므로, 외국인에게 직장 선택의 자유에 대한 기본권 주체성을 인정한다는 것이 곧바로 이들에게 우리 국민과 동일한 수준의 직장 선택의 자유가 보장된다는 것을 의미하는 것은 아니라고 할 것이다.

3) 외국인은 기본권의 성질상 외국인에게도 인정될 수 있는 기본권이 침해된 경우에 헌법소원심판을 청구할 수 있다.

## 3. 국가기관과 공법인

(1) 국가기관

1) 국가기관이나 국가기관의 일부(헌재 1994.12.29. 93헌마120)는 기본권을 보호하여야 할 의무를 지는 지위에 있기 때문에 헌법소원심판을 청구할 수 없다(헌재 2000.8.31. 2000헌마

156). 국가기관은 기본권의 '수범자'이지 기본권의 주체로서 그 '소지자'가 아니고 오히려 국민의 기본권을 보호 내지 실현해야 할 '책임'과 '의무'를 지니고 있기 때문이다(헌재 1994.12.29. 93헌마120).

2) 개인의 지위를 겸하는 국가기관은 기본권 주체성이 인정된다. 헌법재판소는 대통령도 국민의 한사람으로서 제한적으로나마 기본권 주체가 될 수 있고, 사인으로서의 지위에서는 헌법소원심판 청구인적격이 인정된다고 결정하였다.

> **노동위원회의 헌법소원심판 당사자적격 인정 여부**(헌재 1994.12.29. 93헌마120)
> 청구인은 국회의 노동위원회로 그 일부조직인 상임위원회 가운데 하나에 해당하는 것으로 국가기관인 국회의 일부조직이므로 기본권의 주체가 될 수 없고 따라서 헌법소원을 제기할 수 있는 적격이 없다고 할 것이다

> **국가기관이 기본권 주체성을 인정받는 경우(노무현 대통령 사건)**(헌재 2008.1.17. 2007헌마700)
> 원칙적으로 국가나 국가기관 또는 국가조직의 일부나 공법인은 공권력 행사의 주체이자 기본권의 '수범자'로서 기본권의 '소지자'인 국민의 기본권을 보호 내지 실현해야 할 책임과 의무를 지니고 있을 뿐이므로, 헌법소원을 제기할 수 있는 청구인적격이 없다. 그러나 … 개인의 지위를 겸하는 국가기관이 기본권의 주체로서 헌법소원의 청구적격을 가지는지 여부는, 심판대상조항이 규율하는 기본권의 성격, 국가기관으로서의 직무와 제한되는 기본권 간의 밀접성과 관련성, 직무상 행위와 사적인 행위 간의 구별가능성 등을 종합적으로 고려하여 결정되어야 할 것이다. 그러므로 대통령도 국민의 한 사람으로서 제한적으로나마 기본권의 주체가 될 수 있는바, 대통령은 소속 정당을 위하여 정당활동을 할 수 있는 사인으로서의 지위와 국민 모두에 대한 봉사자로서 공익실현의 의무가 있는 헌법기관으로서의 지위를 동시에 갖는데 최소한 전자의 지위와 관련하여는 기본권 주체성을 갖는다고 할 수 있다.

(2) 공법인

공법인은 원칙적으로 기본권의 주체가 될 수 없다. 따라서 공법인인 지방자치단체(헌재 2006.12.28. 2006헌마312), 지방자치단체 장(헌재 1997.12.24. 96헌마365), 지방의회(헌재 1998.3.26. 96헌마345)는 헌법소원심판을 청구할 수 없다. 다만 지방자치단체(지방자치단체장)(헌재 2009.3.26. 2007헌마843), 국공립대학(헌재 1992.10.1. 92헌마68 등)이나 공영방송사(헌재 2013.9.26. 2012헌마271) 등의 공법인도 사적인 영역에서는 제한적으로 헌법소원심판을 청구할 수 있는 기본권의 주체가 될 수 있다.

> **의회의 기본권 주체성 인정 여부**(헌재 1998.3.26. 96헌마345)
> 국가나 국가기관 또는 국가조직의 일부나 공법인은 기본권의 수범자이지 기본권의 주체로서 그 소지자가 아니고 오히려 국민의 기본권을 보호 내지 실현해야 할 책임과 의무를 지니고 있는 지위에 있을 뿐이므로 공법인인 지방자치단체의 의결기관인 청구인 의회는 기본권의 주체가 될 수 없고 따라서 헌법소원을 제기할 수 있는 적격이 없다고 할 것이다.

### 지방자치단체의 기본권 주체성 인정 여부(헌재 2006.12.28. 2006헌마312)

지방자치단체는 기본권의 주체가 될 수 없다는 것이 헌법재판소의 입장이며, 이를 변경해야 할 만한 사정이나 필요성이 없으므로 지방자치단체인 춘천시의 헌법소원 청구는 부적법하다.

### 지방자치단체장의 기본권 주체성 인정 여부(헌재 2009.3.26. 2007헌마843)

국가 및 그 기관 또는 조직의 일부나 공법인은 원칙적으로는 기본권의 '수범자'로서 기본권의 주체가 되지 못하고, … 그 외의 사적인 영역에 있어서는 기본권의 주체가 될 수 있는 것이다. 청구인은 선출직 공무원인 하남시장으로서 이 사건 법률조항으로 인하여 공무담임권 등이 침해된다고 주장하여, 순수하게 직무상의 권한행사와 관련된 것이라기보다는 공직의 상실이라는 개인적인 불이익과 연관된 공무담임권을 다투고 있으므로, 이 사건에서 청구인에게는 기본권의 주체성이 인정된다 할 것이다.

### 국공립대학의 기본권 주체성 인정 여부(헌재 1992.10.1. 92헌마68 등)

국립대학인 서울대학교는 다른 국가기관 내지 행정기관과는 달리 공권력의 행사자의 지위와 함께 기본권의 주체라는 점도 중요하게 다루어져야 한다.; 헌재 2006. 4. 27. 2005헌마1047. 헌법재판소는 대학의 자율성은 헌법 제22조 제1항이 보장하고 있는 학문의 자유의 확실한 보장수단으로 꼭 필요한 것으로서 대학에게 부여된 헌법상의 기본권으로 보고 있다. 그러나 대학의 자치의 주체를 기본적으로 대학으로 본다고 하더라도 교수나 교수회의 주체성이 부정된다고 볼 수는 없고, 가령 학문의 자유를 침해하는 대학의 장에 대한 관계에서는 교수나 교수회가 주체가 될 수 있고, 또한 국가에 의한 침해에 있어서는 대학 자체 외에도 대학 전 구성원이 자율성을 갖는 경우도 있을 것이므로 문제되는 경우에 따라서 대학, 교수, 교수회 모두가 단독, 혹은 중첩적으로 주체가 될 수 있다고 보아야 할 것이다.

### 공영방송사의 기본권 주체성 인정 여부(헌재 2013.9.26. 2012헌마271)

공법인이나 이에 준하는 지위를 가진 자라 하더라도 공무를 수행하거나 고권적 행위를 하는 경우가 아닌 사경제 주체로서 활동하는 경우나 조직법상 국가로부터 독립한 고유업무를 수행하는 경우, 그리고 다른 공권력 주체와의 관계에서 지배복종관계가 성립되어 일반 사인처럼 그 지배 하에 있는 경우 등에는 기본권 주체가 될 수 있다. 이러한 경우에는 이들이 기본권을 보호해야 하는 국가적 기능을 담당하고 있다고 볼 수 없기 때문이다. 청구인은 공법상 재단법인인 방송문화진흥회가 최다출자자인 방송사업자로서 방송법 등 관련 규정에 의하여 공법상의 의무를 부담하고 있지만, 그 설립목적이 언론의 자유의 핵심 영역인 방송 사업이므로 이러한 업무 수행과 관련해서는 기본권 주체가 될 수 있고, 그 운영을 광고수익에 전적으로 의존하고 있는 만큼 이를 위해 사경제 주체로서 활동하는 경우에도 기본권 주체가 될 수 있다.

## 4. 사법인 등

1) 법인에게 기본권이 인정되는 경우에는 법인도 헌법소원심판을 청구할 수 있다. 법인이나 단체는 단체 자신의 기본권을 직접 침해당한 경우에만 그의 이름으로 헌법소원심판을 청구할 수 있다. 다만 이 경우 단체는 그 구성원을 위하여 또는 구성원을 대신하여 헌법소원심판을 청구할 수는 없다(헌재 2007.7.26. 2003헌마377).

   **법인이 누릴 수 있는 기본권**(헌재 2011.6.30. 2009헌마595)
   자연인에게 적용되는 기본권규정이라도 언론·출판의 자유, 재산권의 보장 등과 같이 성질상 법인이 누릴 수 있는 기본권은 당연히 법인에게도 적용하여야 할 것으로 본다. 따라서 법인도 사단법인·재단법인 또는 영리법인·비영리법인을 가리지 아니하고 위 한계 내에서는 헌법상 보장된 기본권이 침해되었음을 이유로 헌법소원심판을 청구할 수 있다.

2) 법인 아닌 사단·재단이라고 하더라도 대표자의 정함이 있고 독립된 사회적 조직체로서 활동하는 때에는 성질상 법인이 누릴 수 있는 기본권을 침해당하게 되면 그의 이름으로 헌법소원심판을 청구할 수 있다(헌재 2011.6.30. 2009헌마595.; 헌재 1995.7.21. 92헌마177 등).

   **법인 아닌 사단·재단이 헌법소원심판을 청구할 수 있는 경우**(헌재 2011.6.30. 2009헌마595.; 헌재 1995.7.21. 92헌마177 등)
   청구인협회는 언론인들의 협동단체로서 법인격은 없으나, 대표자와 총회가 있고, 단체의 명칭, 대표의 방법, 총회 운영, 재산의 관리 기타 단체의 중요한 사항이 회칙으로 규정되어 있는 등 사단으로서의 실체를 가지고 있으므로 권리능력 없는 사단이라고 할 것이고, 따라서 기본권의 성질상 자연인에게만 인정될 수 있는 기본권이 아닌 한 기본권의 주체가 될 수 있으며, 헌법상의 기본권을 향유하는 범위 내에서는 헌법소원심판청구능력도 있다고 할 것이다.

3) 정당은 정당설립의 자유라는 기본권의 주체가 되며(헌재 1999.12.23. 99헌마135), 헌법소원심판을 청구할 수 있다. 그러나 등록이 취소된 정당은 더 이상 등록된 정당이 아니어서 정당의 기본권 침해를 이유로 헌법소원심판을 청구할 수 없다(헌재 2006.2.23. 2004헌마208). 다만 등록이 취소된 정당이라고 하더라도 정당법상 정당등록요건을 다투는 경우에는 권리능력 없는 사단으로서의 실질을 유지하고 있어 헌법소원 청구인능력이 인정된다.

   **등록이 취소된 정당의 헌법소원심판 청구 적법 여부**(헌재 2006.2.23. 2004헌마208)
   청구인 녹색사민당은 정당법상 등록된 정당이었으나 2004년 4월 실시된 총선거에 참여, 유효투표총수의 100분의 2 이상을 득표하지 못하여 2004. 4. 20. 정당법 제44조 제1항 제3호에 의하여 정당등록이 취소되었다. 그렇다면 청구인 녹색사민당은 더 이상 등록된 정당이 아니어서 기본권을 향유할 수 있는 주체가 될 수 없다고 할 것이고, 따라서 청구인 녹색사민당의 심판청구는 부적법하다.

등록이 취소된 후에도 등록정당에 준하는 권리능력 없는 사단의 실질을 유지하고 있는 경우 헌법소원 청구인능력 인정 여부(헌재 2006.3.30. 2004헌마246)[79]

청구인(사회당)은 등록이 취소된 이후에도, 취소 전 사회당의 명칭을 사용하면서 대외적인 정치활동을 계속하고 있고, … 청구인은 등록이 취소된 이후에도 '등록정당'에 준하는 '권리능력 없는 사단'으로서의 실질을 유지하고 있다고 볼 수 있으므로 이 사건 헌법소원의 청구인능력을 인정할 수 있다. 또한 정당설립의 자유는 그 성질상 등록된 정당에게만 인정되는 기본권이 아니라 청구인과 같이 등록정당은 아니지만 권리능력 없는 사단의 실체를 가지고 있는 정당에게도 인정되는 기본권이라고 할 수 있고, 청구인이 등록정당으로서의 지위를 갖추지 못한 것은 결국 이 사건 법률조항 및 같은 내용의 현행 정당법의 정당등록요건규정 때문이고, 장래에도 이 사건 법률조항과 같은 내용의 현행 정당법 규정에 따라 기본권제한이 반복될 위험이 있으므로, 심판청구의 이익을 인정할 수 있다.

정당의 정당설립의 자유 인정 여부(헌재 1999.12.23. 99헌마135)

정당에 관한 한, 헌법 제8조는 일반결사에 관한 헌법 제21조에 대한 특별규정이므로, 정당의 자유에 관하여는 헌법 제8조 제1항이 우선적으로 적용된다. 그러나 정당의 자유를 규정하는 헌법 제8조 제1항이 기본권의 규정형식을 취하고 있지 아니하고 또한 '국민의 기본권에 관한 장'인 제2장에 위치하고 있지 아니하므로, 이 사건 법률조항으로 말미암아 침해된 기본권은 '정당의 설립과 가입의 자유'의 근거규정으로서, '정당설립의 자유'를 규정한 헌법 제8조 제1항과 '결사의 자유'를 보장하는 제21조 제1항에 의하여 보장된 기본권이라 할 것이다.

---

[79] 정당법이 개정되어 정당의 등록요건이 강화되었고, 부칙에서 동법 시행 당시 종전의 규정에 의하여 등록된 정당은 개정규정에 의한 법정 시·도당 수 및 법정당원 수에 흠결이 있는 때에는 동법 시행일부터 180일 이내에 이를 보완하여야 하고, 보완하지 아니한 정당에 대하여는 선거관리위원회가 등록을 취소하도록 규정되었다. 청구인은 개정된 정당법에 따라 정당등록이 취소되었다. 이에 청구인은 정당설립의 자유, 평등권, 결사의 자유가 침해되었다고 주장하면서 헌법재판소법 제68조 제1항에 따라 헌법소원심판을 청구하였다.

## 제5절  기본권 침해의 법적 관련성

### Ⅰ. 자기관련성

#### 1. 자기관련성의 의미

헌법소원은 공권력의 행사 또는 불행사로 인하여 자신의 기본권이 침해당한 경우에 청구할 수 있다.

#### 2. 제3자의 자기관련성

자신의 기본권이 침해당한 경우에 헌법소원을 제기할 수 있으므로, 기본권을 직접적으로 침해받은 자가 아닌 간접적·사실적 또는 경제적 이해관계가 있을 뿐인 제3자나 반사적으로 불이익을 받은 자는 헌법소원 청구인적격이 없다. 다만 공권력 작용의 직접 상대방이 아닌 제3자라도 공권력 작용으로 인하여 직접적이고 법적인 이해관계를 가지고 있으면 예외적으로 자기관련성이 인정된다.

(1) 제3자의 자기관련성 인정

헌법재판소는 학교법인에 대한 교육부장관의 법학전문대학원설치인가처분에 대하여 인가처분의 직접적인 상대방이 아닌 남성들이 헌법소원심판을 청구한 경우, 일반소비자인 청구인이 미국산 쇠고기 수입위생고시에 대하여 위헌확인을 청구한 경우(헌재 2008.12.26. 2008헌마419), 혜택부여규정에서 배제된 제3자가 헌법소원심판을 청구한 경우 등에서 제3자의 자기관련성을 인정하였다(헌재 2007.7.26. 2003헌마377).[80]

> 가처분의 직접적 상대방이 아닌 자의 자기관련성 인정 여부(헌재 2013.5.30. 2009헌마514)
> 헌법소원에 있어서는 원칙적으로 공권력의 행사 또는 불행사의 직접적인 상대방만이 자기관련성이 인정되고, 공권력의 작용에 단지 간접적이나 사실적 또는 경제적인 이해관계가 있을 뿐인 제3자의 경우에는 자기관련성이 인정되지 않는다. 다만 공권력 작용의 직접적인 상대방이 아닌 제3자라고 하더라도 공권력 작용이 그 제3자의 기본권을 직접적이고 법적으로 침해하고 있는 경우에는 예외적으로 그 제3자에게 자기관련성이 있다고 할 것이다. 교육부장관의 이 사건 인가처분은 학교법인 이화학당에 대한 것으로서 청구인들은 이 사건 인가처분의 직접적인 상대방이 아니다. … 전체 법학전문대학원의 총 입학정원이 한정되어 있는 상태에서 이 사건 인가처분이 여성만이 진학할 수 있는 여자대학에 법학전문대학원 설치를 인가한 것은, 결국 청구인들과 같은 남성들이 진학할 수 있는 법학전문대학원의 정원이 여성에 비하여 적어지는 결과를 초래하여 청구인들의 직업선택의 자

---

[80] 그 밖에 헌법재판소는 형벌조항에 대하여 그 수범자가 헌법소원심판을 청구한 경우 "형벌조항의 경우 그 자체로서 수범자에게 법적인 금지의무를 부과하고 수범자의 의무 위반이 있는 때에는 형벌을 부과하므로 수범자에게는 간접적, 사실적 이해관계를 넘는 법적인 자기관련성이 인정된다."고 하여 자기관련성을 인정한다(헌재 2007.7.26. 2003헌마377 참조).

유, 평등권을 침해할 가능성이 있으므로, 이 사건 인가처분의 직접적인 상대방이 아닌 제3자인 청구인들에게도 기본권 침해의 자기관련성이 인정된다.

**미국산 쇠고기 수입위생고시에 대한 일반소비자의 자기관련성 인정 여부**(헌재 2008.12.26. 2008헌마419)

이 사건 고시는 미국산 쇠고기를 수입하는 자에게 적용할 수입위생조건을 정한 것으로서, 쇠고기 소비자의 경우 그 직접적인 수범자는 아니라 할 것이나, … 일반 소비자라 할 수 있는 나머지 청구인들은 특별한 사정이 없는 한 미국산 쇠고기 수입과 관련된 보호조치인 이 사건 고시에 대하여 구체적이고 실질적인 이해관계를 가진다 할 것이고, 따라서 이 사건 고시가 생명·신체의 안전에 대한 보호의무에 위반함으로 인하여 초래되는 기본권 침해와의 자기관련성을 인정할 수 있다 할 것이다.

**직접 권리를 침해받지 않은 고엽제후유의증환자 유족의 자기관련성 인정 여부**(헌재 2011.6.30. 2008헌마715)

혜택을 주는 법 규정 또는 공권력 행사의 경우에는 수혜범위에서 제외된 청구인이 국가가 다른 집단에게 부여한 혜택으로부터 자신이 속한 집단을 평등원칙에 위배되게 배제하였다는 주장을 할 수 있고, 헌법재판소가 심판대상의 평등권 위반을 확인한다면 그 결과로 혜택규정에 의하여 배제되었던 혜택에 참여할 가능성이 있는 경우에는 청구인의 자기관련성을 인정할 수 있다. 청구인들이 이 사건 부칙조항의 규율에 의하여 직접 권리를 침해당하는 것은 아니지만, 만약 헌법재판소가 고엽제후유의증환자의 유족 중 일부에게 혜택부여를 제한하는 이 사건 부칙조항에 관하여 위헌선언을 한다면, 청구인들이 종래 이 사건 부칙조항에 의하여 배제되어 있던 교육지원과 취업지원의 혜택에 참여하게 될 가능성이 있으므로 앞서 본 법리에 따라 자기관련성을 인정할 수 있다.

(2) 제3자의 자기관련성 부인

헌법재판소는 교육과학기술부장관에게 법학전문대학원의 개별 입학정원을 정하도록 한 법률에 대하여 설치인가를 받지 못한 학교법인이 헌법소원심판을 청구한 경우(헌재 2009.2.26. 2008헌마370 등), 교육과학기술부장관의 학교법인에 대한 법학전문대학원설치예비인가 배제결정에 대하여 직접적 상대방이 아닌 교수들이 헌법소원심판을 청구한 경우, 강원도지사가 혁신도시 입지로 원주시를 선정한 것에 대하여 춘천시 시민들이 헌법소원심판을 청구한 경우(헌재 2006.12.28. 2006헌마312), 공무원 개인을 법령의 적용대상으로 하고 있는 공무원 복무규정에 의하여 간접적·부수적으로 공무원단체의 활동이 제한됨을 이유로 공무원단체가 헌법소원심판을 청구한 경우(헌재 2012.5.31. 2009헌마705 등), 국립대학 서울대학교를 법인인 '국립대학법인 서울대학교'로 전환하고, 소속 교직원을 공무원에서 퇴직시키거나 법인 서울대의 교직원으로 임용하는 내용 등을 담고 있는 법률에 대하여 다른 대학 교직원, 일반시민 및 서울대 재학생이 헌법소원심판을 청구한 경우[81] 등에는 자기관

---

[81] 헌법재판소는 다른 대학 교직원, 일반시민 및 서울대 재학생의 심판청구는 기본권 침해가능성 내지 자기관

련성을 인정하지 않고 있다.

### 도지사의 혁신도시 입지 선정에 대한 지역 주민들의 자기관련성 인정 여부(헌재 2006.12.28. 2006헌마312)

강원도지사가 혁신도시 입지로 원주시를 선정한 것은 국가균형발전특별법 제18조 등에 따른 것으로서 지방의 균형발전을 위한 공공정책으로서 계획되었다. 이로 인해 해당 지역 주민들이 받는 이익 내지 혜택은 공공정책의 실행으로 인하여 주어지는 사실적·경제적인 것이며, 청구인들이 그러한 이익 내지 혜택에서 배제되었다 해서 기본권이 침해되었다 할 수 없다. 따라서 청구인들의 심판청구는 기본권 침해의 가능성 내지 자기관련성이 없어 부적법하다.

### 공무원 복무규정에 대한 공무원노동조합총연맹의 자기관련성 인정 여부(헌재 2012.5.31. 2009헌마705 등)

심판대상조항들의 직접적인 수범자는 개별 공무원이고 청구인 공무원노동조합총연맹과 같은 공무원단체는 아니고, 가사 위 규정들로 인하여 위 공무원노동조합총연맹의 기본권이 제한되는 경우가 있다 하더라도 이는 공무원 개인의 기본권이 제한됨으로써 파생되는 간접적이고 부수적인 결과일 뿐이므로, 청구인 공무원노동조합총연맹의 심판청구는 자기관련성이 없어 부적법하다.

### 학교 법인이 아닌 교수들의 예비인가 배제결정의 자기관련성 인정 여부(헌재 2008.11.27. 2008헌마372)

예비인가 배제결정의 직접적 규율대상은 법학전문대학원의 설치인가 신청을 한 학교법인 국민학원이다. 청구인들은 학교법인 국민학원의 구성원도 아니고 단지 학교법인 국민학원과의 계약관계에 의하여 국민대학에 근무하는 교수들이므로 이 사건 예비인가 배제결정이 규율하려는 직접적 상대방이 아닌 제3자에 불과하다.

### 설치인가를 받지 못한 학교법인의 자기관련성 인정 여부(헌재 2009.2.26. 2008헌마370 등)

교육과학기술부장관에게 법학전문대학원의 개별 입학정원을 정하도록 한 '법학전문대학원 설치·운영에 관한 법률 제7조 제3항의 직접적인 수범자는 교육과학기술부장관이고, 법학전문대학원 설치인가 또는 예비인가 자체를 받지 못한 청구인들의 권리는 개별 입학정원의 제한을 정하고 있는 위 조항과는 아무런 관련이 없으므로 위 조항에 대한 심판청구는 자기관련성 요건이 결여된 것으로 부적법하다.

### 재정지원 조항에 대한 교직원 및 재학생의 자기관련성 인정 여부(헌재 2014.4.24. 2011헌마612)

다른 대학 교직원은 심판대상조항의 직접적인 수범자가 아니고, 서울대학교에 대한 재정지원 조항이 다른 대학 교직원의 법적 지위나 권리·의무관계에 직접 영향을 미친다고 보

---

련성이 인정되지 아니하고, 서울대 교직원의 심판청구는 기본권 침해가능성이 인정되지 아니하여 부적법하다고 결정하였다. 서울대 교직원의 헌법소원심판청구에 대하여 헌법재판소는 "서울대학교에 대한 무상 양도, 재정 지원 조항은 서울대학교 교직원의 입장에서 간접적·사실적 이익이 되는 조항에 불과하므로, 이들에게 불리한 차별이 발생한다고 볼 수 없어 평등권 침해 가능성이 인정되지 아니한다."고 결정하였다.

기도 어렵다. 일반시민은 심판대상조항의 직접적인 수범자가 아니며, 대학의 자율 및 공무담임권, 평등권의 침해 문제도 발생하지 않으므로 기본권 침해 가능성 내지 자기관련성이 인정되지 아니한다. 서울대학교 재학생은 공무담임권이 침해될 가능성이 없고, 재학 중인 학교의 법적 형태를 공법상 영조물인 국립대학으로 유지하여 줄 것을 요구할 권리는 교육받을 권리에 포함되지 아니하며, 대학의 관리·운영에 관한 사항은 학생의 학문의 자유와 관련되어 있다고 볼 수 없어 자기관련성이 인정되지 않는다. 등록금 인상 가능성이나 기초학문 고사 우려 등은 사실상의 불이익에 불과하므로 평등권 침해가능성도 인정되지 아니한다.

### (3) 고소·고발과 자기관련성

1) 범죄피해자는 고소권자이므로 검사의 불기소처분에 대하여 자기관련성이 인정된다. 다만 범죄피해자가 고소를 제기한 경우에는 검찰항고를 거쳐 재정신청을 할 수 있으므로 헌법소원심판은 청구할 수 없고, 고소를 제기한 바 없다면 헌법소원심판을 청구할 수 있다(헌재 1992.7.23. 91헌마142).

> **형사소송법 제223조 (고소권자)** 범죄로 인한 피해자는 고소할 수 있다.
>
> **형사소송법 제225조 (비피해자인 고소권자)** ①피해자의 법정대리인은 독립하여 고소할 수 있다. ②피해자가 사망한 때에는 그 배우자, 직계친족 또는 형제자매는 고소할 수 있다. 단, 피해자의 명시한 의사에 반하지 못한다.

2) 헌법재판소는 교통사고로 사망한 자의 부모가 헌법소원심판을 청구한 경우, 의료사고로 뇌성마비상태에 있는 3세인 미성년자의 부모가 제기한 헌법소원심판의 청구(헌재 1990.11.19. 89헌마116)는 자기관련성을 인정하지만, 의료사고 피해자의 아버지가 제기한 헌법소원심판청구는 직접적인 법률상의 피해자가 아니라고 보아 자기관련성을 부인(헌재 1993.11.25. 93헌마81)하고 있다.

> **고소인의 자기관련성이 인정된 경우**(헌재 1990.11.19. 89헌마116)
> 범죄의 피해자인 고소인은 헌법 제11조 제1항에서 규정한 평등권에 기하여 국가기관인 검사에 대하여 수사상 엄정중립의 자세로 공평무사한 수사를 해 줄 것을 요구할 권리와 헌법 제27조 제5항에서 규정한 재판절차진술권에 기하여 공판정에서 피해상황에 대하여 진술할 권리가 보장되어 있는데 피청구인이 충분히 수사를 펴보지도 않은 채 미진한 상태에서 만연히 피의자 등에게 유리한 결론을 내렸다면 고소인은 평등권과 재판절차진술권이 각 침해되었다고 할 것이므로 이러한 검사의 불기소처분에 대하여 고소인인 청구인은 당연히 헌법소원심판을 청구할 수 있는 것이다.

> **고발인의 자기관련성을 부정한 경우**(헌재 1993.11.25. 93헌마81)
> 청구인 이○일은 이 사건 의료사고의 피해자인 이○희의 아버지일 뿐 그 직접적인 법률상의 피해자가 아니다. 따라서 청구인 이○일의 이 사건 고소는 그 실질에 있어 고발에 지나지 않는다. 그러므로 위 청구인 이○일은 이 사건 불기소처분으로 인하여 자기의 헌법상

보장된 기본권을 직접 침해받은 자가 아니고 이 사건 불기소처분에 대하여 자기관련성이 없는 자이므로 동 불기소처분에 대한 헌법소원심판청구를 할 수 있는 적격이 없다.

**고소권자가 고소를 제기하지 않더라도 검사의 불기소처분에 대하여 헌법소원심판을 청구할 수 있는지 여부**(헌재 1993.3.11. 92헌마48)
헌법조항의 형사피해자의 개념은 반드시 형사실체법상의 보호법익을 기준으로 한 피해자개념에 한정하여 결정할 것이 아니라 형사실체법상으로는 직접적인 보호법익의 향유주체로 해석되지 않는 자라 하더라도 문제된 범죄행위로 말미암아 법률상 불이익을 받게 되는 자의 뜻으로 풀이하여야 할 것이다. 교통사고로 사망한 사람의 부모는 형사소송법상 고소권자의 지위에 있을 뿐만 아니라, 비록 교통사고처리특례법의 보호법익인 생명의 주체는 아니라고 하더라도, 그 교통사고로 자녀가 사망함으로 인하여 극심한 정신적 고통을 받은 법률상 불이익을 입게 된 자임이 명백하므로, 헌법상 재판절차진술권이 보장되는 형사피해자의 범주에 속한다. 형사피해자인 청구인들이 고소를 제기함이 없이 사법경찰관의 인지에 의하여 수사와 처분이 종결된 사건에 있어서, … 청구인들은 별도로 고소를 제기함이 없이 곧바로 검사의 불기소처분에 대하여 헌법소원심판을 청구할 수 있다.

### 3. 자기관련성의 구비방법

헌법재판소는 자기관련성의 구비 여부를 판단함에 있어 엄격한 증명을 필요로 하는 것은 아니고, 권리귀속에 대한 소명만으로 충분하다고 결정하였다.

**자기관련성 구비 여부 판단**(헌재 1994.12.29. 89헌마2)
누구에게 권리가 귀속하는가를 둘러싸고 다툼이 있을 때에 그 중 한 사람이 헌법소원을 청구하였다면 어떤 방법으로 청구인의 주장을 인정하여 자기관련성을 구비한 여부를 판단할 수 있을 것인가가 문제될 뿐이다. 이는 자기에게 권리귀속이 된 것이라고 주장하는 것 자체만으로써 족하다, 엄격한 증명이 필요하다, 소명만으로써 족하다는 등의 견해가 나뉠 수 있으나, 헌법재판소는 일반법원과는 달리 일반법률의 해석이나 사실인정의 문제를 다루는 기관이 아니라 헌법재판소가 사실문제 판단에 깊이 관여할 수 없는 헌법해석기관이며 헌법소원의 기능이 주관적 기본권보장과 객관적 헌법보장기능을 함께 가지고 있으므로 권리귀속에 대한 소명만으로써 자기관련성을 구비한 여부를 판단할 수 있다고 할 것이다.

## Ⅱ. 직접성

### 1. 직접성의 의의

(1) 기본권 침해는 공권력의 행사 그 자체로 인하여 직접적으로 청구인에게 발생하는 침해이어야 한다. 심판대상인 공권력 작용 외의 다른 공권력 작용이 매개되어야만 기본권의 침해가 발생한다면 기본권 침해의 직접성은 인정되지 않는다.

(2) 공권력의 불행사로 인하여 기본권이 침해가 발생한 경우에는 직접성은 언제나 충족된다. 따라서 부작위에 대한 헌법소원심판에서는 직접성 요건을 적용할 여지가 없다.

(3) 헌법재판소법 제68조 제1항에 의한 헌법소원심판청구에 있어서 직접성 요건의 불비는 사후에 치유될 수 있는 성질의 것이라 볼 수 없다. 즉, 직접성 요건의 불비는 사후에 치유될 수 없다(헌재 2009.9.24. 2006헌마1298).

### 2. 법령소원에서의 직접성

(1) 법령소원에서 직접성의 의의

1) 기본권 침해의 직접성은 법령에 대한 헌법소원에서 의미가 크다. 법령소원에서 기본권 침해의 직접성이란 집행행위에 의하지 아니하고 법률 그 자체에 의하여 자유의 제한, 의무의 부과, 권리 또는 법적 지위의 박탈이 생긴 경우를 뜻한다(헌재 1992.11.12. 91헌마192).

2) 구체적인 집행행위를 통하여 기본권 침해의 법률효과가 발생하는 경우에는 그 법률은 기본권 침해의 직접성 요건이 결여된다.

(2) 집행행위로서 입법행위

집행행위에는 입법행위도 포함된다. 상위규범이 하위규범에 어떠한 사항을 위임하고 있는 경우에 상위규범인 위임규정은 원칙적으로 직접성을 갖지 못한다.

> **법률조항 자체가 헌법재판소법 제68조 제1항의 헌법소원 대상이 되기 위한 조건**(헌재 2013.6.27. 2011헌마475)
>
> 법률조항 자체가 헌법재판소법 제68조 제1항의 헌법소원의 대상이 될 수 있으려면 그 법률조항에 의하여 구체적인 집행행위를 기다리지 아니하고 직접 자기의 기본권을 침해받아야 한다. 집행행위에는 입법행위도 포함되므로 법률규정이 그 규정의 구체화를 위하여 하위규범의 시행을 예정하고 있는 경우에는 원칙적으로 당해 법률의 직접성은 부인된다. 살피건대 이 사건 시행령조항은 그 구체적인 내용을 병무청장이 정하도록 위임하고 있고 청구인이 문제 삼는 27세를 기준으로 한 거주·이전의 자유 제한 내지 차별도 구체적으로는 이 사건 훈령규정으로 인한 것이므로 이 사건 시행령조항 자체가 직접 청구인이 다투고자 하는 기본권을 침해하는 것으로는 볼 수 없다. 따라서 이 사건 시행령조항에 대한 심판청구는 청구인의 기본권 침해에 대한 직접관련성이 없어 부적법하다.

(3) 집행행위로서 행정작용

1) 행정처분

법령에 근거한 구체적 집행행위가 재량행위인 경우 집행기관의 의사에 따른 집행행위에 의해 기본권의 침해가 이루어지므로 법령은 기본권 침해의 직접성이 인정되지 않는다(헌재 2002.2.28. 99헌마693).

> **구체적 집행행위에 의하여 기본권 침해가 발생되는 경우 심판대상조항의 기본권 침해의 직접성 인정 여부**(헌재 2002.2.28. 99헌마693)
>
> 청구인들이 주장하는 기본권의 침해는 심판대상조항들에 의하여 직접 발생하는 것이 아

니라, 심판대상조항들에 의거하여 선발예정인원의 결정과 공고, 합격자 결정 등의 구체적 집행행위가 이루어졌을 때에 비로소 현실적으로 나타나는 것이므로 심판대상조항들 자체로는 아직 청구인들의 기본권에 무슨 영향을 미치는 것이 아니다. 그렇다면 이 사건 심판청구는 기본권 침해의 직접성이 없는 법령조항을 직접 심판대상으로 삼은 것으로서 법령에 대한 헌법소원의 요건을 갖추지 못하였으므로 부적법하다.

**구체적 집행행위에 의하여 기본권 침해가 발생되는 경우 심판대상조항의 기본권 침해의 직접성 인정 여부**(헌재 1991.9.16. 89헌마151)
자연공원법 제16조 제1항의 규정형식상 건설부장관 등의 용도지구의 결정고시라는 별도의 구체적인 집행행위에 의하여 비로소 기본권 침해 여부의 문제가 발생할 수 있는 것이지 위 법률조항 자체에 의하여 직접 기본권이 침해된 것으로는 볼 수 없다.

**구체적 집행행위가 재량행위인 경우 심판대상조항의 기본권 침해의 직접성 인정 여부**(헌재 2009.3.26. 2007헌마988 등)
법령에 근거한 구체적인 집행행위가 재량행위인 경우에는 법령은 집행기관에게 기본권 침해의 가능성만 부여할 뿐, 법령 스스로가 기본권의 침해행위를 규정하고 행정청이 이에 따르도록 구속하는 것이 아니고, 이때의 기본권의 침해는 집행기관의 의사에 따른 집행행위, 즉 재량권의 행사에 의하여 비로소 이루어지고 현실화되므로 이러한 경우에는 법령에 의한 기본권 침해의 직접성이 인정될 여지가 없다. … 심판대상조항은 각 조항이 정한 사유가 발생할 경우 관할관청이 임의적으로 필요한 조치를 취하거나 등록취소를 할 수 있도록 행정청에게 재량을 부여하고 있다. 그렇다면 위 두 조항으로 인한 기본권 침해는 집행기관의 의사에 따른 집행행위에 의하여 비로소 발생하는 것일 뿐 위 조항에 의하여 발생하는 것이 아니므로 기본권 침해의 직접성을 인정할 수 없다.

2) 권력적 사실행위

헌법재판소는 집행행위가 권력적 사실행위인 경우 근거법령에 대하여는 직접성을 인정하지 않고, 권력적 사실행위를 헌법소원심판의 대상으로 삼는다.

**권력적 사실행위인 계구사용행위에 대한 헌법소원심판청구 대상성 인정 여부**(헌재 2003.12.18. 2001헌마163)
이 사건 규칙조항은 가죽수갑을 계구의 한 종류로 들고 있으면서 그 사용요건을 정해 놓은 것에 불과하여 교도소장과 교도관들의 구체적인 사용행위 없이 그 자체만으로는 청구인의 어떠한 기본권을 제한하고 있는 것으로 볼 수 없다. 따라서 이 사건 규칙조항에 대한 심판청구는 직접성을 결여하여 부적법하다. … 이 사건 계구사용행위는 이미 종료된 권력적 사실행위로서 행정심판이나 행정소송의 대상으로 인정되기 어려울 뿐만 아니라 설사 그 대상이 된다고 하더라도 소의 이익이 부정될 가능성이 많고 행형법 제6조 제1항에 의한 청원제도 역시 처리기관이나 절차 및 효력면에서 권리구제절차로서는 불충분하고 우회적인 제도여서 헌법소원에 앞서 반드시 거쳐야 하는 사전구제절차라고 보기 어렵다. 그렇다면 청구인으로서는 헌법소원심판을 청구하는 외에 달리 효과적인 구제방법이 있다고 보기 어려우므로 보충성원칙의 예외에 해당한다. 따라서 청구인의 이 사건 계구사용행위에 대한 헌법소원심판청구는 적법하다.

**녹음·녹화조항에 대한 헌법소원심판청구의 직접성 요건 충족 여부**(헌재 2013.8.29. 2011헌마122)

녹음·녹화조항에 의하여 청구인이 다투는 자유의 제한, 권리 또는 법적 지위 박탈의 법적 효과가 생긴다고 하기보다는 이 사건 녹음·녹화조항에 근거한 교도소장의 접견내용 청취·기록·녹음 또는 녹화라는 구체적인 집행행위를 통하여 비로소 청구인의 기본권 침해 문제가 발생한다고 보아야 할 것이다. 따라서 이 사건 녹음·녹화조항에 대한 심판청구 부분은 직접성 요건을 갖추지 못하여 부적법하다.

(4) 집행행위로서 사법작용

집행행위에는 사법작용인 재판도 포함될 수 있다. 구체적인 소송사건에서 법원에 의해 해석·적용되는 재판규범은 법원의 재판이라는 구체적인 집행행위를 거쳐서 특정인의 기본권에 영향을 미친다. 이 경우 법원의 해석·적용을 기다리지 않고 바로 재판규범 그 자체에 의해 기본권이 침해된다고 볼 수 없으므로 재판규범의 직접성은 인정되지 않는다.

**민사소송법 제231조 제1항·제2항 자체로 기본권의 직접 침해가 인정되는지 여부**(헌재 1997.9.25. 96헌마41)

재판장의 인지보정명령이 있음에도 이를 보정하지 아니한 경우 재판장의 명령으로 소장을 각하하도록 한 민사소송법 제231조 제1항·제2항은 그 자체로서 국민의 기본권에 직접 관련지어지는 법규범이 아니고, 구체적인 소송사건에서 법원에 의한 해석 적용이 되는 이른바 재판규범으로서 법원의 구체적인 집행행위의 매개를 거쳐 비로소 특정인의 기본권에 영향을 미치게 되는 법규범이므로, 법원에 의한 해석 적용을 기다리지 아니하고 바로 위 조항 자체로 인하여 청구인의 기본권이 직접 침해된 것이라고는 볼 수 없다.[82]

**심판대상조항에 대한 헌법소원심판청구가 직접성 요건을 갖추었는지 여부**(헌재 2012.4.24. 2010헌마493 등)

이 사건 심판대상조항(여성가족부장관으로 하여금 기존에 구 '청소년의 성보호에 관한 법률'에 의한 열람명령을 받은 자에 대하여 검사의 청구에 의한 법원의 공개명령을 받아 정보통신망을 이용한 신상정보 공개명령을 집행할 수 있도록 규정)에 의하면 기존 열람명령 대상자에 대한 정보통신망 신상정보 공개는 여성가족부장관의 요청을 받은 검사의 청구에 따른 법원의 정보통신망 신상정보 공개명령에 의하여 이루어지도록 되어 있다. … 심판대상조항과 관련한 청구인들의 기본권침해는 여성가족부장관의 요청을 받은 검사가 기존 열람명령을 받은 청구인들에 대하여 공개명령 청구를 하고 법원이 앞서 본 것과 같은 요건들을 검토한 결과 그 청구가 이유

---

[82] 이 사건 법률조항은 그 자체로서 국민의 기본권에 직접 관련지어지는 법규범이 아니고 구체적인 소송사건에서 법원에 의한 해석 적용이 되는 이른바 재판규범으로서 법원의 구체적인 집행행위의 매개를 거쳐 비로소 특정인의 기본권에 영향을 미치게 되는 법규범이다. 그렇다면 재판장의 인지보정명령이나 소장각하명령 등의 구체적인 집행행위, 즉 법원에 의한 해석 적용을 기다리지 아니하고 바로 이 사건 법률조항 자체로 인하여 청구인의 기본권이 직접 침해된 것이라고는 볼 수 없다.

있다고 판단하여 정보통신망 신상정보 공개명령을 내리는 경우에 비로소 발생하는 것이지 이 사건 심판대상조항 자체에 의하여 직접 발생하는 것이 아니다. … 공개명령의 피청구인은 당해 공개명령 신청사건에서 공개명령 청구의 당부를 다툴 수 있고, 법원의 공개명령에 대하여도 항고할 수 있으므로 집행행위를 대상으로 하는 구제절차가 없거나 그러한 절차가 있다고 하더라도 권리구제의 기대가능성이 없어 청구인들에게 불필요한 우회절차를 강요하는 것이라고 보기도 어렵다. 따라서 이 사건 심판대상조항에 대한 이 사건 헌법소원심판청구는 직접성 요건을 갖추지 못하여 부적법하다.

### 3. 직접성의 예외

(1) 법령소원에서 '기본권 침해의 직접성'을 요구하는 이유는, 법령은 일반적으로 구체적인 집행행위를 매개로 하여 비로소 기본권을 침해하게 되므로 기본권 침해를 받은 개인은 먼저 일반쟁송의 방법으로 집행행위를 대상으로 하여 기본권 침해에 대한 구제절차를 밟는 것이 헌법소원의 성격상 요청되기 때문이다(헌재 1998.4.30. 97헌마141). 따라서 집행행위가 존재하는 경우라도 그 집행행위를 대상으로 하는 구제절차가 없거나 구제절차가 있다고 하더라도 권리구제의 기대가능성이 없고 다만 기본권 침해를 당한 청구인에게 불필요한 우회절차를 강요하는 것밖에 되지 않는 경우에는 당해 법령을 직접 헌법소원의 대상으로 삼을 수 있다.

**불필요한 우회절차를 요구하는 경우에 해당하여 직접성의 예외가 인정된 경우**(헌재 1992.4.14. 90헌마82)
헌법소원심판의 대상이 될 수 있는 법률은 그 법률에 기한 다른 집행행위를 기다리지 않고 직접 국민의 기본권을 침해하는 법률이라야 한다(직접성)는 것은 헌법재판소가 일찍이 확립한 원칙이다. 그런데 국가보안법 제19조는 그 규정 자체에 의하여 직접 구속기간이 연장되는 것이 아니라 수사기관의 연장허가신청에 의한 지방법원판사의 연장허가라는 별도의 구체적 처분이 있어야 하기 때문에 법률 자체에 대한 헌법소원심판청구요건으로서의 직접성이 결여된 것임에는 틀림없다. … 국가보안법 제19조에 따른 수사기관의 구속기간연장허가신청에 대한 지방법원판사의 허가결정에 대하여는 형사소송법상 항고, 준항고, 즉시항고 등의 불복방법이 마련되어 있지 아니하다. … 형사소송법 제214조의2가 규정하고 있는 구속적부심사의 경우를 보더라도 … 사전적인 권리구제절차로서 구속적부심사를 반드시 거쳐 오는 것을 기대할 수 없으며 … 이러한 절차가 10일이라고 하는 단기간 내에 모두 이루어지리라고 예상하기 어려운 상황에서 청구인들로 하여금 이러한 절차를 거친 후에 헌법소원심판을 청구하도록 하는 것은 권리구제의 기대가능성이 없는 불필요한 우회절차를 요구하는 것밖에 되지 아니한다. 따라서 국가보안법 제19조는 다른 구제절차를 거칠 것 없이 직접 헌법소원심판청구의 대상으로 삼을 수 있는 법률이라 할 것이다.

(2) 법령의 집행행위를 기다렸다가 그 집행행위에 대한 권리구제절차를 밟을 것을 국민에게 요구할 수 없는 경우에도 예외적으로 기본권 침해의 직접성이 인정될 수 있다.

형벌조항과 같이 법령의 집행행위를 기다렸다가 그 집행행위(형벌부과)에 대한 권리구제절차를 밟을 것을 국민에게 요구할 수 없는 경우에 형벌조항에 의한 기본권 침해의 직접성이 인정된다.

**권리구제절차를 밟을 것을 국민에게 요구할 수 없는 경우에 해당하여 직접성의 예외가 인정된 경우**(헌재 2003.7.24. 2003헌마3)

법령의 집행행위를 기다렸다가 그 집행행위에 대한 권리구제절차를 밟을 것을 국민에게 요구할 수 없는 경우에도 예외적으로 기본권 침해의 직접성이 인정될 수 있다. 예컨대, 형법상의 법률조항은 엄밀한 의미에서 법률 그 자체에 의하여 국민의 신체의 자유를 제한하는 것이 아니라 넓은 의미의 재량행위(법관의 양형)의 하나인 형법조항의 적용행위라는 구체적인 집행행위를 통하여 비로소 국민의 기본권이 제한되는 것이지만, 국민에게 그 합헌성이 의심되는 형법조항에 대하여 위반행위를 우선 범하고 그 적용·집행행위인 법원의 판결을 기다려 헌법소원심판을 청구할 것을 요구할 수는 없다. 따라서 이러한 경우에는 예외적으로 집행행위가 재량행위임에도 불구하고 법령에 의한 기본권침해의 직접성을 인정할 수 있다.

**행위의무 또는 금지의무 부과 후 그 위반행위에 대한 제재 부과를 정한 경우에 직접성의 예외가 인정된 경우**(헌재 1996.2.29. 94헌마213)

법률 또는 법률조항이 구체적인 집행행위를 예정하고 있는 경우에는 직접성의 요건이 결여된다. 그러나 국민에게 행위의무 또는 금지의무를 부과한 후 그 위반행위에 대한 제재로서 형벌, 행정벌 등을 부과할 것을 정한 경우에 그 형벌이나 행정벌의 부과를 위 직접성에서 말하는 집행행위라고는 할 수 없다. 국민은 별도의 집행행위를 기다릴 필요 없이 제재의 근거가 되는 법률의 시행 자체로 행위의무 또는 금지의무를 직접 부담하는 것이기 때문이다.

(3) 법률이 집행행위를 예정하고 있더라도 권리제한·의무부과가 법률 자체에서 직접 이루어지는 경우나 집행행위의 내용에 관계없이 법률에서 국민의 권리관계가 확정된 상태라면 그 법률은 기본권 침해의 직접성이 인정된다.

**법률이 집행행위를 예정하고 있더라도 권리제한·의무부과가 법률 자체에서 직접 이루어져 직접성이 인정된 경우**(헌재 2004.1.29. 2001헌마894)

청소년유해매체물의 표시방법을 하위규범인 대통령령에 위임하고 있어 직접성 요건이 흠결된 것이 아닌가 하는 의문이 제기될 수 있다. 그러나 이 조항은 청소년유해매체물의 표시의무를 부과하면서 다만 그 구체적인 방법을 대통령령에게 위임하고 있는 것이므로, '표시의무의 부과'라는 금지의무의 설정이 동 법률조항에서 직접 이루어지고 있다는 관점에서 볼 때, 동 조항은 직접 기본권(표현의 자유)을 제한하고 있는 것이므로 '직접성'이 인정된다.

집행행위의 내용에 관계없이 법률에서 국민의 권리관계가 확정된 상태여서 직접성이 인정된 경우 (헌재 1997.7.16. 97헌마38)

법규범이 집행행위를 예정하고 있더라도 법규범의 내용이 집행행위 이전에 이미 국민의 권리관계를 직접 변동시키거나 국민의 법적 지위를 결정적으로 정하는 것이어서 국민의 권리관계가 집행행위의 유무나 내용에 의하여 좌우될 수 없을 정도로 확정된 상태라면 그 법규범의 권리 침해의 직접성이 인정된다.

(4) 법률규정이 하위법령에 내용의 일부를 위임하고 있는 경우라 하더라도 법률규정과 시행령조항이 서로 불가분의 관계를 이루면서 전체적으로 하나의 규율내용을 형성하고 있고 수권조항과 시행령조항을 분리하여서는 규율내용의 전체를 파악하기 어려운 경우에는 수권조항과 시행령조항 모두에 대해 불가분의 일체로서 기본권 침해의 직접성을 인정할 수 있다(헌재 2002.6.27. 99헌마480).

법률규정과 시행령조항이 서로 불가분의 관계여서 모두에 대하여 직접성을 인정한 경우(헌재 2002.6.27. 99헌마480)

위 조항들은 서로 불가분의 관계를 가지면서 전체적으로 이른바 불온통신의 내용을 확정하고 이를 금지하는 규정으로서, 전기통신을 이용하는 자들에게 공공의 안녕질서 또는 미풍양속을 해하는 내용의 통신을 하지 말 것을 명하고 있다. 따라서 전기통신이용자들은 어떠한 집행행위에 의하여 비로소 그러한 불온통신의 금지의무를 지게 되는 것이 아니라, 위 조항들 자체에 의하여 직접 위와 같은 의무를 부담하게 된다고 할 것이므로, 위 조항들은 기본권침해의 직접성의 요건을 갖춘 것으로 보아야 한다.

(5) 법령이 일의적이고 명백해서 집행기관이 재량의 여지없이 그 법령에 따라 일정한 집행행위를 하여야 하는 경우에는 당해 법령을 헌법소원의 대상으로 삼을 수 있다. 따라서 법령에 근거한 집행행위가 기속행위인 경우에는 법령은 기본권 침해의 직접성이 인정된다.

## 4. 구성요건조항과 벌칙조항이 구분되어 있는 경우

행위의무 또는 행위금지의무를 부과하고 이에 위반할 경우 형벌 등을 부과할 것을 정한 형벌조항은 직접성이 인정된다. 다만, 벌칙이나 과태료 조항이 구성요건조항과 별도로 규정되어 있는 경우에는 벌칙이나 과태료 조항은 그 자체의 위헌성을 주장하지 않는 한 기본권 침해의 직접성이 인정되지 않는다.

구성요건조항과 벌칙조항이 구분되어 있는 경우 벌칙조항의 직접성 인정 여부(헌재 2014.5.29. 2010헌마606)

벌칙조항의 전제가 되는 구성요건조항이 별도로 규정되어 있는 경우에 벌칙조항에 대하여는 청구인들이 그 법정형이 체계정당성에 어긋난다거나 과다하다는 등 그 자체가 위헌임을 주장하지 않는 한 직접성을 인정할 수 없다. 청구인들은 이 사건 처벌 조항에서 정한 법정형이 체계정당성에 어긋난다거나 과다하다는 등 그 자체의 고유한 위헌성을 다투는 것이 아니라, 금지조항인 노조법 제24조 제5항이 위헌이어서 그 제재조항인 이 사건 처벌조항도 당연히 위헌이라는 취지로 주장하고 있으므로, 이러한 경우 구성요건조항과 별도로 규정된 벌칙조항에 대해서는 기본권 침해의 직접성이 인정되지 아니한다.

## Ⅲ. 현재성

### 1. 현재성의 의미

헌법소원심판 청구인은 공권력 작용과 현재 관련이 있어야 한다. 장래 어느 때인가 관련될 수 있을 것이라는 것만으로는 헌법소원심판을 청구할 수 없다. 다만 기본권 침해가 장래 발생하더라도 그 침해가 틀림없을 것으로 현재 확실히 예측된다면 침해의 현재성은 인정된다.

> 현재성이 인정되는 경우(헌재 1997.7.16. 97헌마38)
> 헌법소원 청구인은 공권력 작용과 현재 관련이 있어야 하며, 청구인이 장차 언젠가는 특정 법률의 규정으로 인하여 권리 침해를 받을 우려가 있다 하더라도 그러한 권리 침해의 우려는 단순히 장래 잠재적으로 나타날 수도 있는 것에 불과하여 권리침해의 현재성을 구비하였다고 할 수 없다. 다만 기본권 침해가 장래에 발생하더라도 그 침해가 틀림없을 것으로 현재 확실히 예측된다면 기본권구제의 실효성을 위하여 침해의 현재성이 인정된다.

### 2. 주기적 반복행위와 현재성

헌법재판소는 공직선거나 국가시험과 같이 주기적으로 반복되는 기본권 침해행위의 경우 이미 종료한 과거의 기본권 침해를 문제 삼는 것으로 보지 않고, 장래 그 도래가 확실히 예측되는 기본권 침해를 다투는 것으로 본다.

> 주기적으로 반복되는 기본권 침해행위가 장래 그 도래가 확실히 예측되는 경우의 현재성 인정(헌재 2007.6.28. 2004헌마644 등)
> 주기적으로 반복되는 선거의 경우 매번 새로운 후보자들이 입후보하고 매번 새로운 범위의 선거권자들에 의해 투표가 행해질 뿐만 아니라, 선거의 효과도 차기 선거에 의한 효과가 발생할 때까지로 한정되므로 매선거는 새로운 선거에 해당한다. 그리고 청구인들이 이 사건 헌법소원을 제기한 진정한 취지는, 이미 종료한 과거 선거에서의 기본권 침해를 문제 삼는 것이라기보다는, 장래 실시될 선거에서 발생할 수 있는 기본권 침해를 문제 삼고 있는 것으로 볼 수 있다. … 이 사건 심판청구는 향후 실시될 각종 선거에서 청구인들이 선거에 참여하지 못함으로써 입게 되는 기본권 침해, 즉 장래 그 도래가 확실히 예측되는 기본권 침해를 미리 앞당겨 다투는 것으로 볼 수 있다.

> 주기적으로 반복되는 기본권 침해행위가 장래 그 도래가 확실히 예측되는 경우의 현재성 인정(헌재 2010.4.29. 2008헌마438)
> 이 사건 법률조항은 부재자투표기간을 선거일 전 6일부터 2일 간으로 규정하고 있는데, 청구인이 주장하는 제17대 대통령선거와 제18대 국회의원선거는 이미 종료되었으므로,

공직선거법상 부재자투표소 투표를 하고자 하는 청구인에 대해 기본권 침해의 현재성을 인정할 수 있을지 문제된다. … 만약 선거인명부 작성기간 중에 부재자신고를 한 경우에만 부재자투표 절차에 관해 헌법소원심판을 청구할 수 있다고 한다면, 해당 헌법소원심판 청구에 대해 헌법재판소가 결정을 하기 이전에 부재자투표 절차가 모두 종료될 것이 확실시되어, 기본권 구제의 실효성을 기대하기 어렵게 된다. 그러므로 이 사건의 경우 청구인이 비록 장래의 선거에 관해 아직 부재자투표 여부가 확정되지 않았다 하더라도 주기적으로 반복되는 선거의 특성과 기본권 구제의 실효성 측면을 고려할 때, 기본권 침해의 현재성을 갖춘 것으로 보아야 할 것이다.

## 3. 침해행위의 종료

권력적 사실행위에 의한 기본권 침해는 계속되지 않고 종료되는 경우가 대부분이다. 헌법재판소는 권력적 사실행위와 관련하여 주관적 권리보호이익은 소멸되었지만 기본권 침해행위가 반복적으로 행하여질 것이 예상되고, 이에 대한 헌법적 해명이 필요하다는 등의 이유로 심판청구의 이익을 인정하고 있다.

> **침해행위가 종료되었더라도 심판이익을 인정한 경우**(헌재 2017.11.30. 2016헌마503)
> 이 사건 후방착석요구행위는 2016. 4. 21. 종료되었으므로, 이에 대한 심판청구가 인용된다고 하더라도 청구인의 권리구제에는 도움이 되지 아니한다. 그러나 기본권 침해행위가 장차 반복될 위험이 있거나 당해 분쟁의 해결이 헌법질서의 유지·수호를 위하여 긴요한 사항이어서 헌법적으로 그 해명이 중대한 의미를 지니고 있는 때에는 예외적으로 심판이익을 인정할 수 있다.

## 4. 현재성과 청구기간

법령에 대한 헌법소원심판에서 청구기간의 준수 여부는 이미 기본권 침해가 발생한 경우에 문제되며, 장차 기본권의 침해가 발생할 것이 확실히 예상되어 기본권이 현실적으로 침해되는 시점보다 앞당겨 헌법소원심판을 청구하는 경우에는 청구기간을 적용할 수 없다.

> **기본권 침해가 확실히 예상되는 경우의 헌법소원심판 청구기간**(헌재 1996.3.28. 93헌마198)
> 기본권의 침해가 확실히 예상되는 때부터 청구기간을 기산하면 청구기간의 기산점이 불명확할 뿐만 아니라 청구기간을 단축하는 결과가 되어 국민에게 불리하고, 기본권의 침해가 확실히 예상되는 때에는 이미 헌법판단에 적합할 정도의 실체적 요건이 성숙한 것으로 본다는 취지의 이른바 상황성숙성 이론은, 법령에 대한 헌법소원을 기본권 침해를 받은 때를 기다렸다가 청구하라고만 요구한다면 기본권 구제의 실효성을 기대할 수 없는 경우가 있으므로, 헌법소원의 적법요건 중 하나인 현재성 요건과 관련하여 구체적인 기본권의 침해가 있기 전이라도 그 침해가 확실히 예상될 때에는 미리 헌법소원을 청구할 수 있도록 하여 국민의 기본권 보장의 실효성을 높이자는 것으로서, 법령에 대한 헌법소원의 청구기간의 기산점과 관련하여 이를 적용할 것은 아닌 것이다.

기본권 침해가 확실히 예상되는 경우의 헌법소원심판 청구기간 도과 여부(헌재 2005.4.28. 2004헌마219)

청구인들이 주장하는 기본권 침해는 이 사건 법률조항으로 인하여 후보자등록이 거부되거나 또는 후보자등록 무효사유가 존재함이 확인되는 시점에 비로소 현실화되겠지만, 그 침해가 이 사건 심판청구 당시 이미 확실히 예측된다고 할 것이므로 기본권 침해의 현재관련성이 인정된다. 그리고 이와 같이 장래 확실히 기본권 침해가 예측되어 현재성을 인정하는 이상 청구기간의 도과 여부는 문제되지 아니한다. 청구기간의 준수 여부에 대한 심사는 '이미' 기본권 침해가 발생한 경우에 비로소 문제가 되는데, 이 사건의 경우 아직 기본권 침해가 없지만 '장래' 확실히 기본권 침해가 예상되어 미리 앞당겨 그 법적 관련성을 인정하기 때문이다.

## 제6절 보충성의 원칙

### I. 보충성 원칙의 의의

헌법소원은 다른 법률에 구제절차가 있는 경우에는 그 절차를 모두 거친 후에 심판청구를 하여야 한다. 통상의 권리구제절차를 거치지 않고 헌법소원심판을 청구하면 그 청구는 부적법한 것이 된다.

헌법소원심판에서 사전구제절차를 밟을 것을 요구하는 것은 우선 처분기관 자체에서 스스로 시정할 수 있는 기회를 갖도록 하는 것이므로, 헌법소원심판청구를 가급적 제한하거나 억제하는데 그 본래의 취지가 있는 것은 아니다(헌재 1992.10.1. 91헌마31).

### II. 사전구제절차

#### 1. 직접적 구제절차

헌법소원심판 전에 거쳐야 하는 통상의 권리구제절차는 침해된 기본권을 직접 구제할 수 있는 절차를 말한다. 공권력의 행사 또는 불행사를 직접 대상으로 하여 그 효력을 다툴 수 있는 적법한 권리구제절차를 의미하는 것이지 공권력의 행사 또는 불행사의 결과 생긴 효과를 원상복귀시키거나 사후적·보충적 구제수단인 손해배상청구나 손실보상청구를 의미하는 것은 아니다.

#### 2. 적법한 구제절차

사전구제절차는 적법한 것이어야 한다(헌재 1993.7.29. 91헌마47). 예컨대 사전구제절차에서 정해진 기간을 준수하지 못하였다면 그 구제절차를 적법하게 거친 것이 아니므로 부적법한 것이 된다. 또한 과세처분의 취소를 구하는 행정소송을 제기하였다가 그 소송을 취하하였거나 취하간주 된 경우 그 과세처분의 취소를 구하는 헌법소원심판청구는 다른 법률에 의한 적법한 구제절차를 거쳤다고 볼 수 없어 부적법하다(헌재 1999.9.16. 98헌마265).

> **적법한 사전구제절차의 요구**(헌재 1993.7.29. 91헌마47)
> "다른 법률에 의한 구제절차"는 적법한 구제절차임을 전제로 한다. 그것은 만약 그렇게 보지 아니하면 청구인이 일부러 부적법한 구제절차를 거침으로써 부당하게 청구기간을 연장할 수 있게 되어 청구기간 한정의 취지를 몰각시켜 버릴 염려가 있기 때문이다.

### III. 법령소원과 보충성

1. 법령 자체에 의한 직접적인 기본권 침해가 문제되는 경우 법령 자체의 효력을 직접 다투는 것을 소송물로 하여 일반법원에 소송을 제기하는 길이 없으므로 바로 헌법소원을 청구할 수 있다.

2. 고시는 일반·추상적 성격을 가지면 법규명령이나 행정규칙에 해당하여 다른 구제절차를 거치지 않고 헌법소원심판을 청구할 수 있다. 헌법재판소는 고시가 일반·추상적 성격을 가질 때에는 다른 권리구제절차가 없다거나 권리구제절차의 허용 여부가 불확실하다는 이유로 헌법소원심판의 청구를 적법한 것으로 본다.

> **고시에 대하여 다른 구제절차를 거치지 않고 헌법소원심판을 청구할 수 있는 경우**(헌재 2009.4.30. 2007헌마106)
> 고시의 법적 성질은 일률적으로 판단될 것이 아니라 고시에 담겨진 내용에 따라 구체적인 경우마다 달리 결정된다. 즉, 고시가 일반·추상적 성격을 가질 때에는 법규명령 또는 행정규칙에 해당하지만, 고시가 구체적인 규율의 성격을 갖는다면 행정처분에 해당한다. 이 사건 각 고시는 게임제공업을 영위하는 자가 게임이용자에게 제공할 수 있는 경품의 종류와 지급방법 등에 관한 기준을 정하고 있는데, 이는 특정인에 대한 개별적·구체적인 처분의 성격을 지닌 것이라기보다는 게임제공업소의 경품제공 일반에 관한 일반적·추상적인 규정의 성격을 지닌 것이라 봄이 상당하다. … 법령 자체에 의한 직접적인 기본권 침해가 문제될 때에는 그 법령 자체의 효력을 직접 다투는 것을 소송물로 하여 일반법원에 소송을 제기하는 길이 없어 구제절차가 있는 경우가 아니므로 보충성의 예외로서 다른 구제절차를 거칠 것 없이 바로 헌법소원심판을 청구할 수 있다. 따라서 이 사건 고시들 부분에 대한 심판청구는 적법하다.

> **고시에 대하여 권리구제절차의 허용 여부가 불확실하여 헌법소원 대상성을 인정한 경우**(헌재 2004.10.28. 2002헌마328)
> 이 사건 심판의 대상은 보건복지부장관 또는 그 산하 행정기관의 어떤 구체적인 처분 그 자체가 아니고, 보건복지부장관이 법령의 위임에 따라 정한 최저생계비 고시인데, 이러한 보건복지부장관의 고시에 대하여 처분성을 인정하여 행정소송법에 의한 행정소송 등 다른 권리구제절차를 허용할 수 있는지 여부가 객관적으로 불확실하므로, 이 사건은 보충성의 예외에 해당하는 것으로 보아 헌법소원대상성을 인정할 수 있다.

3. 고시가 구체적 규율의 성격을 가진다면 행정처분에 해당하여 바로 헌법소원심판을 청구할 수 없다.

> **구체적 규율의 성격을 가진 고시의 헌법소원심판청구의 적법 여부**(헌재 2008.12.26. 2007헌마862)
> 이 사건 고시는 … 특정 지역 안의 토지나 건물소유자가 토지의 형질변경 및 토석의 채취, 건축물의 신축·증축 등의 권리행사를 제한받게 되는 점에서 볼 때, 특정 개인의 구체적인 권리, 의무나 법률관계를 직접적으로 규율하는 성격을 갖는 행정처분에 해당한다고 보이므로, 청구인들로서는 이 사건 고시에 대하여 행정심판법에 의한 행정심판 또는 행정소송법에 의한 항고소송을 제기하는 절차를 거쳤어야 하고 그러한 구제절차를 거치지 않았음이 기록상 명백한 청구인들의 심판청구는 헌법재판소법 제68조 제1항 단서가 정한 보충성의 요건을 갖추지 못한 것이어서 부적법하다.

## Ⅳ. 보충성의 예외

### 1. 보충성 예외

다른 권리구제절차가 있는 경우 이를 거치지 않은 헌법소원심판의 청구는 원칙적으로 부적법하다. 다만 청구인의 귀책사유로 돌릴 수 없는 정당한 이유로 전심절차를 밟지 않은 경우, 통상의 권리구제절차로 권리가 구제될 가능성이 희박한 경우, 특정한 경우에 통상의 권리구제절차가 허용되는지가 객관적으로 분명하지 않은 경우, 기타 전심절차를 거칠 것을 기대하기 어려운 경우 등에는 보충성의 예외가 인정된다.

### 2. 권력적 사실행위와 보충성

사전구제절차의 이행을 요구하는 것은 불필요한 우회절차를 강요하는 것이 되어 보충성의 예외를 인정한 경우(헌재 2011.6.30. 2009헌마406)

이 사건 통행제지행위는 직접 상대방의 신체 또는 재산에 실력을 가하여 행정상 필요한 상태를 실현하는 행정상의 즉시강제로서 권력적 사실행위에 해당하므로 행정쟁송의 대상이 된다. 그러나 청구인들의 통행이 제지된 다음날 피청구인이 서울광장을 둘러싸고 있던 경찰버스들을 철수시키고 통행제지행위를 중지함에 따라 청구인들이 행정쟁송을 제기하더라도 소의 이익이 부정될 가능성이 높아 그 절차에 의한 권리구제의 가능성이 거의 없다고 보여지는바, 이러한 경우에도 사전구제절차의 이행을 요구하는 것은 불필요한 우회절차를 강요하는 셈이 되는 것이므로, 청구인들이 행정쟁송 절차를 거치지 아니하고 바로 이 사건 심판청구를 제기하였다고 하더라도 이는 보충성의 예외로서 허용된다고 할 것이다.

권리구제절차를 밟을 것을 기대하기는 곤란하여 보충성 원칙의 예외를 인정한 경우(헌재 2011.12.29. 2009헌마527)

헌법소원은 다른 법률에 구제절차가 있는 경우에는 그 절차를 모두 거친 후에 심판청구를 하여야 하는바, 이 사건 종교행사 등 참석불허 처우는 이른바 권력적 사실행위에 해당하므로 행정소송의 대상이 된다고 단정하기 어렵고, 가사 행정소송의 대상이 된다고 하더라도 이미 종료된 행위로서 소의 이익이 부정되어 각하될 가능성이 많은바, 청구인에게 그에 의한 권리구제절차를 밟을 것을 기대하기는 곤란하므로 보충성 원칙의 예외로서 헌법소원의 제기가 가능하다.

달리 구제절차가 존재하지 않아 헌법소원심판 청구의 권리보호이익이 인정된 경우(헌재 2010.9.30. 2008헌마628)

이 사건 심판청구는 이미 종료한 권력적 사실행위에 대하여 심판을 구하는 것으로서 헌법소원 이외에는 달리 구제절차가 존재하지 않으며, 청구인들에 대한 구금 상태는 종료되었지만 동일한 내용의 기본권 침해가 반복될 우려가 있고, 위와 같은 구금의 위헌 여부에 대한 판단은 헌법질서의 수호·유지를 위해 긴요한 사항으로서 권리보호의 이익이 인정된다.

## V. 보충성요건 흠결의 치유

헌법재판소는 보충성요건 흠결의 치유를 인정한 바 있다. 헌법소원심판을 청구한 후 종국결정까지 사전구제절차를 거치면 사전구제절차를 거치지 않은 하자는 치유되는 것으로 본다(헌재 1996.3.28. 95헌마211).

> **종국결정까지 사전구제절차를 거쳐 하자가 치유된 경우**(헌재 1996.3.28. 95헌마211)
> 청구인은 검찰청법에 따른 재항고를 제기하고 그 결정이 있기도 전인 1995. 7. 10. 이 사건 헌법소원심판을 청구하였으나 1995. 7. 14. 대검찰청의 재항고기각결정이 있었으므로 이 사건 헌법소원심판청구 당시에 존재하였던 사전구제절차 미경유의 흠결은 그로써 치유되었다.

## 제7절 권리보호이익

### I. 권리보호이익의 의의

헌법소원심판은 국민의 기본권을 구제하는 제도이므로 심판청구가 적법하려면 권리보호이익이 있어야 한다. 권리보호이익은 소송제도에 필연적으로 내재하는 요청으로서 민사소송법 내지 행정소송법 규정에 대한 해석상 인정되는 일반적인 소송원리이다.

> 권리보호이익의 의의(헌재 2001.9.27. 2001헌마152)
> 권리보호이익 내지 소의 이익은 국가적·공익적 입장에서는 무익한 소송제도의 이용을 통제하는 원리이고, 당사자의 입장에서는 소송제도를 이용할 정당한 이익 또는 필요성을 말하는 것으로, '이익 없으면 소 없다'라는 법언이 지적하듯이 소송제도에 필연적으로 내재하는 요청이다. 따라서 권리보호이익이라는 헌법소원심판의 적법요건은 헌법재판소법 제40조 제1항에 의하여 준용되는 민사소송법 내지 행정소송법 규정들에 대한 해석상 인정되는 일반적인 소송원리이지 헌법재판소법 제68조 제1항 소정의 '기본권의 침해를 받은'이라는 부분의 해석에서 직접 도출되는 것은 아니다.

### II. 권리보호이익의 존속

1. 헌법소원심판청구 당시 권리보호이익이 없으면 심판청구는 부적법하다.

2. 권리보호이익은 헌법재판소결정 당시에도 존재해야 한다. 헌법소원심판청구 당시 권리보호이익이 인정된다고 하더라도 심판계속 중 사실관계 또는 법률관계의 변동으로 권리보호이익이 소멸하면 심판청구는 부적법하게 된다. 따라서 심판청구 이후 대상이 되는 법령이 개정되거나 폐지된 경우에는 주관적 권리보호이익이 소멸하므로 심판청구는 부적법하다(헌재 2007.5.31. 2003헌마579; 헌재 2009.4.30. 2007헌마103).

> 기본권 침해가 종료된 경우의 권리보호이익 존재 여부(헌재 1997.3.27. 93헌마251)
> 헌법소원이 비록 적법하게 제기되었더라도 권리보호이익은 헌법재판소의 결정 당시에도 존재해야 한다. 그러므로 헌법소원심판청구 당시 권리보호이익이 인정되더라도 심판계속 중에 사실관계 또는 법률관계의 변동으로 말미암아 청구인이 주장하는 기본권의 침해가 종료된 경우에는 원칙적으로 권리보호이익이 없으므로 헌법소원이 부적법한 것으로 된다.

3. 위헌결정이 선고된 법률에 대한 헌법소원심판청구는 권리보호이익이 존재하지 않아 부적법하다. 헌법불합치결정을 한 법률에 대한 헌법소원심판청구도 위헌결정이 선고된 경우와 마찬가지로 권리보호이익이 없어 부적법하다.[83]

---

[83] 헌법재판소는 이미 위헌으로 결정한 법률에 대한 헌법재판소법 제68조 제2항의 헌법소원심판에 대하여 위헌확인결정을 하고 있다. "청구인들이 헌법재판소법 제68조 제2항에 따라 헌법소원심판청구를 한 이 사건 법률조항은 이 사건 심판계속 중 이미 헌법재판소가 1997.12.24. 96헌가19 등 사건에서 위헌결정을 선고

> **헌법불합치결정에 따른 권리보호이익 존재 여부**(헌재 2011.8.30. 2008헌마343)
> 헌법불합치결정 당시 헌법재판소에 계속 중인 이 사건 법률조항에 대한 청구 부분은 이 사건 법률조항의 위헌여부가 쟁점이 되어 '헌법재판소에 계속 중인 사건'으로서 위 헌법불합치결정의 소급효가 미친다고 할 것이어서, 위 헌법불합치결정에 따른 개선입법이 시행된 2010. 1. 1.부터는 이 사건 법률조항은 효력을 상실하고 개선입법만이 청구인에게 적용된다. 따라서 이 사건 법률조항에 의한 기본권 침해는 더 이상 존재하지 않게 되므로 청구인에게 권리보호이익이 없어 부적법하다.

> **헌법불합치결정에 따른 권리보호이익 존재 여부**(헌재 2006.6.29. 2005헌마44)
> 헌법재판소는 이미 2006. 2. 23. 2004헌마675등 사건에서 이 사건 가산점부여조항에 관하여 헌법불합치결정을 하면서, 이 사건 가산점부여조항은 2007. 6. 30.을 시한으로 입법자가 개정할 때까지 계속 적용된다는 내용의 결정을 선고하였다. 헌법불합치결정도 위헌결정의 일종이므로, 이 사건 가산점부여조항은 이미 위헌으로 결정된 것으로 보아야 하고, 따라서 이 사건 가산점부여조항에 대한 헌법소원심판청구 부분은 이미 위헌으로 결정된 법률조항에 대한 헌법소원심판청구로서 권리보호의 이익이 없어 부적법하다 할 것이다.

4. 형벌조항이 위헌으로 결정되면 소급하여 효력을 상실하므로 위헌결정된 법률에 대한 헌법소원심판청구는 권리보호이익이 없다.

> **형벌조항의 위헌 결정에 따른 권리보호이익 존재 여부**(헌재 2010.11.25. 2010헌마16)
> 이 사건 법률조항은 2010. 10. 28. 헌법재판소의 위헌 결정으로 인해 소급적으로 그 효력을 상실한 형벌조항이므로, 이 사건 법률조항에 근거하여 확정된 약식명령에 대해서는 이 사건 심판청구의 결과와 상관없이 헌법재판소법 제47조 제3항에 따라 재심을 청구할 수 있어 청구인이 이 사건 심판청구를 통해 달성하고자 하는 목적은 이미 실현되었으므로, 이 사건 심판청구는 권리보호의 이익이 없다.

## Ⅲ. 심판의 이익

헌법소원심판에서 주관적 권리보호이익이 존재하지 않더라도 예외적으로 심판의 이익이 인정되는 경우가 있다. 헌법소원심판청구가 청구인의 주관적 권리구제에는 별 도움이 안 되는 경우라도 그러한 침해행위가 앞으로도 반복될 위험이 있거나 당해 분쟁의 해결이 헌법질서의 수호유지를 위하여 긴요한 사항으로서 헌법적으로 그 해명이 중대한 의미를 지니고 있는 경우에는 심판청구의 이익을 인정할 수 있다(헌재 1994.8.31. 92헌마126).

> **예외적으로 권리보호이익이 인정되는 경우**(헌재 1994.8.31. 92헌마126)
> 헌법소원제도는 국민의 기본권 침해를 구제하는 제도이므로, 그 심판청구가 적법하다고 하려면 그 제도의 목적상 권리보호의 이익이 있어야 한다. 그러므로 심판청구 당시 권리보호의 이익이 인정되더라도, 심판 계속 중에 생긴 사정변경 즉 사실관계 또는 법령제도

한 바가 있으므로, 이 사건 법률조항에 대하여는 위헌임을 확인하는 결정을 하기로 한다(헌재 1999.6.24. 96헌바67)."

의 변동으로 말미암아 권리보호의 이익이 소멸 또는 제거된 경우에는, 원칙적으로 심판청구는 부적법하게 된다. 다만, 그와 같은 경우에도 그러한 기본권 침해행위가 반복될 위험이 있거나, 그러한 분쟁의 해결이 헌법질서의 수호·유지를 위하여 긴요한 사항이어서 헌법적으로 그 해명이 중대한 의미를 지니고 있는 경우에는, 예외적으로 심판청구의 이익이 있다고 볼 수는 있다.

**예외적으로 권리보호이익이 인정되는 경우**(헌재 2001.9.27. 2001헌마152)
권리보호이익은 소송제도에 필연적으로 내재하는 요청으로 헌법소원제도의 목적상 필수적인 요건이라고 할 것이어서 이로 인하여 본안판단을 받지 못한다고 하여도 재판을 받을 권리의 본질적인 부분에 대한 침해가 있다고 보기 어렵다. 다만, 권리보호이익을 지나치게 좁게 인정하면 헌법재판소의 본안판단의 부담을 절감할 수는 있지만 반면에 재판을 받을 권리를 부당하게 박탈하는 결과에 이르게 될 것이므로 권리보호이익을 판단함에 있어 다른 분쟁의 해결수단, 행정적 구제·입법적 구제의 유무 등을 기준으로 신중히 판단하여야 할 것인바, 헌법재판소는 비록 권리보호이익이 없을 때에도 반복위험이나 헌법적 해명이 필요한 경우에는 본안판단을 할 수 있는 예외를 인정하고 있다. 따라서 헌법소원심판청구의 적법요건 중의 하나로 권리보호이익을 요구하는 것이 청구인의 재판을 받을 권리를 침해한다고 볼 수는 없다.

## 제8절 청구기간

### I. 청구기간의 의의

공권력의 행사로 인한 법률관계를 신속하게 확정하고 법적 안정성을 도모하기 위하여 헌법소원심판을 청구할 수 있는 기간을 제한하고 있다(헌재 2007.10.25. 2006헌마904). 헌법재판소법 제68조 제1항에 따른 헌법소원심판은 그 사유가 있음을 안 날부터 90일 이내에, 그 사유가 있는 날부터 1년 이내에 청구하여야 한다. 다만, 다른 법률에 따른 구제절차를 거친 헌법소원의 심판은 그 최종결정을 통지받은 날부터 30일 이내에 청구하여야 한다(헌법재판소법 제69조 제1항).

### II. 청구기간의 기산

#### 1. 도달주의 원칙

헌법소원심판의 청구는 특별한 규정이 없는 한 심판청구서가 헌법재판소에 도달한 날을 기준으로 하여 계산한다(헌재 2001.9.27. 2001헌마94). 청구기간의 계산에서 초일은 산입되지 않으며, 기간 말일의 종료로 청구기간이 만료된다. 청구기간의 말일이 토요일 또는 공휴일이면 그 익일로 만료한다(헌법재판소법 제40조 제1항, 민소법 제170조, 민법 제157조, 제159조, 제161조).

> 청구기간 준수 여부 판단(헌재 2001.9.27. 2001헌마94)
> 헌법재판소법 제69조 제1항 단서에 의하면 다른 법률에 의한 구제절차를 거친 헌법소원의 심판은 그 최종결정을 통지받은 날로부터 30일 이내에 청구하여야 하며, 이때 헌법소원의 청구기간의 준수 여부는 일반적인 도달주의 원칙에 따라 헌법소원심판청구서가 헌법재판소에 접수된 날을 기준으로 판단하여야 한다.

#### 2. 청구취지의 변경

청구취지의 추가 또는 변경이 이루어진 경우 청구기간의 준수 여부는 청구취지를 추가 또는 변경하는 청구서가 제출된 시점을 기준으로 한다(헌법재판소법 제40조 제1항, 민사소송법 제265조). 심판청구를 교환적으로 변경한 경우에는 청구변경서가 제출된 시점이 기준이 되며, 추가적 변경의 경우에 추가된 청구의 제소시점을 기준으로 한다.

> 청구취지 변경시 청구기간 준수 여부 판단(헌재 1992.6.26. 91헌마134)
> 청구인은 처음 이 사건 소원대상을 87형제13180호 사건에 관한 대전지방검찰청의 기소중지처분으로 하였다가 뒤에 청구취지 등 정정서를 내어 90형제2349호 사건에 관한 대전지방검찰청 천안지청의 기소중지처분으로 교환적 변경을 하였는데, 이처럼 심판청구를 변경하였다면 변경에 의한 신청구는 그 청구변경서를 제출한 때에 제기한 것이라 볼 것이고, 따라서 이 시점을 기준으로 하여 청구기간의 준수 여부를 가려야 할 것이다.

**청구취지 변경시 청구기간 준수 여부 판단**(헌재 2003.9.25. 2001헌마93)

헌법소원심판청구에 대한 청구취지 변경이 이루어진 경우 청구기간의 준수 여부는 헌법재판소법 제40조 제1항 및 민사소송법 제265조에 의하여 그 청구취지를 변경하는 청구서가 제출된 시점을 기준으로 판단하여야 한다. 그런데 청구인들은 … 같은 해 6. 2. 접수한 '헌법소원심판변경청구서'에서 공무원연금법 제46조 제7항의 위헌확인을 각 청구취지에 추가하였다. 이와 같이 추가된 심판대상조항들은 2001. 1. 1. 또는 그 이전부터 시행된 것이고, 청구인들은 그 시행과 동시에 기본권 침해를 받은 경우이므로 늦어도 그 시행일부터 1년 이내에 그 위헌 여부의 헌법소원심판청구를 제기하였어야 한다. 그러나 위 심판청구부분은 청구인들의 기본권 침해의 사유가 발생한 위 법률조항의 시행일부터 1년이 경과한 후에 제기되었음이 역수상 명백하다.

**청구취지 변경시 청구기간 준수 여부 판단**(헌재 1998.9.30. 96헌바88)

청구인의 위 심판청구 부분이 법령을 대상으로 한 헌법재판소법 제68조 제1항 소정의 헌법소원심판청구라고 본다 하더라도, 앞서 본 바와 같이 심판청구를 변경하였다면 변경에 의한 신청구는 그 청구변경서를 제출한 때에 제기한 것이라 볼 것이고, 따라서 이 시점을 기준으로 하여 청구기간의 준수 여부를 가려야 할 것인바, 청구의 추가적 변경으로 1998. 2. 7.에 이르러서야 비로소 심판의 대상이 된 위 심판청구 부분은 청구인의 기본권 침해의 사유가 발생한 이후인 당해 사건의 소제기일(1995. 9.)부터 기산한다 하더라도 헌법재판소법 제69조 제1항이 정한 180일의 청구기간이 경과한 뒤 제기되었음이 역수상 명백하므로 이 또한 부적법하다 할 것이다.

### 3. 대리인과 청구기간

본인명의로 헌법소원심판을 청구한 후 대리인을 선임하였다면 본인이 청구한 시점이 청구기간의 기준이 된다(헌재 1992.12.24. 92헌마186).

**본인명의 청구 후 대리인 선임시 청구기간의 기준**(헌재 1992.12.24. 92헌마186)

청구인이 소원심판청구기간 내에 청구인 본인의 명의로 심판청구를 하였고, 대리인을 선임하라는 헌법재판소의 보정명령을 받고 청구기간 경과 후인 일자에 대리인을 선임함과 동시에 그 대리인명의로 된 심판청구서를 다시 제출한 경우에는 그 사건 심판청구는 청구기간 내에 제기되었다고 보아야 할 것이다.

### 4. 국선대리인과 청구기간

1) 헌법소원심판을 청구하고자 하는 자가 헌법재판소에 국선대리인을 선임하여 줄 것을 신청하는 경우에는 청구기간은 국선대리인의 선임신청이 있는 날을 기준으로 정한다(헌법재판소법 제70조 제1항). 따라서 국선대리인이 청구기간을 도과하여 심판청구서를 제출하더라도 국선대리인 선임신청이 청구기간 내에 이루어졌다면 적법한 청구로 된다.

2) 헌법재판소가 국선대리인은 선정하지 아니한다는 결정을 한 때에는 지체 없이 그 사실을 신청인에게 통지해야 하는데, 이 때 선임신청을 한 날부터 그 통지를 받은 날까

지의 기간은 청구기간에 산입하지 않는다(헌법재판소법 제70조 제4항).

### 5. 기본권 침해가 계속되는 경우의 청구기간

헌법재판소는 기본권 침해 상태가 계속되는 경우 최초 기본권 침해가 발생한 때를 청구기간의 기산점으로 한다.

> 기본권 침해가 계속되는 경우 청구기간의 기산점(헌재 2010.10.28. 2009헌마438)
>
> 청구인은 2008. 7. 22.부터 CCTV 설치 거실에 수용되었는데, 그렇다면 청구인은 그날 이로 인한 기본권 침해 사유가 있음을 알았다 할 것이고, 그 이후는 어떠한 새로운 기본권 침해행위가 있는 것으로 평가할 만한 사정 없이 최초의 기본권 침해 상태가 그대로 지속되어 오고 있는 것뿐이므로, 위 2008. 7. 22.로부터 90일이 훨씬 지나 2009. 8. 4. 이루어진 이 부분 헌법소원심판청구는 그 청구기간이 경과되어 부적법하다.

### 6. 주기적으로 반복되는 공직선거에서의 청구기간

주기적으로 반복되는 선거의 경우 매 선거를 새로운 선거로 보고, 과거 선거에서의 기본권 침해를 문제 삼는 것이 아니라 장래 실시될 선거에서 발생할 수 있는 기본권 침해를 다투는 것으로 보는 경우에는 청구기간 도과의 문제는 발생하지 않는다.

> 주기적으로 반복되는 공직선거에서의 청구기간 판단(헌재 2007.6.28. 2004헌마644 등)
>
> 구 '공직선거 및 선거부정방지법' 조항들을 기준으로 할 경우, 제17대 국회의원선거가 2004. 4. 15.에 실시되었고 그로부터 90일이 경과한 후인 2004. 8. 4.과 2005. 4. 6.에 제기된 이 사건 심판청구들에 대해 청구기간의 준수 여부에 의문이 제기될 수 있다. 그런데 주기적으로 반복되는 선거의 경우 매번 새로운 후보자들이 입후보하고 매번 새로운 범위의 선거권자들에 의해 투표가 행해질 뿐만 아니라, 선거의 효과도 차기 선거에 의한 효과가 발생할 때까지로 한정되므로 매선거는 새로운 선거에 해당한다. … 이 같은 선거의 속성과 청구인들의 주장 취지를 종합적으로 고려하면, 이 사건 심판청구는 향후 실시될 각종 선거에서 청구인들이 선거에 참여하지 못함으로써 입게 되는 기본권 침해, 즉 장래 그 도래가 확실히 예측되는 기본권 침해를 미리 앞당겨 다투는 것으로 볼 수 있다. 그렇다면 기본권 침해의 사유가 이미 발생한 사실을 전제로 한 청구기간 도과의 문제는 발생할 여지가 없다.

## Ⅲ. 구제절차와 청구기간

### 1. 다른 법률에 따른 구제절차를 거친 경우

다른 법률에 의한 구제절차를 거친 경우에 헌법소원심판의 청구는 최종결정의 통지를 받은 날로부터 30일 이내에 청구하여야 한다. 다른 법률에 의한 구제절차는 적법한 구제절차임을 전제로 하므로 다른 구제절차를 적법하게 거치지 않은 경우에는 30일의 청구기간을 적용해서는 안 된다. 그렇게 보지 않을 경우 부적법한 구제절차를 거침으로써 부당하게 청구기간을 연장할 수 있기 때문이다(헌재 1993.7.29. 91헌마47). 따라서 행정소송의 대상이 아닌 행정작용에 대하여 행정소송절차를 거치는 것은 무익한 절차를 거친 것에 불과하므로 청구기간은 헌법재판소법 제69조 제1항 단서가 아닌 본문이 적용된다(헌재 2003.9.25. 2002헌마789).

> **행정작용에 대하여 무익한 절차를 거친 것에 불과한 경우 헌법소원심판 청구기간 판단시 적용되는 조문**(헌재 2003.9.25. 2002헌마789)
> 이 사건에서 청구인은 이에 대하여 행정소송을 거쳐 헌법소원을 청구하였는바, 청구기간 산정에 있어 헌법재판소법 제69조 제1항 본문이 적용될 것인지 아니면 단서가 적용될 것인지가 문제된다. … 청구인이 지목변경거부행위에 대하여 행정소송을 거쳤다고 하더라도 이는 구제절차가 될 수 없는 무익한 절차를 거친 것에 불과하다. 그렇다면 이 사건에서 청구기간의 산정은 헌법재판소법 제69조 제1항 단서가 아니라 본문의 규정에 의하여야 할 것인데, "사유가 있은 날로부터 1년"이 경과하였으므로 이 사건 심판청구는 청구기간이 경과되어 부적법하다.

### 2. 다른 법률에 의한 구제절차를 거치지 않은 경우

(1) 다른 법률에 의한 구제절차가 없거나 보충성 요건에 대한 예외가 인정되어 다른 법률에 의한 구제절차를 거칠 필요가 없는 경우에 헌법소원심판의 청구는 그 사유가 있음을 안 날부터 90일 이내에, 그 사유가 있는 날부터 1년 이내에 청구하여야 한다.

(2) 헌법소원의 사유가 있음을 '안 날'로부터 90일, '있은 날'로부터 1년이라는 두 기간은 모두 지켜져야 하므로 어느 한 기간이라도 도과하면 심판청구는 부적법하게 된다.

(3) 사유가 '있은 날'이란 공권력의 행사에 의해서 기본권 침해가 발생한 날을 말한다. 사유가 있음을 '안 날'이란 적어도 공권력의 행사에 의한 기본권 침해의 사실관계를 특정할 수 있을 정도로 현실적으로 인식하여 심판청구가 가능해진 경우를 뜻한다.

> **청구기간 기산점인 '안 날'의 의미**(헌재 2009.10.29. 2007헌마1423)
> 청구기간의 기산점인 "안 날"이라 함은 법령의 제정 등 공권력의 행사에 의한 기본권 침해의 사실관계를 안 날을 뜻하는 것이지, 법률적으로 평가하여 그 위헌성 때문에 헌법소원의 대상이 됨을 안 날을 뜻하는 것은 아니다.

## IV. 법령에 대한 헌법소원심판의 청구기간

법령의 시행과 동시에 기본권을 침해받게 되는 경우에는 그 법령이 시행된 사실을 안 날부터 90일 이내에, 법령이 시행된 날부터 1년 이내에 헌법소원을 제기하여야 하고, 법령이 시행된 뒤에 비로소 그 법령에 해당하는 사유가 발생하여 기본권을 침해받게 된 경우에는 그 사유가 발생하였음을 안 날부터 90일 이내에, 그 사유가 발생한 날부터 1년 이내에 헌법소원을 제기하여야 한다

## 1. 법령 시행과 동시에 기본권 침해를 당한 경우

법령에 대한 헌법소원은 원칙적으로 법령이 제정·시행됨과 동시에 기본권을 침해받게 되므로 그 법령이 시행된 사실을 안 날로부터 90일 이내, 그 법령이 시행된 날로부터 1년 이내 헌법소원심판을 청구해야 한다.

## 2. 법령 시행 후 법령에 해당하는 사유가 발생하여 기본권 침해를 받게 된 경우

법령이 시행된 뒤에 그 법령에 해당하는 사유가 발생하여 기본권의 침해를 받게 된 자는 그 사유가 발생하였음을 안 날로부터 90일 이내, 그 사유가 발생한 날로부터 1년 이내에 헌법소원심판을 청구하여야 한다. 법령에 해당하는 사유가 발생한 날이란 법령의 규율을 구체적이고 현실적으로 적용받게 된 최초의 날을 의미한다.

> **'법령에 해당하는 사유가 발생한 날'의 의미 및 청구기간의 진행**(헌재 2006.7.27. 2004헌마655)
> 법령에 대한 헌법소원심판에 있어서, 청구기간의 기산점이 되는 '법령에 해당하는 사유가 발생한 날'이란 법령의 규율을 구체적이고 현실적으로 적용받게 된 최초의 날을 의미하는 것으로 보는 것이 상당하다. 즉, 일단 '법령에 해당하는 사유가 발생'하면 그 때로부터 당해 법령에 대한 헌법소원의 청구기간의 진행이 개시되며, 그 이후에 새로이 '법령에 해당하는 사유가 발생'한다고 하여서 일단 개시된 청구기간의 진행이 정지되고 새로운 청구기간의 진행이 개시된다고 볼 수는 없다.

## 3. 현재성 요건과 청구기간

헌법재판소는 초기의 결정에서 법령에 의한 기본권 침해 '사유가 발생한 날'의 의미를 "당해 법률이 청구인의 기본권을 명백히 구체적으로 현실 침해하였거나 그 침해가 확실히 예상되는 등 실체적 제 요건이 성숙하여 헌법판단에 적합하게 된 때를 말한다."고 하여, 상황성숙성 이론[84]에 기초하여 청구기간의 기산점을 판단한 바 있다(헌재 1990.6.25. 89헌마220). 초기의 결정은 청구기간의 기산점을 단축시키는 결과를 초래하기 때문에 헌법재판소는 상황성숙성이론과 청구기간의 기산점을 분리시키는 방향으로 판례를 변경하였다. 그 후 법령에 대한 헌법소원심판 청구기간은 기본권의 침해가 확실히 예상되는 때로부터 기산하지 않고 당해 법률이 청구인의 기본권을 명백히 구체적으로 현실 침해한 때로부터 기산한다(헌재 1996.3.28. 93헌마198).

> **법령에 대한 헌법소원심판 청구기간의 기산점**(헌재 1996.3.28. 93헌마198)
> 기본권의 침해가 확실히 예상되는 때부터 청구기간을 기산하면 청구기간의 기산점이 불명확할 뿐만 아니라 청구기간을 단축하는 결과가 되어 국민에게 불리하고, 기본권의 침해가 확실히 예상되는 때에는 이미 헌법판단에 적합할 정도의 실체적 요건이 성숙한 것으로 본다는 취지의 이른바 상황성숙성 이론은, 법령에 대한 헌법소원을 기본권 침해를 받

---

[84] 헌법재판소는 현실적으로 기본권을 침해받지 아니한 경우에도 그 침해가 확실히 예상되는 등 실체적 요건이 성숙하여 헌법판단에 적합하게 된 때에는 현재성 요건이 충족된 것으로 본다.

은 때를 기다렸다가 청구하라고만 요구한다면 기본권 구제의 실효성을 기대할 수 없는 경우가 있으므로, 헌법소원의 적법요건 중 하나인 현재성 요건과 관련하여 구체적인 기본권의 침해가 있기 전이라도 그 침해가 확실히 예상될 때에는 미리 헌법소원을 청구할 수 있도록 하여 국민의 기본권 보장의 실효성을 높이자는 것으로서, 법령에 대한 헌법소원의 청구기간의 기산점과 관련하여 이를 적용할 것은 아닌 것이다. 따라서 종전에 이와 견해를 달리하여 법령에 대한 헌법소원의 청구기간의 기산점에 관하여 기본권의 침해가 확실히 예상되는 때로부터 청구기간을 기산한다는 취지로 판시한 우리 재판소의 의견은 이를 변경하기로 한다.

### 4. 정년단축과 청구기간

법률개정으로 공무원의 정년이 단축되는 경우 청구기간의 기산점은 법률의 시행일인지 아니면 퇴직이라는 기본권 침해사유가 발생한 때가 기산점이 되는지가 문제된다. 헌법재판소는 법률의 시행과 동시에 정년이 단축되었으므로 법률의 시행일이 헌법소원청구기간의 기산점이 된다고 결정하였다.

**법률개정으로 공무원의 정년이 단축되는 경우 헌법소원 청구기간의 기산점**(헌재 2002.1.31. 2000헌마274)

이 사건 법률조항은 1999. 1. 29. 공포되어 같은 날 시행되었고 청구인은 그로부터 180일이 경과한 2000. 4. 24. 이 사건 헌법소원심판을 청구하였으므로, 이 사건 법률조항의 시행일로부터 기산하면, 청구기간이 이미 도과되었다고 할 것이다. 그런데, 청구인은 이 사건 법률조항이 시행되고 나서 청구인이 그에 따른 정년퇴직을 한 2000. 2. 29.에야 비로소 기본권의 침해를 받았고, 그로부터 기산하여 60일 이내에 청구된 이 사건 심판청구는 적법한 것이라고 주장하면서 우리 재판소의 결정례(헌재 1996.3.28. 93헌마198)를 인용하고 있다. … 이 사건에서 청구인은 이 사건 법률조항의 시행으로 인하여 그 즉시 정년이 62세로 단축된 중등교원의 지위를 갖게 되는 효과를 받게 될 것이지, 이후 62세에 달하여 실제 정년퇴직에 이르러서야 비로소 기본권의 제한을 받게 되었다고 할 것은 아니므로, 청구기간의 기산점은 이 사건 법률조항의 공포일(시행일)로 보는 것이 타당하다.

**법률개정으로 공무원의 정년이 단축되는 경우 헌법소원 청구기간의 기산점**(헌재 2008.10.30. 2006헌마217)

기능직공무원의 정년은 1998. 2. 24. 개정된 위 법률조항에 의하여 종래 최장 61세이던 것이 최장 57세로 단축되었다. 그런데, 청구인은 1998. 2. 24. 이전부터 기능직공무원으로 근무하였으므로 1998. 2. 24. 위 법률조항의 시행과 동시에 정년이 단축되었으므로, 그 날부터 위 법률조항에 대한 헌법소원 청구기간이 기산된다고 할 것이다.

### 5. 법령의 시행에 유예기간을 둔 경우

법령의 시행에 일정한 유예기간을 두는 경우, 헌법재판소는 유예기간과 관계없이 법령의 시행일에 기본권의 침해를 받은 것으로 보았으나 2020.4.23. 2017헌마479에서는 판례를 변경하여 유예기간 경과 후 기본권 침해가 실제로 발생한 때를 청구기간의 기산점으로 한다고 판례를 변경하였다.

> **유예기간 경과 후 기본권 침해가 실제로 발생한 때를 청구기간의 기산점으로 잡은 경우**(헌재 2020.4.23. 2017헌마479)
>
> 도로교통법 부칙 제1조는 승차정원 15인승 이하의 어린이통학버스에 대하여는 이 법 시행일 후 2년이 경과한 날부터 적용한다."라고 규정하여, 2년 간의 시행유예기간을 둔다. 청구인들은 심판대상조항의 시행과 동시에 기본권을 침해받지는 않고, '시행일로부터 2년 경과'라는 사유가 발생하는 2017. 1. 29.에 비로소 도로교통법 제53조 제3항의 개정규정을 구체적이고 현실적으로 적용받게 되어 보호자동승의무를 부담한다. 따라서 이 사건 보호자동승조항으로 인한 기본권 침해가 구체적이고 현실적으로 발생하는 날은 2017. 1. 29.이고, 이 날이 청구인들에 대한 헌법소원심판청구의 청구기간 기산점이 된다. 청구인들은 청구기간 기산점인 2017. 1. 29.로부터 1년 및 90일 이내인 2017. 4. 28. 헌법소원심판을 청구하였으므로 이 사건 보호자동승조항에 대한 청구기간은 준수되었다.
>
> 시행유예기간을 둔 법령에 대한 헌법소원심판의 청구기간에 관한 헌법재판소의 선례에 따르면, 도로교통법 제53조 제3항의 개정규정의 시행일인 2015. 1. 29.에 이미 시행유예기간이 지나면 청구인들의 기본권이 침해될 것임이 분명하게 되었으므로, 법령의 시행과 동시에 기본권 침해가 발생한 것으로 인정하여 시행일을 청구기간의 기산점으로 보게 되어 이 사건 보호자동승조항에 대한 청구기간이 도과하였다는 결론에 이른다. … 시행일을 청구기간의 기산점으로 본다면 시행유예기간이 경과하여 정작 기본권 침해가 실제로 발생한 때에는 이미 청구기간이 지나버려 위헌성을 다툴 기회가 부여되지 않는 불합리한 결과가 초래될 위험이 있는 점, 일반국민에 대해 법규정의 개폐에 적시에 대처할 것을 기대하기가 사실상 어렵고, 헌법소원의 본질은 국민의 기본권을 충실히 보장하는 데에 있으므로 법적 안정성을 해하지 않는 범위 내에서 청구기간에 관한 규정을 기본권 보장이 강화되는 방향으로 해석하는 것이 바람직한 점을 종합해 보면, 시행유예기간의 적용 대상인 청구인들에 대해서도 청구기간의 기산점은 시행일인 것으로 해석하는 것은 헌법소원심판청구권을 보장하는 취지에 어긋난다. … 종래 이와 견해를 달리하여, 법령의 시행일 이후 법령에 규정된 일정한 기간이 경과한 후에 비로소 법령의 적용을 받는 청구인들에 대한 헌법재판소법 제68조 제1항의 규정에 의한 법령에 대한 헌법소원심판 청구기간의 기산점을 법령의 시행일이라고 판시한 우리 재판소 결정들은, 이 결정의 취지와 저촉되는 범위 안에서 변경한다.

## V. 부작위에 대한 헌법소원심판 청구기간

공권력의 불행사에 대한 헌법소원심판의 청구에서는 그 성질상 청구기간을 적용할 여지가 없다. 다만 부진정 입법부작위의 경우에는 불완전한 입법규정 그 자체가 헌법위반이라는 적극적인 헌법소원을 제기해야 하므로 청구기간의 적용을 받는다.

## Ⅵ. 청구기간 도과

헌법소원심판의 청구에서 청구기간을 준수하지 않고 이를 도과하여 심판청구가 행해진 경우 그 청구는 부적법하다. 다만 청구인에게 귀책사유가 없는 정당한 사유가 있는 경우에는 청구기간의 도과에도 불구하고 헌법소원심판 청구는 적법한 것으로 인정될 수 있다.

> **청구기간이 도과되었음에도 헌법소원심판 청구를 적법하다고 해석하는 경우**(헌재 1993.7.29. 89헌마31)
>
> 헌법재판소법 제40조 제1항에 의하면 행정소송법이 헌법소원심판에 준용되는 것이므로, 정당한 사유가 있는 경우 제소기간을 도과한 행정소송을 허용하는 행정소송법 제20조 제2항 단서가 헌법소원심판에도 준용된다고 할 것이고, 따라서 정당한 사유가 있는 경우에는 청구기간의 도과에도 불구하고 헌법소원심판청구는 적법하다고 해석하여야 할 것이다. 그런데 여기의 정당한 사유라 함은 청구기간도과의 원인 등 여러 가지 사정을 종합하여 지연된 심판청구를 허용하는 것이 사회통념상으로 보아 상당한 경우를 뜻한다고 할 것인데, … 심판청구의 지연이 기존의 법제도의 부지·혼선으로 인한 일반적인 경우와는 달리 생소한 새 제도의 내용불명 때문에 생긴 경우라면 정당한 사유의 존부는 원칙으로 돌아가 사회통념에 의거하여 사안을 보아가며 개별적으로 판단하여야 할 문제라고 할 것이며, 이는 민사소송법 제160조 소정의 불귀책사유보다도 더 넓게 보아야 할 정당한 사유에 관한 해석상 당연한 것이라 하겠고, 더구나 행정소송에 비해 청구기간이 단기간이어서 입법론상 문제가 있는 헌법소원에 있어서 국민의 권리구제의 길을 넓히기 위하여 특히 필요한 것이라 하겠다.

## 제9절 헌법소원심판의 심리

## I. 심리

### 1. 직권심리주의

헌법소원심판은 청구인의 침해된 권리와 침해의 원인이 되는 공권력의 행사 또는 불행사에 대하여 직권으로 조사·판단하는 것을 원칙으로 하고 있다.

> **헌법소원심판의 심리**(헌재 1993.5.13. 91헌마190)
> 헌법소원심판제도는 변호사강제주의, 서면심리주의, 직권심리주의, 국가비용부담 등의 소송구조로 되어 있어서 민사재판과 같이 대립적 당사자 간의 변론주의 구조에 의하여 당사자의 청구취지 및 주장과 답변만을 판단하면 되는 것이 아니고, 헌법상 보장된 기본권을 침해받은 자가 변호사의 필요적 조력을 받아 그 침해된 권리의 구제를 청구하는 것이므로 소송비용과 청구양식에 구애되지 않고 청구인의 침해된 권리와 침해의 원인이 되는 공권력의 행사 또는 불행사에 대하여 직권으로 조사 판단하는 것을 원칙으로 하고 있다. 따라서 헌법소원심판은 그 청구서와 결정문에 반드시 피청구인을 특정하거나 청구취지를 기재하여야 할 필요가 없다. 그러므로 헌법소원심판청구서에 피청구인을 특정하고 있더라도 피청구인의 잘못된 표시는 헌법소원심판청구를 부적법하다고 각하할 사유가 되는 것이 아니며 소원심판대상은 어디까지나 공권력의 행사 또는 불행사인 처분 자체이기 때문에 심판청구서에서 청구인이 피청구인(처분청)이나 청구취지를 잘못 지정한 경우에도 권리구제절차의 적법요건에 흠결이 있는 것이 아니어서 직권으로 불복한 처분(공권력)에 대하여 정당하게 책임져야 할 처분청(피청구인)을 지정하여 정정할 수도 있고 처분청을 기재하지 아니할 수도 있다. 따라서 헌법재판소는 청구인의 심판청구서에 기재된 피청구인이나 청구취지에 구애됨이 없이 청구인의 주장요지를 종합적으로 판단하여야 하며 청구인이 주장하는 침해된 기본권과 침해의 원인이 되는 공권력을 직권으로 조사하여 피청구인과 심판대상을 확정하여 판단하여야 하는 것이다.

### 2. 서면심리

헌법재판소법 제30조 제2항에서 헌법소원심판은 서면심리에 의한다. 다만 재판부가 필요하다고 인정하는 경우에는 변론을 열어 당사자·이해관계인 기타 참고인의 진술을 들을 수 있도록 규정하고 있다. 서면심리는 공개하지 않는다.

## II. 심판기준

1. 헌법소원심판에서 헌법재판소는 공권력의 행사 또는 불행사가 기본권을 보장하는 헌법조항에 위반되는지의 여부를 심사한다. 기본권 보장규정 아닌 헌법조항이나 헌법원리 등도 심판기준이 된다. 헌법재판소도 공권력의 행사 또는 불행사가 위헌인지 여부를 판단함에 있어서 국민주권주의, 법치주의, 적법절차원리 등 헌법의 기본원리 위배

여부를 그 기준으로 적용할 수 있다고 결정하였다.

**헌법소원심판 과정에서 심판기준**(헌재 1995.2.23. 90헌마125)
헌법소원심판 과정에서 공권력의 행사 또는 불행사가 위헌인지 여부를 판단함에 있어서 국민주권주의, 법치주의, 적법절차의 원리 등 헌법의 기본원리 위배 여부를 그 기준으로 적용할 수는 있으나, 공권력의 행사 또는 불행사로 헌법의 기본원리가 훼손되었다고 하여 그 점만으로 국민의 기본권이 직접 현실적으로 침해된 것이라고 할 수는 없고 또한 공권력 행사가 헌법의 기본원리에 위반된다는 주장만으로 헌법상 보장된 기본권의 주체가 아닌 자가 헌법소원을 청구할 수도 없는 것이므로, 설사 피청구인의 불법적인 의안처리행위로 헌법의 기본원리가 훼손되었다고 하더라도 그로 인하여 헌법상 보장된 구체적 기본권을 침해당한 바 없는 국회의원인 청구인들에게 헌법소원심판청구가 허용된다고 할 수는 없다.

2. 헌법재판소 결정 중에는 모든 헌법규범을 심사기준으로 삼아 기본권 침해 여부에 관한 심사에 한정하지 않고 헌법재판소의 권한규범 위반을 이유로 인용결정을 한 바 있다.

**헌법재판소의 권한규범 위반을 이유로 인용결정을 한 경우**(헌재 1997.12.24. 96헌마172 등)
헌법소원이 단지 주관적인 권리구제절차일 뿐이 아니라 객관적 헌법질서의 수호와 유지에 기여한다는 이중적 성격을 지니고 있으므로, 헌법재판소는 본안판단에 있어서 모든 헌법규범을 심사기준으로 삼음으로써 청구인이 주장한 기본권의 침해 여부에 관한 심사에 한정하지 아니하고 모든 헌법적 관점에서 심판대상의 위헌성을 심사한다. 따라서 헌법재판소법 제68조 제1항이 비록 청구인이 주장하는 기본권을 침해하지는 않지만, 헌법 제107조 및 제111조에 규정된 헌법재판소의 권한규범에 부분적으로 위반되는 위헌적인 규정이므로, 이 사건 헌법소원은 위에서 밝힌 이유에 따라 한정적으로 인용될 수 있는 것이다.

## Ⅲ. 사전심사

헌법소원심판사건은 지정재판부의 사전심사를 거친다. 사전심사는 본안판단이 아닌 적법요건의 구비 여부를 심사한다. 지정재판부는 1. 다른 법률에 따른 구제절차가 있는 경우 그 절차를 모두 거치지 아니하거나 또는 법원의 재판에 대하여 헌법소원의 심판이 청구된 경우, 2. 청구기간이 지난 후 헌법소원심판이 청구된 경우, 3. 대리인의 선임 없이 청구된 경우, 4. 그 밖에 헌법소원심판의 청구가 부적법하고 그 흠결을 보정할 수 없는 경우에는 지정재판부 재판관 전원의 일치된 의견에 의한 결정으로 헌법소원의 심판청구를 각하한다(헌법재판소법 제72조 제3항).

지정재판부가 전원 일치된 의견으로 각하결정을 하지 않는 경우에는 전원재판부의 심판에 회부하여야 한다. 헌법소원심판청구 후 30일이 지날 때가지 각하결정이 없는 때에는 심판회부결정이 있는 것으로 본다(헌법재판소법 제72조 제4항).

## 제10절 헌법소원심판의 결정

### I. 결정정족수

전원재판부가 심리를 마친 때에는 종국결정을 한다. 종국결정은 종국심리에 관여한 재판관의 과반수의 찬성으로 한다. 다만 인용결정을 하는 경우와 종전에 헌법재판소가 판시한 헌법 또는 법률의 해석적용에 관한 의견을 변경하는 경우에는 재판관 6인 이상의 찬성이 있어야 한다.

### II. 결정유형

헌법소원의 종국결정에는 심판청구가 부적법한 경우에 하는 각하결정, 심판청구가 이유 없는 경우에 하는 기각결정,[85] 심판청구가 이유 있는 경우에 하는 인용 또는 위헌결정, 그리고 심판절차종료선언의 4가지가 있다.

#### 1. 각하결정

각하결정은 형식적·절차적 요건에 흠결이 있는 경우 내리는 결정형식이다. 청구인능력이 인정되지 않거나, 공권력의 행사 또는 불행사로 인정하기 어렵거나, 침해되었다고 주장하는 것이 헌법상 보장된 기본권이 아니거나, 기본권 침해의 자기관련성, 현재성, 직접성이 인정되지 않거나, 보충성의 요건을 충족하지 못하거나, 권리보호이익이 없거나, 청구기간을 도과하여 청구하였거나, 변호사를 선임하지 아니한 경우 등에는 각하결정을 한다.

#### 2. 기각결정

헌법소원심판청구가 "이유 없다"고 인정되는 경우 즉 공권력의 행사 또는 불행사로 말미암아 헌법상 보장된 청구인의 기본권 침해가 인정되지 않아 청구인의 주장을 배척하는 경우 내리는 결정형식이다. 주문은 "이 사건 심판청구를 기각한다"라는 형식으로 결정한다.

#### 3. 인용결정

(1) 인용결정의 의의

인용결정은 공권력의 행사 또는 불행사로 말미암아 헌법상 보장된 기본권이 침해되었음을 인정하는 결정형식이다. 헌법재판소가 헌법소원을 인용할 때에는 인용결정의 주문에서 침해된 기본권과 침해의 원인이 된 공권력의 행사 또는 불행사를 특정하여야 한다(헌법재판소법 제75조 제2항).

---

[85] 헌법재판소는 헌법재판소법 제68조 제1항에 따른 법령소원이 이유 없는 경우에는 '심판청구를 기각한다.'는 주문을 내고 있으며, 헌법재판소법 제68조 제2항에 따른 헌법소원이 이유 없는 경우에는 해당 법률에 대하여 합헌임을 선언하는 주문을 내고 있다.

(2) 인용결정의 효력

헌법소원 인용결정은 모든 국가기관과 지방자치단체를 기속한다(헌법재판소법 제75조 제1항). 헌법재판소가 공권력의 불행사에 대한 헌법소원을 인용하는 결정을 한 때에는 피청구인은 결정취지에 따라 새로운 처분을 하여야 한다(헌법재판소법 제75조 제4항). 형벌규정에 대하여 위헌결정이 선고되면 그 법령에 근거한 유죄판결이 확정된 경우라도 재심을 청구할 수 있다(헌법재판소법 제75조 제6항).

> **참고** 헌법재판소법 제68조 제2항에 의한 헌법소원이 인용된 경우 당해 소송사건이 이미 확정되었다고 하더라도 당사자는 재심을 청구할 수 있으며(헌법재판소법 제75조 제7항), 형벌규정이 위헌으로 선고되면 헌법재판소법 제68조 제1항에 의한 헌법소원이든 헌법재판소법 제68조 제2항에 의한 헌법소원이든 헌법재판소법 제45조 및 제47조가 준용되므로 재심청구가 가능하다(헌법재판소법 제75조 제6항).

(3) 인용결정 유형

인용결정에는 취소결정, 위헌확인결정, 위헌결정(변형결정), 근거법률의 위헌결정 등이 있다.

1) 취소결정

공권력의 행사가 청구인의 기본권을 침해한 것으로 인정되는 경우에 헌법재판소는 당해 공권력의 행사를 취소한다. 행정행위, 법원의 재판, 검사의 불기소처분에 대한 헌법소원을 인용하는 경우에 취소결정을 한다.

2) 위헌확인결정

기본권 침해행위가 종료된 경우,[86] 공권력의 불행사로 인하여 기본권의 침해가 인정되는 경우에는 종료된 침해행위나 당해 공권력의 불행사가 위헌이었음을 확인하는 결정을 한다.

3) 위헌결정

법령에 대한 헌법소원의 경우에는 규범통제의 성질을 가지고 있기 때문에 위헌법률심판과 마찬가지로 위헌선언형식을 취한다. 단순위헌결정, 헌법불합치결정, 한정위헌결정, 한정합헌결정 등의 형식으로 결정한다.

4) 근거법률의 위헌결정(부수적 규범통제)

헌법재판소는 공권력의 행사 또는 불행사가 위헌인 법률 또는 법률조항에 기인한 것이라고 인정될 때에는 인용결정에서 당해 법률 또는 법률조항이 위헌임을 선언할 수 있다(헌법재판소법 제75조 제5항).

---

[86] 공권력 행사에 의한 기본권 침해행위가 이미 종료되어 취소할 대상이 사라진 경우에 헌법재판소는 그러한 침해행위가 앞으로 반복될 위험이 있거나 헌법적으로 그 해명이 중대한 의미를 지니고 있는 경우에는 해당 공권력 행사가 위헌임을 확인할 수 있다.

> 헌법재판소법 제75조 제5항에 따른 위헌 선언(헌재 2003.2.27. 2002헌마106)
> 헌법재판소법 제75조 제5항은 '위 법 제68조 제1항에 의한 헌법소원을 인용하는 경우 헌법재판소는 공권력의 행사가 위헌인 법률조항에 기인한 것이라고 인정될 때에는 인용결정에서 당해 법률조항이 위헌임을 선고할 수 있다'고 하여, 소위 '부수적 규범통제'를 규정하고 있다. 따라서 행정청 행위의 위헌성이 위헌적인 법률에 기인한다고 판단된다면, 헌법재판소는 행정청 행위의 근거가 되는 법률조항의 위헌성을 확인함으로써 그를 적용한 행정청 행위의 위헌성을 확인할 수 있는 것이다.

## Ⅲ. 심판절차종료선언

심판절차종료선언은 청구인의 사망 또는 심판청구의 취하 등으로 심판절차의 종료 여부가 불분명하게 된 경우에 절차관계의 종료를 명백히 확인하는 의미에서 하는 결정이다.

### 1. 청구인의 사망

헌법소원심판절차 계속 중에 청구인이 사망하게 되면 일신전속적 권리인 경우에는 수계될 성질의 것이 아니므로 청구인의 사망과 동시에 심판절차가 당연히 종료된다. 일신전속적 권리가 아닌 경우에는 수계할 당사자가 없거나 수계의사가 없을 때에는 원칙적으로 심판절차가 종료된다.

> 일신전속적 권리를 가진 청구인의 사망에 따른 심판절차 종료(헌재 1992.11.12. 90헌마33)
> 고용계약상의 노무공급의무는 일신전속적인 것이고(민법 제657조), 노무자가 사망하면 고용관계는 종료될 권리관계라고 할 것인바, 그렇다면 이 사건 검사의 불기소처분 때문에 침해되었다 할 고용계약상의 지위는 노무자인 청구인의 사망에 의하여 종료되고 상속인에게 승계될 것이 아니다. 그러므로 그에 관련된 이 사건 심판절차 또한 수계될 성질이 못 되고 이 사건은 청구인이 사망함과 동시에 당연히 그 심판절차가 종료되었다고 할 것이다.

> 청구인 사망에 따른 심판절차 수계, 심판절차 종료, 종국결정(헌재 1994.12.29. 90헌바13)
> 청구인의 사망 후에 재심을 청구할 수 있는 자는 이 사건 헌법소원심판절차를 수계할 수 있지만, 수계할 당사자가 없거나 수계의사가 없는 경우에는 청구인의 사망에 의하여 헌법소원심판절차는 원칙적으로 종료된다고 할 것이고, 다만 수계의사표시가 없는 경우에도 이미 결정을 할 수 있을 정도로 사건이 성숙되어 있고 그 결정에 의하여 유죄판결의 흠이 제거될 수 있음이 명백한 경우 등 특별히 유죄판결을 받은 자의 이익을 위하여 결정의 필요성이 있다고 판단되는 때에 한하여 종국결정을 할 수 있다고 할 것이다.

### 2. 심판청구의 취하

청구인이 헌법소원심판청구를 취하한 경우에 헌법재판소는 민사소송법 규정을 준용하여 심판절차종료선언 결정을 하고 있다.

### 민사소송법상 소 취하 규정의 헌법소원절차에 준용 여부(헌재 2003.2.11. 2001헌마386)

헌법재판소법이나 행정소송법에 헌법소원심판청구의 취하와 이에 대한 피청구인의 동의나 그 효력에 관하여 특별한 규정이 없으므로, 소의 취하에 관한 민사소송법 제266조는 이 사건과 같은 헌법소원절차에 준용된다고 보아야 한다.

### 헌법소원심판청구 취하시 절차의 종료(헌재 1995.12.14. 95헌마221)

청구인들이 헌법소원심판청구를 취하하면 헌법소원심판절차는 종료되며, 헌법재판소로서는 헌법소원심판청구가 적법한 것인지 여부와 이유가 있는 것인지 여부에 대하여 판단할 수 없게 된다.

# 판례색인

| | | | |
|---|---|---|---|
| 대판 2011.6.23. 2008도7562 | 436 | 대판 2000.6.9. 2000다16329 | 423 |
| 대판 2010.12.16. 2010도5986 | 404, 412 | 대판 1998.9.4. 97누19687 | 434 |
| 대판 2010.12.16. 2010도5958 | 420 | 대판 1996.11.12. 96누1221 | 26 |
| 대판 2010.10.14. 2010두11016 | 422 | 대판 1996.9.20. 95누8003 | 291, 492 |
| 대판 2006.10.13. 2004다16280 | 83 | 대판 1996.5.14. 95부13 | 383 |
| 대판 2009.5.14. 2007두16202 | 397, 423 | 대판 1996.2.15. 95다38677 | 207 |
| 대판 2009.2.12. 2004두10289 | 427 | 대판 1994.10.28. 92누9463 | 397, 423 |
| 대판 2009.1.15. 2008두15596 | 434 | 대판 1994.10.25. 93다42740 | 422 |
| 대판 2003.4.25. 2003재다248 | 438 | 대판 1992.5.8. 91도2825 | 420 |
| 대판 2003.3.14. 2000두6114 | 166 | 대판 1986.1.28. 85다카1973 | 170 |
| 대판 2001.3.23. 98두5583 | 397 | 대판 1980.5.20. 80도306 | 16 |
| 헌재 2023.3.23. 2020헌가1등 | 103 | 헌재 2019.5.30. 2019헌가4 | 174 |
| 헌재 2022.11.24. 2019헌마941 | 156 | 헌재 2019.4.11. 2017헌바127 | 98 |
| 헌재 2022.6.30. 2014헌마760, 763(병합) | 506 | 헌재 2019.4.11. 2016헌바458 | 162 |
| 헌재 2022.6.3. 2022헌사448 | 303 | 헌재 2019.4.11. 2013헌바112 | 71 |
| 헌재 2022.2.24. 2018헌바146 | 257, 258 | 헌재 2019.2.28. 2017헌바196 | 102 |
| 헌재 2022.1.27. 2018헌바1162 | 307, 308 | 헌재 2019.2.28. 2015헌마1204 | 119, 123 |
| 헌재 2021.12.23. 2018헌바152 | 258 | 헌재 2018.8.30. 2016헌마344 | 131 |
| 헌재 2021.10.28. 2021헌나1 | 440 | 헌재 2018.8.30. 2016헌마263 | 147 |
| 헌재 2021.3.25. 2018헌바348 | 289 | 헌재 2018.8.30. 2015헌가38 | 225 |
| 헌재 2021.2.25. 2018헌바224 | 104 | 헌재 2018.7.26. 2018헌바137 | 179, 181 |
| 헌재 2021.1.28. 2020헌마264 | 276, 314 | 헌재 2018.7.26. 2016헌마139 | 161 |
| 헌재 2020.9.24. 2017헌바157 | 271 | 헌재 2018.7.26. 2011헌마306 | 153 |
| 헌재 2020.9.24. 2016헌마889 | 23 | 헌재 2018.6.28. 2014헌마166 | 250 |
| 헌재 2020.5.27. 2019헌라6등 | 310 | 헌재 2018.6.28. 2016헌가8 | 159 |
| 헌재 2020.5.27. 2019헌라6 | 459 | 헌재 2018.6.28. 2015헌가28 | 180, 322 |
| 헌재 2020.5.27. 2019헌라3 | 236 | 헌재 2018.6.28. 2011헌바379 | 151, 153 |
| 헌재 2020.5.27. 2019헌라1 | 235, 237 | 헌재 2018.5.31. 2014헌마346 | 118 |
| 헌재 2020.5.27. 2017헌마867 | 255 | 헌재 2018.5.31. 2013헌바322 | 180 |
| 헌재 2020.4.23. 2018헌바402 | 267 | 헌재 2018.5.31. 2013헌바22 | 208 |
| 헌재 2020.4.23. 2018헌마551 | 184, 273 | 헌재 2018.5.15. 2018헌마434 | 209 |
| 헌재 2020.4.23. 2018헌마550 | 278 | 헌재 2018.4.26. 2016헌마611 | 162 |
| 헌재 2020.4.23. 2017헌바244 | 214 | 헌재 2018.4.26. 2015헌바370(병합) | 110 |
| 헌재 2020.4.23. 2017헌마479 | 343, 552 | 헌재 2018.2.22. 2017헌가29 | 103 |
| 헌재 2020.3.26. 2018헌바3 | 162 | 헌재 2018.2.22. 2016헌바364 | 182 |
| 헌재 2020.3.26. 2016헌바55 | 206 | 헌재 2017.12.28. 2015헌바232 | 163 |
| 헌재 2019.12.27. 2018헌마730 | 163 | 헌재 2017.11.30. 2016헌마503 | 121, 123, 497, 537 |
| 헌재 2019.9.26. 2018헌마128 | 247 | 헌재 2017.11.27. 2017헌마1219 | 509 |
| 헌재 2019.8.29. 2018헌바4 | 136 | 헌재 2017.11.7. 2017헌바457 | 384 |
| 헌재 2019.8.29. 2018헌마129 | 287, 293 | 헌재 2017.11.7. 2017헌바429 | 384 |
| 헌재 2019.6.28. 2017헌바135 | 102 | 헌재 2017.10.26. 2016헌마623 | 248 |

| | | | |
|---|---|---|---|
| 헌재 2017.7.27. 2016헌바372 | 183 | 헌재 2015.5.28. 2013헌바129 | 109 |
| 헌재 2017.6.29. 2016헌가1 | 182 | 헌재 2015.5.28. 2013헌가6 | 137 |
| 헌재 2017.6.29. 2015헌마654 | 72 | 헌재 2015.5.28. 2012헌사496 | 346, 352 |
| 헌재 2017.5.25. 2017헌바149 | 363 | 헌재 2015.5.28. 2012헌마330 | 380 |
| 헌재 2017.5.25. 2016헌마292 | 196 | 헌재 2015.4.30. 2013헌마395 | 206 |
| 헌재 2017.5.25. 2016헌가6 | 137 | 헌재 2015.4.30. 2013헌마504 | 494, 495 |
| 헌재 2017.5.10. 2017헌마457 | 365 | 헌재 2015.4.30. 2012헌바95 | 171 |
| 헌재 2017.3.10. 2016헌나1 | 440, 441, 442, 444, 445, 446 | 헌재 2015.2.26. 2013헌바107 | 395 |
| 헌재 2016.12.29. 2015헌바221 | 130 | 헌재 2015.2.26. 2009헌바17 | 142 |
| 헌재 2016.12.29. 2015헌바196 | 106 | 헌재 2015.2.24. 2015헌마122 | 380 |
| 헌재 2016.12.29. 2015헌마509 | 248 | 헌재 2014.12.19. 2013헌다1 | 321, 448, 449, 450, 451, 452, 455 |
| 헌재 2016.12.13. 2016헌아229 | 364 | 헌재 2014.11.18. 2014헌사1281 | 368 |
| 헌재 2016.11.24. 2016헌가3 | 70 | 헌재 2014.10.30. 2012헌마192 | 250 |
| 헌재 2016.11.24. 2015헌바62 | 182, 184 | 헌재 2014.9.25. 2013헌바208 | 408 |
| 헌재 2016.11.24. 2015헌마902 | 373 | 헌재 2014.8.28. 2013헌마359 | 44 |
| 헌재 2016.11.24. 2015헌가23 | 70 | 헌재 2014.8.28. 2012헌바465 | 380 |
| 헌재 2016.11.15. 2016헌아211 | 364 | 헌재 2014.8.28. 2011헌바32 | 160 |
| 헌재 2016.10.27. 2014헌마797 | 194, 239 | 헌재 2014.7.24. 2013헌마423 | 143 |
| 헌재 2016.9.29. 2015헌바331 | 329 | 헌재 2014.7.24. 2009헌마256·2010헌마394(병합) | 25 |
| 헌재 2016.7.28. 2016헌마218 | 360 | 헌재 2014.7.24. 2009헌마256 | 245, 301 |
| 헌재 2016.6.30. 2015헌마924 | 144 | 헌재 2014.6.26. 2012헌마782 | 156 |
| 헌재 2016.6.30. 2014헌라1 | 465, 475 | 헌재 2014.5.29. 2013헌마280 | 497 |
| 헌재 2016.5.26. 2015헌아20 | 371 | 헌재 2014.5.29. 2010헌마606 | 535 |
| 헌재 2016.5.26. 2014헌마45 | 155 | 헌재 2014.4.24. 2012헌마287 | 200, 244, 298, 517 |
| 헌재 2016.5.26. 2012헌마374 | 243, 256, 259, 261 | 헌재 2014.4.24. 2012헌마2 | 127, 128, 512 |
| 헌재 2016.3.31. 2015헌마688 | 143 | 헌재 2014.4.24. 2011헌바254 | 164 |
| 헌재 2016.3.31. 2015헌가8 | 389 | 헌재 2014.4.24. 2011헌마612 | 527 |
| 헌재 2016.3.31. 2013헌바190 | 102, 110, 270 | 헌재 2014.4.24. 2011헌가29 | 176 |
| 헌재 2016.2.25. 2013헌바435 | 268 | 헌재 2014.3.27. 2013헌마523 | 495 |
| 헌재 2016.2.25. 2013헌마692 | 186 | 헌재 2014.3.27. 2012헌바652 | 83 |
| 헌재 2015.12.23. 2015헌바75 | 174 | 헌재 2014.3.27. 2012헌라4 | 289 |
| 헌재 2015.12.23. 2015헌바244 | 382 | 헌재 2014.3.27. 2010헌가2 | 176 |
| 헌재 2015.12.23. 2015헌가27 | 389 | 헌재 2014.2.27. 2014헌마7 | 367 |
| 헌재 2015.12.23. 2014헌마1149 | 47, 185, 186 | 헌재 2014.2.27. 2013헌바178 | 131 |
| 헌재 2015.12.23. 2013헌마182 | 510 | 헌재 2014.2.27. 2011헌바825 | 93 |
| 헌재 2015.12.23. 2013헌가9 | 100 | 헌재 2014.1.28. 2012헌바298 | 115, 126 |
| 헌재 2015.10.21. 2014헌바170 | 386 | 헌재 2014.1.28. 2012헌바216 | 277 |
| 헌재 2015.9.24. 2012헌바302 | 134 | 헌재 2014.1.28. 2012헌마431 | 33 |
| 헌재 2015.9.1. 2015헌바275 | 384 | 헌재 2014.1.28. 2012헌마409 | 196 |
| 헌재 2015.7.30. 2014헌바447 | 126 | 헌재 2014.1.28. 2012헌마267 | 90, 92 |
| 헌재 2015.7.30. 2012헌마402 | 200, 248 | 헌재 2014.1.28. 2011헌바252 | 107, 139 |
| 헌재 2015.6.25. 2011헌마769 | 166 | 헌재 2014.1.28. 2011헌바174 | 177, 178, 179 |
| 헌재 2015.5.28. 2013헌바424 | 382 | 헌재 2014.1.28. 2010헌바251 | 397, 424 |

| | | | |
|---|---|---|---|
| 헌재 2013.12.26. 2012헌라3 | 470, 481 | 헌재 2012.8.23. 2010헌바28 | 76, 428 |
| 헌재 2013.12.26. 2011헌바153 | 258 | 헌재 2012.8.23. 2010헌바328 | 269 |
| 헌재 2013.12.26. 2011헌바108 | 130, 388 | 헌재 2012.8.23. 2010헌가65 | 113 |
| 헌재 2013.12.26. 2009헌마747 | 144 | 헌재 2012.8.23. 2009헌가27 | 46, 84 |
| 헌재 2013.11.28. 2012헌마770 | 136 | 헌재 2012.8.23. 2008헌마430 | 118 |
| 헌재 2013.11.28. 2012헌가10 | 129 | 헌재 2012.7.26. 2011헌가40 | 385 |
| 헌재 2013.11.28. 2011헌바168 | 89 | 헌재 2012.7.26. 2010헌라3 | 470 |
| 헌재 2013.11.28. 2011헌마565 | 197 | 헌재 2012.7.26. 2009헌마35 등 | 14 |
| 헌재 2013.10.24. 2012헌바278 | 90 | 헌재 2012.7.26. 2009헌마328 | 191 |
| 헌재 2013.10.24. 2012헌마311 | 262 | 헌재 2012.6.27. 2011헌가36 | 101 |
| 헌재 2013.10.24. 2012헌마311 | 259 | 헌재 2012.5.31. 2010헌바87 | 56 |
| 헌재 2013.10.24. 2011헌바106 | 108 | 헌재 2012.5.31. 2010헌마672 | 111 |
| 헌재 2013.9.26. 2012헌바259 | 92 | 헌재 2012.5.31. 2009헌마705 | 161, 267, 526, 527 |
| 헌재 2013.9.26. 2012헌바109 | 389 | 헌재 2012.5.31. 2009헌마553 | 54 |
| 헌재 2013.9.26. 2012헌마271 | 47, 169, 521, 522 | 헌재 2012.4.24. 2010헌바164 | 217 |
| 헌재 2013.9.26. 2012헌라1 | 459 | 헌재 2012.4.24. 2010헌마493 | 532 |
| 헌재 2013.9.26. 2011헌마398 | 117 | 헌재 2012.3.29. 2011헌바53 | 223 |
| 헌재 2013.9.26. 2011헌가42 | 228 | 헌재 2012.3.29. 2011헌바133 | 212, 213 |
| 헌재 2013.8.29. 2011헌마613 | 502 | 헌재 2012.3.29. 2010헌바83 | 69 |
| 헌재 2013.8.29. 2011헌마408 | 106 | 헌재 2012.3.29. 2010헌마693 | 127 |
| 헌재 2013.8.29. 2011헌마122 | 118, 532 | 헌재 2012.3.29. 2010헌마475 | 497 |
| 헌재 2013.7.25. 2012헌바63 | 399 | 헌재 2012.2.23. 2011헌가13 | 403 |
| 헌재 2013.7.25. 2012헌바409 | 198 | 헌재 2012.2.23. 2010헌마300 | 407 |
| 헌재 2013.7.25. 2012헌바116 | 222 | 헌재 2012.2.23. 2010헌라6 | 475 |
| 헌재 2013.7.25. 2012헌마174 | 243 | 헌재 2012.2.23. 2009헌바47 | 211 |
| 헌재 2013.7.25. 2011헌마364 | 143 | 헌재 2012.2.23. 2009헌마333 | 148, 149 |
| 헌재 2013.7.25. 2011헌가32 | 432 | 헌재 2012.1.31. 2012헌바26 | 392 |
| 헌재 2013.6.27. 2012헌바37 | 107 | 헌재 2011.12.29. 2011헌마2 | 502 |
| 헌재 2013.6.27. 2012헌바345 | 108, 109 | 헌재 2011.12.29. 2010헌바368 | 202, 268, 299 |
| 헌재 2013.6.27. 2011헌마475 | 530 | 헌재 2011.12.29. 2010헌바205 | 61, 192 |
| 헌재 2013.6.27. 2011헌가39 | 96 | 헌재 2011.12.29. 2010헌마293 | 165 |
| 헌재 2013.5.30. 2012헌바19 | 83 | 헌재 2011.12.29. 2009헌마527 | 154, 541 |
| 헌재 2013.5.30. 2011헌바360 | 88 | 헌재 2011.12.29. 2009헌마330 | 493, 494 |
| 헌재 2013.5.30. 2009헌마514 | 54, 96, 525 | 헌재 2011.11.24. 2009헌마292 | 75 |
| 헌재 2013.3.21. 2010헌바132 | 63, 392, 396, 404, 412 | 헌재 2011.10.25. 2011헌마175 | 362 |
| 헌재 2013.2.28. 2009헌바129 | 400 | 헌재 2011.10.25. 2010헌마134 | 89 |
| 헌재 2012.12.27. 2012헌바60 | 408 | 헌재 2011.10.25. 2010헌마661 | 89, 91 |
| 헌재 2012.12.27. 2011헌바117 | 13, 14, 107, 266, 401, 425 | 헌재 2011.10.25. 2010헌마243 | 132 |
| | | 헌재 2011.10.25. 2009헌바234 | 68 |
| 헌재 2012.12.27. 2011헌마562 | 182, 183 | 헌재 2011.9.29. 2010헌마68 | 88, 113, 114 |
| 헌재 2012.12.27. 2010헌가82 | 106 | 헌재 2011.9.29. 2010헌마413 | 145 |
| 헌재 2012.11.29. 2012헌마330 | 204 | 헌재 2011.9.29. 2009헌마351 | 44 |
| 헌재 2012.11.29. 2011헌마827 | 61, 218 | 헌재 2011.09.29. 2009헌마230 | 520 |
| 헌재 2012.11.29. 2011헌마693 | 345 | 헌재 2011.9.29. 2009헌라3 | 471 |
| 헌재 2012.10.25. 2011헌마307 | 220, 221 | 헌재 2011.9.29. 2007헌마1083 | 45, 73, 135, 136 |
| 헌재 2012.8.23. 2010헌바425 | 213 | 헌재 2011.9.27. 2011헌바500 | 166 |
| 헌재 2012.8.23. 2010헌바402 | 43, 82 | 헌재 2011.9.27. 2011헌마500 | 166 |

| | | | |
|---|---|---|---|
| 헌재 2011.8.30. 2011헌라1 | 456, 470 | 헌재 2010.9.30. 2009헌바86 | 395 |
| 헌재 2011.8.30. 2010헌라4 | 472, 480 | 헌재 2010.9.30. 2009헌바2 | 351 |
| 헌재 2011.8.30. 2009헌바42 | 146 | 헌재 2010.9.30. 2009헌바101 | 397 |
| 헌재 2011.8.30. 2009헌라7 | 475 | 헌재 2010.9.30. 2008헌마628 | 541 |
| 헌재 2011.8.30. 2008헌마648 | 82 | 헌재 2010.9.2. 2010헌마418 | 296 |
| 헌재 2011.8.30. 2008헌마477 | 59 | 헌재 2010.9.2. 2009헌가9 | 405, 406 |
| 헌재 2011.8.30. 2008헌마343 | 544 | 헌재 2010.7.29. 2010헌라1 | 315, 460, 462, 469 |
| 헌재 2011.8.30. 2008헌가22 등 | 153 | 헌재 2010.7.29. 2009헌바218 | 88 |
| 헌재 2011.8.30. 2008헌가22 | 12, 58, 150, 151 | 헌재 2010.7.29. 2009헌마51 | 78 |
| 헌재 2011.8.30. 2006헌마788 | 514 | 헌재 2010.7.29. 2009헌가13 | 25 |
| 헌재 2011.6.30. 2010헌바478 | 198, 199 | 헌재 2010.7.29. 2008헌마664 | 77, 78 |
| 헌재 2011.6.30. 2009헌마595 | 523 | 헌재 2010.7.29. 2008헌가4 | 133 |
| 헌재 2011.6.30. 2009헌마406 | 65, 84, 85, 134, 497, 541 | 헌재 2010.7.29. 2008헌가28 | 410 |
| | | 헌재 2010.7.29. 2008헌가15 | 430, 431 |
| 헌재 2011.6.30. 2008헌바81 | 508 | 헌재 2010.7.29. 2006헌바75 | 388 |
| 헌재 2011.6.30. 2008헌마715 | 526 | 헌재 2010.6.24. 2009헌마482 | 500 |
| 헌재 2011.5.26. 2010헌마183 | 62 | 헌재 2010.6.24. 2009헌마257 | 122 |
| 헌재 2011.5.26. 2009헌바63 | 108 | 헌재 2010.6.24. 2007헌바101 | 80 |
| 헌재 2011.5.26. 2009헌마341 | 117, 120 | 헌재 2010.5.27. 2008헌바110 | 139, 386 |
| 헌재 2011.4.28. 2010헌마474 | 115, 296 | 헌재 2010.5.27. 2008헌마663 | 87, 142 |
| 헌재 2011.4.28. 2009헌바37 | 402 | 헌재 2010.5.27. 2005헌마346 | 43, 87, 519 |
| 헌재 2011.3.31. 2010헌바86 | 33 | 헌재 2010.4.29. 2009헌마399 | 488 |
| 헌재 2011.3.31. 2010헌바291 | 85, 166 | 헌재 2010.4.29. 2009헌라11 | 463 |
| 헌재 2011.3.31. 2009헌마617 | 211, 212 | 헌재 2010.4.29. 2008헌마438 | 536 |
| 헌재 2011.3.31. 2008헌바141 | 75, 93, 95, 112, 113 | 헌재 2010.4.29. 2007헌마910 | 73 |
| 헌재 2011.3.31. 2008헌바111 | 95, 518 | 헌재 2010.4.29. 2003헌마283 | 503 |
| 헌재 2011.2.24. 2010헌바98 | 391 | 헌재 2010.4.13. 2010헌마154 | 493 |
| 헌재 2011.2.24. 2010헌바98 | 391 | 헌재 2010.3.25. 2009헌바83 | 108, 136 |
| 헌재 2011.2.24. 2009헌바89 | 228 | 헌재 2010.3.25. 2009헌마538 | 197 |
| 헌재 2011.2.24. 2009헌바33 | 33 | 헌재 2010.3.25. 2009헌마170 | 112, 113, 114 |
| 헌재 2011.2.24. 2009헌바13 | 188 | 헌재 2010.3.25. 2007헌마933 | 181, 482, 483 |
| 헌재 2011.2.24. 2009헌마94 | 77, 79 | 헌재 2010.2.25. 2009헌바95 | 407 |
| 헌재 2010.12.28. 2010헌마79 | 200, 247 | 헌재 2010.2.25. 2009헌바92 | 402 |
| 헌재 2010.12.28. 2010헌가73 | 393 | 헌재 2010.2.25. 2008헌바53 | 387 |
| 헌재 2010.12.28. 2009헌바258 | 12, 141 | 헌재 2010.2.25. 2008헌가23 | 82, 97, 98 |
| 헌재 2010.12.28. 2008헌라7 | 306, 459 | 헌재 2010.2.25. 2007헌바131 | 96, 157 |
| 헌재 2010.12.28, 2009헌바258 | 165 | 헌재 2009.12.29. 2008헌가13 | 432 |
| 헌재 2010.11.25. 2010헌마16 | 544 | 헌재 2009.12.29. 2006헌바20 | 179 |
| 헌재 2010.11.25. 2009헌라12 | 358, 474, 476 | 헌재 2009.12.29. 2006헌바13 | 179 |
| 헌재 2010.11.25. 2006헌마328 | 93 | 헌재 2009.11.26. 2008헌바58 | 86 |
| 헌재 2010.10.28. 2009헌마438 | 548 | 헌재 2009.11.26. 2008헌바25 | 114 |
| 헌재 2010.10.28. 2009헌라6 | 457 | 헌재 2009.11.26. 2008헌바12 | 125, 126 |
| 헌재 2010.10.28. 2008헌마612 | 140 | 헌재 2009.11.26. 2008헌마385 | 87 |
| 헌재 2010.10.28. 2007헌마890 | 60 | 헌재 2009.11.26. 2008헌라4 | 469 |
| 헌재 2010.10.28. 2007헌가23 | 518 | 헌재 2009.10.29. 2009헌마350 | 242 |
| 헌재 2010.9.30. 2010헌가3 | 394 | 헌재 2009.10.29. 2009헌라8 | 308, 466, 475 |

| | | | |
|---|---|---|---|
| 헌재 2009.10.29. 2008헌마454 | 291, 492 | 헌재 2009.2.26. 2008헌마370 | 526, 527 |
| 헌재 2009.10.29. 2007헌마992 | 122 | 헌재 2009.2.26. 2007헌바8 | 127, 329 |
| 헌재 2009.10.29. 2007헌마667 | 141 | 헌재 2009.2.26. 2007헌바35 | 28 |
| 헌재 2009.10.29. 2007헌마1462 | 196 | 헌재 2009.2.26. 2005헌바94 | 69 |
| 헌재 2009.10.29. 2007헌마1423 | 549 | 헌재 2009.2.26. 2005헌바764 | 79 |
| 헌재 2009.10.29. 2007헌마1359 | 54 | 헌재 2008.12.26. 2008헌마419 | 525, 526 |
| 헌재 2009.9.24. 2008헌마255 | 68 | 헌재 2008.12.26. 2007헌마862 | 540 |
| 헌재 2009.9.24. 2008헌마210 | 502 | 헌재 2008.12.26. 2007헌마444 | 270 |
| 헌재 2009.9.24. 2008헌가25 | 175, 357, 433, 435, 436 | 헌재 2008.12.26. 2006헌마384 | 491 |
| 헌재 2009.9.24. 2007헌바118 | 383 | 헌재 2008.12.26. 2005헌라11 | 473 |
| 헌재 2009.9.24. 2007헌바107 | 166 | 헌재 2008.11.27. 2008헌마517 | 28, 516 |
| 헌재 2009.9.24. 2007헌마872 | 85 | 헌재 2008.11.27. 2008헌마399 | 500 |
| 헌재 2009.9.24. 2007헌마738 | 121 | 헌재 2008.11.27. 2008헌마372 | 527 |
| 헌재 2009.9.24. 2007헌마117 | 197 | 헌재 2008.11.27. 2007헌마1024 | 247 |
| 헌재 2009.9.24. 2006헌마1298 | 42, 518, 530 | 헌재 2008.11.27. 2006헌마440 | 503 |
| 헌재 2009.9.24. 2006헌마1264 | 59, 136, 138 | 헌재 2008.11.27. 2006헌마352 | 92, 95, 168 |
| 헌재 2009.7.30. 2008헌바162 | 129, 328 | 헌재 2008.11.27. 2005헌마161 | 53 |
| 헌재 2009.7.30. 2008헌가2 | 155 | 헌재 2008.11.13. 2006헌바112 | 34, 433 |
| 헌재 2009.7.30. 2007헌바75 | 289 | 헌재 2008.10.30. 2006헌바35 | 84, 95 |
| 헌재 2009.7.30. 2007헌마991 | 198 | 헌재 2008.10.30. 2006헌마217 | 551 |
| 헌재 2009.7.30. 2007헌마732 | 359, 360 | 헌재 2008.10.30. 2006헌마1401 | 496 |
| 헌재 2009.7.30. 2007헌마1037 | 135 | 헌재 2008.10.30. 2006헌마1098 | 418 |
| 헌재 2009.7.30. 2006헌마358 | 512 | 헌재 2008.10.30. 2006헌가15 | 183 |
| 헌재 2009.7.30. 2005헌라2 | 468, 470 | 헌재 2008.10.30. 2005헌마723 | 381 |
| 헌재 2009.7.14. 2009헌마349 | 78 | 헌재 2008.10.30. 2005헌마1156 | 228 |
| 헌재 2009.6.25. 2008헌마413 | 75, 241 | 헌재 2008.9.25. 2008헌마456 참조 | 217 |
| 헌재 2009.6.25. 2007헌바25 | 60, 115 | 헌재 2008.9.25. 2008헌마456 | 96, 217 |
| 헌재 2009.6.25. 2007헌마40 | 233, 242, 254, 261 | 헌재 2008.9.25. 2007헌마1126 | 123 |
| 헌재 2009.6.9. 2009헌마264 | 381 | 헌재 2008.9.25. 2006헌바108 | 420 |
| 헌재 2009.5.28. 2007헌바22 | 175, 177 | 헌재 2008.8.12. 2008헌마508 | 499 |
| 헌재 2009.5.28. 2007헌마369 | 35 | 헌재 2008.7.31. 2007헌가4 | 170 |
| 헌재 2009.5.28. 2007헌마369 | 343 | 헌재 2008.7.31. 2006헌마711 | 164, 227 |
| 헌재 2009.5.28. 2006헌바109 | 67, 74, 160, 395 | 헌재 2008.7.31. 2006헌마666 | 183 |
| 헌재 2009.5.28. 2006헌마618 | 36, 86 | 헌재 2008.7.31. 2004헌바81 | 43, 519 |
| 헌재 2009.5.28. 2006헌마285 | 13 | 헌재 2008.2.29. 2008헌마487 | 503 |
| 헌재 2009.5.28. 2005헌바20 | 76, 387 | 헌재 2008.6.26. 2007헌마1366 | 155 |
| 헌재 2009.5.28. 2005헌바20 | 76 | 헌재 2008.6.26. 2005헌마506 | 168 |
| 헌재 2009.4.30. 2007헌마106 | 540 | 헌재 2008.6.26. 2005헌라7 | 458, 460 |
| 헌재 2009.4.30. 2007헌마103 | 543 | 헌재 2008.5.29. 2007헌바143 | 402 |
| 헌재 2009.4.30. 2005헌마514 | 216 | 헌재 2008.5.29. 2007헌마712 | 504 |
| 헌재 2009.3.26. 2007헌마843 | 287 | 헌재 2008.5.29. 2007헌마248 | 159 |
| 헌재 2009.3.26. 2007헌마988 | 531 | 헌재 2008.5.29. 2007헌마1105 | 198 |
| 헌재 2009.3.26. 2007헌마843 | 47, 235, 239, 288, 299, 521, 522 | 헌재 2008.5.29. 2006헌바85 | 82, 402 |
| | | 헌재 2008.5.29. 2005헌라3 | 326, 469 |
| 헌재 2009.3.26. 2006헌마72 | 260 | 헌재 2008.4.24. 2007헌마1456 | 216 |
| 헌재 2009.3.26. 2006헌마67 | 251 | 헌재 2008.4.24. 2006헌마954 | 85 |

| | | | |
|---|---:|---|---:|
| 헌재 2008.4.24. 2004헌바44 | 378 | 헌재 2006.7.27. 2003헌바18 | 190 |
| 헌재 2008.3.27. 2006헌라1 | 459 | 헌재 2006.6.29. 2005헌마604 | 203, 204 |
| 헌재 2008.2.28. 2006헌마1028 | 138 | 헌재 2006.6.29. 2005헌마44 | 544 |
| 헌재 2008.2.28. 2005헌마872 | 348, 349 | 헌재 2006.6.29. 2005헌마165 | 167, 169, 170 |
| 헌재 2008.1.17. 2007헌마700 | 48, 503, 521 | 헌재 2006.6.29. 2004헌가3 | 432 |
| 헌재 2008.1.10. 2007헌마1468 | 276 | 헌재 2006.6.29. 2002헌바80 | 64 |
| 헌재 2008.1.10. 2007 헌마1468 | 62 | 헌재 2006.6.29. 2005헌마165 | 167 |
| 헌재 2007.12.27. 2006헌바73 | 390, 391 | 헌재 2006.5.25. 2005헌마11 | 198 |
| 헌재 2007.12.27. 2006헌바34 | 381, 386 | 헌재 2006.5.25. 2005헌라4 | 467 |
| 헌재 2007.11.29. 2005헌마347 | 485, 486 | 헌재 2006.5.25. 2005 헌라4 | 469 |
| 헌재 2007.11.29. 2004헌마290 | 12 | 헌재 2006.5.25. 2004헌가1 | 183 |
| 헌재 2007.10.4. 2005헌바71 | 397 | 헌재 2006.5.25. 2003헌바115 | 356, 357, 362 |
| 헌재 2007.8.30. 2005헌마975 | 158 | 헌재 2006.5.25. 2003헌마715 | 417 |
| 헌재 2007.8.30. 2004헌마670 | 45, 220, 520 | 헌재 2006.4.27. 2005헌마1190 | 294 |
| 헌재 2007.8.30. 2003헌바51 | 266, 267, 273 | 헌재 2006.4.27. 2005헌마1047 | 186 |
| 헌재 2007.7.26. 2005헌바100 | 404 | 헌재 2006.4.27. 2004헌마562 | 18 |
| 헌재 2007.7.26. 2005헌라8 | 461, 462 | 헌재 2006.4.25. 2006헌마409 | 489 |
| 헌재 2007.7.26. 2003헌마377 | 523, 525 | 헌재 2006.3.30. 2005헌마337 | 224 |
| 헌재 2007.6.28. 2006헌마1482 | 360 | 헌재 2006.3.30. 2005헌라1 | 468 |
| 헌재 2007.6.28. 2005헌마772 | 254, 255 | 헌재 2006.3.30. 2004헌마246 | 48, 49, 524 |
| 헌재 2007.6.28. 2004헌마644 | 25, 64, 193, 194, 536, 548 | 헌재 2006.3.30. 2003헌마806 | 24 |
| | | 헌재 2006.3.30. 2003헌라2 | 459, 467 |
| 헌재 2007.6.28. 2004헌마643 | 25, 298, 517 | 헌재 2006.2.23. 2005헌마403 | 287, 289 |
| 헌재 2007.5.31. 2006헌바49 | 91 | 헌재 2006.2.23. 2005헌마20 | 506 |
| 헌재 2007.5.31. 2006헌마627 | 495 | 헌재 2006.2.23. 2004헌마675 | 94, 221 |
| 헌재 2007.5.31. 2003헌마579 | 543 | 헌재 2006.2.23. 2004헌마414 | 503 |
| 헌재 2007.4.26. 2006헌바10 | 394 | 헌재 2006.2.23. 2004헌마208 | 48, 523 |
| 헌재 2007.3.29. 2005헌바33 | 272 | 헌재 2005.12.22. 2005헌마19 | 112 |
| 헌재 2007.3.29. 2005헌마985 | 251 | 헌재 2005.12.22. 2004헌바25 | 116, 117 |
| 헌재 2007.3.29. 2004헌바93 | 131 | 헌재 2005.12.22. 2004헌마66 | 510 |
| 헌재 2007.1.17. 2005헌바41 | 431 | 헌재 2005.12.22. 2004헌마530 | 193 |
| 헌재 2006.12.28. 2006헌마312 | 487, 521, 522, 526, 527 | 헌재 2005.12.22. 2004헌라3 | 468 |
| | | 헌재 2005.12.22. 2003헌가5 | 83 |
| 헌재 2006.12.28. 2005헌바23 | 253 | 헌재 2005.11.24. 2004헌가17 | 179 |
| 헌재 2006.11.30. 2006헌마679 | 26 | 헌재 2005.11.24. 2002헌바95 | 57, 223 |
| 헌재 2006.11.30. 2005헌바55 | 397 | 헌재 2005.10.27. 2004헌바41 | 53 |
| 헌재 2006.11.30. 2005헌마855 | 488 | 헌재 2005.10.27. 2003헌가3 | 159 |
| 헌재 2006.10.26. 2005헌가14 | 173 | 헌재 2005.10.27. 2002헌마425 | 83 |
| 헌재 2006.9.26. 2006헌아37 | 370 | 헌재 2005.10.4. 2005헌마875 | 193 |
| 헌재 2006.8.31. 2004헌라2 | 467, 468, 475 | 헌재 2005.9.29. 2002헌바84 | 190 |
| 헌재 2006.8.31. 2003헌라1 | 464 | 헌재 2005.7.21. 2004헌바2 | 213 |
| 헌재 2006.7.27. 2005헌바58 | 364 | 헌재 2005.7.21. 2003헌마282 | 142, 143 |
| 헌재 2006.7.27. 2005헌바190 | 381 | 헌재 2005.6.30. 2004헌바40 | 79 |
| 헌재 2006.7.27. 2005헌바19 | 86 | 헌재 2005.6.30. 2003 헌마 841 | 62 |
| 헌재 2006.7.27. 2004헌바77 | 221 | 헌재 2005.5.26. 99헌마513 | 100 |
| 헌재 2006.7.27. 2004헌마655 | 550 | 헌재 2005.5.26. 2001헌마728 | 115 |

| | | | |
|---|---|---|---|
| 헌재 2005.4.28. 2004헌마219 | 199, 235, 538 | 헌재 2003.10.30. 2002헌마518 | 85, 141 |
| 헌재 2005.3.31. 2004헌바29 | 70 | 헌재 2003.10.30. 2002헌라1 | 237, 473 |
| 헌재 2005.3.31. 2003헌바113 | 381, 386, 397 | 헌재 2003.10.30. 2000헌바67 | 177, 178 |
| 헌재 2005.2.24. 2004헌바24 | 382 | 헌재 2003.10.30. 2000헌마563 | 135, 138 |
| 헌재 2005.2.15. 2004헌마911 | 353, 354 | 헌재 2003.9.25. 2003헌마30 | 91, 94 |
| 헌재 2005.2.3. 2004헌가8 | 173 | 헌재 2003.9.25. 2002헌마789 | 549 |
| 헌재 2005.2.3. 2003헌마544 | 486 | 헌재 2003.9.25. 2002헌마519 | 135 |
| 헌재 2005.2.03. 2001헌가9 | 409 | 헌재 2003.9.25. 2001헌마93 | 547 |
| 헌재 2005.2.3. 2001헌가9 | 36, 432 | 헌재 2003.9.25. 2001헌가22 | 415, 416 |
| 헌재 2004.12.16. 2002헌마333 | 487 | 헌재 2003.7.24. 2003헌마3 | 534 |
| 헌재 2004.10.28. 99헌바91 | 387 | 헌재 2003.7.24. 2002헌바51 | 213 |
| 헌재 2004.10.28. 2003헌마898 | 514 | 헌재 2003.6.26. 2002헌바3 | 399 |
| 헌재 2004.10.28. 2003헌가18 | 134 | 헌재 2003.6.26. 2002헌마402 | 493 |
| 헌재 2004.10.28. 2002헌마328 | 214, 540 | 헌재 2003.6.26. 2002헌마337 | 496 |
| 헌재 2004.10.21. 2004헌마554 | 413 | 헌재 2003.5.15. 2002헌바93 | 389 |
| 헌재 2004.10.21. 2004헌마544 등 | 3 | 헌재 2003.5.15. 2002헌마90 | 210, 211 |
| 헌재 2004.9.23. 2004헌가12 | 198 | 헌재 2003.5.15. 2001헌바98 | 377 |
| 헌재 2004.9.23. 2003헌아61 | 370 | 헌재 2003.4.24. 2002헌가8 | 105 |
| 헌재 2004.9.23. 2003헌바3 | 404 | 헌재 2003.4.24. 2001헌마386 | 354 |
| 헌재 2004.9.23. 2002헌가17 | 104 | 헌재 2003.3.27. 2002헌마573 | 92 |
| 헌재 2004.9.23. 2000헌마138 | 114, 117, 119 | 헌재 2003.3.27. 2002헌마106 | 503 |
| 헌재 2004.9.23. 2000헌라2 | 466, 474 | 헌재 2003.3.27. 2000헌마474 | 123 |
| 헌재 2004.8.26. 2002헌가1 | 152 | 헌재 2003.2.27. 2002헌마106 | 416, 498, 558 |
| 헌재 2004.5.27. 2003헌마851 | 203 | 헌재 2003.2.11. 2001헌마386 | 505, 559 |
| 헌재 2004.5.27. 2003헌가1 | 35, 85, 435 | 헌재 2003.1.30. 2002헌마358 | 79 |
| 헌재 2004.5.14. 2004헌나1 | 101, 201, 314, | 헌재 2002.12.18. 2000헌마764 | 159 |
| 359, 443, 444, 445, 446 | | 헌재 2002.11.28. 98헌바101 | 425 |
| 헌재 2004.4.29. 2003헌마814 | 505 | 헌재 2002.11.28. 2002헌가5 | 108 |
| 헌재 2004.4.29. 2003헌마783 | 346 | 헌재 2002.11.28. 2001헌바50 | 220 |
| 헌재 2004.3.25. 2002헌바104 | 66, 124 | 헌재 2002.10.31. 2002헌바29 | 390 |
| 헌재 2004.3.25. 2001헌마710 | 273 | 헌재 2002.10.31. 2002헌라2 | 459 |
| 헌재 2004.1.29. 2002헌바40 | 430 | 헌재 2002.10.31. 2001헌바68 | 91 |
| 헌재 2004.1.29. 2001헌바30 | 229 | 헌재 2002.10.31. 2001헌라1 | 459 |
| 헌재 2004.1.29. 2001헌마894 | 534 | 헌재 2002.10.31. 2000헌바76) | 401 |
| 헌재 2003.12.18. 2003헌마225 | 504 | 헌재 2002.10.31. 2000헌가12 | 112 |
| 헌재 2003.12.18. 2002헌바91 | 351 | 헌재 2002.8.29. 2001헌바82 | 416 |
| 헌재 2003.12.18. 2002헌바49 | 41, 66 | 헌재 2002.8.29. 2001헌마788 | 198 |
| 헌재 2003.12.18. 2002헌바1 | 213 | 헌재 2002.7.18. 2000헌마327 | 65, 498 |
| 헌재 2003.12.18. 2002헌마593 | 412 | 헌재 2002.6.27. 99헌마480 | 535 |
| 헌재 2003.12.18. 2001헌마163 | 344, 531 | 헌재 2002.5.30. 2000헌마81 | 427, 428, 429 |
| 헌재 2003.12.18, 2002헌바49 | 167 | 헌재 2002.4.25. 98헌마425 | 92, 150 |
| 헌재 2003.12.2. 2003헌사536 | 373 | 헌재 2002.4.25. 2001헌마200; | 188 |
| 헌재 2003.12.2. 2003헌사535 | 373 | 헌재 2002.4.25. 2001헌마200 | 101 |
| 헌재 2003.11.27. 2003헌마259 | 256 | 헌재 2002.4.25. 2001헌가27 | 159, 388 |
| 헌재 2003.11.27. 2002헌마193 | 120, 121 | 헌재 2002.2.28. 99헌바117 | 159 |
| 헌재 2003.11.25. 2003헌아54 | 366 | 헌재 2002.2.28. 99헌마693 | 530 |

| | | | |
|---|---|---|---|
| 헌재 2002.1.31. 2000헌마274 | 551 | 헌재 2000.6.29. 99헌바66 | 438 |
| 헌재 2001.12.20. 2001 헌바 25 | 25 | 헌재 2000.6.29. 98헌마443 | 307 |
| 헌재 2001.11.29. 99헌마494 | 44, 45, 489, 520 | 헌재 2000.6.1. 99헌마553 | 46 |
| 헌재 2001.11.29. 2001헌마41 | 101 | 헌재 2000.6.1. 99헌마538 | 493, 494 |
| 헌재 2001.10.25. 2001헌마113 | 498 | 헌재 2000.6.1. 97헌바74 | 319, 401 |
| 헌재 2001.10.25. 2000헌바5 | 389 | 헌재 2000.6.1. 2000헌마18 | 509, 513 |
| 헌재 2001.10.25. 2000헌마92 | 249 | 헌재 2000.3.30. 99헌바14 | 155 |
| 헌재 2001.9.27. 2001헌아3 | 371, 372 | 헌재 2000.1.27. 96헌바95 | 432 |
| 헌재 2001.9.27. 2001헌바38 | 397 | 헌재 1999.12.23. 99헌마135 | 18, 49, 523, 524 |
| 헌재 2001.9.27. 2001헌마94) | 546 | 헌재 1999.12.23. 98헌바33 | 34, 398 |
| 헌재 2001.9.27. 2001헌마94 | 546 | 헌재 1999.12.23. 98헌마363 | 92, 93 |
| 헌재 2001.9.27. 2001헌마152 | 543, 545 | 헌재 1999.10.21. 97헌바26 | 411, 433 |
| 헌재 2001.9.27. 2000헌마342 | 211, 212 | 헌재 1999.10.21. 96헌바61 | 431, 433, 502 |
| 헌재 2001.9.27. 2000헌마260 | 514 | 헌재 1999.9.16. 98헌마265 | 539 |
| 헌재 2001.9.27. 2000헌마238 | 32, 34 | 헌재 1999.9.16. 97헌바73 | 69 |
| 헌재 2001.9.27. 2000헌마159 | 85, 495 | 헌재 1999.7.22. 98헌라4 | 464, 475 |
| 헌재 2001.8.30. 2000헌바36 | 83, 171, 173 | 헌재 1999.6.24. 97헌바315 | 514 |
| 헌재 2001.8.30. 2000헌마121 | 257 | 헌재 1999.6.24. 97헌마265 | 144 |
| 헌재 2001.8.30. 2000헌가9 | 173 | 헌재 1999.6.24. 96헌바67 | 379, 544 |
| 헌재 2001.7.19. 2000헌마91·2000헌마112· 2000헌마134 | 252 | 헌재 1999.5.27. 98헌바70 | 61, 412 |
| 헌재 2001.7.19. 2000헌마91 | 193, 253, 254, 263, 416 | 헌재 1999.4.29. 94헌바37 | 75, 189, 191 |
| 헌재 2001.7.19. 2000헌마546 | 82 | 헌재 1999.3.25. 98헌사98 | 369 |
| 헌재 2001.6.28. 2000헌바48 | 361 | 헌재 1999.3.25. 98헌마303 | 501 |
| 헌재 2001.6.28. 2000헌마735 | 289, 297, 298, 509 | 헌재 1999.3.25. 98헌가11 | 415 |
| 헌재 2001.6.28. 2000헌마111 | 244 | 헌재 1999.3.25. 97헌마130 | 216 |
| 헌재 2001.6.28. 2000헌라1 | 353, 354 | 헌재 1999.1.28. 98헌마172 | 252 |
| 헌재 2001.5.31., 2000헌바43 | 168 | 헌재 1999.1.28. 98헌가17 | 409 |
| 헌재 2001.5.31, 2000헌바43 | 168, 172 | 헌재 1998.12.24. 98헌가1 | 410 |
| 헌재 2001.4.26. 2000헌마390 | 211, 212 | 헌재 1998.12.24. 89헌마214 | 189, 191 |
| 헌재 2001.3.21. 99헌마139 | 27, 28, 38, 488, 490 | 헌재 1998.11.26. 97헌마310 | 511 |
| 헌재 2001.2.22. 99헌마461 | 506 | 헌재 1998.11.26. 94헌마207 | 344 |
| 헌재 2001.2.22. 2000헌바38 | 407 | 헌재 1998.10.29. 97헌마186 | 240 |
| 헌재 2001.2.22. 2000헌마25 | 92, 94 | 헌재 1998.10.29. 96헌마186 | 516 |
| 헌재 2001.1.18. 99헌바63 | 186 | 헌재 1998.9.30. 98헌바3) | 351 |
| 헌재 2000.12.14. 99헌마112 | 272 | 헌재 1998.9.30. 96헌바88 | 547 |
| 헌재 2000.12.8. 2000헌사471 | 367, 369 | 헌재 1998.8.27. 97헌마372 | 252, 488 |
| 헌재 2000.12.8. 2000 헌사 471 | 367, 369 | 헌재 1998.8.27. 96헌마398 | 117 |
| 헌재 2000.11.30. 99헌마190 | 183 | 헌재 1998.8.27. 96헌라1 | 472 |
| 헌재 2000.10.11. 2000헌마614 | 352 | 헌재 1998.8.27. 96헌가22 | 428, 430 |
| 헌재 2000.8.31. 97헌가12 | 21, 393, 405, 406, 410, 489 | 헌재 1998.7.16. 96헌바35 | 152 |
| 헌재 2000.8.31. 2000헌마156 | 520 | 헌재 1998.7.16. 96헌마246 | 511 |
| 헌재 2000.7.20. 99헌바61 | 395 | 헌재 1998.7.14. 98헌라2 | 325 |
| 헌재 2000.7.20. 99헌가7 | 432 | 헌재 1998.7.1. 96헌바33 | 388 |
| 헌재 2000.6.29. 98헌마443 | 307 | 헌재 1998.6.25. 97헌바271 | 499 |
| | | 헌재 1998.5.28. 96헌바4 | 125 |
| | | 헌재 1998.5.28. 96헌마46 | 515 |

| | | | | |
|---|---|---|---|---|
| 헌재 1998.5.28. 96헌가5 | 65 | | 헌재 1996.8.29. 96헌마99 | 256 |
| 헌재 1998.4.30. 97헌마141 | 533 | | 헌재 1996.8.29. 94헌바15 | 406 |
| 헌재 1998.4.30. 96헌바62 | 287 | | 헌재 1996.6.13. 94헌바20 | 207, 208 |
| 헌재 1998.4.30. 95헌가16 | 54, 160 | | 헌재 1996.6.13. 94헌마118 등 | 10 |
| 헌재 1998.4.30. 92헌마239 | 505 | | 헌재 1996.6.13. 94헌마118 | 207 |
| 헌재 1998.3.31. 98헌바22 | 384 | | 헌재 1996.4.25. 95헌마25 | 170 |
| 헌재 1998.3.26. 98헌아2 | 372 | | 헌재 1996.4.25. 92헌바47 | 405, 412 |
| 헌재 1998.3.26. 96헌마345 | 46, 521 | | 헌재 1996.4.25. 92헌바30 | 515 |
| 헌재 1998.3.26. 93헌바12 | 411 | | 헌재 1996.3.28. 96헌마9 | 253 |
| 헌재 1998.2.27. 96헌바2 | 172 | | 헌재 1996.3.28. 95헌마211 | 542 |
| 헌재 1997.12.24. 96헌마365 | 46, 521 | | 헌재 1996.3.28. 93헌바27 | 408 |
| 헌재 1997.12.24. 96헌마172·173 | 279 | | 헌재 1996.3.28. 93헌마198) | 550 |
| 헌재 1997.12.24. 96헌마172 | 129, 417, 427, 505, 555 | | 헌재 1996.3.28. 93헌마198 | 550 |
| 헌재 1997.12.16. 97헌사189 | 368 | | 헌재 1996.3.28. 93헌마198 | 342, 537, 551 |
| 헌재 1997.11.27. 97헌바10 | 135 | | 헌재 1996.2.29. 94헌마213 | 534 |
| 헌재 1997.11.27. 96헌바60 | 389 | | 헌재 1996.2.29. 93헌마186 | 18, 440, 490 |
| 헌재 1997.11.27. 96헌바12 | 381 | | 헌재 1996.2.29. 93헌마186 | 513 |
| 헌재 1997.11.27. 95헌바14 | 198, 269 | | 헌재 1996.2.16. 96헌가2 | 62, 106 |
| 헌재 1997.11.27. 94헌마60 | 117, 122 | | 헌재 1996.1.25. 95헌가5 | 415 |
| 헌재 1997.11.27. 92헌바28 | 150 | | 헌재 1995.12.28. 95헌바3 | 6, 207, 404 |
| 헌재 1997.9.25. 97헌가4 | 16 | | 헌재 1995.12.27. 95헌마224 | 249 |
| 헌재 1997.9.25. 96헌마41 | 532 | | 헌재 1995.12.14. 95헌마221 | 559 |
| 헌재 1997.8.21. 96헌마48 | 115, 362 | | 헌재 1995.11.30. 94헌바40 | 403 |
| 헌재 1997.8.21. 93헌바51 | 380 | | 헌재 1995.10.26. 93헌마246 | 90 |
| 헌재 1997.7.16. 97헌마38 | 535, 536 | | 헌재 1995.7.28. 95헌마220 | 365, 366 |
| 헌재 1997.7.16. 96헌라2 | 303, 457, 458 | | 헌재 1995.7.21. 94헌마125 | 41 |
| 헌재 1997.6.26. 96헌가8 | 361 | | 헌재 1995.7.21. 93헌가14 | 210 |
| 헌재 1997.6.26. 94헌마52 | 95 | | 헌재 1995.7.21. 92헌마177 | 523 |
| 헌재 1997.5.29. 96헌마4 | 512 | | 헌재 1995.7.21. 92헌마144 | 121 |
| 헌재 1997.5.29. 94헌마33 | 65 | | 헌재 1995.6.29. 93헌바45 | 40 |
| 헌재 1997.4.24. 95헌바48 | 39, 269 | | 헌재 1995.5.25. 92헌마269 | 246, 247 |
| 헌재 1997.4.24. 95헌마90 | 135 | | 헌재 1995.5.25. 91헌바20 | 401 |
| 헌재 1997.3.27. 96헌가11 | 82, 116 | | 헌재 1995.5.25. 91헌바44 | 246 |
| 헌재 1997.3.27. 93헌마251 | 543 | | 헌재 1995.4.20. 92헌바29 | 66, 67 |
| 헌재 1997.2.20. 95헌마362 | 501 | | 헌재 1995.4.20. 92헌마264 | 290, 291, 492 |
| 헌재 1997.2. 20. 96헌마76 | 132 | | 헌재 1995.3.23. 94헌마175 | 292 |
| 헌재 1997.1.16. 92헌바6 | 27 | | 헌재 1995.3.23. 93헌바59 | 108 |
| 헌재 1997.1.16. 90헌마110 | 420, 485 | | 헌재 1995.2.23. 94헌마105 | 346 |
| 헌재 1996.12.26. 96헌가18 | 86 | | 헌재 1995.2.23. 93헌바43 | 91 |
| 헌재 1996.12.26. 94헌바1 | 415, 416 | | 헌재 1995.2.23. 90헌마214 | 491 |
| 헌재 1996.11.28. 95헌바1 | 66 | | 헌재 1995.2.23. 90헌마125 | 555 |
| 헌재 1996.11.28. 93헌마258 | 510 | | 헌재 1995.2.23. 90헌라1 | 458 |
| 헌재 1996.10.31. 94헌마108 | 509 | | 헌재 1995.1.20. 94헌마246 | 319 |
| 헌재 1996.10.31. 93헌바25 | 126, 328 | | 헌재 1995.1.20. 93헌아1 | 370, 371, 372 |
| 헌재 1996.10.4. 96헌가6 | 398, 402 | | 헌재 1994.12.29. 94헌마201 | 489 |
| 헌재 1996.10.4. 93헌가13 | 170 | | 헌재 1994.12.29. 93헌마120 | 44, 46, 520, 521 |

| | | | |
|---|---|---|---|
| 헌재 1994.12.29. 90헌바13 | 438, 518, 558 | 헌재 1992.6.26. 91헌마25 | 491 |
| 헌재 1994.12.29. 89헌마2 | 529 | 헌재 1992.6.26. 91헌마134 | 546 |
| 헌재 1994.8.31. 92헌마174 | 504 | 헌재 1992.6.26. 90헌아1 | 370 |
| 헌재 1994.8.31. 92헌마126 | 544 | 헌재 1992.6.26. 89헌마271 | 508 |
| 헌재 1994.8.31. 91헌가1 | 400 | 헌재 1992.6.26. 89헌마132 | 346 |
| 헌재 1994.7.29. 93헌가4 | 255, 257 | 헌재 1992.4.28. 90헌바27 | 267 |
| 헌재 1994.6.30. 92헌바23 | 356 | 헌재 1992.4.14. 90헌바82 | 533 |
| 헌재 1994.6.30. 92헌가18 | 17, 405 | 헌재 1992.3.13. 92헌마37 등 | 14 |
| 헌재 1994.4.28. 92헌마153 | 240 | 헌재 1992.2.25. 89헌가104 | 60, 426 |
| 헌재 1994.4.28. 92헌가3 | 410 | 헌재 1992.1.28. 91헌마111 | 115, 120, 399, 484 |
| 헌재 1994.4.28. 91헌바15 | 272 | 헌재 1991.11.25. 91헌가6 | 416 |
| 헌재 1994.4.28. 89헌마221 | 322, 363 | 헌재 1991.9.16. 89헌마165 | 170 |
| 헌재 1993.12.23. 93헌가2 | 378, 379, 385, 399 | 헌재 1991.9.16. 89헌마151 | 531 |
| 헌재 1993.12.23. 92헌마247 | 508 | 헌재 1991.7.22. 89헌가106 | 220 |
| 헌재 1993.12.23. 89헌마 189 | 25 | 헌재 1991.6.3. 90헌마56 | 46, 48 |
| 헌재 1993.11.25. 93헌마81 | 528 | 헌재 1991.5.13. 90헌마133 | 165 |
| 헌재 1993.11.25. 91헌바8 | 125 | 헌재 1991.4.1. 89헌마160 | 150, 151 |
| 헌재 1993.7.29. 92헌바48 | 27 | 헌재 1991.3.11. 91헌마21 | 246, 425 |
| 헌재 1993.7.29. 91헌마47 | 539, 548 | 헌재 1990.11.19. 90헌가48 | 115 |
| 헌재 1993.7.29. 90헌바35 | 378 | 헌재 1990.11.19. 89헌마116 | 528 |
| 헌재 1993.7.29. 89헌마31 | 553 | 헌재 1990.10.15. 89헌마178 | 490 |
| 헌재 1993.5.13. 92헌가10 | 421 | 헌재 1990.9.10. 89헌마82 | 68 |
| 헌재 1993.5.13. 91헌바17 | 188 | 헌재 1990.9.3. 90헌마13 | 491 |
| 헌재 1993.5.13. 91헌마190 | 351, 554 | 헌재 1990.9.3. 89헌마120 | 345, 346 |
| 헌재 1993.5.10. 93헌마92 | 514 | 헌재 1990.9.3. 89헌가95 | 60, 63 |
| 헌재 1993.3.11. 92헌마48 | 68, 529 | 헌재 1990.6.25. 89헌마220 | 550 |
| 헌재 1992.12.24. 92헌가8 | 105 | 헌재 1990.5.21. 90헌마78 | 352, 365 |
| 헌재 1992.12.24. 92헌마186 | 547 | 헌재 1990.4.2. 89헌가113 | 13, 27 |
| 헌재 1992.12.24. 92헌가8 | 100, 104, 394 | 헌재 1989.12.18. 89헌마32 | 62, 268, 405 |
| 헌재 1992.12.24. 90헌마158 | 485 | 헌재 1989.11.20. 89헌가102 | 416 |
| 헌재 1992.11.12. 91헌마192 | 530 | 헌재 1989.10.27. 89헌마56 | 501 |
| 헌재 1992.11.12. 90헌마33 | 558 | 헌재 1989.9.29. 89헌가86 | 379 |
| 헌재 1992.11.12. 89헌마88 | 185, 218, 219 | 헌재 1989.9.8. 88헌가6 | 246 |
| 헌재 1992.10.1. 92헌마68 | 185, 186, 218, 494, 521, 522 | 헌재 1989.9.4. 88헌마22 | 67, 164 |
| | | 헌재 1989.7.24. 89헌마141 | 365 |
| 헌재 1992.10.1. 91헌마31 | 539 | 헌재 1989.7.14. 88헌가5 | 406 |
| 헌재 1992.7.23. 91헌마142 | 528 | 헌재 1989.4.17. 88헌가4 | 399 |

## 헌법 교과서

| | |
|---|---|
| 초판 인쇄일 1쇄 | 2025년 2월 10일 |
| 초판 발행일 1쇄 | 2025년 2월 28일 |

| | |
|---|---|
| 저 자 | 조재현 |
| 발행인 | 이종은 |
| 발행처 | 새흐름 |
| | 서울특별시 마포구 독막로 295 삼부골든타워 212호 |
| | 등록 2014. 1. 21, 제2014-000041호(윤) |
| 전 화 | (02) 713-3069 |
| F A X | (02) 713-0403 |
| 홈페이지 | www.sehr.co.kr |
| ISBN | 979-11-6293-618-4(93360) |
| 정 가 | 35,000원 |

\* 본서의 무단복제행위를 금합니다. 파본은 바꿔드립니다.
\* 저자와 협의하여 인지첩부를 생략합니다.